5-7, rue de l'Ecole-Polytechnique, 75005 Paris

www.editions-harmattan.fr

ISBN : 978-2-14-031247-2
EAN : 9782140312472

La justice à l'épreuve de la guerre

Logiques Juridiques

Fondée par Gérard Marcou
Dirigée par Jean-Claude Némery et Thomas Perroud

Le droit n'est pas seulement un savoir, il est d'abord un ensemble de rapports et pratiques que l'on rencontre dans presque toutes les formes de sociétés. C'est pourquoi il a toujours donné lieu à la fois à une littérature de juristes professionnels, produisant le savoir juridique, et à une littérature sur le droit, produite par des philosophes, des sociologues ou des économistes notamment.

Parce que le domaine du droit s'étend sans cesse et rend de plus en plus souvent nécessaire le recours au savoir juridique spécialisé, même dans des matières où il n'avait jadis qu'une importance secondaire, les ouvrages juridiques à caractère professionnel ou pédagogique dominent l'édition, et ils tendent à réduire la recherche en droit à sa seule dimension positive. À l'inverse de cette tendance, la collection « Logiques juridiques » des éditions L'Harmattan est ouverte à toutes les approches du droit. Tout en publiant aussi des ouvrages à vocation professionnelle ou pédagogique, elle se fixe avant tout pour but de contribuer à la publication et à la diffusion des recherches en droit, ainsi qu'au dialogue scientifique sur le droit. Comme son nom l'indique, elle se veut plurielle.

Dernières parutions

Roger K. KOUDÉ, *La justice pénale internationale : un instrument idoine pour raisonner la raison d'Etat ?*, 2023
Cătălin-Silviu SĂRARU, *Le droit administratif en Roumanie*, 2022.
Robert VINCENT, *Les fédérations sportives françaises. Analyse par la gouvernance*, 2022.
Wiyao KAO, *Le contrat portant sur une chose future. Essai d'une théorie générale*, 2022.
Clemmy FRIEDRICH, *Les contrats de l'administration mis en discours, Une histoire doctrinale du droit administratif (1800-1960)*, Tome 2.
Clemmy FRIEDRICH, *Les contrats de l'administration mis en discours, Une histoire doctrinale du droit administratif (1800-1960)*, Tome 1.
Eric GILARDEAU, *L'empire du matérialisme juridique sur le contrat. La réforme du contrat dans les codes civils allemand et français,* 2022.
Ivanne-Mara KOUM DISSAKE, *Le financement des actifs de la propriété intellectuelle en Afrique (espace OAPI)*, 2022.
Léa MORTELETTE, *Les élections municipales de 2020 à l'épreuve de la crise sanitaire,* 2022.
Xavier CABANNES (dir.), *Livres et manuscrits anciens. Approche juridique, Volume 2*, 2022.
Athoumani YHOULAM, *Le contentieux administratif en droit de l'Union des Comores,* 2022.

Annie DEPERCHIN

La justice à l'épreuve de la guerre

Magistrats et avocats pendant le premier conflit mondial

Préface d'Annette Becker

L'Harmattan

Du même auteur :

Le journal de guerre de Pierre Malicet. Un magistrat des territoires occupés pendant la Première Guerre mondiale, Centre d'Histoire judiciaire, Lille 2016.

REMERCIEMENTS

Mes remerciements vont en premier lieu au Centre d'Histoire judiciaire de l'Université de Lille dont les membres n'ont cessé de prodiguer leurs encouragements à la publication de ce livre, ils en ont soutenu le travail d'écriture pendant de nombreuses années. Je remercie tout particulièrement ses directeurs successifs Farid Lekéal et Serge Dauchy et, avec beaucoup de chaleur amicale, Bruno Dubois pour sa relecture assidue du manuscrit et la pertinence de ses conseils. Mes remerciements s'adressent aussi à tous ceux qui ont facilité mes recherches, notamment aux bâtonniers de l'ordre des Avocats de Lyon, Toulouse, Aix-en-Provence, Agen, Amiens, Marseille, Poitiers, Caen, Dijon, Montpellier, Grenoble, Chambéry, à M. Barthélémy, président honoraire de l'Ordre des avocats au Conseil d'Etat et à la Cour de cassation pour les précieux documents qu'il m'a fournis, à Frédéric Ozanam, archiviste de l'Ordre des avocats de Paris, à Françoise Banat-Berger qui a facilité mes recherches au ministère de la Justice alors qu'elle en dirigeait les Archives.

Ce livre doit aussi beaucoup à la stimulation intellectuelle prodiguée par mes amis historiens du Comité directeur du Centre international de recherche de la Grande Guerre de Péronne qui m'ont accueillie en leur sein pendant vingt ans. Que ses présidents successifs Jean-Jacques Becker et Stéphane Audoin-Rouzeau acceptent le témoignage de ma profonde reconnaissance, ainsi que sa directrice Caroline Fontaine pour l'aide indéfectible qu'elle a toujours su m'apporter. Enfin, j'adresse de vifs remerciements à Annette Becker qui a accepté en grande amitié de rédiger la préface de ce livre.

Au magistrat Pierre Malicet, à l'avocat Edouard Clunet,
Restés équanimes dans la confusion de la guerre.

PREFACE

Juriste et historienne, juriste avant tout, historienne du droit, Annie Deperchin nous offre un livre passionnant et exemplaire. En effet en étudiant la Grande Guerre de la France sous l'angle de la justice, « à l'épreuve de la guerre », et à travers l'expérience du groupe social des magistrats et avocats, elle nous offre un portrait remarquable - et unique dans l'histoire des professions en guerre - d'une société particulière, celle des êtres rendant la justice ou défendant les justiciables, quels qu'ils soient, où qu'ils soient. Dans une période de guerre, de guerre en voie de totalisation voire totale dans les territoires occupés auxquels l'auteure consacre des pages particulièrement bienvenues, - ce n'est pas un hasard, elle vient du Nord de la France et le reste du pays, un siècle après, n'a pas encore perçu complètement l'originalité souffrante de ces départements occupés par l'ennemi de 1914 à 1918 -, elle nous place devant un paradoxe : comment respecter la justice, donc dire le droit, dans un pays où le but de guerre est « la guerre du droit/la guerre par le droit » quand la violence du conflit ne peut apporter que l'anomie ? Comment respecter des principes, donner du sens, quand le conflit mondial n'en a plus aucun, malgré le droit de la guerre et de la paix qui avait fait tant de progrès depuis la fin du XIXe siècle, sans compter le droit international humanitaire ? Droit de La Haye, droit de Genève ? Comment respecter ses engagements passés quand l'ennemi, à commencer par les Allemands et les Austro-Hongrois, est mis hors de la civilisation, vu comme barbare ne connaissant pas le droit ? « La guerre » nous dit fort justement Annie Deperchin est « une zone de violence absolue, une zone de non-droit.»

Avec rigueur dans l'utilisation de sources très variées, avec méthode, et une précision du vocabulaire et des concepts utilisés - pas uniquement juridiques – Annie Deperchin nous emmène totalement en guerre totale. Le prisme des hommes « de loi », des hommes « du droit », est d'autant bienvenu que, comme elle le démontre tout au long de ces pages, le droit est partout dans la société, à commencer par ses vecteurs les plus visibles magistrats et avocats. « Dis-moi quelle est ta justice, je te dirai qui tu es » : c'est ce qu'Annie Deperchin démontre, en prenant le prisme des acteurs principaux, avant tout des hommes - quelques pages sur la misogynie de ces professions, c'était attendu mais quelquefois trop spectaculaire hélas ! Majoritairement des hommes, donc des mobilisables, sur tous les fronts : les deux grands fronts, le militaire et le domestique, et des myriades de déclinaisons de chacun. Sur le font militaire, des mobilisés, par l'âge ou le volontariat, qui par leur niveau d'étude se retrouvent officiers et donc en première ligne de danger réel, pendant que les plus âgés de les pousser encore plus au patriotisme, de s'inquiéter, et quelquefois de mourir de chagrin. Tous les autres, sur le font domestique, permettent à la justice « ordinaire », celle des civils, de continuer son cours. Mais pourtant, la guerre est partout, si les mobilisés sont des civils en uniforme, que dire de la justice militaire, et de la justice au service de l'économie de guerre, des séquestres des biens des ennemis, de l'idéologie et de ses rapports à la déontologie : tout accusé a droit à un avocat, c'est la grandeur du système, quel que soit le crime.

Oui mais… s'il est un ennemi, ne va-t-on pas pratiquer le « patriotisme juridictionnel » ? D'ailleurs on a de bons arguments, sur les prisonniers ou dans les territoires occupés les ennemis n'hésitent pas à pratiquer les représailles, une des grandes déviances de ce conflit mondial. Les Allemands ne sont pas les seuls à les pratiquer, mais eux ont envahi et occupé des départements français dès 1914, et pour l'Alsace-Moselle depuis 1870-71. Annie Deperchin étant déjà l'éditrice remarquable du *Journal de Guerre de Pierre Malicet, un magistrat dans les territoires occupés pendant la Première Guerre mondiale*, (Centre d'histoire judiciaire, Lille, 2016), il n'est pas étonnant que les chapitres sur les territoires de la guerre, ceux du front et de l'arrière immédiat du front, et surtout sur l'occupation résonnent particulièrement. Ces lieux sont en effet au cœur de la problématique : champs de bataille ou occupés par l'ennemi, ils vivent l'anomie ou la fin du droit de façon particulière : symbole de ces magistrats de Douai pris comme otages, parce qu'ils étaient des notables dans la vie d'avant, mais aussi parce qu'ils représentent la France du droit face à l'occupant qui prétend ne pas respecter les règles dans ces terres militarisées : « c'est la guerre. »

Ces magistrats et avocats, êtres de dossiers et de rhétorique, sont forts pour proclamer besoin de réforme, besoin de plus d'individus et de moyens au service de la justice, d'autant plus que tant d'entre eux ont disparu, et enfin de souligner patriotismes, manquements, et deuils. Parce que, comme l'auteure le dit avec une concision glacée

« le droit est familier de la mort », ils commémorent avec emphase la disparition des leurs, mais surtout ils pensent juridiquement la mort des autres, et en général « les souffrances de la Nation », des réparations financières aux réquisitions, des réfugiés aux internés, à la réorganisation d'un cadre juridique pour les disparus, les orphelins, les veuves jusqu'aux drames de la séparation trop longue à laquelle succèdent les divorces voire les crimes passionnels.

Quand ma fille a prêté le serment d'avocat au Palais de justice de l'île de la Cité, il y a peu d'années, nous sommes passés devant le buste et les plaques commémorant quelques grands magistrats ou ténors du barreau qu'Annie Deperchin évoque si bien ; elle n'oublie jamais non plus les inconnus, les petits, les sans-grades, des huissiers aux greffiers et aux juges de paix qui font marcher le système judicaire, en paix comme en guerre. La cérémonie elle-même a pris place dans deux salles différentes où la Grande Guerre était d'une présence éclatante : « Pro Jure et Patria » « Aux avocats de la Cour d'appel de Paris morts pour la France, 1914-1918 », où une femme en grand deuil, allégorie de la justice, se recueille devant l'autel de la patrie, sans compter la citation à l'ordre de l'armée du « Barreau de Paris… au service de la patrie de la justice et du droit (…) à la mesure de ses vertus militaires et se son esprit de sacrifice. »

On ne peut qu'espérer que les jeunes avocats et magistrats – et à part égales avocates et magistrates aujourd'hui - voient ces plaques. Mais surtout qu'ils lisent le grand livre d'Annie Deperchin. Ils et elles comprendront que derrière leur travail il y a une longue histoire compliquée, contradictoire, où des êtres qui ont cru à une cause, celle du patriotisme, ont parfois dû ou cru nécessaire en son nom de « bander » un peu trop les « yeux de la justice ». La conclusion est sans appel : « Les idéalistes peuvent être déçus : pratiquer le droit ne protège pas du racisme, de la haine, voire de la bêtise. (…) La justice n'y a rien gagné ». Mais l'histoire de la Grande Guerre et celle du droit et de ses pratiques, énormément. Qu'Annie Deperchin en soit remerciée.

Annette BECKER

INTRODUCTION

L'histoire du XXème siècle ne constitue pas un champ prisé par les historiens du droit. A cet égard, Jean-Pierre Royer fait figure de pionnier. Son ouvrage *Histoire de la justice en France* publié en 1995, s'il réserve une large place aux institutions de l'Ancien Régime, de la Révolution et de l'Empire, domaines traditionnels des historiens du droit, dépasse ces cadres temporels pour étendre les analyses jusqu'à la Seconde Guerre mondiale. Les éditions ultérieures ont encore élargi la perspective pour inclure la période la plus récente[1]. C'est dans cette voie que les recherches qui aboutiront à ce livre ont été initiées[2]. Il s'offre aujourd'hui aux lecteurs en synthèse de travaux menés pendant plus de vingt ans sur la justice en France pendant la Première Guerre mondiale. Toutefois s'il peut sembler complet au regard des thématiques abordées, il ne prétend nullement être exhaustif. Il reste bien des questions à approfondir et à explorer, en particulier en ce qui concerne les pratiques judiciaires dans le traitement des conséquences de la guerre.

Comment en effet traiter d'un sujet aussi vaste que celui de la justice pendant la Première Guerre mondiale ? Faute de travaux antérieurs sur lesquels s'appuyer, il a semblé impossible de l'attaquer, si l'on peut dire, de front. Il fallait par conséquent trouver un biais, un moyen de l'aborder sans risquer d'être débordé, voire écrasé, par le sujet. Les acteurs professionnels de la justice ont servi de vecteur. Ainsi que l'illustre le titre, le choix s'est porté sur les magistrats et les avocats. En partant de l'expérience du conflit que ces acteurs les plus visibles de la justice avaient vécue de manière personnelle et collective, de l'étude de leurs comportements et de leurs pratiques, il était possible de pénétrer et de comprendre le fonctionnement de l'institution judiciaire pendant les années de guerre. Ce choix ne signifie pas que les autres professionnels de la justice soient

---

[1] Dans sa dernière conception : Jean-Pierre Alline, Nicolas Derasse, Bernard Durand, Jean-Paul Jean, Jean-Pierre Royer, *Histoire de la justice en France : du XVIIème siècle à nos jours*, PUF 2016.

[2] Sous la forme d'une thèse intitulée *La famille judiciaire pendant la Première Guerre mondiale*, soutenue sous la direction du professeur Jean-Pierre Royer, Lille 2, 1998.

insignifiants : la justice ne peut fonctionner sans greffiers, sans huissiers et, à cette époque, sans avoués. Il ne fait donc aucun doute que ces professions méritent qu'on en étudie l'histoire pour la période considérée. Elle sera cependant beaucoup plus difficile à écrire que celle des magistrats et des avocats pour deux raisons. D'une part, elles n'occupent pas le devant de la scène judiciaire et il en est fait rarement état dans l'espace public. D'autre part et surtout, elles ont laissé moins de sources.

Le choix des avocats et magistrats ne se veut pas purement opérationnel. Si l'étude de la justice pendant le Premier conflit mondial apporte, par une approche institutionnelle, à l'histoire globale du conflit, en particulier dans sa dimension culturelle, l'aborder par les acteurs permet de compléter l'histoire de deux professions à un moment charnière de leur évolution.

En 1914, on dénombre en métropole environ 7 400 avocats, stagiaires compris et 6 600 magistrats et juges de paix, suppléants compris. Il s'agit d'un segment de population infime au regard des 39 millions de Français, mais il constitue une élite au cœur du pouvoir que caractérisent une origine sociale bourgeoise et un cursus communs, voire un parcours partagé dans la mesure où la plupart des magistrats, avant d'entamer cette carrière, sont passés par le barreau. Les liens tangibles qui unissent les deux professions portent magistrats et avocats à proclamer en maintes occasions qu'ils forment une grande famille : la famille judiciaire. Ses membres prétendent, qu'inspirés par un idéal élevé de la justice, ils concourent dans leurs tâches respectives à la même œuvre. Pour les justiciables, l'appartenance des magistrats et des avocats à un même monde s'impose à l'évidence tant par la similarité des costumes que par le partage d'un langage d'initiés. En réalité, la famille n'est pas aussi unie et harmonieuse que les discours voudraient le faire croire. La famille judiciaire est d'abord un concept à géométrie variable qui, selon les circonstances et les intérêts à protéger, réunit ou exclut. Du côté de ceux qui disent le droit, les juges de paix, dont les missions et les exigences du recrutement tendent à les rapprocher des magistrats, n'en ont pas le statut et c'est du bout des lèvres que ces derniers commencent à évoquer la « petite magistrature cantonale ». Les juges consulaires, selon les lieux et sans doute en raison de leur position sociale, sont parfois considérés comme appartenant à la famille judiciaire, ce qui n'est pas le cas des juges prud'homaux. Du côté de la représentation des parties, les avocats font la guerre aux agréés qu'ils voudraient exclure de la défense des causes commerciales et qui osent, de surcroît se gratifier du titre d'avocat, lequel ne jouit encore d'aucune protection. Gens de la parole, les avocats qui plaident sont plus visibles que les avoués en charge de la procédure et de l'argumentation, bien qu'ils dépendent souvent d'eux pour se faire une clientèle. Ainsi, magistrats et avocats dominent la famille judiciaire dont ils définissent les contours. L'harmonie ne règne pas toujours entre eux, tant s'en faut. Les apparences peuvent être trompeuses. Certes, on se salue dans les espaces partagés du palais et on se congratule dans les manifestations et cérémonies qui émaillent l'année judiciaire. Une certaine convivialité mondaine peut même être partagée, mais les combats du prétoire et le pouvoir de sanction des magistrats sur les avocats, pour manquement à la déférence qui leur est due[3], exacerbent les susceptibilités, conduisant à des conflits au cours desquels les protagonistes en viennent parfois aux mains. Comme les autres composantes de la nation, ce monde professionnel va basculer dans la guerre brutalement, début août 1914, alors que des évolutions se dessinent. Les gouvernements successifs veulent redessiner la carte judiciaire pour l'adapter aux mutations économiques, ce qui implique de supprimer des juridictions. Les magistrats revendiquent plus d'indépendance et des salaires plus élevés, les avocats veulent obtenir la protection de leur titre et une retraite, les femmes commencent timidement à entrer avec courage dans une profession que leurs confrères voudraient leur fermer.

Parce que ses acteurs sont différents — ils appartiennent presque à un autre monde —, la justice administrative n'est pas abordée au fil des pages qui vont suivre sauf, très incidemment, lorsque se sont posés des conflits de compétence. Compte tenu de ses particularités, cet ordre juridictionnel appelle des développements spécifiques auxquels deux colloques organisés, dans le cadre du centenaire de la Grande Guerre, sous l'égide du Comité d'histoire du Conseil d'Etat et de la juridiction administrative se sont proposés de répondre. Les ouvrages qui leur ont fait suite viennent combler par anticipation le vide historiographique qu'aurait fait apparaître la seule publication du

[3] Les archives des conseils de l'ordre consignent les manquements à la déférence des avocats relevés par les magistrats à leur encontre, qu'il s'agisse d'excès de langage ou de l'apparence physique. Les sanctions s'échelonnent du rappel à l'ordre à la suspension.

présent livre. Différents sont aussi les acteurs de la justice commerciale, de la justice du travail et de la justice des baux. Ces juridictions font partie de l'organisation judiciaire, mais s'en distinguent en son sein en raison des intérêts en jeu et de la particularité des normes à appliquer. Ces dernières imposent la composition de ces juridictions. Les juges en sont élus par leurs pairs, leurs fonctions ne sont donc pas permanentes et ils ne sont pas considérés comme des professionnels de la justice. Juridictions et acteurs de ces justices spécialisées ne seront pas abordés dans ce livre. Leur histoire au cours du conflit reste à écrire à moins qu'il n'y ait rien ou presque rien à écrire en raison d'une probable paralysie de leur fonctionnement résultant notamment de la mobilisation, de la législation de guerre et de l'impossibilité d'organiser des élections pour combler les vides.

La spécificité des acteurs a enfin imposé une approche métropolitaine à l'exclusion de la justice coloniale. Même si en 1848, l'Algérie a été départementalisée en trois entités (Alger, Oran et Constantine) conduisant à une architecture judiciaire tendant à se rapprocher de celle de la métropole, des différences sensibles tenant aux normes applicables, comme au statut des acteurs, en font un champ d'études particulier. Cela vaut *a fortiori* pour les autres composantes de l'empire français et, en particulier pour les protectorats.

L'incidence de la guerre sur l'institution judiciaire et son fonctionnement ouvre une large palette de questionnements. Tout d'abord, quelle justice a fonctionné pendant les quatre années du conflit ? Par un réflexe de la pensée, on fait rimer guerre avec justice militaire, comme si l'état militaire d'une grande partie des citoyens faisait oublier que les sociétés civiles des Etats belligérants ont continué à vivre malgré la mobilisation, malgré les deuils et les souffrances en tous genres qu'imposèrent les circonstances. Malgré la guerre en effet, la vie continue, plus ou moins difficile selon les lieux et le milieu auquel on appartient, à l'arrière du front, à proximité de celui-ci, comme en territoires occupés. La justice ordinaire, celle des civils et du temps de paix, continue à être rendue même si en certains domaines elle est concurrencée par les conseils de guerre. C'est cette justice ordinaire qui constitue l'objet de ce livre. Ordinaire par opposition à la justice militaire, justice d'exception, uniquement pénale, dont les justiciables naturels restent, dans leur immense majorité, les soldats et bien peu finalement les civils. Ordinaire aussi parce qu'elle vient répondre aux questions les plus banales que la vie en société pose à chacun, indépendamment de son statut professionnel. Cependant, justice militaire et justice ordinaire n'ont pas fonctionné, chacune dans leur domaine, de manière étanche. La pratique a fait émerger des zones de compétence partagée qui ont conduit, au nom de l'intérêt de la défense nationale, à des collaborations plutôt qu'à des conflits, tandis que le patriotisme imprégnant l'esprit des juges les poussait à adopter dans leur pratique civile des comportements combattants comme s'ils étaient des militaires. D'autre part, comment la justice des civils a-t-elle été rendue compte tenu des bouleversements que la guerre a introduits ou provoqués ? La mobilisation d'abord qui appelle sous les drapeaux les justiciables et à laquelle les acteurs de la justice dans leur grande majorité n'échapperont pas. Juridictions et barreaux se vident. Les combats ensuite qui, de la mer du Nord à la frontière suisse, se déroulent sur le territoire national : peut-on rendre la justice sous les bombes ? Comment peut-elle fonctionner et dans quelles conditions au-delà du front qui coupe la France dès l'automne 1914 et isole des territoires qui resteront occupés et soumis à l'ennemi pendant quatre ans ? Quelle justice peut émerger du cumul de circonstances défavorables tels que l'exode, l'interruption des communications, le bouleversement des circonscriptions judiciaires, la rupture des rattachements juridictionnels et la concurrence prévisible de la justice de l'occupant ?

Enfin, on peut s'interroger sur les répercussions sur l'institution judiciaire et ses acteurs d'un événement aux dimensions aussi considérables que la Grande Guerre. Les portes du barreau allaient-elles s'ouvrir aux femmes ? Les réformes attendues aussi bien par les magistrats que les avocats, allaient-elles être ralenties, voire oubliées, en raison de la modification des priorités ou, au contraire, accélérées, la guerre éliminant les obstacles et favorisant peut-être l'évolution des mentalités ? Répondre à ces questions n'est pas simple. La guerre ne provoque pas de chaos institutionnel et, plus encore, aussi incroyable que cela puisse paraître, malgré les événements, projets et réformes suivent leur cours. Quant aux conséquences de la guerre sur la manière dont les acteurs de la justice ont envisagé leurs pratiques professionnelles, la guerre a incontestablement modifié la conception que se faisaient bien des juges de leur mission. Il en est de même en ce qui concerne les avocats. Les yeux de la justice n'ont plus été bandés et les plateaux de la balance ont souvent penché dans le sens qui semblait conforme aux attentes patriotiques. La justice n'y a en rien gagné.

Au regard de ce qui précède, puisse ce livre contribuer à élargir la connaissance de la Grande Guerre. Puisse-t-il aussi, à la faveur de la curiosité nourrie par la commémoration du centenaire de cet événement majeur, susciter l'intérêt des historiens pour les questions judiciaires et, en particulier, ouvrir un nouveau champ de recherche aux historiens du droit.

CHAPITRE 1

LA MOBILISATION MILITAIRE

Le 1er août 1914, l'armée française compte 884 000 hommes, armée coloniale et gendarmerie comprise. En portant à trois ans la durée du service actif, la loi Barthou, votée le 10 août 1913, vient de rendre son effectif d'active équivalent à celui de l'armée allemande. Son effet est aussi de majorer d'une année la durée totale de l'obligation militaire fixée à 27 ans depuis la loi sur le recrutement du 21 mars 1905 : 2 ans (désormais 3) dans l'armée d'active, 11 dans la réserve de l'armée d'active, 7 dans l'armée territoriale et autant dans la réserve de l'armée territoriale. La mobilisation générale qui permet d'appeler sous les drapeaux tous les hommes qui ne sont pas encore libérés de leur obligation militaire constitue un phénomène d'une ampleur colossale que la France n'avait jamais connu. Elle va concerner progressivement, par appels successifs, des millions d'hommes depuis la classe 1887 jusqu'à la classe 1919. Au 15 août 1914, la mobilisation déjà a touché 3 781 000 hommes, dont 2 689 000 combattants, les autres étant affectés à la logistique[4]. Toutes les techniques qui permettent de gonfler les effectifs seront simultanément utilisées, de l'appel par anticipation des classes à celui des classes les plus anciennes de réservistes, en passant par la récupération des réformés, exemptés, ajournés et blessés et sans omettre les incitations à l'engagement. Même si les effectifs réels ne dépassèrent jamais les 5 millions d'hommes, au total, près de 8 700 000 hommes (608 000 hommes des contingents coloniaux et 229 000 engagés volontaires compris) ont été mobilisés entre le 1er août 1914 et le 1er janvier 1919[5]. Rapporté à une population de 39 millions

[4] Des multiples tâches d'intendance à la garde des voies de circulations (les GVC).

[5] Les chiffres varient selon les dates de référence et les composantes du calcul. A. Corvisier, *Histoire militaire de la France,* tome 3, De 1871 à 1940, PUF 1997 (1ère éd. 1992).

d'habitants, l'effort humain consenti par la nation est immense. Aucun pays, la Serbie exceptée, n'a exigé un semblable effort de sa population.

Si l'on en croit les discours tenus par les avocats et les magistrats tout au long du conflit, les professionnels de la justice, qui se perçoivent en élite investie d'une mission particulière, auraient participé de manière particulièrement active à l'effort national, qu'ils assimilent à la défense du droit. Cela correspond-il à la réalité ?

Mesurer avec exactitude la participation du milieu judiciaire à la mobilisation, comme celle d'ailleurs des autres groupes sociaux, s'avère pratiquement impossible. L'état militaire gommant temporairement la situation civile des intéressés, les registres d'incorporation ne mentionnent pas leur profession. Il serait pourtant vain d'en concevoir quelque regret. L'ampleur de la mobilisation rend parfaitement illusoire toute tentative de recensement. D'autre part, toutes les classes n'ont pas été mobilisées dès le 2 août et des libérations sont intervenues tout au long du conflit en créant des flux d'entrée et sortie étalés dans le temps. Toute évaluation chiffrée de la mobilisation est donc forcément éphémère et imparfaite. Enfin, il faut aussi pouvoir mesurer le phénomène de l'engagement volontaire, soumis à appréciation individuelle et que, dans l'élan patriotique que le ministre de la Justice a voulu faciliter, convaincu que le conflit serait de courte durée. Sa circulaire du 5 août 1914 autorise le recours à des délégations de juges d'autres juridictions comme moyen d'organiser le remplacement des magistrats des tribunaux d'instance non-mobilisables, mais qui désirent s'engager. Pour autant, ces difficultés ne doivent pas conduire à renoncer à toute approche quantitative du phénomène de mobilisation, car les archives judiciaires et professionnelles, la presse, ainsi que les témoignages laissés par les contemporains permettent d'en approcher la réalité.

LA MOBILISATION DES MAGISTRATS

Evaluation

On peut penser que le ministère de la Justice a d'emblée le souci de recenser les effectifs des juridictions dans la mesure où leur fonctionnement en dépend : il n'en est rien avant l'été 1915 et, plus précisément, avant la loi du 17 août, appelée loi Dalbiez, du nom de son promoteur[6]. Cette loi, dont l'objet est d'organiser une véritable chasse à l'homme pour fournir des combattants à une armée très éprouvée par les pertes des premiers mois de la guerre, tout en répondant à la phobie sociale de l'embusqué, oblige le ministère à faire le point rétrospectivement sur l'état de la mobilisation des magistrats. Il s'agit d'en informer le ministère de la Guerre. L'analyse des archives laisse sceptique sur l'exactitude des informations fournies. Elles sont constituées de feuillets épars en forme de brouillons remaniés et surchargés, aux dates imprécises, voire sans date, qui attestent que le ministère de la Justice, tout au long du conflit, s'est trouvé dans l'impossibilité de dire qui est resté à son poste dans telle ou telle juridiction.

Certes, la guerre et la mobilisation au sein même du ministère de la Justice ont pu désorganiser l'administration centrale. Mais c'est surtout dans la situation particulière faite aux magistrats par la loi du 21 mars 1905 sur le recrutement qu'il faut chercher l'explication à cette incapacité du ministère de la Justice à chiffrer la mobilisation des magistrats. Cette loi a posé le principe de l'égalité devant l'obligation militaire en affirmant que « nul ne peut se prévaloir de sa fonction ou de l'emploi qu'il occupe pour se soustraire aux obligations de sa classe ». La Grande Guerre devient ainsi la première guerre véritablement démocratique de notre histoire. Cependant, l'article 42 du chapitre III de la loi, sous le vocable de « non-disponibilité », introduit une exception au principe en limitant sa portée en ce qui concerne les personnels de l'Etat dans le but d'assurer, en cas de guerre, le fonctionnement des institutions. Ainsi, les titulaires des fonctions désignées dans les tableaux A, B et C, annexés à la loi, sont placés en sursis d'appel. Dans l'attente d'un « ordre spécial » de l'autorité militaire, ils sont autorisés, en cas de mobilisation, à ne pas rejoindre leur corps, à condition toutefois qu'ils occupent depuis au moins six mois lesdites fonctions (article 1 de la loi). Au total, ces fonctionnaires représentent un effectif mobilisable évalué au printemps 1915 à 400 000 personnes. Les magistrats relèvent de la lettre B, catégorie qui regroupe les agents de l'Etat qui appartiennent à

---

[6] Victor Dalbiez (1876-1954) a été réélu député radical socialiste des Pyrénées orientales en 1914. Il est mobilisé comme sergent au 126ème RI du 4 août au 10 octobre 1914, date à laquelle il retourne siéger à la Chambre.

l'armée territoriale ou à sa réserve. Qui sont-ils ? En premier lieu, des parquetiers : procureurs généraux et procureurs de la République et, subsidiairement, des magistrats du siège car le maintien en poste de ces derniers semble plus incertain. La loi prévoit en effet que seuls les deux magistrats appartenant aux classes mobilisables les plus anciennes dans la juridiction sont placés en non-disponibilité, à condition que leur présence s'avère nécessaire pour que le tribunal ne soit pas réduit à moins de deux juges. Ainsi, la loi crée des situations locales qui peuvent différer d'une juridiction à l'autre car elles dépendent de l'âge respectif des magistrats en poste. La loi n'a disposé que pour les juridictions ordinaires, elle n'a rien prévu en ce qui concerne les juridictions spécialisées, au premier rang desquelles les tribunaux de commerce et les conseils de prud'hommes. Leurs juges ainsi d'ailleurs que les juges de paix, sont donc tous mis à la disposition de l'autorité militaire s'ils sont mobilisables.

La complexité des situations locales introduite par la loi, l'idée que la guerre ne durera que quelques semaines, au plus quelques mois, et la focalisation des esprits sur les événements militaires et les deuils n'ont pas favorisé la réflexion statistique sur les effectifs, d'autant que la guerre éclate en pleines vacances judiciaires. Cependant, au printemps 1915, la guerre n'est pas finie et le 1er avril, le député Dalbiez dépose à la Chambre un projet de loi destiné à traquer les « embusqués » dont la présence, à l'arrière, fait scandale alors qu'au front, la mort a fauché depuis le mois d'août 14 plusieurs centaines de milliers de soldats[7]. La stratégie des offensives à outrance de l'état-major réclame toujours davantage de combattants pour combler les vides. Le sacrifice demandé à la nation est tel qu'il rend indispensable d'organiser une égalité effective devant l'impôt du sang, c'est-à-dire devant la mort, condition de son acceptation sociale à un moment où, confronté à la souffrance de la perte, chacun voit des embusqués partout. On peut se faire une idée de l'atmosphère dans laquelle est discutée puis votée la loi à la lecture du rapport Chéron présenté au Sénat lors de la séance du 29 juillet 1915, au nom de la Commission de l'armée :

« Il y a une question des embusqués… C'est l'opinion publique tout entière qui proclame le scandale auquel donne lieu le séjour

---

[7] 492 000 morts entre août et décembre 1914. L'année 1915 s'annonce dès le printemps encore très meurtrière. Elle se soldera par 439 000 morts.

prolongé dans certains dépôts, ou dans certaines administrations, de jeunes gens dont les camarades et les aînés sont depuis longtemps partis au front… L'indignation des familles est bien aussi un élément dont il faut tenir compte, à un moment où l'unité morale est le meilleur gage de résistance et de victoire… Quand des mères… rencontrent sur leur chemin de jeunes célibataires, pourvu de belles relations et que des protections locales retiennent loin du front, on devine quel sentiment peut les inspirer. Et si par la fatalité des choses, la mort glorieuse mais irrémédiable du père est venue couvrir de deuil la maison, comment le spectacle de ceux qui sont demeurés dans une quiétude coupable ne révolterait-il pas les cœurs les plus paisibles et les plus résignés ? »

Ce rapport souligne l'anomalie d'une situation qui trouve sa source, pour les fonctionnaires, dans la non-disponibilité organisée par l'article 42 de la loi de 1905. La Chambre adopte la proposition, mais le Sénat introduit une modification au sujet des fonctionnaires. Ces derniers ne pourront être maintenus dans leur poste civil que sur proposition de leur ministre de tutelle et par décision du ministre de la Guerre (article 1 de la loi). L'application de l'article 42 est revue, en particulier, pour les magistrats appartenant à l'armée territoriale dont l'incorporation devient immédiate. Adoptée définitivement le 17 août 1915, la loi doit permettre, grâce au zèle de la Commission spéciale de réforme dont l'action est renforcée, de récupérer environ 650 000 hommes. Toutefois, en ce qui concerne le personnel de l'Etat, la loi Dalbiez subordonne la récupération des fonctionnaires au fait de pouvoir leur trouver des remplaçants. Si cela s'avère impossible, ils sont maintenus en poste à condition d'être jugés indispensables.

La chasse aux embusqués

Sans attendre le vote de la loi, les autorités militaires, multiplient les circulaires ayant pour objet la récupération des différentes catégories d'embusqués et harcèlent à cet effet les administrations. Ainsi, dès février 1915, le ministère de la Justice se trouve confronté aux demandes plusieurs fois réitérées du ministère de la Guerre, pressé par l'État-major de trouver des magistrats disponibles pour l'armée. Le dépôt de la proposition de loi donne lieu, par la suite, à des échanges de courriers à propos de son application au personnel de la justice, ce dont la Chancellerie doute en raison des modalités prévues pour le remplacement des incorporés supplémentaires, c'est-à-dire des retraités, des militaires mutilés et des femmes, mères, filles ou sœurs de militaires tués ou blessés à la guerre. Dans une lettre du 29 avril 1915[8], le ministre de la Justice exprime les raisons pour lesquelles ces modalités de remplacement sont inenvisageables en ce qui concerne la magistrature. Qu'attendre d'abord des retraités qui, dans la magistrature, ont plus de 70 ans ? « Il n'est pas possible, dit le ministre de la Justice, de confier à des hommes ayant dépassé cet âge des fonctions aussi difficiles et exigeant autant d'activité que celles de chef de parquet ». Comment ensuite confier les fonctions de magistrat à des hommes sur le seul critère de leur mutilation ou de leur blessure ? « La carrière judiciaire n'est accessible, en ce qui concerne les tribunaux, qu'à des candidats munis de diplômes et admis à la suite d'un concours établissant qu'ils possèdent des connaissances juridiques indispensables pour rendre la justice. Malgré tout le crédit moral qui s'attacherait à leur personne et à leurs titres, d'anciens militaires ne présenteraient pas les garanties suffisantes pour remplir utilement les fonctions judiciaires. » Quant aux femmes propulsées juges par la parenté et le deuil, le ministre se contente de les exclure laconiquement car la loi leur interdit d'accéder à la magistrature[9].

Néanmoins, afin de répondre aux sollicitations du ministre de la Guerre, le ministre de la Justice se trouve contraint de vérifier l'état des effectifs placés en non-disponibilité et de procéder à des enquêtes successives auprès des juridictions. Ce sont ces enquêtes qui permettent, en premier lieu, de chiffrer la mobilisation. Elles sont réalisées par l'intermédiaire des chefs de cour qui dressent les états du personnel de leur ressort et les envoient au ministère qui tente d'en faire la synthèse. Les différents brouillons de calculs surchargés et raturés révèlent qu'il lui est bien difficile de faire le point sur une situation globalement assez confuse. Ces évaluations qui, après des hésitations multiples, s'avèrent finalement très approximatives, ne semblent pas convaincre le ministère de la Guerre de l'efficacité du ratissage opéré : il réclame régulièrement de nouveaux états accompagnés de la justification du maintien en poste des magistrats concernés.

---

[8] Lettre du 29 avril 1915 du ministre de la Justice au ministre de la Guerre. Archives nationales BB 30/1698/4).

[9] Il faut attendre l'affirmation de l'égalité des sexes dans la constitution de 1946 concrétisée pour la magistrature par la loi Teitgen du 11 avril 1946, du nom du garde des Sceaux qui l'a portée.

Dans le courant du mois d'août 1915, les chefs de cour font parvenir au ministère de la Justice, les listes de magistrats incorporables par application de la future loi. Ils sont encore sollicités par une instruction du 23 août, après le vote définitif. Seule la Cour de Douai, qui se trouve en territoires occupés, ne fournit pas de réponse. Le texte prévoyant qu'il faut désormais demander et motiver le maintien en poste des magistrats, ce sont les chefs de cour, c'est-à-dire les premiers présidents et procureurs généraux, par les appréciations qu'ils joignent aux états, qui déterminent le sort des magistrats mobilisables. L'analyse des réponses à ces enquêtes révèle que les chefs de cour se répartissent en deux groupes : ceux qui ont essayé de garder leurs magistrats et ont argumenté à cet effet, et ceux qui, au contraire, ont tout mis en œuvre pour satisfaire le besoin en hommes du commandement militaire en jonglant avec les moyens dont ils disposaient pour y parvenir.

La plupart cherchent à garder leurs magistrats. On le constate nettement pour les ressorts des cours d'appel d'Agen, Amiens, Besançon, Bordeaux, Riom, Chambéry, Rouen, Toulouse, Orléans, Poitiers et Dijon[10]. Ils invoquent tous, dans leurs justifications, la désorganisation du service de la justice que provoquerait leur départ. Leurs réponses aux enquêtes du ministère de la Justice laissent entrevoir l'ampleur des efforts tentés pour récupérer des hommes qu'opère l'autorité militaire et les multiples difficultés rencontrées pour compenser les départs et maintenir l'activité judiciaire. La réponse des chefs de la Cour d'Orléans du 26 août 1915 est à cet égard particulièrement explicite :

« Le Tribunal de Gien ne comprend en effet actuellement, en outre du procureur de la République, que le président, monsieur Leturcq, et monsieur Germond, juge chargé depuis le départ de monsieur Gentil, mobilisé, du service de l'instruction. Le juge de paix de Gien, monsieur Granthiébaud, a été délégué par ordonnance du 12 août courant, pour compléter ce tribunal. A Montargis, monsieur Siauve, juge titulaire, remplit les fonctions de président par suite de l'absence de monsieur Davet appelé sous les drapeaux. Monsieur Bonneton, juge suppléant, est chargé de l'instruction et ce tribunal est complété par l'adjonction de monsieur Darde, juge de paix de Montargis délégué par ordonnance du 10 août courant. Il nous serait impossible

[10] Toute cette partie est traitée à partir des archives du ministère de la Justice, Archives nationales BB 30/1698/3.

de pourvoir dans les conditions actuelles et avec le personnel dont nous disposons au remplacement des deux magistrats visés, par suite d'assurer la marche régulière du service dans les tribunaux dont il s'agit. »

Les difficultés peuvent tenir à l'impossibilité de réunir un tribunal complet comme en témoigne l'appréciation du Premier Président de la Cour d'appel de Dijon à propos du président du Tribunal de Wassy : « Nous estimons qu'il conviendrait de le maintenir car il est actuellement le seul magistrat du Tribunal de Wassy non mobilisé et il cumule les fonctions de président et de juge d'instruction ». Les chefs de la Cour de Rennes s'expriment dans des termes pratiquement identiques à propos du juge d'instruction de Pontivy, dans leur réponse du 30 août 1915, tandis que ceux de Besançon soulignent, évoquant le cas du procureur de la République de Gray, que la juridiction n'a déjà que trop supporté le poids de la mobilisation :

« Il est le seul magistrat présent au Tribunal de Gray où tous les autres magistrats ont été mobilisés sauf monsieur Lescot, juge suppléant non mobilisable. D'autre part, l'application très rigoureuse dans ce ressort des précédentes instructions ministérielles tendant à la mise à disposition de l'autorité militaire de tous les magistrats, même classés dans la non-disponibilité, susceptibles d'être mobilisés sans inconvénient pour le service judiciaire, nous a enlevé la possibilité de pourvoir au remplacement de monsieur Davion s'il était appelé sous les drapeaux ».

Les chefs de cour relèvent aussi la surcharge de travail qui pèserait sur les magistrats restant, impossible à envisager compte tenu des conditions dans lesquelles ils travaillent déjà. Ainsi s'expriment les hauts magistrats de la Cour d'appel de Rouen le 26 août 1915 pour justifier le maintien du dernier des trois substituts du procureur de la République de cette ville : « Monsieur le Procureur de la République se trouve donc privé de la plupart de ses collaborateurs et malgré sa grande activité et ses habitudes laborieuses, il lui serait impossible d'assurer seul le service d'un parquet aussi important que celui de Rouen. » L'incapacité professionnelle ou physique de certains magistrats est parfois évoquée comme dans cette lettre du 26 août 1915 du Procureur général de la Cour d'appel de Chambéry concernant deux magistrats de son ressort : « Il n'y a plus dans notre ressort qu'un seul substitut, monsieur Sée à Chambéry. Mais nous estimons d'une part qu'il n'est pas apte à diriger un parquet, d'autre part, monsieur Bussy, procureur de la République se trouve momentanément en état de santé qui ne lui permet pas d'assurer seul son service. » Le principal argument des chefs de cour repose, on le voit, sur la nécessité de maintenir l'ordre public en assurant le fonctionnement des services du parquet et des juridictions répressives qui se trouve menacé par le départ des procureurs, substituts et magistrats en charge de l'instruction. Comment en effet contenir la délinquance s'il est impossible de déclencher des poursuites, d'assurer l'instruction des affaires, puis de les faire juger sachant que les règles de la procédure pénale s'imposent toujours malgré la guerre ? C'est l'argument développé par le Premier Président de Rouen au sujet du juge d'instruction d'Evreux :

« Sa présence à Evreux, tribunal important, siège de la Cour d'assises de l'Eure est indispensable pour assurer non seulement le service de l'instruction mais encore le fonctionnement du tribunal réduit à deux membres. A chaque session d'assises, la cour doit déléguer un second conseiller pour remplir les fonctions de premier assesseur. Nous insistons donc pour que monsieur Guillard soit maintenu à son poste. »

La situation est encore plus préoccupante dans les grandes villes qui doivent maintenir un parquet actif et diligent. Elle justifie pour le Procureur général de Toulouse le maintien du Procureur d'Albi, les « Assises sont généralement chargées », requièrent un parquet efficace. A cet argument, les chefs de la Cour de Toulouse ajoutent un argument financier qui leur semble pertinent puisque les efforts de la nation doivent privilégier la défense nationale. Est-il raisonnable, en effet, d'imposer au Trésor la charge supplémentaire des frais qu'impose le déplacement de magistrats de juridictions certes voisines, mais parfois éloignées, pour compléter une juridiction alors que le maintien en poste s'avèrerait plus économique ? A vrai dire, les chefs de cour donnent l'impression de ne pas très bien saisir l'intérêt du départ de magistrats qui ne sont plus tout jeunes, puisqu'ils appartiennent à la réserve de la territoriale, et seront donc probablement versés dans un service à l'arrière, au regard des problèmes que pose leur départ. Cette analyse les conduit à dépasser, le cas échéant, le cadre strictement professionnel sur lequel ils sont consultés, pour invoquer d'autres arguments qu'ils croient plus pertinents pour convaincre l'autorité militaire. A Poitiers, ils font ainsi état pour un juge des Sables-d'Olonne de son importante famille :

« Ce magistrat appartient à la classe 1894, il devait par suite passer normalement dans la réserve de la territoriale le 1er novembre 1914 si le changement de classe n'avait pas été suspendu par les hostilités, mais comme il a 7 enfants à sa charge et attend très prochainement son huitième, nous croyons qu'il doit être versé de ce fait dans la réserve de la territoriale. » (25 août 1915)

C'est sous-entendre qu'il ne combattra pas, autant donc le laisser à son poste, là où il est utile. A Rouen, le Premier Président, ajoute un argument en faveur du maintien du juge d'instruction d'Evreux, tiré de sa corpulence : « il ne paraît pas apte à faire campagne. Il est d'une mauvaise santé et pèse près de 100 kilos et, s'il était incorporé, il serait sans doute bientôt affecté à quelque poste sédentaire ». Telle serait l'affectation d'ailleurs de presque tous les magistrats récupérés. Si, au printemps 1915, les combattants représentent 85 % des effectifs de l'armée toutes armes confondues[11], les magistrats concernés par la non-disponibilité appartiennent aux classes les plus anciennes. Ils sont prioritairement affectés, en cas d'appel, aux services de l'arrière. Et ont peu de chances de monter en ligne, même en 1915.

Près du front, les circonstances locales justifient, selon les chefs de cour, le maintien à leur poste de magistrats en raison des tâches supplémentaires imposées par les reconstitutions d'archives détruites ou l'attribution d'allocations qui nécessitent une intervention judiciaire. La question est évoquée dans le ressort de la Cour d'appel d'Amiens par son premier président :

« Vu la situation particulière du tribunal correctionnel de Senlis où les archives ont été détruites, où la réorganisation du service exige le concours d'un magistrat ayant spécialement connaissance du pays, vu la multiplicité des demandes d'allocations dans un arrondissement dévasté par l'ennemi et vu l'état de santé précaire de monsieur Perrin, seul magistrat amovible restant au tribunal, nous émettons l'avis que le maintien de monsieur Jais à son poste est indispensable pour la bonne administration de la justice. » (26 août 1915)

En développant ces divers arguments, certains chefs de cour ont dû se sentir suspectés de protéger leurs magistrats. Ils cherchent à justifier leur attitude en prétendant qu'ils ont pensé à toutes les combinaisons possibles pour assurer le fonctionnement de la justice dans leur ressort, surtout au moment où ils se trouvent confrontés aux

[11] Leur nombre décroît au cours des années suivantes pour représenter 64 % à la fin de la guerre, diminution qui traduit l'importance croissante de la logistique dans le conflit.

demandes réitérées que l'autorité militaire exerce encore à la fin de l'année 1915. Leurs craintes ne sont pas sans fondement car la magistrature fait l'objet, dans le contexte de la chasse aux embusqués, d'une attention particulière, notamment des parlementaires. Le 18 novembre 1915, le député Eugène Treignier a adressé une question écrite au ministre de la Justice dans laquelle il s'étonne que plusieurs mois après le vote de la loi, des magistrats jeunes, appartenant au service armé ont été maintenus dans leurs fonctions alors que d'autres plus âgés appartenant au service auxiliaire ont été mobilisés. Par l'entremise du député, c'est l'opinion publique tout entière qui chasse l'embusqué sous la toge du magistrat. Le ministre se défend d'abriter des embusqués. D'ailleurs, précise-t-il, depuis le début des hostilités, beaucoup de magistrats (sans que le nombre en soit indiqué, le ministre doit l'ignorer) ont, bien que placés en non-disponibilité, demandé et obtenu l'autorisation de suivre le sort de leur classe. Ainsi, il n'en restait plus que 26 au moment du vote de la loi, nombre ramené à 12 après celle-ci. Ce chiffre, ajoute-t-il, sera encore réduit prochainement. On comprend pourquoi, en cette fin d'année 1915, certains chefs de cour sont à nouveau sollicités. A Riom, l'autorité militaire réclame le juge d'instruction de Mauriac, Franschesci. Le premier président essaie de lui trouver un remplaçant, mais n'y parvient pas car tous les juges envisagés pour une délégation refusent en raison de leur âge, de leur santé et des rigueurs du climat du Cantal. A Rouen, le procureur général doit réexaminer le cas d'un substitut de la ville. L'argumentation prend alors une coloration nettement patriotique qui culmine dans la référence aux morts pour la patrie du ressort :

« Je n'ai pas besoin de vous assurer, monsieur le Garde des Sceaux qu'il n'entre nullement dans ma pensée de soustraire ces magistrats à l'accomplissement de leur devoir militaire auquel eux-mêmes ne voudraient point se dérober. Les magistrats du ressort de Rouen ont tenu à honneur de remplir de la façon la plus large leur devoir militaire, sans parler de ceux qui étaient mobilisables, plusieurs exemptés ou réformés antérieurement ont contracté des engagements militaires et la mort a déjà fait dans leurs rangs des vides trop nombreux. » (27 novembre 1915)

On peut conclure que l'application de la loi Dalbiez à la magistrature s'est effectuée avec beaucoup de rigueur et de persévérance de la part des autorités militaires. La classe de recrutement de ces magistrats en faisait certes des territoriaux ou des réservistes de l'armée territoriale, mais leur appel pouvait permettre, en les affectant à des services de l'arrière, de libérer des combattants pour le front. Néanmoins, les archives ne mettent pas en évidence l'existence de visites d'inspection telles que d'autres ministères les ont connues. La dispersion des juridictions sur tout le territoire et le faible effectif qu'il s'agissait finalement de récupérer — au maximum 200 hommes —, ne rendaient pas ces inspections rentables d'autant qu'à la fin de l'année 1915, les juridictions semblent être exsangues en personnel. En atteste cette remarque des chefs de la Cour de Rennes :

« Après un nouvel examen de notre ressort, nous avons pu procéder à une nouvelle organisation du service permettant de remettre messieurs Gouery, Pichot de Chamfleury et Le Huérou Kérisel à la disposition de l'autorité militaire. Nous avons trouvé trois magistrats disponibles, ils étaient nos ultimes réserves. » (1er décembre 1915)

Les ressorts dans lesquels les magistrats ont été remis à l'autorité militaire, avec une grande facilité, sont moins nombreux. A Caen, les choses semblent tout à fait simples, les chefs de cour ont même anticipé la loi Dalbiez en renonçant spontanément à la non-disponibilité dès le premier mois de guerre. Ils le rappellent lorsqu'ils sont sollicités dans le cadre de l'application de cette loi :

« Nous avons eu l'honneur de vous transmettre le 31 août 1914 la liste de tous les magistrats de notre ressort susceptibles d'être incorporés et de vous faire connaître que nous mettions tous les magistrats mobilisables, y compris ceux qui avaient été classés dans la situation d'indisponibilité, à la disposition de monsieur le ministre de la Guerre. »

A Grenoble, les chefs de cour manifestent une certaine désinvolture à l'égard des six magistrats concernés par la loi : « Tous ces magistrats portés sur cette liste peuvent être mobilisés sans préjudice bien sérieux pour le service judiciaire. » L'attitude est la même à Bourges où le procureur général détaille la combinaison par laquelle Mazel, procureur de la République à Clamecy, peut être remis à l'autorité militaire :

« Au cas où il serait incorporé en vertu de la loi du 17 août 1915, il pourrait être remplacé au parquet par monsieur Lacoste, juge du siège, faisant fonction de juge d'instruction, un juge de paix serait délégué pour remplacer ce dernier et le tribunal serait ensuite complété soit à l'aide d'un avoué, soit conformément à la loi du 5 août 1914. Par suite, le maintien en poste de monsieur Mazel ne nous paraît pas indispensable. » (30 août 1915)

Ces chefs de cour ont-ils été animés par un zèle patriotique particulier ? Ont-ils voulu servir leur carrière ? On peut le penser. Il est possible aussi que, dans certains cas, les sympathies ou antipathies envers les mobilisables aient influencé les décisions.

Bilan de la mobilisation

Quel fut en définitive le bilan de la mobilisation des magistrats ? En 1914, ils constituent un groupe professionnel restreint (3 850 magistrats et 2 800 juges de paix). Pourtant, il faut renoncer à connaître le chiffre exact de sa mobilisation car le flou domine pendant la guerre et persiste ensuite.

Selon les données du ministère de la Justice en date du 29 avril 1915, 679 magistrats ont été mobilisés. Une note du même ministère du 20 octobre 1917 indique que 900 magistrats ont été appelés sous les drapeaux depuis le début des hostilités, parmi lesquels 141 ont été maintenus en poste par l'effet de la loi de 1905 pour assurer le fonctionnement minimal de la justice, ce qui donne 759 départs. Pourtant, la même note indique que « la Chancellerie a été obligée de recourir au système du sursis ; le nombre de magistrats appelés à bénéficier de cette mesure, d'abord fort restreint a dû s'élever… il est actuellement d'environ 230. » Dans le discours à l'occasion de la très solennelle réinstallation de la Cour d'appel de Douai, le 21 décembre 1918, le ministre de la Justice reprend le chiffre de 900 magistrats sans distinction de situation. Il est facile de constater que les chiffres qui devraient être officiels ne concordent pas. Enfin, les premiers comptes généraux de la justice publiés après la guerre, s'ils mentionnent la mobilisation des magistrats, le font sans chiffrage, pour souligner qu'elle constitue l'une des causes de la désorganisation de la justice pendant la guerre. Cela vaut pour le rapport Bonnevay, qui introduit le 11 mars 1921 le Compte général de la Justice criminelle de 1919, aussi bien que pour le rapport Barthou qui introduit l'année suivante les Comptes de la justice civile et commerciale.

Que nous disent les autres sources ? Les ouvrages et revues de droit ne sont d'aucun secours. Albert Wahl est au premier rang de ceux qui devraient savoir puisqu'il est la cheville ouvrière de la *Revue trimestrielle de Droit civil* qui, pendant tout le conflit, commente les dispositions de la législation de guerre, notamment celles concernant les cours et tribunaux. Or, dans son *Droit civil et commercial de la guerre* paru en 1918, alors qu'il aborde les divers problèmes qui concernent l'organisation judiciaire, il se borne à relever le caractère « général » de la mobilisation, tel que, dans certains tribunaux, le personnel entier a été atteint. Il signale en outre que « beaucoup » de magistrats se sont engagés volontairement, ce qui selon lui n'a pas permis le maintien en poste prévu par la loi de 1905. Les données du ministère de la Justice, aussi approximatives soient-elles, nous enseignent que cela est faux. La source la plus pertinente nous est probablement fournie par l'Association amicale de la magistrature. Cette association, fondée en 1911, regroupe au moment de la guerre près de 2 000 adhérents soit près de 52 % des magistrats. On peut tenir qu'elle est sans doute mieux informée que le ministère dans la mesure où elle se préoccupe activement du sort de ses adhérents qu'ils soient mobilisés, blessés ou tués, d'autant qu'elle dispose d'un réseau de correspondants dans les différentes juridictions qui lui permettent d'éditer un bulletin trimestriel. Le chiffre de 724 mobilisés est annoncé lors de son assemblée générale du 8 avril 1915, soit un écart de 45 magistrats en plus par rapport au chiffre avancé à ce moment-là par le ministre de la Justice, ce qui n'est pas considérable.

Il est apparemment plus facile de mesurer la mobilisation des juges de paix, car le 11 janvier 1915 les procureurs généraux invités par le ministre de la Justice à les recenser ont répondu dans le courant du même mois. Un état synthétique fournissant le détail par cour d'appel a pu être élaboré à partir de leurs réponses. Ils sont, selon cette statistique, 284 en métropole.

Il faut se résoudre à des approximations qui nous conduisent à estimer que le nombre des magistrats ayant endossé l'uniforme a oscillé, selon les périodes, entre un minimum de 700 et un maximum de 900. Sachant qu'en raison du rapport entre l'âge et la carrière, le phénomène affecte probablement pour l'essentiel les juridictions de première instance qui comptent alors 2 230 magistrats, on peut avancer qu'entre un tiers et une petite moitié de ces magistrats ont été concernés. Il faut toutefois rappeler que la mobilisation doit aussi s'apprécier pour chaque juridiction et qu'à ce niveau, son incidence a pu être plus importante (ou d'ailleurs moindre) ainsi qu'en témoignent les appréciations des chefs de cour. Quant aux juges de paix, la mobilisation touche entre 10 et 15 % d'entre eux. Leur plus faible mobilisation s'explique par le fait qu'au regard de l'âge, ils constituent une catégorie plus hétérogène que les magistrats. On trouve parmi eux des juges d'un âge avancé — souvent d'anciens avocats, des politiciens en retraite ou écartés de la vie publique par le suffrage des électeurs —, qui ne sont pas mobilisables, à l'opposé de jeunes suppléants qui le sont.

Quant aux effets de la loi Dalbiez, force est de constater, au vu des chiffres, qu'ils n'ont pas été à la hauteur des espérances du commandement militaire, malgré la surveillance dont les magistrats ont fait l'objet de la part du ministère de la Guerre. En cela, ils ne constituent pas une exception car ainsi que le fait remarquer Charles Ridel[12], l'insuffisance des remplacements a bloqué les mesures de récupération prévues provoquant le départ de seulement 13 586 fonctionnaires après une année d'application de la loi, ce qui représente 34 % des fonctionnaires demeurés en sursis en 1914 et 4 % du total récupérations. La loi fut considérée comme un fiasco malgré les efforts déployés. Cela se vérifie encore davantage en ce qui concerne la magistrature, non parce que les magistrats ont constitué une catégorie spécialement protégée, bien au contraire, mais en raison des conditions légales d'accès à la profession, lesquelles rendaient inopérantes, sur le terrain, les modifications introduites par la loi Dalbiez relatives à la non-disponibilité, prévue par la loi de 1905, ou les rendaient très marginales.

En conclusion, bien que le phénomène soit difficile à apprécier, il ne semble pas que la mobilisation des magistrats et juges de paix ait été plus importante que celle des autres catégories professionnelles.

LA MOBILISATION DES AVOCATS

S'il est difficile de mesurer la mobilisation des magistrats, mesurer celle des avocats l'est plus encore en raison de la dispersion des sources qui, pour cette profession, sont constituées par les archives des barreaux auprès desquels les avocats doivent obligatoirement être inscrits pour exercer leur ministère. On compte environ 180 barreaux en 1914, ce qui correspond à peu près au nombre des chefs-lieux

[12] C. Ridel, *Les Embusqués*, Paris, Armand Colin 2007, p. 194-200.

judiciaires. Leur répartition sur tout le territoire rend la consultation systématique de ces sources impossible, quand bien même elles auraient été sauvegardées, ce qui est loin d'être le cas. Outre les guerres et autres événements préjudiciables aux archives, ne pèse sur les barreaux aucune obligation légale de conservation car ce sont des archives privées. D'autre part, la profession ne voit pas toujours leur intérêt comme le prouvent les conditions de stockage observées ici ou là. Enfin, dans certains barreaux, les bâtonniers ont gardé chez eux les lettres, notes et dossiers de leur bâtonnat, comme s'ils les considéraient comme des documents personnels. Ils ne les ont pas systématiquement remis à l'Ordre quand ils ont abandonné leurs fonctions. A cela s'ajoutent les difficultés de communication tenant parfois à la méfiance par rapport à ce qu'un chercheur pourrait trouver de négatif en termes d'image de la profession ou encore un parti pris de non-communication hors les membres de la profession, comme au barreau de Paris qui possède un archiviste bien qu'un adage prétende que « l'ordre n'a pas d'archives ».

Selon le Compte général de la Justice de 1913, l'effectif total des avocats inscrits pour l'année judiciaire 1913-1914 s'élève 7 311, stagiaires compris. La présente étude repose sur l'analyse directe des archives menée dans 7 des 26 barreaux de cours d'appel fournissant des chiffres de mobilisation et auprès de l'important barreau de Marseille, ce qui représente 3 472 avocats soit 44,6 % du total des avocats inscrits en France. D'autres sources (livres d'or, fascicules commémoratifs, presse locale et professionnelle, plaques commémoratives) ont permis de compléter cette étude quantitative et de croiser les informations. Ainsi, il a été possible, d'une part, d'apprécier la mobilisation du barreau de Paris, le plus important de France avec ses 2 484 avocats inscrits. D'autre part, à partir de données relatives à 5 956 avocats, soit plus de 80 % de l'effectif de la profession, d'évaluer à 3031 le nombre de mobilisés et d'engagés. Cela permet d'avancer un taux de mobilisation moyen de 50,89 %, soit un avocat sur deux. L'effet de la mobilisation sur les barreaux a donc été important, plus important que pour les magistrats car la profession comporte beaucoup plus de gens jeunes que dans la magistrature, à laquelle nombre d'entre eux d'ailleurs accèdent par la suite, et ils ne bénéficient pas du sursis d'appel prévu dans la loi de 1905. La mobilisation touche, en raison de l'âge, tous les stagiaires et le bas des tableaux.

Les vides causés par la mobilisation deviennent manifestes lorsque les vacances judiciaires s'achèvent. Le phénomène tend alors à être apprécié globalement, toutes professions judiciaires confondues, voire unies, dans la famille judiciaire, par ceux qui restent. Pour aussi importante qu'elle soit, la réalité de la mobilisation ne coïncide pas forcément avec les discours. Si on se fie à ces derniers, le barreau de Paris paie un tribut particulièrement important à la mobilisation. Or, ce n'est pas le cas au vu des chiffres. Il semble que ce soit le barreau de Rennes qui emporte la palme avec 87,77 % d'avocats mobilisés. Ils sont fort nombreux aussi à Limoges (70 %), tandis que le barreau de Paris est un peu au-dessus de la moyenne des barreaux avec 51,3 % de mobilisés et engagés. De telles disparités tiennent probablement davantage à l'âge moyen de ces barreaux qu'à un déferlement de patriotisme parmi leurs membres : plus les stagiaires étaient nombreux et le bas des tableaux composé d'avocats jeunes, plus la mobilisation a frappé.

REGARD SUR LES AUTRES MEMBRES DE LA FAMILLE JUDICIAIRE

Le fonctionnement judiciaire est impossible à envisager sans l'intervention des autres professionnels de la justice que sont les avoués, huissiers, greffiers, commis-greffiers, agréés, notaires, ainsi que le personnel administratif des juridictions. Ce sont des professions pour lesquelles les sources manquent ou sont muettes concernant la mobilisation, ce qui réduit le chercheur à une appréciation locale fournie éventuellement par la presse professionnelle et les revues judiciaires. Edgar Troimaux fait partie des rares auteurs à s'intéresser à la question. Dans son ouvrage *Le Palais de Justice pendant la guerre*, publié en 1919, il fournit des données précises pour Paris. A la Cour d'appel : 28 avoués mobilisés sur 51 soit 55 % et 9 membres du greffe sur 30, soit 30 %. Au Tribunal de la Seine : 90 fonctionnaires et employés du greffe et 76 huissiers sur 140 (54,3 %) et au Tribunal de commerce : 2 huissiers sur 3, 4 greffiers, 11 agréés sur 15 (73, 33 %) et 12 liquidateurs judiciaires. La *Gazette des Tribunaux* nous permet de compléter ces données par le chiffre de mobilisation de 89 avoués auprès du tribunal civil, en août 14.

Leur statut particulier conduit à détacher ceux que l'on dénomme les avocats aux conseils des avocats classiques. Ces officiers ministériels exercent leur ministère au sommet de la pyramide juridictionnelle française. Ils bénéficient du monopole de la représentation des parties devant la Cour de cassation et le Conseil d'Etat. Catégorie discrète et peu nombreuse - l'Ordre compte soixante membres -, son renouvellement s'effectue par la transmission de la charge et repose largement sur la parenté et les alliances. L'Ordre, inspiré dès 1914, par le souci de préserver la mémoire de l'événement, a consigné le maximum de renseignements concernant les répercussions de la guerre sur ses membres et leur famille. Ses archives établissent que 34 avocats aux conseils (57 %) ont été mobilisés[13].

Pour lacunaire que soit son évaluation, la ponction opérée par la mobilisation au sein des professionnels de la justice laisse entrevoir partout des dysfonctionnements de l'activité juridictionnelle, en amont comme en aval du prétoire.

[13] Liste des membres de l'Ordre partis aux armées, document transmis par Jean Barthélémy, président honoraire de l'Ordre des avocats au Conseil d'Etat et à la Cour de cassation. Qu'il en soit vivement remercié.

CHAPITRE 2

AVOCATS ET MAGISTRATS SOUS L'UNIFORME

Au cours de la guerre, environ 8 700 000 hommes ont été mis à la disposition de l'armée française. Toutefois, apprécié dans sa simultanéité, l'effectif des mobilisés n'a jamais dépassé les 5 millions d'hommes et tous ne se sont pas battus. Les effectifs combattants de l'armée française oscillent entre 2 et 3 millions de soldats pour tous les fronts [14], les « baïonnettes actives » de la première ligne représentant à peu près 1 245 000 hommes[15].

Qui sont ces hommes que l'on envoie au front ? Il s'agit d'abord des soldats de l'armée active incorporés au titre du service militaire de 3 ans et des engagés, quel que soit leur âge. Pendant la Grande Guerre, la réserve de l'armée active participe aussi aux combats. En revanche, les territoriaux et les réservistes de la territoriale sont à l'arrière du front ou dans les emplois militaires de la zone intérieure. Le rapport des combattants aux non-combattants évolue à la baisse au cours de la guerre. De 85 % au 1er mai 1915, il passe à 77 % au 1er juillet 1916, puis à 73 % au 1er octobre 1917 et à 64 % au 1er octobre 1918. En principe, l'affectation dépend uniquement de la classe, mais d'autres paramètres interviennent au fil de la guerre comme le nombre d'enfants, la situation de veuf, le fait d'avoir perdu des frères ou des fils au combat. Enfin, il existe des affectations spéciales dans les multiples services auxiliaires, lesquelles sont souvent suspectées d'être réservées aux mobilisés issus de familles aisées qui ont fait jouer des relations et de constituer un « foyer d'embusquage ». Territoriaux et affectés spéciaux, bien que portant l'uniforme, ne courent pas de risque véritable et peuvent même parfois mener une vie presque « civile » à proximité de leur domicile.

---

[14] Le maximum de mobilisés est de 4 978 000 hommes au 1er juillet 1917, A. Corvisier, *op.cit.*, p. 297-298. Les combattants sur le front Ouest oscillent entre 1 688 000 (1er octobre 1918) et 2 234 000 (1er juillet 1916) : J.-J. Becker et G. Krumeich, *La Grande Guerre. Une histoire franco-allemande*, Paris Tallandier 2008, p. 135.

[15] J.-B. Duroselle, *La Grande Guerre des Français 1914-1918*, Paris 1994, p. 347.

Les sources qui permettent de connaître les affectations et le comportement des avocats pendant le conflit sont abondantes : lettres, témoignages, livres de souvenirs, articles rédigés pendant et après le conflit. Les avocats disposent, en outre, de porte-voix en la personne des bâtonniers, lesquels sont les instigateurs de nombreuses commémorations dès avant même la fin du conflit. Dans les discours prononcés au cours de ces cérémonies, souvent publiés, les bâtonniers livrent le récit des expériences de guerre collectées dans la correspondance reçue de leurs confrères mobilisés. Les magistrats ont laissé moins de traces. Habitués à respecter un devoir de réserve, ils n'expriment leur vécu militaire qu'en privé, dans des journaux intimes ou dans leur correspondance. Ces témoignages sont rares, car seul le hasard les amène entre les mains de l'historien. Tel est le cas des lettres adressées tout au long du conflit à sa famille par Pierre Léris, juge d'instruction à Brignoles en août 1914.

La plupart des magistrats et avocats mobilisés vont être affectés à une unité combattante. Ils partageront au front l'expérience et le sort des autres mobilisés. Fort logiquement, certains seront appelés à jouer un rôle dans la justice militaire rendue par les différents conseils de guerre de l'arrière et du front. Plus étonnantes sont sans doute les expériences de guerre qui portent quelques-uns à assurer des missions hors des frontières jusqu'à relever de la haute diplomatie. Ainsi, sous l'uniforme, les parcours de guerre ont pu s'avérer très différents.

L'EXPERIENCE COMBATTANTE

Officiers et sous-officiers d'infanterie

Est-il possible de dresser le portrait type des membres de la famille judiciaire sous l'uniforme ? Les documents officiels, lacunaires sur les effectifs de la mobilisation, ne fournissent pas d'informations sur les affectations. Au fil de la lecture des sources professionnelles, ces hommes nous apparaissent en majorité gradés : officiers subalternes (le plus souvent lieutenant) ou sous-officiers, et versés dans l'infanterie. Il est assez logique qu'appartenant à l'élite sociale du pays, avocats et magistrats soient souvent officiers. Statistiquement, l'affectation à l'infanterie est tout aussi logique puisqu'elle réunit près des deux tiers des combattants en 1915[16]. Ce sont les documents commémoratifs qui nous permettent le mieux d'approcher l'expérience combattante des magistrats et des avocats. Ainsi, pour les avocats, nous disposons notamment des informations fournies par le Livre d'Or du Barreau de Paris qui donne 208 indications d'affectation à un régiment et 220 positionnements hiérarchiques sur un total de 229 notices, représentant la presque totalité des morts de ce barreau (231). Les résultats de cette analyse se trouvent confortés par ceux qui émanent de la consultation de documents semblables, menée dans les barreaux de province sur des échantillons statistiques moins importants. Il ressort de ces données parisiennes, que l'on peut raisonnablement élargir à l'ensemble de la profession, que 98 % des avocats sont mobilisés dans l'armée de terre et 80 % dans l'infanterie, 90 % d'entre eux étant officiers ou sous-officiers (dans la proportion respective de 62 % et 28 %). Les grades les plus fréquents sont lieutenant et sous-lieutenant (46 %). On relève 13 % de capitaines[17]. Un sur sept est simple soldat. Pour les magistrats et juges de paix, nous disposons d'une liste nationale des morts de tous les ressorts, publiée dans *l'Annuaire de la Magistrature*. Elle nous donne 93 indications d'affectation militaire et de positionnement hiérarchique. A presque 100 %, les magistrats et juges de paix sont affectés dans l'armée de terre et à 83 % dans l'infanterie[18]. Quant aux grades, on relève 81 % d'officiers et sous-officiers (respectivement 46 % et 35 %), un sur dix est capitaine, un tiers est lieutenant ou sous-lieutenant, un sur quatre sergent, un sur six simple soldat. Dans l'ensemble, les avocats semblent un peu plus gradés que les magistrats, toutefois, l'affectation à une arme et le positionnement hiérarchique se révèlent à peu près identiques. Elles conduisent les uns et les autres, sous réserve d'une affectation spéciale, en première ligne. Appelés à diriger les assauts, ils sont exposés à des périls souvent supérieurs à ceux des hommes qu'ils dirigent.

---

[16] Cette proportion diminue au cours du conflit pour être réduite à 1 sur 2 en octobre 1918 en raison de la part croissante prise par l'artillerie (moins d'un combattant sur cinq au début de la guerre, plus d'un sur trois à l'automne 1918). La cavalerie mobilise peu de combattants, mais leur nombre reste stable (environ 4 % des combattants).

[17] Les proportions sont données par rapport à l'ensemble des avocats de l'échantillon.

[18] 4 % dans l'artillerie.

De la guerre imaginée à la guerre vécue

On distingue, d'un côté, l'expérience authentique des combattants et, d'un autre côté, leur vécu tel qu'imaginé par leurs pairs plus âgés qui, durant tout le conflit, à l'arrière, rêvent d'une guerre à la mode d'autrefois. Un autrefois assez insaisissable dans le temps où se mêlent les chevaliers, les soldats de l'an II, Dieu, la Patrie, Jeanne d'Arc, Saint-Louis, La Tour d'Auvergne, tous incorporés dans une croisade de la civilisation incarnée par la France contre la barbarie caricaturée en un amalgame de « Germains-Allemands-Huns-Teutons » que personnifie le Kaiser Guillaume II. La divergence entre le vécu-réalité des combattants et le vécu-imaginé de l'arrière creuse un fossé tel qu'il empêche les premiers de s'exprimer par crainte de n'être pas crus, pour protéger les proches de la violence de la guerre, mais aussi par patriotisme. Si pour tous les combattants de la Grande Guerre, l'arrière est psychologiquement un poids, le fardeau est encore plus lourd à porter pour cette élite judiciaire dont un comportement hors du commun est attendu parce qu'il s'agit d'une guerre du droit. Alors que l'on cherche toujours à comprendre comment les belligérants ont pu supporter aussi longtemps un conflit terrible, mené sans aucune trêve dans des conditions de combats défiant l'imagination, on peut avancer que la recherche de la conformité au modèle construit par les attentes de l'arrière a pu forger bien des comportements.

Un des traits de la Grande Guerre est d'avoir engendré énormément d'écrits. Ils abondent sous des formes variées. Au cours des années de lutte, un flot ininterrompu de lettres relie les combattants et leurs proches. Quatre millions de lettres ont été envoyées chaque jour du front pour la seule année 1915 et on les estime à dix milliards pour toute la durée de la guerre[19]. Le magistrat Pierre Léris adresse chaque jour une carte, doublée souvent d'une lettre, à ses parents, en plus de celles qu'il envoie à sa fiancée et à ses relations. La plume des avocats a laissé plus de traces que celle des magistrats. Ils écrivent régulièrement à leur bâtonnier, lequel lit ensuite les missives reçues lors des séances des conseils de l'Ordre, ce qui donne lieu à

[19] Baconnier, Miner et Soler, *La plume au fusil*, Toulouse 1985, p. 29.

consignation dans les registres de délibération. Certaines familles ont parfois confié au barreau la correspondance du héros tombé comme s'il s'agissait de reliques ou les ont éditées. Enfin les discours prononcés au cours des cérémonies commémoratives et les différentes brochures du souvenir sont émaillés d'extraits prélevés dans les lettres transmises par les familles pour la circonstance. En revanche, nous ne trouvons que peu de traces des nouvelles que les magistrats adressent parfois à leurs chefs de cour. Alors que chez les avocats, le bâtonnier représente une figure paternelle, chez les magistrats, le lien hiérarchique l'emportant, les chefs de cour sont des figures d'autorité auxquelles ils ne s'adressent qu'avec déférence, car de leur bienveillance dépend leur inscription au tableau d'avancement.

Les lettres remplissent plusieurs fonctions. Il s'agit d'abord, pour les mobilisés, de signifier qu'ils sont toujours en vie et bien portants. Elles permettent aussi de meubler les longs moments de désœuvrement qui, au front, plongent les hommes dans le cafard. Elles ne racontent cependant pas le vécu réel des combattants, ceux-ci cherchant avant tout à rassurer les destinataires. Sans doute aussi sont-ils incapables de mettre des mots sur l'horreur d'une expérience que l'arrière n'est pas en mesure de comprendre, encore moins de partager. Enfin, l'activité inquisitrice des services du contrôle postal, connue des soldats, limite les épanchements. Les carnets et journaux de guerre, rédigés au fil des événements, sans souci de communication immédiate, ne présentent pas les inconvénients de la correspondance privée. Le milieu judiciaire a parfois procédé à des éditions de ces carnets pour transmettre le message du vécu ou perpétuer la mémoire d'un mort. Ainsi dans *L'Assaut*, publié en 1917, Georges Boucheron, avocat à Paris, livre au public le contenu d'un carnet tenu pendant les 36 premiers jours de la guerre. Paul Tézenas du Montcel, avocat à Saint Etienne, fait paraître en 1925 son journal tenu d'octobre 1914 à avril 1917 sous le titre *Dans les tranchées*, tandis que l'avocat lorrain André Kahn publie son *Journal d'un juif patriote*. Ces textes diffèrent profondément du courrier adressé aux proches, car la publication poursuit un autre objectif : témoigner en portant à la connaissance de l'arrière, la réalité horrible et absurde de la guerre, même si les auteurs s'accordent à dire que leur expérience est incommunicable à qui n'a pas connu l'horreur des tranchées. Ces écrits révèlent notamment l'évolution personnelle des avocats combattants au fur et à mesure des mois et des années de guerre. Le fléchissement de leur moral s'y exprime sans fard, comme leurs souffrances et l'incompréhension de ceux qui voient la guerre de loin. La perception des premières semaines de la guerre est alors remise en cause et s'accompagne de critiques des différents niveaux de commandement et de tous ceux qui développent, à l'abri dans leur intérieur douillet, des discours nourris d'images faciles. Les combattants qui s'expriment ainsi ne sont en rien des défaitistes ou des opposants à la guerre. Ils peuvent souvent exhiber les citations et médailles qui récompensent leur bravoure.

Dans l'immédiat de l'expérience combattante, l'exercice qui défoule le plus les combattants, sur le plan de l'écriture, semble être leur participation aux journaux de tranchées. Ce phénomène a été étudié par Stéphane Audoin-Rouzeau qui relève cinq avocats parmi les 75 rédacteurs dont il a pu identifier la profession, mais il n'a trouvé aucun magistrat ni juge de paix[20]. Ces journaux, apparus avec la stabilisation du front à la fin de l'année 1914, outre qu'ils permettent de meubler l'attente, de rompre l'isolement en renforçant les liens entre soldats et d'entretenir le moral, participent d'un rejet de l'information officielle. Ils s'inscrivent en réaction à la presse civile qui colporte patriotiquement nombre de mensonges dont les soldats du front alternativement se moquent et s'irritent. Parmi les rédacteurs, deux avocats ont prêté leur plume à deux journaux célèbres. François Latour, avocat à la Cour d'appel de Paris, dont *L'Echo des Marmites* se plaît à souligner « la bonne humeur frondeuse », rédige dans chaque numéro l'article de tête. Eugène Nolent, qui, avant de devenir avocat, fut le secrétaire de Maurice Barrès, écrit dans *L'Echo des tranchées* jusqu'à sa mort au front.

D'autres avocats ont préféré s'exprimer à travers la forme plus élaborée du récit. Leur vécu passe alors au prisme de la construction littéraire pour emprunter à la fiction. Dans *Totoche*, Charles-Maurice Chenu raconte la guerre telle que la vit un chien allemand qui, fait prisonnier par des soldats français, suit les événements en tank[21]. Sans doute faut-il à cet avocat parisien le détour de l'animal pour créer la distance qui lui permet d'oser se placer dans la peau de l'ennemi afin d'afficher le scepticisme profond que les années de guerre ont laissé en lui. La figure de son père, Charles Chenu, le célèbre bâtonnier, chantre du patriotisme au Barreau de Paris, dont l'ouvrage *De l'arrière à l'Avant*, publié en 1916, pourfendait toutes les formes de défaitisme, n'est sans doute pas étrangère au détour littéraire

[20] S. Audoin-Rouzeau, *14-18 Les combattants des tranchées*, Paris A. Colin, 1986.
[21] C.-M. Chenu, *Totoche, Journal d'un chien à bord d'un tank*, Paris 1935.

qu'emprunte son fils. L'avocat conclut son récit avec amertume : la guerre finie, le chien retourne au pays et épouse Miquette qui ne partage en rien son passé. L'auteur est donc convaincu qu'aucune leçon ne sera tirée du cataclysme et le retour parmi les civils, loin de correspondre au bonheur attendu, s'avère finalement douloureux. L'animal, précocement vieilli par la guerre, exprime l'ampleur du désarroi et de la déception des anciens combattants. Certains avocats ont préféré les vers pour exprimer leur expérience. Les avocats ont alors d'eux-mêmes une opinion très flatteuse. Ils s'estiment non seulement gens épris de culture, mais aussi créateurs. Cependant leurs « œuvres » d'avant-guerre, dont l'audience n'a jamais dépassé le Palais, sont du plus pur académisme. Même si les revues judiciaires, dans les chroniques écrites par des confrères, jugent toujours leur production excellente, la postérité n'a consacré personne parmi ces auteurs. En revanche, les écrits de guerre qu'ils nous ont laissés, même s'ils ne peuvent être rangés au rang des chefs-d'œuvre du genre, nous semblent plus authentiques et donc plus forts. La nécessité de l'expression et le contenu du message l'ont emporté sur l'exercice de style. Ecrire est pour ceux qui s'y livrent un élément de la survie. Fernand Mouquin est sans doute celui qui demeure, très relativement d'ailleurs, le moins inconnu pour plusieurs raisons. La première tient à sa longévité. Né en 1888, il est mort en 1992 à l'âge de 104 ans après avoir combattu au cours des deux guerres mondiales. La seconde tient à sa vie professionnelle et sociale : docteur en droit, licencié ès lettres, diplômé de sciences politiques, secrétaire de la conférence en 1920, ancien membre du Conseil de l'Ordre, il a été, pendant de longues années, président du groupe des Anciens Combattants du Palais. Maniant le crayon à ses heures, il s'est plu à représenter confrères et magistrats. Enfin, Ferdinand Mouquin, a prêté ses traits au sculpteur Barthomé, sculpteur du poilu agenouillé devant la France victorieuse du monument érigé aux membres de la famille judiciaire morts pour la patrie dans la salle des pas perdus du Palais de Justice de Paris. Son recueil de poèmes de guerre s'intitule *Dans la Mêlée*. Loin des élans pompiers des affrontements qu'il ne dépeint pas, il évoque à travers le tissu du quotidien et des rêves des combattants, l'univers misérable des tranchées. Les héros vivent dans des cloaques, dans les ordures, ils ont froid, ils ont peur. Le thème de l'eau est omniprésent : l'eau sous toutes ses formes : pluie, flaques, inondations, larmes et sueur de l'angoisse. Ses poèmes « Nieuport », « L'Yser », « Parce Domine », « Le Guetteur », « Relève » montrent des soldats sculptés dans la glaise, figés par la boue qui repeint les casques et change la couleur de la capote. On ne trouve nulle trace de la mort glorieuse, à la façon des images d'Epinal, qui émaillent les discours officiels : la mort du soldat est solitaire et misérable.

La pression psychologique du milieu

Aller au combat, offrir sa vie pour le droit et la justice, partager le sort des autres combattants, la posture psychologique que veulent extérioriser les juristes au début de la guerre tient en deux mots : citoyenne et patriotique. Jules Jeanbernat de Ferrari-Doriat, avocat à Aix, part « le visage rayonnant » nous dit un de ses confrères. Son enthousiasme n'est guère partagé par Charles-Maurice Chenu lorsque, rétrospectivement, il revit son départ :

« Je m'embarque demain… je n'aurai pas le temps de m'affaiblir dans les regrets, de m'attendrir sur ma vie perdue… Nous nous quittons presque silencieusement ; nous avons peur que les souhaits nous portent malheur… dans Paris, je m'agglomère à la foule silencieuse. Pas de cris, pas de bravades. Un seul « A Berlin » écrit à la craie ».

La suite du récit fait état des carences de l'armée, des petits chefs, des ordres et contre-ordres, du soldat qui n'est qu'un objet. Le sang est partout, la mort et les blessures sont sans gloire[22]. Ces lignes sont publiées en 1932, l'auteur les aurait-il rendues publiques dès le conflit ? Rien n'est moins sûr. Rares sont en effet ceux qui, parmi nos juristes, échappent à la pression psychologique de leur milieu, aux attentes de l'arrière et à la représentation que beaucoup ont d'eux-mêmes.

L'article que publie en 1916, Joseph Imbrecq, avocat à la Cour d'appel de Paris, de retour à l'arrière après avoir été brièvement mobilisé, fournit un bon exemple de la pression exercée sur les avocats partis à la guerre. Il s'intitule « L'avocat aux armées ». Imbrecq voit dans le nuage de ses pensées comment chaque confrère incarne l'Avocat et édicte une sorte de bréviaire de bonne conduite au front :

« Dans ses marches vers le front alors que déjà grondera la voix du canon, que chacun de ses pas lui fera entendre plus forte, il traversera

---

[22] C.-M. Chenu, *Du Képi rouge aux chars d'assaut*, Paris 1932.

des contrées dévastées. Son cœur s'émouvra à la vue de ces ruines, de ces maisons incendiées ou apparaissent quelquefois des carcasses tordues de lits d'enfants ; et si les victimes de tant d'épreuves, parmi lesquelles peut-être ses compagnons de route, sollicitent de lui un remède à leurs peines, il devra pouvoir leur faire connaître les décrets relatifs à la constatation et à l'évaluation des dommages résultant des faits de guerre. »

Au front, l'avocat n'est donc pas seulement un combattant, il reste le professionnel dispensant généreusement sa science du droit indépendamment de l'hostilité de l'environnement. Il ne doit pas oublier qu'il appartient à une élite :

« Aux premières lignes, il s'apercevra bientôt que sa connaissance des hommes et le prestige de son éducation et de son instruction lui confèrent une heureuse influence. Il trouvera dès lors, quand il y aura lieu, les paroles nécessaires pour relever le moral de sa troupe, et du verbe employé, il saura faire un excellent adjuvant de la discipline. »

L'avocat n'est-il pas mieux préparé que quiconque à l'affrontement ?

« A l'heure du combat, il revivra instinctivement les luttes ardentes de sa carrière, se rappelant que pour vaincre il faut savoir allier à la fougue juvénile le sang-froid et la prudence de l'âge mûr, apte à déjouer les feintes de l'ennemi, sachant, après l'avoir laissé s'user et se prodiguer, lui asséner au bon moment ce coup final qui à la guerre correspond à l'argument décisif. »

Cette littérature révèle toute la distance qui sépare les combattants de ceux qui, à l'arrière, rêvent à haute voix leurs actions. Ce fossé entre la réalité du vécu et l'idée que s'en font (ou veulent s'en faire) les proches, loin du front, n'est pas propre au milieu qui nous intéresse, mais il semble plus profond en raison de l'usage permanent, dans le monde du Palais, d'un discours amplificateur de représentations mentales par ailleurs communément partagées.

Tout au long du conflit, le milieu judiciaire va renvoyer l'image de morts nobles en aseptisant et, plus encore, en esthétisant la guerre. Ainsi, la blessure fatale ne touche pas n'importe quelle partie du corps mais le front ou le cœur, frappant ainsi l'intelligence et le courage. La mort est toujours rapide et nette. Aucun corps déchiqueté par les obus et dont on ne retrouve que des lambeaux. Ce déni de la réalité est flagrant dans l'évocation de la mort d'un avocat toulousain, Malric, tué au Chemin des dames en 1917. Le registre des délibérations du Conseil de l'ordre de Toulouse nous montre ce dernier particulièrement avide de détails concernant la mort de ses avocats au front. On y trouve recopiés des extraits de lettres, des dires de témoins, des textes de citation, des articles de journaux. Le 12 novembre 1917, ce registre nous livre, selon les sources, trois versions différentes de la mort de l'avocat à quelques lignes d'intervalle. Entre la mort par balle, par bombe ou par torpille, le Conseil opte pour la première hypothèse bien qu'elle soit contredite par d'autres informations. Le Conseil choisit la mort la plus esthétique, tel est d'ailleurs le cas pour presque tous les avocats toulousains, lesquels sont le plus souvent tués d'une balle en plein cœur. Si les combattants ne meurent pas immédiatement, leur agonie est exemplaire et, sous la plume de leurs confrères de l'arrière, ressemble à une mort d'opéra. Les discours prononcés au cours des commémorations regorgent d'exemples. Avant de rendre le dernier soupir, ils sont capables de donner des ordres et de proférer des paroles conformes aux attentes patriotiques. Ainsi, le bâtonnier de Grenoble fait-il dire à Paul Benoit Cattin, mortellement blessé dans les Vosges à la tête de sa section : « En avant mes amis et vive la France ». Peu importe que le contexte se prête mal à ces mots. Le bâtonnier d'Angers invoquant Maurice Durand, avocat de son barreau, qui a reçu une balle dans la bouche à Ypres, le fait parler pendant la demi-heure de son agonie pour encourager ses hommes. Le bâtonnier lyonnais, René Garraud, décrit un avocat frappé à mort qui se relève et qui, comprimant sa blessure, use de ses dernières forces dans le geste héroïque du chef pour s'écrier « en avant ». Au-delà de la mort, le bâtonnier de l'Ordre de Nîmes, Daudet, décrit la position de son fils, Louis, inscrit au même barreau : «Le cadavre raidi, un bras lancé en avant, avait conservé une attitude de combat ». Sa conclusion qui porte sur les huit avocats du barreau de Nîmes dont on commémore la disparition, résume les attentes de l'ensemble du milieu judiciaire français : « Nous ne voudrions pas que vous ne fussiez pas morts ainsi »[23]. Tenir un langage différent, avouer la peur, l'absence de gloire de la plupart des actions, le gâchis des vies reviendrait à se mettre au ban du milieu. Loin du front, dans les palais de Justice, tout au long du conflit et ensuite, les discours des magistrats et plus encore des avocats expriment leurs attentes d'une guerre glorieuse et esthétique fort éloignées des réalités quotidiennes du front.

[23] Discours de commémoration, Assemblée générale du barreau de Lyon 23 décembre 1920, Angers 29 décembre 1919 et Nîmes, 2 octobre 1919.

Le devoir, la patrie, la foi et le droit

Pétri des valeurs de son milieu, il est étudiant en droit et fils d'un membre honoraire du Conseil de l'Ordre des avocats au Conseil d'Etat et à la Cour de cassation, Jean Bernier exprime dans *La Percée*, publiée en 1920, le poids des représentations de la famille judiciaire de l'arrière :

« Nous savons qu'on nous ignore, que l'idée qu'on s'est forgée de nous au début est définitive, que nos actes, notre vie doivent se conformer à cette idée et non procéder d'eux. Nous étouffons sous le voile opaque qu'on a jeté sur nous. Nous voyons bien qu'il n'est pas possible à la vérité de le percer, qu'on en a peur… Si l'arrière ne comprend pas la guerre, à quoi sert-elle alors notre vie de fantassin, hors le fait que les Allemands ne doivent pas passer ? Oui, à quoi sert-elle pour après si on en fait de si belles phrases ? »

Le livre sera à sa parution l'objet de virulentes critiques. Pourtant, il traduit bien un sentiment partagé car, à l'opposé des envolées des juristes de l'arrière, les écrits des combattants expriment sobrement le sens du devoir qui anime la plupart d'entre eux, tout en attestant que la guerre n'est pas un jeu comme certains le pensent : « Je mentirais si je disais que je m'amuse, mais je ne donnerais pas ma place pour un empire », confie Raoul Recoura, avocat à la Cour d'appel de Grenoble en août 1914, alors qu'il se bat en Alsace[24]. On trouve semblable attitude chez Paul Tézenas du Montcel. Cet ancien bâtonnier du barreau de Saint-Etienne, surtout connu pour avoir défendu Esterhazy dans le procès Dreyfus, a 50 ans en 1914. Non mobilisable, il s'est engagé et a demandé à partir au front. Il s'y couvre de gloire, comme l'attestent ses citations, et son jugement ne saurait être suspecté de défaitisme. Il désapprouve Barbusse qui ne montre dans *Le Feu* que les horreurs de la guerre, sans parler de « l'héroïsme et de la beauté morale des sacrifices ». « Nous vivons, dit-il, en réalité sur une autre planète que les gens de l'intérieur… Les questions politiques, même les questions religieuses, n'offrent plus pour les soldats que nous sommes devenus, aucun intérêt. » En comparaison du front, l'atmosphère de Saint-Etienne lui semble « irrespirable » même s'il a

[24] Lettre citée dans le discours prononcé à Grenoble, le 23 décembre 1920, à l'occasion de l'inauguration de la plaque commémorative.

perdu ses illusions sur l'héroïsme : « Je mentirais si je disais qu'après sept mois de guerre, j'ai toujours la belle ardeur du début ».

Les avocats au front ne sont donc pas, ou ne demeurent pas, imprégnés des valeurs prônées par leur milieu au point de perdre tout esprit critique. Ces paroles sincères expriment l'amertume, une profonde tristesse, mais ne remettent pas en cause la participation à la guerre. Jamais Tézenas du Montcel ne revient sur son engagement, car le sacrifice est consenti pour la défense de la patrie.

La guerre survient alors que le pays se calme à peine des querelles qui l'ont fortement divisé sur les congrégations et sur la laïcisation de l'Etat. Il ne manquait pas de voix dans les milieux catholiques conservateurs pour clamer que Dieu avait voulu punir une France engagée sur la voie de l'athéisme. Dès le premier jour de la guerre se réalise pourtant l'Union sacrée portée par le message de l'avocat-président Poincaré lue devant la Chambre et le Sénat réunis par l'avocat Viviani. L'expression autorise dès lors la référence au registre religieux dans une France encore marquée par les combats qui ont abouti à la laïciser. Le message est bien reçu dans les milieux judiciaires où, pour nombre de combattants, l'abandon à la volonté de Dieu double le patriotisme. Ainsi faut-il comprendre les termes de la lettre que Louis Deloume, avocat au barreau de Toulouse, adresse, quelques jours avant sa mort, en septembre 1915, à sa famille :

« Nous sommes prêts à marcher, je suis décidé à faire mon devoir jusqu'au bout. J'ai fait tous les sacrifices, faîtes-les comme moi d'un cœur et d'une âme de vrai Français. Quand ma lettre vous arrivera, tout sera peut-être fini pour moi. Je viens de me recommander à Dieu. Je suis tranquille. Priez pour la France. Priez pour nous.[25] »

Une autre justification est apportée aux sacrifices : celle du combat pour le Droit. La guerre s'analyse en un procès : le procès de la barbarie, dont la victoire sera le jugement, le tribunal étant celui du monde. Menée contre la force brutale, elle est juste. Les combattants de la famille judiciaire partent, plus encore que les autres, avec la certitude de défendre le droit et la justice. Elle émaille le discours du milieu tout au long du conflit. Lorsqu'il s'achève, le thème du soldat du droit est encore amplifié car il contribue à consoler en donnant plus de sens à la mort. Le discours du bâtonnier Patry, du barreau de

---

[25] Registre du Conseil de l'Ordre de Toulouse, séance du 20 mars 1916. Archives du Bde Toulouse.

Limoges, prononcé le 8 novembre 1919, lors de l'inauguration de la plaque commémorative de la bibliothèque de l'Ordre est à cet égard explicite. Il s'adresse aux morts :

« Elevés dans le mépris de la force, dans le culte de la justice, en posant la toge pour prendre la vareuse du soldat, vous continuiez votre tâche. C'est le droit que vous défendiez, non plus devant les Cours et Tribunaux, mais au tribunal du monde qui a jugé cette guerre. »

En croisant les références laïques (la Patrie, le Droit) et religieuses (le caractère sacré de la lutte, l'appel à Dieu), le conflit tourne à la croisade et la victoire s'apparente à une ordalie. Le jugement de Dieu renforce la victoire du Droit incarné par la France laïque. Ces thèmes sont omniprésents dans les discours commémoratifs prononcés dans le milieu judiciaire, pendant et après le conflit.

Lucidité et amertume du combattant aguerri

Les combattants de la famille judiciaire ne vivent pas la guerre que les plus lyriques d'entre eux ont imaginée. Trop longue, elle a usé les plus enthousiastes. L'amertume, sentiment partagé par l'ensemble du monde combattant, domine après l'armistice chez les combattants du monde judiciaire. Non seulement la guerre les a toujours meurtris psychologiquement, souvent dans leur chair, mais au retour, ils prennent conscience que l'arrière qui encensait leurs exploits, a banalisé la guerre et ne leur réserve la place due aux héros que dans les discours. Des mots, ils sont las. Pierre-Louis Rivière, avocat à la Cour d'appel de Paris, a combattu. En 1919, le directeur de la *Revue Hebdomadaire* lui demande de parler de sa guerre dans le cadre d'une enquête qu'il réalise sur la perception qu'ont pu en avoir les différents milieux professionnels. L'introduction qu'il rédige, sous le titre « Le Palais et la guerre », informe sur les intentions de l'auteur qui entend s'exprimer avec franchise au risque de paraître brutal et de rompre avec la bienséance verbale qui sied au milieu : « Quatre années de guerre m'ont fait oublier l'art d'arrondir les périodes et de tresser des guirlandes ». Il veut évoquer ce qu'il a vécu sans détour, sans forme, sans références littéraires, dit-il, à Vauvenargues ou à Vigny. Loin des *Servitude et grandeur militaires*, il s'attache exclusivement aux réalités concrètes de la guerre.

Certains propos ont été véhéments bien avant la fin du conflit et il n'est pas si étonnant qu'ils émanent de ceux qui furent les plus ardents à l'origine. Ayant rêvé la guerre, leur déception est plus grande. Jeune avocat au barreau de Reims et poète à ses heures, Raymond Jubert a 25 ans en 1914. Son témoignage est d'autant plus intéressant qu'il émane d'un combattant nourri d'un imaginaire de la guerre qui l'a rendu enthousiaste aux premières heures. Réformé et ne voulant pas rester en dehors des grands événements, il cherche d'abord à se rendre utile dans une ambulance de Charleville, avant de contracter un engagement. Il part pour le front en 1915 et se couvre de gloire : trois citations et la Légion d'honneur. Dans *Verdun*, publié en 1918, après sa mort, il avoue son évolution :

« J'imaginais le rôle magnifique du fantassin, l'héroïsme en action tous les jours, l'âpre joie du combat, le risque auquel on se prétend supérieur et qu'on veut maîtriser, le premier rôle brillant… j'ai bien changé d'esprit.»

Il expose alors comment la guerre a dégrisé son imagination et l'a rendu authentiquement humble. En témoignent ces lignes :

« C'est la plus grande tristesse de cette guerre qu'elle ne parle pas à l'imagination ; elle ne s'aide point des élans du cœur ; elle nous réduit aux frissons de la chair. L'honneur, cette exaltation hautaine de soi, et qui s'imposait aux autres, n'entre pas dans son cadre : dès lors rebuté d'idéal, l'esprit peut-il se distraire de la mort ? ».

Il ajoute :

« Après vingt mois d'une lutte où j'ai failli mourir vingt fois, je n'ai pas vu la guerre comme on l'imagine. Non pas ces grands tableaux tragiques, aux coupes larges, aux couleurs vives, où la mort serait une touche, mais de ces petites scènes douloureuses et, dans des coins obscurs, de petits amas où l'on ne distinguait point si la boue était chair ou si la chair était boue.»[26]

Sa conclusion est sans appel : « la guerre est une mascarade » qui n'exige que des actes médiocres, si grandiose, reconnaît-il, qu'ait été son but. Mais finalement, ce n'est pas tant la guerre que les mots dont l'arrière continue à faire usage pour l'évoquer et pour glorifier leurs actions à travers le haut commandement qui irritent ce combattant. Jubert, rompant avec la déférence naturelle de son milieu envers l'armée, dédicace son ouvrage aux généraux Castelnau, Pétain et Nivelle :

« Que ceux qui sont loin du combat ne nous travestissent pas par leur imagination ! Qu'ils ne songent point à décrire des états d'âme où

---

[26]R. Jubert, *Verdun*, Paris 1918, p. 169.

ils n'entrent point et où ils n'ont pas droit de visite ! Qu'ils nous laissent la vérité et le bénéfice d'un esprit que nous payons de notre sang ! »

La virulence des termes de la dédicace choque tellement sa famille, religieuse et conservatrice, qu'après la mort de l'avocat en 1917, elle décide de faire publier l'ouvrage en reléguant la dédicace en appendice et en rejetant ainsi la réalité d'une expérience vécue qui va à l'encontre de son imaginaire.

Ceux qui sont partis enthousiastes ne sont pas les plus nombreux. Dans leur grande majorité, les combattants sont plutôt résolus à faire leur devoir sans le remettre en cause malgré la dureté des combats dont ils font très vite l'expérience. Le magistrat Pierre Léris, réserviste entré en campagne le 4 septembre 1914, écrit à ses parents le mois suivant : « Je continue à supporter avec vaillance et sans tristesse les fatigues de la campagne ». Ce qui ne l'empêche pas, dans la même lettre, après avoir appris qu'un fonctionnaire des contributions indirectes a été rappelé à son service civil, de se déclarer prêt à quitter l'enfer de la guerre : « Le jour où la mesure sera ordonnée à l'égard des magistrats, je vous avoue en toute sincérité que je l'accueillerai avec joie !! ». Il précise en note : « Si papa en a connaissance qu'il me télégraphie »[27]. Cela ne se produira pas. Soldat irréprochable, deux fois blessé (à Verdun en 1916, sur l'Yser en 1918), Pierre Léris ne fuit pas la guerre et se sent profondément uni à ses camarades de combat. Cependant, appelé à suivre une formation pour devenir officier d'une compagnie de mitrailleurs, c'est avec une joie lucide qu'il se réjouit de saisir l'occasion d'être, pendant plusieurs mois, éloigné du front.

L'EXPERIENCE DE LA JUSTICE MILITAIRE

L'affectation aux conseils de guerre

Depuis le tournant du siècle, la justice militaire est fortement contestée. Les plus radicaux envisagent même sa suppression au profit des juridictions civiles. Sous la pression constante et énergique de la Ligue des Droits de l'Homme, une réforme est envisagée qui, dès

[27] Lettre du 14 octobre 1914, Historial de la Grande Guerre.

1899, conduit à la création, au ministère de la Guerre, du Comité du contentieux. Il a pour mission de proposer les bases doctrinales d'une nouvelle législation[28]. Le fonctionnement de la justice militaire est alors fixé par le Code de justice militaire de 1857 que plusieurs lois postérieures ont modifié, ainsi que par la loi sur l'état de siège qui permet d'étendre leur compétence aux civils. L'évolution qui se dessine trouve son origine dans l'affaire Dreyfus qui avait amplement démontré les errements auxquels pouvait conduire cette justice d'exception. La Ligue des Droits de l'Homme, qui comptait dans ses rangs de brillants avocats, avait fait de la réforme de la justice militaire son cheval de bataille et sa propagande active relançait régulièrement le débat. Il était près d'aboutir : à la veille du conflit, le Code de justice militaire et la loi sur l'état de siège allaient être réformés dans un esprit humaniste. La guerre ruine cet espoir en introduisant des modifications qui vont dans un sens radicalement opposé.

Les dispositions en vigueur en août 14 distinguent, en cas de conflit, deux types de juridictions : les conseils de guerre permanents du territoire, ayant pour circonscription la région militaire, et les conseils de guerre aux armées, créés en principe au niveau de la division. Devant les conseils de guerre permanents, composés de 7 juges, une instruction préalable de l'affaire est prévue ainsi que la possibilité du sursis, des circonstances atténuantes, certes limitées à certaines infractions, et du pourvoi en cassation. Devant les conseils aux armées, formés de 5 juges, l'instruction préalable n'est pas obligatoire. Le prévenu est traduit devant ses juges sur simple citation 24 heures avant l'audience. En outre, par l'effet de la proclamation de l'état de guerre, le sursis, comme les circonstances atténuantes, sont exclus et un recours en révision substitué au pourvoi en cassation. En 1875, le Parlement a autorisé le président de la République à suspendre temporairement, dans la zone des armées, le recours en révision et, dans ce cas, la sentence est exécutée dans les 24 heures. Dans une place assiégée ou investie, ce pouvoir de suspension appartient au commandement supérieur. Enfin, l'autorité militaire a vu, peu de temps avant le déclenchement du conflit, ses pouvoirs de

[28] Décret du 13 janvier 1899. Le comité est composé de sénateurs, de députés, de membres du Conseil d'Etat et de la Cour de cassation, du directeur du contentieux au ministère de la Guerre.

contrainte s'enrichir de deux textes. L'article 121 du décret du 21 décembre 1913, portant règlement sur le service de campagne, donne tous moyens aux officiers et sous-officiers pour maintenir la discipline en service de campagne. Quelques mois plus tard, le règlement de manœuvre de l'infanterie du 20 avril 1914 assigne aux officiers le devoir de maintenir la discipline en forçant au besoin l'obéissance. Ces dispositions, qui autorisent une exécution sommaire, dispensent du détour par une juridiction militaire.

Le 2 août 1914, l'état de siège est proclamé sur tout le territoire. Deux jours plus tard, le Parlement donne pouvoir au président de la République de prendre par décret toute décision nécessitée par la défense nationale. Ainsi Poincaré suspend-il, dès le 10 août, les recours en révision contre les jugements des conseils de guerre aux armées prononcés dans les cas de trahison, espionnage et embauchage dans les régions concernées par les opérations militaires et, le 11 août, huit conseils de révision permanents sont créés[29]. Le 17, la suspension est étendue à tous les jugements de ces juridictions. Elle est généralisée, le 8 septembre, à toutes les subdivisions militaires de la métropole et, le 1er octobre, aux colonies et protectorats. Début septembre, par l'effet conjugué de ces mesures, les militaires, mais aussi les civils[30], en métropole comme outre-mer, deviennent justiciables des conseils de guerre à procédure expéditive. Cela n'est pas jugé suffisant.

A ce moment, les armées françaises, en pleine déroute, battent une retraite assez désordonnée devant l'armée allemande qui progresse rapidement vers Paris. Joffre obtient du Gouvernement des moyens juridiques supplémentaires pour organiser une répression de l'indiscipline qu'il veut exemplaire. Le 1er septembre, Poincaré renonce au droit qui lui avait été conféré par la constitution de 1875 et Millerand peut adresse aux officiers généraux une circulaire les informant que le recours en grâce est supprimé. Le 6 septembre, les troupes allemandes sont à 80 km de Paris. Joffre donne l'ordre de ne reculer sous aucun prétexte. Le gouvernement lui accorde tout ce qu'il demande. Le même jour, un décret crée une nouvelle juridiction : les

---

[29] Nombre ramené à 7, le 8 septembre.

[30] L'état de siège étend la compétence de la justice militaire aux crimes et délits commis par les civils dès lors qu'il est estimé que leurs actes portent atteinte à la sûreté de l'Etat, à l'ordre ou à la paix publique, ce qui peut couvrir tous les agissements réprimés par le Code pénal.

conseils de guerre spéciaux qui ressuscitent, sous un autre nom, les cours martiales de la guerre de 1870. Pouvant être constitués au niveau de la petite unité qu'est le bataillon, ils sont composés de trois juges spécialement désignés pour chaque affaire par le commandement. Leur compétence est limitée aux flagrants délits qu'ils jugent sans instruction et sans délai de mise en jugement. Le texte prévoit très vaguement que le temps de prendre connaissance du dossier doit être donné au défenseur. Aucune voie de recours n'est ouverte sauf si l'officier ayant requis la mise en jugement estime, exceptionnellement, devoir proposer au président de la République une demande de commutation de peine. Si tel n'est pas le cas, l'exécution doit avoir lieu dans les 24 heures. Etre rapide et impitoyable, tels sont les maîtres-mots qui guident désormais la justice militaire[31]. Il peut sembler logique, en 1914, d'affecter aux conseils de guerre par priorité ceux qui, dans le civil, maîtrisent la science du procès. Mais, l'armée a-t-elle besoin de professionnels de la justice dans les conseils de guerre alors que leur fonctionnement s'oppose à celui de la justice civile ?

On aurait tort de croire qu'il ne s'est pas trouvé de bonnes volontés parmi les professionnels du droit pour participer à cette justice qui, au début du conflit, n'en a que le nom. La lettre qu'adresse le Grand quartier général des Armées de l'Est aux généraux, en date du 10 octobre 1914, montre que le ministère de la Guerre souhaite affecter aux conseils de guerre des juristes des classes anciennes afin de récupérer, pour le front, les officiers d'active dont il a le plus grand besoin :

« Le ministre me fait savoir qu'un certain nombre d'officiers de complément possédant des titres juridiques demandent à être affectés à des conseils de guerre aux armées. Il y aurait intérêt à les désigner pour remplacer dans les tribunaux militaires, les officiers du cadre actif chargés des fonctions de commissaires-rapporteurs que vous jugerez susceptibles de rendre des services sur la ligne de feu. Je vous serais reconnaissant de m'indiquer le nombre d'officiers de complément qui vous serait utiles pour opérer cette substitution. »[32]

---

[31] Les rigueurs de cette justice sont progressivement atténuées lorsque le front se stabilise. La loi du 27 avril 1916 supprime les conseils de guerre spéciaux, lesquels ont d'ailleurs cessé de fonctionner depuis plusieurs mois.

[32] Archives de la Défense, Vincennes EMA, Guerre 1914-1919, 7N171. Devant les conseils de guerre aux armées et les conseils de guerre spéciaux, commissaire du

Cet appel concerne au premier chef les magistrats, les avoués et les avocats, mais l'affectation aux conseils de guerre suppose, outre la possession de diplômes juridiques, d'être officier (fonctions de rapporteur, de commissaire du gouvernement, de commissaire-rapporteur) ou sous-officier (fonctions de greffier) et d'appartenir à une classe ancienne (territoriale ou réserve de la territoriale). Combien furent-ils à être affectés à la justice militaire ? Les données dont nous disposons sont minces pour les magistrats et inexistantes pour les avocats. En ce qui concerne les premiers, le ministre de la Justice répond en 1916 à la question que lui pose un député qu'ils sont 96, soit environ 10 % du total des magistrats mobilisés. Outre les magistrats, il est probable que les avocats mobilisés qui remplissaient les conditions ont dû, pour la plupart, prêter leur concours à la justice militaire. Cela se vérifie à Paris. Les conseils de guerre y fonctionnent sous le regard de la presse qui relate leur activité et indique souvent leur composition. Le chroniqueur Edgard Troimaux et l'avocat Charles Chenu y suivent avec attention l'activité de la justice militaire qui voit évoluer le monde du Palais. Presque tous les magistrats de la Cour d'appel de Paris, du Tribunal de la Seine et les avocats du barreau de Paris, officiers ou sous-officiers de la territoriale et de sa réserve ont été, à un moment ou un autre, affectés à des conseils de guerre ou à des fonctions concernant la justice militaire, dès les premiers jours du conflit. On compte parmi les magistrats du Tribunal de la Seine : le lieutenant Worms, les capitaines Bouchardon et Larcher (juges d'instruction), le lieutenant Saillard et l'adjudant Grignon (substituts du procureur de la République), parmi ceux de la cour d'appel : Mornet, Wattinne, Gail et Peignot, tous substituts du procureur général[33], parmi les avocats : Mack, Seligman, Imbrecq ou Jacobson. Lorsque le Bâtonnier Chenu décrit, aux premiers temps du conflit, l'atmosphère du Palais de Justice de Paris, déserté par les avocats, c'est pour faire réapparaître ceux, qui ont été affectés aux conseils de guerre de la capitale :

« J'ai peine à les reconnaître. Ils n'ont pas de robe ; ils portent des uniformes. Ce sont les mobilisés qui ont été, en raison de leur âge,

---

gouvernement (accusation) et rapporteur (instruction) ne font qu'un. Le rapporteur, après avoir procédé à l'enquête (très rapide), requiert l'application de la peine. L'instruction s'estompe derrière l'accusation.

[33] On trouve aussi dans les conseils de guerre de Paris des magistrats de province, comme René Gasné, substitut du procureur général à Nîmes.

affectés aux services auxiliaires du Gouvernement de Paris, du ministère de la Guerre, de la Justice, de la Justice militaire. »[34]

L'affectation massive des professionnels de la justice se trouve corroborée à la fin du conflit, lorsque la démobilisation qui bénéficie d'abord aux classes les plus anciennes libère les professionnels du droit en menaçant de paralysie les conseils de guerre. Dès novembre 1918, Le Grand Quartier Général demande aux unités de lui fournir des hommes dotés de titres juridiques, une demande réitérée en décembre, puis en janvier 1919, car les candidats manquent. Faute de succès, une note, le 14 février 1919, renouvelle l'appel en énonçant clairement sa raison : la démobilisation des classes les plus anciennes a entrainé un renouvellement presque complet des parquets et des greffes des conseils de guerre aux armées, il est donc urgent de trouver des remplaçants dans l'armée d'active présentant les aptitudes nécessaires, qu'ils soient volontaires ou non, précise alors la note[35].

L'affectation aux conseils de guerre des professionnels de la justice des classes les plus anciennes repose sur le principe que leur âge les aurait de toute façon dispensés du combat. Il semble, cependant, que ce principe n'ait pas toujours été respecté, ainsi que le suggère le député Teissier dans la question qu'il adresse aux ministres de la Justice et de la Guerre, en mai 1916. Elle vise des avocats, dont il pense qu'ils disposent des relations utiles pour échapper au front. Comment peut-il se faire, interroge-t-il, que l'on affecte des avocats dans les conseils de guerre quand des magistrats, ayant entre 38 et 45 ans, servent au front depuis le début des hostilités comme hommes de troupe ou sous-officiers alors qu'ils désireraient, lorsqu'ils sont fatigués, être affectés à des conseils de guerre de la zone des armées ? Affecter à ces postes des avocats lui semble, par ailleurs, une anomalie car il faut, estime-t-il, dans les juridictions militaires de vrais professionnels. Pour le député, « il y a là une catégorie particulière d'embusqués au front ». Le ministre de la Justice ne s'engage pas sur ce terrain. Il cantonne sa réponse aux magistrats : 81 magistrats civils sont commissaires-rapporteurs, substituts, greffiers ou commis greffiers et il vient d'en désigner 15 autres, se déclarant prêt à en affecter davantage parmi les membres du parquet ou des services du greffe, âgés de 40 ans et plus[36]. Les chiffres du ministre traduisent-ils

---

[34] C. Chenu, « Le Barreau de Paris pendant la guerre », *Revue des Deux mondes*, 1916, p. 784.

[35] Archives de la Défense, 7 N 171.

[36] Lettre du 7 juin 1916. Archives nationales BB 30/1698/4.

la réalité ? Le magistrat Pierre Léris écrit à ses parents, fin août 1917, qu'il a été sollicité pour participer à la justice militaire, bien qu'il soit un peu plus jeune (37 ans) que la limite fixée. Son cas n'est sans doute pas isolé, car il observe, à peu près au même moment, qu'il ne reste que quelques « rares magistrats sur le front », « la plupart ont trouvé une échappatoire dans la gendarmerie ou les justices militaires ». Le profond sentiment de loyauté qu'il éprouve à l'égard des combattants avec lesquels il partage depuis longtemps l'expérience du front, le conduit à refuser une proposition qui l'aurait placé à l'abri du danger[37].

Acteurs de la justice militaire

Institutionnellement, les parquetiers sont habitués au poids de la hiérarchie. Dans les conseils de guerre, ce n'est que le chef qui change. La subordination était-elle plus difficile à supporter pour les membres de la magistrature assise en raison de l'indépendance qu'ils revendiquent ? Pas autant qu'on pourrait le penser. D'une part, l'avancement de ces magistrats dépend alors uniquement de leur hiérarchie. D'autre part, la consultation des archives du ministère de la Justice, du temps de paix, révèle combien les magistrats, qui revendiquent l'indépendance, sont prompts à solliciter le garde des Sceaux avant de se prononcer sur une question sensible.

Seuls les témoignages peuvent rendre compte de l'expérience intime vécue au fil des procès. Celle-ci résultant d'un environnement différent et de situations spécifiques, les perceptions parfois concordent, parfois s'opposent. Quelle différence de ton entre ce que relate le journaliste René de Planhol et ce qu'expose l'avocat Charles-Maurice Chenu ! Le premier est l'auteur d'un livre qui, sous le titre *La Justice aux armées, chronique d'un conseil de guerre au front, 1915-1916*, relate ses souvenirs de défenseur, entre juin 1915 et septembre 1916, dans un conseil de guerre aux armées qui s'est déplacé de l'Yser aux Vosges. La publication s'insère entre l'adoption par la Chambre et le vote par le Sénat de la loi du 24 avril 1916 qui réforme, pour en adoucir les rigueurs, la justice militaire. De Planhol, maréchal des logis dans la 17ème division, indique qu'« elle était une de celles où la justice, fortement et méthodiquement organisée, se montrait la plus

[37] Lettre du 9 avril 1917 et note non datée du carnet 5, Fonds Pierre Léris, Historial de la Grande Guerre.

stricte ». Il pense pouvoir affirmer que « son étude évoquera la justice militaire, telle qu'on la rend dans toute l'armée ». Son récit constitue une apologie de cette justice efficace, parce qu'elle est prestigieuse et clémente. La régularité des procédures ne fait, selon lui, aucun doute. Il voit donc dans la réforme, en discussion au Sénat, un danger même s'il concède que des améliorations sont souhaitables et possibles. La bonne volonté qu'il manifeste pour donner une image satisfaisante de la justice militaire confine parfois à une naïveté que l'on peine à croire spontanée. Abordant la manière dont les défenseurs sont choisis, il relève que le choix des accusés n'est pas toujours très judicieux : « maints avocats avaient certes plus de bonne volonté que d'éloquence, mais », ajoute-t-il :

« ..., le commissaire-rapporteur y veillait. Il expérimentait les défenseurs en de menues affaires, les estimait à leur valeur, utilisait leurs aptitudes inégales et diverses..., à tel les subtilités du droit, à tel les plaidoiries de sentiment, à tel les aventures comiques, à tel les discussions de faits.»

Le ton est léger et il ne trouve pas choquant que le commissaire-rapporteur, chargé de requérir une condamnation, soit le garant du choix des défenseurs. Il y a pourtant là matière à faire sourciller.

Rien de tel chez Charles-Maurice Chenu qui consacre une dizaine de pages *Du képi rouge aux chars d'assaut* à son expérience de la justice militaire. Si son récit concorde avec celui de René de Planhol quant aux conditions matérielles lamentables dans lesquelles est rendue la justice militaire, il s'en exhale la double détresse des condamnés et des défenseurs confrontés à un système qui broie les premiers et rend les seconds impuissants à infléchir le cours des choses.

Au-delà de la collation des souvenirs et de leur confrontation, émerge une grande question : celle du rôle que les professionnels de la justice ont pu jouer, ou ne pas jouer, pour contrebalancer par leur présence le recul du droit que les textes ont organisé. Chacun a-t-il été utilisé en fonction de sa compétence civile ou y a-t-il eu des transferts d'emploi voire des contre-emplois ? Autrement dit, les magistrats ont-ils pu se trouver en position de défenseur ? Peut-on être, dans la vie de tous les jours un avocat sur la brèche dès que les droits de la défense sont bafoués et composer sous l'uniforme avec une confusion des rôles si préjudiciable aux intérêts de l'accusé en devenant commissaire-rapporteur à tout faire : instruction, réquisitoire et désignation d'office des défenseurs ? Peut-on évoluer sans état d'âme dans une procédure où la sentence, dans les affaires dites exemplaires, a été dictée par le commandement ? La question se pose surtout pour les avocats car, pour la période qui nous concerne, le pouvoir politique a su rendre la magistrature assise parfaitement docile et, pour ce qui est du ministère public, l'indépendance n'existe que dans la très courte distance introduite entre la servitude de la plume et la liberté de la parole.

Les magistrats ont été affectés aux parquets militaires ou aux greffes. Nous n'en avons pas trouvé en position d'exercer la défense. Peut-on en déduire que celle-ci a toujours été confiée à des avocats ou à des avoués ? Il n'en est rien. Les fiches, tenant lieu de notes de plaidoirie, rédigées par l'historien Marc Bloch attestent qu'il a défendu neuf soldats traduits en conseil de guerre[38]. En raison du rôle que le haut commandement a dévolu à la justice militaire, en particulier sur le front dans les premiers mois du conflit, on peut avancer que l'absence de défenseurs professionnels a facilité la tâche punitive des conseils de guerre. Guernut, secrétaire général de la Ligue des Droits de l'Homme, en est persuadé. « Le défenseur est le pire ennemi de la justice militaire » écrit-il en préface de l'ouvrage publié en 1925 sous le titre *Les crimes des conseils de guerre*[39].

René de Planhol raconte que, dans son unité, les défenseurs devant les conseils de guerre aux armées étaient choisis dans les listes établies par le commissaire-rapporteur en fonction du sentiment que ce dernier avait des aptitudes de tel ou tel. Ainsi, dans les désignations d'office, le commissaire-rapporteur choisissait son adversaire à l'audience :

« Notre tableau comptait plusieurs jeunes avocats parisiens et, parmi eux deux anciens secrétaires de la conférence ; un avocat renommé de Bordeaux, ancien automobiliste passé comme volontaire dans l'infanterie ; un avoué de province, accoutumé à plaider en correctionnelle, juriste ingénieux et retors qui embarrassait parfois les juges ; un secrétaire d'agréé au tribunal de commerce ; un industriel qui, docteur en droit, avait passé au palais ; un écrivain. »

---

[38] M. Bloch, *Ecrits de guerre 1914-1918*, Paris Armand Colin, 1997.

[39] R.-G. Réau, *Les crimes des conseils de guerre*, Paris 1925, Préface p. XVI.

Quelle valeur les soldats ont-ils accordée aux listes officielles ? Il est probable que le choix se portait sur des avocats ou des avoués chaque fois qu'il était possible et que le bouche-à-oreille ait joué un rôle important, les rumeurs de succès, à partir des prisons militaires, créant des notoriétés avec ou sans lendemain. En effet, le choix opéré pouvait s'avérer assez désastreux. De Planhol rapporte l'histoire d'un certain Dubarneau, originaire d'Avignon, qui se présente au commissaire-rapporteur afin de figurer sur sa liste. Il se prétend avocat à Paris, secrétaire d'Edouard Clunet et, comme lui, spécialiste de droit international. Son allure n'est en rien celle de l'avocat : « il avait une longue barbe en broussailles, des ongles noirs, des vêtements déchirés, la peau enduite d'une crasse épaisse qui n'était pas celle des tranchées et nul de ses confrères ne reconnaissait cette silhouette ». On peut se demander ce qui a poussé le commissaire-rapporteur à inscrire sur sa liste ce Raspoutine des tranchées qui, quelque temps plus tard, est appelé à plaider. Malgré l'accumulation des maladresses et, surtout, parce qu'une peccadille est reprochée à l'accusé, les juges prononcent l'acquittement. Ce miracle, selon de Planhol, ne s'est pas reproduit et la carrière de Dubarneau s'est achevée sur les lourdes peines dont écopèrent ses malheureux clients.

On comprend donc que les accusés aient préféré recourir aux services d'un défenseur hors liste en s'adressant à un avocat de l'arrière ou à un camarade qu'ils estimaient compétent, comme dans le cas de l'historien Marc Bloch. L'appel à un avocat de l'arrière semble assez exceptionnel. Il faut avoir les moyens financiers de le rémunérer, que ce dernier consente à venir plaider sous les bombes, « quelquefois à moins d'une lieue de l'ennemi », et qu'il obtienne du commandement les autorisations nécessaires pour se rendre dans la zone des armées. De Planhol relève que leur venue « donne de l'éclat aux audiences, aguiche les curiosités et les spectateurs » surtout s'ils sont célèbres. Il relève le courage de Demange, le premier avocat de Dreyfus, qui « alla plaider à un conseil de division, dans une maison quotidiennement encadrée d'obus aux environs de Verdun » et celui de Labori, avocat de Zola dans le procès de « J'accuse » et, conjointement avec Demange, dans celui de Dreyfus. Labori vient, en 1917, à La Panne, sur la côte belge. Il s'agit de sa dernière plaidoirie, car il décède peu après son retour à Paris.

De la justice civile à la justice militaire

Hormis pour les magistrats du parquet (presque tous des substituts) et les greffiers, les fonctions attribuées aux professionnels de la justice affectés aux conseils de guerre ne correspondent pas à celles qu'ils exerçaient dans le civil. Que des juges d'instruction officient au ministère public n'a rien d'extraordinaire, ce passage étant possible, dans la magistrature civile. Que les avocats et les avoués aient été défenseurs devant les conseils de guerre n'a rien qui puisse surprendre. En revanche, que nombre d'entre eux ait changé de peau étonne davantage. Les informations recueillies, pour fragmentaires qu'elles soient, attestent que les avocats deviennent souvent commissaires du gouvernement ou rapporteurs devant les conseils de guerre. Dans le cas de la capitale, mieux connu, on constate dès le début du conflit, l'affectation d'avocats et d'avoués au greffe, mais aussi à l'instruction ou au ministère public du 1er conseil de guerre. Les greffiers adjoints en sont Jacobson, avocat à la cour d'appel, Grignon, substitut au Tribunal de la Seine, Lecour, substitut à Fontainebleau et Jouvenet, greffier de la chambre criminelle de la Cour de cassation. Le substitut du commissaire du gouvernement est le capitaine Mack, avocat à la Cour d'appel de Paris. Worms, juge d'instruction au Tribunal de la Seine, et Garnier, avoué auprès du même tribunal, sont adjoints du rapporteur.

Les avocats dont la vocation est d'assurer la défense, ont-ils atténué, par leur manière de penser et de vivre la justice dans la vie civile, les rigueurs et les dysfonctionnements des conseils de guerre ? La *Gazette des Tribunaux*, rendant compte des premiers procès, nous le suggère. Dans une affaire jugée le 21 août 1914, elle souligne que le capitaine Mack, avocat dans le civil, mais substitut du commissaire du gouvernement devant le conseil de guerre, « a dû dans presque toutes les affaires s'associer à la défense pour requérir soit l'acquittement, soit la plus atténuée des condamnations. » Edmond Seligman, avocat lui aussi, qui soutient l'accusation devant le 3ème conseil de guerre jugeant trois prisonniers allemands convaincus de vol, fait remarquer que le procès a été instruit avec les mêmes garanties que « s'il ne s'agissait pas de l'un de ceux qui ont combattu contre nos armes »[40]. Il requiert avec indulgence 3 mois de prison sur les 5 encourus. Il est

[40] *Gazette des Tribunaux* 23 août 1914, p. 75.

vrai que la guerre vient à peine de commencer, tout le monde croit qu'elle sera courte et l'indulgence peut l'emporter, même vis-à-vis de l'ennemi. Tel n'a pas toujours été le cas. Ainsi, bien qu'avocat dans le civil et susceptible de défendre les pires criminels, Wagner, surnommé le « glorieux mutilé » en raison des blessures reçues au front, ne manifeste aucune indulgence à l'égard de Luc, dit Double-mètre. En tant que commissaire du gouvernement devant le 6ème conseil de guerre de Paris, il requiert la peine de mort contre cet « agent boche en pays envahi », jugé pour avoir dénoncé Miss Cavell[41]. Le patriotisme pouvait sans doute facilement l'emporter, dans une affaire aussi grave, sur la culture professionnelle. L'incompétence de l'avocat investi d'une fonction pour laquelle il ne disposait d'aucun savoir-faire caractérise l'affaire Strimelle, jugée par une cour martiale à Maubeuge, le 5 septembre 1915. L'instruction avait été confiée au commissaire-rapporteur Herbecq, un avocat mobilisé d'Avesnes-sur-Helpe. Elle aboutit à l'exécution d'un civil, condamné à mort pour espionnage, parce que deux pigeons s'étaient envolés de chez lui. Il fut établi par la suite, au cours de la longue procédure de réhabilitation, que l'instruction menée par le commissaire-rapporteur ne reposait sur rien de tangible. Cédant à la psychose de l'espionnage, il n'avait pas procédé au contrôle des témoignages alors qu'une enquête succincte aurait suffi à innocenter l'accusé[42].

Dans une affaire, plus célèbre, celle des fusillés de Vingré, jugée dans l'Aisne, par le Conseil de guerre spécial de la 63ème division d'infanterie en décembre 1914, c'est le comportement d'un magistrat, le lieutenant Achalme, substitut au Tribunal de Saint-Etienne avant la guerre[43], qui est mis en cause en tant que commissaire-rapporteur. Vingt-six soldats du 298ème RI comparaissent, accusés d'abandon de poste. Ils prétendent avoir reçu ou entendu, dans la confusion de la bataille, un ordre de repli de leur chef de section, lequel niait l'avoir donné. Six furent condamnés et exécutés, ils devinrent dans l'opinion publique les « martyrs de Vingré ». Il fut démontré ultérieurement que l'officier avait menti[44]. La Ligue des Droits de l'Homme, qui soutient

---

[41] *Les Echos parisiens*, 15 septembre 1919.

[42] Arrêt des Chambres réunies du 28 janvier 1926 qui précise que le dossier de procédure a été détruit avec toutes les archives du Conseil de guerre spécial de Maubeuge avant la reddition de la place.

[43] La Ligue des Droits de l'Homme le désigne, à tort, substitut à Bourg-en-Bresse.

[44] Ce fait établi, les condamnés furent réhabilités par la chambre criminelle de la Cour de cassation le 29 janvier 1921.

le dossier en réhabilitation, soulève la question délicate du comportement des magistrats civils affectés aux conseils de guerre. Elle dénonce le comportement du magistrat Achalme qui n'a manifesté aucune opposition lorsque le général de Villaret, commandant la division, déchira l'ordre d'informer du général Jullien. En l'absence de flagrant délit, cet ordre aurait conduit à porter l'affaire devant un conseil de guerre aux armées. Traduits en cour martiale, les prévenus avaient perdu les minces garanties dont ils auraient dû bénéficier :

« C'était précisément le rôle des magistrats mobilisés dans les conseils de guerre de redresser les erreurs commises par les généraux ignorants, insouciants ou inhumains. Ce rôle, M. Achalme ne l'a pas rempli. Il s'est servilement prêté à une fantaisie sanguinaire. Il est complice. »

On peut trouver très dure l'appréciation de la Ligue et, après la guerre, le magistrat, placé sous les projecteurs de l'opinion publique, tenta de se défendre en renvoyant la responsabilité plus haut dans la nébuleuse politique où elle ne manque jamais de se perdre : « l'institution des cours martiales a été une lourde faute. La responsabilité en incombe pour une bonne part au pouvoir civil qui a eu le tort d'abandonner ses droits aux mains de l'autorité militaire ». N'ayant aucun goût, dit-il, pour la besogne confiée dans le cadre du conseil de guerre, le magistrat prétendit ne l'avoir acceptée qu'à titre provisoire. Il aurait mené, en outre, au regard des circonstances, une instruction finalement satisfaisante, passant la nuit précédant l'audience à interroger les prévenus, alors qu'il n'y était pas obligé. S'il reconnut ne pas avoir entendu les témoins, il affirma avoir dit aux inculpés qu'il convoquerait à l'audience ceux qu'ils leur désigneraient, ce qu'aucun d'entre eux ne fit. Il rejeta aussi l'accusation d'avoir reçu des ordres et d'avoir requis les peines prononcées. Cela fut contredit par un témoin à l'audience qui affirma qu'au contraire qu'il avait requis la peine de mort contre tous les prévenus[45]. Enfin, le magistrat déclara que s'il avait su que l'officier, auquel était attribué, par les inculpés, l'ordre de repli, avait déclaré après la sentence que l'on venait de condamner six innocents, il aurait immédiatement adressé un rapport à ses chefs pour empêcher

[45] Le Conseil de guerre estimant impossible que tant d'hommes puissent, au même titre, être déclarés responsables, en condamna moins que ce qui avait été requis.

l'exécution[46]. Faut-il être étonné par le comportement de ce magistrat ? Le pouvoir politique ayant façonné de longue date la docilité de la magistrature, avait créé les conditions de comportements serviles que le devoir patriotique contribuait à justifier dans la mesure où il pouvait sembler primordial de ne pas affaiblir l'autorité militaire. Enfin, les structures mêmes de la justice militaire, dans laquelle tous les intervenants sont en position de subordonnés, réduisaient à l'impuissance ceux qui y participaient à quelque titre que ce fût. Peut-être gagné par le remord, le lieutenant Achalme poursuivit la guerre au front comme combattant et obtint les galons de capitaine aux combats de la cote 304, à Verdun. Il termina sa carrière président de chambre à la Cour d'appel de Paris.

On ne saurait déduire de quelques comportements que tous les conseils de guerre ont rendu des décisions iniques, les magistrats et avocats collaborant à des parodies de justice. Nous ignorons comment se sont déroulées dans leur quasi-totalité les audiences des conseils de guerre dispersés sur le territoire et le rôle qui ont joué magistrats et avocats. Selon les estimations, les conseils de guerre aux armées auraient rendu 60 000 décisions et les conseils de guerre du territoire 300 000 au cours du conflit. Emmanuel Saint-Fuscien a étudié l'ensemble des sentences de la justice militaire d'une division (la 3ème DI) prononcées entre août 1914 et mars 1919, soit 1 279 décisions du conseil de guerre aux armées et 50 sentences des conseils de guerre spéciaux. Ces derniers, dit-il, ont été moins sévères que les conseils de guerre normaux : 42 des 50 soldats jugés par ces juridictions d'exception, presque tous en 1914, ont été acquittés et aucun des 8 autres condamné à mort[47]. Confrontés à l'impossibilité de graduer la peine, les juges de ces cours martiales optèrent souvent pour l'acquittement à la différence des conseils de guerre normaux. Leur rigueur, au regard du quotidien de la délinquance militaire, paraît parfois excessive, mais elle a été tempérée par le fait que la plupart des décisions à des peines d'enfermement ne furent pas suivies d'exécution.

[46] H.-G. Réau, *op. cit.*, p.72-79.

[47] E. Saint-Fuscien, *A vos ordres ? La relation d'autorité dans l'armée française pendant la Grande Guerre*, Paris Ed. de l'EHESS, p. 129.

La diversité des expériences

Il en est de la justice militaire, comme de l'expérience combattante : un fossé sépare le vécu des mobilisés des représentations que s'en font leurs pairs à l'arrière. Après avoir décrit la conduite idéalisée de l'avocat au front, Joseph Imbrecq, dont l'expérience combattante a été très brève, l'imagine assurant la défense devant les conseils de guerre aux armées. La contradiction entre la subordination du soldat et la nécessaire liberté du défenseur n'échappe pas à l'avocat parisien, mais passant outre, il ne veut considérer que la capacité de ses confrères mobilisés à aborder l'obstacle avec les ressources de leur bonne éducation :

« Devant ces juridictions, sa mission apparaîtra particulièrement délicate car en même temps qu'il devient défenseur, il reste soldat. Il s'appliquera dès lors à allier, avec tout le tact nécessaire, le respect de la discipline, à laquelle il reste tenu, à la volonté inflexible de ne jamais sacrifier les droits de la défense ».

Ces lignes attestent d'autant plus le décalage par rapport au réel qu'elles sont écrites en janvier 1916, à un moment où la justice militaire fait l'objet de débats qui aboutiront à sa réforme quelques mois plus tard[48].

En réalité, les expériences sont diverses et dépendent du type de juridiction. Les cours martiales, instituées dans le but de condamner sévèrement, pour faire des exemples, jugent toujours des affaires graves qui ont laissé de mauvais souvenirs à ceux qui ont assisté aux procès, qu'ils aient été greffiers ou défenseurs. Ces situations ont été particulièrement mal vécues par ces derniers, chargés de défendre des accusés le plus souvent innocents, mais condamnés par avance. Cela explique pourquoi les uns et les autres sont nombreux à venir témoigner après la guerre dans les procès de réhabilitation. Libérés du poids de l'autorité militaire, il leur est alors possible de manifester une désapprobation bien difficile à extérioriser sur le moment. Le greffe du 6ème conseil de guerre de la 25ème division est tenu par deux avocats, Bréchignac de Saint-Etienne, Badiou du Puy-en-Velay et par un avoué de cette ville, Perroudon. Le conseil est amené à juger le lieutenant Chapelant, appartenant à la 3ème compagnie du 98ème RI. Se croyant encerclé par l'ennemi, ce lieutenant est sorti de la tranchée

[48] J. Imbrecq, « L'avocat aux armées », *Gazette des Tribunaux* 20 janvier 1916.

pour agiter un mouchoir blanc invitant ses hommes à se rendre[49]. Sa condamnation a suscité sur le moment beaucoup d'émotion et les témoignages des greffiers appuient le recours en révision après la guerre. D'autres acteurs, profondément choqués par ce qu'ils avaient vu, n'attendent pas la fin du conflit pour dénoncer les injustices, comme François G., le défenseur de Leymarie, condamné par la cour martiale du 63ème RI pour mutilation volontaire. Cet avocat du barreau de Clermont-Ferrand adresse une lettre, à la fin de la guerre, à la Ligue des Droits de l'Homme pour qu'elle puisse servir à la réhabilitation du condamné. Il y exprime la profondeur de son désarroi lorsqu'il dut exercer son ministère, confronté à l'arbitraire, en pure inutilité :

« Aucune preuve n'existait que le malheureux s'était mutilé volontairement. En tout cas le doute planait sur cette affaire… J'avais défendu Leymarie avec toute ma conscience et j'étais douloureusement ému devant ce jugement, condamnant sans preuve ce malheureux. Au sortir de la grange ou de l'immeuble délabré qui avait servi de salle de séances au conseil de guerre, j'osais me présenter au colonel président qui le premier m'adressa la parole et je lui dis : « Etes-vous persuadé, mon colonel, que cet homme est coupable ? » Et le colonel me répondit : " Maréchal des logis, vous avez fait votre devoir, nous avons fait le nôtre. Il y a trop de mutilations dans l'armée, il faut faire des exemples". Ces paroles sont restées gravées dans ma mémoire, je vous les répète aujourd'hui pour la réhabilitation de ce malheureux. »[50]

Les défenseurs demeurent des militaires soumis à la hiérarchie, défendre les accusés nécessite par conséquent du courage. Au fil des témoignages, on comprend que, limités dans leurs stratégies de défense, les avocats aient particulièrement souffert de l'absence de liberté de parole très large dans l'exercice civil de leur profession. S'ils bénéficient à l'audience d'une immunité destinée à leur conférer la liberté d'expression que suppose toute défense véritable, elle reste assez théorique : il y a un avant et un après audience. Est-il facile, comme le souligne la Ligue des Droits de l'Homme, analysant les difficultés de l'entreprise, de s'exprimer librement dans une « immunité d'une heure » et de dénier la désertion, l'abandon de

[49] Blessé à la cuisse, il reste deux jours entre les lignes. Récupéré, il est immédiatement traduit devant le conseil de guerre, puis exécuté sur son brancard.
[50] *Cahier de la Ligue des Droits de l'Homme*, 1921, p. 391.

poste, la mutilation volontaire, la révolte devant des juges chargés, par ailleurs, de faire obéir les soldats ? Une plaidoirie peut-elle s'attacher à démontrer l'innocence d'un prévenu en établissant que la faute reprochée incombe en réalité au commandement ? C'est le dilemme qu'expose Eugène de Bœver devant la conférence Molé Tocqueville. Il a défendu les fusillés de Flirey, lui aussi, dans le contexte de la procédure expéditive des cours martiales. Au front, le défenseur est avant tout un combattant tiré momentanément de la tranchée et qui y retourne immédiatement après l'audience. La procédure simplifiée à l'extrême ne lui laisse pour préparer sa défense que le temps de prendre connaissance du dossier. Puisqu'il n'y a pas d'instruction préalable, il s'agit concrètement du temps nécessaire à la lecture de l'acte d'accusation. Le sentiment du défenseur concernant ceux qu'il défend se forme donc au cours de l'audience, comme s'y construisent dans l'urgence les éléments de sa plaidoirie. L'avocat n'est là, à vrai dire, que pour la forme et l'audience doit appuyer la répression de toute la force de son rituel. Elle s'impose dès lors au prévenu comme une épreuve qui vient s'ajouter à celle de sa condamnation et de son exécution. Moralement, la situation n'est guère satisfaisante pour l'avocat, piégé par le système. Eugène de Bœver éprouve le besoin, autant pour la mémoire des condamnés que pour sortir du rôle auquel il a été réduit, de rechercher, après la condamnation, quelle était exactement la faute imputable aux accusés. Il parvient à la conclusion que la faute première est celle du commandement qui ignorait tout de la psychologie des hommes placés dans le contexte des attaques[51]. La conférence lui permet de le proclamer publiquement et lui offre le moyen de rétablir *a posteriori* la justice. Ce malaise profond résultant de l'injustice émerge aussi d'une lettre versée au dossier de réhabilitation des quatre caporaux de Suippes. Un avocat de province[52] ayant assisté à l'audience du conseil de guerre spécial de la 60ème division qui les a condamnés ne mâche pas ses mots : « L'affaire a été truquée d'un bout à l'autre. Je le dis en toute conscience : les quatre caporaux sont morts assassinés ».

[51] La Conférence Molé-Tocqueville fournit aux jeunes avocats l'occasion de développer leur éloquence sur des sujets d'actualité. Cette communication sur l'affaire des Fusillés de Flirey est citée par J. Dintilhac, *Essai sur le fonctionnement de la justice militaire en période de guerre civile ou étrangère. Jugements rendus pendant la guerre de 1914-1918, leur révision par la Cour de cassation*, Paris PUF, 1929, p. 109.
[52] Son nom ne nous est pas parvenu.

Les conseils de guerre aux armées, pour expéditive que fût leur procédure, n'ont pas laissé d'aussi mauvais souvenirs que les cours martiales de 1870. Joffre, confronté aux critiques adressées à la justice militaire estime devoir rappeler que les cours martiales ne doivent juger que rarement les cas exemplaires. Il revient donc aux conseils de guerre aux armées la tâche ordinaire du maintien de la discipline. Dans les cas les plus graves, leurs décisions ne débouchent pas toujours sur une condamnation suivie d'une exécution. La plupart des affaires relèvent en fait de la banale délinquance : vols de chambrée, rixes et autres comportements qui, dans l'horreur du quotidien de guerre, peuvent être qualifiés de broutilles. La grande majorité des décisions des conseils de guerre pendant le conflit a porté sur des affaires de ce type, la mobilisation ayant eu pour effet de transférer à la justice militaire la délinquance qui aurait été réprimée en temps de paix par les tribunaux de police, les tribunaux correctionnels et les cours d'assises. Cela explique que l'activité ait été intense et soutenue tout au long du conflit.

Charles-Maurice Chenu, comme René de Planhol, ont connu l'expérience de cette justice. Ils relèvent pour le premier un rythme d'audiences oscillant entre deux et trois par mois et un volume de 5 à 10 affaires à chaque fois. Le second observe qu'en moyenne six justiciables sont jugés par quinzaine et s'étonne d'une telle régularité, lui qui s'est fait inscrire sur la liste des défenseurs pour chasser l'ennui qui constitue le quotidien du combattant entre les offensives. Il sait pourtant que le divertissement recherché ne sera peut-être pas au rendez-vous. C'est toujours avec angoisse qu'il se dirige vers le lieu assigné aux audiences. Comme le sort des prévenus est en général fixé d'avance, le greffier, en fonction des affaires inscrites au rôle, le renseigne dès son arrivée : « Rien de grave, c'est un soulagement ». Mais Chenu ajoute : « il y aussi les jours tragiques ». Une affaire plus que d'autres l'a marqué. Elle illustre l'absurdité des situations auxquelles l'avocat peut se trouver confronté. Le greffier lui annonce d'emblée la peine de mort. Le prévenu en est à son troisième abandon de poste et Charles-Maurice Chenu se demande comment il va assurer sa défense. Après en avoir discuté avec l'accusé, il sombre dans la mélancolie : « Je le quitte et j'erre dans le bled toute la journée, cherchant des phrases, des formules. Vanité de la justice, si le salut d'un homme tient à ce qu'un mot dans une phrase est venu en heurter un autre plutôt qu'un troisième ». Son client, las de la guerre, est résigné. Vient l'audience :

« Tant pis. Ce n'est plus pour lui, c'est pour une idée que je plaide. Une idée que n'enveloppe pas comme au Palais, la théâtrale ampleur des manches d'avocat. Ce sont de pauvres manches d'une capote fripée que pour l'adjurer je tends vers le Conseil, ce Conseil qui tout à l'heure lira la sentence : « Au nom du Peuple français… ». Le Peuple français, vraiment, demande-t-il la mort de Culot ? » L'avocat le sauve du peloton. Après l'audience, l'un des juges lui confie : « « on » nous avait demandé la mort ». L'avocat pense avoir remporté une vraie victoire et laisse éclater sa joie, mais il ne rencontre que la déception du soldat : « alors, je vais y retourner, … il aurait mieux valu me fusiller tout de suite ».

Ainsi, dans ce récit, l'avocat n'a pas à assister à la mort, pourtant programmée, du soldat défendu. Bien que, dans sa pratique professionnelle civile, il incombe à l'avocat d'assister son client jusqu'à la fin, rares sont ceux qui parviennent à banaliser cette expérience. Elle est encore plus mal vécue dans le contexte de la justice guerrière et dans l'environnement de mort qui l'entoure. Chenu raconte qu'un de ses confrères du barreau de Paris, qu'il baptise Etienne Caen, ne peut oublier l'exécution au cours de laquelle un jeune officier, nouveau venu au front, fut chargé d'achever au révolver l'homme que le peloton avait raté : « Caen l'a assisté jusqu'au dernier moment. Combien de nuits sans sommeil, cela lui a-t-il valu ? »

Ces expériences n'ont rien à voir avec celles que vécurent les membres de la famille judiciaire affectés aux conseils de guerre du territoire. Le dépaysement est nul pour les magistrats et avocats affectés à la justice militaire de l'arrière. Les conseils de guerre sont en effet la plupart du temps installés dans les palais de justice aux locaux partiellement vacants en raison du ralentissement de la vie judiciaire. A Paris, ils occupent les chambres correctionnelles et le conseil de révision tient sa première réunion, le 25 août 1914, dans la salle de la Chambre des requêtes de la Cour de cassation. La guerre ne change donc que très peu la vie des avocats et juges mobilisés dans ces conditions. Dans les mêmes lieux qu'avant la guerre, ils continuent à fréquenter leurs confrères et collègues, et exercent leur ministère devant le même public qui assiste au spectacle offert par la justice militaire. La *Gazette des Tribunaux* évoque la foule qui se presse aux « vendredis du 3ème Conseil de guerre ».

Si la justice militaire demeure plus rigoureuse que la justice civile, encore n'est-ce pas toujours le cas, les garanties données à la défense sont plus importantes devant les conseils de guerre du territoire. Plus on s'éloigne de la zone des combats, plus elles sont respectées. Ce faisant, les professionnels du droit donnent l'impression de bien vivre le rôle qu'ils sont appelés à jouer surtout s'ils estiment servir la patrie. Tel semble constituer l'expérience des magistrats Pierre Bouchardon et André Mornet, respectivement rapporteur et commissaire du gouvernement devant le 3ème conseil de guerre de Paris. Le sergent André Mornet, appelé en avril 1915, rejoint le front et exerce les fonctions de commissaire-rapporteur au conseil de guerre de la 74ème division pendant deux ans. Il a été promu lieutenant lorsqu'il est rappelé dans la capitale, en 1917, pour servir au 3ème conseil de guerre de Paris. Les qualités dont il a fait montre en tant que substitut du procureur général de la Cour d'appel de Paris président indiscutablement à cette affectation. Ce sont aussi ses compétences de juge d'instruction au Tribunal de la Seine qui, la même année, désignent Pierre Bouchardon pour instruire les affaires portées devant ce même conseil de guerre.

Les deux hommes, qui sont liés par l'amitié, vont former le tandem dont Clemenceau a besoin pour lutter contre le défaitisme en instrumentalisant la justice. Bouchardon instruit en particulier les affaires Mata Hari, Bolo Pacha et celle du Bonnet rouge, dans le dessein politique de prouver qu'elles sont indivisibles et forment un vaste complot contre la France à la tête duquel il faut placer Caillaux. Certains de servir le pays, les deux magistrats n'ont aucun état d'âme à instruire exclusivement à charge pour l'un, à requérir avec acharnement la mort, pour l'autre. Mornet confiera plus tard qu'il n'y avait pourtant « pas de quoi fouetter un chat » dans le dossier Mata Hari et Bouchardon avouera que le dossier Bolo était « plat comme une galette »[53]. Leur activité au 3ème conseil de guerre, amplement médiatisée, a placé Bouchardon et Mornet sous les feux de la rampe[54].

---

[53] Sur les méthodes de Bouchardon et Mornet : L. Schirmann, *Enquête sur une machination. L'affaire Mata Hari*, Paris, Tallandier, 1994 - A. Deperchin, « Clemenceau et l'opinion publique : les affaires », Actes du colloque international, *Georges Clemenceau et la Grande Guerre 1906-1929*, Paris Geste éditions, 2010, p.149-162.

[54] La collaboration des deux hommes se poursuit lors des procès de l'après Seconde Guerre mondiale. Bouchardon dirige l'instruction des procès Pétain et Laval, Mornet y requiert la mort.

Admirés ou détestés, leur participation à la justice militaire les a rendus célèbres alors que, dans leur activité civile, les magistrats demeurent, la plupart du temps, des anonymes.

LA MOBILISATION DE TOUTES LES COMPETENCES

L'affectation des anglophones

L'affectation aux conseils de guerre correspond à l'utilisation la plus « naturelle » des compétences intellectuelles et juridiques des professionnels de la justice. Certains parcours de guerre peuvent sembler plus atypiques.

On peut ainsi s'étonner que des avocats aient été choisis comme interprètes auprès des armées britanniques. Telle est la situation de Charles Furby et de Paul Weil, tous deux avocats à la Cour d'appel de Paris. Albert Legrand, avoué près le Tribunal de la Seine, capitaine au 48ème régiment territorial et héros de la guerre, est détaché à la mission française auprès de l'armée américaine. En fait, ces affectations sont moins étonnantes qu'il n'y paraît. N'est-il pas logique de retrouver les professionnels du droit aux postes qui nécessitent un niveau d'études élevé surtout si à un moment ou à un autre le droit peut-être utile ? Les avocats en particulier, actifs dans les instances politiques et associatives, nationales ou locales, ont pu développer les qualités relationnelles qui impliquent les missions où le sens du contact et de la négociation est indispensable. Plusieurs avocats ont joué un rôle important dans les relations que la France devait établir et développer dans le cadre de son association avec les Etats-Unis. Adrien de Pachman, jeune avocat à la Cour d'appel de Paris et gendre de Labori, est de ceux-ci. Mobilisé comme lieutenant, il commence la guerre en combattant, gagne trois citations et le grade de capitaine. En 1916, le ministre de la Guerre cherche des juristes pour traiter des questions d'approvisionnement avec les Etats-Unis. Dans ce cadre, des missions ont été dépêchées outre Atlantique pour négocier les achats de tous ordres nécessaires à la défense nationale. La multiplication des transactions engendre inévitablement des différends. Le ministre de la Guerre envoie à New York l'avocat parisien Frédéric Allain, né aux Etats-Unis, qui maîtrise parfaitement l'anglais et le droit américain. Il lui incombe de mettre sur pied un service de contentieux auprès des missions d'achats pour la France. Le ministère lui adjoint Adrien de Pachman qu'il vient d'affecter dans ce but au Haut-Commissariat français aux Etats-Unis. Leur tâche consiste à rédiger les conventions qui vont lier les deux pays. Ces contrats concernent des marchés très importants en volume et en valeur. On estime que les tractations ont porté sur 18 milliards de francs. Il était en outre fondamental que, dans l'intérêt de la défense nationale, l'activité confiée soit menée à bien. Les marchés conclus prirent fin avec l'armistice, cependant les deux avocats restèrent aux Etats-Unis jusqu'en septembre 1919 pour régler les litiges en suspens.

L'expérience de Jean Appleton entre dans un cadre d'activité similaire. Ce célèbre avocat au barreau de Lyon, âgé de 46 ans en 1914, est d'abord affecté au Conseil de guerre de Grenoble comme commissaire-rapporteur. Il ne s'y sent pas très utile, aussi demande-t-il rapidement à partir pour le front d'Orient où il pense pouvoir mettre la connaissance qu'il a de cette région au service des Alliés. On l'envoie à Alexandrie et en Grèce. Il surveille le chargement et le déchargement des navires, affronte les problèmes liés à la spécificité des contrats mettant en œuvre le droit maritime: « Tout ce qui concerne les embarquements et les débarquements est de mon ressort, je vis au milieu des connaissements, des manifestes de navires ». L'acheminement des armes, des renforts et des vivres, aussi bien que le rapatriement des blessés dans les meilleurs délais repose sur lui. Lorsque les Etats-Unis entrent en guerre, on confie au commandant Appleton la tâche, aux conséquences immenses, de déterminer les points de débarquement possibles des troupes américaines sur les côtes françaises. Il s'investit pleinement dans cette mission qui nécessite plusieurs mois d'efforts. C'est avec émotion qu'il monte le 24 juin 1917, dans la rade de Saint-Nazaire, à bord du navire qui amène, en France, l'Etat-major de la première division américaine. Plus tard, en juillet 1918, la dernière affectation de Jean Appleton le conduit au bureau américain de l'Etat-major de l'armée française[55].

[55] Jean Appleton fonde l'Association internationale des avocats en 1921. Il rédige en 1923, un *Traité de la profession d'avocat.* C. Fillon, « L'itinéraire d'un avocat engagé, l'exemple de Jean Appleton », *Revue de la SIHPA,* n°6, décembre 1994, p. 195.

Des avocats en Russie

Les avis sont très partagés au sein de la classe politique française lorsqu'éclate la première révolution russe en février/mars 1917[56] et, plus encore après les événements de Petrograd qui provoquent l'abdication du tsar Nicolas II. Le gouvernement français, indépendamment des sympathies ou antipathies portées aux factions qui luttent pour conquérir le pouvoir, s'interroge : l'alliance militaire avec la Russie est-elle compromise ? Le socialiste Albert Thomas, ministre de l'armement, est optimiste. Il croit que les Russes sont plus patriotes que révolutionnaires. Clemenceau applaudit la chute du « débile tyran » et Poincaré affiche un scepticisme profond quant à la pérennité de l'alliance. Le maintien des dix millions de combattants russes sur les fronts orientaux, contraint l'Allemagne et ses alliés à diviser leurs forces. Une paix séparée aurait pour conséquence militaire directe de permettre le renforcement des troupes de l'Entente sur le front occidental. Le haut-commandement français souhaite donc à tout prix le maintien du front russe.

Dès mars 1917, Briand dépêche en Russie l'avocat lyonnais Marius Moutet, membre de la Commission des Affaires étrangères. Il doit convaincre l'allié russe de continuer la guerre. La situation en Russie semblant de plus en plus confuse, Albert Thomas décide d'envoyer à Petrograd le capitaine Sadoul. Cet avocat, inscrit au barreau de Paris depuis 1904, a été mobilisé au 156ème régiment d'infanterie, puis réformé en raison d'une infirmité au genou et versé au conseil de Guerre qui siège à Troyes. Albert Thomas, avec lequel il entretient des relations amicales, le prend comme attaché de cabinet lorsqu'il est promu ministre de l'armement en 1916. Sadoul est connu pour ses sympathies socialistes et, quand les événements se précipitent, Albert Thomas estime judicieux de dépêcher en Russie un homme ouvert aux idées qui guident le mouvement révolutionnaire. Officiellement, il est chargé d'une mission technique ayant trait aux approvisionnements en pétrole et en platine. Mais, selon Jean-Baptiste Duroselle, Sadoul doit entamer avec Trotsky, contre l'avis de Clemenceau opposé à ce marchandage, des négociations officieuses : la France s'abstiendra d'apporter son soutien aux opposants en échange de l'engagement des révolutionnaires d'honorer leur dette envers les porteurs d'emprunts russes. En réalité, la mission s'avère mi-informative, mi-diplomatique.

---

[56] Révolution de mars dans le calendrier grégorien.

Les bolchéviques sont à la conquête du pouvoir et Sadoul doit rendre compte à Albert Thomas du déroulement des événements. Il arrive à Petrograd en septembre, c'est-à-dire à la veille de la révolution d'octobre et y retrouve le général Niessel qui, depuis le mois d'août 1917, dirige la mission française composée, à cette date, de 250 officiers et de 500 hommes[57]. Cette mission en Russie va plonger l'avocat au cœur des grands événements de l'histoire et lui attirer beaucoup d'ennuis.

Les lettres que Sadoul adresse à Albert Thomas révèlent qu'il pressent que la première révolution va être balayée et qu'il convient de se rapprocher des bolchéviques afin d'éviter qu'ils ne concluent une paix séparée avec l'Allemagne. Cette correspondance montre qu'il croit sincèrement que cette issue peut être évitée si les Alliés comprennent qu'en s'opposant aux bolcheviques, ils favorisent l'Allemagne, laquelle ne manque pas de partisans dans la bourgeoisie russe. Il regrette que les Alliés ne soient pas ouverts aux propositions de paix présentées par la Russie en novembre 1917[58]. Mais sa vision des choses ne s'inscrit ni dans celle de l'ambassadeur de France, Joseph Noulens, successeur de Maurice Paléologue, ni dans celle du ministre des Affaires étrangères, Stephen Pichon, qui au contraire misent sur le caractère éphémère de la révolution bolchévique et préfèrent soutenir militairement l'opposition blanche. Jacques Sadoul rencontre quotidiennement Trotsky et s'en rapproche de plus en plus. Quand les bolcheviques signent, le 15 décembre 1917, avec l'Allemagne, un armistice, suivi du traité de Brest-Litovsk le 3 mars 1918, son amitié pour Trotsky devient suspecte. Sadoul passe désormais pour un traître d'autant qu'il rédige des articles hostiles à l'intervention des Alliés contre les bolcheviques et qu'il participe à la propagande exercée sur les troupes d'occupation française en mer Noire. Quand il quitte Moscou en mars 1919, il apprend que Clemenceau agite la perspective de poursuites contre lui. Il n'en reçoit que de vagues échos et s'étonne car personne autour de lui, à

---

[57] Cette mission est instituée pour stimuler la motivation et la collaboration de l'armée russe. A sa tête, le général Niessel succède au général Janin qui a relevé le général Pau. Foch décide de la maintenir après le traité de Brest-Litovsk.

[58] Elles ont été publiées : Capitaine Jacques Sadoul. Membre de la Mission militaire française en Russie, *Notes sur la révolution bolchévique (octobre 1917 – Janvier 1919),* avec une préface de Henri Barbusse et la publication d'une lettre d'Albert Thomas, Paris, éditions de La Sirène, 1919.

l'ambassade et à la mission, ne lui en souffle mot. Le dossier est confié au capitaine Mangin-Bocquet, rapporteur devant le 2ème conseil de guerre de Paris. En septembre 1919, il confie à un proche de Sadoul qu'il ne croit pas à la possibilité d'une mise en accusation et d'un jugement par contumace. Il se trompe. Subitement, le 19 octobre 1919, tombe l'ordre d'informer. Les amis de Jacques Sadoul, qui appartient à la franc-maçonnerie, sont nombreux parmi les avocats parisiens. Ils crient immédiatement au procès politique et se mobilisent pour le défendre. Le rapport d'instruction, rendu le 20 octobre, montre que celle-ci a été bâclée. Le procès par contumace s'ouvre le 6 novembre. Il est suivi par de nombreux journalistes. Sadoul doit répondre de nombreux chefs d'inculpation dont la désertion à l'étranger, l'intelligence avec l'ennemi, l'embauchage et la provocation de militaires à l'indiscipline et à la révolte[59]. Le conseil de guerre est présidé par le colonel Rubard. Deux avocats, amis de Sadoul, André Berthon et Maurice Flach, se présentent à l'audience pour assurer sa défense. L'épouse de l'accusé demande à être entendue et son confrère Corcos souhaite témoigner en sa faveur. Tous prétendent disposer d'éléments de nature à innocenter Sadoul, mais le président du conseil de guerre refuse leur intervention au procès au motif que la loi interdit la représentation des accusés contumax et s'oppose à la production de témoins. Dans cette procédure, seul le ministère public peut être entendu. Le bâtonnier de l'ordre parisien, Mennesson est appelé à l'aide. Il parvient à tirer argument du § 2 de l'article 468 du Code d'instruction criminelle : « Si l'accusé est absent du territoire européen de la France, ou s'il est dans l'impossibilité absolue de s'y rendre, ses parents ou ses amis pourront présenter son excuse et en plaider la légitimité ». Le président de la juridiction militaire, ébranlé par cette subtilité juridique, consent à s'en remettre à l'avis collectif des membres du conseil de guerre, mais les confrères de Sadoul ne parviennent à convaincre que trois juges sur sept. Le commissaire du gouvernement, le commandant Lemoyne, dirige l'accusation. Le rapport d'instruction

---

[59] Il était difficile de soutenir l'accusation de désertion. Il était reproché à Sadoul de ne pas avoir répondu à l'ordre, trois fois formulé, de rentrer en France alors qu'il ne figurait pas sur les listes des officiers rappelés et continuait à percevoir sa solde. Celle d'intelligence avec l'ennemi ne tenait pas davantage, la France n'étant pas en guerre avec la Russie : elle avait envoyé des troupes pour soutenir une faction, celle des Russes blancs. Encore les membres du gouvernement étaient-ils divisés sur les modalités d'interventions (directe ou indirecte, objectifs, lieux).

souligne que le capitaine Sadoul n'a pas fait campagne bien qu'encore jeune (il a 33 ans en 1914), ce qui le décrédibilise aux yeux des membres du conseil de guerre en le faisant passer pour un embusqué. La véritable raison de sa réforme, une infirmité du genou, est passée sous silence. Sadoul est condamné à mort à l'unanimité sur la foi des seuls éléments à charge, au rang desquels le témoignage de l'ambassadeur Joseph Noulens.

Le comité de soutien, qui regroupe ses amis, dénonce les irrégularités multiples du procès et s'indigne de l'intrusion du gouvernement dans son déroulement. Un opuscule, *La vérité sur l'affaire Sadoul*, rédigé par un confrère de Sadoul, Antonio Coen, met ce procès en parallèle avec celui de l'affaire Dreyfus : la raison d'Etat, confondue avec les basses pratiques gouvernementales, ne justifie pas que l'on condamne un innocent. Il affirme que rien n'arrêtera la vérité en marche, toutefois les événements ne lui donnent pas raison immédiatement. Radié du barreau de Paris, Jacques Sadoul choisit de rester et de s'établir en URSS. Après la victoire du cartel des gauches, il rentre en France. Arrêté par la Sûreté générale, le 4 décembre 1924, il est incarcéré à la prison du Cherche-Midi. Un nouveau procès militaire s'ouvre devant le Conseil de guerre d'Orléans le 31 mars 1925. Fidèles, ses amis André Berthon et Maurice Flach assurent la défense qui leur a été refusée en 1919. Albert Thomas et Rakovsky, ambassadeur soviétique en France[60], viennent témoigner en sa faveur. Le 8 avril, Sadoul est acquitté à l'unanimité.

Comment expliquer le revirement de la justice militaire ? On peut relever que l'inculpation de Sadoul suit à quelques jours près le dépôt de sa candidature aux élections législatives effectuée, en son absence, par ses amis politiques, le 16 novembre 1919, dans le 4ème secteur de la Seine. Une telle proximité de date, alors que l'instructeur en charge du dossier ne trouve pas ce qui peut justifier un procès, conduit à penser qu'il s'agit d'empêcher l'entrée en politique de celui qui avait vu juste dans les événements qu'il devait observer. Par ailleurs, dans des articles publiés en Russie, Sadoul avait souligné l'hypocrisie des Alliés. Il leur reprochait d'avoir refusé d'énoncer leurs buts de guerre, ainsi que les y invitait le président Wilson, et d'avoir affirmé, la main sur le cœur, qu'ils n'envisageaient pas de conquêtes alors qu'ils

---

[60] Rakovski est chargé par le gouvernement soviétique d'établir des relations diplomatiques avec l'étranger. Après avoir négocié le traité de Rapallo en 1922, il est nommé ambassadeur en France, en 1925. Le gouvernement français, qui ne l'apprécie pas, demande son rappel en 1927.

avaient commencé à se partager les territoires de leurs ennemis. Sadoul avait vu dans cette attitude l'une des causes essentielles de la rupture avec les révolutionnaires russes et de la paix qu'ils avaient signée avec l'Allemagne. Il soulignait, enfin, que les Alliés avaient été aveuglés par leur antibolchevisme. Tout cela explique pourquoi en 1919, son retour n'est guère souhaité. Il importait même d'éliminer ce trublion qui risquait de dénoncer publiquement les erreurs des dirigeants encore au pouvoir. En 1925, le contexte politique a changé et la justice militaire qui, sous le poids des critiques, est plus que jamais remise en cause, peut désormais fonctionner normalement.

Jacques Sadoul ne saisit pas l'opportunité de la carrière politique que le renouvellement du paysage électoral, en mai 1924, rend possible[61] : le cartel des gauches l'emporte et 26 communistes font leur entrée à la Chambre. Malgré son acquittement, il s'en faut de peu qu'il ne demeure exclu de l'ordre des avocats parisiens. Le rapport de Cresson lui est favorable, mais Millerand s'y oppose et Poincaré s'abstient. Très partagé, c'est à une faible majorité que le conseil de l'Ordre vote sa réintégration. Signe d'un compromis ? On peut relever que celle-ci ne prend effet qu'à compter du 1er octobre 1925 et non à la date de la radiation de l'avocat, bien que cette dernière ait été la conséquence d'une condamnation invalidée.

[61] Membre du PCF, partisan d'un socialisme modéré et conciliateur, il défend les réalisations sociales de l'Etat soviétique. Dans les années trente, il est correspondant en France des *Izvestia*, devient brièvement maire de Sainte-Maxime à la Libération et décède en 1956.

CHAPITRE 3

TEMPS DE GUERRE, TEMPS PROFESSIONNEL

Au bout de quelques semaines de mobilisation, les professionnels de la justice commencent à penser sérieusement aux conséquences de leur absence. Ils s'interrogent, en particulier, sur l'attitude de leurs confrères restés à l'arrière : ne vont-ils pas prendre la place des absents ?

LES MESURES D'URGENCE

Le cas des magistrats et des officiers publics et ministériels est examiné dès les premiers jours du conflit. Deux lois les concernent parmi toutes celles qui sont votées le 5 août 1914 pour organiser le pays qui entre en guerre.

Pour maintenir les revenus des mobilisés, il est décidé que les magistrats, comme tous les personnels rétribués par l'Etat, cumuleront leur traitement et leur solde militaire. Quelques mois plus tard, le décret du 24 novembre 1914 suspend l'examen professionnel de recrutement et l'élaboration du tableau d'avancement pour l'année 1915, horizon de la victoire selon l'Etat-major. Les magistrats n'ont pas de souci à se faire sur le plan financier et sur celui de leur carrière.

En ce qui concerne les officiers publics et ministériels, la loi autorise et organise leur suppléance, ce qui doit avoir pour effet de sauvegarder leur clientèle et d'assurer des ressources à leur famille. L'article 1 prévoit un large éventail de suppléants potentiels :

« Tous les officiers publics et ministériels autorisés par la loi à présenter un successeur peuvent lorsqu'ils sont appelés sous les drapeaux en cas de mobilisation générale, se faire suppléer pour toute la durée de la mobilisation et de la guerre. Les suppléants seront choisis parmi les fonctionnaires et officiers publics et ministériels en exercice ou ayant cessé leurs fonctions, les anciens magistrats de l'ordre judiciaire, les avocats inscrits à un tableau ; ils pourront encore être choisis parmi les anciens clercs de notaire, d'avoué et d'huissier comptant au moins un an de stage. »

L'article 2 organise avec souplesse les modalités de cette suppléance :

« Le titulaire présentera le suppléant à l'agrément du président du tribunal civil et la prestation de serment se fera devant le juge de paix du canton. Dans les cas où le titulaire n'aurait pas eu le temps de désigner un suppléant, le président de la chambre ou de la compagnie et le tribunal dont il relève, selon les cas, y suppléera. »

La mesure ne satisfait pourtant pas les avoués, greffiers, notaires et huissiers, surtout ceux qui, ayant été affectés dans des services auxiliaires près de leur domicile, parfois même dans leur ville, trouvent naturel d'utiliser leur temps libre à gérer leur cabinet. Certains parviennent totalement à exercer leur profession en parallèle aux obligations militaires et tous les mobilisés à l'arrière aimeraient pouvoir en faire autant. Le ministre de la Justice, sensible aux doléances qui lui sont adressées et ne voyant pas de raison de s'y opposer, s'adresse le 20 novembre 1914 à son homologue de la Guerre pour solliciter son accord afin de généraliser cette pratique. Il essuie, une semaine plus tard, un refus : la loi qui organise la suppléance suffit à régler les problèmes posés aux mobilisés. Le gouvernement craint-il d'être confronté à la multiplication des demandes d'affectation dans la ville de l'activité professionnelle ? Il lui importe sans doute encore davantage d'adopter une position équitable par rapport à ceux qui, au front, risquent leur vie et se trouvent, de surcroît, privés de la possibilité d'un cumul de fonctions. Il est difficile de savoir si ce refus a mis fin partout à une pratique si commode pour les intéressés.

Le sort des avocats mobilisés est bien différent. De tous les professionnels de la justice, ce sont ceux qui souffrent le plus de la situation créée par la mobilisation. Ils doivent d'abord gérer la question des dossiers qui restent en suspens, mais très vite la perspective de difficultés financières et le risque de perdre la notoriété, qui attire les clients, les inquiètent. Est-il juste aussi que l'administration exige d'eux le paiement de la patente alors qu'ils sont dans l'impossibilité de travailler ? Enfin, l'Ordre peut-il, pour les mêmes raisons, leur réclamer le paiement de la cotisation professionnelle ?

LES INQUIETUDES DES AVOCATS

La clientèle

La perte de la clientèle est au centre de l'inquiétude qui tenaille les avocats mobilisés. Elle se manifeste dès l'automne 1914 quand les affaires dont ils avaient la charge sont mises au rôle. En effet, le ministère de la Justice a décidé de maintenir la rentrée judiciaire à sa date habituelle, fixée en 1810, au 2 octobre, comme si la guerre ne devait pas affecter le cours de la justice[62]. Même si le rythme de l'activité, en raison des divers moratoires et de l'importance de la mobilisation promet d'être ralenti, les avocats sont très préoccupés. En témoignent les courriers reçus par les bâtonniers. Une lettre adressée, à Lyon, au bâtonnier René Garraud permet de se faire une idée de la manière dont les avocats, éloignés du Palais, mais néanmoins informés de ce qui s'y déroule, vivent la reprise progressive des travaux judiciaires. L'avocat qui s'exprime est mobilisé au 13ème régiment d'artillerie et se trouve alors à Paris :

« Je connais trop mes confrères lyonnais pour penser qu'ils veuillent – de gré ou sur l'injonction du tribunal – aider à porter atteinte au patrimoine des confrères partis… J'aurais certainement, si l'adversaire l'avait sollicité, plaidé l'affaire si je n'avais devancé de plusieurs mois ma mobilisation normale. Je ne fais aucune gloire de ce geste mais vous comprenez mon état d'esprit en présence de la décision du tribunal qui n'est justifié (sic) par aucune raison, ni par aucun précédent de la capitale, au contraire. Certes la guerre menace d'être longue et par suite les affaires de traîner, mais notre profession ne peut être placée en situation d'infériorité (illisible) les autres. Quant à moi, j'ai éprouvé avant de partir une répugnance invincible à prendre le dossier d'un confrère mobilisé. »[63]

---

[62] Circulaire du 29 septembre 1914.
[63] Registre des délibérations, archives du barreau de Lyon.

Les bâtonniers des différents barreaux ont reçu de nombreuses lettres de ce genre et les registres de délibération des conseils de l'Ordre ont gardé trace de la pression qu'ont exercée les avocats mobilisés pour que leurs dossiers ne soient pas plaidés par des confrères. A Paris, le bâtonnier obtient le report des affaires à la fin des hostilités. Mais en province, les barreaux hésitent sur l'attitude à adopter et s'interrogent les uns les autres pour savoir comment il convient de s'y prendre pour sauvegarder les intérêts des confrères mobilisés[64]. Le problème est selon les lieux diversement résolu. Certains bâtonniers interviennent auprès des chefs de juridictions pour solliciter le report des audiences, comme cela se pratique à Paris. A Marseille, le bâtonnier se rend solennellement, accompagné des anciens bâtonniers, auprès du président du tribunal civil, dès la fin novembre 1914, pour plaider la cause de ses confrères mobilisés. Il demande que, dans le cas où ces derniers ne manifestent pas le désir qu'une affaire soit plaidée, elle soit tenue en suspens tant qu'ils seront tenus éloignés de la barre. Conscient des problèmes que cela soulève au regard du fonctionnement de la justice, le bâtonnier propose qu'une circulaire soit adressée à tous les avocats pour prier les mobilisés de donner le nom de confrères auxquels serait confiée la charge de les suppléer pendant leur absence. Démarche efficace : le président donne l'assurance que les renvois seront accordés sans difficulté[65]. Le report des affaires se trouve d'autant mieux facilité que les avocats marseillais mobilisés reviennent plaider lorsqu'ils sont en permission[66].

Toutes les juridictions n'adoptent pas à cet égard la même position. A Aix-en-Provence, le bâtonnier, quelques mois plus tard, intervient de manière similaire, mais il reçoit une réponse évasive dans laquelle le président dit qu'il tiendra compte de la démarche. L'attitude des juridictions dépend notamment des relations entre magistrats et avocats. A Lyon, comme en témoignent les plaintes de magistrats

---

64 En ce sens, lettre de l'Ordre de Grenoble à celui de Lyon. Séance du 26 janvier 1915. Registre des délibérations, archives du barreau de Lyon.

65 Séance du 26 novembre 1914, Registre des délibérations, archives du barreau de Marseille.

66 Registre des délibérations, archives du barreau de Marseille. Séance du 17 avril 1917 : en réponse à une lettre du bâtonnier de Tunis qui désirait savoir si à Marseille, l'Ordre avait autorisé les avocats mobilisés à plaider, le bâtonnier marseillais répond que tous ses confrères se réjouissent de la possibilité de continuer l'activité professionnelle dans les limites permises par l'obligation militaire.

contre les avocats enregistrées par le conseil de l'Ordre, elles ne sont pas excellentes. La cour n'est donc pas disposée à autoriser le report des affaires. Le conseil de l'Ordre estime qu'il n'a pas à intervenir auprès du Premier président. Dès le mois d'octobre 1914, il agit par une mesure interne en plaçant la question sur le plan déontologique. Un avis adressé à tous les membres du barreau précise nettement qu'un avocat non mobilisé doit s'interdire d'accepter un dossier ou de plaider une affaire dont a été saisi un avocat mobilisé placé dans l'impossibilité d'exercer sa profession. Le bâtonnier s'érige en juge des circonstances qui peuvent exceptionnellement infléchir cette règle[67]. Il semble, si l'on en croit la lettre qu'un avocat mobilisé lui adresse au cours de l'été 1915, que cette mesure énergique n'ait pas suffi à régler le problème, car il demande au bâtonnier d'empêcher qu'une affaire dont il est chargé soit plaidée en son absence[68]. Il est vrai aussi, qu'au fil des mois, la durée de la guerre rend de plus en plus difficile le report des affaires à l'après d'une victoire qui se fait attendre.

Il est arrivé que la demande de report des affaires émane des clients. En 1917, à Lyon, une cliente, qui ignore l'inutilité de sa démarche, écrit en ce sens à son avoué. Satisfaite de la manière dont son avocat a jusque-là mené le dossier, elle voudrait le garder, quitte à attendre la décision judiciaire. On ne peut exclure que certains avocats aient cherché à convaincre leurs clients qu'il était dans leur intérêt de solliciter, auprès de la juridiction, le report l'affaire.

Par peur de perdre leur notoriété, de nombreux avocats se précipitent à la barre dès qu'ils bénéficient d'une permission. Les affectés à l'arrière, chance ou protection, disposent de plus de facilités pour plaider régulièrement. La pratique prend tant d'ampleur qu'elle finit par indisposer l'autorité militaire, d'autant que certains avocats semblent en abuser. Tel est le cas à Lyon, où la protestation du gouverneur de la région militaire parvient au bâtonnier Garraud, par le truchement du Premier président s'exprimant avec l'assentiment de tous les présidents de chambre :

« Tout avocat mobilisé qui se présentera devant la cour pour plaider devra être muni de l'autorisation de ses chefs. Nous ne voudrions pas en effet prêter la main à ce que, sans l'assentiment de

---

[67] Séance du 24 octobre 1914. Registre des délibérations, archives du barreau de Lyon.

[68] Lettre du 3 juillet 1915. Registre des délibérations, archives du barreau de Lyon.

l'autorité militaire, un avocat appelé sous les drapeaux emploie à l'exercice de sa profession une partie du temps qu'il doit en totalité à l'armée. Pour pouvoir nous permettre d'appliquer cette décision, je vous serai reconnaissant de bien vouloir me donner la liste de vos confrères mobilisés »[69].

Le conseil de l'Ordre approuve cette mesure, qui vient mettre un terme à des comportements qu'il désapprouve, sans toutefois trouver le fondement d'une intervention disciplinaire. En effet, le registre des délibérations mentionne que le conseil « n'ayant pas la police de l'audience, ne peut que manifester sa satisfaction qu'une pareille décision ait été prise. Il exprime l'espoir qu'elle sera adoptée par toutes les juridictions. » L'affaire n'est pas résolue pour autant car le gouverneur militaire durcit le ton quelques mois plus tard. En janvier 1915, il avertit le procureur de la République que désormais les avocats mobilisés ne seront plus autorisés à se présenter devant les tribunaux de la région placée sous son commandement. A quelles tractations donna lieu cette décision et quels réseaux d'influence furent mobilisés ? Le 13 mai 1916, le registre des délibérations du barreau de Lyon révèle que le gouverneur est revenu sur son interdiction. Les avocats mobilisés pourront plaider s'ils sollicitent l'autorisation de l'autorité militaire, celle-ci étant subordonnée aux nécessités du service. Elle pourra être permanente, mais sera retirée si elle aura pour conséquence d'absorber le bénéficiaire ou le permissionnaire au détriment de leurs obligations militaires[70].

C'est à Bordeaux que la question va prendre la plus grande ampleur en raison de ses débouchés judiciaires et de la controverse juridique qu'elle suscite au point qu'Albert Wahl en rend compte dans *son Traité de Droit civil et commercial de la guerre*, publié en 1918. Ayant constaté que certains avocats mobilisés continuent néanmoins à plaider, le conseil bordelais sollicite l'avis du conseil lyonnais, en mars 1915. Le bâtonnier Garraud répond qu'à Lyon, il n'y a pas eu matière à débat car l'autorité militaire a opposé un refus à cette pratique. Le bâtonnier de Bordeaux en déduit que l'interdiction est de principe. Les barreaux de province se trouvent alors plongés dans l'embarras car le barreau de Paris, qui de manière informelle, inspire

---

[69] Séance du 8 novembre 1914. Registre des délibérations, archives du barreau de Lyon.

[70] Séance du 6 juin 1916. Registre des délibérations, archives du barreau de Grenoble.

en général leurs résolutions, avait à ce sujet adopté des positions contradictoires. En 1829, il avait déclaré la profession d'avocat incompatible avec le service militaire, pour, en 1869, décider le contraire à propos des fonctions de capitaine de la Garde mobile[71]. Cresson dans son traité *Usages et règles de la profession d'avocat*, publié en 1888, cite cette dernière disposition pour en déduire que la solution demeure inchangée pour les officiers de réserve et de l'armée territoriale, en temps de guerre[72]. Il y a donc lieu de s'étonner qu'un arrêté du conseil de l'Ordre de Bordeaux, le 10 mai 1915, rappelle que l'exercice de la profession d'avocat est difficilement conciliable avec les devoirs des mobilisés et qu'elle est absolument incompatible avec toutes les professions énumérées à l'article 42 de l'ordonnance de 1822 et spécialement « avec toutes les fonctions de l'ordre judiciaire, temporairement remplies auprès de la justice militaire ainsi que celles de greffier. » En réalité, ce n'est pas tant la mobilisation en elle-même qui, pour le conseil bordelais, fait obstacle à la possibilité de plaider que l'affectation du mobilisé à des fonctions juridictionnelles. Tel est le cas de Grossard. Cet avocat, âgé de 54 ans en 1915, par patriotisme, alors qu'il était libéré des obligations militaires, demande à être maintenu dans son grade de lieutenant de la territoriale. En 1904, il a été désigné pour être affecté, en cas de mobilisation, au parquet du conseil de guerre permanent de la XVIIIème région militaire, à Bordeaux. Il s'y rend dès la mobilisation et continue parallèlement l'exercice de sa profession d'avocat sans que l'autorité militaire ne trouve à y redire. Au contraire, elle s'adresse au commissaire du gouvernement du conseil de guerre siégeant à Bordeaux, pour lui préciser que les avocats mobilisés ont le droit de plaider à la condition de ne pas négliger leur devoir militaire. C'est en fait le conseil de l'Ordre qui refuse la situation ainsi créée. Il prend, le 17 juillet 1915, un arrêté frappant l'avocat récalcitrant de deux mois de suspension et déclare la peine applicable après la démobilisation. La sanction dans son principe et sa sévérité poussent l'avocat à la contester. Rien ne parvient néanmoins à fléchir le conseil bordelais, pas même la lettre qu'adresse le ministre de la Guerre, en accord avec le garde des Sceaux, le 21 novembre, au commandant de la région militaire pour

---

[71] Lettre du bâtonnier de Paris au procureur général du 23 mars 1829 (Mollot, tome 2, n°25) et arrêté de l'Ordre des avocats à la Cour d'appel de Paris du 8 mars 1831 qui consacre le principe. Arrêté du même ordre du 16 février 1869, *Gazette des Tribunaux* 21 février 1916.

[72] E. Cresson, *Usages et règles de la profession d'avocat*, 1888, tome 1, p. 82.

rappeler l'autorisation donnée aux avocats mobilisés. L'arrêt de la Cour d'appel de Bordeaux du 11 janvier 1916 constitue une condamnation sans réserve de la position adoptée par le conseil bordelais. Non seulement il rappelle qu'est dénié à un conseil le droit de donner une interprétation par voie de disposition générale de l'ordonnance de 1822, mais encore il affirme le principe selon lequel, en l'absence de défense de l'autorité militaire, l'avocat mobilisé peut plaider s'il trouve pour cela le temps nécessaire sans porter préjudice aux obligations militaires. La cour s'appuie sur les directives données en ce sens par le commandement de la XVIIème région militaire. Elle donne par ailleurs aux textes prohibitifs une portée d'autant plus restreinte qu'elle estime « qu'ils n'avaient pas prévu l'hypothèse de la nation courant tout entière aux armes, de chaque citoyen valide devenu soldat provisoire ». C'était reconnaître que le conflit en cours n'avait rien de comparable avec ceux qui l'avaient précédé et que cela impliquait de remettre en question les règles antérieures. Le fait que l'avocat en question était officier de complément a joué comme argument supplémentaire, reconnaît la cour, car il pouvait à cet égard être assimilé à un suppléant au sens de l'ordonnance de 1822, lequel n'était pas visé par l'interdiction du cumul. Le conseil s'est trouvé désavoué, même si l'arrêt mentionnait le « noble souci » qui avait motivé sa décision[73], c'est-à-dire le souci patriotique, doublé de celui de ménager l'intérêt de l'ensemble des confrères mobilisés au front ou à l'arrière.

Tous ces aménagements cadrent-ils bien avec la sacro-sainte confraternité que les avocats ne manquent jamais de proclamer ? On peut en douter. Ils portent atteinte de multiples façons à l'égalité fondamentale censée régner entre membres d'un barreau et nombreux sont ceux, pas seulement à Bordeaux, qui le déplorent. Le bâtonnier de Rennes, dans une lettre qu'il adresse à son homologue de Lyon, en juillet 1915, signale, avec amertume, que les avocats affectés sur place « ont renoncé, pour la grande majorité à la continuation de leurs occupations professionnelles, mais deux ou trois d'entre eux ont eu la prétention de les reprendre avec la complaisance de leurs chefs militaires. Cet état de choses ne va pas sans soulever des réclamations des autres qui ne peuvent pas bénéficier de la même complaisance et même des critiques de la part de personnes, notamment les magistrats,

[73] *Gazette des Tribunaux*, 21 février 1916.

étrangères à notre Ordre »[74]. A Paris, Charles Chenu évoque aussi ces jeunes avocats qui profitent du départ des mobilisés pour se présenter à la barre et plaider. S'il s'autocensure pour ne pas qualifier ces confrères d'embusqués, sa désapprobation n'en est pas moins nette et d'ailleurs, souligne-t-il, l'initiative n'a pas recueilli d'encouragements. « Les avocats-soldats se tairont tous jusqu'au jour où tous pourront reprendre la robe et la parole. L'égalité gardera ses droits »[75].

Au cours du conflit, la doctrine ne s'intéresse guère à la question du droit de plaider des avocats mobilisés. L'abondante législation et la jurisprudence de guerre, dont il s'agit de discerner la logique et de mesurer l'efficacité à résoudre les questions sociales graves posées par la guerre, occupent davantage les auteurs. Ce n'est qu'en 1918 qu'Albert Wahl présente une analyse, rétrospective, de la question. Il la traite, sans référence à la préoccupation déontologique de confraternité, sous l'angle technique : la solde que touche un soldat n'étant pas juridiquement un traitement, il ne peut y avoir d'incompatibilité entre l'exercice de la profession d'avocat et les obligations militaires. Citant l'arrêt de la Cour d'appel de Bordeaux, il estime qu'un avocat peut plaider malgré la défense de l'autorité militaire. La seule limite à son activité professionnelle civile est en effet posée par l'article 42 de l'ordonnance de 1822 qui édicte une incompatibilité avec toutes les fonctions de l'ordre judiciaire, sauf celle de suppléant. Pour Wahl, si les rédacteurs de 1822 ont songé à la justice civile, ils n'ont pas entendu exclure la justice militaire. D'autre part, l'incompatibilité légale repose sur le danger qu'un avocat ne se serve de ses fonctions judiciaires pour se procurer une clientèle ou accroître l'autorité de ses plaidoiries et cela vaut pour les fonctions de justice militaire.

Si le droit de plaider finit par être admis, l'avocat mobilisé peut-il percevoir des honoraires ? A la Chambre, un député pose la question au ministre de la Guerre lors de la séance du 27 juillet 1916. Sans doute la plupart des avocats ne se posent pas la question tant elle semble dériver de la reconnaissance du droit de plaider. Toutefois, le fait que l'activité professionnelle des avocats en parallèle à leurs obligations militaires fasse l'objet de débats invite à creuser la question sous tous ses aspects. Le ministre répond par l'affirmative et

[74] Lettre du 5 juillet 1915, archives du barreau de Lyon.
[75] *De l'Arrière à l'Avant*, Paris 1916, p. 109.

précise qu'il est permis à l'avocat d'accepter des honoraires même pour une défense de soldats devant les conseils de guerre[76].

La patente

Lorsque la mobilisation est décrétée, il y a presque trente-cinq ans que cet impôt, comme beaucoup d'autres provisoires à l'origine, s'est ajouté aux charges des avocats[77]. Proportionnelle aux loyers et non aux revenus de l'activité, la patente grève lourdement les ressources des avocats qui débutent. La guerre fournit une occasion de la remettre en cause. Mobilisés ou non, les avocats subissent immédiatement les conséquences financières de la mobilisation. Un avocat lyonnais s'adresse au bâtonnier, dans une lettre datée du jour de Noël 1914, pour lui demander si, compte tenu du fait que la guerre semble devoir durer encore plusieurs mois, voire toute l'année 1915, il convient de la payer. Il est dans l'impossibilité d'exercer son activité et un commerçant, dit-il, qui ferme son magasin ne la paie plus. Il précise : « La patente représente le 1/6ème du loyer et c'est pour beaucoup une charge dont ils aimeraient être débarrassés pendant la guerre ». L'omission provisoire au tableau, suivie d'une réinscription avec maintien au rang d'ancienneté, ne pourrait-elle être envisagée pour dispenser les avocats de cet impôt ?

Des barreaux comme ceux d'Amiens, Chambéry, Agen, ne voient pas matière à débat sur cette question, tandis que d'autres s'activent pour obtenir l'exonération des avocats contraints d'abandonner leur cabinet pour défendre la patrie. L'initiative revient au Bâtonnier parisien Henri-Robert, sans doute mieux placé que quiconque pour solliciter une faveur du gouvernement. Le ministre des Finances est, à ce moment, son confrère Alexandre Ribot, vice-doyen du barreau de Paris[78]. L'entrevue a lieu à la fin du mois de décembre 1914. Après avoir exposé les difficultés financières de ses confrères, Henri-Robert repart avec l'assurance que les avocats concernés devraient pouvoir être dispensés du paiement de la patente pour 1915 et pour toute la

[76] Séance du 27 juillet 1916. JO du 28, déb. Parl. p. 2089.
[77] Les avocats ont été assujettis de manière provisoire à la patente par la loi du 15 mai 1850 et cet impôt est devenu définitif par la loi du 15 juillet 1880.
[78] Alexandre Ribot s'inscrit au tableau en 1864 mais prend rang au 5 décembre 1876. C'est la raison pour laquelle le doyen du barreau de Paris est Edouard Clunet.

durée du conflit[79]. Le bâtonnier parisien ne se contente pas de cette promesse. Il contacte tous les barreaux de cours d'appel pour les avertir de son intervention, leur proposer de prolonger la démarche auprès de la Commission de législation fiscale de la Chambre et leur demander leur soutien. A la mi-février 1915, il obtient gain de cause : les avocats sont exonérés du paiement de la patente pour 1915 et pour toute la durée des hostilités. La presse judiciaire rend compte de la nouvelle et salue le succès d'Henri-Robert, facilité, il faut le souligner, par l'influence qu'exercent alors les avocats au Parlement et au Gouvernement. La question fut promptement réglée. Pourtant, localement, l'application aux cas individuels de la mesure n'a pas été sans poser problème, ainsi à Marseille. Ils furent résolus à la suite de l'intervention des bâtonniers auprès de l'administration fiscale.

On constate à travers les diverses interventions, locales ou nationales, le rôle essentiel joué par les bâtonniers dans la sauvegarde des intérêts des avocats mobilisés. Les ordres d'avocats allaient-ils être logiques et transposer sur le terrain de leurs propres finances la compréhension qu'ils avaient obtenue de l'Administration ? La réponse ne s'impose pas immédiatement.

La cotisation professionnelle

La cotisation professionnelle est une charge que les avocats payent pour être inscrits à l'Ordre et qui conditionne leur activité professionnelle. En début de carrière, ils peinent souvent à en acquitter le montant. La mobilisation soulève la question de sa perception puisque les mobilisés ne sont plus en mesure, dans leur grande majorité, de plaider. Elle est diversement résolue selon les barreaux. D'un côté, ces derniers craignent les difficultés financières si les cotisations ne rentrent plus. D'un autre, il semble abusif de réclamer une cotisation à ceux qui sacrifient leur vie et leur clientèle pour défendre le pays.

Les archives des barreaux révèlent que la question de la cotisation a rarement fait l'objet d'une délibération dans les conseils. Que peut-on en conclure ? Observons que dans la profession, bien des problèmes délicats se résolvent en aparté, dans les couloirs ou le bureau du bâtonnier. L'absence de compte-rendu au registre ne

---

[79] *Gazette des Tribunaux*, 31 décembre 1914.

signifie donc pas que la question n'a pas été abordée. Il pouvait, en effet, sembler indigne, voire indécent, dans le contexte de la guerre, de consigner des débats affichant des préoccupations bassement matérielles au regard des sacrifices consentis par les soldats.

Tous les barreaux ont adopté une attitude identique. Certains, celui de Châtellerault par exemple, créent des cotisations - dites « armées » - réduites, en l'occurrence à 10 F. D'autres ne la réclament pas du tout, comme à Chambéry, ou présentent un budget prévisionnel qui ne tient pas compte de la cotisation des mobilisés, comme à Toulouse. Enfin, d'autres barreaux réservent les lettres de rappel aux non mobilisés, tel est le cas à Marseille. Le choix de l'Ordre repose parfois sur l'analyse de la nature juridique de la cotisation. De quoi est-elle la contrepartie, s'interroge l'Ordre d'Aix ? Réponse : de l'utilisation de la bibliothèque, principalement. Or, les mobilisés ne l'utilisent plus, sauf ceux qui sont affectés à proximité et cumulent activités professionnelles et militaires. Eux seuls doivent donc l'acquitter. Une autre attitude consiste à réclamer la cotisation à tous en laissant le non-paiement des mobilisés sans suite. Le barreau de Caen opte pour cette décision à la suite d'un débat tardif. Il oppose Gransard, porte-parole des mobilisés, au bâtonnier Guillouard, à l'automne 1919, alors que les avocats démobilisés regagnent progressivement la barre. A Caen, le paiement de la cotisation des mobilisés est en effet demandé de manière rétroactive pour toutes les années de guerre. Le premier estime que les mobilisés doivent être laissés libres de payer leurs quittances de guerre, tandis que, pour le second, il n'y a pas de distinction à faire entre les avocats, sauf à ne pas insister en cas de non-paiement. C'est le bâtonnier qui emporte la décision au conseil. Le registre des délibérations ne fournissant aucune indication comptable, il est impossible de dire comment les avocats concernés ont réagi et si les mobilisés ont effectivement payé leurs cotisations des quatre années de guerre.

Le barreau de Lyon peut paraître d'un grand désintéressement. Il faut cependant noter qu'il dispose d'un substantiel patrimoine. Evalué, en 1907, à 125 000 francs, il lui rapporte 4 000 francs par an, soit presque autant que les ressources apportées par les cotisations (4 500 francs). Plus les barreaux sont riches, plus il leur est facile de prendre de la distance par rapport à la question financière. Les autres se trouvent contraints de répartir le déséquilibre financier entre les avocats qui restent ou de restreindre leurs besoins, voire de favoriser toute occasion de rentrée de fonds. L'Ordre de Caen, dont on a vu qu'il a adopté une position assez stricte à l'égard des avocats démobilisés pour faire rentrer de l'argent dans sa caisse, fait payer la lecture des revues juridiques au professeur René Japiot[80] qui, au cours du conflit, en raison de la restriction des crédits de la Faculté de droit, demande à consulter celles de la bibliothèque des avocats.

L'épineuse question du tableau

Par tradition, l'Ordre des avocats est « maître de son tableau ». Cela signifie qu'il est libre d'admettre ou de refuser l'inscription des avocats. Il est également juge de l'opportunité de les exclure. Ce principe n'est pas sans rappeler le pouvoir dont disposaient les corporations d'Ancien Régime. Aussi, son caractère discrétionnaire est-il progressivement battu en brèche par la jurisprudence de la Cour de cassation qui ouvre, puis élargit, la possibilité d'un recours devant la cour d'appel contre les décisions de refus d'admission ou de radiation. Néanmoins, à la veille de la guerre, les barreaux continuent à proclamer que l'Ordre est maître de son tableau. Il ne maîtrise plus totalement les recrutements, mais il garde cependant le pouvoir, sans contrôle du juge, de déterminer le rang des avocats.

Plusieurs événements jalonnent l'entrée dans la profession d'avocat : la prestation de serment devant la cour d'appel, l'inscription au stage prononcée par le conseil de l'Ordre, puis l'inscription au tableau à l'issue des trois ans de stage. Les barreaux fixent différemment le rang de l'avocat. Certains optent pour la date de début du stage, d'autres pour la date à laquelle il s'achève. Tous admettent des exceptions au principe.

Question étrange que celle du rang ! A une époque où le pouvoir des conseils recule, la maîtrise du classement au tableau détermine une zone d'indépendance de l'Ordre par rapport au juge. Au-delà de l'orgueil qu'en retire la profession, le rang produit des conséquences concrètes pour les avocats. Les stagiaires peuvent plaider et consulter comme leurs confrères, mais il leur revient d'exercer les défenses que la profession doit assumer au profit des justiciables les plus pauvres. Or, elles ne donnent pas lieu au paiement d'honoraires, l'assistance judiciaire n'étant pas rémunérée à cette époque. Le bâtonnier attribue ces défenses, sur commission d'office, en fonction du rang. Cette

[80] René Japiot est un grand spécialiste de procédure civile.

pratique généralisée trouve, selon l'Ordre, sa justification dans le fait que les avocats doivent apprendre le désintéressement. Il s'agit là d'un grand principe professionnel que les avocats proclament en toute occasion. Malgré l'apprentissage auquel la profession soumet les stagiaires, il n'est pas accepté sans difficulté si l'on en juge l'important volume des affaires disciplinaires traité par les conseils à ce sujet. Il ne viendrait, cependant, à l'idée d'aucun jeune avocat de remettre en cause le désintéressement. Les débats s'en trouvent reportés sur la détermination du rang. La guerre donne à cette question une nouvelle dimension. Le départ massif des stagiaires contraint les plus anciens à assurer les défenses gratuites, tâche qu'ils trouvent souvent très lourde. Surtout, la guerre introduit une inégalité entre les jeunes avocats en posant de manière aiguë la question des privilèges dont bénéficient certains : les mobilisés au front ne peuvent effectuer leur stage à la différence des réformés ou des affectés près de leur domicile. Cette inégalité est vécue comme une injustice d'autant plus insupportable qu'elle découle d'une autre inégalité aux conséquences vitales : celle de l'impôt du sang.

« Guerre vaut stage »

Les mobilisés ne sont pas en mesure de suivre la conférence du stage considérée comme un temps fort de leur formation. Pourtant, les stagiaires n'en semblent pas toujours convaincus, si l'on se réfère à l'absentéisme qu'ils manifestent. Néanmoins, la règle communément admise par la tradition des barreaux est que le service militaire est incompatible avec le stage. La guerre, par l'ampleur de la mobilisation provoque d'ailleurs partout la suppression de la conférence. Malgré cela, tous les conseils sont, plus ou moins rapidement, destinataircs de demandes d'inscription. Les petits barreaux sont peu sollicités. Chambéry et Agen ne reçoivent que deux demandes. Comme en temps ordinaire, les demandes n'y affluent pas : les deux cours d'appel font régulièrement l'objet de menaces de suppression que les notables locaux font échouer. De grands barreaux n'en reçoivent guère davantage : à Marseille et à Lyon ne parviennent que quatre demandes.

Demande formulée ne veut pas dire demande acceptée. Les conseils de l'Ordre doivent trancher. Ils sont d'abord tenus de régler le sort des avocats en cours de stage au moment de la mobilisation, ce qui n'est pas sans influer sur les demandes nouvelles. Les barreaux dans un premier temps appliquent strictement le principe, à Paris comme en province. Le conseil de Montpellier radie les stagiaires. Celui de Toulouse décide d'accorder à trois stagiaires mobilisés la suspension du stage. Puis, en décembre 1914, pour éviter tout malentendu et inciter les autres stagiaires à solliciter aussi la suspension, il dresse la liste du stage en la faisant précéder d'un texte indiquant que le stagiaire sera radié au bout de 3 ans si le stage n'a pas été accompli de manière effective.

Progressivement, l'attitude des barreaux va évoluer. La guerre dure : la vie judiciaire reprend à l'arrière, surtout dans les grandes villes. A partir de 1916, les autorités militaires critiquées pour la justice rendue par les conseils de guerre réclament toujours davantage d'avocats aux bâtonniers pour défendre les prévenus. Rares sont les barreaux qui refuseront les stagiaires sur toute la durée du conflit. Telle restera la position du barreau de Tunis qui veut surtout éviter que les sujets tunisiens ou étrangers ne prennent rang avant les postulants français retenus aux armées. L'acceptation de stagiaires se fait d'abord au compte-goutte. Rien n'empêche les stagiaires admis effectuer le stage car soit ils sont affectés à proximité, soit ils sont réformés pour blessure. L'admission est présentée à Paris comme un acte exceptionnel qui permet à l'Ordre d'affirmer qu'il reste fidèle au principe. Les barreaux de province agissent en conformité avec celui de Paris. A Montpellier, la décision d'admettre, par bienveillance, un stagiaire suscite des espoirs et provoque un afflux de demandes. Elles s'élèveront à 64 au total à la fin du conflit.

La guerre a eu pour effet de répartir les stagiaires en trois catégories. La première est constituée de ceux qui se sont fait inscrire après les examens. Ayant répondu à la mobilisation, ils n'ont pu effectuer le stage. La seconde catégorie comprend les réformés dont l'inscription est antérieure à la guerre ou a été obtenue depuis. Dans la troisième figurent les stagiaires affectés à l'arrière qui, tout en étant mobilisés, ont pu exercer. Les stagiaires des deux dernières catégories ont pu plaider et n'ont pas chômé en raison des commissions d'office. Pour cette raison, les aînés ont grandement apprécié leur présence. A l'issue du conflit, les barreaux sont confrontés à une question très délicate : quelles sont les conséquences de la durée du conflit sur l'accession des stagiaires au « grand tableau » ?

La réintégration des soldats dans la vie civile, hors la gestion particulière des mutilés, ne pose pas trop de difficultés pour les agriculteurs et les fonctionnaires, mais il n'en va pas de même pour les autres catégories professionnelles. Chômage pour les ouvriers et perte de clientèle pour les professions libérales, voire les commerçants, sont en perspective alors que les démobilisés estiment, par leur sacrifice, avoir mérité un retour à une vie « normale ». Le problème se complique pour les jeunes avocats du fait que l'inscription au tableau ne présente pas que des avantages. Elle permet certes de voter lors des élections au conseil de l'Ordre qui désignent ses membres et le bâtonnier, mais la cotisation double le plus souvent par rapport à celle du stagiaire et l'avocat inscrit est désormais assujetti à la patente. En raison du poids de ces charges, les avocats débutants, qui sont peu fortunés et dont la clientèle est insuffisante, sollicitent souvent du conseil une prorogation du stage de trois à cinq ans, parfois davantage. Ils prennent ensuite rang à la date d'expiration du stage, plus rarement, à celle, rétroactive, de l'inscription.

L'exigence de l'effectivité du stage voudrait que les stagiaires de la première catégorie commencent leur stage dès leur démobilisation et le poursuivent pendant trois ans. Leur inscription au tableau s'en trouverait différée d'autant et ils prendraient rang après les stagiaires des deux autres catégories, lesquels n'ont pas été versés dans des unités combattantes. Sans aucun doute, les conseils auraient préféré que les jeunes avocats, à leur retour, commencent ou poursuivent leur stage. Parmi ces derniers, certains pouvaient d'ailleurs le souhaiter pour des raisons financières surtout. Mais était-il juste d'appliquer aux uns et aux autres la même règle de l'effectivité du stage ? La question ne se trouve posée nulle part en ces termes. Ne risque-t-on pas, en l'abordant maladroitement, de voir resurgir, au sein des barreaux, la grande querelle des embusqués ? Faute d'une disposition générale apportant une solution uniforme, chaque barreau va devoir, localement, gérer le problème dans une ambiance difficile. En effet, la lenteur de la démobilisation attise le mécontentement et rend les soldats « rouspéteurs », selon l'expression d'Antoine Prost, qui les décrit prompts à faire valoir leur point de vue[81]. Certes, la discipline est l'un des maîtres-mots de la profession, mais les stagiaires démobilisés n'ont eu pas eu le temps, ni l'occasion, d'en intégrer les principes dans leur conduite. On ne relève aucune mention, dans les

---

[81] La démobilisation est lente : le gouvernement, attendant la signature des traités de paix, se ménage la possibilité d'une reprise des hostilités en cas de refus de l'Allemagne. Ce n'est qu'en juillet 1919, que la démobilisation peut devenir complète.

archives des barreaux, d'un quelconque mouvement de contestation. Doit-on en déduire qu'il a été inexistant ? L'absence de trace écrite n'est pas une preuve suffisante. Il est raisonnable de penser que la volonté de certains barreaux de s'adapter au contexte a empêché son apparition, comme à Lyon. Au cours de la délibération du 26 juin 1919, « Il est décidé que le temps couru entre le décret de mobilisation et le décret de cessation des hostilités, pourra ne pas compter pour la durée du stage au gré du stagiaire ». Six mois plus tard, confronté à la demande d'admission au tableau de trois stagiaires, le même conseil affirme plus nettement : « Le conseil reconnaît qu'en principe le stage sera considéré, vu les circonstances, comme ayant couru pendant la guerre ». A Montpellier, comme à Caen, Chambéry, Toulouse, Dijon, Agen, Amiens, Marseille, aucune distinction n'est faite entre ceux qui sont restés et ceux qui n'ont pu effectuer le stage parce qu'ils étaient mobilisés. A Aix, le droit prioritaire des mobilisés est même nettement affirmé puisqu'ils primeront en rang ceux qui ont effectué le stage pendant le conflit. Pour la plupart des barreaux, la mobilisation a donc purement et simplement dispensé de stage les mobilisés. Ainsi, à l'adage traditionnel « magistrature vaut stage » pouvait être adjoint un nouvel adage « guerre vaut stage ». Compréhensible sur le plan humain, ce principe l'était moins sur le plan professionnel. A Lyon toutefois, comme à Montpellier, il est admis que ceux qui le souhaitent, s'ils y trouvent avantage, peuvent être maintenus stagiaires. En revanche, à Grenoble, aucune inscription n'est acceptée après la guerre sans que ne soit vérifiée la réalité de l'accomplissement du stage. Une seule exception peut être relevée : celle d'un jeune avocat ayant réussi à faire valoir ses fonctions de défenseur d'office devant le conseil de guerre pendant un temps équivalent à celui du stage.

PREOCCUPATIONS DE MAGISTRATS

Le ministère de la Justice et la nomination des magistrats

Les mesures d'urgence prises dès la mobilisation, par le ministère de la Justice, ont certainement soulagé les magistrats des préoccupations liées aux conditions de vie, mais pour autant tout souci relatif à la vie professionnelle n'a pas été écarté.

Au cours du conflit, en effet, le ministère doit pourvoir les postes devenus vacants en raison des départs à la retraite, des démissions ou des décès et, d'une manière plus générale, il lui faut assurer le fonctionnement de la machine judiciaire. Recrutement, mutations, avancement, ces questions sont indissolublement liées à celle des nominations depuis qu'elles ont été réglées par un même texte, toujours en vigueur au moment de la mobilisation : le décret du 18 février 1908. Ce décret pose le principe que l'entrée dans la magistrature résulte du succès à un examen organisé en deux sessions par an. Les nominations directes sur titres et expériences peuvent aussi en parallèle permettre l'accès au corps[82]. L'avancement se définit alors par la nomination à un poste pour lequel le traitement est plus élevé. Le système lie donc la promotion à la mutation, laquelle dépend du départ du titulaire du poste convoité. Chaque année, s'opère donc une vaste rotation des magistrats qui englobe la métropole et les colonies. Informés par le bouche-à-oreille, les magistrats postulent en se déclarant intéressés par tels postes susceptibles de devenir vacants si leur titulaire est promu. Au préalable, l'avancement suppose que le magistrat soit inscrit sur un tableau qui est dressé chaque année, par le ministre de la Justice, sur les propositions d'une commission de classement. Composée de hauts magistrats et de hauts fonctionnaires du ministère, la commission se prononce sur les « présentations » adressées par les premiers présidents et les procureurs généraux des cours d'appel. Elle peut aussi proposer au ministre des inscriptions d'office. Les magistrats qui ne figurent pas sur le tableau et qui s'estiment lésés ont la possibilité de formuler des réclamations au ministère. Selon ce système, l'ancienneté ne permet pas de prétendre à un avancement, même si elle est une condition de celui-ci, car il faut avoir occupé un poste pendant au moins deux ans pour s'inscrire au tableau. Finalement, l'avancement dépend surtout des appréciations de la hiérarchie judiciaire et de l'enquête demandée en parallèle aux préfets. A la veille de la guerre, il est préférable pour faire carrière d'être « bon républicain » et, si l'on est catholique, d'être discret dans sa pratique religieuse.

---

[82] L'accès sur titres et expérience (art. 16 du décret) concerne les avocats, les préfets, les fonctionnaires du ministère de la Justice et les juges de paix dans la proportion générale du quart des nominations intervenues depuis le 1er janvier (art. 32). Il faut 10 ans d'ancienneté dans la profession pour les avocats, 3 pour les préfets et 2 pour les fonctionnaires du ministère de la Justice. Aucune ancienneté n'est requise pour les professeurs de droit (art. 16).

La mobilisation ne pose pas la question de l'avancement sous l'angle du temps d'exercice dont elle prive le mobilisé, mais sous celui de la possibilité d'avoir l'appréciation nécessaire pour l'inscription au tableau. Pour le ministère, il n'y a aucun intérêt à procéder à des nominations de magistrats qui ne seront pas en mesure d'occuper des postes et il serait plus efficace de dresser un tableau faisant abstraction des mobilisés. Cela n'est toutefois guère concevable. Comment les mobilisés, qui sont nombreux, pourraient-ils accepter que la défense de la patrie les prive de la possibilité d'un avancement au profit de magistrats plus ou moins épargnés par la guerre ? La question de l'avancement concerne aussi la justice de paix selon des règles spécifiques. L'avancement, sur tableau, comme pour la magistrature, se fait sur place conformément au décret du 16 juillet 1912.

En ce qui concerne la magistrature, le décret du 24 novembre 1914 suspend pour la deuxième fois la session de l'examen professionnel fixé au 9 décembre et l'élaboration du tableau d'avancement pour l'année 1915. Il n'y aura aucun recrutement sur examen jusqu'au décret du 6 décembre 1918 qui fixera la date des épreuves au 17 février 1919. A l'automne 1914, le ministère de la Justice croit fermement que les magistrats ne seront pas longtemps retenus par les hostilités et ne voit aucun inconvénient à geler les avancements et les recrutements jusqu'à leur retour. Mais lorsque l'activité judiciaire, ralentie par l'ampleur de la mobilisation et la perspective d'une guerre courte, reprend progressivement, il devient de plus en plus difficile d'assurer le fonctionnement de l'institution avec les moyens de fortune imaginés au début du conflit. Toutes les nominations de magistrats et de juges de paix se font donc sur les tableaux de 1914 jusqu'en 1917, moment où, s'étant progressivement éloignés de la réalité, ils s'avèrent inutilisables. En effet, le ministère ne peut compter sur les magistrats mobilisés, ni sur ceux des territoires occupés, ni sur les récupérés de la loi Dalbiez, ni sur ceux qui ont démissionné, ont pris leur retraite ou sont décédés.

Le ministère de la Justice, dès le début du conflit, a pris l'habitude de solliciter l'avis de l'Association amicale de la magistrature avant d'arrêter les mesures relatives à la carrière des magistrats. Cette attitude traduit la recherche d'un consensus, justifié par le fait que l'Association représente une force représentative des intérêts professionnels de ses membres s'imposant comme un véritable syndicat de fait. Le 11 avril 1917, elle se réunit en assemblée générale pour fournir au garde des Sceaux un avis sur l'opportunité de nominations dans la magistrature et exprime à l'unanimité le vœu qu'il soit sursis, à moins de circonstances exceptionnelles, à ces nominations. Ce n'est pas l'intérêt des magistrats mobilisés qui est mis en avant, mais celui des magistrats des territoires envahis. Malgré cet avis, cinq jours plus tard, un premier décret de nominations judiciaires paraît, dont 3 sont justifiées par la mobilisation. Un second décret le 31 mai, procède à 19 nouvelles nominations (dont 8 provisoires), suivies le 20 juin de 6 autres (dont 4 provisoires). Deux nominations supplémentaires, le 2 novembre, provoquent une question écrite à la Chambre. Elle est posée par le député Braibant, par ailleurs président de l'Association amicale de la magistrature[83]. Il fait remarquer au ministre que ces nominations, dont l'une pourvoit au remplacement d'un magistrat mis en retraite, sont contraires à la promesse faite au début du conflit de ne procéder à aucune nomination pendant la guerre tant dans l'intérêt des finances de l'Etat que dans celui des magistrats sous les drapeaux. Il s'enquiert sur le point de savoir si ces nominations doivent être considérées comme des actes isolés ou si elles seront suivies par d'autres. Le ministère de la Justice se trouve alors contraint d'assumer les paradoxes.

Alors qu'il vient d'obtenir de la Chambre qu'elle vote l'abrogation de l'article 3 du décret-loi du 1er mars 1852[84] pour pouvoir se débarrasser des magistrats qui restent en fonction bien qu'ayant atteint l'âge de la retraite, le ministre de la Justice insère dans le texte, au cours de la navette entre les deux assemblées, un paragraphe qui prévoit d'imposer une prolongation d'activité auxdits magistrats. Comment peut-on vouloir une chose et son contraire ? En déposant le 20 août 1915, le projet initial, Briand entendait profiter de la guerre pour préparer le terrain de la réforme judiciaire qui, depuis longtemps, peinait à aboutir parce qu'elle impliquait des suppressions de postes. Pour atteindre cet objectif en douceur, il avait imaginé que les départs à la retraite pourraient s'effectuer sans nomination de successeur. Or pour cela, il fallait mettre fin à la pratique selon laquelle les magistrats restaient en fonction, conformément à la jurisprudence de la Cour de cassation, jusqu'à la nomination de leur successeur. La loi, votée le 27 juillet 1916, dans le premier paragraphe de son unique article,

[83] Créée en 1911. Voir, au chapitre 13, son action dans le cadre des réformes de la justice.

[84] Les magistrats « ne cesseront leurs fonctions que lorsqu'ils auront été remplacés ».

supprime cette éventualité. Cependant, pour pallier le manque de magistrats, elle ménage, dans le second, la possibilité de maintenir en fonction les magistrats atteints par la limite d'âge, pendant les hostilités et dans les six mois qui suivront. A ce texte succèdent, les 11 et 18 août, puis le 2 septembre 1916, trois décrets qui prolongent l'activité d'une cinquantaine de magistrats. Peu après, le 4 octobre 1916, une loi est votée autorisant l'emprunt de magistrats aux ressorts « excédentaires ». Ainsi plutôt que de toucher aux droits des mobilisés, le gouvernement fait reculer, une fois encore, le principe de l'inamovibilité[85].

Malgré ces mesures, l'action du ministère est toujours entravée par la promesse faite au début du conflit. L'éloignement n'empêche pas les mobilisés de suivre ce qui se décide à Paris et les permissions fournissent l'occasion d'une visite à l'Association amicale de la magistrature, dont rend compte Pierre Léris, dans une lettre du 9 mars 1917, à son père :

« J'ai pas mal agi dans cet admirable Paris. A l'Association de la magistrature – dont je vous envoie les bulletins – on m'a dit que les magistrats au front pourraient avoir de l'avancement. On a jugé légitime de leur conférer aussi les augmentations de traitement et Viviani a fait les nominations dans ce sens. Les prestations de serment ont lieu « par écrit »[86].

L'Association porte la voix des magistrats et Viviani ne se risque pas à prendre des décisions sans avoir consulté son président. Il le rencontre à nouveau en novembre 1916 et lui expose qu'en raison de la durée du conflit, la Chancellerie va devoir procéder à des mouvements dans la magistrature en dressant un tableau d'avancement. Il tiendra compte des mérites de tous les magistrats, en particulier de ceux qui sont mobilisés ou retenus en territoire envahi, comme cela a été le cas dans les autres administrations. Son interlocuteur en profite pour rappeler au ministre le désir, exprimé depuis fort longtemps par les magistrats, que leur soit accordée la possibilité d'une mise en disponibilité. Viviani promet. La situation est débloquée.

Le décret du 25 novembre 1916, pris deux jours après la visite du président de l'Association, appelle les présentations des chefs de cour

---

[85] Le gouvernement l'avait suspendu en 1883, le temps d'opérer les renouvellements jugés souhaitables politiquement.
[86] Fonds Pierre Léris, Historial de la Grande Guerre.

en vue de la préparation du tableau d'avancement pour l'année 1917. Des nominations seront réservées dans la proportion des magistrats en poste dans les départements envahis ou prisonniers de guerre rapportée au nombre total de magistrats. Moins d'un mois plus tard (décret du 16 décembre 1916), les membres de la commission chargée de préparer le tableau sont nommés. Les besoins du parquet étant particulièrement importants, la commission obtient que la proportion de substituts de 2ème et 3ème classe des tribunaux de première instance soit portée du quart (décret de 1908) au tiers. Le tableau d'avancement, arrêté en février 1917, est suivi du flot des nominations attendues : 159 du 20 février au 13 avril, 146 pour le seul décret du 12 juin 1917. Le gouvernement décide ensuite d'anticiper (décret du 5 août 1917) l'établissement du tableau de 1918 pour qu'il puisse être appliqué au 1er novembre 1917, puis (décret du 24 août 1918) celui de 1919. Tandis qu'on l'élabore, la guerre touche à sa fin.

Les magistrats mobilisés réagissent mal aux nominations auxquelles donne lieu l'élaboration des tableaux d'avancement qui rompt la promesse qui leur a été faite. Pierre Léris l'exprime dans une lettre qu'il adresse à son père le 8 avril 1917 lorsqu'il est informé des premiers décrets par la lecture du *Matin* :

« Cette fois de jeunes collègues restés à l'intérieur ou dont l'apparition sur le front, si tant est qu'elle ait eu lieu, fut à coup sûr très brève, obtiennent de l'avancement. M. Viviani avait pourtant solennellement déclaré qu'il ne ferait pas de nominations pour ne pas porter atteinte aux intérêts de ceux qui étaient aux armées. Et effectivement pendant les deux premières années, il n'appela à l'avancement que quelques rares dignitaires élevés et qui n'étaient plus en âge d'être mobilisés. Mais depuis quelques mois, j'apprends des nominations à des postes qui, en temps normal, auraient pu revenir à des magistrats actuellement réservistes ou jeunes territoriaux. Les listes de ces nominations s'allongent et les vacances se comblent. Cela n'est-il pas de nature à indigner ceux qui, comme moi, étaient proposés pour le tableau d'avancement en 1914 ? Ce tableau, tu le sais, fut ajourné en 1915 et 1916 ? Il a paru en février 1917. J'ai eu l'honneur d'y figurer. Mais ce ne sera qu'un honneur puisque je suis et je reste et resterai combattant. Songer à mon avancement en 1914, en 1915, en 1916, la chose m'eut paru indécente. Mais le ministre avait la décence de n'écouter aucune sollicitation de l'intérieur. Il

parti de l'argument de l'indépendance de la magistrature que le ministère de la Justice fait dépendre l'activité des magistrats mobilisés, au cas par cas, des décisions de l'autorité militaire. C'est un argument qui peut faire sourire lorsqu'il s'agit des magistrats du siège, indépendants s'ils renoncent à une carrière tributaire des recommandations politiques. Il ne convainc pas concernant les magistrats du parquet qui sont amovibles. Quoi qu'il en soit, il aurait été facile de considérer que l'exigence de subordination résultant de l'état militaire s'opposait à toute activité juridictionnelle plutôt que d'entrer dans les méandres d'un raisonnement artificiel sur la pseudo indépendance d'un mobilisé en congé ou en sursis d'appel. Le commentateur de l'arrêt du 5 décembre 1916 note qu'en principe les magistrats mobilisés ne siègent plus, que « du moins cette abstention semble s'être généralisée ». Néanmoins, il ajoute que dans certaines régions militaires, les périodes de sursis ou de congés sont utilisées pour reprendre accidentellement des fonctions civiles et que cela est commandé par la reprise de l'activité judiciaire. Finalement, ministères de la Guerre et de la Justice finissent par s'accommoder du flou de la position adoptée par la direction du personnel. Cela permet au ministère de la Justice de montrer sa bonne volonté à l'égard des autorités militaires, dont il reconnaît la prééminence, tout en ménageant la possibilité de recourir, ici ou là, à des mobilisés pour assurer le fonctionnement de la justice. Il reste à déterminer ce qui poussait ces magistrats à cumuler les fonctions. Dévouement désintéressé ? Ennui ? Attente de reconnaissance ultérieure ? En l'absence de témoignages, les intéressés n'étant pas diserts, il est bien difficile de le dire.

CHAPITRE 4

« DE L'ARRIERE A L'AVANT »

L'avocat Charles Chenu, ténor du barreau parisien et ancien bâtonnier, publie, en 1916, un petit ouvrage qu'il intitule *De l'Arrière à l'avant.* Il y rassemble les articles rédigés, entre octobre 1914 et décembre 1915, pour le journal *Le Gaulois*, à la demande de son directeur Gaston Meyer. Le titre renseigne sur le lien particulier qui unit les combattants au front et les civils à l'arrière : ces derniers ont pour mission d'impulser à « ceux de l'Avant » l'énergie nécessaire à la victoire. Nationaliste déclaré, anti dreyfusard, on ne saurait considérer que Charles Chenu représente un Palais qui s'était divisé, quelques années, plus tôt au moment de l'affaire Dreyfus. Néanmoins, nombreux sont ceux, dans le milieu judiciaire, qui partagent son opinion sur le rôle que doit jouer l'arrière pendant le conflit.

Les travaux des historiens ont bien montré que l'arrière n'est pas seulement un espace géographique, plus ou moins éloigné de la zone des combats, mais aussi un concept désignant les populations civiles qui cherchent à s'assimiler aux combattants sur un front de l'intérieur. Leur mentalité et leurs comportements participent de l'idée de défense nationale selon laquelle les Français sont tous des soldats potentiels dont les efforts créent les conditions de la victoire. Un consensus, dépassant les clivages politiques, existe sur ce point lorsque la guerre éclate et va se maintenir, avec des hauts et des bas, tout au long du conflit. Il se nourrit du sentiment de participer à une guerre contre une agression injuste qui menace la civilisation et ses valeurs incarnées, tout particulièrement, par la nation française. Avec ou sans uniforme, tous les Français sont les combattants de la « nation armée »[89].

---

[89] Sur l'origine de cette conception : John Horne, « Social Identity in War : France, 1914-1918 », T.G Fraser & K. Jeffery (ed.), *Men, Women and War*, Dublin 1993. Le processus de mobilisation de l'arrière s'inscrit dans un imaginaire de la nation armée héritée de la « levée en masse » de la Révolution.

LA MOBILISATION DE L'ARRIERE : UN ETAT D'ESPRIT

La culture de guerre

On ne peut comprendre la manière dont les populations ont consenti au conflit et ont globalement maintenu ce consentement, malgré les souffrances endurées, si l'on néglige l'influence déterminante de la culture de guerre sur les esprits. Sans souhaiter la guerre, l'éventualité en avait été, de longue date, acceptée. Pour la génération des combattants et de leurs familles, le sacrifice dû à la patrie s'impose, au-delà de l'obligation juridique du service militaire, comme une sorte d'obligation naturelle. Le souvenir mythique de la levée en masse de l'an II, le cauchemar de 1870 et les efforts de l'école républicaine ont, à la veille du conflit, progressivement dissout la distinction entre le citoyen et le soldat, quel que soit son âge et son sexe.

Dans le milieu judiciaire, l'adhésion aux conséquences qu'engendre le concept élargi de défense nationale concerne, en premier lieu ceux qui adhèrent avec ferveur aux idées nationalistes. Charles Chenu incarne le plus nettement ces soldats de l'arrière, toujours en quête d'action. Tous n'ont pas son feu sacré mais, dans leur grande majorité, les professionnels de la justice sentent qu'il leur incombe, tout particulièrement, de soutenir moralement et matériellement l'effort de guerre. Le bâtonnier Henri-Robert, lorsqu'il prononce l'éloge funèbre de son confrère Jules Auffray en 1916, assimile l'hôpital, créé par l'avocat parisien, à un « coin de tranchée où il combattait à l'arrière » : une compensation pour ce sexagénaire dont l'engagement militaire avait été refusé en raison d'un état maladif. C'est aussi la conscience d'un devoir à servir, en substitution au combat physique, qui anime l'avocat bordelais René Roy de Clotte. Jour et nuit, il se démène pour organiser les hôpitaux de sa région militaire. Les autres, dit-il, sont à la frontière et se battent pour la patrie, « je ne peux en faire autant, mais je veux au moins les soigner quand ils sont blessés », répond-il à ses confrères qui lui conseillent de se ménager[90].

---

[90] Discours du bâtonnier Saignat à ses obsèques, *Petites Affiches de la Gironde*, 30 mars 1915.

La frustration du combat n'est pas la seule explication à l'investissement des professionnels de la justice dans l'effort de guerre, car elle s'accompagne d'une culpabilisation latente. Quand les trains commencent à ramener à l'arrière les premiers blessés, dont l'état suggère la violence des combats, et que la liste des morts s'allonge dans des proportions effroyables, l'arrière prend conscience du tribut payé à la guerre par toute une génération d'hommes jeunes. Les efforts déployés s'analysent comme le moyen de lutter contre l'impuissance. L'ambiance qui règne en France nourrit abondamment ce sentiment de culpabilité. N'est-ce pas se rattacher à la catégorie honnie des embusqués que de rester inactif à attendre la victoire ? Attitude impensable pour un milieu qui se représente lui-même en élite de la nation et proclame son attachement à des valeurs, au premier rang desquelles figurent le don de soi, le courage, la générosité, l'amour et le service de la justice. La guerre, avec son cortège de misères, constitue un appel pressant à cette générosité de classe qui trouve là une occasion de s'exprimer et de se développer sur un fond de patriotisme socialement valorisant. Dévouement et entraide vont prouver que magistrats et avocats sont une élite du cœur ; l'absence de plaintes et l'abnégation montreront leur stoïcisme face à l'épreuve.

Tenir !

« Vont-ils tenir ? » s'interroge, dans un dessin satirique, un poilu au fond de sa tranchée, à propos de l'arrière. Tenir, suppose de résister sans se décourager aux souffrances de la guerre. Pour l'avocat Charles Chenu, cela commence par le moral. Le milieu judiciaire a trouvé en lui son Barrès. Le personnage n'est pas pour autant à classer dans le clan des irréductibles conservateurs, notamment parce qu'il s'affiche partisan de l'entrée des femmes au barreau alors que le milieu les rejette avec force misogynie. En 1914, Charles Chenu est l'un des avocats les plus célèbres, sa rigueur morale force le respect et ses écrits ne passent pas inaperçus. Il en est conscient et met son discours au service de la patrie. Ses chroniques adoptent la forme du monologue d'un père dont le fils est parti combattre, ce qui du reste correspond à la réalité. Il partage, de ce fait, l'inquiétude de tous les parents. Pour autant, il n'entend pas sombrer dans la plainte et considère l'épreuve comme une salutaire occasion de mobilisation personnelle. Les écrits de Chenu illustrent ce processus d'auto-encadrement qui contribue à expliquer l'incroyable résistance aux épreuves que manifeste la société française pendant plus de quatre ans.

Tenir consiste d'abord à reprendre le travail comme si la guerre n'entamait en aucune façon l'énergie nationale et n'entravait pas le fonctionnement des institutions. Le labeur quotidien s'aborde désormais de façon martiale :

« Au jour dit, à l'heure fixée, suivant le cérémonial accoutumé, la rentrée judiciaire a eu lieu. C'est très bien. Il faut conserver à la vie nationale son fonctionnement ou du moins en garder les apparences. Derrière l'inexpugnable rempart fait de la poitrine de nos enfants, chacun doit être à son poste. Devoir facile, dont l'accomplissement ne mérite pas une louange, dont la méconnaissance serait désertion» [91] .

Le message s'adresse principalement à l'arrière, mais Charles Chenu n'ignore pas que les journaux sont lus et commentés dans les tranchées. Il entre dans ses vues de soutenir le moral des combattants en leur montrant, qu'à l'arrière, il en est qui veillent. Aucune faiblesse ne doit saisir les civils : « il ne suffit pas qu'ils tiennent, il faut encore qu'ils se tiennent : vous saisissez la nuance ». Chenu dénonce au fil des pages les laisser-aller en tous genres, le moindre effort, la recherche du plaisir, de l'argent, des honneurs et il crie son mépris pour les profiteurs de la guerre. Son discours s'assigne pour finalité de culpabiliser. L'une des chroniques est consacrée au cafard de l'arrière qu'il oppose au courage et à la légèreté, supposée, du sacrifice des combattants. La leçon de morale est assénée en conclusion :

« Alors, déridez-vous, visages moroses. Nous ne pouvons pas, n'étant pas dans l'action, avoir la superbe insouciance de ces grands enfants qui sous la mitraille, font des mots et rient. Eh, je le sais bien ! Mais si nous sommes incapables de suivre leur exemple, observons tous la consigne qu'ils nous imposent. Partout où il se montre, écrasons le cafard »[92].

Henri-Robert, le « bâtonnier de guerre » du barreau de Paris s'adresse en revanche uniquement aux combattants dans un article publié, le 10 janvier 1915, en première page du *Bulletin des Armées* sous le titre « Courrier de Paris ». Pressentant les points sur lesquels les inquiétudes ont besoin d'être calmées, Henri-Robert commence

[91] *De l'Arrière à l'Avant*, *op.cit.*, p.15.
[92] *Idem,* p. 78.

par un couplet sur les Parisiens qui, selon lui, n'ont pas manifesté de peur lors de l'approche allemande, « parce que vous étiez là pour les défendre », écrit-il. Ceux qui étaient en villégiature ont à peine prolongé leurs vacances avant de revenir, en foule, après la victoire de la Marne. Au deuxième chapitre des inquiétudes, qu'il présume à juste titre, se trouve la crainte que l'arrière, au bout de six mois, ne retrouve une vie normale ponctuée de divertissements. Les femmes n'oublient-elles pas les absents ? Que les combattants se rassurent, leur dit Henri-Robert, la vie est grave à Paris. Les théâtres ont rouvert, mais surtout pour fournir du travail à ceux qui en vivent. Dans les salles, on ne donne que des tragédies, à l'exception de représentations de l'Ami Fritz à l'atmosphère bon enfant. Les femmes sont sages, elles ont renoncé à toute élégance et repris le chemin de la maison de leurs parents. Comment seraient-elles séduites par « ces amuseurs du temps de paix » que le bâtonnier évoque pour signaler combien ils sont devenus odieux. Le discours servi aux combattants arrange certes la réalité, mais correspond à ce que les poilus ont envie d'entendre, de lire et surtout de croire. Les ficelles semblent cependant bien grosses, le ton et les propos bien niais. Les lecteurs du front en ont-ils été satisfaits ? Selon le témoignage de la petite fille du bâtonnier, les lettres que femmes et soldats adressent à Henri-Robert, après la parution, l'attestent[93].

Pour maintenir le moral de l'Avant, il faut que l'Arrière cache l'émergence du cafard et feigne un certain entrain, mais cet entrain doit être limité à de justes proportions et ne pas se transformer en recherche du plaisir. C'est la ligne de conduite qu'adopte le milieu judiciaire. Dès les premières semaines du conflit, les deuils n'épargnent pas le Palais qui prend conscience de la dimension extrêmement meurtrière du conflit. La réserve et le stoïcisme s'imposent. Le bâtonnier Henri-Robert fait savoir, via la *Gazette des Tribunaux*, dans les derniers jours de décembre 1914, qu'en raison des circonstances, il ne recevra pas ses confrères pour la traditionnelle cérémonie des vœux. Chaque année, jusqu'à la fin du conflit, il renouvellera la publicité de ce retrait volontaire. Le Premier Président, le Procureur général de la Cour d'appel de Paris, le Président et le Procureur de la République du Tribunal de la Seine adoptent une attitude identique. Les visiteurs potentiels sont même priés de s'abstenir de l'envoi ou du dépôt d'une carte. Les souhaits de bonne

[93] C. Dernis, *Mon grand-père, le bâtonnier Henri-Robert*, Pithiviers, 1938.

année semblent incongrus dans le contexte des souffrances de guerre. Refusant toute occasion de réjouissance, les avocats des différents barreaux de France s'interdisent de fêter, comme il est aussi de tradition, les cinquante années de barreau des plus anciens d'entre eux. Sont-ils embarrassés par le fait de fêter la longévité alors que meurent les plus jeunes ? Sont supprimées de la même façon les occasions de convivialité, tant prisées des avocats : soirées amicales, banquets annuels et autres soirées dites « du bâtonnier ». Les saynètes, les menus délicats et les vins fins de la dernière soirée ayant précédé la guerre se teintent, dans le souvenir, de nostalgie : regret d'un temps où étaient encore présents les disparus. On suspend les prix qui dans les barreaux, grâce aux largesses de tel ou tel confrère, récompensent les talents distingués chez les meilleurs avocats stagiaires : prix Séranon à Aix, prix Fourtanier et Eberlot à Toulouse, prix Plati-Stamati à Marseille. Les fonds sont réservés et viendront récompenser les lauréats après la guerre. Pour plusieurs années, la douleur s'exprime dans toutes ses manifestations professionnelles. Il faut attendre 1920 pour que, progressivement, les différentes festivités et réjouissances soient réintroduites.

LES FORMES DE MOBILISATION

Une image de « cercles concentriques », délimitant des seuils de mobilisation, a été proposée pour souligner les différents degrés de participation individuelle de la société française à la guerre[94]. L'analyse des diverses actions menées par le milieu judiciaire permet de vérifier l'existence de ces niveaux d'investissements. Au plus loin du centre, s'observent des actes en négatif comme l'abstention à laquelle certains se résolvent pour ne pas entraver l'action du gouvernement. A Caen, un conflit menace, opposant l'Ordre des avocats à l'autorité militaire, lorsque des officiers se présentent à la barre pour plaider au nom de l'Intendance dans les affaires de réquisition. L'Ordre réagit immédiatement à cette atteinte au monopole des avocats et la question occupe plusieurs séances du conseil. Bien que certain de son bon droit, l'Ordre, « mu par un

[94] J.-J. Becker, S. Audoin-Rouzeau, *La France, la Nation, la Guerre 1914-1920*, p. 291.

sentiment patriotique, tout en maintenant fermement le monopole, mais en tenant avant tout à ne pas créer de difficulté au ministre de la Guerre », décide cependant de ne pas s'opposer à la prise de parole des officiers de l'Intendance. Si l'on songe à l'ardeur avec laquelle les avocats, à cette époque, combattent pour protéger et gagner, devant toutes les juridictions, le monopole de la plaidoirie, on mesure le sacrifice que cette abstention représente.

L'investissement de l'arrière s'exprime surtout par des actions positives. En ce qui concerne les milieux judiciaires, s'observe une gamme de comportements allant de la générosité financière à l'investissement physique, alliant parfois les deux.

Prise en charge les blessés

Les avocats, surtout, s'investissent dans cette tâche. L'initiative du barreau de Bordeaux est la plus connue. Le Gouvernement et le Parlement ont rapidement quitté Paris, menacé par les armées allemandes, pour se réfugier dans la capitale girondine et ils ont été suivis par une kyrielle de journalistes qui donnent un écho national aux événements de la vie bordelaise. Le Président de la République et le ministre de la Guerre sont accueillis, comme il est de tradition, par leurs confrères de la ville, tandis que mesdames Poincaré et Millerand se transforment en infirmières, le temps de leur séjour.

On ne peut comprendre l'investissement de l'arrière auprès des blessés si l'on n'a pas à l'esprit le choc qu'éprouvent les civils lorsque les premiers trains venant du front déversent à l'arrière, jusque-là pratiquement ignorant des réalités du conflit, des dizaines de milliers de blessés dont l'état révèle l'horreur des combats. Ils nécessitent des soins pour lesquels les structures d'accueil ordinaires sont très insuffisantes[95]. Au barreau de Bordeaux, la Grande Guerre se confond avec l'histoire de l'ambulance, terme alors synonyme d'hôpital. Les avocats vont en assurer le fonctionnement pendant de longs mois. Quelques semaines après la déclaration de guerre, ils sont en mesure d'accueillir les premiers blessés dans les bâtiments d'une école catholique de la rue Paul Bert, mis à leur disposition par le curé de la paroisse Saint-Paul, qu'ils viennent d'aménager. L'installation a nécessité l'accomplissement de formalités, la collecte de matériels et

[95] Le 30 septembre 1914, un train amène 5 000 blessés en gare de Bordeaux.

de mobiliers. Le financement provient des caisses de l'Ordre et d'une souscription auprès des avocats. Les efforts déployés et la générosité sont tels qu'il est possible d'envisager 20 lits, soit près du double du nombre initialement prévu, et de contribuer à l'entretien de 5 places supplémentaires à l'hôpital auxiliaire de La Saulve. Les avocats mettent ces deux centres de soins à la disposition des services de santé de l'armée, en assurent l'administration et tout ou partie du financement. L'initiative est saluée par la visite du président de la Chambre, Paul Deschanel, le 8 septembre 1914, suivie par celle du Président de la République, le 28, et par celle du ministre de la Guerre, le 29. L'ambulance du barreau de Bordeaux s'enorgueillit d'un trait qui renforce son originalité : les infirmières bénévoles sont presque toutes femmes, filles ou sœurs d'avocats du barreau de Bordeaux. Elles accomplissent leur mission avec assiduité et dévouement, en dépit des deuils qui frappent certaines d'entre elles. L'hôpital des avocats va fonctionner jusqu'en octobre 1917, soit durant trois années complètes. Au total, le barreau lui aura affecté, sur les caisses de l'Ordre, 20 000 F. auxquels se sont ajoutés les 18 000 F. de contributions volontaires des avocats. Malgré cet effort financier très important, les difficultés de trésorerie de l'ambulance apparaissent courant 1916. La gestion consiste désormais à trouver des subsides pour combler les déficits. Les magistrats de la Cour viennent en aide au barreau, ouvrent une souscription et puisent dans leurs deniers. A ces difficultés s'ajoutent la mobilisation du concierge, du veilleur, d'un surveillant et l'épuisement des infirmières. La dynamique s'essouffle et les élans retombent progressivement. Des membres du barreau, pressentant la fin de l'aventure, réclament les lits et les meubles qu'ils avaient prêtés. La gestion est finalement transférée au XVIIIème corps d'armée, l'hôpital garde cependant le nom d'ambulance du barreau de Bordeaux. La mobilisation hospitalière des avocats du barreau de Bordeaux s'achève, mais cela ne met pas fin à leurs problèmes. A l'issue de la guerre, il faut réhabiliter les locaux qui ont abrité l'ambulance. Les circonstances ont changé et le barreau, s'il ne remet pas en cause les efforts financiers passés, estime qu'il revient à l'Etat de prendre en charge les frais de réfection de l'immeuble. Il peine à obtenir gain de cause car, on lui demande de justifier en quoi le financement des travaux incomberait à l'Etat. Les avocats l'emportent, mais ils sont contraints d'argumenter en rappelant leurs mérites. Ils auraient sans doute préféré qu'ils soient reconnus spontanément.

A peu près au même moment, les avocats lyonnais se lancent aussi dans l'aventure hospitalière, toutefois en prenant moins de risques. Ils n'envisagent pas, comme leurs confrères bordelais, de supporter en totalité la charge d'un hôpital, mais de contribuer au financement d'une structure déjà existante : les Hospices civils. Pour que l'origine de l'aide soit bien identifiée, le barreau décide de financer une salle complète, la salle Rameau, qui prend le nom d'Ambulance du barreau de Lyon. Cela revient à prendre en charge une cinquantaine de blessés. Chaque journée d'occupation d'un lit coûte 2 F. L'Ordre décide donc de prélever sur ses fonds 3 000 F. par mois pour cette œuvre. En outre, pour améliorer le bien-être des soldats, des distractions leur sont proposées sous forme notamment de concerts. Dès le printemps 1915, les avocats doivent réduire leur participation de moitié ; ils la suppriment totalement en juillet. L'effort financier a dépassé les prévisions liées à l'idée d'une guerre courte et a englouti le patrimoine de l'Ordre.

La volonté de financer le rétablissement des blessés s'est manifestée aussi chez les avocats marseillais. Leur initiative a été plus modeste, mais ses effets se sont prolongés plus longtemps. Le 19 octobre 1914, ils décident de subvenir aux frais d'un lit pour la durée des hostilités dans chacune des associations qui prennent les blessés en charge : Société de Secours aux blessés des armées de terre et de mer, Association des Dames de France et Union des femmes de France. Les archives ne donnent pas trace d'un désengagement avant la fin du conflit.

Accueil des réfugiés

La fulgurante percée allemande provoque dès les premiers jours de la guerre un exode important de populations provenant du Nord, de l'Est de la France et de la Belgique. Une sympathie particulière entoure ces victimes directes de la barbarie allemande. L'humanité de l'accueil souligne par comparaison la violence de l'ennemi. La France, respectueuse du droit des gens, ouvre ses maisons aux fugitifs à l'appel lancé par l'Etat confronté à un déferlement de populations comme il ne s'en était jamais vu auparavant. Aux réfugiés français et belges qui ont fui l'invasion s'ajoutent les évacués qui ont quitté leur domicile sur ordre de l'autorité militaire et les rapatriés des territoires occupés, des bouches inutiles que les Allemands renvoient en France, via la Suisse ou les Pays-Bas. Il est impossible de quantifier avec exactitude un phénomène qui s'étale sur plusieurs années. Les chiffres recueillis sont de l'avis général sous-estimés. Michaël Amara, dans l'ouvrage qu'il consacre aux exilés belges de la Première Guerre mondiale estime l'ampleur de l'exode à un million et demi de Belges. Ils viennent grossir le flux des Français, même si une grande partie d'entre eux gagne la Grande-Bretagne et les Pays-Bas. Il s'avère impossible de chiffrer avec précision le nombre de ceux qui s'installent provisoirement en France. Selon les statistiques du Comité officiel belge de secours, ils sont 325 298 à la fin du conflit, concentrés surtout à Paris (entre 60 et 80 000), en Normandie, lieu d'exil du Gouvernement belge, et en Bretagne[96]. Au total, le ministère de l'Intérieur prétend, à la Chambre, avoir eu en charge deux millions de réfugiés à la date du 9 octobre 1918[97].

L'arrivée massive de ces populations oblige le gouvernement français à prendre des mesures destinées à éviter la surpopulation de Paris, où ils échouent le plus souvent. Selon Philippe Nivet, dans les premiers mois de la guerre, quatre trains par jour quittent la capitale pour répartir les réfugiés en divers points du territoire, de préférence à destination des campagnes pour ne pas engorger les grandes villes. Chaque département est invité par le ministère de l'Intérieur à gérer ses réfugiés. Accueillir, c'est héberger, si possible fournir du travail, donner de l'argent aux œuvres spécialisées qui, un peu partout, voient le jour. Parmi les initiatives, figure l'octroi d'allocations versées aux intéressés ou aux personnes qui les hébergent, sans qu'il soit fait de différence entre réfugiés français et étrangers. Leur montant varie beaucoup en fonction des lieux. La plus grande générosité se rencontre à Bordeaux : 1,50 franc par jour pour un adulte et 0,75 franc par enfant. A Paris, il est respectivement de 1,25 franc et 0,50 franc, base sur laquelle, par la suite, le gouvernement généralise et uniformise ces allocations, les alignant ainsi sur celles qui ont été votées le 5 août 1914 en secours aux familles de mobilisés[98]. L'action de l'Etat, pour importante qu'elle soit, ne peut suffire. Elle est prolongée par l'assistance privée dont la presse évoque parfois

---

[96] M. Amara, *Des Belges à l'épreuve de l'Exil. Les réfugiés de la Première Guerre mondiale. France, Grande-Bretagne, Pays Bas*, Editions de l'Université de Bruxelles 2008, p. 81 s.
[97] P. Nivet, *Les réfugiés français dans la Grande Guerre. « Les Boches du Nord »*, Paris Economica 2004, p. 75.
[98] *Idem*, p. 115 s.

l'origine et les modalités. En ce qui concerne les magistrats et les avocats, elle nous en dit peu de choses et les archives ne sont guère prolixes sur le sujet. Comment les milieux judiciaires ont-ils localement accueilli « leurs » réfugiés, les magistrats et avocats chassés de chez eux par la guerre ?

Le silence des sources s'explique en ce qui concerne la magistrature par le fait, d'une part, que les magistrats de l'exode continuent à percevoir leur traitement, ne sont pas dans le besoin et se font pour la plupart discrets. D'autre part, le ministère de la Justice ne s'intéresse pas à eux avant que leur sort soit évoqué à la Chambre le 4 février 1915 par le député Gaudin de Villaine. Il s'étonne que certains magistrats venant des régions envahies jouissent de leur traitement sans exercer la moindre activité. Ne serait-il pas souhaitable, afin d'améliorer le fonctionnement de la justice de les affecter aux juridictions déficitaires ? Le ministre de la Justice se retranche derrière la loi, c'est-à-dire l'inamovibilité, qui lui interdit de prendre la décision suggérée, des mesures spécifiques ayant d'ailleurs été prises pour pallier localement le manque de magistrats. La réponse n'est guère argumentée. Le ministre se trouve embarrassé car il a pris l'engagement, au début du conflit, de ne procéder à aucune nomination pendant la durée de la guerre pour ne pas désavantager les mobilisés et les magistrats des territoires envahis. Toutefois, au fond des départements, le spectacle des magistrats oisifs continue à tracasser les populations qui s'en plaignent aux élus. En août 1915, le député de la Sarthe signale au ministre le cas du juge de paix d'Escarmur, dans le Nord, réfugié à Sablé dont nul n'ignore, dans la ville, qu'il touche régulièrement son traitement sans aucune contrepartie alors qu'il pourrait remplacer, pour la durée de la guerre, le juge de paix mobilisé d'un canton voisin. Le 1er décembre 1915, la question des magistrats réfugiés, incluse dans celle des fonctionnaires, remonte au sommet de l'Etat. Le ministre de la Guerre, Gallieni, sollicité au préalable par le sénateur du Pas-de-Calais, Boudenoot, écrit au président du Conseil pour lui demander s'il ne serait pas opportun d'envisager l'application d'une mesure générale destinée à utiliser les fonctionnaires réfugiés des régions envahies, libérés des obligations militaires, qui continuent à toucher leur traitement. La direction du personnel du ministère de la Justice répond que la question est sans intérêt pratique pour son administration. Rares, dit-il, sont les magistrats dont le concours n'a pas été mis à profit. Sur 65 magistrats, 13 ont été détachés au ministère, notamment dans des fonctions de rédacteur, et d'autres (sans indication chiffrée) ont été délégués par les chefs des Cours de Nancy et Amiens pour compléter divers tribunaux de leur ressort. Les cas d'inactivité sont justifiés par l'âge ou des infirmités. Le ministère de la Justice ajoute que les textes en vigueur ne permettent pas d'utiliser des magistrats en dehors de leur ressort et qu'il y aurait inconvénient à nommer définitivement à certains postes de l'intérieur des magistrats des territoires envahis[99]. Cette réponse ne clôt pas le dossier des magistrats réfugiés. En janvier 1916, le député Braibant revient à la charge avec une question calquée sur celle posée un an plus tôt par Gaudin de Villaine. Elle reçoit d'ailleurs une réponse identique[100]. Ce n'est qu'au printemps 1918, que le ministère, alerté par le directeur de la Comptabilité, enquête sur les magistrats et juges de paix réfugiés[101]. La menace pèse sur tous les magistrats réfugiés de voir leur traitement suspendu à défaut de faire connaître dans quelles conditions ils reprendront du service.

Cette enquête révèle que les magistrats concernés se sont éparpillés sur tout le territoire au hasard des routes et des relations familiales ou amicales, susceptibles de favoriser leur accueil. Certains magistrats ne se sont pas beaucoup éloignés de leur résidence administrative, mais beaucoup ont choisi des villes balnéaires, souvent méridionales. Ainsi Wagon, conseiller à la Cour de Douai s'est réfugié dans le Gers, un de ses collègues à Saint-Malo, Blondel, juge à Avesnes au Canet, Champsaur, juge à Saint-Quentin à Aix-en-Provence. Le juge de paix de La Fère se trouve à Nice, celui de Vouziers à Vichy... Le Lot-et-Garonne, la Charente, l'Aude, la Corse et bon nombre de villes de la côte normande, en vogue à l'époque, accueillent des magistrats réfugiés. Certains ont cherché à se rendre utiles en se mettant au service des juridictions ou de services administratifs locaux. Plus nombreux sont ceux qui sont totalement oisifs ou s'occupent à des travaux sans rapport avec la justice, comme la culture maraîchère, l'apiculture, l'hôtellerie, la comptabilité, la banque. En ce qui concerne les 31 juges de paix objets de l'enquête, 11 seulement exercent une activité, dont 3 en tant que juges de paix. L'enquête

[99] Lettre de Gallieni à la présidence du Conseil du 1er décembre 1915 et réponse du ministère de la Justice à la présidence du 30 décembre 1915, Archives nationales BB 30/1698/4.

[100] Question du 25 janvier et réponse du 9 février 1916.

[101] Une lettre-type est envoyée dans chaque cour d'appel le 25 mai 1918. Les chefs de cour doivent fournir une notice individuelle sur chaque magistrat et juge de paix. Archives nationales BB 30/1698/4.

précise que quelques juges ont proposé leurs services à des juridictions, comme le juge de paix de Corbie réfugié à Redon et celui de Dun-sur-Meuse réfugié à Saint-Malo, mais qu'ils n'ont pas été acceptés. Il est vrai que beaucoup de juges de paix ont dépassé les soixante-dix ans. Selon l'enquête, ils se livrent doucement au jardinage ou à la promenade. Anecdotique, sans doute, le cas du juge désœuvré qui se laisse aller à de mauvaises fréquentations que le procureur général ne précise pas. Silence des archives sur les suites données à l'enquête, il est probable qu'elle n'a pas eu d'incidence sur la situation des magistrats concernés.

Les magistrats de la France libre, l'expression est utilisée dès la Première Guerre mondiale, ont contribué à l'hébergement des réfugiés, mais il ne semble pas s'être agi de leurs collègues. Cet accueil constitue une forme d'action fréquemment mentionnée dans le descriptif des actions bénévoles des magistrats que les Premiers présidents et Procureurs généraux adressent au garde des Sceaux au début de l'année 1917 pour leurs ressorts respectifs. Les précisions font défaut quant aux modalités de cet accueil.

Les avocats réfugiés ne sont pas dans la même situation que les magistrats. Les archives des barreaux sont muettes sur l'accueil éventuel de confrères de la France envahie. Quelques documents nous permettent toutefois d'aborder le cas des avocats belges. Les relations que les avocats français avaient nouées, bien avant la guerre, avec les barreaux étrangers, et notamment belges, fournissent l'occasion de gestes de solidarité envers leurs confrères jetés sur les routes d'autant que la Belgique avait en 1899, puis en 1905, accueilli des congrès internationaux d'avocats. L'accueil, en la circonstance, dépasse le caractère strictement humanitaire, pour s'inscrire dans la confraternité chère aux avocats. Le droit belge, par ses similitudes avec le droit français, ne constitue pas un obstacle à l'intégration de ces juristes, pas plus que la concurrence en raison du caractère temporaire des activités. Les avocats belges sont plutôt une aubaine car le manque de défenseurs s'accentue au fil des années de guerre. Les barreaux des grandes villes peinent à satisfaire aux demandes de commissions d'office, que provoque, notamment, l'activité soutenue des juridictions militaires. Rejoindre le contingent des avocats susceptibles d'être commis d'office traduit aussi la gratitude des réfugiés à l'égard des barreaux du pays d'accueil. Les rares archives évoquant des avocats réfugiés révèlent que la confraternité n'a pas été de principe dans tous les barreaux.

A Paris et à Bordeaux, les attitudes sont opposées. Pas de difficultés dans la capitale : les avocats belges ont reçu le droit de plaider. Les premières plaidoiries sont présentées comme un événement par la *Gazette des Tribunaux*. Au début de la guerre, les audiences sont précédées d'un cérémonial par lequel les juges souhaitent la bienvenue à l'avocat belge qui va plaider et soulignent les liens qui unissent la France à la Belgique martyre. Le défenseur se répand en retour en remerciements. La vie des avocats belges s'organise donc à Paris, dans une ambiance de convivialité qui ne semble pas se détériorer avec le temps.

L'accueil n'est pas aussi confraternel à Bordeaux. Un avocat de Liège en fait l'amère expérience lorsqu'il sollicite son inscription au barreau de la ville au cours de l'année 1915. A défaut d'être autorisé à plaider, il se déclare prêt à faire du secrétariat pour un confrère français. Il reçoit un refus. Par discipline, fait-il remarquer ironiquement au bâtonnier, il n'entend pas remettre en cause la décision. Il lui fait cependant habilement observer qu'avant la guerre, il a connu dans son pays un avocat qui, bien que français et muni de diplômes français, a été admis au tableau à Bruxelles. Il est d'autant plus amer qu'il est né à Calais, de père français. Il n'est belge que depuis la loi de 1911 et a donc auparavant exercé au barreau de Liège en qualité de Français. Tout en reconnaissant que, de droit strict, la décision du barreau de Bordeaux se justifie, l'Ordre est en effet maître de son tableau, il conclut : « J'ai cru que cela vous intéresserait de connaître la différence existant entre la manière d'apprécier les choses adoptée par les conseils de l'Ordre belges vis-à-vis des avocats français et celle adoptée vis-à-vis d'un Belge pendant la guerre »[102]. Le registre des délibérations n'ayant pas été retrouvé pour cette période, il est impossible de savoir comment le conseil a abordé le problème de cet avocat. Seules deux lettres de l'avocat révèlent qu'il s'est posé. Michaël Amara fait remarquer que le réfugié belge a fait l'objet « d'une sollicitude aussi puissante qu'éphémère » et que la lassitude s'observe partout dès 1915[103]. Les avocats bordelais, investis par ailleurs dans l'aventure de l'hôpital, avaient-ils atteint les limites d'une générosité que la guerre sollicitait abondamment ? Quoiqu'il en

[102] Lettres des 22 et 29 septembre 1915, archives du barreau de Bordeaux.
[103] M. Amara, *op. cit.*, p. 14.

soit de leurs motivations, si les lettres, comme le registre, avaient disparu, n'aurait-on pu croire, à lire la seule *Gazette des Tribunaux*, que partout en France la profession avait accueilli, à bras ouverts, ces confrères réfugiés pour lesquels les discours officiels distillaient tant de compassion ?

Aide juridique aux familles : les bureaux de consultations gratuites

Les bureaux de consultations gratuites ne sont pas nés avec la guerre. Les Parisiens les plus défavorisés doivent à l'initiative du bâtonnier Poulet d'en bénéficier, depuis une quinzaine d'années, lorsque le conflit éclate, à raison de deux permanences par semaine. La multiplication des lois et décrets de la législation de guerre et la spécificité des problèmes posés, tant sur le plan du droit des personnes que du droit des biens et des obligations, engendrent un immense besoin de conseils juridiques. En réalité, ce sont les agréés qui ont initié des consultations gratuites qu'ils destinaient aux seuls commerçants. Ennemis jurés des avocats, auxquels ils font concurrence devant les juridictions consulaires, les agréés le sont d'autant plus à Paris qu'ils brouillent les cartes en se faisant appeler « avocats-agréés ». Les avocats du barreau de Paris, en instituant des bureaux de consultations gratuites, manifestent leur souci de ne pas rester en marge d'une initiative dont la presse s'était fait l'écho en relatant la visite des agréés au groupe des députés de Paris, lequel les avait félicités en la personne de Denys Cochin.

Les consultations du barreau de Paris passent, au cours de la guerre, de deux à cinq par semaine contraignant les avocats à une présence quotidienne. En temps ordinaires, la besogne aurait été confiée à des avocats stagiaires, mais ceux-ci étant pour la plupart mobilisés, les anciens doivent accomplir ces tâches bénévoles. L'exemple est donné par les membres du conseil de l'Ordre. Selon Charles Chenu, le bouche-à-oreille colportant rapidement la nouvelle, les avocats voient arriver en grand nombre les indigents, à qui ces bureaux sont en principe destinés, mais aussi des bourgeois, travestis en pauvres, qui saisissent une occasion inespérée de faire des économies. L'activité du bureau est intense et révèle l'ampleur des besoins. Charles Chenu en fournit les chiffres : du 1er octobre au 31 décembre 1914, 30 000 consultations sont données (soit plus de 300 par jour en moyenne), 82 500 en 1915. La renommée des consultations du barreau de Paris pousse d'autres barreaux à l'imiter. A la suite d'une demande émanant de l'Association Nationale Française pour la protection des familles des morts pour la France, le barreau de Montpellier désigne, en mai 1915, quatre avocats pour composer le bureau[104]. Le mois suivant une demande identique est adressée au bâtonnier de Grenoble qui promet, à son tour, assistance et patronage de l'œuvre. A Aix, le bureau n'est créé que le 6 janvier 1919 pour répondre aux demandes qui se multiplient lorsque la guerre s'achève.

Œuvres de guerre

Les œuvres destinées à collecter l'épargne publique pour soutenir, de multiples façons, l'effort de guerre apparaissent et se développent avec une très grande rapidité dès les premières semaines du conflit. Des souscriptions sont ouvertes aux quatre coins du pays, dans un élan de générosité sans précédent. On donne pour les blessés, les prisonniers, les réfugiés, les veuves, les orphelins et, déjà, pour le souvenir. La gigantesque collecte nécessite et mobilise de nombreuses bonnes volontés, mais elle engendre aussi des comportements malhonnêtes. L'escroquerie est aisée pour celui qui sait user des mots adéquats, exploiter la compassion et tirer parti de la confusion qui se dégage de la multiplication des associations et autres comités. Il revient aux tribunaux de départager vraies et fausses bonnes œuvres. La *Gazette des Tribunaux* rend compte régulièrement des poursuites et condamnations des escrocs aux œuvres de guerre que les juges considèrent comme un devoir patriotique de châtier d'une manière exemplaire. Ainsi la 10ème chambre correctionnelle de Paris condamne, en octobre 1914, à treize mois de prison une femme ayant détourné la générosité publique par l'Œuvre des Soldats et des Marins fondée par elle, à cet effet. Dans ses motivations, le tribunal développe que les circonstances justifient la sévérité à l'égard de ceux qui sous prétexte de bienfaisance patriotique exploitent les élans de générosité[105].

---

[104] Respectivement, séances des 19 mai 1915 et du 14 juin 1915, registres des délibérations du conseil de l'Ordre, archives des barreaux de Montpellier et Grenoble.

[105] *Gazette des Tribunaux,* 14 novembre 1914.

Au sens où elle est employée pendant le conflit, l'expression « œuvre de guerre » n'a pas seulement le sens caritatif qu'on lui assigne en temps de paix. Certains considèrent en effet que toute action orientée vers la guerre participe d'une « œuvre de guerre », même en dehors de toute structure collective. Cette acception est celle des chefs de cour interrogés sur les actions des magistrats, fin décembre 1916, par le ministère de la Justice. Au rang des œuvres de guerre, à côté des œuvres de secours aux blessés et aux réfugiés, ils inscrivent un comité départemental de défense économique, un comité de prélèvement de l'or, une société d'éducation physique et de préparation militaire, une commission de censure postale, une autre censurant la presse. Cette conception extensive de l'œuvre de guerre atteste la forte mobilisation de l'arrière. On participe à une œuvre de guerre dès lors que l'action est finalisée par le conflit, que ce soit pour soulager la misère de ses victimes ou pour soutenir la guerre. Au plan caritatif, les œuvres de guerre ont vocation à aider tous ceux qui se retrouvent dans une situation difficile par l'effet du conflit. Le soutien apporté est le plus souvent double : matériel et psychologique. C'est dans cet esprit que les avocats non mobilisés du barreau de Paris lancent un appel à la générosité du monde judiciaire pour réunir vêtements, tabac et victuailles dans des colis destinés à améliorer l'ordinaire du premier Noël de guerre des soldats, mais aussi à leur montrer qu'on ne les oublie pas[106].

Les fonds sont collectés en ouvrant des souscriptions pour lesquelles la confiance suscitée par la notoriété constitue un élément essentiel. Le patronage et la propagande permettent à la fois d'informer sur la destination des fonds et de convaincre. La présence de membres des professions judiciaires dans les comités d'organisation apporte la caution d'une honnêteté au-dessus de tout soupçon et la force de persuasion de professionnels de l'argumentation. Les conférences de Jean Raynal, avocat au Conseil d'Etat et à la Cour de cassation, « Les prisonniers, leur détresse, leur soulagement », sous le patronage du bâtonnier Henri-Robert, illustrent ces premières manifestations parisiennes. Elles se tiennent à la Sorbonne, puis à la Société d'Horticulture, en février et mars 1915. Les droits d'entrée, 1 ou 2 francs, sont versés à l'œuvre « Le vêtement du prisonnier de guerre ». En province, on s'active pareillement à

[106] *Gazette des Tribunaux*, 13 décembre 1914.

organiser toutes sortes de manifestations publiques qui justifient une obole. Ainsi à Angers, l'avocat général Sergent-Alléaume organise des représentations cinématographiques, des concerts et même des tombolas.

La liste des œuvres auxquelles participe le milieu judiciaire est impressionnante. Les archives des barreaux sont explicites sur la participation des avocats. L'enquête du ministère de la Justice, qui désire en 1916 que les mérites particuliers soient soulignés, renseigne sur les actions des magistrats. La voie hiérarchique que suit l'enquête donne aux informations qui remontent le caractère d'une notation, aussi convient-il de les considérer avec distance. Il est curieux de constater que les mérites, issus du dévouement aux œuvres, correspondent à la position hiérarchique à Lyon où le Premier Président, censé renseigner le ministre, prend l'initiative de classer les magistrats en trois catégories en fonction des services rendus. En tant que directeur d'un hôpital, il s'est placé dans la première catégorie, tandis qu'il place dans la troisième l'un de ses conseillers, trésorier dans le même hôpital[107].

Les œuvres qui bénéficient le plus de la générosité du monde judiciaire sont celles qui se consacrent aux soldats considérés dans tous leurs états : malades, prisonniers ou combattants au fond des tranchées. Un grand élan caractérise aussi, au début de la guerre, les collectes en faveur des réfugiés et des victimes civiles. Les soldats blessés bénéficient d'une compassion particulière en raison de la dette que l'arrière estime avoir contractée envers ces combattants qui ont versé leur sang. Les résolutions prises, tout au début de la guerre, par la Chambre des avoués de Bordeaux (ils prélèvent 4 000 F. sur les fonds de la compagnie pour les verser à la Société de secours aux blessés militaires) et les proclamations qui les accompagnent expriment sans ambiguïté l'état d'esprit qui guide la générosité du monde judiciaire : s'associer « au grand mouvement de secours aux blessés et aux soldats combattants qui se produit dans tout le pays »[108]. Sur le plan des structures, certaines associations, comme l'Union des Femmes de France ou l'Œuvre du Secours National, collectent, plus

[107] Archives nationales BB 300/1698/4, dossier 9.
[108] Assemblée générale du 6 octobre 1914, registre de la Chambre des avoués. Archives du barreau de Bordeaux.

que d'autres, dans les milieux judiciaires. Cela tient sans doute à leur couverture nationale bien ramifiée et relayée localement, mais aussi à la qualité des personnes qui en appellent à la générosité pour ces œuvres : des femmes de la bonne société pour la première, le Premier Président de la Cour de cassation pour la seconde. Il est bien difficile parfois d'identifier avec précision les œuvres qui bénéficient des largesses judiciaires car des associations similaires portent souvent des noms très proches et reportés avec approximation dans les archives. Dans celles du barreau de Bordeaux, on trouve trace de dons à L'Union des Femmes de France et à l'Association des Dames françaises, laquelle se transforme en Dames de France dans les archives du barreau de Marseille. En réalité, les donateurs s'en remettent autant à l'objet de l'œuvre (blessés, réfugiés, blessés, orphelins, ou autres) qu'à sa dénomination.

En marge de l'aspect strictement financier, la question de la participation des avocats à l'administration des différentes œuvres a divisé le barreau. Selon Edouard Clunet, un avocat ne peut intervenir dans la gestion des œuvres en raison de l'impossibilité d'accepter un mandat, quand bien même celui-ci serait gratuit. Il estime cependant que cela ne l'empêche pas de prêter à l'œuvre son nom, sa voix, ses mains qui n'engagent que sa responsabilité morale. Le bâtonnier Henri-Robert est d'un avis opposé. Il ne précise pas les raisons d'une position qu'il sait contestable sur le plan juridique. Sans doute fait-il prévaloir, par pragmatisme, le but poursuivi et l'exigence patriotique[109].

Placements patriotiques

La guerre coûte cher. On estime que les dépenses annuelles moyennes de la France ont été multipliées par huit de 1914 à 1918. Le financement de la guerre n'est pas issu de l'impôt, ni de manière excessive de la planche à billets, même si en 1917, il circule trois fois plus de billets qu'en 1914, des billets émis à l'abri du cours forcé qui a suspendu leur convertibilité en or. Séduit par la proposition d'un

[109] E. Clunet, « Un avocat peut-il faire partie du Comité de direction d'une œuvre faisant appel à la générosité publiques ? », *Gazette des Tribunaux*, 19 mars 1917. Cet article est écrit après la loi du 31 mai 1916 qui, à la suite des multiples scandales de détournements de fonds, exige une habilitation solliciter la générosité publique.

journaliste financier, Alexandre Ribot obtient du Gouvernement le décret du 13 septembre 1914 qui autorise l'émission de bons du Trésor à 3, 6 et 12 mois, au porteur, sous la dénomination de « bons de la défense nationale ». Le rapport est appréciable : 5 % l'an, payables d'avance par diminution du nominal. La confiance des épargnants n'ayant pas encore eu l'occasion de s'éroder, l'appel aux économies est un succès. Comment peut-il en être autrement d'un placement conjuguant rendement et patriotisme ? L'année suivante, par la loi du 16 novembre 1915, Ribot obtient l'émission d'un emprunt perpétuel qui cumule les avantages pour les souscripteurs : un taux réel de 7,3 %, exemption de l'impôt sur les valeurs mobilières, possibilité de souscrire avec d'anciens emprunts ou des bons de la défense nationale. Succès encore, l'emprunt rapporte 6,2 milliards de francs-or. Trois emprunts suivent encore, émis à des conditions pratiquement aussi avantageuses, en octobre 1916 et 1917. Le dernier, en septembre 1918, est appelé « emprunt de la victoire ». L'apport net des emprunts et des bons de la défense nationale dépasse pour toutes les années de guerre les 100 milliards de francs-or. Le placement des titres nécessite une propagande fort active. En ce qui concerne les bons, il importe de convaincre les porteurs de ne pas réclamer le remboursement à échéance et de reporter les fonds sur une autre émission d'Etat. Une attitude contraire aurait provoqué la banqueroute de l'Etat et signé la défaite, faute de subsides. Mais il n'en fut rien : « Le fait est que cette catastrophe ne s'est jamais produite », observe Jean-Baptiste Duroselle[110].

Les barreaux, avant la guerre, disposent d'économies qu'ils ont réalisées sur les excédents de recettes et sont parfois riches grâce aux libéralités de leurs membres. Le plus souvent, les fonds sont placés en obligations auprès de la Banque de France. Presque partout, les archives des barreaux révèlent la mobilisation des avocats pour les premières souscriptions patriotiques et le réinvestissement dans les nouvelles émissions que prône le Gouvernement. Le barreau de Bordeaux met, au fil des ans, presque tous ses avoirs dans l'investissement de guerre, soit sur toute la guerre plus de 22 000 francs-or[111]. A Dijon, les placements de guerre occupent la première

[110] J.-B. Duroselle, *La Grande Guerre des Français*, p. 160.

[111] Les archives du barreau de Bordeaux fournissent pour presque toutes les années de guerre des pièces comptables qui permettent de suivre les mouvements de

place des questions débattues lors des réunions du conseil qui semblent avoir été essentiellement des réunions financières et l'acquisition de titres de la défense nationale constitue la seule forme de mobilisation collective adoptée par ce barreau. Pour acquérir davantage de titres, le conseil décide de vendre les valeurs étrangères qu'il détient : titres suédois et coupures de la dette unifiée d'Egypte. A Marseille, le conseil décide d'affecter les legs et donations dont l'Ordre bénéficie en août 1916 (8 000 francs) et 1918 (1 000 francs) à la souscription des titres de la défense nationale[112]. A Toulouse, la participation patriotique concerne d'abord les œuvres de guerre auxquelles l'Ordre donne les rémunérations qu'il perçoit pour la défense des prisonniers allemands devant les conseils de guerre. A partir de 1917, il cesse de verser systématiquement cet argent aux œuvres, préférant acheter des titres émis par l'Etat. En 1918 et 1919, les nouvelles rentrées d'honoraires (soit 6 000 francs) sont totalement placées en bons de la défense nationale[113].

En outre, les barreaux se font les instruments de la propagande officielle. A Bordeaux, le préfet s'en remet à lui pour que la collecte soit une réussite. Une conférence est organisée sous leur patronage, en association avec l'université et la Société d'Economie politique, pour encourager la souscription au premier emprunt national. Les avocats renouvellent ce type de soutien pour les autres souscriptions. L'Ordre délègue aussi chaque jeudi un avocat aux réunions du Comité d'Honneur régional, qui se tiennent à la Bourse, pour aider à la collecte de l'or. Lancée en 1915, la campagne de l'or a pour but d'inciter les Français à troquer leurs pièces de métal précieux contre des billets ou des titres. Charles Chenu y participe à Paris, avec l'énergie qui le caractérise, en écrivant dans Le *Gaulois* qui paraît le 2 août 1915, une chronique intitulée « Les nouveaux embusqués » : « Au front les embusqués, les louis cachés, les louis qui dorment, les louis sans usage ! Le front pour vous, c'est la banque »[114].

---

trésorerie. Le trésorier en rend un compte synthétique à la fin du conflit. Archives du barreau de Bordeaux, dossiers 1919-1920.

[112] Réunions des 21 août 1916 et 9 octobre 1918, registre des délibérations, archives du barreau de Marseille.

[113] Séances des 22 octobre 1918 et 22 février 1919, registre des délibérations, archives du barreau de Toulouse.

[114] *De l'Arrière à l'Avant*, *op. cit.*, p. 214.

REGARD SUR LES ACTEURS

Initiatives et réseaux

Même lorsque les juristes se mobilisent spontanément et individuellement, leurs actions s'inscrivent dans la sphère de leurs relations. Les actions collectives dominent, cependant les initiatives isolées, voire solitaires, ne sont pas rares.

Ce sont presque toujours les bâtonniers pour les avocats, les présidents de chambre de discipline pour les avoués, le garde des Sceaux et les chefs de cour pour les juridictions qui semblent les initiateurs des actions entreprises dans un cadre collectif. Charles Chenu attribue ainsi à Henri-Robert le développement du bureau de consultations gratuites du barreau de Paris. A Marseille, la proposition d'un membre du conseil suggérant d'affecter les honoraires provenant de la défense en justice des prisonniers allemands aux œuvres de guerre est rejetée. Si l'idée avait été émise par le bâtonnier, sans doute aurait-elle été validée par le conseil de l'Ordre. En ce qui concerne la magistrature, une circulaire du ministère de la Justice précise, dès septembre 1914, les attentes de l'administration : l'institution judiciaire doit se mettre toute entière, corps et âme, au service de la patrie. On ne saurait donc s'étonner que le Premier président de la Cour de cassation donne l'exemple en créant l'Œuvre du secours national et que les Premiers présidents de cours d'appel servent localement de relais en centralisant la collecte des fonds dans leur circonscription avant de les verser sur des comptes qu'ils ouvrent à la Banque de France. Ils sollicitent les barreaux qui ne peuvent guère se dérober et versent effectivement leur obole. Ce faisant, ils font une entorse au principe selon lequel les fonds de l'Ordre sont exclusivement réservés aux avocats. Dans certains barreaux, cette participation financière est la seule que consentent les avocats, comme à Montpellier (200 francs). A Caen, le principe est contourné : le conseil de l'Ordre décide collectivement que chacun de ses membres souscrira individuellement pour 25 francs, soit 125 francs au total[115]. A Amiens, si le barreau verse 100 francs, son seul don de la guerre, à

[115] Séance du 13 novembre 1914, registre des délibérations, archives du barreau de Caen.

l'Association régionale de la Somme aux mutilés de guerre, c'est parce que l'un des siens, Jolibois, en est secrétaire général[116].

Les initiatives que prennent les avocats ou les avoués sont accueillies favorablement dans le milieu judiciaire. A Bordeaux, l'hôpital du barreau reçoit le soutien de la Chambre des avoués, un membre de la compagnie étant nommé directeur adjoint de l'hôpital et, en 1916, lorsque son financement pose problème aux avocats, les magistrats de la cour d'appel viennent à leur secours. Le Premier président remet au bâtonnier, en janvier 1917, les fonds collectés auprès des magistrats du ressort. A Lyon, confronté aux mêmes difficultés, l'Ordre remercie, par l'entremise de son bâtonnier, la Chambre des avoués et celle des syndics de faillite pour leur aide financière. L'approche de l'action collective serait incomplète si on omettait de signaler la décision prise par l'Association amicale de la magistrature, lors de son assemblée générale d'avril 1915, d'abandonner toute préoccupation de défense professionnelle pour se consacrer pendant les hostilités, aux œuvres de secours et de mutualité.

Partout où les membres de la famille judiciaire se lancent dans l'aventure patriotique, ils y entrainent épouses, filles, mères et sœurs. La famille biologique permet d'étendre les actions de la famille professionnelle. L'exemple vient aussi d'en haut ; de mesdames Poincaré et Millerand, infirmières à Bordeaux dans le cadre de la participation de l'Union des Femmes de France. On observe un dévouement identique à Toulouse où la même association tient les dispensaires de la rue Sainte-Ursule où se dépensent sans compter la femme et la fille du Premier Président. Leurs homologues à Tunis et à Lyon aident les sœurs hospitalières qui prodiguent leurs soins à l'ambulance du barreau.

Parallèlement aux contributions collectives, s'observent les actions individuelles. Appartiennent à cette catégorie les dons personnels faits aux œuvres en complément, en substitution ou en relais de l'action collective. On peut aussi leur assimiler une multitude d'actions ayant parfois occupé leurs instigateurs jusqu'à la limite de leurs forces. Il est impossible de les recenser, mais il en est fait mention, très souvent, dans les discours, les notices nécrologiques, les procès-verbaux de

[116] Séance du conseil du 20 décembre 1915, registre des délibérations, archives du barreau d'Amiens.

séance de conseil ou de chambre, ainsi que dans les listes des noms proposés à la reconnaissance de la patrie. Ces participations individuelles prennent le plus souvent la forme d'une contribution financière comme à Lyon où les membres du barreau relaient l'Ordre dont les finances diminuent de manière inquiétante. Les membres du conseil y prennent personnellement en charge les frais que nécessite la constitution du trousseau des blessés évacués[117]. Il s'agit aussi de besognes matérielles dans lesquelles on retrouve l'implication des femmes avocates. Encore rares au barreau, leurs faits et gestes sont observés surtout lorsqu'elles s'illustrent dans des tâches traditionnellement dévolues aux femmes : soigner ou nourrir. A Paris, les avocates à la Cour servent des soupes dans les cantines populaires et se dévouent comme infirmières[118]. Parfois les rôles professionnel et humanitaire se confondent dans l'esprit des intéressées : Agathe Dyvrande, du barreau de Paris, compare sa robe noire à celle de l'infirmière lorsqu'elle plaide devant les conseils de guerre tant elle estime qu'elle panse ainsi les blessures du soldat accusé[119].

Quelques cas relevés dans les archives et la presse illustrent l'importance de l'investissement personnel que consentent certains, comme celui du bâtonnier de Grenoble, Giroud. Bien que des questions importantes se posent à l'Ordre grenoblois au cours du conflit, il quitte la ville pour Meylan où il administre pendant toute la durée de la guerre, pratiquement sans relâche, un hôpital[120]. Celui de Jules Auffray a mérité les colonnes de la *Gazette des Tribunaux*. Cet avocat est en effet une personnalité parisienne de la vie politique et judiciaire. Docteur en droit, ce nationaliste catholique avait quitté le barreau de Paris en 1878 pour le Conseil d'Etat, au concours duquel il s'était classé premier. Il retourne au barreau deux ans plus tard en raison des décrets contre les congrégations et s'attache alors à défendre la religion et l'armée dans le débat politique. Avocat de *La Libre Parole* et des militants nationalistes, il appartient à la première ligne des antidreyfusards. Conseiller municipal de Paris de 1900 à 1904, il parvient en 1902 à gagner un siège de député contre Viviani,

---

[117] Séance du 23 mars 1915, registre des délibérations, archives du barreau de Lyon.

[118] Charles Chenu ne peut être taxé de misogynie : il est du petit nombre d'avocats favorables à l'entrée des femmes au barreau, *op. cit.*, p. 796.

[119] Cité par Françoise Thébaud, *La femme au temps de la guerre de 1914*, Paris 1986.

[120] Il confie l'Ordre à son confrère et ami, Charbonnier, sur lequel il sait pouvoir compter.

mais échoue à se faire réélire contre lui en 1906, puis contre Painlevé en 1910 et Albert Thomas en 1914[121]. Âgé de 62 ans à la mobilisation, il ne peut réintégrer son grade de capitaine, car il en a été cassé par le général André sous le ministère Combes. Ne supportant pas de rester à l'écart du conflit, il décide d'agir en solitaire pour secourir les combattants blessés et malades. Il crée d'abord un hôpital à Paris, puis s'approche au plus près du front, à Saint-Pol, en Artois, où il fonde sur ses propres deniers un hôpital accueillant surtout les malades atteints du typhus. Seul, il en recrute le personnel et en assume le fonctionnement. Il s'épuise à la tâche et meurt avant la fin de la guerre, le 7 avril 1916.

La plupart des actions individuelles sont ponctuelles. Comment aurait-il pu en être autrement dans le cas de Rochot, juge du Tribunal de première instance de Chambéry, qui transporte dans sa voiture les blessés arrivés en gare ou encore dans celui de Taupin, juge de paix de Senonches, qui, à 78 ans, prépare et sert gratuitement 140 repas par jour dans la cantine qu'il a créée pour les réfugiés[122] ?

Innombrables difficultés

Le parcours des combattants de l'arrière est parsemé d'obstacles. Partout surgissent les difficultés financières et celles, plus insidieuses, nées de la lassitude. Il n'en demeure pas moins que l'investissement massif a duré des mois, parfois des années, ce qui est très difficile à imaginer aujourd'hui. En effet, la guerre est trop longue pour que les efforts extraordinaires consentis dans les premiers mois puissent être maintenus au même niveau. La reprise de l'activité judiciaire, qui se produit à peu près au même moment que le retrait des « œuvres » de guerre, a pu contribuer à sonner le glas de nombreuses participations.

La vie à l'arrière reprend car la guerre finit par se banaliser. Les moratoires s'assouplissent, l'autorité militaire demande des professionnels pour la défense devant les conseils de guerre, les contentieux spécifiques se multiplient. L'activité judiciaire ne revient pas à son niveau d'avant-guerre et s'en distingue sur plusieurs plans,

[121] J.-M. Mayeur, *Les Parlementaires de la Seine sous la IIIème République*, Paris Publication de la Sorbonne, 1981, p. 63.
Par ailleurs, Jules Auffray est le beau-frère du diplomate Pierre de Margerie et le grand-père du chanteur folk Hugues Auffray.
[122] Archives nationales BB 30/1698/4, dossier 9.

mais le fonctionnement judiciaire exige toujours davantage de juristes alors qu'ils sont en nombre insuffisant.

Manque d'argent et fatigue, tant physique que morale, se conjuguent pour aboutir à un désengagement progressif qui devient parfois total au milieu de la guerre. « La guerre a affolé nos balances… Le plateau des recettes s'est élevé avec la légèreté d'un avion, le plateau des dépenses, sous une lourde charge, a piqué à terre », s'exclame Charles Chenu[123]. L'effort financier collectif peut être mesuré pour les avocats car son ampleur et ses modalités sont débattues lors des séances des conseils, les ressources et le patrimoine de l'Ordre constituant les limites de l'investissement. Au fil des mois et années, les barreaux ont engagé une bonne partie de leurs réserves. Les avocats de Bordeaux ont consacré environ 20 000 francs aux œuvres, soit la presque totalité de leur patrimoine de 1914. Il leur reste environ 29 000 francs en 1919, mais ils proviennent de libéralités que viennent de consentir deux confrères. Si l'on compare l'effort de guerre à la cotisation annuelle d'un avocat inscrit à Bordeaux en 1914, soit 40 francs (celle d'un stagiaire étant de 20 francs), on mesure son importance alors que le trésorier ne parvient pas à faire rentrer les cotisations. La participation du barreau de Lyon, entre les dons, la subvention de l'hôpital civil et l'Ambulance du barreau, est comparable et tourne autour de 22 000 francs. Dans les premières semaines, les élans connaissent leur stimulation maximale et l'emportent sur la prudence. Assumer le coût d'un hôpital pour la durée de la guerre se mesure par le prix de journée d'un lit multiplié par le nombre de lits pris en charge, ce sous-total lui-même multiplié par le nombre de jours de guerre, lequel demeurant une inconnue qui ne permet pas aux barreaux de doser raisonnablement leurs efforts financiers. Au début du conflit, dans la conviction d'une guerre courte, ce calcul sur la durée est volontairement exclu au profit de l'investissement maximal jugé utile pour hâter la victoire. Les barreaux qu'épargne le risque de la ruine sont ceux qui ont consenti un effort mesuré (à Marseille, l'entretien d'un lit dans chacune des trois associations de la ville pour un coût de 3 000 francs par an), ou ceux qui ont accepté les honoraires reçus pour la défense des prisonniers allemands devant les conseils de guerre. La régularité de cette dernière source de revenus, par ailleurs appréciable, a préservé les finances des barreaux parisien et toulousain.

---

[123] C. Chenu, *Le Barreau de Paris pendant la guerre*, p. 791.

Selon Jean-Jacques Becker, l'endurance des populations belligérantes s'explique en partie par le fait que les événements militaires ont toujours permis par l'interprétation donnée aux offensives, de fixer un horizon à la victoire. Après Verdun et la Somme, à la fin de l'année 1916, on cesse de croire à l'issue prochaine de la guerre. La baisse du moral s'installe chez les civils au printemps 1917 et s'aggrave au cours de l'été. En juin, le ministre de l'Intérieur interroge les préfets : dans la moitié des départements, le moral est mauvais, la population aspire à une paix rapide.

La famille judiciaire n'échappe pas à la lassitude ambiante. Les discours de rentrée, les mercuriales, les procès-verbaux de délibération des conseils de l'Ordre, s'ils ne laissent pas filtrer le pessimisme, sont cependant moins claironnants. On y perçoit l'épuisement. Il y est fait état de ceux qui ont contracté des maladies au chevet des blessés, de ceux qui, âgés ou de santé fragile, ont poussé leurs efforts jusqu'au moment fatal. Certes le discours vise souvent à glorifier ces « combattants » civils. Pour autant, les faits sont là. Les plus ardents patriotes s'épuisent. Le bâtonnier Henri-Robert assure de multiples démarches pour ses confrères, plaide devant les conseils de guerre, patronne des œuvres, prononce des conférences, annonce aux parents d'avocats la mort de leur fils au front. Epuisement physique et fatigue morale le contraignent à s'absenter d'un Paris, qu'il n'a pas quitté depuis la mobilisation, pendant un mois au cours de l'été 1918. L'éloge funèbre de l'avocat bordelais René Roy de Clotte nous le dépeint volontaire pour être délégué à la société locale de secours aux blessés, veillant à l'organisation et à la surveillance de tous les hôpitaux de la XVIIIème région militaire dont le territoire très étendu l'oblige à des déplacements continuels, dans des conditions qui finissent pas épuiser cet homme de 65 ans. Il succombe en mars 1915 au retour d'un voyage à La Rochelle particulièrement éprouvant. Ses confrères Brazier et François, qui se sont démenés pour assurer le fonctionnement des hôpitaux de Bordeaux et de La Saulve, décèdent aussi prématurément. La guerre a aussi ruiné la santé et provoqué la mort d'avocats plus jeunes comme André Faure, du barreau de Lyon. Réformé pour raison de santé, il collecte la somme extraordinaire de 500 000 francs et part à Salonique fonder un hôpital pour les soldats de sa région, nombreux dans l'armée d'Orient. Il meurt, à 35 ans, sur le chemin du retour des fièvres contractées au contact des soldats malades.

L'expérience de guerre s'affirme comme une expérience des limites. Ces dernières ont été atteintes : les caisses se sont vidées, les énergies physique et morale sont épuisées. Les efforts ont été animés par une foi patriotique à laquelle se sont souvent mêlés des accents authentiquement religieux. Le monde judiciaire a œuvré et donné pour la victoire, par dette envers les combattants, par solidarité envers les réfugiés, par générosité envers toutes les détresses. Les sacrifices consentis attestent le désintéressement de toutes ces actions. Cependant, s'étant comportés comme des soldats, les plus valeureux de l'arrière ne doivent-ils pas voir leurs mérites reconnus par la Patrie ?

La reconnaissance sociale

La reconnaissance est l'expression d'une dette morale. En rendant publics les mérites, elle distingue les meilleurs et *ipso facto* engendre de l'exclusion. La reconnaissance sociale opère dans la sphère émotionnelle : s'appuyant sur l'orgueil pour susciter l'émulation, elle crée des jalousies et nourrit des rancunes. La distinction ne remplit en effet sa fonction qu'à la condition de n'être pas trop largement distribuée. Remerciements et félicitations sont des mots qui s'envolent et ces formes élémentaires de reconnaissance gagnent en force si elles sont matérialisées par des diplômes et surtout des médailles. D'autre part, la reconnaissance peut se prolonger par l'attribution d'un avantage : l'admiration et le respect qu'elle suscite attirent la clientèle ou favorisent un avancement. Appréhendée comme la contrepartie d'un service rendu, elle devient un droit.

La médaille est la forme la plus usuelle de reconnaissance. Il en existe donc un large éventail. En 1915, pour les combattants du front est créée une nouvelle décoration : la croix de guerre. Chacun s'accorde à considérer que les mérites des civils doivent parallèlement être reconnus. Tel est l'objet de la médaille de la Reconnaissance Française. Instituée par le décret du 13 juillet 1917, une circulaire du ministère de la Guerre du 3 août en précise les conditions d'octroi en insistant sur le fait que les propositions d'attribution doivent être limitées pour garder toute sa valeur à la distinction. L'effort doit, au minimum, avoir été soutenu pendant un an et avoir été personnel. Il ne s'agit pas de récompenser de simples libéralités ou un patronage occasionnel. Toutefois, la propagande réalisée pour obtenir des dons entre dans la catégorie des efforts individuels. Les médailles récompensent les mérites, mais souvent la qualité de la personne entraine une attribution quasiment automatique. Madame Poincaré, bien qu'ayant été assez brièvement infirmière dans l'hôpital du barreau de Bordeaux, reçoit pour cela une médaille que lui décerne le bâtonnier. Henri-Robert cumule les distinctions les plus prestigieuses : commandeur de l'Ordre de Léopold pour avoir accueilli des avocats belges à Paris en 1916 et officier de la Légion d'honneur fin 1918. Denys Cochin et Groussier, respectivement président et vice-président du groupe des députés de Paris, viennent début 1915 lui exprimer leur reconnaissance. C'est au tour de Viviani, en novembre, pour l'assistance juridique prêtée à la population parisienne.

Les magistrats ne sont pas oubliés par le ministre de la Justice. Dans sa circulaire du 29 décembre 1916, Viviani demande la liste et les notices de magistrats qui ont collaboré aux œuvres de solidarité nationale. Elle précise que l'instruction de septembre 1914 enjoignait la magistrature à se mettre, au-delà des tâches professionnelles, à la disposition de la nation, et que personne n'est sans doute resté sourd à l'appel lancé. Mais il s'agit, présentement, de faire émerger du lot ceux qui « ont signalé d'une façon particulière leur esprit d'initiative ». Les chefs de cour sont invités à ne retenir que les magistrats qui « se sont spécialement distingués ». Est-ce l'effet du hasard si la position hiérarchique détermine le niveau des mérites ?

Le fait que les mérites ne soient pas reconnus à leur juste valeur suscite l'amertume jusqu'à alimenter des querelles. Une affaire l'illustre à Bordeaux en 1916, où le personnel de l'hôpital du barreau est constitué des épouses des avocats. L'une d'entre elles, après avoir assuré le service d'une salle de malades contagieux pendant plus d'un an, contracte une fièvre infectieuse dont elle parvient difficilement à guérir. Son mari estime qu'un semblable dévouement mérite une récompense. Il considère même qu'elle s'impose de droit, en contrepartie de la maladie contractée. Il ne ménage donc pas sa peine pour l'obtenir, multipliant les lettres. Il s'adresse aux confrères qui gèrent l'hôpital, à sa directrice, à l'Union des femmes de France, en tant que responsable des soins et jusqu'au bâtonnier pour demander que l'Ordre intervienne en sa faveur. Ses missives restent sans réponse. L'affaire s'envenime lorsqu'il apprend que la directrice de l'hôpital, épouse d'un confrère, a demandé la médaille des Epidémies pour une infirmière, épouse d'un autre confrère. La nouvelle fait sortir l'avocat de ses gonds. L'attitude du barreau à son égard lui semblant parfaitement injurieuse, il s'estime libre désormais de prendre les mesures appropriées, destinées à obtenir réparation d'une injustice inadmissible. Jusqu'où l'affaire est-elle allée ? Les archives ne nous fournissent aucun élément permettant de savoir comment l'histoire s'est terminée.

CHAPITRE 5

LA VIE JUDICIAIRE A PROXIMITE DU FRONT

Quelques mois après la cessation des hostilités, un arrêté du ministère des Régions libérées du 12 août 1919 fixe les limites de la zone dévastée par le conflit pour permettre, le plus rapidement possible, l'application de la loi du 17 avril 1919 sur les dommages de guerre. Il s'agit de :

« Toutes les parties du territoire français situées à l'est et au nord d'une ligne passant par les limites maritimes des départements du Nord et du Pas-de-Calais, de la Somme ; les limites sud de ce dernier département, les limites ouest et sud du département de l'Oise et des arrondissements de Meaux, Coulommiers, Provins (Seine et Marne), les limites sud du département de la Marne et les communes de Semoine, Mailly-le-Camp et Poivre (Aube) ; les limites ouest et sud du département de la Meurthe-et-Moselle, les limites ouest et sud des arrondissements d'Epinal et de Remiremont (Vosges) ; les limites ouest et sud du Territoire de Belfort jusqu'à la Suisse »[124].

De la mer du Nord à la frontière suisse, ce territoire circonscrit les lieux où, pendant quatre ans, se sont déroulés des combats d'une extrême violence. La ligne sur laquelle le front s'est stabilisé, à l'automne 1914, part de Nieuport en Belgique, vers Dixmude en suivant l'Yser dans une Flandre inondée. Elle rejoint Lens, puis Armentières, restée aux Alliés bien que les Allemands occupent Lille. Le front passe ensuite à un kilomètre d'Arras et d'Albert, à 30 km à l'est d'Amiens et à 10 km à l'ouest de Péronne. Il s'approche jusqu'à 90 km de Paris, laissant Noyon derrière les lignes allemandes. Jusque-là orientée nord-sud, la ligne s'affirme alors ouest-nord-ouest/est-sud-est avec d'importantes indentations. Les tranchées s'étirent au nord de Compiègne. Soissons est sur la ligne de feu. Craonne, côté allemand et Reims, côté français, sont au plus près de la bataille. De là, le front s'établit au nord de Suippes et de Sainte-Menehould, puis dessine deux boucles : celle de Verdun (française) et celle de Saint-

[124] *La Reconstitution des Régions libérées. Pas de Calais*, Arras, 1927, p. 82.

Mihiel (allemande). Il passe au nord de Nancy. Saint-Dié se situe sur le front, comme Thann. Mulhouse est côté allemand, Belfort, côté français. Le secteur le plus à l'est paraît globalement plus calme, sauf dans les forêts des Vosges où les combats sont très meurtriers. La ligne de feu partage le vaste espace de la zone dévastée en deux parties à peu près égales correspondant aux arrière-fronts.

Entre l'automne 1914 et le printemps 1917, le front ne varie pratiquement pas. Avant cette longue période d'enlisement dans une guerre enterrée, l'offensive allemande d'août 14 avait mené les troupes du Kaiser jusqu'à 25 km de Paris. La bataille de la Marne les avait rejetées à 80 km. Puis, ce que l'on a appelé « la course à la mer » a tracé le front jusqu'à la côte du sud de la Belgique. Le repli stratégique allemand de 1917 déplace le front un peu plus à l'est et libère quelques villes de l'occupation. La guerre de mouvement ne reprend qu'au printemps 1918 et vient modifier de manière significative le front. Le scénario d'août 14 semble alors se rejouer en faveur des Allemands, mais à l'été, la guerre bascule. Lorsque l'armistice suspend les hostilités sur le front ouest, les « coups de boutoir » de Foch, selon l'expression de Jean-Baptiste Duroselle, ont presque totalement chassé les Allemands de France. La zone des combats correspond ainsi à un vaste espace qui englobe les villes et villages menacés par les offensives décidées par l'une ou l'autre des armées. Elle intègre aussi l'espace de la logistique militaire qui plante ses racines plus ou moins profondément à l'arrière afin de permettre les mouvements de troupes, qui montent et descendent du front, les convois d'armes, de ravitaillement et de blessés.

Côté allemand ou côté français du front, les conséquences de la proximité des combats sont identiques quant aux dangers auxquels les populations sont exposées. Sur le plan judiciaire, elles sont différentes. Les opérations militaires concernent quatre ressorts de cours d'appel sur les vingt-six de la carte judiciaire métropolitaine de l'époque, mais les dispositions prises par le ministère de la Justice pour assurer le fonctionnement de l'institution ne s'appliquent qu'aux circonscriptions judiciaires non occupées.

OCTOBRE 1914 : QUELLE RENTREE JUDICIAIRE ?

Dans la perspective d'une guerre courte

La guerre éclate alors que débutent à peine les vacances judiciaires lesquelles courent, depuis le décret du 25 mai 1910, du 1er août au 1er octobre de chaque année. Le conflit ne perturbe en rien l'activité des cours et tribunaux au cours des premiers mois et d'autant moins qu'il est censé s'achever rapidement si l'on se fie à l'Etat-major, que tout le monde croit. La situation militaire des Alliés n'est guère brillante au début du mois de septembre, mais après la bataille de la Marne, la foi dans le règlement rapide du conflit est revenue. Pourquoi dans ces conditions différer la reprise des travaux judiciaires ? Bien qu'il soit encore réfugié à Bordeaux, le ministre de la Justice signe, le 27 septembre, une circulaire informant les juridictions que la rentrée des cours et tribunaux aura lieu le 2 octobre, le 16 pour la Cour de cassation, comme à l'ordinaire. La délégation des magistrats de cette cour, qui avait suivi le gouvernement dans sa retraite, le précède dans son retour et rejoint la capitale le 2 octobre 1914.

Force est de constater que la circulaire, signée bien loin des lieux du conflit, ne contient aucune disposition particulière pour les juridictions situées à proximité de la ligne de front. Sans doute, le gouvernement, modérément informé par le haut commandement de la réalité de la situation militaire, n'est-il pas en mesure d'apprécier localement l'opportunité d'une rentrée judiciaire. Peut-être croit-il, par excès d'optimisme, qu'il n'est pas nécessaire d'arrêter des dispositions spécifiques pour des régions qui sous peu seront délivrées de la guerre par les armées alliées, alors lancées dans la course à la mer. Ce n'est qu'une question de jours, voire de semaines. Il n'y a rien de commun pourtant entre les rentrées judiciaires de l'arrière et celles qui se déroulent à quelques kilomètres des combats. Dans toutes les juridictions, les visages sont graves, on fait le compte des absents mobilisés pendant les vacances judiciaires, partout on pleure les premiers morts connus en jetant l'anathème sur l'ennemi barbare. Cependant, est-ce que les Poitevins, les Aixois, les Rennais, les Toulousains, plus largement tous ceux qui sont loin des obus, peuvent, sans l'aide des journaux et de la presse judiciaire, imaginer ce que signifie, par exemple, la rentrée judiciaire à Reims, le 2 octobre 1914 ?

La rentrée judiciaire à Reims

La *Gazette des Tribunaux*, animée d'un élan de compassion envers les populations menacées par la guerre, tente de traduire l'atmosphère du palais de justice de Reims, dans son édition du 15 octobre 1914. Elle livre à ses lecteurs un compte-rendu de cette rentrée qui se déroule au 18ème jour de bombardement d'une ville, que ses habitants ont fuie pour se réfugier plus à l'arrière. Le procureur de la République, Louis Bossu, prononce le discours d'usage. Onze personnes sont présentes pour l'écouter, mais aucun des magistrats de la juridiction. Le substitut Lyon-Caen, les juges suppléants Grenier, Lucas, Braibant, Mathieu, sont mobilisés. « Les autres attendent, pour la plupart, depuis huit jours dans la ville voisine que les communications avec Reims soient autorisées et qu'il leur soit permis de reprendre leur poste ». Ils se sont en effet réfugiés à Epernay. On note la présence du greffier Gustave Vilain et de trois commis-greffiers sur cinq, les autres sont aux armées. L'ancien bâtonnier Mennesson-Dupont est le seul avocat. On compte aussi dans l'assistance deux huissiers suppléants. Pour étoffer son auditoire, le procureur a jugé opportun de convoquer les juges de paix des premier et troisième cantons, le suppléant faisant fonction de juge de paix des deuxième et quatrième cantons, ainsi qu'un notaire et un avoué : « les seuls magistrats cantonaux, avocat, officiers publics ou ministériels présents à Reims ce jour ». Ce constat invite à s'interroger sur le sens de cette rentrée judiciaire. Pourquoi le procureur de la République, seul magistrat demeuré en poste, déploie-t-il tant d'énergie dans un contexte aussi difficile que périlleux ? Sa motivation est patriotique : il importe de marquer de solennité ce jour précis car Reims sort d'une brève occupation allemande : « nous avons jugé indispensable, dit-il, que la réunion, si tronquée puisse-t-elle être, d'une compagnie judiciaire française vienne purifier l'air de notre Palais de justice éventré par les obus allemands et effacer la souillure que lui avait infligée une occupation de 10 longs jours par l'ennemi national ». Les termes employés pour caractériser l'ennemi peuvent étonner aujourd'hui, ils sont pourtant en cohérence avec la culture de guerre qui s'est développée sur une base raciste, véhiculant l'idée, parmi d'autres tout aussi avilissantes, que les Allemands puent. Tout aussi conformes à l'époque sont les envolées quasiment religieuses du procureur sur les rapports du droit et de la force. Dans ce discours, la France incarne le droit et l'Allemagne la force réduite à la violence : « Sous les obus de l'ennemi, il convient de crier bien haut que la justice immanente aura son heure et que le moment est proche où, grâce à notre valeureuse armée et à celle de nos alliés, grâce à la force que nous donnent la sainteté de notre cause et les grandes idées que nous défendons, idées d'indépendance nationale, de liberté et de justice, le droit à son tour viendra primer la force brutale et reprendre dans le monde la place prépondérante qui doit être la sienne ».

LA JUSTICE SOUS LES BOMBES

Dans la Marne

Deux ans plus tard, dans la mercuriale qu'il prononce le 4 octobre 1916, le substitut de Casabianca dresse le bilan traditionnel de l'année judiciaire 1915 pour le ressort de la Cour d'appel de Paris dont relèvent les juridictions de la Marne. « Qu'est-il advenu en 1915, s'interroge-t-il, des magistrats de Reims et de Sainte-Menehould ? »

En 1915, Reims totalise 224 jours de bombardements. La population a fui la cité, il ne reste que 20 000 habitants sur les 115 000 que comptait la ville à la veille du conflit. On fait l'école dans les caves. Il n'y a plus ni gaz, ni téléphone, ni messagerie et pourtant, pour difficiles qu'elles soient, les communications ne sont pas totalement rompues et le procureur parisien se trouve en mesure de rendre compte de la situation. La voûte de la cathédrale bombardée s'est effondrée. Sous l'action de la chaleur, la pierre a éclaté, mutilant les statues. Le bombardement de la cathédrale du sacre des rois est vécu comme un outrage national par la France républicaine et laïque. Le palais de justice, situé à proximité, n'a pas été épargné : il a reçu 14 obus. Les planchers des premier et deuxième étages sont éventrés. Le tribunal a trouvé refuge dans l'atelier d'un photographe situé dans les faubourgs. Les services du greffe et du parquet continuent à fonctionner dans ces lieux aussi inhospitaliers que dangereux avant que les bombardements successifs ne les contraignent à abandonner le palais.

A cette ambiance apocalyptique s'ajoutent les effets de la mobilisation sur le personnel des juridictions et, faute de jurés, la Cour d'assises cesse de fonctionner dès la fin de l'année 1914. Dans ces conditions très difficiles, les efforts se conjuguent pour maintenir l'activité judiciaire. Elle se poursuit au ralenti. Les justiciables sont aussi beaucoup moins nombreux du fait de la mobilisation et de l'exode. Les déplacements, quand ils sont autorisés par l'autorité militaire, sont dangereux. Tout cela explique qu'aucun jugement n'ait été rendu en matière civile en 1915. Ils ont pu être compensés par des ordonnances sur requête grâce au dévouement d'un notaire des régions envahies ayant trouvé asile à Reims, à deux de ses confrères rémois et au syndic des huissiers qui a permis le fonctionnement de la juridiction des référés. Un unique suppléant dirige l'ensemble des services de la justice de paix. La situation au plan pénal n'est guère meilleure. Sans substitut ni juge suppléant, le procureur, destinataire, pour l'année 1915, de 1 410 procès-verbaux, parvient cependant à traiter le cas de 478 prévenus. En octobre 1916, le tribunal de Reims s'installe à Epernay, en arrière de la ligne du front. Au cours de la cérémonie d'accueil organisée par les magistrats d'Epernay, le discours du président évoque rétrospectivement les péripéties traversées depuis le début de la guerre : l'exode temporaire des juges de Reims, suivi de leur retour quelques semaines après la victoire de la Marne, « les audiences tenues parmi le fracas des bombes ». « La vie du tribunal se trouva à ce point précaire, ajoute-t-il, que vint le jour où il fut impossible de continuer». Il ne restait aucun huissier, aucun avoué, un seul avocat sur douze. Seule siégeait encore la chambre correctionnelle jusqu'à ce que son président déclare qu'il était contraire au principe des droits de la défense de contraindre prévenus et témoins à risquer leur vie pour se rendre à Reims. « Continuer à juger à Reims dans de telles conditions, c'était aller contre les intérêts de la justice », conclut, à la fin de la cérémonie, le président Hû[125].

Situé en Argonne, à l'arrière de Verdun, l'arrondissement judiciaire de Sainte-Menehould connaît un sort encore moins enviable. Le procureur de la République de la ville expose la situation au Procureur général de Paris dans une lettre en date du 8 juillet 1916. Le tableau qu'il dresse vaut pour toutes les circonscriptions judiciaires de la ligne de front :

[125] Lettre publiée dans la *Gazette des Tribunaux* des 9 et 10 octobre 1916.

« Pendant le cours de l'année 1915, l'arrondissement de Sainte-Menehould n'a pas cessé d'être le théâtre des plus violentes actions militaires, soit en Argonne (Bois de la Gruerie), soit lors des attaques dans la région des Hurlus et du Mesnil, soit à l'époque de l'offensive de Champagne (septembre-octobre) qui s'est déroulée presque tout entière dans le canton de Ville-sur-Tourbe. Des trois cantons dont l'arrondissement se compose, ce dernier est resté pendant l'année judiciaire 1915 absolument inexistant au point de vue judiciaire. Sur 24 communes, 12 sont toujours restées au pouvoir de l'ennemi et les 12 autres totalement anéanties à tel point qu'il est devenu à peu près impossible de reconnaître les ouvrages dc défense, l'ancien emplacement de certaines d'entre elles. Dans le canton de Sainte-Menehould, situé au sud du précédent, 11 communes sur 30 ont beaucoup souffert des bombardements incessants qu'elles ont subis. La population civile a presque disparu, plusieurs ne comptant que deux ou trois habitants. La ville de Sainte-Menehould elle-même, qui n'est distante des lignes allemandes que d'environ 11 kilomètres, a été soumise à maintes reprises à de durs bombardements par canons de gros calibres qui ont fait un certain nombre de victimes et d'importants dégâts (les maisons et le personnel des magistrats eux-mêmes n'ont pas été épargnés) sans compter les effets meurtriers des bombardements par avions qui se renouvellent presque continuellement. Seul le canton de Dommartin-sur-Yèvre a pu vivre normalement, si c'est une existence normale que celle passée au milieu de l'affluence des troupes qui se renouvellent constamment ».

Au regard de ce qui précède, les conclusions que le magistrat présente sur le plan de l'activité judiciaire peuvent surprendre :

« Ces éléments n'ont pas eu autant d'influence qu'on pourrait le croire sur le cours de la justice qui n'a cessé de fonctionner régulièrement malgré la proximité du front. Si du point de vue civil et commercial, le tribunal n'a jugé que peu d'affaires, il faut y voir surtout l'effet du moratorium. Par compensation, il eut à rendre de nombreux jugements sur requête du parquet pour la reconstitution des actes de l'état civil détruits par l'invasion ou la rectification des actes de décès « militaires » dressés tant par l'autorité militaire que par les officiers d'état civil ».

Dans une région désertée par sa population, il est peu probable que seuls les moratoires soient la cause du manque d'affaires à juger. S'adressant à son supérieur hiérarchique, le magistrat croit opportun de mettre l'accent sur la permanence du fonctionnement institutionnel et c'est avec une rigueur toute militaire qu'il conclut : « Tous les magistrats et auxiliaires de la justice ont donc fait leur devoir et se sont montrés à la hauteur des circonstances difficiles qu'ils ont eu à traverser ».

En Lorraine : un sentiment d'abandon et de précarité

Au fil des mois, à une vie quotidienne très pénible, s'ajoute un profond sentiment d'éloignement, voire d'abandon. Certains, comme le bâtonnier de Nancy, estiment de leur devoir de lever le voile pour qu'ailleurs, dans la France de l'arrière, on sache de quoi est fait le quotidien des habitants de la zone du front. Là se trouve le sens de l'appel qu'il lance en direction de ses confrères de divers barreaux lorsqu'il leur demande d'acquérir et de diffuser la brochure écrite conjointement par le préfet de la Meurthe-et-Moselle, les maires de Nancy et Lunéville, sous le titre suggestif de *Leurs crimes*. Elle rassemble des documents sur les atrocités dont les Allemands se sont rendus coupables depuis le début de la guerre. La lettre et le spécimen qui l'accompagne constituent une réaction contre « la censure et les euphémismes des communiqués officiels ». Si les magistrats sont tenus par un devoir de réserve, tel n'est pas le cas des avocats. La lecture de la lettre du bâtonnier Mengin révèle que les préoccupations du monde judiciaire à Nancy ne concernent pas le palais :

« Absorbé moi-même par des devoirs volontaires qui m'éloignent du palais, je hante les ruines que les bombardements multiplient dans notre ville, j'y relève les cadavres, j'en tire les blessés, je vis dans l'infernal massacre des femmes et des petits enfants… »

S'adressant à chacun de ses confrères, il poursuit : « Vous sentez, monsieur le bâtonnier et cher confrère, que mon appel est la vie de souffrances et de vengeance de ceux qui paient la rançon du pays ». Il a le sentiment qu'au bout de trois ans, la France de l'arrière oublie les « populations d'avant-garde » exposées à la guerre. L'Ordre de Lyon, par solidarité, achète 1 000 brochures, celui d'Aix 100. Les autres barreaux destinataires ne semblent pas avoir répondu à l'appel[126].

La situation à proximité du front reste toujours précaire. La tranquillité n'existe pas, en permanence suspendue à l'éventualité d'une attaque ennemie. Les magistrats et avocats de Nancy le

[126] Lettre insérée dans le procès-verbal de la séance du Conseil de l'Ordre de Lyon du 20 janvier 1917. Archives de l'Ordre des avocats de Lyon.

ressentent particulièrement au début de l'année 1918. En février, l'Etat-major s'attend à une nouvelle offensive allemande, mais l'opinion des stratèges diverge sur le lieu. Chacun, à proximité du front imagine l'offensive à sa porte[127]. Le barreau de Nancy décide alors d'organiser le transfert de ses archives et de celles, antérieures à 1871, des barreaux de Strasbourg et de Metz dont il est le dépositaire depuis le rattachement de ces villes à l'Empire allemand. Il lui semble prudent de confier l'ensemble au barreau de Lyon où ces documents seront précieusement conservés dans la salle du conseil. Le bâtonnier lyonnais, René Garraud, exprimera, en 1919, son orgueil d'avoir conservé ce que tous considéraient comme un « dépôt sacré ».

Zone de front et lieux de justice

La consultation des photographies et des rapports aux conseils généraux rédigés par les préfets dans le cadre de la reconstruction des régions dévastées permet de se faire une idée de l'environnement dans lequel ont évolué les professions judiciaires pendant le conflit. L'expression « régions dévastées » renseigne, sans qu'il soit besoin d'image, sur le spectacle qui s'offre à ceux qui sont chargés après la guerre de dresser un état des lieux. Le Nord, avec 26 % de destructions totales dues à la guerre, vient en tête des 10 départements frappés de dévastation. A Hazebrouck, des obus de gros calibre sont tombés dans le jardin du palais provoquant des dommages à l'ensemble des bâtiments. Le palais de justice de Dunkerque nécessite des travaux de remise en état de la toiture, de la maçonnerie, des menuiseries et du chauffage. Ceux du Pas-de-Calais semblent en moins mauvais état, sauf à Lens qui n'est plus qu'un amoncellement de ruines, dont celles de la justice de paix et à Arras où le Palais des Etats de l'Artois nécessite après la guerre quatre années de travaux pour un montant de deux millions et demi de francs.

La presse a publié durant le conflit énormément de photographies soulignant la barbarie des bombardements ennemis sur les édifices publics, majoritairement des églises, mais aussi quelques palais de justice. A Soissons, Senlis, Arras et Reims, on peut constater que la justice ne pouvait plus être rendue dans les bâtiments endommagés, ni

[127] Elle aura lieu en mars sur la Somme, suivie de deux autres (en Flandres au mois d'avril, au Chemin des Dames en mai), avant que l'offensive Mangin, fin juillet, ne fasse définitivement évoluer la guerre en faveur des Alliés.

les archives des greffes y être conservées. Nous n'avons pas de photo du tribunal de Reims siégeant dans l'atelier d'un photographe, mais l'*Illustration* publie celle du juge de paix de Soissons, Paul Constant, installé dans une cave dont il a fait son cabinet de travail, voire les jours de bombardement sa salle à manger et sa chambre[128]. Ainsi la France pouvait-elle connaître les conditions de vie, particulièrement difficiles, des populations touchées par les combats et être édifiée sur le courage et la persévérance de ceux qui, notamment dans la justice, œuvraient pour maintenir, coûte que coûte, le fonctionnement des institutions.

LE FONCTIONNEMENT DE LA JUSTICE PRES DU FRONT

Les modifications de la carte judiciaire

La carte judiciaire, dont la vocation originelle est d'assurer une répartition équilibrée des juridictions sur le territoire, subit dans la zone des combats les conséquences des évolutions successives du front. La modification de cette carte ne pouvant s'opérer sans l'intervention du législateur, le garde des Sceaux doit solliciter à trois reprises, au cours du conflit, l'autorisation de redéfinir par décret la compétence territoriale des juridictions concernées. Ainsi sont votées les lois des 6 février 1915, 4 octobre 1916 et 26 mai 1918. Elles sont suivies des décrets adaptant les dispositions législatives aux situations locales. L'analyse des débats qui animent le parlement et la promptitude avec laquelle sont pris les décrets attestent l'impérieuse nécessité d'adapter rapidement l'organisation judiciaire aux modifications de la ligne de front résultant des offensives respectives des belligérants. La multiplication des transferts et des rattachements aboutit en définitive à une carte judiciaire qui se superpose à celle des événements militaires.

L'occupation allemande est à l'origine de la loi du 6 février 1915. Prévue par le droit international depuis 1899, l'occupation confère un pouvoir de fait au belligérant qui, à la suite d'une invasion victorieuse, est en mesure de s'installer sur une portion du territoire de son ennemi. Tant que la victoire n'est pas définitive, le territoire peut être

[128] *L'Illustration,* 5 décembre 1914.

reconquis et tel est bien, au cours de la guerre, l'objectif prioritaire des Français. Davantage même, l'occupation, en tant que présence ennemie qui perdure, est déniée aussi bien dans les textes, que dans les discours qui persistent à utiliser l'expression de territoires « envahis », plutôt que celle de territoires occupés pour souligner le caractère provisoire de l'emprise ennemie. Conformément à cette logique, le texte de février 1915 se réfère à l'interruption des communications dont se déduit qu'une partie du territoire étant envahie, la pyramide judiciaire ne peut plus fonctionner normalement. Il faut donc régler le sort des justiciables qui, côté français du front, sont désormais privés de juridictions, ces dernières se situant en territoire occupé.

L'article 1 règle les problèmes liés à la hiérarchie des juridictions :

« Si par suite de guerre, les communications se trouvent interrompues entre un tribunal de première instance ou un tribunal de commerce et le chef-lieu de la cour d'appel, ce tribunal peut temporairement être rattaché par décret au ressort d'une autre cour d'appel.

En cas d'interruption des communications entre une justice de paix ou un conseil de prud'hommes et le chef-lieu du tribunal de première instance, cette justice de paix ou ce conseil peut être, dans les mêmes conditions, rattaché au ressort d'un autre tribunal de première instance. »

L'article 2 prévoit le rattachement des justiciables privés de juridictions :

« Lorsque les communications sont interrompues entre le siège d'un tribunal de première instance ou de commerce, d'une justice de paix ou d'un conseil de prud'hommes et une partie de sa circonscription, un décret peut soit rattacher temporairement cette partie de circonscription à une autre juridiction voisine du même ordre, soit transférer le siège du tribunal de première instance et de commerce, de la justice de paix ou du conseil de prud'hommes dans une autre commune de la même circonscription. »

Quels que soient les détours du vocabulaire, la loi du 6 février 1915 a été votée pour régler le problème posé par l'occupation de Douai, siège de la cour d'appel pour le Nord et le Pas-de-Calais. Les décrets d'application qui suivent très rapidement le montrent. Le 9 février 1915, les tribunaux de Dunkerque et Hazebrouck pour le Nord, de Béthune, Saint-Omer, Calais, Montreuil, Saint-Pol, pour le Pas-de-

Calais, sont rattachés à la Cour d'appel d'Amiens, par application de l'article 1 de la loi.

Peu de temps après, le décret du 18 mars 1915 concerne l'est du pays et plus particulièrement la circonscription du Tribunal de première instance de Saint-Mihiel. Les justices de paix de Commercy, Pierrefitte, Void, Vaucouleurs, Gondrecourt, qui en dépendent, sont rattachées au Tribunal de Bar-le-Duc. Toute la circonscription correspondant aux cantons mentionnés et une partie du canton de Saint-Mihiel, qui reste à déterminer par décret spécial, est provisoirement rattachée au Tribunal de Bar-le-Duc, en application de l'article 2. On peut traduire ce décret sur le plan militaire : Saint-Mihiel est derrière les lignes allemandes et la situation sur le terrain est trop floue et incertaine pour fixer les limites géographiques de l'application du texte.

Le 26 mars suivant, un nouveau décret modifie les rattachements dans le Nord : la justice de paix d'Armentières est provisoirement rattachée au tribunal d'Hazebrouck ainsi que la circonscription du Tribunal de Lille correspondant au même canton. Cela découle du fait que Lille est occupée et non Armentières. Le 20 avril 1915, c'est le front de la Somme qui se dessine dans les dispositions du décret. Péronne et Chaulnes étant occupées, les justices de paix d'Albert et de Bray sont rattachées au Tribunal d'Amiens et une partie (sans plus de précisions) de la justice de paix de Chaulnes est rattachée à la justice de paix de Corbie. Enfin, le décret du 13 mai 1915 rattache provisoirement une partie de la circonscription de Lens-ouest qui correspond aux communes d'Aix-Noulette, Bully, Grenay et Mazingarbe à la justice de paix de Cambrin.

Au cours du conflit, certains villages, situés près du front, sont pris, abandonnés, repris… Modifiera-t-on à chaque fois les ressorts et les rattachements ? La question présente-t-elle un réel intérêt ? Qui, si près des combats, se soucie encore de justice au milieu des ruines alors que les populations s'éparpillent au gré des menaces ? A Paris pourtant, on veille à ce que la loi s'applique dans le souci de la permanence institutionnelle davantage que dans celui des besoins juridiques. Arras, Soissons, Verdun, Reims sont des villes soumises au feu nourri de l'ennemi, mais les communications n'y sont pas rompues au sens de la loi. La Chancellerie refuse donc au Tribunal de Soissons, qui avait transporté ses archives à Oulchy, où les magistrats s'étaient réfugiés, l'autorisation d'y tenir ses audiences, estimant que, bien qu'elles soient périlleuses, les communications n'étaient pas interrompues. Les circonstances de guerre vont imposer de modifier la loi pour la rendre plus compatible avec les situations dangereuses auxquelles sont confrontés le milieu judiciaire et les justiciables à proximité du front. Un projet de loi est déposé pour tenir compte des juridictions des villes et petites localités « quotidiennement mutilées » qui sont « d'une approche devenue terriblement difficile », tandis que le ministère de la Justice dans une attitude de « très digne scrupule » se montre soucieux de ne pas étendre le texte du 6 février 1915 à des situations qu'il ne prévoit pas[129]. Ainsi est votée la loi du 4 octobre 1916. Elle prend en compte le danger auquel s'exposent les justiciables contraints de cheminer sous les bombardements et veut assurer des conditions de travail moins périlleuses aux professionnels de la justice. Le texte ajoute deux phrases à la loi du 6 février 1915. D'une part, il envisage, au-delà de leur rupture, l'hypothèse d'une difficulté des communications consécutive aux opérations militaires. D'autre part, il autorise le transfert du siège d'une juridiction dans une circonscription voisine et non plus uniquement dans une localité de la même circonscription.

L'application de la loi est rapide. Le décret du 15 octobre transfère provisoirement différentes juridictions situées à proximité du front : la justice de paix d'Albert est transférée à Buire-sur-Ancre, celle de Rosières à Marcelcave et une partie de la justice de paix de Roye est rattachée à Montdidier[130]. En outre, il permet au Tribunal de Reims de tenir ses audiences à Epernay.

En 1918, la loi doit encore être modifiée pour tenir compte de la situation de la Cour d'Amiens, quand les opérations militaires de la seconde bataille de la Somme obligent à faire évacuer la ville. L'offensive déclenchée le 21 mars 1918 a pour objectif la ville d'Amiens. Les Allemands reprennent Bapaume, Montdidier, Noyon, et Soissons. Au bout d'une dizaine de jours de combats acharnés, les troupes allemandes qui ont avancé de soixante kilomètres, atteignent Villers-Bretonneux, elles menacent Amiens, mais sont arrêtées à une quinzaine de kilomètres de la ville. Sur le front de Champagne, les troupes allemandes menacent encore davantage Reims et Epernay. Après ces offensives le front, d'Arras à Reims, a été sensiblement modifié. L'heure est grave. Le texte déposé le 30 avril, adopté sans

---

[129] Proposition Briquet et Cadot. Les citations sont tirées du rapport Monis, présenté au Sénat en septembre 1916.

[130] Décret rapporté le 3 juillet 1917 après le repli allemand qui permet la reconstitution des circonscriptions dont relèvent ces juridictions.

débat par les deux chambres, devient la loi du 26 mai 1918. Elle permet de déplacer le siège d'une cour d'appel dans une autre ville qu'elle soit du même ressort ou d'un autre. A la mi-août, l'offensive alliée provoque le transfert des tribunaux de Château-Thierry et Soissons à Provins et les juridictions de Reims quittent Epernay pour Vitry-le-François[131]. La carte judiciaire enregistre les résultats des offensives allemandes du printemps 1918 : le repli des juridictions correspond à celui des troupes alliées. Elle intègre de la même manière le succès des dernières offensives qui, à partir du mois d'août, mènent à la libération progressive du territoire. Le décret du 18 octobre 1918 ramène les juridictions d'Amiens, de Soissons, de Reims, de Château-Thierry à leur point de départ. Les professionnels de la justice rentrent chez eux.

A Paris, pendant tout le conflit, d'innombrables décrets ont été successivement pris puis rapportés pour adapter la carte judiciaire aux modifications du front ou aux menaces d'offensives. Certaines juridictions ont changé plusieurs fois de lieu, la carte judiciaire étant devenue dans la zone des combats d'une mouvance totale. Le ministère de la Justice, auquel les textes ont donné toutes les possibilités théoriques de modifier les circonscriptions, a déployé une intense activité. Il n'est pas excessif de la qualifier de technocratique.

L'errance des juridictions : le cas de la Somme

Comment pouvait-on coller à la réalité dans un département comme la Somme, l'un des départements les plus parcourus de la guerre selon Jean-Jacques Becker ? Entre le 12 mars et le 8 avril 1917, les Allemands opèrent discrètement un repli stratégique sur la ligne Siegfried (Hindenburg pour les Alliés) pour réduire leur ligne de front afin de récupérer 13 divisions pour renforcer leurs autres positions. Ce retrait s'accompagne d'une politique de la terre brûlée : destructions systématiques des habitations et monuments, empoisonnement des puits, abattage des arbres, évacuation des populations. Sur les 430 communes libérées, 238 ont subi d'importants dommages, 157 sont rayées de la carte[132]. Les Alliés réinvestissent progressivement les lieux et constatent l'apocalypse. Péronne n'a pas échappé aux

[131] Respectivement décrets des 16 et 18 août 1918, rapportés le 28 octobre 1918.

[132] A. Duménil, « 16 mars 1917 Terres brûlées dans le nord de la France », B. Cabannes et A. Duménil (dir.), *Larousse de la Grande Guerre*, Paris 2007, p. 255.

destructions et il est inconcevable d'y réinstaller la justice française. Le décret du 3 mai 1917 rattache la circonscription de Péronne à la justice de paix de Bray-sur-Somme, tandis que le Tribunal s'installe à Amiens dès avril. Si la Chancellerie peut modifier la carte judiciaire, elle ne peut agir sur les auxiliaires de justice, tout aussi indispensables au fonctionnement de l'institution. Or les avocats du barreau de Péronne se sont dispersés depuis longtemps sur les routes de l'exode. Le président du Tribunal sollicite donc le concours du barreau d'Amiens[133]. Malheureusement, les avocats amiénois sont surchargés de travail, en raison notamment de la défense devant les conseils de guerre. Le barreau amiénois n'accepte de donner son concours qu'avec parcimonie, c'est-à-dire seulement lorsque les défenses sont indispensables. Observée de Paris, on peut croire que la vie judiciaire a repris son cours. C'est ainsi que la *Gazette des Tribunaux* du 10 juin 1917 informe ses lecteurs que le Tribunal de Péronne vient de reprendre sa juridiction au palais de justice d'Amiens après une séance solennelle destinée à marquer l'événement. Les audiences sont censées avoir lieu tous les quinze jours. Peu après, le décret du 11 août 1917 rattache au Tribunal de Péronne la partie de la circonscription du Tribunal de Saint-Quentin correspondant au canton de Saint-Simon. La situation est cependant bien précaire car l'errance judiciaire reprend l'année suivante, provoquée par la grande offensive allemande du printemps 1918[134]. Alors que le décret du 24 avril 1918 transfère le Tribunal civil d'Amiens à Beauvais, le Tribunal de Péronne s'installe à Abbeville. Pensait-on vraiment à Paris que les justiciables du canton de Saint-Simon, dans l'Aisne, ravagé par l'occupation et le repli allemand, allaient porter leurs litiges à Péronne, puis à Abbeville, que ses délinquants pourraient y être jugés et les témoins venir y déposer ? D'ailleurs, depuis le début de la guerre, la vie judiciaire abbevilloise n'offre guère d'intérêt si l'on en croit le chanoine Le Sueur qui passe en revue les différents pôles de la vie de la cité. A part, dit-il, la fin de l'année 1914 où les audiences ont été suspendues pendant deux mois parce que les magistrats s'étaient réfugiés à Mers-les-Bains, le tribunal civil a continué régulièrement à tenir deux ou trois audiences par semaine. La justice de paix n'en a

[133] Lettre du 31 mai 1917, archives du barreau d'Amiens.
[134] Témoignage d'un magistrat sur cette errance judiciaire : *Le journal de guerre de Pierre Malicet. Un magistrat des territoires occupés pendant la Première Guerre mondiale.* Texte présenté et annoté par Annie Deperchin, Lille, Centre d'Histoire judiciaire, 2016.

tenu qu'une seule pour juger des affaires sans intérêt portées en justice par des gendarmes qualifiés de tatillons. L'activité quasiment nulle des études d'avoués et de notaires, souvent gérées par le principal clerc en raison de la mobilisation, accompagne cette vie juridique au ralenti. « La vie judiciaire à tous ces points de vue, conclut le chanoine, ne mérite point de retenir l'attention de l'historien». Lorsqu'Abbeville se trouve, à son tour, menacée par l'offensive allemande, les auxiliaires de justice ferment leurs études et enfouissent les archives dans les caves. Les archives administratives sont transportées à Eu, puis à Dieppe[135]. A l'affût du moindre événement, ce témoin ne mentionne pourtant pas l'installation à Abbeville du Tribunal de Péronne. C'est dire à quel point celle-ci est passée inaperçue. Parallèlement, le ministère prend des dispositions concernant la Cour d'appel d'Amiens. Après avoir envisagé son transfert à Neufchâtel-en-Bray, il opte finalement en juin pour la cité balnéaire de Mers-les-Bains.

Au regard de toutes ces péripéties, il est permis de douter de l'efficacité pratique des nombreux textes qui, adaptant la carte judiciaire aux événements militaires, entendaient assurer la permanence du fonctionnement de la justice là où la guerre faisait rage.

L'activité judiciaire près du front : l'exemple du Pas de Calais

Le ministère de la Justice renonce à toute activité statistique pendant le conflit. C'est pourquoi le rapport introductif au Compte général de la justice criminelle de l'immédiat après-guerre (1919) ne contient aucune mention particulière pour les régions dévastées. Il en va de même dans celui de la justice civile et commerciale. Dès lors, seule l'analyse des archives des juridictions permet d'appréhender les réalités de terrain. Elles enseignent que lorsque la justice fonctionne à peu près et dans des conditions difficiles, elle se limite le plus souvent au pénal.

Les juridictions du Pas-de-Calais situées à proximité du front fournissent un cadre d'une relative stabilité, laquelle permet de se faire une idée des affaires qu'elles ont eu à juger durant le conflit et

[135] Chanoine Le Sueur, *Abbeville et son arrondissement pendant la guerre*, Abbeville 1927, p.114 et 115.

des difficultés rencontrées dans leur pratique quotidienne. L'analyse de l'activité du Tribunal de première instance d'Arras est à cet égard édifiante. Les tranchées s'étirent à 1 500 mètres du centre de la capitale de l'Artois, dans les faubourgs de Saint-Laurent-Blangy. La violence des bombardements incessants fait de ce territoire un lieu ravagé et ses villes « martyres » jalonnent l'itinéraire de la visite présidentielle de Poincaré sur le front en janvier 1915. Un communiqué de l'agence Havas en date du 12 de ce mois traduit l'atmosphère qui se dégage des lieux :

« Arras est de toutes les villes qui ont subi le feu de l'artillerie allemande, une des plus cruellement éprouvées, sinon la plus éprouvée… Reims même avec ses maisons autour de la cathédrale dont les murs seuls restent debout, ne saurait donner une idée de l'aspect de désolation qu'offre Arras… C'est le chaos »[136].

Signe qui ne trompe pas : la ville s'est progressivement vidée de ses habitants. Dès novembre 1914, ils sont 3 654 sur les 27 000 d'avant-guerre. Un an plus tard, 1 200. Les directions départementales de l'Administration (Contributions, Postes, Ponts et Chaussées, Inspection académique) se réfugient à Boulogne-sur-Mer. Les magistrats, conformément aux ordres donnés par le ministère de la Justice, au début du conflit, restent. Chassés de salle en salle par les destructions que provoquent les bombardements, ils continuent à siéger dans le Palais des Etats de l'Artois malgré les dangers : le président est gravement blessé en mars 1915 au cours d'un bombardement. Selon une estimation militaire, 15 000 projectiles s'abattent sur la ville au cours de la seule journée du 26 juin[137]. En novembre 1916, le tribunal quitte enfin la ville pour Doullens, située à une quarantaine de kilomètres au sud-ouest. Il est devenu impossible, et de surcroît sans intérêt, de demeurer à Arras. Tous ces événements n'ont pourtant pas totalement interrompu l'activité du tribunal correctionnel. Deux audiences sont tenues en août 14. Le 2 octobre, la rentrée judiciaire s'effectue à la date fixée par le ministère. Les tirs allemands provenant des batteries d'artillerie installées dans les villages des alentours compromettent l'activité. Les bombardements systématiques, d'une violence inouïe, frappent la ville dès le 6 octobre. Le tribunal ne tiendra plus que 3 audiences à Arras en 1914 (26 affaires jugées), 2 en 1915 (11 affaires) et 1 (22 affaires) en 1916.

[136] Cité par l'Abbé E. Foulon, *Arras sous les obus*, Paris 1915, p. 84.
[137] *Idem,* p. 46.

Le repli sur Doullens apporte un regain d'activité : 26 audiences en 1917 (168 affaires), 17 en 1918 (65 affaires). En raison de la disparition de ses archives, nous ne savons rien de l'activité du tribunal civil au cours des trois premières années de guerre. On peut cependant la tenir pour pratiquement nulle. En effet, les 6 audiences des deux années suivantes (1917 et 1918), alors que l'activité pénale du même tribunal augmente, conduisent à penser qu'au plus bas du fonctionnement judiciaire de la juridiction, le tribunal civil n'a rien eu à juger. En 1917 et 1918, ce tribunal a prononcé 3 divorces, une liquidation-partage de succession et jugé une action en responsabilité née d'un accident de chemin de fer. L'analyse de ces affaires révèle l'empreinte de la guerre. Les trois divorces concernent des couples dans lesquels le mari, mobilisé, est demandeur. Les motifs invoqués sont l'adultère de la femme pour deux affaires[138] et le refus de l'épouse de reprendre les relations conjugales, après une longue séparation, justifié par l'adultère du mari sur le front de Champagne[139].

Sur le plan pénal, la répression stagne tant que le tribunal siège à Arras. Les audiences tenues les 14 et 28 août 1914 donnent une impression de liquidation des dossiers. Les juges, comme leurs concitoyens, ont alors des préoccupations plus pressantes quc la répression de la mendicité, du vagabondage, de l'ivresse, du braconnage et des mots un peu vifs à l'égard des forces de l'ordre, que les circonstances expliquent, ces infractions constituant la moitié des affaires qui leur sont soumises ces jours-là. Des nouvelles pessimistes sont colportées par les réfugiés de Maubeuge qui fuient depuis le 6 août. Elles sont amplifiées le 25 août par l'arrivée de ceux d'Orchies, de Lille, de Valenciennes et de Douai, puis par ceux de villes de plus en plus proches, comme Carvin, Fampoux, Feuchy, que les maires ont fait évacuer devant la poussée allemande. La panique s'empare de la population et, le 26 août, les administrations départementales quittent la ville. Arras se vide de sa population, mais se remplit de troupes belges et surtout anglaises. C'est dans l'agitation ambiante que sont jugées les 26 affaires de la période 14-16 et, dans ce contexte, les comportements déviants, sans doute répréhensibles en temps de paix, semblent assez dérisoires. Les conditions sont plus sereines à partir de

[138] Dans l'une des deux, la femme avait été surprise avec de nombreux militaires et avait accouché d'un enfant déclaré au nom du mari. Archives départementales du Pas-de- Calais 3 U1 551.

[139] Le divorce a été prononcé au profit de l'épouse.

novembre 1916 lorsque le tribunal siège à Doullens. Les 266 affaires jugées de novembre 16 à décembre 18 tracent les contours d'une délinquance spécifique de temps de guerre. On relève peu de violences contre les personnes (7,2 % des affaires en 1917, 4,3 % en 1918), ce qui peut être imputé en grande partie à la mobilisation masculine. Le vol et les infractions qui peuvent lui être assimilées (comme le recel, la filouterie ou l'abus de confiance) ne viennent pas en tête des délits comme avant la guerre. Les juges ont principalement à connaître de l'activité qui consiste à vendre aux soldats, à l'arrière des lignes, dans des baraques aussi rapidement installées que démontées, de l'alcool sous toutes ses formes. Or ce commerce, très florissant, si l'on se réfère au nombre de contrevenants épinglés, impose la déclaration préalable de l'ouverture d'un débit de boissons à la mairie du lieu d'exploitation. L'article 5 de la loi du 17 juillet 1880 punit le délit d'abstention de déclaration de 10 francs d'amende, répression renforcée (de 16 à 100 francs.) par l'article 6 de la loi du 9 novembre 1915. Cette activité est réprimée en parallèle par les conseils de guerre, dont la compétence a été étendue aux civils, car la consommation d'alcool dans les estaminets menace la discipline. Les Contributions directes interviennent comme partie civile dans quelques affaires, interventions cependant restreintes au regard de l'ensemble des poursuites exercées (5 interventions sur 99 affaires). La répression de ces ouvertures sauvages de troquets, particulièrement nombreux sur les pentes du Mont Saint-Eloi, commence en 1916, se développe en 1917 et retombe en 1918. Au total, cette délinquance, appréciée sur toute la durée du conflit, représente une infraction sur trois. Les juges, s'ils condamnent, sont cléments et les peines, fréquemment prononcées avec sursis, avoisinent le minimum encouru qu'il s'agisse d'amende ou de prison. Les contrevenants, dont les feuilles d'audience décrivent l'ample maisonnée, pressés par le besoin, n'ont pas le moyen d'acquitter des amendes élevées. D'autre part, il est bien difficile d'envisager des peines privatives de liberté quand la réquisition des prisons par l'autorité militaire, pour ses propres besoins, empêche de mettre les condamnés sous les verrous.

La misère de la population émerge aussi des dossiers de vol et de recel lesquels représentent, une infraction sur quatre. Leur nombre augmente dans une proportion à peu près équivalente à la diminution des affaires d'ouvertures prohibées de débits de boissons jusqu'à constituer 60 % des affaires jugées en 1918. Les juges sont confrontés à ce qu'ils savent être des vols de la faim et du manque de tout. Ils sont perpétrés au détriment de l'armée britannique dans 70 % des cas. Les stocks militaires visibles constituent une tentation irrésistible. L'inventaire des objets dérobés — des conserves de viande et bocaux de cornichons aux vêtements, pelles, sacs, rouleaux de fil de fer, piquets, roues de vélo, parfois uniques —, ressemble à ceux de toutes les périodes de pénurie extrême. Bien que ces vols soient souvent perpétrés au détriment d'un Etat allié de la France, l'indulgence du tribunal est évidente. Les voleurs qui encourent une peine d'un an de prison et une amende 16 à 500 francs pour ce type d'infraction (article 401 du Code pénal), sont le plus souvent condamnés à 16, 25, ou très exceptionnellement 50 francs d'amende et avec sursis. Pour le reste des infractions, l'activité des juges se répand dans les méandres de la compétence que leur donne le Code pénal. Seules la répression de l'ivresse, souvent accompagnée d'outrages à agent (10 % des infractions en moyenne sur le conflit) et des diverses formes d'interdiction de la chasse émergent statistiquement.

L'impossibilité pratique de la répression, aussi sans doute une certaine indulgence de guerre, expliquent l'intervention du Tribunal correctionnel d'Arras dans un crime d'infanticide, lequel ne relève pas de sa juridiction. L'affaire est promptement expédiée car les faits se produisent en mars 1917 et l'affaire est jugée le 10 juillet suivant. La prévenue est défendue (ce qui est exceptionnel à Arras pendant la guerre) par un avocat de Béthune. Retenant qu'il n'est pas démontré que l'enfant ait vécu à la naissance, le tribunal correctionnalise l'affaire et minore ainsi la peine encourue (entre un mois et cinq ans de prison). L'application des circonstances atténuantes vaut à la prévenue 8 mois de prison avec sursis, mais la condamnée ayant rendu des services à ses proches voisins dans des moments périlleux, bénéficie d'une atténuation de peine équivalente aux effets d'une relaxe. Les poids mis dans la balance par les juges révèlent qu'au plus près de la guerre, la rigueur juridique peut subir des infléchissements qui conduisent concrètement à « racheter » par un comportement positif (rendre des services à la communauté) une faute pénale grave (tuer), les deux comportements n'ayant pourtant aucun rapport. Le ministère public semble s'être abstenu de faire appel.

Sur le plan institutionnel, l'activité du Tribunal d'Arras résulte d'efforts constants qui conduisent à s'interroger sur les conditions dans lesquelles les règles de la procédure ont été respectées. Dès la mobilisation, deux juges et le substitut du procureur de la République endossent l'uniforme. Demeurent en poste lorsque la guerre est déclarée : Lacroix (président) Proteau (procureur), Godefroy (juge d'instruction) et Petit (juge suppléant). En l'état des effectifs, il est très difficile de rendre la justice : un magistrat affecté à l'instruction ne peut juger dans une affaire instruite par ses soins. Il faut donc impérativement opérer des permutations en fonction des affaires à juger. La situation s'aggrave lorsque le président, blessé mortellement dans un bombardement, ne peut plus siéger et n'est pas remplacé. Le procureur partage son temps entre le tribunal et la Commission des allocations militaires dans laquelle il siège aussi. Il quitte la juridiction fin 1916 et son successeur n'arrive qu'au mois de mai suivant. Les feuilles d'audience indiquent qu'une solution a toujours été trouvée pour compléter le tribunal. Seule l'une d'entre elles indique deux juges composant la juridiction (audience du 27 février 1917). Qui était en mesure de soulever les vices de constitution du tribunal, les avocats ayant déserté la ville et les prévenus ignorant tout de la procédure et alors que le fonctionnement de la juridiction est devenu l'affaire de tous les membres de la famille judiciaire ? Tour à tour, sur ordonnance du Premier Président de la Cour d'appel d'Amiens, des avoués, un juge de paix d'Arras, ou de cantons voisins (Bapaume, Pas-en-Artois), viennent compléter le tribunal. On fera appel aussi au juge d'instruction de Doullens. Pour l'année 1918, alors que la situation sur le plan des effectifs du tribunal s'améliore par la nomination d'un président, le Premier Président de la Cour d'Amiens doit rendre ordonnance sur ordonnance, au cas par cas, pour permettre la tenue des audiences. Au second semestre, chacune d'entre elles nécessite son intervention. Le fonctionnement du tribunal repose largement sur le juge suppléant, Petit, lequel au fil du conflit finit par remplir tous les rôles. Il siège le plus souvent comme assesseur, mais instruit, fait fonction de président ou encore siège au ministère public. Du côté des auxiliaires de justice, la situation est encore plus problématique. Pas un seul avocat ne demeure à Arras et le transfert à Doullens ne change rien. Seuls deux avoués interviennent, moins pour assister les prévenus que pour compléter le tribunal. Une affaire sur trois est jugée par défaut, dans les autres, les prévenus se défendent eux-mêmes. Sur les 265 affaires répertoriées qui indiquent la situation du prévenu quant à sa défense, seules 4 mentionnent l'intervention d'un avocat, encore n'appartiennent-ils pas au barreau d'Arras. Le cas d'Arras n'est pas isolé : il n'y a plus d'avocat pour plaider à Reims et Péronne, un seul à Nancy. Les avoués prennent en partie leur relève, dans une affaire sur trois environ en 1917 et 1918.

Avant même la fin du conflit, le mérite des magistrats d'Arras est reconnu. Cités à l'ordre du jour civil, en avril 1915, pour avoir continué leur tâche dans un tribunal éventré par les obus, leur courage est salué au cours d'une réunion de l'Association amicale de la magistrature et la *Gazette des Tribunaux* porte la distinction à la connaissance de l'ensemble du monde judiciaire[140]. L'abbé Foulon consacre une page aux magistrats dans l'ouvrage qu'il publie en 1915, dans laquelle il souligne que le tribunal civil d'Arras « a donné depuis le début de la guerre, un bel exemple d'énergie »[141].

---

[140] *Gazette des Tribunaux* 11 avril 1915.
[141] *Arras sous les obus*, *op. cit.*, p. 110.

CHAPITRE 6

LA JUSTICE DANS LES TERRITOIRES OCCUPES

Le front se stabilise à la fin du mois d'octobre 1914. Pour dix départements du nord et de l'est de la France s'ouvre une période d'occupation plus ou moins étendue de leur territoire. Elle va durer quatre ans. Trois ressorts de cours d'appel sont envahis. Dans celui de Nancy, tous les tribunaux de première instance des Ardennes (Charleville, Rethel, Rocroi, Sedan et Vouziers) sont en territoire occupé, ainsi que le Tribunal de Briey (Meurthe-et-Moselle), de Montmédy et de Saint-Mihiel (Meuse). L'important ressort de la Cour d'appel de Douai passe presque totalement aux mains de l'ennemi. Outre la cour d'appel, cela concerne les tribunaux de Lille, Douai, Avesnes, Valenciennes et Cambrai. Dans le ressort de la Cour d'appel d'Amiens, l'occupation s'abat surtout sur l'Aisne (tribunaux de Laon, Saint-Quentin, Château-Thierry), tandis que dans la Somme, elle ne concerne que le Tribunal de Péronne. Aucun tribunal des Vosges, du Pas-de-Calais, de l'Oise ne se trouve en territoire envahi.

Les justices de paix, juridictions cantonales de proximité, parsèment le territoire. Leur nombre et les variations de la carte du front conduisent à estimer celles qui sont en zone occupée sur la base du taux d'occupation des départements. Ainsi, les Ardennes (31 justices de paix) sont totalement occupées, le Nord l'est aux deux tiers et l'Aisne aux trois quarts. L'occupation affecte moins le territoire des autres départements (Somme, Meuse, Meurthe-et-Moselle, Pas-de-Calais).

Toute activité judiciaire est impossible tant que se poursuivent les combats qui vont délimiter la ligne de front. La question du fonctionnement de l'institution judiciaire se pose lorsqu'elle se stabilise à l'automne 1914. Dans quelles conditions?

LE DROIT INTERNATIONAL ET LA JUSTICE EN REGIME D'OCCUPATION

En 1914, la situation d'occupation est règlementée par le droit international. Elle a fait partie des toutes premières questions qu'ont abordées les Etats lorsqu'ils commencent à le codifier dans les dernières décennies du XIXème siècle. De temps immémoriaux, les populations civiles ont souffert des conflits quand elles avaient la mauvaise fortune de se trouver sur le passage des armées en campagne. Pillages, viols et autres exactions étaient vécus comme une fatalité inséparable du fait guerrier. Progressivement, l'idée s'est diffusée, sous l'influence des Lumières et surtout de Rousseau, que la guerre est une relation d'Etat à Etat qui ne doit impliquer que leurs armées et ne pas nuire aux populations civiles dès lors qu'elles s'abstiennent de toute action combattante. Cependant, il résulte de l'expérience des conflits les plus récents — guerre de 1870 pour les Français et les Allemands, guerre des Boers pour les Anglais —, que les civils peuvent sortir de leur passivité pour prendre les armes dans un conflit qui heurte leur sentiment national. Tout en comprenant le dévouement patriotique, l'ennemi est en droit de le trouver déloyal à son égard. En effet, les civils ne portant pas d'uniforme ne sont pas identifiables en tant que combattants réguliers, ce qui les rend particulièrement redoutables. Pour cette raison, ils perdent la protection accordée le droit international au fil des conférences qui ont réuni les Etats les plus développés. En effet, la déclaration adoptée à Bruxelles en 1874 a tracé les grandes lignes d'une réflexion, encore plus politique que juridique, avant qu'un corpus de règles contraignantes ne s'impose aux signataires de la convention de La Haye en 1899. Ces règles sont reprises sans modification dans la convention de 1907. Au flou d'un droit des gens coutumier, diversement interprété par la doctrine et dépourvu de sanctions concrètes, viennent se substituer les normes écrites d'un droit international dont la force obligatoire repose sur le consentement librement donné aux règles élaborées collectivement.

Le débat doctrinal sur la nature juridique de l'occupation est tranché lors de la première conférence de La Haye, en 1899. Une occupation, même prolongée, ne signifie pas annexion. Jusqu'à la cessation officielle des hostilités, elle s'analyse comme une situation provisoire, susceptible à tout moment d'être remise en cause par l'évolution de la situation militaire. Seul un traité, acte juridique validé par la signature du vaincu acceptant les conditions imposées par le vainqueur, peut valablement emporter un changement de souveraineté sur les territoires qu'il désigne. Toutes les règles édictées dans les conventions de La Haye pour régir l'occupation découlent de cette analyse de la nature de l'occupation considérée comme un fait. Si ce fait emporte des conséquences de droit tant à l'égard de l'occupant que de l'occupé, il ne crée aucun droit dérivant de la souveraineté sur le territoire concerné.

Le droit de l'occupation tel qu'il s'est forgé à Bruxelles, puis à La Haye, porte la marque de l'expérience franco-prussienne de la guerre de 1870 et des représentations qu'elle a nourries dans les deux camps. Les délégués allemands se voyaient en occupants potentiels soucieux d'imposer des normes destinées à les protéger de populations perçues comme hostiles et déloyales (imaginaire des francs-tireurs). Les Français, à l'inverse, se projetaient en occupés cherchant dans les règles de droit une protection contre l'arbitraire et la brutalité de l'occupant (souvenirs de l'occupation prussienne). Ils s'accordaient cependant à reconnaître que les désordres que provoque toute guerre compromettent la sécurité des personnes et des biens. L'exode des populations, qui fuient les combats et laissent leurs propriétés à la merci du pillage, la fragilisation des familles provoquée par la mobilisation des hommes et l'anomie résultant de l'effritement de l'autorité légale constituent autant de portes ouvertes à la délinquance. C'est pour parer à ce danger que l'article 34 (chapitre V, section II) de l'annexe de la quatrième convention de 1907, consacré à la guerre sur terre, énonce que : « l'autorité du pouvoir légal ayant passé de fait entre les mains de l'occupant, celui-ci prendra toutes mesures en vue de rétablir et d'assurer l'ordre en respectant les lois en vigueur dans le pays ». Assurer l'ordre public s'impose ainsi à l'occupant, dont l'autorité se substitue provisoirement à celle de l'Etat momentanément vaincu puisqu'il n'est plus en mesure de l'exercer. Si nécessaire, le transfert du pouvoir légal rend légitime l'emploi de la contrainte sur les populations ennemies. Cet article, qui consacre, temporairement et partiellement, le principe selon lequel la force crée le droit, limite cependant doublement les pouvoirs de police et de justice de l'occupant. En premier lieu, il ne crée pas un droit en sa faveur, mais lui impose un devoir au profit des populations : celui de restaurer puis de maintenir l'ordre public bouleversé par la guerre. En second lieu, l'occupant doit appliquer les lois nationales et non sa propre législation. La généralité des termes employés dans le texte indique que le respect des lois locales ne doit souffrir aucune exception. Les lois relatives à l'organisation et au fonctionnement de la justice doivent donc continuer à s'appliquer, ainsi que les lois civiles et pénales. Cela signifie concrètement que les tribunaux existants sont maintenus et que les juges, dans l'exercice de leurs fonctions, restent indépendants de l'autorité occupante. Cette dernière, en revanche, a l'obligation d'intervenir si le fonctionnement judiciaire des occupés se trouve paralysé. Ainsi, selon le droit international, sans aucun doute, la justice nationale du territoire occupé doit suivre son cours nonobstant l'occupation.

Au-delà des textes, il importe d'observer que la doctrine juridique allemande avait, depuis plusieurs décennies, avant même la réunion des conférences, admis ce principe. On en trouve l'expression dans un article publié en 1872 par Edgar Loening, professeur à l'Université de Strasbourg. Son opinion est d'autant plus intéressante qu'elle intègre l'expérience de l'occupation allemande en Alsace-Moselle au cours de la guerre de 1870, même si le principe du maintien des institutions trouve sa limite dans des « circonstances de guerre » qui, n'étant pas définies, autorisent toutes les dérogations jusqu'à paralyser son application[142] :

« L'ennemi qui occupe une province doit accorder protection contre toute violation du droit, en maintenant l'administration de la justice, dans la mesure où les circonstances de guerre le permettent. C'est surtout en temps de guerre, alors que le relâchement de tous les devoirs se fait le plus sentir et que la sécurité des personnes et des propriétés est plus que jamais compromise, que la sauvegarde sévère des lois et le fonctionnement du pouvoir judiciaire sont un bienfait

---

[142] E. Loening, « L'administration du gouvernement général de l'Alsace-Lorraine durant la guerre de 1870-1871 », *Revue de Droit international et de législation comparée*, tome V, p. 94. La référence aux circonstances ou aux nécessités de la guerre, selon l'interprétation qui leur est donnée, permet de vider la règle de son contenu. On trouve cette condition d'application du droit dans de nombreux articles des conventions de La Haye. L'insertion de cette limite d'application des normes avait été la condition du consensus allemand, les militaires ne pouvant accepter que le droit entrave leur action sur le terrain.

pour la population. Pour les tribunaux existants, il n'y a aucun motif de suspendre leur action, aussi longtemps que le vainqueur ne viole pas leur indépendance. Les juges ont le droit de poser cette condition. La liberté de la justice doit être garantie, un juge ne peut consentir à se faire l'instrument de l'ennemi. »[143]

Malgré le droit international, le principe de la poursuite de la continuité institutionnelle sur le plan judiciaire ne reçoit, au cours du conflit, qu'une application partielle et temporaire dans le ressort de Douai, pratiquement aucune dans les ressorts de Nancy et d'Amiens. Pourquoi en a-t-il été ainsi ?

LES MILIEUX JUDICIAIRES ET L'OCCUPANT

L'exode judiciaire

L'éventualité d'une invasion du nord et de l'est de la France avait été prévue bien avant la guerre, mais la réflexion militaire, quant aux lieux où elle était censée se produire, avait évolué ainsi qu'en témoigne le désarmement des forts septentrionaux de la ligne de défense Serré de Rivières, construite après la guerre franco-prussienne. Selon l'Etat-major, les régions du nord étaient protégées par la neutralité belge, que l'ennemi potentiel devrait violer pour envahir la France sur un large front. Croyait-il à l'efficacité du droit international pour exclure cette éventualité ou préférait-il s'illusionner pour mieux concentrer toutes les forces combattantes à l'est ? Quoi qu'il en soit, l'occupation était un scénario envisagé et les fonctionnaires avaient des instructions leur intimant de rester à leur poste pour poursuivre leur activité en dépit des événements militaires et de la présence de l'ennemi, sous la protection du droit international. Leur évacuation éventuelle était suspendue à l'ordre du préfet, lui-même tributaire d'une décision de l'autorité militaire. Ces instructions, qui s'appliquaient au personnel judiciaire, avaient été élaborées en temps de paix, quand la guerre s'imagine mais ne se vit pas. Dans la réalité, les mouvements de troupes, les bombardements et les combats engendrent de la confusion chez les civils qui n'ont

[143] En ce sens notamment l'opinion du magistrat Louis Sadoul, *La vie judiciaire en pays envahi*, Nancy 1921, p.11.

aucune maîtrise de la situation. Avec la rupture des communications, ordres et rumeurs se mêlent. Chacun se trouve confronté à sa propre appréciation de la suite probable des événements et, finalement, juge de la valeur à accorder aux consignes reçues. Devant le déferlement de l'ennemi, certains peuvent estimer que la meilleure solution est de se replier, même sans autorisation, pour ne pas fournir des otages à l'ennemi. D'autres préfèrent rester, même s'ils reçoivent un ordre d'évacuation, par patriotisme, parce qu'ils craignent pour leurs biens ou encore parce qu'ils se trouvent dans l'impossibilité matérielle de fuir, faute de moyens de transport.

L'invasion d'août 1914 se produit alors que l'activité judiciaire vit au rythme ralenti des vacances. Lorsqu'elles s'achèvent début octobre, le ministère de la Justice ignore par l'effet conjugué de la mobilisation, de l'exode et de l'occupation quel magistrat est resté à son poste, quel magistrat est vivant ou mort, cela parfois jusqu'à la fin du conflit. C'est ce qu'illustre le cas du juge de paix de Vitry-en-Artois. Lorsqu'il incombe au procureur général d'Amiens d'appliquer dans son ressort la loi du 14 juin 1918 qui rend possible le maintien en fonction des juges qui ont plus de 75 ans et moins de 30 ans de services, la mesure concerne le juge de paix de Vitry, âgé de 78 ans. Toutefois pour savoir s'il accepte une prolongation d'activité, il faut le retrouver. Qu'est-il devenu depuis que le bourg de Vitry a été occupé, c'est-à-dire depuis le 1er octobre 1914 ? Le procureur de la République d'Arras n'a aucun moyen de le savoir. Vitry-en-Artois n'est qu'à vingt kilomètres de la capitale artésienne, mais se situe de l'autre côté d'un front alors mouvant : au printemps 1918, les Allemands cherchent à tout prix à le percer par une succession d'offensives, suivies, à l'été, de la grande contre-offensive alliée[144]. Sans nouvelle du juge de paix, le procureur, tout en formulant l'hypothèse de son décès, propose, non sans paradoxe, de le maintenir en fonctions pour la raison qu'il a dû rendre d'excellents services en territoire envahi [145], ce qui effectivement avait été le cas.

[144] Offensive des 21 mars-5 avril, en Picardie, des 9-29 avril en Flandres (bataille d'Ypres), du 27 mai sur l'Aisne et dans la Marne. Le 15 juillet, les Allemands tenteront leur dernière offensive sur le front ouest en Champagne. La ligne de front est donc particulièrement incertaine au printemps et à l'été 1918.

[145] Lettre du 24 août 1918, Archives départementales du Pas-de-Calais 3 U 403.

Les archives administratives concernant l'exode des personnels sont lacunaires[146]. Ce sont les études locales publiées après la guerre, comme celle du magistrat Louis Sadoul pour le ressort de Nancy[147], le journal de guerre de Pierre Malicet, juge suppléant à Péronne et les discours de rentrée des cours et tribunaux de l'immédiat après-guerre qui nous renseignent sur la vie judiciaire en territoire occupé.

Dans le département des Ardennes, le préfet Maurice Gervais, qui a promptement quitté Charleville pour Rethel, lance l'ordre général de repli à tous les fonctionnaires du département. Un peu trop tôt, selon sa hiérarchie. Accusé d'abandon de poste, il est révoqué[148]. En effet, son départ a provoqué l'effondrement de toute la structure administrative départementale et la fuite des civils a encombré les routes, gênant l'action des militaires. Le personnel des tribunaux de Charleville, Rocroi, Rethel et Vouziers a, dans sa grande majorité, obéi à l'ordre préfectoral et s'est mêlé aux foules de l'exode. Il ne reste à Rethel que le président et, à Sedan, trois magistrats sur les sept que compte la juridiction, ainsi que deux commis-greffiers. Au total, lorsque l'invasion se transforme en occupation, la magistrature des Ardennes ne comporte plus que quatre magistrats sur trente-trois. Grâce à l'enquête conduite par Louis Sadoul, nous connaissons les effectifs réels des huit tribunaux de première instance du ressort de Nancy situés en zone occupée et la réaction des magistrats des tribunaux de Lunéville et de Saint-Dié au moment de la ruée allemande d'août 14 et de l'occupation de trois semaines qui s'ensuivit. Dans la Meurthe-et-Moselle, où l'occupation concerne deux tribunaux d'instance, tous les magistrats de Briey sont restés, seulement la moitié à Lunéville[149]. Dans la Meuse, trois magistrats demeurent à Saint-Mihiel sur les huit que compte la juridiction, à Montmédy, aucun. Enfin, dans les Vosges, en août-septembre, quatre

[146] Deux dossiers provenant du ministère de la Justice aux Archives nationales : BB/30/1698, dossier 5 (« Utilisation des fonctionnaires des régions envahies »), dossier 12 (« Juges de paix non mobilisés en France libre »).

[147] *La vie judiciaire en pays envahi. Le ressort de Nancy pendant la guerre*, Nancy, Editions du Pays Lorrain, 1921. Louis Sadoul (1870-1937) est issu d'une famille de magistrats. Il né à Raon l'Etape, c'est un homme de l'est qui a fait toute sa carrière dans les juridictions de sa région natale. Au moment de la guerre, il est juge à Nancy et devient conseiller à la cour d'appel en 1917.

[148] Sollicité par des élus départementaux qui l'ont rejoint pour lui demander de reprendre son poste, il refuse. Un nouveau préfet est nommé, mais il ne peut rejoindre son affectation.

[149] Trois sur sept et deux juges de paix.

magistrats sur huit restent à leur poste à Saint-Dié. Dans le ressort de la Cour d'appel de Nancy, Louis Sadoul relève que les juges de paix, dans leur grande majorité n'ont pas fui devant l'occupant. Selon les archives du ministère de la Justice, ils auraient été une quarantaine, ce qui laissait subsister de nombreuses justices cantonales.

La situation de la Somme est un peu particulière. Ce département est parcouru au cours de la troisième semaine de la guerre par l'aile droite de l'armée allemande qui entame le mouvement tournant vers Paris prévu par le plan Schlieffen. La ville d'Amiens et toutes les villes du département situées plus à l'est, dont Péronne, sont occupées. Pierre Malicet relate dans son journal les effets de la fuite du sous-préfet de Péronne, du maire et de neuf conseillers municipaux, du receveur des Finances, du commissaire de police et de ses agents, enfin du capitaine de la gendarmerie, lequel exhorte à la fuite toutes les personnes qu'il connait. « C'est la panique, dit-il, déterminée uniquement par les journaux ». Le président du tribunal, Ernest Delignières, un homme de 69 ans, et le procureur de la République, Marc Demandols qui est mobilisable, sont de cet exode du 27 août, « disant qu'ils ont reçu un ordre dans ce sens ». Les juges Fiamma et Greisch quittent aussi la ville. Tous fuient vers Amiens qui sera occupée par les Allemands quelques jours plus tard. Auparavant, le préfet aura abandonné la ville, comme le sous-préfet l'avait fait à Péronne. Selon Malicet, le juge de paix, Charles Carpentier, est furieux que les magistrats soient partis sans lui et, par vengeance, il voudrait tous les « clouer au pilori »[150]. L'auteur du journal décide de rester, malgré la place que lui offrent ses collègues dans leur voiture. Fuite de courte durée en vérité. Deux des magistrats, « grondés à Amiens par le procureur général » rentrent à Péronne dès le 5 septembre pour retrouver leur maison entièrement pillée tout autant par les Allemands que par les civils. Le 9, le juge Fiamma, qui avait trouvé un refuge temporaire au Tréport, rejoint aussi la ville après avoir traversé les lignes allemandes, chose encore possible à cette époque où le front n'est pas encore complètement tracé. Il convient de reconnaître qu'il fallait un certain courage pour ne pas fuir devant l'invasion allemande. Les magistrats prenaient le risque, si le succès allemand s'affirmait, d'endurer non seulement les rigueurs de l'occupation, voire de l'annexion, mais aussi de figurer parmi les otages que l'ennemi choisissait toujours parmi les notables.

[150] *Le Journal de guerre de Pierre Malicet*, 27 août 1914, *op.cit.*, p. 23.

Il est impossible de porter une appréciation globale sur les réactions des auxiliaires de justice confrontés à l'invasion et à la menace de l'occupation. Elles sont révélées, au hasard de sources peu nombreuses. Les discours de rentrée immédiatement postérieurs à la guerre renseignent parfois sur l'attitude des auxiliaires de justice de telle ou telle localité. En ce qui concerne les avocats, ils ne s'attachent en général qu'à la conduite exemplaire des membres du barreau et n'évoquent pas ce qui peut la remettre en cause. Aucune autorité ne pouvant contraindre les auxiliaires de justice à rester, chacun a donc agi en fonction de l'issue qu'il imaginait aux événements rapportée à sa hiérarchie des valeurs. A Briey, où tous les magistrats sont restés en poste, Louis Sadoul note qu'il ne reste aucun auxiliaire de justice[151]. Il mentionne le fait en raison de son importance car, même si une juridiction dispose de magistrats, l'absence d'auxiliaires de justice rend très illusoire le fonctionnement de la justice, suspendu au respect des règles très strictes de la procédure. Pas d'assignations ni de significations, faute d'huissiers ; pas de conclusions faute d'avoués ; pas de défense faute d'avocats. Le cas de la Somme est particulièrement intéressant car on y observe les différents contextes de guerre, lesquels se déclinent au gré des stratégies militaires des deux camps. Quand les Allemands opèrent leur repli stratégique du printemps 1917, après avoir systématiquement dévasté les territoires qu'ils quittent, la ville de Péronne est « libérée ». Le palais de justice ayant été détruit, le tribunal est transféré à Amiens dans les locaux mis à disposition par le président amiénois[152]. La presse locale indique que les audiences se tiendront les 1er et 3ème mardi de chaque mois. Le Tribunal de Péronne dispose de suffisamment de magistrats pour fonctionner, mais les auxiliaires de justice font défaut. Pierre Malicet relève que les avocats et les avoués de Péronne sont « ou à l'armée (4) ou en fuite (4) »[153] et que la libération de la ville ne signifie pas leur retour. Ainsi, la *Gazette des tribunaux* relate l'aventure de Lalle, l'un des avocats péronnais réfugié, avec femme et enfants, dans l'Aisne, puis rapatrié en France libre, via la Suisse. Il rejoint Paris, est accueilli par le bâtonnier Henri-Robert et s'inscrit finalement au barreau de la capitale en janvier 1917. Le président du Tribunal de Péronne se trouve contraint de solliciter du bâtonnier amiénois le concours des

---

[151] L. Sadoul, *op. cit.*, p. 41.
[152] Décret du 3 mai 1917.
[153] *Journal de guerre de Pierre Malicet*, 2 octobre 1914, *op.cit.*, p. 43.

avocats de son barreau. Ce dernier n'est pas en mesure de lui répondre favorablement pour la raison qu'il ne reste qu'un avocat sur deux à Amiens et qu'ils sont très sollicités pour assurer la défense devant les conseils de guerre.

Isolement, faim et humiliations

Comme Annette Becker l'a bien montré dans ses différents ouvrages consacrés à l'occupation, aux maux de la guerre partagés par l'ensemble du pays (mobilisation et deuils), vient s'ajouter, dans les régions envahies, la souffrance d'être coupé du reste de la France. Cela signifie que, pendant quatre ans, la population demeurera sans nouvelles des mobilisés et de la famille dispersée dans l'exode. Sont-ils encore vivants, blessés ou morts ? La France occupée se nourrit des rumeurs colportées par les réfugiés. Les possibilités de communiquer avec la France libre sont hasardeuses : il faut trouver un évacué à destination de la France qui pourra y poster le courrier. Le poids affectif de cet isolement s'alourdit de celui des rigueurs de l'occupation.

En effet, le blocus allié conduit l'ennemi à reporter les pénuries qu'il provoque sur les civils occupés, lesquels vont éprouver des difficultés à s'approvisionner. L'occupant se trouve en outre contraint de pratiquer d'amples réquisitions portant sur tous les biens, alimentaires et sur ceux dont son économie manque pour soutenir l'effort de guerre. Se nourrir et se chauffer deviennent des préoccupations aiguës et obsédantes. Après la guerre, le procureur de Saint-Mihiel relate son existence au cours des 43 mois et 17 jours que dura l'occupation de la ville. Sa position en saillant dans les lignes et l'interdiction de quitter la ville ont créé des conditions de vie extrêmes : « On s'habitue au danger, la crainte disparaît petit à petit, on parvient à maîtriser ses nerfs au cours des bombardements si souvent répétés. C'est une question de volonté, mais que faire contre la faim qui vous tenaille et que vous ne pouvez satisfaire »[154]. Un peu plus loin du front, les maux sont parfois moindres si l'occupant accepte de relâcher la pression qu'il exerce sur la population. Le procureur de Briey, contraint à l'inactivité professionnelle par l'autorité allemande qui entrave le cours de la justice, a confectionné

[154] L. Sadoul, *op.cit.*, p. 46.

une petite charrette à deux roues, objet de l'admiration de ses collègues, avec laquelle il est autorisé à partir, chaque semaine, ramasser du bois en forêt[155].

Tracasseries et brimades en tous genres caractérisent les rigueurs de l'occupation. Les perquisitions en font partie. Elles visent en particulier les notables. « Les exigences de l'ennemi étaient grandes, les vexations quotidiennes. On perquisitionnait à toute occasion, chez les magistrats aussi bien et mieux que chez les autres. Pillage du linge, du mobilier, des caves, cambriolage des coffres forts… Rien ne leur fut épargné »[156]. A Briey, les brimades prennent la forme de travaux imposés, très éloignés de la fonction judiciaire, comme de balayer les rues, enlever la neige, transporter des colis. Cela est bien compris par les intéressés qui relèvent que l'occupant attribue les tâches sans tenir compte des grades[157].

Tous ces maux ont caractérisé le quotidien des occupés et le souvenir en a été transmis aux générations suivantes. Mais ce sont les mesures prises par l'occupant à l'égard de la personne des occupés (prises d'otages, évacuations et déportations) qui ont marqué le plus profondément ces derniers, car elles menaçaient leur vie et leurs biens.

Otages et déportés

Dès qu'il conquiert un territoire, l'ennemi se livre à des prises d'otages destinées à assurer la sécurité de ses troupes et à obtenir l'exécution de ses exigences en matière de contributions et de réquisitions. Les professionnels du droit appartiennent à la catégorie des notables. Cette position sociale, confortable en temps de paix, fait d'eux des cibles privilégiées au cours de la guerre car les Allemands les incluent systématiquement dans leurs listes. Juges, avocats, notaires et autres membres de la famille judiciaire y rejoignent les conseillers municipaux, les curés, les industriels ou les propriétaires terriens, c'est-à-dire tous ceux qui concentrent la richesse et/ou le pouvoir. Aucune circonscription judiciaire, grande ou petite, n'a vu les professionnels de la justice échapper aux prises d'otages qui interviennent dès qu'une ville passe aux mains de l'ennemi. Ainsi en

---

[155] L. Sadoul, *op.cit.*, p. 45.

[156] Cour d'appel de Nancy, *Discours de rentrée de l'avocat général Maret*, 2 octobre 1918.

[157] *Idem*, p. 5.

est-il à Amiens où les troupes de la 1ère armée de von Kluck défilent le 31 août 1914. Avec un indéniable courage patriotique, le procureur général, Gonzalve Regnault, se porte volontaire pour figurer en tête de la liste des otages demandés par l'occupant en garantie de l'acquittement du tribut imposé à la municipalité. Lorrain — il est né à Nancy —, Regnault est entré dans la magistrature à la veille de la guerre de 1870. Ses premiers postes (Saint-Mihiel, Remiremont, Toul, Epinal) ne sont pas très éloignés de la nouvelle frontière et révèlent son attachement à sa Lorraine natale amputée depuis le traité de Francfort. A presque soixante-dix ans, il est le plus âgé des otages que les Allemands vont emmener loin de la ville pendant plusieurs jours. Le procureur, qui répond de la sécurité du chef d'état-major allemand, rentre le soir même à Amiens. Il effectue une bonne partie du trajet à pied et force l'admiration des observateurs, impressionnés par l'attitude fière du magistrat marchant vers le centre de la ville. « Courage naturel chez cet ardent patriote lorrain », note *Le Progrès de la Somme*, dont l'article sur les otages décrit la scène : « On put voir l'éminent magistrat traverser la ville, la tête haute, l'allure dégagée et fière, suivi de deux soldats en armes »[158]. La contribution versée et les réquisitions livrées, tous les otages sont libérés. Peu après, l'armée allemande quitte définitivement Amiens, la bataille de la Marne l'ayant contrainte à se replier vers l'est. L'aventure se termine donc très bien pour le procureur général et tous les otages, dont les noms sont immédiatement inscrits sur un Livre d'Or. La municipalité leur décerne, l'année suivante, une médaille de bronze aux armes de la ville portant les mots : « Souvenir de gratitude ». Distingué plus que les autres, Gonzalve Regnault reçoit en octobre 1916, des mains du président de la République en visite à Amiens, la cravate de commandeur de la Légion d'honneur.

Toutes les prises d'otages ne connaissent pas une issue aussi favorable, en particulier lorsqu'elles sont accompagnées de tortures morales ou suivies de déportation, lesquelles mettent en péril la vie et la santé de ceux qui en sont les victimes. Les récits des tortures subies par les occupés sont légion. Après la guerre, le milieu judiciaire a célébré les rescapés comme des héros et ceux qui n'ont pas survécu, parce que l'âge ou la maladie avait diminué leur résistance, ont été

---

[158] *Le Progrès de la Somme*, 27 octobre 1914. Le journal suspend sa parution le 1er septembre et la reprend fin octobre en publiant une rétrospective événementielle qu'il poursuit au fil des éditions.

célébrés comme les martyrs de la grande famille judiciaire persécutée par l'occupant. Leur liste est longue. Le juge de paix de Thiaucourt, Alphonse Jacquin, sert ainsi de bouclier vivant, enfermé pendant plusieurs heures dans un wagon de chemin de fer exposé aux tirs de l'artillerie française qui bombarde alors la voie ferrée. Les journaux de l'époque relatent notamment les tortures qui furent infligées au procureur de la République de Coulommiers (Chatry) lors de la retraite allemande de septembre 1914. Le général von Kluck avait alors exigé des habitants 12 000 francs contre la vie de trois otages, dont celle du magistrat. Pendant deux heures, temps donné pour verser la somme, les otages sont restés debout devant un mur dans une maison à la cave bien fournie en champagne. Ils ont entendu les soldats faire sauter bouchon sur bouchon. Le délai écoulé, un officier allemand se mit au piano et joua la marche funèbre de Chopin tandis que les otages quittaient la maison. Selon les témoignages, l'attente s'éternisa devant le peloton d'exécution. Cette cruauté morale leur sauva la vie, car l'annonce de l'arrivée des Anglais provoqua la fuite immédiate des soldats allemands[159].

Il serait fastidieux de recenser toutes les prises d'otages de membres de la famille judiciaire, elles sont systématiques et on les rencontre partout. Quant aux déportations, elles frappent particulièrement, dans les départements de l'est, les juges de paix. Citons ceux de Vigneulles (Bastien), Damvillers (Lefebvre), Badonviller (Coulon), Rumigny (Fromentin) et Rocroi (Bourse), déportés ou enfermés dans des camps, tout comme les greffiers de la justice de paix de Sedan et d'Arracourt. Les plus fragiles meurent pendant leur captivité ou peu après leur retour. Nulle part cependant le tribut en otages ne fut aussi lourd qu'à Douai, ressort qui symbolisa après la guerre le martyrologe judiciaire.

Le 3 avril 1915, l'ambassade des Etats-Unis à Paris[160] transmet au gouvernement français l'annonce officielle reçue d'Allemagne de l'arrestation du Procureur général de la Cour d'appel de Douai, Denis Jacomet. Il est accusé, de manière assez floue, d'espionnage en zone d'opérations militaires, mais son comportement d'opposition à l'occupant dans les semaines qui ont précédé son arrestation la justifie davantage. Jacomet avait en effet interjeté appel de toutes les

[159] *Gazette des Tribunaux* 19 octobre 1914, *Le Temps* 8 octobre 1914.

[160] Les belligérants n'ont pas de contacts directs pendant la guerre, ils communiquent par l'intermédiaire de puissances « protectrices » : l'Espagne pour la France, les Etats Unis (puis la Suisse) pour l'Allemagne.

décisions rendues par le tribunal de Maubeuge, une juridiction créée à l'initiative allemande, parfaitement illégale, dans la mesure où le tribunal français compétent fonctionnait à Avesnes. Pour s'en assurer, Jacomet s'était rendu sur place le 27 janvier 1915, jour de l'anniversaire de Guillaume II. Horrifié de constater que le drapeau allemand flottait sur le tribunal en l'honneur de l'empereur, le procureur le fit enlever. Par ailleurs, Jacomet refusait de toucher son traitement des mains de l'occupant. Il s'était donc fait remarquer à plusieurs reprises. Il n'est guère surprenant que l'occupant ait désigné ce rebelle pour faire partie de la liste des otages qui devaient répondre sur leur vie des seize Allemands que la France venait d'arrêter et de condamner à mort, du chef d'espionnage et de contrebande d'armes, au Maroc. Le Premier Président Dassonville a rapporté les paroles qu'aurait prononcées Jacomet au moment de son arrestation : « Ma conscience ne me reproche rien. Si je dois être exécuté, je saurai mourir la tête haute en véritable magistrat français »[161]. Le procureur est d'abord emprisonné au fort Dubois, dite citadelle, à Hirson ainsi que les neuf autres otages, parmi lesquels Noël, le sénateur-maire de Noyon et Félix Trépont, le préfet du Nord. Ils y sont bien traités, jouissant d'une relative liberté qui leur permet de se promener et de s'occuper. Leur déportation à Rastadt (Bade), à Celle (Hanovre) et enfin à Singen (Bade) s'avère plus rigoureuse. Relayée par la presse, l'arrestation et le sort des otages deviennent une affaire nationale. Le ministère des Affaires étrangères mène des négociations par l'entremise de l'ambassade d'Espagne à Berlin pour obtenir leur libération. La Chambre fait pression sur le gouvernement pour qu'il agisse. Le gouvernement allemand conditionne leur libération à celle des Allemands condamnés au Maroc. Le gouvernement français refuse estimant qu'il sera facile pour l'occupant de prélever des otages dans les territoires envahis chaque fois qu'il voudra faire accepter ses demandes par la France. Par ailleurs, il refuse un marchandage qui consiste à échanger des Allemands coupables de crimes contre la France contre des otages innocents menacés d'un procès de circonstance. Le ton monte : Paris menace d'exercer des représailles en infligeant des traitements de rigueur aux prisonniers allemands ainsi qu'aux fonctionnaires et notables capturés en Alsace ou dans les colonies allemandes que l'armée française occupe. Au bout de

[161] Discours du premier président Dassonville, Audience solennelle de rentrée du 21 décembre 1918, *Gazette des Tribunaux* 23 décembre 1918.

quelques mois, un terrain d'entente est trouvé par l'entremise du Comité hispano-américain du ravitaillement. Les otages français sont finalement échangés, via la Suisse, contre un nombre égal de personnalités allemandes internées en France. Le retour des « otages nationaux » s'effectue en grande pompe à la mi-janvier 1916. Un train spécial les conduit d'abord de Genève à Lyon, où une réception est organisée en leur honneur, puis le train arrive à Paris. Les ministres Malvy et Jules Guesde, ainsi que le président du Sénat, sont sur le quai pour les accueillir, avant de se rendre à l'Elysée où une réception les attend. L'aventure se termina bien pour Jacomet. D'autres magistrats de la Cour d'appel de Douai connurent un sort plus dramatique, mais on en parla beaucoup moins, en tout cas sur le moment.

Le 1er novembre 1916, huit magistrats pris en otage partent, avec leur famille, pour le camp de Holzminden, situé en Saxe, près de Brunswick : le Premier président de la cour Georges Dassonville, deux présidents de chambre (Maxime Lefrançois et Paul Riff), trois conseillers (Alfred Pennelier, Paul Ancelme, Félix Mouron), l'avocat général Jules Fieffé et un juge d'instruction (Maxime Chambeau). Construit sur plusieurs hectares, entouré de barbelés, ce camp est une ville carcérale qui peut contenir dans ses baraquements jusqu'à dix mille civils. Sept mille environ, hommes, femmes et enfants, y séjourneront, plus ou moins longtemps, au cours du conflit. Il s'agit d'un camp où sont déportés prioritairement les otages dits « de représailles ». Dans une carte envoyée, à un cousin, à l'occasion de Noël 1916, le Premier président s'y déclare en bonne forme, mais lui demande d'intercéder auprès du ministre de la Justice afin que ce dernier intervienne pour que leur captivité soit adoucie et obtenir leur rapatriement. Les conditions de vie sont effectivement très rudes à Holzminden, davantage par l'effet des conditions atmosphériques qu'en raison des modalités d'internement. Les détenus ne sont pas astreints au travail et peuvent occuper leur temps à divers loisirs que la structure du camp leur permet d'organiser[162]. Toutefois, les distractions ne compensent pas la souffrance morale de la privation de liberté et les rigueurs du climat. Au cours de l'hiver 1916-1917, la température descend jusqu'à moins 37 degrés. Les huit otages et leur famille sont finalement rapatriés en décembre 1917. Mais, l'occupant,

[162] A. Becker, *Les cicatrices rouges 14-18. France et Belgique occupées*, Fayard 2010.

dès le 6 janvier 1918, établit une nouvelle liste de 600 otages en représailles du refus de la France de livrer à l'Allemagne des Alsaciens passés en France au tout début du conflit[163]. Des magistrats de la Cour d'appel de Douai figurent parmi eux. Deux présidents de chambre (Clovis Bosquet et Joseph Febvret), quatre conseillers (Albert Aubron, Charles Villette, Claude Dissard, Benoit Delsart), l'avocat général Georges Stemler et l'épouse du président de chambre Edouard Joppé, sont déportés au camp de Milejgany, en Lituanie. Connaissant l'état maladif du président Bosquet, le bâtonnier Paul Deschodt, otage suppléant, dont l'épouse et la fille faisaient partie du convoi, s'offre à le remplacer. Le médecin allemand refuse : « Il guérira là-bas », lui répond-il. Epuisé par un voyage de six jours, par moins vingt degrés dans des wagons non chauffés, suivi d'une marche pénible de plusieurs kilomètres entre Vilna et le camp, l'état de Clovis Bosquet s'aggrave. Les conditions de détention sont, à Milejgany, bien plus éprouvantes qu'à Holzminden. Les otages douaisiens sont logés dans une grange de 600 m² sans ouvertures, hormis les petites lucarnes au ras du toit et les deux portes d'accès. Des paillasses sur trois étages de rondins sont affectées au couchage. La nourriture est plus que frugale : boisson chaude le matin et l'après-midi, soupe à 11 heures, 350 grammes de pain noir par jour. Clovis Bosquct nc résiste pas longtemps à ce régime. On le retrouve mort sur sa paillasse le 4 février 1918, des rats ayant commencé à dévorer son cadavre. Febvret et Dissard décèdent peu après, les 10 février et 1er mai 1918[164].

Evacuations

Les menaces d'offensives alliées et le problème alimentaire posé par les populations contraignent souvent l'occupant à les évacuer vers l'arrière. Partir en laissant derrière soi ce que l'on possède dans la quasi-certitude du pillage est un déchirement. Le juge de paix de Vitry-en-Artois quitte la ville comme ses autres habitants le 12 avril 1917, il reviendra plusieurs mois plus tard : « je n'ai absolument rien sauvé », dira-t-il. Amaury de Warenghien, avocat à la Cour d'appel de Douai, témoigne des souffrances des milieux judiciaires liées à

[163] J.-M. Rolet, « Les camps », in *Les Ardennes durant la Grande Guerre (1914-1918),* Charleville-Mézières 1994, p. 87 s.
[164] Pierre Foucart, *Le président de chambre Clovis Bosquet*, Notice biographique non publiée.

l'évacuation du début septembre 1918, laquelle jette sur les routes quinze mille personnes :

« Vous figurez-vous cette population éperdue de quinze mille enfants, femmes, vieillards lancés dans la direction de Montigny et de Somain, non pas sur les routes, réservées à l'armée allemande, mais dans la campagne, à travers champs en dépit des fossés où dut être abandonné une grande partie de ce qu'ils avaient emporté. C'est ainsi que furent évacués M. le premier président Dassonville, MM les conseillers Guesdon, Ancelme, Delsart, MM. Fieffé, Desmoulins, avocats généraux, Me Deschodt, notre bâtonnier, et tous les siens restés à Douai… et tant d'autres ! »[165]

Amaury de Warenghien est parmi les premiers à revenir à Douai après huit semaines d'éloignement forcé. A la joie du retour, effectué dans un camion de la Croix rouge anglaise, succède l'entrée lugubre dans une ville encombrée de ruines, mise à sac par l'occupant avant son départ. Le silence, dit-il, est impressionnant partout. Une seule voie qui passe à proximité du palais de justice permet de traverser la ville et la rivière qui la partage. Partout s'entassent des meubles brisés, des vêtements dispersés jonchent les trottoirs, les conduites de gaz et d'eau ont été arrachées. La maison de l'avocat n'a pas été épargnée : « Notre demeure offrait un aspect si saisissant de désordre voulu que la photographie militaire en a fixé l'image »[166]. C'est au cours de cette évacuation, à Saint-Amand-les-Eaux où il s'était réfugié, que le conseiller Louis Thuilliez est gravement blessé. Il décèdera à l'hôpital d'Arras, le jour de l'Armistice.

Ce sont toutes les souffrances endurées par le milieu judiciaire douaisien qui expliquent le choix du ministre de la Justice, Louis Nail, de marquer de sa présence à Douai la première rentrée judiciaire qui suit l'Armistice, le 21 décembre 1918[167]. Ainsi, la Cour d'appel de Douai, symboliquement, concentrait l'hommage national rendu à toute la famille judiciaire des territoires occupés.

---

[165] A de Warenghien, *Souvenirs et fragments*, p. 28.

[166] *Idem*, p. 302.

[167] Le barreau douaisien ne possède pas de déporté, mais il a son martyr : l'avocat Théry. Arrêté et jugé par un conseil de guerre allemand pour des motifs incertains, il est exécuté malgré l'intervention du bâtonnier Deschodt.

L'hypothétique retour en France libre

Les occupés sont tiraillés entre le désir de fuir l'occupation et la peur de laisser derrière eux leurs biens dont ils savent qu'ils seront systématiquement pillés. A Péronne, Pierre Malicet est témoin de cette razzia sur les demeures, surtout celles des notables parce qu'ils sont plus riches. La maison du maire, l'un des premiers à avoir quitté la ville, est pillée dès octobre 1914. Elle est sens dessus dessous, les « lettres politiques » s'offrent à la lecture des curieux. L'intime des actes juridiques familiaux éparpillés se trouve livré aux yeux de tous. « Des testaments trainent dans la rue », note Pierre Malicet, après le saccage par des soldats allemands de l'étude d'un notaire. Dossiers d'avoués et d'avocats, archives en tous genres subissent le même sort ou sont « jetés aux ordures »[168]. La maison familiale du juge péronnais, située à Barleux, connaît un sort identique. Aussi les occupés qui possèdent quelques biens s'ingénient à trouver les meilleures cachettes, pour les mettre à l'abri. Dissimuler, toujours mieux, vin, bijoux, papiers constitue une préoccupation constante des Malicet car s'il faut partir, il sera impossible de tout emporter. L'attachement aux biens freine les départs même lorsque la sécurité des personnes les impose. Pierre Malicet, qui craint le pillage, est parmi les derniers à quitter Péronne au moment du déclenchement de l'offensive alliée dans la Somme début juillet 1916 : « Plus de maire, plus de police, plus de médecins, plus de boulanger… ». Plus de Français ni d'Allemands dans Péronne[169]. Quelques jours plus tard, le magistrat doit se résoudre à quitter la ville pour trouver refuge à l'arrière, dans le Nord, vers Landrecies. Il y connaît le sort des réfugiés dont on se méfie : « on nous appelle la bande noire ». Il multiplie alors les démarches pour être autorisé à rejoindre la France ou la Suisse. Autorisation difficile à obtenir : femmes, enfants et infirmes sont prioritaires dans ces trains du retour vers la France. C'est parce qu'il va bénéficier, à Landrecies, de la protection assez exceptionnelle d'un commandant allemand que Pierre Malicet, muni d'un certificat médical délivré par un médecin militaire, va obtenir son

[168] Pierre Malicet relève, à Péronne, le saccage des cabinets Labouverie, Richard et Laba.
[169] *Le Journal de guerre de Pierre Malicet*, *op. cit.*, p 202 s.

inscription et celle de sa mère, sur liste des partants pour la France[170]. Le départ s'effectue le 16 janvier 1917. Le voyage n'est pas gratuit, il coûte 52 marks par personne. Par Mézières, Sedan, Metz, la traversée de la Forêt noire, le train arrive à Singen. Après visite et fouille, les évacués sont autorisés à pénétrer en Suisse au poste de Schaffhouse. La Croix-Rouge les prend en charge, car leur liberté de circulation est limitée. Néanmoins, note Pierre Malicet, certains trouvent le moyen d'effectuer quelques achats et de remonter leur garde-robe. Lui se limite à l'acquisition de gants et de cravates. L'arrivée à Evian est marquée par de nombreuses formalités et interrogatoires conduits par un fonctionnaire du ministère de l'Intérieur, un officier anglais et enfin un capitaine : « Ils sont aimables, mais c'est long ». Le 20 janvier, il rejoint Paris où il constate, avec étonnement, que la vie continue malgré la guerre. Péronne se trouvant libérée par le repli allemand du printemps 1917, dès le mois d'avril, Pierre Malicet retourne dans la ville en compagnie du Premier président et du Procureur général venus constater l'état de la circonscription judiciaire. Le palais de justice est détruit et il ne reste rien de la maison du magistrat qui a été détruite par les bombardements français.

Le sentiment de responsabilité sociale

L'occupation confère aux gens de justice un rôle à jouer à l'égard de leurs concitoyens dont il s'agit de réorganiser la vie sociale perturbée par la guerre et l'occupation. Ils vont l'assumer de diverses manières, toujours dans la conscience de leur responsabilité. Certains vont contribuer au relèvement institutionnel, particulièrement indispensable après le chaos des premières semaines de l'invasion. D'autres tenteront d'assigner des limites au pouvoir que l'occupant entend s'arroger en matière de justice. Tous perçoivent leur action en termes de résistance civique à l'occupation.

L'investissement social permet d'échapper à l'ennui et au cafard en se substituant à la pratique professionnelle car l'activité judiciaire, ralentie ou impossible, laisse beaucoup de temps libre. Le refus de se laisser abattre par l'adversité constitue une première forme de

---

[170] « Le commandant, un ami personnel de l'Empereur et inspecteur de ses forêts me reçoit fort bien et me fait monter dans son auto à côté de lui à la place d'honneur après que son ordonnance m'a mis mon pardessus ». *Le Journal de guerre de Pierre Malicet*, *op. cit.*, 29 septembre 1916, p. 212.

résistance au chaos. Les professionnels de la justice semblent avoir pris à cœur le soutien moral aux populations. Visite des hôpitaux, secours aux blessés, présence pour rassurer et éviter la panique dans les moments tragiques des combats, des évacuations ou des intimidations de l'occupant, sont les formes typiques de l'investissement des magistrats et avocats aux différents moments du conflit. Ainsi Pierre Malicet rejoint-il, dès le 1er septembre 1914, le « comité consultatif » chargé de conseiller les notables choisis par les Allemands pour diriger la ville, après le départ du maire et de ses conseillers. Le juge de paix de Vitry-en-Artois, au moment où les troupes ennemies entrent dans la ville, note que son intervention vise à remonter le moral de la population de manière à limiter l'exode. Amaury de Warenghien évoque pareillement comment, lors du retour à Douai, à l'automne 1918, il participe à la commission de notables qui doit pallier l'absence d'autorités légales.

Parmi les problèmes à régler, une question est vitale : le ravitaillement. Dans le contexte de pénurie, il faut instaurer une discipline, faire taire les égoïsmes et trancher équitablement les conflits d'intérêts. Ce n'est pas un hasard si l'on retrouve dans les comités de ravitaillement des juges de paix rompus à la pratique de la conciliation et s'imposant par leur seule fonction. Même privé de tout pouvoir de sanction, un juge reste un juge dans l'esprit public. A Vitry-en-Artois, parmi les tâches accomplies par le juge de paix désœuvré, figure la création, au début de l'année 1915, d'une épicerie municipale, que le « bourgmestre » nommé par l'autorité allemande approvisionne[171]. L'objectif est de vendre les marchandises à des prix contrôlés, en évitant les dérapages et injustices qui découlent en période de pénurie de la loi du plus offrant. L'épicerie fonctionne, si l'on en croit le juge de paix, à la satisfaction générale jusqu'au jour où le « bourgmestre », qui s'est installé lui-même épicier, met fin à l'activité communale qui lui fait concurrence. A la demande des adjoints, l'activité du juge se reporte alors sur la surveillance des ventes et distributions de viandes et de graisse par la boucherie que le conseil municipal a installée au début de l'occupation et dont le fonctionnement laisse à désirer. On lui confie ensuite la responsabilité

[171] Le maire de Vitry avait été mobilisé. Le « bourgmestre » était un Lorrain bilingue.

de la répartition de l'aide alimentaire provenant des Etats-Unis[172]. Il l'exerce jusqu'à l'évacuation de la ville en avril 1917[173]. Cette activité n'est pas sans susciter des rancœurs. Après la guerre, diverses accusations, dont celle de détournement de vivres, conduisent à une enquête du parquet qui révèle que les agissements reprochés ont été le fait du commandant allemand de la place. Le juge est finalement lavé de tout soupçon. On trouve ailleurs qu'à Vitry-en-Artois des magistrats placés à la tête des comités de ravitaillement. Si tous n'ont pas connu les déboires du juge de paix de Vitry, la tâche semble en général avoir causé des déboires à ceux qui avaient accepté de s'y atteler[174].

L'enseignement constitue une autre forme d'investissement pour lutter contre l'oisiveté déprimante. A Douai, des cours de droit de première année de licence sont dispensés de novembre 1917 à juin 1918, sous forme de conférences, aux jeunes douaisiens. A Péronne, les juges Fiamma et Greisch se transforment en professeurs pour les neuf élèves du collège qui rouvre ses portes fin décembre 1914[175]. A Sedan, le projet est plus ambitieux. L'un des juges du tribunal de première instance, licencié ès lettres, assure pendant quatre ans l'enseignement du français, du latin et du grec en classe de première, avant de mettre sur pied une session de baccalauréat. Les diplômes décernés seront ensuite validés par le ministère comme si la session avait été régulière. Enfin, cela est plus proche de leur vocation, certains juges exercent une fonction générale de certification en dressant des constats palliant ainsi le manque de notaires, d'huissiers ou de greffiers, comme à Briey, Sedan ou Saint-Mihiel.

---

[172] Le ravitaillement provient de la Commission for relief in Belgium, une œuvre philanthropique créée en octobre 1914, issue d'une initiative hispano-américaine. Elle expédie les marchandises réceptionnées par le Comité national belge. Le Comité d'alimentation du Nord, créé en avril 1915, les répartit entre les comités de district et les comités locaux, lesquels assurent leur distribution.

[173] Lettres au procureur d'Arras 18 décembre 1918 et 21 janvier 1919, Archives départementales du Pas-de-Calais 3 U 403.

[174] Louis Sadoul évoque à propos du président du tribunal de Briey combien « la fonction était particulièrement délicate et difficile dans ces temps où la question de la nourriture, primant toutes les autres, excitait bien des conflits et des jalousies », L. Sadoul, *op.cit.*, p. 46.

[175] *Le Journal de guerre de Pierre Malicet*, 27 décembre 1914, *op. cit.*, p. 68.

La résistance au pouvoir de l'occupant s'est avérée parfois beaucoup plus périlleuse. A Lille, Louis Selosse, avocat et ancien bâtonnier, reçoit de Charles Delesalle, maire de la ville, en novembre 1914, un appel à l'aide conçu en ces termes :

« L'administration municipale est l'objet de la part de l'Autriche-Allemagne d'exigences journalières et diverses sur la légalité desquelles elle aurait souvent besoin d'être apaisée, afin de pouvoir opposer le droit à la force, s'il en était besoin. Elle a pensé qu'elle ne pouvait faire mieux pour être renseignée sur la valeur des dites exigences, que d'avoir recours à des personnes spécialement compétentes ».

Louis Selosse vient de perdre son fils, tombé le 3 octobre dans les combats de la Neuvillette, près de Reims[176]. Bien que profondément affecté par ce deuil, il continue à plaider et accepte de se lancer dans la défense des droits des habitants de la ville. Cet appel inaugure une série de consultations qui, sous la forme de mémoires très documentés, permettent à la municipalité de résister aux demandes excessives de l'occupant. Louis Selosse, qui enseigne aussi le droit international à la Faculté catholique de Lille, maîtrise en effet parfaitement les conventions de la Haye. Dès décembre, les réponses qu'il adresse au maire permettent à ce dernier de protester contre la contribution supplémentaire exigée pour l'entretien des troupes et, surtout, le paiement d'ouvrages à vocation militaire ordonnés par le général von Heinrich, gouverneur militaire de Lille. Ce refus, fondé habilement sur le droit international, articles à l'appui, provoque la colère allemande. Une colère assortie de menaces : « Je prie la mairie de s'abstenir de toute critique contre de telles décisions à l'avenir. Elles pourraient être prises pour des provocations et avoir comme réponse des punitions pour l'avenir », lui signifie en français le gouverneur. Néanmoins, les remarques de la municipalité lilloise se succèdent sur la forme des réquisitions (décembre 1914), la réquisition des téléphones (octobre 1915), la mise à disposition du personnel municipal (juin 1916). Le conflit qui oppose, en janvier 1917, la municipalité au général Graevenitz, chef de la Kommandantur, montre combien il est difficile de résister aux exigences de l'occupant qui use de toutes les ruses pour prélever le maximum de contributions. Dans cette affaire, l'autorité occupante exige que lui soit versé un loyer pour une maison de ville utilisée par

[176] L'adjudant Paul Selosse (1886-1914) avait obtenu son doctorat en droit en 1911.

l'armée allemande depuis le début de l'occupation, loyer que l'occupant s'engage à reverser ensuite au propriétaire, en l'occurrence un Belge habitant Bruxelles. Le droit international n'est ici d'aucun secours selon l'opinion de Selosse qui conseille au maire de se placer sur le terrain du droit civil allemand, lui fournissant l'analyse juridique utile : « Sur ce terrain, dit-il, on peut espérer sinon le convaincre, au moins l'embarrasser et gagner du temps en le mettant aux prises avec des textes dont il ne saurait contester la régularité puisqu'ils sont tirés de sa propre législation ».

Charles Delesalle sollicite aussi les services de Jacquey, professeur de droit international à la faculté d'Etat, qui conseille juridiquement le préfet du Nord. Selosse et Jacquey vont collaborer au profit des autorités locales, dans le plus grand secret. Les études juridiques fournies par les deux juristes ne font pas toujours fléchir l'occupant, néanmoins elles parviennent à freiner ses exigences notamment au cours des deux premières années du conflit, tant qu'il hésite à enfreindre le droit international. La limite qu'il pose est assez floue, mais permet la contestation ; en effet, si l'autorité allemande est fondée à exiger des contributions pour l'entretien de ses troupes, elle ne peut contraindre les occupés à contribuer de quelque manière que ce soit à son effort de guerre. Cependant, dans toutes les villes occupées, la Kommandantur prélève tout ce qui peut l'être sur les populations. A Lille, le maire est en mesure d'opposer un refus argumenté à ses demandes exorbitantes, provoquant cette remarque ironique de von Graevenitz : « Votre maire est un homme universel. Est-il fort en droit international ! » Cependant, la guerre s'éternisant et le blocus allié asphyxiant de plus en plus l'Allemagne, l'occupant outrepasse progressivement les conventions et n'hésite pas à user de la déportation pour éliminer ceux qui le gênent en lui opposant le droit. Gairal, conseiller général et suppléant de la justice de paix de Carignan, est ainsi envoyé en captivité dans le Hanovre en 1917 et où il décède en janvier 1918. Pour la même raison, le juge de paix de Rocroi est déporté en Lituanie. Il y meurt un mois plus tard.

LE FONCTIONNEMENT DE LA JUSTICE EN TERRITOIRES OCCUPES

Dans le double souci de protéger les occupés du chaos institutionnel et des abus de pouvoir de l'occupant, le droit international de l'occupation affirme la continuité du fonctionnement de la justice nationale des occupés. Un postulat bien théorique confronté aux réalités de la guerre et de l'occupation. Pénurie de personnel, insécurité, rupture des communications, occupation des palais de justice, contrôle des déplacements, absence de force publique, conflits de compétence avec la justice de l'occupant sont autant d'obstacles qui entravent le fonctionnement judiciaire jusqu'à le rendre impossible.

L'insécurité

Les territoires occupés ne sont jamais très éloignés du front, les civils s'y trouvent confrontés à la violence de la guerre et en particulier à celle des bombardements. Leur dangerosité augmente, au cours du conflit, en raison du développement de l'artillerie lourde à longue portée et de l'aviation. Certains, comme le juge péronnais Pierre Malicet prennent plaisir à arpenter de manière téméraire leur ville et échappent à la mort, d'autres perdent la vie comme l'avoué Daupleix à Saint-Mihiel lors des bombardements de l'offensive de février 1916 ou le juge d'instruction Maxime Chambeau à Douai, lors de la contre-offensive alliée de juillet 1918. Le fonctionnement de la justice impose des déplacements aux magistrats (commissions rogatoires, délégations pour compléter un tribunal, justice itinérante), et plus fréquemment aux parties, aux prévenus et aux témoins. Circuler expose à un péril certain qui dissuade de se mettre en chemin. La peur de se faire tuer suffirait à elle seule à justifier la paralysie judiciaire que d'autres facteurs ont pu contribuer à rendre totale.

La pyramide judiciaire et la rupture des communications

L'organisation judiciaire française emprunte la forme d'une pyramide dont les degrés expriment à la fois le positionnement spatial et hiérarchique des juridictions avec, au sommet à Paris, la Cour de cassation et le ministère de la Justice. La ligne de front, barrière infranchissable, rompt les communications entre les juridictions et l'administration centrale qui gère les personnels. Cette situation perdure pendant tout le conflit, elle interdit les nominations et notamment le remplacement des magistrats décédés. Les vacances sont en partie compensées par l'impossibilité dans laquelle se trouvent les magistrats de prendre leur retraite ou de démissionner. Bien qu'il soit sans nouvelles d'eux, le ministère prolonge systématiquement l'activité des magistrats des territoires occupés ayant atteint l'âge de la retraite. Il évite ainsi le risque de décisions qui pourraient devenir caduques *a posteriori* si la composition de la juridiction pouvait être mise en cause après le conflit.

Le front bouleverse surtout la hiérarchie judiciaire. Dès l'automne 1914, les tribunaux situés au nord de la ligne de feu se trouvent isolés de leur juridiction de rattachement. De nombreux tribunaux de première instance sont rapidement coupés de leur cour d'appel. Cela concerne la Cour d'appel de Nancy (pour les départements des Ardennes, de la Meurthe-et-Moselle, de la Meuse), la Cour d'appel d'Amiens (départements de la Somme, de l'Aisne et de l'Oise) et, dans une moindre mesure, la Cour d'appel de Paris (pour le département de la Marne). A la base de la pyramide, des justices de paix sont coupées de leur tribunal de première instance. La rupture des liens avec la cour d'appel constitue un problème majeur. Il signifie, en matière pénale, l'impossibilité de saisir la chambre des mises en accusation nécessaire à la répression des crimes. En outre, le principe du double degré de juridiction paralyse les décisions rendues dans les affaires où la possibilité d'interjeter appel est de règle, c'est-à-dire dans la plupart d'entre elles. Si le ministère de la Justice peut modifier par décret le rattachement des circonscriptions de la zone libre coupées de leur juridiction de rattachement située en zone occupée, dès le mois d'octobre 1914, il a perdu ce pouvoir pour les juridictions se trouvant de l'autre côté du front. L'impossibilité de respecter la procédure aux règles intangibles bloque donc rapidement le fonctionnement de la justice en territoire occupé.

L'occupation des palais de justice

La présence de troupes rend inévitable la pratique des réquisitions de locaux pour loger les soldats, abriter les services, regrouper et soigner les blessés. Le choix de l'autorité militaire se porte prioritairement sur des bâtiments vastes et fonctionnels : casernes et hôpitaux civils sont immédiatement investis. En fonction des besoins, d'autres bâtiments publics peuvent être détournés de leur vocation d'origine. Ainsi, à peu près partout, l'armée d'occupation jette son dévolu sur les palais de justice lorsqu'ils n'ont pas été détruits, le plus souvent pour héberger la troupe, parfois à d'autres fins, fort diverses. Dans le ressort de la Cour d'appel de Nancy, une poste militaire est installée dans les palais de justice de Rethel et de Sedan. Dans cette dernière ville, les magistrats expulsés de leur palais obtiennent un local à la mairie en 1916. Cela n'entravera pas une activité dont le bilan est mince puisqu'elle se limite à l'instruction d'une unique affaire en quatre ans, laquelle sera jugée après la guerre. A Briey, le palais de justice devient un laboratoire de photographie pour l'aviation. Celui de Charleville abrite d'abord les écoliers de la ville évincés de leur école, puis les bureaux télégraphiques, avant d'être transformé en lazaret pour prostituées contaminées, en asile de fous et en prison quand des barreaux auront été ajoutés aux fenêtres et les portes doublées de métal.

A Péronne, les soldats allemands cantonnent dans le palais de justice en octobre 1914, succédant aux troupes françaises qui avaient transformé la salle des pas perdus en écurie. Pierre Malicet prête une attention toute particulière aux destinées du palais de justice où il se rend régulièrement en raison de ses fonctions. Témoin attentif de l'occupation, il photographie la ville grâce à un appareil qu'il dissimule, au péril de sa vie, dans une boîte à chaussures percée d'un trou pour l'objectif. Nous connaissons ainsi l'histoire de la détérioration progressive du palais de justice. En novembre 1914, il prend un cliché de la salle d'audience remplie de soldats, de paille et d'équipements[177]. Un mois plus tard, il constate que « tout est brisé ou abîmé sauf au Parquet. Dans une pièce, les soldats ont fait du feu dans un coffre-fort, se servant d'une gouttière en guise de tuyau»[178]. A la fin de l'année, la salle d'audience, décorée de branches de sapin et d'arbres de Noël, se transforme en théâtre. L'emplacement de la table des juges, placée contre un mur et recouverte de décors, sert de scène ; les vestiaires transformés en coulisses aux changements de costumes. Des colis destinés aux soldats, en nombre incalculable, précise-t-il,

[177] *Journal de guerre de Pierre Malicet*, 16 novembre 1914, *op.cit.*, p. 56.
[178] *Idem*, 21 décembre 1914, p. 66.

remplissent la barre des témoins. En août 1915, un service religieux israélite se déroule dans les vestibules du Parquet. Décembre 1915 voit se renouveler l'arrangement festif de la salle d'audience, Pierre Malicet constate qu'elle est dans un état épouvantable, « remplie de lits sur plusieurs étages ». Début 1916, les Allemands trouvent au tribunal une caisse de téléphones qui motive une perquisition au cours de laquelle tous les papiers de la chambre d'instruction sont dispersés. Le Parquet, jusque-là préservé, est mis à mal en mars : « le Parquet est dans un triste état. Une armoire immense a été démontée et les papiers confidentiels qu'elle contenait ont été éparpillés à terre. Tout est systématiquement sali et dévasté »[179]. Quelques jours plus tard, Pierre Malicet note que les stalles des avocats ont été arrachées et que le tribunal a été vidé pour en faire une salle des fêtes. Un grand banquet s'y déroule fin mars, occasion de beuverie pour les participants. « Certains se trainant à quatre pattes dans la salle des Pas perdus (en marge du texte : devenue la salle des repas perdus) vomissent ça et là ». En avril, on installe un cinéma dans la salle d'audience où un officier a peint de grandes fresques. Pierre Malicet le congratule, non sans malice : « on me présente l'auteur, je le félicite, lui disant que Puvis de Chavannes a fait quelque chose de ce genre-là au Panthéon »[180]. Deux mois plus tard, le déclenchement de la bataille de la Somme provoque l'évacuation de la population de Péronne. Pierre Malicet quitte la ville pour trouver refuge dans l'Avesnois. Les bombardements alliés scellent définitivement le sort du palais de justice bien que, par la suite, sa destruction ait été imputée aux Allemands lors du repli de mars 1917.

La dégradation des locaux de la justice s'étend à l'enlèvement du mobilier et des matériaux. Ces pillages organisés s'expliquent par la pénurie de matières premières (bois et surtout métaux) dont souffre l'Allemagne en raison du blocus. Pénurie à laquelle la volonté de destruction délibérée n'est pas étrangère qu'il s'agisse du repli stratégique du printemps 1917 ou du repli final de l'été 1918. Dans le ressort de Nancy, seuls les palais de justice de Lunéville et de Saint-Dié sortent indemnes de l'occupation, probablement parce que celle-ci fut de courte durée. Tous les autres sont plus ou moins gravement détériorés et systématiquement vidés. Fenêtres et portes, voire planchers et charpentes, sont enlevés pour servir de bois de chauffage.

---

[179] *Le journal de guerre de Pierre Malicet,* 15 mars 1916, p. 173.
[180] *Idem,* 8 avril 1916, p. 177.

Les parements anciens de la salle des Assises du palais de Saint-Mihiel, qui faisaient l'orgueil de la ville, ne sont pas épargnés par l'occupant. Ils n'avaient aucune chance d'être sauvegardés dans une ville située à 800 mètres du front, régulièrement bombardée, alors que les caves du palais de justice, installé dans une ancienne abbaye, servent d'abris contre les bombardements. Tout ou presque fut emporté à Briey, y compris les pendules, note l'avocat général Maret soulignant le goût prêté aux Allemands, et avant eux aux Prussiens, pour cet élément de mobilier. Dans le ressort de Douai, les courriers adressés par l'architecte chargé de la rénovation du palais en 1919 au ministère des Beaux-Arts sont éloquents. L'ennemi a pratiqué des sondages dans les murs et détérioré les tapisseries. Le bâtiment porte la trace du début d'incendie déclenché par la première mise en marche des installations de chauffage. Par la suite, les canalisations d'eau et de gaz ont été enlevées. Acte de pur vandalisme, les peintures, représentant des allégories féminines, de la salle du Parlement de Flandre ont été lacérées et les boiseries mutilées. Rien ne reste du mobilier, brûlé ou emporté, comme les rideaux, tapis et tentures. La bibliothèque des avocats est saccagée. Le spectacle apocalyptique qu'offre le palais de justice de Douai à la libération de la ville sert une fois encore à instruire les lecteurs de *L'Illustration*, à la veille de l'Armistice, sur la barbarie allemande. La profanation d'un palais de justice, siège de l'ancien Parlement de Flandre, haut lieu de la tradition juridique, montre comment l'ennemi en violant les symboles de la justice, a fait la guerre au droit et s'est mis au ban des nations civilisées[181]. Quoi qu'il en soit des saccages, l'ennemi occupe partout les palais de justice privant la justice française des espaces nécessaires à la poursuite de sa mission.

Le contrôle des déplacements

Le problème des déplacements, parfois interdits, toujours sérieusement contrôlés, caractérise les zones militaires. Des deux côtés du front, les autorités se méfient des espions à l'affût des mouvements de troupes et veillent à ce que les civils n'encombrent pas les routes empruntées par les unités militaires montant et descendant du front. On observe toutefois que le contrôle des

[181] *L'Illustration*, 9 novembre 1918.

déplacements est plus strict en zone occupée en raison de la suspicion qui pèse sur la loyauté des civils à l'égard de la puissance occupante.

C'est au cours du conflit que les cartes d'identité font leur apparition obligeant les Français à se faire immatriculer à la Kommandantur. Le défaut de présentation de la carte aux contrôles expose à une amende[182]. En outre, sortir d'une commune suppose l'obtention d'un laissez-passer qu'il faut exhiber à chaque point militaire et à chaque commune traversée. Etre dans l'impossibilité de présenter le sauf-conduit expose aux sanctions les plus graves lorsque le contrevenant est convaincu, plus souvent à tort qu'à raison, d'espionnage. Lorsque Péronne connaît, après la bataille de la Marne, une brève rupture de l'occupation allemande, les militaires français stationnent dans la ville et soupçonnent que l'ennemi a recruté dans la population des agents pour le renseigner. Pierre Malicet note dans son journal, à la date du 22 septembre 1914 : « On me prend pour un espion et un gendarme me demande mes papiers. Il me faut lui prouver que je suis le substitut du procureur. L'autorité militaire voit des espions partout ».

La relation que fait à sa hiérarchie Edmond Lefèvre, juge de paix à Vitry-en-Artois, après la libération de la ville, des conditions dans lesquelles il a essayé de remplir ses fonctions pendant l'occupation, permet de mesurer les conséquences concrètes, sur le fonctionnement de la justice, de l'impossibilité de se déplacer. Lorsque l'occupation se durcit à partir du milieu de l'année 1915 et que l'occupant décide de restreindre les possibilités de circulation, le refus des laissez-passer devient le principal obstacle à l'exercice de sa mission :

« Depuis le jour de la déclaration de guerre jusque vers le milieu de l'année 1915, la justice de paix fonctionna, dans tout le canton, presque normalement, car des laissez-passer étaient encore accordés assez facilement aux habitants et le juge de paix jouissait de la faveur exceptionnelle d'un permis de circulation renouvelable mensuellement... A partir de juin 1915, l'exercice de la justice de paix n'eut plus lieu que dans la commune de Vitry, faute de laissez-passer ».

Il expose notamment comment, au cours de l'année 1916, il se trouve contraint à l'inaction dans deux affaires d'avortement. En ce

---

[182] Pour favoriser l'action de la police criminelle, le fichage et l'encartement des individus sont dans l'air du temps en France aussi. La carte d'identité est rendue obligatoire pour les étrangers, dont on se méfie, en 1917. Elle est généralisée à tous les Français de plus de 16 ans par la loi du 27 octobre 1941.

qui concerne la première, on lui refuse l'autorisation de se rendre dans la ville voisine où l'on a retrouvé le corps du nouveau-né. La seconde ne peut être jugée en raison du refus opposé par la Kommandantur à la demande des laissez-passer nécessaires pour acheminer les inculpées à Douai. Dans cette affaire, le juge de paix n'avait d'ailleurs pas respecté la procédure, en constatant les éléments de l'infraction sans son greffier. Etant surveillé, il préférait en effet se déplacer seul[183]. Dans les deux cas, il semble que la Kommandantur ait refusé les sauf-conduits pour entraver des enquêtes risquant de mettre en évidence des adultères commis avec des soldats allemands. L'autorité d'occupation signifie d'ailleurs au juge de paix qu'à l'avenir, il lui est formellement interdit de procéder à toute enquête sans avoir au préalable obtenu une autorisation de la Kommandantur. Il n'en obtint jamais et tout laissez-passer lui fut par la suite systématiquement refusé, y compris pour ses déplacements privés.

Quelques mois plus tard, en avril 1917, Vitry-en-Artois est évacué et son juge de paix se réfugie dans le Nord, à Cysoing, son village natal. Un arrêté préfectoral le nomme provisoirement juge de paix de ce canton en raison de l'absence du titulaire du poste et du décès des deux suppléants. Bien qu'il fournisse la convocation reçue du parquet de venir prêter serment devant le Tribunal de Lille, ainsi que la procédure de nomination l'exige, l'occupant refuse de lui délivrer le laissez-passer indispensable. Edmond Lefèvre cesse alors toute activité judiciaire, pour renouer avec son précédent métier de géomètre. Les mésaventures de ce juge de paix illustrent au niveau des plus petites circonscriptions, l'importance de la liberté de mouvement dont l'institution judiciaire doit bénéficier afin de remplir sa mission. Qu'il s'agisse de la prestation de serment, des enquêtes, des transports de prévenus à fin d'interrogatoire ou de jugement, entraver les déplacements revient à provoquer l'arrêt de la justice. Pour autant, il est bien difficile d'affirmer qu'il existe une ligne de conduite uniforme de l'autorité occupante appliquée dans tous les territoires placés sous son administration. Son attitude semble varier dans le temps et dépendre des unités d'occupation, comme des personnes en charge de l'administration locale. Ce qui est possible à un moment ne l'est plus quelque temps plus tard et inversement.

[183] Néanmoins le procureur, discrètement averti déclara que les inculpées pouvaient être conduites à Douai où elles seraient arrêtées, interrogées et jugées. Ces dernières, persuadées de bénéficier des circonstances atténuantes avaient accepté. Rapports du 18 décembre 1918. Archives départementales du Pas-de-Calais, 3 U/403.

Ainsi, en mai 1915, à l'invitation de la Kommandantur de Saint-Quentin, Pierre Malicet se rend à Quivières avec le juge d'instruction pour enquêter sur un crime.

« Un substitut allemand très aimable nous accompagne. Il fait un temps radieux et l'automobile, ornée des aigles impériales, est très confortable... Après enquête, nous rentrons à Péronne à 19h39... Il y avait joliment longtemps que je n'étais pas sorti de la ville »[184].

Un mois plus tard, son journal révèle qu'il obtient un laissez-passer pour se rendre à Barleux où il possède une maison. En septembre, il peut visiter le procureur de Saint-Quentin. Ces déplacements s'effectuent au cours de l'occupation du VIème corps d'armée bavarois, bientôt remplacé par un corps prussien qui durcit le régime d'occupation. L'autorisation nécessaire pour effectuer des déplacements s'étend désormais à l'échange de correspondances. Fin janvier 1916, Pierre Malicet se rend chez le juge allemand de Péronne pour lui demander l'autorisation de correspondre avec les maires et les juges de paix de la circonscription. La décision est renvoyée au général commandant la ville, lequel refuse le principe d'une correspondance libre pour les besoins de la justice au profit d'une transmission par les soins de la Kommandantur[185]. Cette restriction postale affecte les efforts de Pierre Malicet pour obtenir les doubles des registres d'état civil pour les années 1914 et 1915, lesquels doivent être déposés au greffe du tribunal civil, conformément à l'exigence légale.

L'absence de force publique

En raison de l'occupation la force publique française n'existe plus. L'occupant ne saurait accepter que des Français soient armés, même si leur mission se limite au domaine de la justice. Il peut sans doute tolérer la présence de gardes civils non armés, mais s'agit-il encore d'une force publique susceptible de s'imposer et donc d'être efficace ? L'occupation permet donc aux délinquants de bénéficier d'une relative impunité dans la mesure où leurs agissements ne portent pas atteinte aux intérêts de l'occupant. Ce dernier dispose d'une police militaire qui lui permet de se saisir de toute affaire dans laquelle il entend exercer sa propre justice, rendue par ses conseils de

[184] *Le Journal de guerre de Pierre Malicet*, 26 mai 1915, *op. cit.*, p. 102
[185] *Idem*, 25 et 27 janvier 1916, p. 159.

guerre. Il ne s'avère pas disposé, malgré le devoir que lui impose le droit international, à prêter main-forte à la justice française. Il faut souligner que les magistrats français, de leur côté, n'ont guère envie de requérir les services de l'ennemi.

Dans les tout premiers temps de l'occupation, on trouve cependant trace ici ou là d'une bonne volonté allemande et française induisant une collaboration dans l'intérêt de la justice. En Lorraine, par exemple, où le Tribunal de Briey essaie de tenir ses audiences malgré les événements. Au mois d'août 1914, il doit juger quatre individus prévenus du vol d'un porc. Ils ont été arrêtés par les Allemands et remis à la justice française. L'occupant fait assurer par ses soldats en armes le transfert des détenus de la prison au tribunal et fournit le service d'ordre. Mais la collaboration reste sans lendemain. Ces audiences des 10 et 12 août sont en effet les dernières du Tribunal de Briey qui, ensuite, ne reçoit plus aucune plainte et ne connaît aucune remontée d'information. Partout, la justice criminelle, faute des services de police, se trouve privée de la connaissance des infractions, préalable à l'exercice des poursuites. Il est de toute façon très difficile, pour la même raison, de faire exécuter les décisions. L'occupant a pris possession des prisons pour ses propres besoins contraignant les occupés à se satisfaire de locaux de fortune, peu adaptés aux exigences carcérales. A Briey, par exemple, il s'agit d'une salle de la mairie.

Conflits de compétence avec la justice militaire de l'occupant

Les autorités militaires allemandes ne se soucient en général que des questions pénales dans lesquelles se trouvent impliqués ses soldats. Elles répriment tout acte commis à leur encontre et, parallèlement, elles soustraient à la justice française, dès la connaissance de l'infraction, tout Allemand suspecté d'avoir commis un acte répréhensible à l'égard de la population. Dans ces cas, l'infraction est jugée, s'il y a lieu, par la justice militaire de l'occupant. Telles sont les règles dans toutes les armées. En revanche, l'occupant ne prête guère attention à la justice répressive concernant les populations locales et l'exercice de la justice civile le laisse totalement indifférent.

L'analyse des conditions dans lesquelles a fonctionné la justice en territoire occupé révèle l'existence de spécificités locales. Elles s'expliquent par l'absence de coordination entre les unités qui se succèdent sur les lieux d'occupation, faute d'une politique générale préalablement définie. En effet, le scénario originel du plan Schlieffen, celui d'une invasion foudroyante, devait se traduire par la victoire allemande, à l'issue de laquelle serait négociée la paix. Une paix qui, par la force juridique des traités, priverait la France de nouveaux territoires. L'occupation, résultat de l'échec du plan Schlieffen à l'issue de la bataille de la Marne, ne saurait être que temporaire. Trouver le moyen de percer le front, pour gagner la guerre, préoccupe davantage le commandement que la manière dont se déroule l'occupation des territoires. Une grande liberté est ainsi laissée au pouvoir local de la Kommandantur. Des témoignages des occupés, il ressort que les rigueurs de l'occupation varient d'une armée à l'autre. La VIème armée, commandée par le prince Ruprecht et composée de Bavarois, est partout mieux supportée que les autres, surtout celle de la Ière armée, réputée pour sa rigueur[186]. L'éloignement du front, qui se traduit dans le tracé de la zone des opérations ou de la zone des étapes, constitue un autre facteur influençant l'occupation. Le niveau d'organisation s'avère nettement plus marqué dans la zone des Etapes dont les inspecteurs sont souvent des hommes de loi. Il faut aussi tenir compte de l'incidence des relations interpersonnelles entre occupants et occupés. Les phénomènes d'antipathie ou de sympathie ont parfois joué un rôle fondamental qu'ils instaurent une mutuelle compréhension ou qu'ils radicalisent des oppositions. Enfin, les conditions de l'occupation dans le domaine de la justice dépendent des buts de guerre allemands, lesquels varient selon les territoires.

Les conflits de compétence concernent uniquement la justice pénale. Dès qu'une infraction parvient à sa connaissance, ou même après que la justice française commence ses investigations, l'autorité allemande peut décider, sans que les règles soient toujours nettement définies, que la connaissance de l'affaire lui revient. Partout, elle préempte les affaires qui l'intéressent, laissant les autres revenir à la justice française. Les infractions les plus graves relèvent des conseils de guerre allemands. La Kommandantur dispose dans les zones plus éloignées du front d'un conseiller de justice (*Kriegsrichter*) qui traite les affaires mineures sans qu'une typologie des infractions ait préalablement établi le partage de compétence entre la justice militaire

---

[186] Elle sévit notamment à Valenciennes du 10 octobre 1916 à avril 1917, puis à Charleville-Mézières d'avril 1917 au 3 octobre 1918.

et la justice de la Kommandantur. Là où le conseiller n'existe pas, l'officier chef de la Kommandantur juge et condamne seul les prévenus. Certains ont laissé le souvenir d'une grande sévérité, comme un certain Sohngen à Sedan. Les civils français ont à répondre le plus souvent de la méconnaissance des règlements multiples que l'autorité allemande impose aux occupés qui les perçoivent comme autant de brimades ou de spoliations. En général, la Kommandantur manifeste une nette préférence pour les amendes. Elles remplissent ses caisses en prélevant sur les populations un tribut guerrier qui cache sa nature derrière la punition. Les règlements édictés par l'occupant sont tellement nombreux et variés qu'il semble assez difficile de ne pas y contrevenir à un moment ou à un autre. Le *Bulletin de Lille*, journal publié par les soins de la municipalité, mais imposé par l'autorité d'occupation qui le contrôle, rend compte lors de chaque parution de l'activité de la justice d'occupation dans la rubrique intitulée « Actes de l'Autorité allemande ». Si von Heinrich, gouverneur militaire de la ville, s'est empressé de proclamer, le 29 octobre 1914, que les autorités locales demeurent en fonction « en ce qui concerne l'ordre public et le bien-être de la population », un Tribunal impérial est très rapidement installé auprès du gouvernement militaire, dont l'occupant décide en vertu du décret impérial du 28 décembre 1899 (§18, section 2), qu'il a désormais compétence sur la population. Paré du titre de « maître-justicier », von Heinrich s'octroie le pouvoir de signer les condamnations, comme celles qui condamnent les Lillois colombophiles ayant refusé d'abattre leurs pigeons contrairement à l'ordre donné[187].

L'extension de la justice allemande cantonnant la justice française dans une activité résiduelle, dépendant du bon vouloir de l'occupant, conduit inévitablement à des conflits chaque fois que les magistrats français cherchent à affirmer leur compétence. L'affaire Belhomme qui oppose, à la fin de l'année 1916, le procureur de la République de Lille, Georges Testart, au commandant de la place, le général von Graevenitz, illustre les difficultés d'exercice de la justice française. L'a-t-il voulu ? Il s'en défendra vis-à-vis de l'autorité militaire, le procureur de la République dispute à la justice de l'occupant un prévenu, dont il n'apparaît pas clairement s'il est belge ou français,

[187] Ils sont en général condamnés à trois mois de prison. L'infraction est grave, les pigeons pouvant être utilisés pour transmettre des informations de l'autre côté du front. Un monument a été élevé, après la guerre, à la citadelle de Lille, à la mémoire des pigeons de la Grande Guerre.

suspecté de vol commis au préjudice de l'armée allemande. L'articulation des arguments du procureur semble, à vrai dire, assez confuse. On y discerne une discussion sur la nature des rapports entre le prévenu et l'armée allemande avant le vol. Le prévenu a rendu des services à l'armée allemande, mais n'en faisant pas partie, il doit relever de la justice française. Le procureur invoque aussi l'article 3 de la convention de La Haye qui délimite les pouvoirs judiciaires de l'occupant. La réaction du commandant de la place contraint le procureur à abdiquer et à reconnaître qu'il n'a jamais été dans les intentions des magistrats lillois d'empiéter sur la justice allemande. Le procureur n'en proteste pas moins contre le manque de considération dont les magistrats français peuvent s'estimer l'objet : « n'ayant d'autre souci que de sauvegarder l'intérêt général et l'ordre public, ils estiment avoir droit à tous les égards indispensables au libre exercice de leurs fonctions »[188]. Quelques mois plus tard, von Graevenitz, agacé par les magistrats lillois, leur adresse, rédigée en français, une lettre où il leur assène les règles fixant les compétences respectives de la justice française et de la justice militaire allemande :

« Je vous fais part que selon une disposition supérieure nouvellement publiée, les habitants des territoires occupés ne font pas partie de l'armée allemande même s'ils se trouvent avoir des rapports avec l'armée par le service ou par contrat. Ces personnes relèvent cependant, selon les précisions de la loi de la juridiction allemande dans le cas (comme tout autre habitant du territoire occupé de même) où leur action a été commise contre les troupes allemandes ou leurs membres ou contre une autorité allemande. Dans les autres cas, la solution des affaires correctionnelles ressortit à la compétence des tribunaux français »[189].

Cette lettre donne l'impression d'une manifestation d'autorité arbitraire bien que se référant au droit. Cela tient autant à la rédaction maladroite qu'au fait que la source des règles invoquée n'est pas précisée. Les conventions n'avaient pas réglé les cas de figure pouvant se présenter laissant ouverte, dans le cas présent, la discussion sur la compétence. Toutefois, l'occupant avait partout les moyens d'imposer son point de vue. Entre la justice militaire allemande et la justice de la Kommandantur, qui étendait sa compétence aux infractions qu'elle édictait, lesquels concernaient de nombreux domaines de la vie

[188] Lettre du 12 octobre 1916, Archives départementales du Nord 9 R 325.
[189] Lettre du 1er février 1917, Archives départementales du Nord 9 R 325.

quotidienne (notamment les multiples infractions de voirie), que restait-il aux juridictions françaises ?

La justice française en zone occupée : bilan

L'expérience de l'occupation enseigne que les normes élaborées à La Haye se sont révélées bien impuissantes à garantir le fonctionnement des institutions étatiques, en particulier dans le domaine de la justice. Si l'on examine l'activité judiciaire à Péronne, à travers le témoignage de Pierre Malicet, on constate qu'elle se réduit à presque rien au cours des trois années d'occupation de la ville. La rentrée du tribunal s'effectue officiellement le 2 octobre 1914, en présence d'un unique avocat, avant que le palais de justice ne soit occupé par la troupe. Cette occupation des lieux n'est pas censée supprimer l'institution. Toutefois, on ne trouve aucune trace d'activité judiciaire à Péronne avant mai 1915, lorsque le juge de Péronne est sollicité par la Kommandantur de Saint-Quentin pour se rendre sur les lieux d'un crime. Par la suite, en 1916, on relève deux saisines, toujours par l'occupant, pour un crime commis à Nesle et un autre à Combles. Dans les deux cas, un juge allemand a déjà fait l'instruction, le dossier est transmis à la justice française parce que rien ne peut être retenu à l'égard d'un soldat d'occupation. Pierre Malicet ne mentionne en outre que deux affaires de vol et, le 20 janvier 1917, une audience au domicile du président. L'essentiel de son activité professionnelle a concerné les registres d'état civil de la circonscription qu'il avait en responsabilité de réunir et de protéger des destructions. Malgré les efforts déployés, la tâche était vouée à l'échec et Pierre Malicet n'a pu la réaliser que très partiellement et provisoirement. Les reconstitutions d'après-guerre en témoignent.

Dans les départements de l'est, les obstacles au fonctionnement des juridictions françaises ont été tout aussi difficiles à surmonter, malgré le courage manifesté par la magistrature. Ainsi, en septembre 1916, Joseph Cuny, substitut à Saint-Mihiel, venant d'être averti d'un crime d'infanticide, se rend à la Kommandantur pour y défendre la compétence de la juridiction française en argumentant, sur le fondement de l'article 43 de la convention de La Haye, que si l'occupant doit prendre des mesures pour assurer au besoin l'ordre public, il ne lui appartient pas de créer des juridictions spéciales. Il obtient gain de cause, mais cela ne constitue pas un acquis. A chaque fait délictueux, la compétence du Tribunal de Saint-Mihiel est remise en cause contraignant le substitut à intervenir à nouveau. Il le fait par principe, car le tribunal réduit à deux magistrats ne peut plus siéger. L'appel est par ailleurs impossible et, faute de prison, les décisions ne sont pas susceptibles d'exécution. Ses interventions sont motivées par la volonté de diriger les enquêtes pour sauvegarder les preuves et réserver les affaires à la justice française lorsqu'elle sera à nouveau en mesure de se prononcer.

Dans le département du Nord, la justice française semble avoir mieux résisté à l'occupant, malgré les obstacles mis à son fonctionnement. L'activité n'y fut néanmoins que très partielle. La Cour d'appel de Douai cesse de fonctionner dès le 1er mars 1915. Il en est de même de la cour d'assises du Nord, faute notamment de pouvoir composer et réunir le jury. La plupart des tribunaux n'existent plus que symboliquement. Il n'y a qu'à Lille que l'activité soit notable. Pendant toute la durée de l'occupation, le tribunal tient des audiences régulières, sauf à la charnière des années 1916 et 1917 lorsque la ville est évacuée. Le *Bulletin de Lille* publie dans sa « Chronique judiciaire » un compte-rendu des affaires jugées, assorti de commentaires ironiques à l'égard des occupés, dont le manque de civisme est souligné à l'occasion de fraudes aux secours, d'escroqueries ou de ventes à des prix excessifs. Alors que sont soulignés en France libre, les comportements des Allemands contraires au droit, en zone occupée, les commentateurs inféodés à l'occupant se plaisent à mettre l'accent sur l'absence de sens moral des occupés et sur l'impuissance de la justice française à corriger les déviances, qu'ils estiment profondément enracinées, des Français.

Tout à leur volonté d'assurer l'ordre public, plus que jamais dans le respect du droit, les magistrats lillois se trouvent confrontés au problème posé par les garanties dont doivent bénéficier les prévenus. Parmi celles-ci figure, dès l'instruction, le droit reconnu par l'article 217 du code d'instruction criminelle pour les individus placés en détention, de demander leur mise en liberté provisoire. Or la chambre des mises en accusation, seule compétente pour statuer sur ces demandes, ne peut plus se prononcer lorsque la cour d'appel cesse de fonctionner. Jamais par le passé, semblable question ne s'était posée, comment la résoudre dans le respect du droit, pour empêcher la paralysie judiciaire ? Faute de réponse adaptée, les détentions s'accumulent jusqu'à ce que leur nombre et leur durée alertent le ministère public. Le substitut Louis Monier tente de trouver une solution au problème procédural. Faute de pouvoir en référer au ministère de la Justice, avec lequel les communications sont rompues, il s'adresse au préfet, représentant de l'Etat dans le département, en octobre 1917. Il lui envoie un bilan, sous forme de tableaux, des détentions et lui expose le moyen qu'il a trouvé pour mettre fin aux situations jugées anormales. Dans chaque procédure où le prévenu a demandé la liberté provisoire, le procureur a pris des réquisitions écrites sollicitant du juge d'instruction qu'il se déclare exceptionnellement compétent et se prononce sur la mise en liberté demandée, malgré le dessaisissement qui résulte de l'ordonnance de clôture de l'instruction. Ce pis-aller pragmatique, ne peut se passer d'un fondement juridique. La tâche n'est pas facile car les règles de procédure ne sont pas instituées pour être enfreintes. La seule solution que trouve Monier, assez classique, consiste à se référer à l'intention du législateur, c'est-à-dire à l'esprit du texte mis en relation avec son but. Il exhume aussi une jurisprudence, désuète au regard des textes visés, mais qui lui semble conforme aux principes supérieurs de justice. En effet, un arrêt de la Cour de cassation du 28 mai 1847 et un autre de la Cour de Poitiers du 2 octobre 1858 avaient décidé que la faculté donnée au prévenu de demander sa mise en liberté provisoire exigeait qu'il soit statué sans retard sur sa requête et supposait l'existence d'une juridiction ayant mission de l'apprécier. La juridiction dessaisie avait donc le devoir d'examiner la demande si la juridiction compétente ne pouvait être constituée. Dans les affaires prises en référence, l'impossibilité était de durée limitée, aussi le procureur de Lille, use-t-il d'un argument *a fortiori* pour étendre cette jurisprudence au cas de la Cour d'appel de Douai, dont le fonctionnement se trouve suspendu « pour une période indéterminée et depuis plusieurs années »[190]. Le dysfonctionnement de l'institution à l'origine de la carence judiciaire peut justifier l'entorse à un texte d'ordre public. Monier propose un modèle de requête à soumettre au juge concerné dans une lettre qu'il adresse au préfet du Nord :

« Attendu que peu après l'occupation de l'arrondissement de Lille par les armées allemandes, la Cour d'appel de Douai a cessé de fonctionner, que la chambre des mises en accusation n'a donc pu être saisie de l'affaire… et qu'elle se trouve en fait dans l'impossibilité de

[190] Cassation 28 mai 1847 (Dalloz périodique 1847-1-215), Poitiers 2 octobre 1858 (Dalloz périodique 1859-2-123).

statuer sur les demandes de mise en liberté provisoire qui ne peuvent lui parvenir. Attendu que la mise en liberté provisoire peut être demandée en tout état de cause ; que la chambre des mises en accusation est en principe seule compétente pour statuer sur cette demande lorsque le juge d'instruction a clos la procédure. Mais attendu que cette règle ne peut recevoir, dans l'espèce, sa stricte application puisque l'exercice de la juridiction compétente nettement désignée par la loi n'est plus assuré. Qu'il y a lieu dès lors de se demander si, contrairement aux principes généraux, le juge d'instruction ainsi dessaisi ne reste pas compétent pour statuer sur la demande formulée dans ces circonstances. Que lui dénier ce droit serait manifestement contraire à la volonté du législateur qui a entendu réserver aux inculpés à chaque étape de la procédure, une juridiction permanente capable d'examiner sa demande de mise en liberté provisoire. Attendu que M. le Juge d'instruction paraît dans ces circonstances être la seule autorité compétente pour remplir exceptionnellement l'office dévolu par l'article 116 du code d'instruction criminelle à la Cour d'appel de Douai, laquelle a cessé de siéger. Requiert qu'il lui plaise de se déclarer compétent… »[191]

Malgré les efforts déployés ici ou là, la farouche volonté de maintenir le fonctionnement de la justice française a débouché la plupart du temps sur une activité symbolique, qu'illustre celle du juge de paix de Vitry-en-Artois esquissée précédemment. Il eut au cours du conflit quatre occasions d'intervenir en matière pénale. Dans la première affaire, un infanticide, tout le travail d'information qu'il avait accompli, malgré l'obstacle constitué par l'impossibilité de se déplacer pour enquêter, dut être remis à l'autorité allemande, qui prétendit ensuite avoir égaré les pièces. Après l'Armistice, Edmond Lefevbre tentera de décrire de quelles pièces se composait le dossier, qui restera sans suite. Dans la seconde affaire, un avortement, la Kommandantur avait aussi exigé le transfert du dossier, cette fois trop tard : celui-ci avait déjà été transmis au procureur de Douai. Le refus de laissez-passer ne permit cependant pas d'acheminer les prévenues au siège de la cour d'appel. En troisième lieu, l'enquête sur l'assassinat, précédé du viol d'une jeune institutrice, à Corbehem, devait revenir au juge de paix puisque la Kommandantur avait acquis la certitude, après une première enquête, que le coupable n'était pas

[191] Archives Départementales du Nord, 9 R 326.

allemand. On ne sait dès lors pour quelle raison les laissez-passer indispensables ne lui furent pas délivrés. L'autorité militaire se borna à faire placarder des affiches promettant une récompense à qui fournirait des informations permettant d'arrêter l'auteur du crime. La dernière affaire concernait la circulation d'un faux billet à Vitry, elle donna lieu à un simple procès-verbal. Pour le reste, le juge de paix fut destinataire de diverses dénonciations d'avortements, auxquelles il ne prêta pas attention. Les renseignements ne lui paraissent pas sérieux alors qu'ils mettaient en cause un notable de Vitry[192]. Il ne semble pas que ces affaires aient connu des suites judiciaires ultérieurement. Cela ne signifie pas que les investigations du juge de paix aient été totalement inutiles. Elles ont peut-être limité l'extension de la délinquance, les contrevenants éventuels pouvant craindre les conséquences ultérieures de l'enregistrement des faits que le juge réalisait.

En plus de la préemption des affaires exercée par la justice militaire allemande, les juridictions françaises allaient subir la concurrence de juridictions créées *ex nihilo*, à l'initiative de l'occupant ou par les autorités françaises. En l'absence du contrôle exercé par le ministère de la Justice, elles ont fonctionné bien que parfaitement illégales.

LES JURIDICTIONS ILLEGALES DE LA FRANCE OCCUPEE

Les juridictions « françaises » de substitution : Maubeuge, Charleville, Givet

Elles se nomment au cours de la guerre : « commissions judiciaires » ou « tribunaux français ». Les justiciables utilisent parfois conjointement les deux expressions. Un trait les caractérise, ces juridictions sont composées de « magistrats » français, quelle que soit l'origine de l'initiative qui a présidé à leur création.

Au tout début de l'année 1915, la nouvelle parvient, par hasard, à la Cour d'appel de Douai, que depuis quelques mois un nouveau tribunal fonctionne à Maubeuge, circonscription qui relève normalement de la

[192] Lettre du 18 décembre 1918 au procureur de la République d'Arras, Archives départementales du Pas-de-Calais 3U403.

juridiction du Tribunal d'Avesnes-sur-Helpe. Selon les informations qui parviennent à Douai, le tribunal de Maubeuge bien qu'il soit composé de Français, a été créé par l'autorité allemande. Si le tribunal d'Avesnes, les magistrats douaisiens le pensent, est en mesure de rendre la justice, la création du tribunal de Maubeuge s'avère parfaitement illégale, l'occupant n'ayant pas à intervenir pour assurer l'ordre public si les institutions françaises peuvent remplir leur mission. C'est pour s'en assurer que le premier président et le procureur général prennent la route d'Avesnes. Les choses s'annoncent d'emblée assez mal. A leur arrivée, cela a été évoqué précédemment, ils constatent que le drapeau allemand, hissé pour fêter l'anniversaire de Guillaume II, flotte sur le toit du tribunal. Le procureur Jacomet le fait immédiatement descendre. Les chefs de la Cour de Douai, après avoir constaté que le Tribunal d'Avesnes était complet, donc en mesure de rendre la justice, se rendent à Maubeuge. Ils y rencontrent le « président » du tribunal et le « représentant » du ministère public en la personne, respectivement, du juge de paix et du commissaire de police de la ville. Le procureur général tente en vain de leur faire prendre conscience de la gravité de leur comportement, leur adresse un avertissement et les somme de prévenir les autres membres du tribunal de l'illégalité à laquelle ils prêtent leur concours. Ils sont ensuite reçus par le conseiller de justice de la Kommandantur, Bemelmans, à qui revient l'idée de la création des commissions judiciaires. Bemelmans est magistrat, il était juge à Saverne avant la guerre et y jouissait de l'estime des Alsaciens, auxquels il avait toujours manifesté de la sympathie dans l'exercice de ses fonctions, allant jusqu'à apprendre leur dialecte. Si l'on en croit le jugement, sans doute excessif, de Louis Sadoul, cette sympathie se serait muée en haine à la déclaration de guerre car Bemelmans « perdit la tête comme tous les Allemands et toutes les Allemandes ». Si, avec ironie, ce dernier confesse à ses interlocuteurs que juridiquement la création de la juridiction lui donne « la chair de poule », il n'est pourtant pas décidé à mettre un terme à son activité.

Bemelmans est, en effet, l'instigateur de l'arrêté du 18 novembre 1914 du gouverneur militaire de Maubeuge, pris sur le fondement de l'article 78 de la loi d'organisation judiciaire allemande du 20 janvier 1877, qui a institué le tribunal. Cette loi prévoit que lorsqu'un bailliage se trouve trop éloigné du tribunal régional, il est envisageable de créer une chambre correctionnelle auprès de ce tribunal de bailliage, les magistrats de cette chambre provenant soit du tribunal de bailliage, soit du tribunal régional. Bemelmans croit bon d'assimiler la circonscription du canton de Maubeuge à un bailliage, et le Tribunal de première instance d'Avesnes à un tribunal régional pour trouver matière à transposer la loi allemande. Il agit probablement dans l'intérêt de la justice, la guerre rendant les déplacements très difficiles, et il ne paraît pas animé par la volonté d'imposer la justice allemande. Il n'empêche que, concrètement, l'arrêté a pour effet de transformer la justice de paix de Maubeuge en tribunal de première instance. Cette juridiction se compose du juge de paix et de son suppléant ; le commissaire de police officie au ministère public, ce qui est sa fonction devant la justice de paix. Quelques notables la complètent : un industriel, un docteur en droit et le directeur d'une agence d'assurance. Un peu plus tard, un juge suppléant est nommé en la personne d'un notaire de la ville. Le salaire du personnel de la juridiction est fixé par l'autorité allemande et versé par elle. La compétence du tribunal est générale, aussi bien civile que pénale, se limitant aux délits et contraventions et il applique la loi française.

Fort mécontent de l'installation de ce tribunal, le procureur général interjette appel systématiquement de toutes les décisions qu'il rend. On avancer qu'utiliser cette voie de recours, en faisant jouer le deuxième degré de juridiction, revient à reconnaître implicitement le tribunal, mais en raison de l'effet suspensif de l'appel, la décision est privée d'une application immédiate, tout au moins symboliquement. A Maubeuge, on ne semble pas s'être soucié de l'énergie que le procureur dépensait à Douai. Le tribunal, dont les archives ont disparu (elles ont probablement été détruites lors des bombardements de la Seconde Guerre mondiale), a rendu 633 jugements, ce qui dénote une activité soutenue, bien supérieure à celle des juridictions légales de la zone occupée. Ce tribunal est supprimé en octobre 1916 par l'inspecteur des Etapes de l'armée allemande qui, sans beaucoup de formes, avise le juge de paix de Maubeuge que le tribunal n'existe plus.

La commission judiciaire de Charleville constitue le seul cas d'initiative réellement populaire de création d'une juridiction en territoire occupé. Elle répond à l'exode des magistrats à la suite de l'ordre de repli lancé par le préfet au début du conflit. Il ne reste en effet que quatre magistrats, ce qui ne permet pas à l'institution judiciaire de fonctionner. Passées les premières semaines d'adaptation à la situation nouvelle engendrée par la guerre, la question de la répression de la délinquance retrouve toute son importance dans le quotidien des populations. Faute de répression, les victimes d'infractions finissent le plus souvent par aller se plaindre, non sans réticence, aux autorités d'occupation. Ces dernières ne souhaitant pas intervenir dans des questions qui n'intéressent que des Français, les renvoient aux municipalités et leur suggèrent de constituer des commissions judiciaires afin de pallier l'anomie de la justice institutionnelle. A Charleville, les circonstances s'y prêtent bien. En effet, les habitants ont réagi rapidement au départ des fonctionnaires en instituant une commission municipale pour administrer la ville. Dans l'urgence des problèmes à résoudre, elle s'est mise au travail avec le consentement de la population pressée de sortir du chaos. Il lui semble logique d'envisager une commission spécialisée pour la justice. La commission municipale fait appel pour la constituer aux notables de la ville. Les juges désignés sont tous des industriels. Leur président est en outre vice-président de la commission municipale et juge au tribunal de commerce. Les assesseurs ont tous été auparavant conseillers municipaux. En tant qu'élus, ils sont connus et respectés. Le ministère public est un moment assuré par un commerçant, chef des gardes civils au moment de la mobilisation, puis par un adjudant retraité, avant d'être exercé successivement par deux anciens gendarmes, proclamés commissaires de police. Le commis greffier du tribunal, resté à Charleville, assure les tâches du greffe et veille au respect de la procédure, notamment en ce qui concerne les garanties dont doivent bénéficier les prévenus. Comme dans toutes les juridictions de ce type, le ministère public assume l'instruction. La confusion des pouvoirs et des rôles caractérise en effet la commission. Elle dispose du droit de grâce et assume les fonctions d'un juge de l'application des peines en visitant régulièrement les condamnés, dont il lui arrive d'abréger la détention pour bonne conduite. *Ratione loci*, la compétence de la commission judiciaire s'étend à la ville puisqu'elle émane de la commission municipale. *Ratione materiae*, son intervention se limite aux délits et contraventions. Il ne faut pas y voir une limitation de compétence réfléchie au préalable, mais le résultat d'un choix qui est opéré, au cas par cas, à l'audience. La commission préfère en effet se déclarer incompétente lorsque les infractions lui semblent trop graves, en se prononçant sur le renvoi devant la cour d'assises lorsqu'il redeviendra possible. Cette attitude dénote une certaine sagesse. Au rythme d'une audience par semaine, l'activité de la commission est assez soutenue. Elle juge surtout des vols, commis notamment au détriment des services officiels de ravitaillement. Ses décisions sont assez sévères au regard de la pratique correctionnelle pour ce type d'infractions[193].

C'est, d'une manière différée, au cours de l'année 1916 que la question judiciaire se pose dans la ville de Givet. Le projet d'une juridiction nouvelle émane du général Zwehl, alors gouverneur de Belgique, car Givet, comme quelques autres localités ardennaises, a été rattaché au gouvernement de Belgique dès le début de l'occupation. La municipalité, sollicitée par l'occupant, s'adresse au juge de paix du canton pour lui demander d'assurer la présidence du tribunal. Ce dernier refuse, arguant de l'illégalité de la juridiction. Le maire adopte la même attitude, la justifiant par le principe de séparation des pouvoirs, mais pour faire montre de bonne volonté, il se rend à Maubeuge afin d'étudier le fonctionnement du tribunal qui y a été créé dans les mêmes conditions. Le juge de paix de Fumay, plus souple que celui de Givet, accepte la présidence. Le général Zwehl révoque alors le juge de paix de Givet et confie ses attributions à celui de Fumay, lequel s'avère en réalité être son second suppléant. Dans la foulée, il prend un arrêté qui crée le « Tribunal français pour la région de Givet », dont la juridiction s'étend sur les vallées de la Meuse et de la Semoy. Le tribunal se compose de notables. Outre son président, ex-juge de paix de Fumay, son vice-président est négociant à Givet. Un conseiller d'arrondissement, par ailleurs vétérinaire dans la ville, complète la juridiction. Deux suppléants sont nommés. Le premier est un receveur du péage en retraite et le second, le directeur de l'usine à gaz de la ville. Le commissaire de police a accepté d'assurer le ministère public sous le titre de « substitut du procureur », bien que le poste de procureur n'ait pas été prévu. Le tribunal se complète d'un greffier, d'un greffier suppléant et d'un huissier. Le traitement des membres du tribunal respecte la hiérarchie des fonctions, de 4 000 francs pour le président à 750 francs pour l'huissier. A cela viennent s'ajouter des indemnités par audience se montant à 15 francs (6,50 francs pour l'huissier). Elles ne sont toutefois payables que dans la limite des amendes recouvrées auprès des condamnés par le

[193] A. Deperchin, « Les juridictions pénales illégales des Ardennes occupées pendant la Grande Guerre : la commission judiciaire de Charleville et le Tribunal français de Givet », *Juges et criminels, Etudes en hommage à Renée Martinage*, Textes réunis par S. Dauchy et V. Demars-Sion, Lille, L'Espace juridique, 2000, p. 425.

commissaire de police. Un relevé des condamnations doit être adressé à l'autorité allemande, qui s'arrogeant un droit de grâce, se réserve le contrôle de la répression exercée par le tribunal. Ce dernier applique la loi française avec quelques aménagements puisque l'instruction est confiée, comme à Charleville, au ministère public. En pratique, pour l'essentiel, elle se déroule à l'audience. Ce tribunal a fonctionné du 13 juin 1917 au 14 septembre 1918, période au cours de laquelle il a rendu 111 décisions. Compte tenu du caractère limité de sa compétence territoriale, restreinte en février 1918 au seul canton de Givet, ce nombre atteste un bon niveau d'activité[194].

Le tribunal des dommages aux civils allemands de Valenciennes

La création, à Valenciennes, d'un tribunal des dommages causés aux civils allemands, en août 1914, montre qu'il arrive à l'occupant de sortir de l'indifférence qu'il manifeste à l'égard des aspects civils de la justice. Il estime en l'occurrence avoir de bonnes raisons de le faire. L'occupant s'est, en l'occurrence, arrogé le pouvoir de créer une juridiction *ad hoc* devant laquelle les demandeurs sont uniquement allemands et les défendeurs français. Sa mission est de déterminer la responsabilité de tous ceux qui ont pu porter préjudice aux Allemands implantés en France, cela au cours des premières semaines de la guerre. Il est incontestable qu'un vent de folie et de haine s'est à ce moment déchaîné, un peu partout en France, accompagné de pillages et de destructions de biens appartenant à des Allemands, à des personnes d'origine allemande ou portant un nom à consonance germanique. Pour l'occupant, les communes sont responsables dans la mesure où il leur revenait d'assurer l'ordre public en maîtrisant les excès de la population. Les victimes doivent donc pouvoir les assigner en réparation.

Il est évident que cette juridiction empiète sur la compétence des tribunaux de première instance français, au mépris des principes constitutionnels, toujours en vigueur dans les territoires occupés. Néanmoins, dans le contexte, on imagine mal comment les victimes allemandes de dommages auraient songé à s'adresser à la justice officielle, même si la jurisprudence interdisant aux sujets ennemis d'ester en justice n'avait pas cours en zone occupée. On ne sait

[194] Décision du 9 février 1918 de l'inspecteur des Etapes prise quand Givet cesse d'être rattachée au gouvernement général de Belgique.

malheureusement rien de ce que fut l'activité de ce tribunal. Ses archives ont probablement disparu au cours de la Seconde Guerre mondiale et la presse d'occupation ne s'est pas fait l'écho de son activité. Toutefois, sa notoriété a probablement dépassé le cadre du Valenciennois : à Péronne, dans la Somme, en mars 1916, Pierre Malicet note dans son journal que le juge allemand de la Kommandantur « voudrait que le tribunal fonctionnât pour faire payer les sommes dues aux Allemands d'avant la guerre ». Le juge allemand n'envisage pas de juridiction spécifique, mais il est possible qu'ayant eu connaissance de l'activité du tribunal de Valenciennes, il ait songé aux moyens d'obtenir dans la région de Péronne une indemnisation des civils allemands victimes d'exactions au début du conflit[195].

Perspectives d'annexion : la justice à Briey et Longwy

Six magistrats sont restés à leur poste, faisant du Tribunal de première instance de Briey la juridiction la plus fournie en personnel judiciaire de toutes celles de l'est de la France occupée. Cette situation exceptionnelle peut laisser espérer que la justice suive son cours. Effectivement, les choses s'annoncent plutôt favorablement, l'ennemi prêtant même le concours de ses soldats pour assurer le service d'ordre des audiences des 10 et 12 août 1914. Mais, en fait, ces audiences sont les premières et les dernières du Tribunal de Briey au cours de la guerre. Lorsque l'occupation s'installe véritablement, l'autorité allemande opère une volte-face complète à l'égard de la justice française. Des magistrats figurent parmi les otages que désigne la Kommandantur, tandis que d'autres sont affectés à des tâches sans rapport avec leur mission : balayage des rues, enlèvement de la neige, transport de colis. Les plus efficaces sont promus par la suite au rang de chefs d'équipes des personnes désignées pour accomplir ces corvées. Seul le président du tribunal trouve le moyen d'y échapper en devenant responsable du comité hispano-américain pour le ravitaillement des populations occupées. Ayant en charge vingt-deux communes sur lesquelles il faut répartir la pénurie, tout autant que les vivres, arbitrer les conflits, lutter contre les fraudes et apprécier les réclamations, les missions du président entrent finalement dans le champ de ses compétences professionnelles. Le procureur de la

[195] *Le Journal de guerre de Pierre Malicet*, 9 mars 1916, *op. cit.*, p. 172.

République, de son côté, ne supportant plus la condition que l'occupant a faite aux magistrats dans le but de les avilir, tente d'y échapper au sens propre du terme. Il espère gagner la Hollande et réussit à joindre le Luxembourg. Il s'y cache pour échapper aux recherches. Hélas, les Allemands ont compris que les fuites chaque jour de plus en plus nombreuses se produisent par le Luxembourg. Dénoncé et arrêté, le procureur de Briey accepte de rejoindre son point de départ, plutôt que d'être accusé d'espionnage. Condamné à plusieurs mois d'emprisonnement, il termine la guerre dans sa propre prison, libéré le jour de l'Armistice par son gardien-chef. La situation réservée aux magistrats de Briey n'est pas fortuite : au mois de mai 1915, l'autorité allemande leur notifie que désormais ils n'ont plus à exercer leurs fonctions. Le cas du Tribunal de Briey est unique dans l'histoire de la justice durant la Grande Guerre. Pour le comprendre, il convient de se placer dans la logique des buts de guerre allemands. Briey et Longwy sont au cœur du bassin minier lorrain resté français après le traité de Francfort. L'Allemagne, convoitant le fer qu'on y extrait, décide que ces deux villes, en cas de victoire, seront annexées au Reich.

Les projets annexionnistes font partie des questions discutées par la doctrine juridique bien avant la Grande Guerre : peut-il y avoir une occupation spécifique dans le cadre d'un projet d'annexion, une sorte de degré intermédiaire entre occupation simple et annexion au cours de laquelle le vainqueur aurait le droit d'établir un gouvernement provisoire ? La doctrine allemande d'avant-guerre, sous la plume d'Edgar Loening, répond à la question dans un article que ce professeur de droit à la Faculté de Strasbourg consacre à l'occupation de l'Alsace-Lorraine au cours de la guerre de 1870. Il y énonce que : « Poser la question c'est la résoudre. La simple intention des parties ne peut produire d'effets en droit, elle ne peut amener de nouveaux rapports juridiques[196]. »

A vrai dire, il lui est assez difficile d'être convaincant lorsqu'il entend montrer que l'occupation de l'Alsace-Lorraine au cours du conflit n'a pas contrevenu à ce principe, dont il affirme la pertinence. En effet, dès le 14 août 1870, le roi de Prusse avait placé ces territoires sous l'administration d'un gouverneur-général, le comte Bismarck. Au fur et à mesure des victoires, le territoire de ce gouvernement s'était étendu et à la tête de nouveaux départements

[196] E. Loening, *op.cit.*, tome IV, p. 635.

avaient été nommés des préfets allemands. Le 21 août 1870, les arrondissements de Sarrebourg et de Château-Salins, dans la perspective d'une future annexion, avaient été rattachés au gouvernement-général d'Alsace. Le préfet allemand avait alors demandé au Premier président et au Procureur de la Cour d'appel de Nancy d'user de leur pouvoir pour que les magistrats des villes concernées acceptent de rendre la justice au nom des « Hautes Puissances Allemandes occupant l'Alsace ». Ces derniers refusèrent invoquant le serment de fidélité qu'ils avaient prêté. Le 8 octobre 1870, le gouverneur-général déclara que la ville de Strasbourg était réunie à l'Allemagne.

En 1915, l'attitude de l'occupant à l'égard des magistrats de Briey s'inscrit donc dans un scénario expérimenté lors du précédent conflit pour préparer le projet d'assimilation progressive au Reich de cette partie du territoire occupée par l'Allemagne. Dans un premier temps, l'autorité militaire, en l'occurrence le général von Oven, gouverneur de Metz, entend contraindre les magistrats français à changer la formule exécutoire de leurs jugements pour que la justice soit rendue au nom de l'Empereur. L'entrevue au cours de laquelle la proposition est faite au procureur de Briey est assez agitée. L'émissaire allemand se présente pour « négocier » accompagné d'un groupe d'officiers. Il argumente sur le bon fonctionnement de la justice dans l'intérêt des populations et sur l'utilité d'une collaboration entre les magistrats et la force publique allemande. Il essuie un refus catégorique malgré la promesse que les magistrats continueront à recevoir leur traitement et seront dispensés des corvées imposées aux habitants. La conséquence ne se fait pas attendre : les magistrats sont tous relevés de leurs fonctions[197]. Quelques jours plus tard, le 17 mai 1915, le général von Oven prend un arrêté qui remplace le tribunal correctionnel de Briey par un *Deutsches Gericht für das Gesetze Gebiet von Longwy und Briey* (Tribunal allemand pour les territoires occupés de Longwy et Briey). Une ordonnance du 19 juin suivant, émanant du chef de l'administration civile allemande, vient en régler la procédure. En réalité, ce tribunal a son siège à Metz, ce qui ne laisse aucun doute sur la volonté de marquer le rattachement à la Lorraine allemande. Sa circonscription a été modifiée et correspond désormais uniquement aux cantons de Longwy et de Briey. Sa compétence est uniquement pénale. Le traitement des contraventions est administratif et entre dans

[197] L. Sadoul, *op. cit.*, p. 14.

la compétence des autorités militaires, c'est-à-dire du *Kreisdirector*, sorte de sous-préfet administrant les nouvelles circonscriptions. Le tribunal connaît des délits, à juge unique, et des crimes, en collégialité avec deux autres magistrats, le juge unique des délits assurant la présidence. Un représentant du ministère public et un greffier complètent la juridiction. Le procureur dirige les poursuites, délivre les mandats d'arrêt et mène l'instruction. Le président se prononce, après examen de l'affaire, comme le ferait une chambre d'accusation, décidant du non-lieu ou du renvoi devant la juridiction collégiale. C'est aussi de son avis que dépend la désignation d'un défenseur. S'il estime *a priori* que l'inculpé risque une peine supérieure à un an de prison, l'assistance d'un avocat est obligatoire. Dans le cas contraire, le prévenu doit faire la demande expresse d'un avocat (les défenseurs sont des militaires), lequel est alors désigné d'office. Nommés par le gouverneur de Metz, tous les magistrats sont des fonctionnaires qui portent aux audiences l'uniforme. Cette juridiction emprunte de nombreux traits à la fois à la justice militaire et à la justice allemande : cumul des fonctions, tenue des juges et des avocats. En outre, la procédure ne prévoit pas de voie de recours, le tribunal statue en dernier ressort, le condamné peut seulement demander la reprise de l'affaire par le même tribunal, selon les pratiques du droit allemand (art. 399 et 400 de la loi d'organisation judiciaire). Pour les délits, dont la peine maximale encourue est inférieure à un an de prison ou à 1 000 marks d'amende, le juge unique a la faculté de se prononcer par ordonnance hors tout débat oral. Le condamné, pour empêcher que cette ordonnance ne s'applique, a la possibilité de faire opposition devant le tribunal tout entier. Quant à la loi applicable, il s'agit d'un amalgame entre droit français et droit allemand : Code pénal français pour les infractions, Code pénal allemand pour les peines. Sauf dans les quelques cas prévus par l'arrêté instituant le tribunal, la procédure est réglée de manière cumulative par le code d'instruction criminelle et par la loi d'organisation judiciaire de l'Empire. Les audiences sont en principe bilingues. Ce n'est que par souci d'efficacité, qu'elles se déroulent presque totalement en français, notamment pour l'interrogatoire des témoins. Les jugements sont prononcés en allemand, puis traduits en français aux intéressés. Le bilinguisme parfait des magistrats rend possible cette dualité de langues, assez significative au regard des objectifs assignés au tribunal. L'utilisation du français n'est d'ailleurs que transitoire : dans les écoles, la classe se fait dorénavant en allemand.

LA NECESSITE D'UNE RECONSTRUCTION JUDICIAIRE

Dès la libération des territoires, la justice française doit reprendre son cours. Cela est nécessaire d'un point de vue symbolique et d'un point de vue matériel. La période est, en effet, confuse entre le retour des réfugiés, le chaos provoqué par la guerre et le départ de l'ennemi qui a pratiqué, en maints endroits, une politique de terre brûlée. Le ministère de la Justice veille à ce que les personnels judiciaires soient en poste pour répondre aux besoins juridiques immenses que la guerre a créés.

Les dommages aux palais de justice

Tous les témoignages concordent pour décrire la désolation des lieux après le départ de l'ennemi. Amaury de Warenghien est parmi les premiers à rentrer dans Douai et s'adresse aux magistrats :

« Tout rappelle ici les tragiques souvenirs des quatre années qui viennent de s'écouler : les fenêtres dont les carreaux brisés livrent passage à tous les vents, ces sièges aux garnitures découpées ou arrachées, les vestiaires vides de vos robes, comme aussi des nôtres, les bibliothèques saccagées, les archives des greffes bouleversées de fond en comble, le coffre-fort défoncé gisant dans la salle des Pas perdus, les tableaux de la grande salle du parlement de Flandre troués et tailladés, enfin la façade du palais de justice entamée par les obus, tout cela retrace de la façon la plus saisissante la longue série d'attentats que les Allemands n'ont pas craint de nommer l'agonie de Douai[198]. »

Dans l'est, la situation est identique. L'avocat général Maret signale l'importance des dégâts dans le ressort de Nancy. Le palais de justice de Saint-Mihiel a toutes ses superstructures endommagées. A Vouziers, les obus, qui se sont abattus sur la ville au moment de sa libération, ont provoqué l'effondrement du toit de la salle d'audience. Le tribunal siège dans un bâtiment privé que l'on aménage

[198] A de Warenghien, *op.cit.*, p. 24.

rapidement. A Mézières, les tirs allemands, lors de la retraite, ont endommagé la cour d'assises quelques heures avant l'Armistice. La situation est plus grave encore pour les justices de paix : « les magistrats cantonaux devront se contenter le plus souvent de baraquements[199]».

Partout, la nécessité s'impose de remettre en état les bâtiments judiciaires. Dans le Nord, les tribunaux de première instance de Lille, Douai, Avesnes, Valenciennes ont subi des bombardements qui ont endommagé les toitures, les installations de chauffage, les enduits et les peintures. Dans la plupart des cas, le mobilier a été enlevé ou dégradé. A Cambrai, où le bâtiment a peu souffert, il ne reste rien : tout a été emporté par l'occupant. A Péronne, dans la Somme, il ne reste du palais de justice que quelques pans de murs. Les rapports rédigés dans chaque département sinistré pour faire le bilan des besoins de ce que l'on a appelé la « reconstitution », pour bien marquer la volonté d'effacer les traces de la guerre, mentionnent les travaux nécessaires. D'autres, par la suite, donneront l'état d'avancement des chantiers. Ainsi, celui que publie le préfet du Nord, en 1921, indique qu'aucun bâtiment n'a encore retrouvé sa fonctionnalité d'avant-guerre[200]. Financièrement, cette reconstruction coûte très cher à l'Etat et aux départements. Les travaux se poursuivent à la vitesse où les crédits sont votés. A Douai, le remplacement du mobilier de la cour d'appel traine faute de fonds. Pour permettre à la cour d'effectuer la rentrée judiciaire du 2 octobre 1920, l'architecte fait livrer en catastrophe une table sur tréteaux que l'on recouvre d'une toile[201]. Il faut attendre la loi du 31 mars 1922 pour qu'un budget spécial soit prévu sur lequel un crédit de 21 440 francs est alloué pour reconstituer le mobilier. Mais alors que l'occasion se présente d'éliminer la vétusté des palais, dont on se plaignait avant la guerre, en concevant des locaux plus vastes et mieux adaptés aux besoins, le pragmatisme budgétaire viendra limiter les projets proposés par les architectes.

---

[199] Discours de rentrée, Cour d'appel de Nancy, 1919.
[200] *Deux ans de reconstitution, rapport présenté au Conseil général du Nord par A. Naudin, préfet du Nord.* Coûts estimatifs pour Valenciennes : 477 931 francs, pour Douai : 188 455 francs, pour Lille : 151 480 francs, pour Avesnes : 30 668 francs.
[201] Lettre du 10 septembre 1920, Archives départementales du Nord 8 U 21.

La destruction des archives

Les archives judiciaires et notariales ont particulièrement souffert de l'effet conjugué de la guerre et de l'occupation. Matériaux périssables et fragiles, elles ont été exposées pendant la guerre au pire des dangers : le feu. Les incendies qui accompagnent les bombardements n'en laissent rien lorsqu'elles n'ont pu être mises à l'abri, ce qui n'était pas la priorité dans l'échelle des préoccupations du moment. Il est arrivé aussi que l'ennemi utilise les archives comme combustible. A Montmédy, les soldats allemands commencent à les brûler pour se chauffer ou pour fabriquer du papier, lorsque, par chance, l'un des juges alerte l'autorité allemande. Il a affaire à un professeur mobilisé qui, sensible au problème, fait éteindre le bûcher avant que tous les documents ne soient détruits. A Saint-Mihiel, alors que les magistrats sont parvenus à sauver leurs archives, les Allemands s'en saisissent, en 1917, les chargent sur des camions et les emmènent. Elles seront retrouvées à Metz après l'Armistice. Toutes ne connurent pas cette bonne fortune, malgré les efforts déployés par les professionnels de la justice pour les sauvegarder. Encombrantes, elles étaient difficiles à transporter, d'autant que les moyens de transport adéquats manquaient. Les abris sûrs pouvaient ne pas l'être ou ne l'être qu'un temps et donc se révéler illusoires. Ainsi toutes les archives des notaires et avoués de Cambrai, regroupées dans les caves du musée de la ville, furent détruites. Seul un notaire, qui avait préféré un autre local, put sauver les siennes.

L'activité juridique et judiciaire repose sur la mémoire gardée des faits et des actes, aussi la disparition des archives constitue-t-elle une catastrophe pour tous les professionnels du droit. La reprise des travaux judiciaires impose une reconstitution, longue, coûteuse et fort aléatoire. Les pertes affectent notamment les registres d'état civil, dont les greffes des tribunaux civils gardent un double. Pour le ressort de Douai, il faut copier ou reconstituer plus de deux millions d'actes. Dans le ressort de Nancy, la destruction complète de l'état civil concerne une seule commune de l'arrondissement de Charleville, mais 8 dans celui de Sedan, 37 dans celui de Montmédy. La situation est plus préoccupante dans l'arrondissement de Vouziers où, sur 131 communes, la destruction est totale pour 78 et partielle pour 38 d'entre elles. Lorsqu'en effet, les mairies n'ont pu sauver leurs propres archives, ce qui fut souvent le cas, la perte est quasiment irréparable. La reconstitution de l'identité des personnes, comme des dates qui ont jalonné leur vie, ne peut s'effectuer qu'à partir d'autres actes s'ils n'ont pas aussi disparu ou de témoignages. A ce travail s'ajoute l'activité urgente de recopiage des actes enregistrés au cours de la guerre sur le papier que les greffiers avaient sous la main, souvent des cahiers d'écolier de mauvaise qualité, avec une encre peu lisible après le stockage prolongé dans les caves[202].

Dans le ressort de Nancy, les archives des justices de paix ont été détruites partout où l'ennemi s'est installé. Il ne reste rien des minutes correctionnelles des tribunaux de Vouziers et Rethel. Le casier judiciaire a été détruit totalement dans ces deux villes et à Montmédy, partiellement à Sedan.

Magistrats et juridictions : que faire du passé ?

Comment, à l'issue du conflit, le ministère va-t-il apprécier le comportement des magistrats soumis à l'invasion, puis ensuite à l'occupation ? Faut-il sanctionner ceux qui ont fui devant l'occupant ? La Chancellerie ne peut rien reprocher à ceux qui ont obéi aux ordres d'évacuation des préfets, même s'ils n'étaient pas conformes aux instructions. Elle ne sanctionne pas ceux qui ont pris la fuite de leur seule initiative. Elle récompense en revanche ceux qui sont restés et ont subi l'occupation en les inscrivant d'office au tableau d'avancement. L'attribution de la Légion d'honneur est systématique : « Est resté en poste pendant l'occupation » précise le décret qui l'attribue à Eugène Lebeau[203], « a dirigé pendant toute l'occupation le tribunal, a ainsi permis la continuité du cours de la justice nationale au milieu de l'ennemi », mentionnent ceux de Paul Godard et de Louis Danel, respectivement vice-président du Tribunal de Lille et président du tribunal de commerce[204].

La question la plus préoccupante au lendemain de la guerre est celle des infractions à la légalité. L'isolement provoqué par la ligne de feu a contraint, en tous lieux, le monde judiciaire à s'adapter et le plus souvent à aménager la légalité. Dans certains cas, le péché est véniel.

---

[202] Rapport au procureur général de Douai pour les arrondissements de Douai, Cambrai, Avesnes, Archives départementales du Nord 8 U 21.

[203] Eugène Lebeau a été nommé juge de paix du 2ème canton de Lille en 1908. Il a 67 ans en 1914.

[204] Décret du 17 décembre 1918, *Gazette des Tribunaux* 23 décembre 1918.

L'impossibilité pour les licenciés en droit de prêter leur serment d'avocat devant la Cour d'appel de Douai a été contournée par un arrêté du préfet du Nord les autorisant à prêter le serment requis devant le Tribunal de Lille. Un décret du 30 juillet 1919 règle le problème en validant ces serments. Certaines irrégularités sont plus graves : les décisions rendues par l'occupant dans des cas où la justice française était compétente et celles des juridictions illégales doivent-elles être validées ?

La Cour d'appel de Douai se prononce à deux reprises, en 1919 et en 1921, sur des décisions prononcées dans le département du Nord par des conseils de guerre allemands qui ont condamné des prévenus pour vol et escroquerie. La première affaire est jugée le 24 juin 1919. Les faits, un vol d'une vache et de poules commis par des Français au préjudice de l'armée allemande, remontaient à l'hiver 1916. L'autorité militaire allemande s'était saisie des poursuites, comme la convention de La Haye lui en donnait le pouvoir, puisque son armée était victime de l'infraction. Condamnés à la prison le 1er juin 1917, les condamnés avaient purgé intégralement leur peine. Après la guerre, leur cas est soumis à la Chambre des mises en accusation, la question étant de savoir s'il fallait les rejuger ou non. La cour évite de se placer sur le terrain du droit international pour ne pas avoir à reconnaître la compétence de la juridiction militaire allemande. Mais étant donné que les condamnés ont purgé leur peine, la cour déclare, sur le fondement de l'article 5 § 4 du Code d'instruction criminelle, qu'ils ne peuvent être poursuivis pour les mêmes faits, l'action publique étant éteinte. La seconde affaire se présente dans des conditions légèrement différentes. Le condamné, qui n'était pas français, avait été libéré, bénéficiant de l'amnistie accordée après la révolution allemande de 1918. Dans la décision qu'ils rendent le 26 février 1921, les juges estiment qu'il y a lieu d'appliquer l'article 3 du Code civil et le principe de territorialité des lois. Ainsi tous les faits commis, même par un étranger sur le territoire français sont de la compétence de la justice française, « sans que son action puisse être arrêtée par les actes de la justice étrangère à l'égard des mêmes faits ». L'avocat défenseur soutenait au contraire qu'il y avait lieu d'appliquer, comme la cour l'avait fait en 1919, l'article 5 § 4 du Code d'instruction criminelle, le condamné ayant été amnistié. A l'évidence, à l'issue de la guerre, ce qui importe aux magistrats de la Cour d'appel de Douai, c'est de nier le pouvoir de la puissance occupante en affirmant rétrospectivement, sinon rétroactivement, la souveraineté nationale, portée par le principe de la territorialité des lois. Néanmoins, comment expliquer la disparité de décision ? Dans la première affaire, le prévenu était français et il avait volé l'ennemi. Dans la seconde, il était étranger, la victime était française et l'amnistie résultait d'une décision allemande.

Un certain mutisme semble planer sur l'attitude adoptée après la guerre à l'égard des décisions des juridictions illégales. Il contraste avec la gravité de l'atteinte à la loi qu'elles représentent. Certes, le ministère de la Justice doit alors gérer dans l'urgence la reprise des travaux judiciaires dans la zone des combats, la démobilisation des magistrats, l'apurement des situations personnelles et les multiples problèmes de l'après-guerre (litiges relatifs aux loyers, contentieux des dommages, décès des militaires…). Il doit aussi préparer la réforme de la magistrature attendue depuis fort longtemps et sans cesse reportée. Au milieu de toutes ces préoccupations, les décisions rendues par les juridictions illégales des territoires occupés ne constituent pas une priorité. Le consensus a été donné localement par la population, en maints endroits la justice française a été, pour diverses raisons, défaillante et l'activité de ces juridictions a répondu à un besoin, car elle a été assez soutenue, comme nous l'avons vu précédemment. Le Tribunal de Maubeuge a rendu 633 jugements de novembre 1914 à octobre 1916, le Tribunal français de Givet : 111 en 1917 et 1918, le Tribunal de Briey a jugé 2 663 prévenus entre mai 1915 et novembre 1918. Le problème posé par l'activité des juridictions illégales est finalement résolu localement par les cours d'appel de Douai et de Nancy.

La Cour d'appel de Douai doit obligatoirement se prononcer à l'égard des décisions du tribunal de Maubeuge puisque le ministère public a interjeté appel de tous les jugements rendus. Examiner chaque affaire serait reconnaître l'existence de la juridiction et il n'en n'est pas question. La cour refuse donc de juger au fond. Elle rend, le 15 mai 1919, un arrêt qui se prononce dans une seule affaire pour déclarer l'appel du procureur irrecevable puisque formé à l'encontre de la décision d'une juridiction inexistante. Alors qu'à Avesnes, comme à Maubeuge, les tribunaux fonctionnaient « au point de vue légal », la décision allemande créant le tribunal était parfaitement contraire à l'article 43 de la convention de La Haye qui imposait à l'occupant de prendre « toutes les mesures » en vue de rétablir l'ordre public en respectant les lois en vigueur dans le pays occupé :

« Attendu que les circonstances de sa création rendent ce tribunal inexistant sans qu'il soit nécessaire de rechercher et d'établir, ce qui serait facile, qu'au point de vue de la nomination de ses membres, de sa compétence et de sa procédure, il est contraire à toutes les règles du droit français»[205].

Assez paradoxalement, le refus de statuer sur l'appel laisse subsister la condamnation prononcée par le tribunal réputé inexistant. Entre illégalité de la juridiction et protection de l'ordre public, les magistrats douaisiens se sont trouvés bien embarrassés. Il s'agissait en l'occurrence d'un délit d'escroquerie pour lequel la condamnation avait été d'un mois de prison. La motivation, très longue, après avoir relaté les circonstances anormales de la création de ce tribunal, détaille les noms et qualités de ceux qui le composèrent, car ce sont eux qu'il s'agit en réalité de condamner. L'arrêt prend soin de préciser, circonstance aggravante, que deux des membres du tribunal ont perçu un salaire dont le principe, comme le montant, avait été arrêté par l'ennemi[206].

Dans le ressort de Nancy, l'opinion officielle se nuance en fonction des cas. La commission judiciaire de Charleville est à peine égratignée par l'avocat général Maret dans son discours de rentrée de 1919. L'inexpérience de ses membres est soulignée, quelques erreurs de procédure sont relevées, mais cette commission appelée des vœux de la population, dans le fonctionnement de laquelle l'ennemi n'est pas intervenu, dont l'activité n'a été qu'éphémère, ne mérite pas les foudres. Au contraire même, peut-on lui être reconnaissant :

« Si nous nous plaçons sur le terrain du droit, les décisions de ces tribunaux occasionnels sont évidemment frappées de la nullité la plus absolue. Mais, en fait, en l'absence de juridictions régulières, devant la nécessité de maintenir l'ordre et de combattre la démoralisation, ces juridictions ont rendu des services dont il faut leur savoir gré. Leur action aura été passagère, mais utile »[207].

L'opinion de l'avocat général est nettement moins favorable pour le Tribunal français de Givet, car celui-ci, rappelons-le, avait été créé par l'occupant. Il déplore qu'il se soit trouvé un magistrat, en l'occurrence un suppléant de justice de paix, pour le présider, même s'il souligne que ledit magistrat est de petit rang. Quoi qu'il en soit, il

[205] Cour d'appel de Douai 15 mai 1919, *Gazette du palais* 1919-2-302.
[206] *Jurisprudence de la Cour d'appel de Douai, op. cit.*, p. 35.
[207] Discours de rentrée du 2 octobre 1919, *op. cit.*, p. 17.

concède que le tribunal a pu rendre des services analogues à ceux rendus par la commission de Charleville. Dans le cas de Givet, comme dans celui de Maubeuge, la condamnation porte davantage sur les personnes que sur leur activité. Le magistrat nancéen, Louis Sadoul, est allé sur place consulter le registre des audiences et a fourni à la cour, des éléments d'appréciation. Il constate que le montant total des amendes perçues, sur dix-huit mois d'exercice, n'est pas excessif alors même que le traitement des « magistrats » dépendait pour partie des amendes infligées. Cela attestait du désintéressement des membres du tribunal, davantage guidés par le service rendu à leurs concitoyens que par la recherche de profits personnels. La plupart des affaires jugées furent des vols, en particulier de pommes de terre. Peu de coups et blessures, quatre adultères (punis de la peine classique à l'époque de 25 francs d'amende), des avortements pour lesquels il semble que la peine prononcée ait été plus sévère que celles des jurys d'assises (six mois à deux ans de prison). Toutefois, le tribunal se déclara incompétent dans une affaire d'infanticide et dans des cas d'attentats à la pudeur, tout en maintenant les accusés en détention afin qu'ils soient jugés plus tard. En conclusion, la juridiction n'était pas allée jusqu'aux confins de l'illégalité[208]. La Commission judiciaire de Charleville et le Tribunal français de Givet n'en demeuraient pas moins des juridictions illégales, c'est sans doute la raison pour laquelle, leurs archives, estampillées du cachet de la justice de paix, probablement apposé par Louis Sadoul, envoyé en mission officieuse sur place, ne figurent pas dans les archives judiciaires, mais ont été rattachées aux archives communales des localités qui ont vu leur création.

Il en allait tout autrement pour le Tribunal de Briey, situé dans la hiérarchie de l'illégalité, au dernier cercle de l'Enfer. L'avocat général n'y fait que brièvement allusion dans son discours, se contentant de mentionner que certains prévenus, encore détenus au moment de la libération de la ville, ont été libérés. Sans doute passèrent-ils pour innocents. Le cas d'autres prévenus, condamnés pour des crimes plus graves, fut réexaminé par la justice française. Le laxisme apparent de l'avocat général laisse supposer que le tribunal de Briey n'a pas si mal fonctionné que cela. Dans le cas contraire, la critique de la juridiction aurait été impitoyable. Louis Sadoul, qui a consulté les dossiers de procédure tels qu'instruits pendant la guerre, reconnaît que les peines

---

[208] L. Sadoul, *op.cit.*, p. 37.

prononcées par le tribunal ont été assez analogues à celles prononcées par les juridictions françaises, sans que l'on puisse relever une sévérité particulière, ni des marques d'arbitraire. Il ajoute même que le personnel du tribunal a fait preuve de bienveillance à l'égard des Français et mentionne, au passage, l'attitude d'un juge que ses collègues allemands traitaient de « sale Français » parce qu'ils estimaient que sa sympathie envers les Lorrains était trop manifeste et celle d'un greffier qui prodiguait ses conseils aux prévenus. Dans une affaire d'infanticide, il concède : « la plus élémentaire impartialité me fait dire que l'instruction a été consciencieusement faite, sans autre souci que de découvrir la vérité ».

C'est dans cette affaire que la justice française réexamina la décision du tribunal de Briey, rendue à Jœuf le 14 juin 1917. L'accusée, reconnue coupable, avait été condamnée à 5 ans d'emprisonnement, peine qu'elle purgea jusqu'après l'Armistice. Pourtant, le parquet la poursuivit à nouveau, estimant que la décision d'une juridiction illégale ne lui était pas opposable. L'affaire fut rejugée par la cour d'assises de Meurthe-et-Moselle, le 25 février 1920. L'avocat misa sa défense sur l'injustice qu'il y aurait à condamner et à faire subir une seconde fois la peine, l'accusée devenant alors victime d'une sorte de conflit de juridictions qui la dépassait totalement. Le jury rendit un verdict d'acquittement, qui bien que justifié en équité, n'était pas exempt de reproche au regard du droit. La situation paradoxale des juridictions illégales s'y trouve pleinement révélée. Le verdict est contraire au principe du droit français selon lequel on ne peut être jugé deux fois pour les mêmes faits. Mais, selon l'approche institutionnelle que fait prévaloir le parquet, il n'y a pas de premier jugement. La décision n'est pas même entachée de nullité, elle est inexistante. En conséquence, il faut considérer que l'accusée est jugée pour la première fois par la Cour d'assises de Meurthe-et-Moselle. Le jury, sensible sans doute à l'argumentation de l'avocat, n'eut d'autre choix que de déclarer l'accusée non coupable, ce qui n'était probablement pas le cas. Ce verdict imposait aux magistrats de prononcer un acquittement qui venait satisfaire leur sentiment de justice[209]. En réalité, de toutes ces

[209] A l'époque où cette affaire est jugée en cour d'assises, le jury délibère seul sur la culpabilité et les circonstances atténuantes, les magistrats se prononcent ensuite sur la condamnation et la peine.

situations, juridiquement bancales dès l'origine, il était impossible de sortir sans enfreindre un principe juridique ou un autre

EPILOGUE

Après l'Armistice, les premières rentrées judiciaires fournissent l'occasion de dresser, dans les territoires occupés, le bilan des pertes matérielles, mais aussi humaines vécues par les milieux judiciaires. Le 21 décembre 1918, la Cour de Douai effectue sa rentrée solennelle en présence du garde des Sceaux, qui a choisi le « ressort martyr » comme symbole du retour à la France des circonscriptions judiciaires occupées. Le président de la République ne manque pas, l'année suivante, de venir saluer les magistrats de la cour d'appel, lors de sa visite officielle à Douai, le 14 octobre 1919. Alors que les populations des départements envahis ont le sentiment de devenir assez rapidement, les grandes oubliées du conflit, pire encore des « Boches du Nord », les magistrats bénéficient de la sollicitude du ministère de la Justice qui leur accorde mutations et promotions. En outre, on observe que le ministère puise largement dans le vivier du personnel des juridictions occupées pour trouver les magistrats qu'il détache auprès du Commissaire pour l'Alsace-Lorraine. L'expérience des relations avec l'occupant et sa justice leur donne une compétence appréciable au moment où il faut réinstaller la justice française dans les départements recouvrés, après plusieurs décennies de justice allemande.

CHAPITRE 7

LA VIE JUDICIAIRE A L'ARRIERE

La France de l'arrière est cette partie du territoire, la plus vaste en superficie, qui ne connait pas l'occupation et se trouve éloignée des combats. Elle n'en vit pas moins au rythme de la guerre, laquelle entraine d'importantes modifications du quotidien, aussi bien privé que professionnel obligeant à repenser l'organisation de la justice. Le ralentissement de l'activité judiciaire affecte tout l'arrière lors des premiers mois du conflit, mais par la suite un fossé se creuse entre la léthargie qui caractérise la province et l'effervescence qui affecte Paris et, dans une moindre mesure, les grandes villes.

MOBILISATION ET JUSTICE

En 1914, seuls les hommes pouvant accéder à la fonction judiciaire, la mobilisation réduit de manière sensible les effectifs des juridictions. Elle provoque le départ de nombreux magistrats, avocats, officiers publics et ministériels, mais aussi des personnels de l'administration des cours et tribunaux, des cabinets et études dont l'activité est essentielle. Le ministère de la Justice n'a que peu de marge de manœuvre en ce qui concerne les magistrats, il n'en a aucune en ce qui concerne les auxiliaires de justice.

La guerre imaginée et le fonctionnement de la justice

Les dispositions de la loi de 1905 sur le recrutement militaire destinées à assurer, en cas de guerre, le fonctionnement de la justice ont été précédemment énoncées[210]. En maintenant un effectif minimal dans les parquets, il s'agissait de donner la priorité à la justice pénale. La guerre va confronter ce texte à la loi du 30 août 1883 qui organise

[210] Chapitre 1.

institutionnellement la justice et dessine l'ébauche de ce qui deviendra plus tard le statut de la magistrature.

Sous son angle technique, cette loi fixe l'organisation judiciaire : types de juridictions et hiérarchie de celles-ci, composition des cours et tribunaux, notamment dans la phase de jugement (nombre de juges, règle de l'imparité). Elle prévoit qu'une cour ne puisse pas rendre en audience normale un arrêt si elle comporte moins de cinq conseillers (article 1), moins de neuf en audience solennelle et qu'un tribunal ne puisse rendre de jugement à moins de trois juges (article 4). Elle précise en outre les garanties dont bénéficient les juges. Les magistrats du siège sont inamovibles : ils ne peuvent, contre leur gré, être déplacés par décision du ministre de la Justice sans l'avis conforme du Conseil Supérieur de la Magistrature (article 15). A cette époque, ce sont les chambres réunies de la Cour de cassation qui forment cette instance disciplinaire, ce qui a pour effet de rendre la procédure exceptionnelle. Le ministère ne pourra donc, en l'état de la législation, combler les vides relevés dans certaines juridictions par l'affectation de magistrats du siège en surnombre dans d'autres, sans le consentement des intéressés. Sa marge de manœuvre se limitera aux magistrats du parquet, qui ne bénéficient pas de l'inamovibilité.

En 1905, dans le souci de réserver un fonctionnement *a minima* des juridictions, tout en respectant le principe de la conscription générale, les magistrats ont été classés parmi les fonctionnaires et agents de l'Etat à l'annexe B de la loi. Ceux qui sont mobilisables bénéficient d'un sursis d'appel qui les place dans ce que l'on dénomme la non-disponibilité militaire. Cette mesure concerne en premier lieu, en raison de leur rôle en matière pénale, les procureurs généraux et les procureurs de la République s'ils ne sont pas réservistes de l'armée active, donc s'ils appartiennent à l'armée territoriale ou à sa réserve. Elle s'applique, en second lieu, aux magistrats du siège, de manière plus restrictive, seulement si leur présence est indispensable pour maintenir un effectif de deux magistrats par juridiction et à condition qu'ils appartiennent aux classes les plus anciennes, c'est-à-dire à la réserve de l'armée territoriale.

On peut imaginer les difficultés de fonctionnement d'une juridiction qui serait réduite à deux magistrats compte tenu des règles conjuguées de l'organisation judiciaire et de la procédure. Sans les examiner toutes, il suffit de considérer qu'au pénal le magistrat instructeur ne peut siéger dans la formation de jugement. Le recours aux juges suppléants prévus pour remplacer les magistrats empêchés est ici parfaitement illusoire. La suppléance, porte d'entrée dans la magistrature, est assurée dans la plupart des cas par des hommes trop jeunes pour bénéficier du sursis d'appel. Il reste le recours aux auxiliaires de justice, car il est possible de compléter un tribunal par un avocat ou un avoué, mais si cette pratique devient une habitude, le fonctionnement de la justice risque de reposer entièrement sur eux et à contre-emploi.

Premières mesures de guerre : l'urgence

Dès avant le conflit, le ministère de la Justice avait pressenti les répercussions qu'aurait une mobilisation générale sur le fonctionnement des juridictions qui avait de grandes chances d'être compromis malgré les dérogations de la loi de 1905. Comment expliquer autrement que figurent parmi des lois votées dans l'urgence le 5 août 1914, des mesures assez techniques concernant la justice ? L'Allemagne vient de déclarer la guerre à la France et dans l'enthousiasme de l'Union sacrée, tous les textes proposés par le gouvernement sont votés, pêle-mêle, sans discussion. Proclamation de l'état de siège, crédits militaires, incorporation des Alsaciens-Lorrains, censure des indiscrétions commises par la presse, allocations aux familles de mobilisés avoisinent divers moratoires, la prorogation des échéances, la suspension des prescriptions et péremptions en matière civile et commerciale. Parmi les textes votés ce 5 août, une loi pourvoit aux conséquences de la mobilisation des magistrats. Preuve de la prise de conscience immédiate des limites de la loi de 1905, elle emprunte à la croyance, partagée par tous, que la guerre sera courte. L'efficacité des mesures prises repose sur ce postulat.

Etant donné que promesse a été donnée aux mobilisés qu'aucun magistrat ne serait recruté et qu'aucun tableau d'avancement ne verrait le jour pendant le conflit, les mesures votées s'apparentent au bricolage des moyens existants, lesquels sont limités. Afin de pourvoir au remplacement des magistrats mobilisés, il n'est d'autre alternative que de modifier les règles qui organisent le découpage des circonscriptions judiciaires et la composition des cours et tribunaux. Définies par la loi, elles ne peuvent être modifiées que par la loi. Alors que sur nombre de questions, les chambres donnent délégation au gouvernement pour qu'il puisse prendre dans l'urgence les mesures utiles par décret, elles ne peuvent le faire en ce qui concerne la justice.

La loi du 5 août 1914 prévoit de compléter les juridictions du premier degré par des délégations de magistrats, arrêtées par le premier président de la cour d'appel pour le siège, par le procureur général pour le parquet. Un juge pris dans un autre tribunal du même ressort, à défaut un juge de paix de l'arrondissement, pourra compléter la formation de jugement, le juge titulaire du tribunal pouvant ainsi officier au ministère public. Les cours d'appel seront complétées par des juges du tribunal de première instance du lieu où siège la cour[211]. Le système mis en place aboutit donc à contourner le principe de l'inamovibilité dans le cadre restreint du ressort de chaque juridiction et de manière temporaire. La proximité guide le choix pour des raisons pratiques. Proximité hiérarchique d'abord : suivant la pyramide judiciaire, on délègue à la cour d'appel, un juge du tribunal de première instance et, à défaut de magistrat disponible dans le ressort, un juge de paix au tribunal de première instance. Proximité géographique ensuite puisque, dans tous les cas de figure, les délégations de magistrats ont pour cadre l'arrondissement. Pour faciliter l'acceptation des déplacements, la loi du 5 août octroie aux magistrats concernés une indemnité de séjour et de transport, qui n'est soumise à aucune retenue et se cumule avec leur traitement.

Ainsi, par l'effet de la guerre, les juges de paix peuvent accéder, aux fonctions des magistrats alors qu'ils ne font pas partie de la magistrature. Une nouvelle étape est franchie vers leur intégration dans ce corps. Tout en ménageant la promesse de ne pas recruter de magistrats pendant le conflit, le recrutement des juges de paix ouvre, par ailleurs, la possibilité d'alimenter la pyramide judiciaire par le bas. En théorie du moins, car les juges de paix ne constituent pas un vivier inépuisable[212].

La loi du 5 août règle-t-elle le problème du fonctionnement de la justice ? La réponse est négative chaque fois que la mobilisation et les engagements ont absorbé tout le personnel d'une juridiction. Tel est le cas du Tribunal de Pontoise pour lequel il n'est trouvé d'autre solution que le transfert de compétence des affaires correctionnelles au

---

[211] Prise pour expliquer la loi et la compléter, la circulaire du 8 août 1914 n'ajoute que très peu de choses au dispositif.
[212] Il se révèlera insuffisant, voir chapitre 8.

Tribunal de la Seine[213]. Ailleurs, la loi semble suffire pour les premières semaines de la guerre car la pénurie de magistrats se trouve compensée par le ralentissement de l'activité, notamment parce que, sur le plan pénal, la délinquance des mobilisés relève désormais de la justice militaire. Tirant la conséquence pratique de la mobilisation, le décret du 29 septembre 1914 vient donner un peu plus de souplesse au fonctionnement judiciaire en autorisant la mixité des chambres. Le principe de spécialité, selon lequel les magistrats sont affectés une année à une chambre civile, la suivante à une chambre pénale, est donc suspendu pendant la durée du conflit.

Nouvelles mesures : la grande réforme en perspective

Le nombre des magistrats et des juges de paix va se réduire au fil des mois en raison des décès et des récupérations prescrites par la loi Dalbiez en 1915. Réduite à des effectifs très restreints après la mobilisation, l'organisation se grippe lorsque la durée de la guerre impose une reprise de l'activité judiciaire, en particulier à Paris et dans les grandes villes. Le gouvernement se trouve alors contraint d'inviter le Parlement à légiférer pour éviter la paralysie des juridictions.

La carrière est longue dans la magistrature à cette époque. Le décret du 1er mars 1852 a fixé l'âge de la retraite à 75 ans pour les magistrats de la Cour de cassation et à 70 ans pour les autres. Le désir des magistrats n'est pas de cesser au plus vite leur activité, mais au contraire de la prolonger autant que possible pour maintenir leur train de vie. La loi du 30 décembre 1912 a établi la pension complète au deux tiers du traitement avec un plafond de 6 000 francs.

La guerre oblige à conjuguer des impératifs contradictoires. Le ministère serait en mesure de récupérer, en vue de les supprimer un certain nombre de postes que des magistrats âgés bloquent, mais il n'a d'autre choix que de prolonger leur activité, au moins jusqu'à ce qu'il soit possible de remettre en chantier la réforme de l'organisation judiciaire. Elle devrait augmenter le traitement des magistrats et compenser ce coût par la suppression de tous les tribunaux dont l'activité est dérisoire, mais auxquels les populations, élus en tête, ne

---

[213] Sur le fondement de l'article 542 du Code d'instruction criminelle. Ce transfert est à l'origine de l'arrêt de la Cour de cassation du 5 septembre 1914, *Gazette des Tribunaux* 1914, p. 762.

veulent pas renoncer[214]. La loi du 27 juillet 1916 est votée pratiquement sans discussion. Pour préparer la future réforme, l'alinéa premier de son unique article abroge le décret du 1er mars 1852, ce qui permettra de se débarrasser des magistrats âgés, tandis que l'alinéa 2 prévoit de les maintenir en fonction pour répondre à la pénurie engendrée par la guerre :

« Toutefois, un décret spécial pourra, à titre exceptionnel, pendant la durée des hostilités et pendant les six mois qui suivront leur cessation, maintenir temporairement en fonction, bien qu'ils soient atteints par la limité d'âge, les magistrats dont la collaboration sera reconnue indispensable pour le cours régulier de la justice ».

Ce texte ne produit pas les effets escomptés. Pour maintenir le cours de la justice, il ne suffit pas de prolonger l'activité des magistrats les plus âgés, il faut organiser leur mobilité à une échelle plus étendue que celle permise par la loi du 5 août 1914. Trois textes vont successivement la développer : la loi du 4 octobre 1916, puis celles des 12 et 17 juillet 1918. Lorsque l'application de la loi du 5 août 1914 ne suffit pas à constituer un tribunal complet, le premier texte autorise le ministre de la Justice à désigner des magistrats d'un autre ressort sur proposition des premiers présidents des cours intéressées. Une indemnisation des frais de déplacement et de séjour ainsi qu'une indemnité mensuelle de 250 F accompagnent la mesure si les délégations sont faites pour une « durée suffisante », sans toutefois que cette dernière ne soit définie. Pour cette loi, comme pour celle qui l'a précédée, l'objectif est double. Monis, rapporteur du projet au Sénat, expose qu'elle est destinée à faciliter le fonctionnement de la justice et qu'elle présente l'avantage de ne pas créer d'obstacles aux réformes futures. Il souligne que l'équilibre des moyens en personnel ne peut être trouvé qu'à l'échelon national en portant une nouvelle atteinte au principe de l'inamovibilité. C'est l'administration elle-même, consultée pour avis sur le projet de loi, qui attire l'attention sur les dangers relatifs au droit qu'elle confère au ministre de la Justice :

« Ce droit ne semble pas devoir soulever de graves critiques en ce qui concerne le recrutement provisoire des membres du parquet. En effet, ceux-ci ne sont pas inamovibles… mais le ministre est autorisé à

[214] A l'âge de 40 ans, un magistrat, dont la carrière est ordinaire, perçoit un salaire annuel de 3 500 francs et à 60 ans, le traitement d'un conseiller de cour d'appel s'élève à 7 000 francs environ. J. Appleton, *La réforme judiciaire*, p. 6 - G. Demombynes « La réforme judiciaire », *Revue Politique et parlementaire,* 1919, p. 38.

arracher de son siège un magistrat inamovible pour un temps plus ou moins long »[215].

Le terme « arraché » révèle l'ampleur de l'atteinte portée au principe. Le directeur du personnel du ministère rappelle le mécanisme, qui, dans la loi de 1914, égratignait déjà l'inamovibilité alors que ce texte soumettait le déplacement d'un magistrat à l'entente préalable du procureur général et du premier président, garantie que supprime la loi en discussion. Il perçoit aussi qu'elle heurte le principe de la séparation des pouvoirs :

« La question apparaît beaucoup plus délicate quand on étend ce droit à la constitution même des tribunaux proprement dits. On arrive ainsi à permettre au garde des Sceaux de constituer un tribunal à sa guise, souvent même pour le jugement de certaines affaires déjà fixées. Force est de reconnaître qu'une telle conception, contraire aux principes généraux de notre organisation judiciaire, est susceptible de provoquer de vigoureuses protestations ».

En définitive, la loi votée limite doublement l'intervention du ministre de la Justice aux délégations de ressort à ressort, alors que la proposition la généralisait à tous les déplacements, et elle prévoit que les présentations seront faites par les premiers présidents des cours intéressées. Le ministre ainsi ne choisit pas la personne, il n'accomplit que la formalité de désignation.

Au moment où les efforts militaires des Alliés vont faire basculer la victoire dans leur camp, le Parlement vote une nouvelle loi le 12 juillet 1918 qui allège la procédure de l'article 15 de la loi du 30 août 1883 et facilite encore davantage les déplacements de magistrats. Déposé en 1911, le texte constitue une évolution législative sans rapport avec la guerre, mais facilitée par elle. Les circonstances ont favorisé le vote de ce texte embarrassant qui trainait dans les tiroirs depuis des années. Pour passer outre la réticence d'un magistrat à son déplacement, il institue une structure spécifique, sous la forme d'une commission de sept membres, composée du Premier président de la Cour de cassation et de six conseillers élus, qu'il substitue aux Chambres réunies. Par ailleurs, une modification subtile de la rédaction remplace le singulier et la forme négative de la rédaction du texte de 1883 : le magistrat « ne pourra être déplacé que sur l'avis conforme… », par un pluriel et une forme affirmative : les magistrats « pourront être déplacés sur avis conforme… ». Déplacer un magistrat

[215] Archives nationales BB 30/1698/4, dossier 2.

n'est plus un interdit, qui ne peut être enfreint qu'exceptionnellement par le pouvoir politique, mais devient un acte banal de gestion des personnels.

La panoplie des textes relatifs à l'organisation judiciaire s'achève par le vote de la loi du 17 juillet 1918. Elle prolonge le décret du 29 septembre 1914, en introduisant une modification à la loi du 4 octobre 1916. Elle prévoit que les magistrats affectés par le tableau de roulement à une chambre sont susceptibles d'être affectés à une autre chambre sans que les mouvements de personnel qui en découlent puissent donner lieu à une action en nullité. Cette loi entérine une pratique préexistante et pour cette raison le refus des actions en nullité rétroagit au 2 août 1914. Après quatre années de guerre, un magistrat de Brest peut être facilement déplacé à Orléans ou Amiens, un autre d'Avignon à Paris et, au sein des juridictions, être affecté indifféremment à une chambre pénale ou civile. Là où s'expriment les besoins, doivent se trouver des magistrats prêts à servir.

La pénurie d'avocats et ses conséquences

La ponction opérée par la mobilisation et les engagements dans les barreaux laisse un grand vide. Qu'il s'agisse du ministère de la Justice, à travers notes et circulaires, des parlementaires dans leurs rapports, des magistrats dans les discours de rentrée ou des barreaux eux-mêmes, tous s'accordent à présenter la pénurie d'avocats comme l'un des obstacles majeurs au fonctionnement de la justice durant cette période.

La mobilisation de tous les stagiaires remet en cause les habitudes de fonctionnement des barreaux. N'étant pas inscrits au tableau, les stagiaires ne sont pas des avocats à part entière. Ils ne sont pas électeurs aux élections professionnelles, mais sont suffisamment considérés comme avocats pour figurer sur une liste, appelée parfois « petit tableau », placée sous celle de leurs aînés, ce qui leur permet de plaider. Ils ont l'obligation d'assister aux séances de la conférence du stage lorsque la taille du barreau permet son existence. A travers les concours d'argumentation et d'éloquence, les jeunes avocats apprennent à utiliser efficacement ce qu'ils ont appris d'une manière théorique dans les facultés de droit. Les meilleurs sont primés, par le titre très envié de « secrétaire de la conférence », lequel facilite grandement l'insertion professionnelle et ouvre les portes, à Paris surtout, d'une carrière politique. La formation des stagiaires se réalise surtout via les défenses réelles qu'ils assurent devant les juridictions. Comme ils doivent apprendre, selon le credo de la profession, le désintéressement, la quasi-totalité des défenses qu'ils assurent est gratuite qu'il s'agisse des commissions d'office ou des dossiers d'assistance judiciaire. Ces derniers sont en vertigineuse augmentation depuis la création généreuse de cette institution, mais le fait est qu'elle repose essentiellement sur les stagiaires. Leur rôle de « demi-avocats », loin d'être négligeable, est ainsi tout à fait fondamental et indispensable au fonctionnement de la justice. Les stagiaires partis, les avocats non mobilisés, généralement inscrits en haut du tableau, se trouvent dans l'obligation de prendre la relève. Relève difficile à assurer à partir de 1916 en raison des commissions d'office liées au développement des bureaux de consultations gratuites et de la défense systématique des prévenus déférés aux conseils de guerre permanents du territoire, laquelle prélude à la réforme de la justice militaire. Les barreaux sont, à partir de ce moment, constamment sollicités par l'entremise des commissaires du gouvernement de ces juridictions ou par les gouverneurs militaires qui réclament inlassablement de nouvelles listes de défenseurs. Le style dans lequel s'expriment les demandes militaires donne l'impression qu'il faut obtempérer. En effet, la justice militaire fait l'objet à partir de mars 1915 de critiques de plus en plus vives et Gallieni croit bon, dans une circulaire de décembre, d'anticiper sur les débats parlementaires en se présentant comme l'instigateur des évolutions de la justice militaire[216].

Les problèmes d'effectifs des barreaux perdurent bien au-delà de l'armistice du 11 novembre 1918, car il n'instaure qu'une suspension temporaire des hostilités, qui sera renouvelée plusieurs fois jusqu'à l'officialisation de la paix plusieurs mois après la signature du traité de Versailles par l'Allemagne. Un décret du 6 décembre 1918 crée un sous-secrétariat d'Etat à la guerre, chargé de la démobilisation, mais celle-ci ne se réalise que progressivement afin de garder suffisamment de combattants en cas de reprise des hostilités. D'autre part, la démobilisation de plusieurs millions d'hommes ne peut s'opérer que par paliers et la discipline est particulièrement difficile à maintenir au cours de cette période. Les soldats sont désœuvrés et acceptent mal que le retour dans leur foyer soit différé après toutes les épreuves

[216] Circulaire du 17 décembre 1915, Archives de la défense 7 N 171.

qu'ils ont vécues. Les conseils de guerre ne chôment donc pas. De peur que la répression militaire ne souffre des premiers effets de la démobilisation, le ministre de la Guerre demande dès décembre 1918 qu'on lui fasse connaître les officiers de complément des classes postérieures à 1905 qui pourraient combler au fur et à mesure des libérations, les vacances créées dans les parquets militaires[217]. Moins de deux mois plus tard, on propose à ceux qui sont sur le point d'être démobilisés de contracter un engagement de servir dans ces mêmes parquets jusqu'à la fin officielle de la guerre[218]. Ainsi la justice militaire, tout au long du conflit, aura largement puisé parmi les avocats mobilisés pour assurer les fonctions du ministère public et de l'instruction, tout autant que pour la défense des prévenus. Cela explique pourquoi les interventions menées auprès du ministère de la Guerre pour obtenir la démobilisation anticipée des avocats, justifiée par les immenses besoins de barreaux, n'aboutissent pas. A cette demande d'avocats pour les conseils de guerre, il faut pourtant encore ajouter les défenses devant les diverses commissions, surtout celles qui sont créées pour les dommages de guerre et les loyers.

Comment les barreaux ont-ils géré la pénurie d'avocats ? Les solutions varient d'un barreau à l'autre. Elles reposent sur le volontariat patriotique des anciens qui voient dans le remplacement d'un jeune avocat mobilisé leur participation à l'œuvre de défense nationale. Ici, s'opère le report de la charge des commissions d'office sur les inscrits les plus récents en remontant dans le tableau. Ailleurs, on opte pour le partage équitable, ou selon une proportion plus ou moins arbitraire, des tâches entre tous ceux qui restent. A Amiens, où le barreau est réduit à 12 avocats, le conseil décide que les six derniers inscrits supporteront avec les stagiaires les désignations d'office. L'activité des conseils de guerre est tellement gourmande en avocats dans cette ville d'arrière-front, entièrement située en zone militaire, que le bâtonnier refuse de fournir ses avocats au Tribunal de Péronne, lorsqu'il est hébergé à Amiens, les avocats péronnais ayant déserté la ville dès l'occupation et n'ayant pas ensuite rejoint la juridiction. La pénurie est réelle : il n'y a plus aucun avocat disponible pour le nouveau conseil de guerre qui s'installe à Amiens en février 1918. Le barreau tente de faire l'impossible pour assurer les défenses lors d'une

[217] Circulaire du 7 décembre 1918, archives de la défense 7 N 171). Un problème identique se pose pour les greffes.
[218] Circulaire du 11 janvier 1919, archives de la défense 7 N 171.

nouvelle demande formulée en décembre et y renonce lorsqu'un second conseil de guerre est créé à Amiens, en juin 1919. A Dijon, le bâtonnier avait, dès avant la guerre, dressé une liste de vingt avocats appelés à assurer les défenses gratuites, dans la proportion de deux tiers de stagiaires et d'un tiers d'inscrits. Lorsque la guerre éclate, cette proportion étant impossible à appliquer, le bureau de consultations gratuites cesse de fonctionner. Cinq ans plus tard, la situation n'a pas évolué. Lorsque le procureur général demande des défenseurs pour plaider la cause des locataires indigents devant la commission arbitrale des loyers, le bâtonnier ne peut les fournir : les avocats du tableau de 1913 soit n'ont pas été démobilisés, soit sont morts[219].

Ce sont les petits barreaux qui ont le plus souffert de la pénurie. A Agen (20 inscrits, 4 stagiaires en 1914), comme à Amiens (25 inscrits, 2 stagiaires), les bâtonniers sont obligés de se dérober face aux demandes qui affluent de toutes parts. Dans les barreaux plus importants, si le manque d'avocats n'en existe pas moins, il reste souvent suffisamment d'anciens pour répondre aux demandes. Pourtant à Paris, à Lyon, à Grenoble, les bâtonniers tentent de renvoyer les conseils de guerre vers les avocats mobilisés pour limiter la charge des défenses pesant sur leur barreau. Le bât blesse lorsqu'il s'agit pour des avocats bien installés et réputés d'accepter des défenses bénévoles. A Marseille, l'un des barreaux les plus importants de France (180 inscrits, 60 stagiaires en 1914), le bâtonnier, bien qu'il reste une centaine d'avocats, tarde autant qu'il le peut à fournir la liste demandée par la juridiction militaire. Le conseil lui demande en outre d'intervenir, dès le début du conflit, pour éviter les abus de désignation, d'autant qu'il est des prévenus qui ont les moyens d'acquitter des honoraires[220]. Finalement, le bâtonnier doit obtempérer lorsqu'un deuxième et un troisième conseil de guerre s'installent à Marseille. Bien qu'ils ne soient pas désireux d'y plaider, les avocats marseillais finissent aussi par vivre l'inflation des défenses exercées gratuitement. A Lyon, où 130 avocats sur 211 sont mobilisés, stagiaires compris, il reste 4 stagiaires sur 75. L'immense surcharge de travail gratuit n'est pas acceptée facilement et le conseil de l'Ordre doit sanctionner les avocats commis qui, oubliant la vertu du désintéressement, réclament des honoraires ou ne se rendent pas aux

[219] Séance du 5 janvier 1919, archives du barreau de Dijon.
[220] Séance du 9 novembre 1914, archives du barreau de Marseille.

audiences de ces affaires pécuniairement peu intéressantes. S'exprimant après la guerre, le bâtonnier Garraud estime que les demandes de commissions d'office, pendant le conflit, ont été si abusives qu'on peut les qualifier de « fléau ».

La mise à contribution des avocats les plus anciens, comme s'ils étaient de simples stagiaires, les sensibilise au problème de la rémunération de l'assistance judiciaire auquel jusque-là ils étaient restés assez indifférents. Ce n'est pas un hasard, si la rémunération de l'assistance judiciaire se pose comme une revendication en 1919 et si les premiers à agir ne sont pas les jeunes avocats qui en assumaient la charge, souvent dans une pauvreté notoire caractéristique des débuts dans la carrière, mais les anciens qui ont mesuré les limites d'un désintéressement qu'il prônaient auparavant comme s'il était un rite de passage.

Dans tout cela qu'en est-il des femmes ? Les avocates ont continué à plaider, sauf lorsqu'elles ont contracté un engagement quasiment militaire troquant la toge pour la blouse de l'infirmière. Elles partagent, on le verra plus loin, la surcharge de travail provoquée par le départ de leurs confrères masculins, mais elles sont encore trop peu nombreuses pour pouvoir assumer la relève comme le font les ouvrières à l'usine et les paysannes à la campagne.

L'activité judiciaire et son évolution

Les comptes généraux de la justice pénale, civile et commerciale, précédés d'un rapport du ministre de la Justice, élaborés à partir des tableaux statistiques qui remontent des cours d'appel, constituent la source fondamentale d'appréciation de l'activité judiciaire et de son évolution dans le temps. Or la guerre interrompt pendant cinq années l'établissement de ces documents synthétiques. Il faut attendre 1919 pour que les juridictions fournissent à nouveau les états nécessaires à leur élaboration. Le premier à être publié, le 11 mars 1921, est le Compte général de la justice criminelle, introduit par le rapport de Bonnevay. Un an plus tard, le 4 avril 1922, paraît celui de la justice civile et commerciale pour la même année, précédé du rapport Barthou. Les deux ministres invitent à interpréter les données fournies avec la plus grande prudence. Bonnevay précise que les résultats sont sans signification en raison des perturbations connues par les juridictions, de la paralysie judiciaire des territoires envahis et des troubles constatés ailleurs. Barthou énonce que de 1914 à 1918 les affaires ont été expédiées dans des conditions tout à fait exceptionnelles et qu'il est impossible d'interpréter les résultats constatés. Le tableau ci-dessous montre l'évolution année par année du nombre d'affaires civiles jugées sur l'ensemble du territoire :

1913	181771
1914	125133
1915	66931
1916	83053
1917	93866
1918	99134
1919	149080

L'année 1914 n'enregistre l'effet de la guerre que pour les cinq derniers mois. Le fléchissement apparaît nettement à partir de la mobilisation et, dans les mois qui suivent, le fonctionnement de la justice est pratiquement nul. L'année 1915 accuse le creux de l'activité. Selon le ministre, les causes immédiates en sont les vides créés dans la population des justiciables en raison de la mobilisation, de l'occupation partielle du territoire qui fait sortir des statistiques dix départements, dont presque tout le ressort de Douai, le plus important de France après Paris, de la suspension des prescriptions et de la péremption des délais, enfin de l'impossibilité légale d'exécution des décisions à l'égard des mobilisés. En effet, le gouvernement a été autorisé par la loi du 5 août 1914, à prendre pendant le conflit « toutes les mesures nécessaires pour faciliter l'exécution ou suspendre les effets des obligations commerciales ou civiles, pour suspendre toutes prescriptions ou péremptions en matière civile, commerciale et administrative, tous délais impartis pour attaquer, signifier ou exécuter les décisions des tribunaux de l'ordre judiciaire ou administratif » (article 2). L'article 4 ajoute : « Dans les circonstances prévues à l'article 2, aucune instance, sauf l'exercice de l'action publique par le ministère public, ne pourra être engagée ou poursuivie, aucun acte d'exécution ne pourra être accompli contre les citoyens présents sous les drapeaux ».

L'autorisation donnée par les chambres ne pouvait avoir une portée plus large et répond en cela à la demande du gouvernement appuyée par les rapports Métin à la Chambre et Jenouvrier au Sénat. Un décret du 10 août concrétise le dispositif légal et introduit un peu de souplesse en prévoyant, dans son article 3, que la continuation des instances engagées pourra être autorisée pour des motifs exceptionnels par ordonnance sur requête rendue par le président du tribunal saisi. Sous les mêmes conditions et dans les mêmes formes, l'exécution de toute décision devenue définitive pourra être autorisée par le président du tribunal civil. Quelques mois plus tard, un décret du 15 décembre 1914 donne la possibilité de restreindre le champ d'application du décret du 10 août[221] en ce qui concerne les personnes non mobilisées. A leur égard, la suspension des prescriptions et péremptions et la continuation des instances pourront être autorisées par ordonnance du président du tribunal civil, invité à statuer sans frais, après avis adressé aux intéressés par lettre recommandée avec accusé de réception. Cet allègement des formes procédurales s'explique par la pénurie d'officiers ministériels, mais il s'agit aussi de réserver les avantages des moratoires aux seuls mobilisés. Il serait injuste de laisser s'éteindre les droits des défenseurs de la patrie faute d'exercice dans les délais impartis ou de les frapper de déchéance parce qu'une formalité n'a pu être exécutée en raison de la guerre. Il est juste aussi qu'ils ne soient pas poursuivis devant les tribunaux et qu'aucune mesure exécutoire ne puisse être prise à leur encontre pendant leur absence. Les habitants des circonscriptions judiciaires occupées ou situées en zone de combats sont assimilés aux mobilisés. En revanche, il semble, au bout de quelques mois, anormal de faire bénéficier de ces mesures protectrices les populations de l'arrière éloignées du front.

La reprise qui s'observe à partir de 1916 tient en partie au desserrement progressif des moratoires. Ainsi le décret du 11 mai 1915 vient-il faciliter les actions et exécutions des décisions[222] et la loi du 4 juillet 1915 vient-elle réduire le champ d'application de la loi pour éviter les effets à trop long terme de la suspension des délais[223].

---

[221] Décret pris en application de la loi du 5 août 1914.

[222] Il prévoit notamment qu'à défaut de l'avis de réception prévu par le texte du 15 décembre 1914, le défendeur pourra être cité à comparaître, sur exploit d'huissier, par le président, sans que son ordonnance puisse faire l'objet d'un recours (opposition ou appel).

[223] Tirant expérience des conséquences excessives sur la prolongation des délais des suspensions accordés au cours de la guerre de 1870, elle limite l'application du bénéfice des textes aux prescriptions et péremptions « ayant pris cours depuis le 2 août 1914, qui seront acquis ou prendront fin avant ou pendant les six mois suivant le jour qui sera fixé par décret comme point de départ des délais nouveaux ou complémentaires… ».

Parmi tous les textes qui émaillent le conflit, le décret du 10 octobre 1916 mérite de retenir l'attention en ce qu'il reflète le changement de perspective qui s'est installé dans les esprits à ce moment après les longues batailles de Verdun et de la Somme. Malgré les immenses moyens militaires déployés et les sacrifices très lourds en vies humaines, le front n'a pas été rompu et la croyance que la victoire résultera de la prochaine offensive s'effondre. L'idée s'impose que le conflit durera encore longtemps, sans doute des années. La société s'habitue à vivre avec la guerre et les relations juridiques ne peuvent restées verrouillées par des dispositions, certes aménagées, mais toujours pensées dans la certitude d'une guerre courte. Dans ce contexte, le décret du 10 octobre 1916 permet la reprise des instances à l'égard des personnes non mobilisées, domiciliées dans les régions proches des combats si les communications ne sont pas rompues entre le siège de la juridiction et la résidence des intéressés, sur autorisation du magistrat compétent. En la déclarant exceptionnelle, cette reprise possible des instances est renvoyée à l'appréciation de la juridiction qui avisera, au cas par cas, en fonction des intérêts en cause, au rang desquels l'éventualité d'un déni de justice et les besoins de l'activité économique.

Evolution supplémentaire, la loi du 26 juillet 1918 décide qu'à l'égard des mobilisés une action en justice et un acte d'exécution deviennent possibles sous la réserve qu'ils y consentent s'ils sont au front, sur autorisation du président du tribunal s'ils sont affectés à la zone de l'intérieur. Cette autorisation ne doit être donnée qu'à titre exceptionnel, c'est-à-dire en fonction des données de la situation juridique et de la possibilité qu'a ou non le mobilisé de soutenir l'instance. Cette loi répond à la nécessité de mettre fin aux dénis de justice résultant d'une protection que ne justifieraient par les contraintes imposées par la guerre. Tel est le cas des ouvriers, victimes d'accidents du travail ou ayant un différend relatif à leur contrat, qui ne peuvent faire valoir leurs droits à cause de la mobilisation de leur patron alors que l'entreprise continue à fonctionner sous la direction d'un fondé de pouvoir. Le déni de justice est tout aussi patent concernant les créanciers de fonctionnaires, indûment protégés par la loi lorsque, mobilisés à l'intérieur et touchant intégralement leur traitement, ils refusent de payer leurs dettes ou en diffèrent le règlement.

L'armistice signé avec l'Allemagne suspend les combats le 11 novembre 1918, mais ne met pas fin à la guerre. Les hostilités reprendront si l'Allemagne refuse le traité que les Alliés mettent des mois à élaborer. Toutefois, pour préparer la reprise de l'activité judiciaire qui suivra la paix, la loi du 17 novembre 1918 autorise l'audition dans les procédures civiles des témoins mobilisés et en organise les modalités. Près d'un an plus tard, la cessation des hostilités est proclamée officiellement le 24 octobre 1919[224]. Elle vient mettre un terme à l'application de toutes les mesures qui viennent d'être décrites[225].

En ce qui concerne la justice pénale, le Compte général de la justice criminelle, comme celui de la justice civile et commerciale, révèle, sans surprise, une tendance à la diminution des chiffres enregistrés pendant la guerre par rapport aux années précédentes. La diminution de l'activité des juridictions répressives ne correspond pas évidemment pas à un recul de la criminalité. D'une part, les mobilisés commettant des infractions relèvent des conseils de guerre, comme nombre de civils en raison de l'extension de compétence de la justice militaire résultant de la proclamation de l'état de siège. D'autre part, la diminution très importante des effectifs de police a réduit la constatation des infractions. L'action publique conduite avec moins de vigueur, l'absence de relais par les constitutions de partie civile, les difficultés de communication et leurs conséquences sur les enquêtes, la mobilisation des témoins ont rendu, partout, plus difficile l'administration de la justice pénale. Le nombre d'infractions dont l'auteur n'a pu être déterminé a augmenté et beaucoup d'affaires ont été classées faute de moyens d'investigation efficaces. Dans son rapport, le ministre relève les problèmes exceptionnels rencontrés par les présidents de cours d'assises pour constituer les jurys à partir des listes telles qu'elles avaient été constituées avant la mobilisation. Ce sont finalement les tribunaux de police qui ont assuré la répression la plus constante par rapport à la période d'avant-guerre, malgré la pénurie d'officiers du ministère public, en l'occurrence les commissaires de police.

La délinquance portée devant la justice ordinaire n'a pas diminué pendant le conflit, elle a changé de nature. La criminalité féminine s'accroît à travers les avortements et infanticides et la délinquance

---

[224] La loi est du 23, mais elle est promulguée le lendemain.

[225] Dans le cas des prescriptions et péremptions de l'article 1244 al. 2 du Code civil, la suspension est prolongée d'une année à partir de la promulgation de la loi.

précoce augmente. Ce sont les seuls résultats incontestables qui ressortent de l'examen des statistiques, souligne le ministre. Ils n'ont rien de surprenant et s'expliquent par le départ des hommes. La répression révèle que l'indulgence augmente d'année en année. Les acquittements passent de 9 % en 1913 à 12 % en 1919, les amendes rapportées aux peines d'emprisonnement de 18 % en 1913 à 43 % en 1919. Ce phénomène trouve en partie son explication dans le fait que la sévérité est traditionnellement moindre à l'égard des femmes et des adolescents.

Les deux rapports ont en commun de souligner le travail considérable imposé par la guerre aux magistrats et le zèle qu'ils ont déployé pour faire face aux problèmes multiples et notamment au plus important d'entre eux : le manque d'effectifs.

JUSTICE CIVILE ET JUSTICE MILITAIRE : LA COHABITATION

La guerre se caractérise par l'irruption du militaire dans le quotidien de la justice. Elle engendre un partage des espaces et une redéfinition des compétences qui restreint le champ de la justice civile. Cet état de choses aurait pu dresser les magistrats judiciaires contre leurs homologues militaires, il n'en est rien. Un *modus vivendi* s'instaure dans l'interpénétration des deux formes de justice, facilité par le patriotisme des magistrats prêts à accepter leur marginalisation. Ils ne veulent surtout pas faire obstacle à l'extension du pouvoir de l'armée que la défense du pays impose. Tout autre est la perception des parlementaires. Ils voient dans l'extension de la compétence des conseils de guerre l'une des manifestations les plus évidentes du recul du pouvoir civil. Au bout de quelques mois, faute de la victoire promise, ce recul ne leur semble plus justifié et leur paraît même intolérable. Le rééquilibrage des deux types de justice va constituer l'un des pans de l'action du pouvoir civil bien décidé à retrouver sa prédominance par rapport aux militaires.

Le partage des espaces

Dès les premières semaines du conflit, la justice militaire investit les palais de justice dont les espaces ont été pensés pour la fonction juridictionnelle. Il faut libérer des salles d'audience, des cabinets de juge et trouver des pièces pour installer les greffes. En raison des vacances judiciaires, la perturbation est minime à l'été 1914, puis la cohabitation s'organise lorsque les palais accueillent les conseils de guerre permanents du territoire. Discours de bienvenue, présence des avocats et des magistrats aux premières séances attestent du climat convivial dans lequel s'effectue l'installation de la justice militaire malgré les nombreux problèmes qu'elle engendre. Ils sont importants à Paris.

La capitale est siège, en temps ordinaire, de deux conseils de guerre permanents, la loi du 4 août 1914 en crée un troisième en raison des besoins supplémentaires que la mobilisation générale laisse entrevoir. Ils siègent tout d'abord rue du Cherche-Midi, mais très rapidement les locaux (salles d'audience et geôles) se révèlent trop exigus tant les affaires affluent. L'espionnite généralisée (la population voit des espions partout et les dénonciations vont bon train) et l'extension de la compétence de la justice militaire expliquent le phénomène. Le commandant Marcet obtient du procureur général Lescouvé son soutien pour opérer le transfert de toute la justice militaire au palais de justice, dans les locaux de la justice pénale. Le 1er conseil de guerre s'installe dans la 11ème chambre correctionnelle, le second dans la 10ème, le troisième dans la salle des Assises. Pour libérer les espaces nécessaires, des fusions de chambres correctionnelles doivent être réalisées : la 8ème et la 9ème, la 10ème et la 11ème libérant deux salles d'audience. Le conseil de révision siège dans la chambre des requêtes de la Cour de cassation. Ainsi, la hiérarchie des juridictions s'inscrit dans les espaces. En 1917, la justice militaire parisienne s'étoffe de trois conseils de guerre supplémentaires, ce qui donne lieu à de nouveaux déménagements. Le tribunal correctionnel s'installe dans les locaux qui lui sont destinés dans le nouveau palais qui borde le Quai des Orfèvres et jusque-là inoccupés, la guerre ayant empêché leur inauguration officielle. Les 4ème et 5ème conseils de guerre prennent place dans les salles libérées par les chambres correctionnelles qui ont fusionné. Le 6ème est installé dans la salle de la 7ème chambre civile qui donne sur la salle des Pas-perdus. Les services du parquet militaire prennent possession des cabinets des juges d'instruction de la troisième galerie, transférés dans le nouveau bâtiment. La première séance du 1er conseil de guerre a lieu le 14 août 1914. Edgar Troimaux, présent en tant que chroniqueur judiciaire, interroge les magistrats venus assister à l'audience parmi les nombreux curieux[226]. Des propos recueillis, il ressort que les magistrats civils ressentent un certain complexe par rapport à leurs collègues militaires dont ils observent la clémence : ce sont de « bons juges », disent-ils, « c'est nous qui sommes impitoyables »[227]. La clémence du 2ème conseil de guerre, qui a commencé à siéger dès le 8 août, frappe également le chroniqueur de la *Gazette des Tribunaux*. Les magistrats ne prêtent guère attention au fait que l'on ne juge au cours de ces audiences que des broutilles, tant ils veulent voir la justice militaire sous un jour positif.

Il faut aussi parfois loger les conseils de guerre des armées alliées. Au palais de Caen siège un conseil de guerre belge dans la 2ème chambre de la cour d'appel. Comme à Paris, les magistrats ont tenu à assister à sa première séance, le 8 février 1915. La juridiction militaire belge est accueillie par le premier président, le procureur général et le bâtonnier. Ce dernier prend la parole pour souhaiter la bienvenue au nom de tout le Palais aux juges militaires. Cet événement est jugé suffisamment important pour être relaté dans la *Gazette des Tribunaux*.

Les barreaux manifestent la même volonté d'accueil : les juges et défenseurs de la justice militaire fréquentent la bibliothèque des avocats. Le conseil de l'Ordre de Paris, qui d'ordinaire ferme pour les vacances de Pâques, déroge à cette habitude pour leur en réserver l'accès durant cette période[228]. Il semble que, de leur côté, les membres des conseils de guerre aient à cœur de soigner leurs relations

[226] Paris est alors menacé par l'invasion allemande. Malgré les vacances judiciaires, le ministre de la Justice a pris une circulaire interdisant aux magistrats de quitter la capitale.
[227] E. Troimaux, *Le Palais de justice pendant la guerre*, p. 18.
[228] *Gazette des Tribunaux*, 3 avril 1915.

avec le barreau comme le montrent les visites qu'ils effectuent pour rendre hommage aux avocats morts au combat[229].

Le partage des compétences

Le gouvernement décrète l'état de siège le 2 août 1914. Prévue et organisée par la loi du 9 août 1849, révisée par celle du 3 juillet 1878, la proclamation de l'état de siège confère de larges pouvoirs de coercition à l'autorité militaire pour que la mobilisation générale puisse s'effectuer selon le plan prévu, sans problèmes. Ne peut-on s'attendre à des refus encouragés par les pacifistes, les socialistes et tous ceux qui figurent dans le carnet B du ministère de l'Intérieur ?

Le 10 août, l'état de guerre est proclamé et généralisé, le 3 septembre, comme pour l'état de siège, à tout le pays, Algérie comprise. Ces textes ont pour effet de transférer pratiquement toute la justice pénale des juridictions ordinaires aux juridictions militaires dès lors que l'infraction commise porte atteinte à la sûreté de l'Etat, l'ordre ou la paix publique. Etant donné que tous les crimes et tous les délits troublent l'ordre et la paix publique, les conseils de guerre peuvent désormais, au-delà de leur compétence à l'égard des militaires, juger les infractions commises par les civils. Edgar Troimaux ne s'y trompe pas lorsqu'il se penche rétrospectivement sur cette période : « Rigoureusement, on aurait pu fermer les tribunaux correctionnels »[230]. Dès lors et pendant plus d'une année, la justice pénale ordinaire se trouve confinée dans le résiduel : elle poursuit et réprime les infractions dont la justice militaire se désintéresse. Dans la pratique toutefois, cette dernière n'a pas les moyens logistiques ni l'envie d'une aussi extraordinaire extension de compétence. La ligne de partage entre les deux justices demeure donc floue et dépend localement de ce que les parquets militaires décident de se réserver.

Beaucoup parmi les juristes sont prêts à tous les sacrifices s'ils permettent de hâter la victoire, d'autres sont moins convaincus qu'elle impose de laisser les militaires s'emparer de toute la justice pénale. Les débats sont vifs au sein des institutions qui réunissent, à

---

[229] Le président du 3ème conseil de guerre dépose une palme devant le tableau que le barreau vient d'installer pour y inscrire les noms des avocats tombés pour la France. *Gazette des Tribunaux*, 15 avril 1915.

[230] E. Troimaux, *op. cit.*, p.11.

l'occasion de conférences, des juristes civils et militaires. La doctrine et les tribunaux sont partagés. En janvier et février 1915, le commandant Jullien présente une suite d'exposés sur l'organisation et le fonctionnement des conseils de guerre à la Société générale des prisons, une institution qui réunit des praticiens et théoriciens du droit de divers horizons. Docteur en droit et auteur d'un traité de justice militaire, le commandant Jullien passe pour être le grand spécialiste de la question. La plupart des membres des trois conseils de guerre de la capitale sont présents, ainsi que le commissaire du gouvernement du Conseil de révision et d'éminents juristes, dont le professeur Maurice Garçon.

Sur la question de la compétence de la justice militaire à l'égard des civils, les avis sont partagés et les débats très animés[231]. Lors de la guerre de 1870, les conséquences de l'état de siège, limité à une quarantaine de départements, n'ont été que brièvement expérimentées. En 1914, il concerne l'ensemble du territoire, dont une majorité de régions éloignées des combats et il va perdurer pendant toute la durée du conflit. Ses conséquences juridictionnelles suscitent des résistances qu'attestent les recours exercés contre les décisions des conseils de guerre et, plus généralement contre celles de l'autorité militaire, dont il s'agit de limiter la compétence à l'égard des civils. Le cas d'un prévenu, militaire au moment du jugement, mais qui ne l'était pas au moment des faits, fournit en 1915 à la Chambre criminelle de la Cour de cassation l'occasion de se prononcer. Condamné à dix ans de travaux forcés par le Conseil de guerre de la IVème région le 30 août 1915, il avait exercé un premier recours devant le conseil de révision qui avait validé la décision le 10 septembre suivant. La Chambre criminelle, le 4 novembre, affirme que la juridiction militaire dans le cas considéré n'est pas compétente[232]. Les magistrats de la haute juridiction ne pouvaient pourtant ignorer les conclusions présentées quelques mois plus tôt, le 11 février 1915, par le colonel Augier devant le conseil de révision de Paris. Il avait affirmé avec force que la compétence de la justice militaire était absolument générale que le prévenu soit militaire ou civil.

---

[231] Au printemps 1916, la réforme de la justice militaire étant à l'ordre du jour, la Société générale des prisons tient d'autres réunions en présence de Flandin, rapporteur du projet au Sénat. La Société des Enfants traduits en justice aborde quant à elle la justice militaire sous l'angle des mineurs déférés devant les conseils de guerre.

[232] *Gazette des Tribunaux*, 14 novembre 1915.

Les conflits de compétence se nourrissent principalement de la contestation des pouvoirs que s'arroge le commandement. Des prévenus contestent ainsi la constitution même des conseils de guerre par le moyen du recours pour excès de pouvoir. Mais le Conseil d'Etat, siégeant alors à Bordeaux, ferme immédiatement cette porte pour de ne pas faire obstacle à l'exercice de l'autorité militaire. Il rejette par son arrêt du 3 décembre 1914, destiné à faire jurisprudence, le recours contre la décision du gouverneur de Lille par laquelle ce dernier avait créé un conseil de guerre et un conseil de révision[233].

La lutte acharnée que mène le commandement, en tous lieux, contre le commerce de l'alcool éclaire sous un jour particulier les conflits de compétence. Dans nombre d'infractions aux interdictions de ce commerce en zone militaire, les affaires ont été portées devant un tribunal correctionnel. Elles auraient pu l'être devant un conseil de guerre, mais sans doute ceux-ci n'étaient-ils pas en mesure d'assumer l'extension de compétence ouverte par l'état de siège. Dans ces affaires, un conseil de guerre aurait probablement validé les décisions du commandement et condamné les prévenus. Mais, cela ne tombe pas sous le sens pour les tribunaux correctionnels devant lesquels est soulevée la question de la limite des actes de l'autorité militaire à l'égard des civils. Sur ce point, les jurisprudences de la Cour de cassation et du Conseil d'Etat sont opposées. Une débitante de boissons poursuivie pour avoir contrevenu à la fermeture de son débit de boissons, décidée par le commandement local, soutient devant le Tribunal de police de Caen, en juillet 1915, que la fermeture de son estaminet prononcée par l'autorité militaire a le caractère d'une peine et, qu'à ce titre, elle n'entre pas dans les matières transmises par l'état de siège, sauf à constituer une confusion des pouvoirs. Sensible à l'argumentation, le Tribunal de Caen prononce la relaxe, estimant que l'infraction n'est pas constituée[234]. Peu après, les tribunaux correctionnels d'Annecy et de Bayonne ont à se prononcer sur des faits similaires. Les affaires remontent au Conseil d'Etat, les prévenus ayant invoqué pour leur défense le recours pour excès de pouvoir contre la décision de l'autorité militaire. La haute juridiction suit les conclusions du commissaire du gouvernement pour qui l'autorité militaire dispose, dans le cadre de l'état de siège, du pouvoir

[233] L'arrêt précise que Lille est une place investie. *Gazette des Tribunaux*, 21 décembre 1914

[234] *Gazette des Tribunaux*, 26 juillet 1915.

d'ordonner la fermeture des débits de boissons[235]. Le Tribunal de Belfort, au même moment, juge d'une manière opposée en déclarant illégale l'interdiction de l'achat et de la circulation de l'alcool dans la zone des armées. Le ministère public conclut ici en faveur du pouvoir de l'autorité militaire. Il se pourvoit en cassation et la Chambre criminelle, par un arrêt de rejet, valide l'analyse du tribunal. Cet arrêt réitère sa volonté de contenir les actes de l'autorité militaire en s'arrogeant le pouvoir de les censurer. Le Conseil d'Etat de son côté est acquis à la nécessité de faciliter la répression souhaitée par le commandement.

Il ne faudrait pas en conclure que la Cour de cassation s'oppose systématiquement à l'extension de la justice militaire. Deux décisions de la haute juridiction le montrent. Dans une affaire d'escroquerie qui lui parvient parce que le prévenu a fait opposition devant la cour d'appel invoquant l'incompétence du juge militaire, la Chambre criminelle affirme, le 18 novembre 1915, que le commandant de la région militaire auquel un dossier est communiqué peut se saisir des poursuites en dessaisissant la juridiction ordinaire sans que cela puisse lui être refusé, ni même retardé[236]. Elle renforce sa position quelques mois plus tard, dans un arrêt rendu le 20 janvier 1916, à l'occasion d'un pourvoi intenté contre une décision du conseil de révision de Marseille du 17 novembre 1915. Il avait retenu, confirmant la décision du conseil de guerre de Montpellier, la compétence des conseils de guerre dans les affaires relatives aux interdictions de commercer avec l'ennemi transgressées par des non militaires.

La question s'est également posée de déterminer si le dessaisissement de la justice ordinaire pouvait être exercé par les juridictions militaires alliées. Ce conflit de compétence a trouvé solution dans la signature et l'application d'accords bilatéraux qui ont validé le principe de territorialité des lois françaises. Ainsi les infractions commises par les civils français à l'égard de l'armée britannique, fréquentes en raison de l'importance des troupes et des biens britanniques en France, ont été réglées par une convention bilatérale de décembre 1915 qui donne compétence exclusive à la justice française. Des conflits de compétence ont aussi opposé la justice française aux conseils de guerre belges. Ainsi un soldat belge

---

[235] *Gazette des Tribunaux*, 9 et 12 août 1915.
[236] *Gazette des Tribunaux*, 5 décembre 1915.

qui commet un vol sur le territoire français après avoir déserté peut comparaitre devant un tribunal correctionnel comme devant un conseil de guerre belge. Ainsi en décide la 10ème chambre du Tribunal de la Seine, le 25 septembre 1916, faisant application du principe de territorialité de la loi française pour s'estimer compétente.

Est-on en mesure d'apprécier la part de criminalité qui a échappé aux juridictions ordinaires en raison de l'extension de compétence des tribunaux militaires ? Il faut répondre par la négative en ce qui concerne les juridictions de la zone des armées. L'appréciation s'annonce d'emblée délicate pour les conseils de guerre territoriaux car leurs aires de compétence (régions de corps d'armée, divisions, détachements) ne correspondent pas aux circonscriptions judiciaires et, partant, empêchent toute comparaison. En revanche, le phénomène peut être mesuré à Paris où les distorsions sont moindres entre les deux types de circonscriptions. Les conseils de guerre permanents de la capitale ont jugé, au cours de l'année judiciaire 1915-1916, 2 254 affaires de droit commun, dont 16 meurtres ou tentatives, et 698 vols. Ils ont donc connu, selon l'appréciation du substitut de Casabianca lors de la rentrée judiciaire d'octobre 1916, de la plupart des crimes et délits commis dans le département de la Seine. Observateur attentif des événements du palais, Charles Chenu fournit des chiffres pour la période des dix-huit mois qui suivent la mobilisation qu'il compare aux dix-huit mois la précédant. Il relève du 1er janvier 1913 au 31 juillet 1914 : 12 210 affaires criminelles et correctionnelles. Du 1er août 1914 au 31 décembre 1915, elles s'élèvent à 17 350. Outre que ces instances attestent d'une augmentation de la délinquance, il précise qu'elles sont pour l'essentiel fournies par les conseils de guerre de la capitale[237]. Partout, les juridictions ordinaires n'ont en fait poursuivi que les crimes et délits dont l'autorité militaire s'est dessaisie ou n'a pas voulu se saisir. L'irruption de la justice militaire dans le domaine de la justice pénale classique a dépendu localement des parquets militaires et son ampleur a probablement été fonction des hommes qui en avaient la charge, du niveau d'activité de la justice militaire et des moments du conflit. Pour cette raison toute appréciation générale de la criminalité pendant la guerre s'avère difficile, sinon impossible.

---

[237] C. Chenu, « Le barreau de Paris pendant la guerre », *Revue des Deux Mondes*, 1916, p. 795.

Plus qu'un simple *modus vivendi*

Les prévenus soulèvent l'incompétence de la justice militaire pour échapper à la procédure expéditive, peu soucieuse des droits de la défense, et à la rigueur qu'on prête aux conseils de guerre. L'opposition entre juridictions militaires et juridictions de droit commun est-elle cependant aussi tranchée qu'on l'imagine ? On peut en douter car ces deux ordres ne sont pas étanches l'un à l'autre. La justice militaire est largement composée de mobilisés issus du monde judiciaire. Par ailleurs, il semble que les magistrats civils ont subi l'influence de la rigueur militaire par contagion ou volonté de collaboration. En résulte un *modus vivendi* entre les deux types de justice, voire une imbrication des systèmes répressifs.

Il semble assez logique que le commandement confie à des magistrats et avocats les aspects techniques de la justice militaire : le parquet et l'instruction, mais aussi le greffe. Dans l'exercice de ces fonctions, les juristes mobilisés évoluent souvent dans des lieux qui leur sont familiers, dont ils connaissent les usages et parfois les personnes. Les relations qu'ils entretiennent avec les personnes de leur milieu sont marquées de la même courtoisie que par le passé. A Paris, les relations s'affichent excellentes entre les membres de la justice militaire et la famille judiciaire du Palais. Sur un autre plan, les commissaires du gouvernement et rapporteurs des conseils de guerre, issus de la justice professionnelle, contribuent en exerçant ces fonctions essentielles à réduire les différences entre les deux types de justice. Au ministère de la Guerre, deux conseillers de la Cour d'appel de Paris ont été détachés à la direction du contentieux de la justice militaire, lequel relève du ministre. Son directeur, Paul Matter, est magistrat. Le chef de la justice militaire du gouvernement de Paris, Edmond Scherdlin, l'est aussi. Il occupe cette fonction dès la mobilisation et la cumule, à partir de mars 1917, avec celle d'avocat général à la Cour d'appel de Paris[238].

Si l'on observe la composition des conseils de guerre de la capitale, mieux connus parce les journalistes se font l'écho de leur activité, on constate l'implication des magistrats et avocats. Dès la mobilisation, Seligman et Mack (avocats à la Cour d'appel de Paris), Garnier

[238] Il est nommé en décembre 1917, procureur de la République au Tribunal de la Seine.

(avoué au Tribunal de la Seine), Worms (juge d'instruction), Saillard (substitut) sont affectés aux parquets des trois conseils de guerre comme rapporteurs ou commissaires de gouvernement. Lorsque Seligman décède en 1915, il est remplacé par Larcher qui est juge d'instruction. Enfin Grignon et Lecour (substituts), Jouvenet (greffier de la Chambre criminelle) et Jacobson (avocat à la cour d'appel) sont greffiers de la justice militaire. Lorsque sont créés de nouveaux conseils de guerre, on y affecte encore des professionnels de la justice. Wagner, avocat à la Cour d'appel de Paris, se trouve ainsi commissaire du gouvernement du 6ème conseil de guerre de la capitale. D'autres magistrats affectés à la justice militaire ont acquis, de ce fait, une certaine notoriété comme Bouchardon et Mornet au 3ème conseil de guerre qui juge les affaires sensibles d'espionnage (entre autres le procès Mata Hari), de défaitisme ou de trahison qui émaillent la présidence du conseil de Clemenceau[239]. Ce qui s'observe à Paris vaut pour la province et les juridictions militaires du front. Cette participation des professionnels de la justice aux conseils de guerre conduit à nuancer l'opposition quelque peu réductrice entre justice civile et militaire.

Les observateurs s'accordent, au cours du conflit, à souligner la sévérité des jugements des juridictions répressives de droit commun. Les *Echos parisiens* louent en janvier 1919 l'attitude de Gasné, auparavant procureur général à Nîmes. Mobilisé comme lieutenant au parquet de la XVIème région militaire (Montpellier), il est rendu à la vie civile et nommé substitut à Paris en février 1917. Il poursuit avec ardeur ceux qui, usant des multiples formes de spéculation illicite, tirent profit des difficultés économiques du pays. Le journal dit de lui qu'il accomplit sa tâche dans une optique militaire, comme un soldat affecté à une « juridiction de combat ». La presse souligne aussi l'autorité de Scherdlin à la justice militaire du gouvernement de Paris. Ainsi, qu'ils exercent leurs fonctions au sein de la justice civile ou au sein de la justice militaire, les magistrats agissent dans le même but : servir la cause de la défense nationale. Paul-Meunier, à l'occasion du combat qu'il mène en 1916 pour la suppression de l'état de siège et la réforme de la justice militaire, critique avec véhémence le comportement juridictionnel général qu'il qualifie de « parti pris de la

[239] Sur la stratégie judiciaire de Clemenceau : A. Deperchin, « Clemenceau et l'opinion publique : les affaires », *Georges Clemenceau et la Grande guerre 1906-1929.op. cit.*

sévérité implacable » et ces magistrats de l'arrière plus sévères encore que les juges militaires :

« Les juges de nos tribunaux correctionnels et de nos cours d'appel croient maintenant remplir un devoir patriotique en instituant, pendant la guerre, une jurisprudence nouvelle, faite de répression à outrance. Ils voient des coupables partout ; ils s'ingénient à trouver des moyens de droit déconcertants pour atteindre tous les inculpés, quels qu'ils soient : ils se font un point d'honneur à frapper avec une dureté sans exemple tous les délinquants ».

Paul-Meunier va encore plus loin en imputant la sévérité de la justice militaire à l'influence néfaste des magistrats civils qu'ils côtoient dans les palais de justice :

« Les conseils de guerre de l'intérieur, qui sont d'ordinaire confortablement installés dans nos palais de justice et qui voisinent avec nos juges civils, suivent volontiers l'exemple de ceux-ci. Il y a sans doute de nobles exceptions… Mais le plus souvent, à l'arrière, on se targue de rendre une justice de guerre… »

A partir de sa propre expérience de défenseur, Paul-Meunier oppose alors les juges militaires de l'avant, plus indulgents car ils vivent « de la même vie que nos soldats et siègent dans de pauvres baraques à quelques pas des lignes allemandes et sous les obus de l'ennemi », et ceux de l'arrière dans l'amalgame qu'ils forment avec les juges civils loin des réalités du front. Voilà, conclut-il, la justice de l'arrière « conséquence lamentable d'une stupide ignorance de ce qui se passe à l'avant »[240].

Plus qu'un *modus vivendi* entre justice pénale de droit commun et justice militaire, s'est réalisé, à l'arrière, une imbrication des deux formes de justice à partir d'un consensus sur la nécessité d'une répression sévère justifiée par le contexte de guerre. Dès lors, il ne faut pas opposer justice civile et justice militaire, mais plutôt justice de l'avant — dont la rigueur, dictée par le commandement, est souvent temporisée par la prise en compte de la réalité physique de la guerre —, et justice de l'arrière, militaire et civile confondues. La clémence que manifeste le Tribunal correctionnel d'Arras, au plus près du front, conforte cette opinion[241].

---

[240] Paul-Meunier, *Les conseils de guerre*, Paris, 1919, p. 98.
[241] Se reporter au chapitre 5.

Le rééquilibrage entre justice militaire et justice civile

C'est un fait que de nombreux juristes, et non des moindres, ont accepté avec conviction et justifié le glissement des pouvoirs (incluant la justice) qui s'est opéré du gouvernement civil au commandement militaire dès les premiers jours de la guerre. Certains l'ont même favorisé comme l'avocat-ministre Millerand qui fournit à Joffre, le 6 septembre 1914, les cours martiales que ce dernier lui a demandées quelques jours plus tôt, comme l'avocat Poincaré qui abandonne le droit de grâce que confère au président de la République la constitution de 1875. Le Parlement, dont beaucoup de membres appartiennent aussi au barreau, ratifie, sans sourciller, le décret qui crée les cours martiales[242]. Rien ne saurait être refusé aux militaires qui prétendent que leur liberté de manœuvre conditionne la victoire. Malgré les moyens qui leur sont donnés, le sacrifice de centaines de milliers de vie se solde par des échecs et fait douter de la pertinence des concessions de pouvoir. Est alors remise en cause la capacité du commandement à gagner la guerre. Le rééquilibrage entre justice militaire et justice civile doit être resitué dans le contexte plus général de la reprise en main du pouvoir par les civils sur fond d'incertitude quant à l'issue de la guerre. Le débat sur l'état de siège s'alimente à la critique des excès de la justice militaire jugée à travers l'activité des cours martiales. Il renoue avec l'élan qui, depuis le début du siècle, pousse à une réforme profonde de la justice militaire. L'unanimité ne règne pas à ce sujet au sein des professions judiciaires. Pour certains, parler de réforme des conseils de guerre équivaut à affaiblir l'armée tout entière et à favoriser l'ennemi. Les arguments se présentent en une singulière continuité par rapport à ceux qui avaient été développés quelques années auparavant, au moment de l'affaire Dreyfus, antisémitisme en moins.

Ce qu'un avocat a fait, un autre va contribuer à le défaire. Paul-Meunier monte au créneau à la Chambre le 4 mars 1915[243]. Dans son intervention, il assimile l'état de siège à une dictature légale : la

---

[242] Vote du 26 décembre 1914 devenu la loi du 30 mars 1915. Les députés socialistes qui s'y sont associé à la Chambre diront, un an plus tard, regretter ce vote.

[243] Ce jour-là, le débat porte aussi sur la censure à laquelle adhèrent et participent des avocats, convaincus qu'elle est indispensable pour la cohésion nationale. Le bâtonnier Chenu en célèbre les vertus.

population tout entière est devenue justiciable des conseils de guerre. Une dictature qui a permis partout de réprimer les délits d'opinion sans que soient garantis les droits de la défense. Après six mois de débats, malgré l'opposition d'un autre avocat, Viviani, l'état de siège est levé pour les régions situées en dehors des opérations militaires à la date du 1er septembre 1915. Peu après, en décembre, Paul-Meunier propose une réforme de la justice militaire qui inclut la suppression des cours martiales. La Chambre se prononce par un vote unanime au cours de la séance du 10 décembre 1915, mais le Sénat refuse le texte. La loi est promulguée le 27 avril 1916, au bout de plusieurs mois de très vifs débats. A la Chambre, l'ancien magistrat et commissaire du gouvernement, Paul Matter, s'est opposé à la proposition de loi dont il a demandé le retrait sans l'obtenir. De prestigieux universitaires jugent aussi que la réforme est inopportune et qu'il ne faut pas faiblir dans la sévérité.

« Pas de circonstances atténuantes en temps de guerre ! Pas de sursis ! Pas de révision ! Pas de grâce ! Voilà ce que pensent des maîtres éminents de la faculté de droit de Paris, comme le doyen Larnaude ou le professeur Maurice Garçon. Ces hommes qui enseignent le droit et qui sont chargés de former la magistrature de la République, on les a récemment entendus à la Société générale des Prisons, qui reprochaient au Parlement sa faiblesse envers les coupables, et à M. Flandin, sa complaisance envers de funestes théories humanitaires »[244].

L'activité incessante des avocats qui constituent une bonne partie des troupes de la Ligue des Droits de l'Homme appuie à Paris comme en province l'action que mène au Parlement Paul-Meunier. Des avocats-députés, comme Marius Moutet du barreau de Lyon et président de la section du Rhône, interviennent dans le débat. L'action en faveur d'un retour à la normale de la justice militaire est aussi menée dans les barreaux. A Marseille, le conseil de l'ordre compte deux membres de la Ligue. L'un d'eux, Nathan, s'élève au cours d'une séance, contre les conditions dans lesquelles s'exerce la défense devant la justice militaire. Il insiste pour que le bâtonnier, au nom du barreau, intervienne auprès du président du conseil de guerre dans l'intérêt des droits de la défense[245]. Dans sa réponse, le commissaire

[244] *L'Œuvre*, 9 janvier 1917.

[245] Séances des 25 avril et 4 août 1915, archives du conseil de l'ordre du barreau de Marseille.

du gouvernement donne l'assurance que la communication avec l'inculpé pourra se dérouler au plus tôt pour permettre, en particulier, à la défense de faire citer des témoins à décharge. Ainsi sur le terrain, des avocats se battent-ils pour obtenir davantage de garanties du commandement. Leur combat rend inéluctable le rééquilibrage entre justice civile et justice militaire.

A l'été 1915, Millerand, lui-même, essaie de contenir l'extension de compétence de la justice militaire sous couvert de la recherche d'une meilleure efficacité. Il informe les parquets militaires qu'en ce qui concerne les infractions à l'interdiction de commercer avec l'ennemi, qui nécessite une information longue, délicate et complexe, il est plus opportun de confier les dossiers à la justice civile qui a une plus grande expérience de ces affaires. Toutefois dès qu'une enquête mettra en évidence des faits d'espionnage ou d'intelligence avec l'ennemi, un commerce d'armes et de munitions ou les approvisionnements de l'armée, la justice civile sera invitée à se dessaisir du dossier en faveur de la justice militaire. L'évolution est nette : on assiste à un renversement de la pratique antérieure par laquelle les parquets militaires avaient tendance à exercer un monopole dans ce type d'affaires. Les parquets civils sont *a priori* compétents sauf à se dessaisir eux-mêmes et seulement dans les cas d'atteintes les plus graves à la défense nationale.

Les modifications de la donne politique qui surviennent à l'automne 1915 vont accélérer le processus de réforme. La démission du gouvernement Viviani entraine le remplacement à la Guerre de Millerand par Gallieni le 29 octobre. L'attitude du nouveau ministre, un militaire, contraste avec celle de son prédécesseur, un avocat ! Sentant l'évolution qui se dessine inéluctablement, Gallieni l'accompagne au lieu de la contrecarrer. Les rapports entre justice civile et justice militaire se redéfinissent ainsi avant même le vote la loi. Le 17 décembre 1915, Gallieni rédige une circulaire qui rappelle, outre les droits de la défense, qu'il « est essentiel de ne pas perdre de vue que, par principe, l'inculpé non militaire est justiciable des tribunaux de droit commun. Ce n'est qu'à titre exceptionnel qu'il peut être traduit devant les conseils de guerre »[246]. Quatre mois plus tard, la circulaire du 18 avril 1916 s'adresse à nouveau aux généraux et dans les mêmes termes, ce qui laisse penser qu'il est difficile de faire cesser

[246] Archives de la Défense, 7 N 171.

partout les pratiques extensives des conseils de guerre, encouragées par le commandement au cours des premiers mois du conflit.

Une mesure qui introduit davantage de magistrats civils au Comité du contentieux du ministère de la Guerre complète la démarche de séduction des militaires. Au deux conseillers de la Cour d'appel de Paris qui y avaient été détachés au début de la guerre, viennent s'ajouter, sur la demande de Gallieni en janvier 1916, trois présidents de chambre et dix conseillers à la Cour d'appel de Paris[247]. Ainsi se trouve affirmée l'idée que la justice militaire ne doit plus être le domaine réservé des militaires, conjointement à la volonté d'impliquer le monde judiciaire dans la responsabilité qui découle de son exercice. Dans ces conditions, la loi du 27 avril 1916 pousse des portes qui sont déjà entrouvertes.

Les dispositions de cette loi ont toutes pour objet d'atténuer les rigueurs de la justice militaire. Deux d'entre elles introduisent plus largement des professionnels de la justice dans le déroulement du procès. La présence obligatoire d'un défenseur engendre un recours massif aux avocats non mobilisés que les barreaux sont pressés de fournir et la réforme des conseils de révision place les magistrats de l'ordre judiciaire en position de contrôler le fonctionnement des conseils de guerre. La loi prévoit en effet que, dans les conseils de guerre du territoire, donc à l'arrière, un défenseur doit être présent au premier et au dernier interrogatoire de l'inculpé. Nous avons vu précédemment que la participation des barreaux à la défense des prévenus devant la justice militaire avait constitué une lourde tâche que, parfois, ils s'étaient trouvés dans l'impossibilité d'assumer. Lors de sa séance du 6 juin 1916, le conseil de l'ordre de Grenoble, qui est très sollicité pour assurer la défense devant les conseils de guerre, met très nettement en relation la charge imposée aux avocats et le vote de la récente loi. Ailleurs, certains avocats ont bien perçu le « marché » qu'elle ouvre. Le conseil de l'ordre de Montpellier, sur plainte de l'autorité militaire, se trouve contraint de sanctionner pour sollicitation de clientèle un avocat qui avait un peu trop mis en avant ses services auprès des soldats, espérant ainsi recueillir les effets bénéfiques du bouche-à-oreille[248].

---

[247] Voir *Gazette des Tribunaux* 10 janvier 1916.
[248] Séance du 9 mars 1917, archives du barreau de Montpellier.

Pourtant Paul-Meunier dresse, après la guerre, un bilan plus que mitigé de l'application de la loi, qu'il avait portée sur les fonds baptismaux. Il écrit en 1919 : « Malheureusement l'assistance de l'avocat à l'instruction et à l'audience du conseil de guerre devient, chaque jour, même à Paris, plus difficile et plus rare » et d'en décliner les conséquences : « d'où cette fatale et déplorable conséquence que la défense n'existe pas à l'avant et se meurt à l'arrière »[249]. Faisant allusion aux difficultés rencontrées, dont il ne précise ni les causes ni l'ampleur, il estime que les dispositions relatives à la défense ont été trop souvent ignorées[250]. Pourtant les archives des barreaux, qu'il s'agisse de Bordeaux, Amiens, Montpellier, Grenoble ou Marseille, nous enseignent que les demandes de défenseurs semblent insatiables et suivies de protestations militaires lorsque les avocats commis sont défaillants. Ainsi, un courrier du 15 juillet 1918 apprend au bâtonnier de Bordeaux qu'un avocat commis d'office pour défendre un prévenu qui encourait la peine de mort ne s'est pas déplacé et que ce prévenu a été effectivement condamné à la peine capitale. Plus tard, le commissaire du gouvernement de ce même conseil de guerre demande que les avocats empêchés le préviennent afin que d'autres défenseurs puissent être désignés. Enfin, on peut observer sur le terrain des droits de la défense, comme sur celui de la compétence des juridictions militaires, une volonté d'anticiper sur la législation qui s'annonce. Il en est ainsi à Lyon, où, dès janvier 1916, le gouverneur militaire informe le bâtonnier qu'il autorise la communication du dossier à l'avocat avant la clôture de l'instruction et que désormais les visites de l'avocat aux détenus seront autorisées[251]. Pour être relativement mince au regard du champ possible de la défense, l'évolution des pratiques militaires n'en demeure pas moins sensible.

La loi d'avril 1916 introduit aussi des magistrats professionnels dans la juridiction chargée d'apprécier les recours exercés contre les décisions des tribunaux militaires : le conseil de révision. Cette juridiction se prononce sur tous types de recours. Si la question soulevée est celle de l'incompétence, le conseil peut annuler la décision et la renvoyer à l'examen du conseil de guerre compétent. Sur les autres questions, il rejette le recours ou annule la décision et renvoie l'affaire devant le conseil de guerre d'une autre

---

[249] Paul-Meunier, *op. cit.*, p. 67 s.

[250] Son analyse est teintée de pessimisme, il pense néanmoins qu'il faut pousser plus loin la réforme.

[251] Séance du 9 janvier 1916, archives du barreau de Lyon.

circonscription. Deux types de conseils de révision doivent être distingués : ceux qui siègent aux armées, dont la composition est entièrement militaire et les conseils de révision permanents qui siègent dans les régions militaires à l'arrière. Tels qu'issus de la loi d'avril 1916, ces derniers comportent deux juges professionnels sur les cinq membres qui les composent. Ils appartiennent à la cour d'appel du ressort où siège chaque conseil (article 4 de la loi). La présidence en est assurée par un magistrat civil qui doit être un président de chambre. La loi instaure donc une mixité de la juridiction, résultat d'un compromis entre la Chambre et le Sénat. Les députés avaient en effet trouvé préférable d'attribuer à la Cour de cassation tous les recours contre les décisions des conseils de guerre[252]. Un décret, daté du même jour que la loi, précise que les magistrats civils seront désignés, pour un an, par le ministre de la Justice parmi les présidents de chambre sur proposition des chefs de cours et qu'ils resteront en fonction jusqu'à la notification de leur remplacement.

Les modifications n'ont pas été aussi profondes que certains l'auraient souhaité. Le secrétaire de la Ligue des droits de l'Homme, l'avocat Henri Guernut estime que la justice militaire doit purement et simplement disparaître et que la justice pénale de droit commun doit demeurer compétente contre quiconque, militaire ou civil, même en temps de guerre. La réforme de 1916 n'en demeure pas moins une étape essentielle, dans un contexte pourtant défavorable, de l'évolution d'une justice militaire de plus en plus contestée et, comme telle, vouée à disparaître[253]. Quant à la question essentielle des droits de la défense, le rôle dévolu à l'avocat devant les conseils de guerre, ainsi que le déplore Paul-Meunier après le vote de la loi, demeurait moins étendu qu'il ne l'était devant une juridiction répressive de droit commun.

---

[252] J. Dintilhac, *Essai sur le fonctionnement de la justice militaire en période de guerre civile ou étrangère*, p. 74.

[253] Dernière étape dans le processus de disparition de la justice militaire, la loi du 13 décembre 2011 supprime le Tribunal aux Armées de Paris et transfère ses attributions à une chambre spécialisée d'une juridiction de droit commun, le Tribunal de grande instance de Paris. Depuis la loi du 21 juillet 1982, qui a supprimé les tribunaux permanents des forces armées, la justice militaire était rendue par des magistrats professionnels.

CHAPITRE 8

PARIS ET LA PROVINCE

L'arrière ne représente pas une réalité homogène, on ne vit pas partout au même rythme loin du front. L'activité judiciaire à Paris se distingue de la province sans qu'il soit possible d'intégrer cette distinction au sein d'une autre, plus générale, qui opposerait les grandes villes, d'une part, aux régions rurales, d'autre part. Si la guerre semble avoir plongé dans la léthargie nombre de ressorts provinciaux, à Paris la mobilisation ne ralentit l'activité que durant quelques mois. A ce calme succède une effervescence judiciaire extraordinaire. Tout à l'opposé, dans les petites circonscriptions où les juridictions ne connaissaient avant le conflit que peu d'affaires, on peut se demander dans quelle mesure la guerre perturbe une activité déjà somnolente et si cela ne facilitera pas l'adaptation des structures juridictionnelles à la réalité des besoins.

SPECIFICITES PARISIENNES

La rentrée judiciaire aura-t-elle lieu à Paris ?

Après l'agitation fébrile suscitée par la mobilisation générale, la France de l'arrière plonge dans une sorte de torpeur. Quel contraste entre l'atmosphère bruyante qui règne au Palais de justice de Paris au cours de la seconde quinzaine de juillet 14 et l'inquiétude silencieuse des premières semaines d'août ! En juillet, la France vit à l'heure du procès Caillaux au cours duquel est jugée l'épouse du ministre des Finances est jugée pour avoir déchargé son révolver sur le directeur du journal *Le Figaro* qu'elle soupçonnait de vouloir révéler des lettres intimes qu'elle jugeait compromettantes. Le journal *Le Palais* titre le 11 juillet, à propos de cette affaire, « Le dernier spectacle de l'année judiciaire » et il invite ses lecteurs à ne pas manquer les débats annoncés comme s'il s'agissait du dernier vaudeville à la mode : « Le bureau de location de l'Ambigu-Tragique est ouvert. Qu'on se le dise, d'autant plus que les places sont gratuites comme dans les théâtres subventionnés, aux jours de fête nationale ». En fait, le procès d'Henriette Caillaux clôt pour longtemps les fastes des assises parisiennes.

En août, Paris vit dans l'appréhension que suscite l'irrépressible avance allemande. Le précédent de 1870, dont les membres les plus anciens des professions judiciaires, ont fait l'expérience, n'est pas pour les rassurer. La ruée allemande, comme une répétition des événements de la guerre franco-prussienne, n'annonce-t-elle pas la défaite et une occupation qui, à entendre les rumeurs d'atrocités que colportent les réfugiés, s'annonce horrible ? Charles Chenu évoque l'atmosphère qui règne au mois d'août 1914 dans le bureau du bâtonnier « notre grand quartier », selon son expression. Les anciens y viennent chaque jour aux nouvelles pour discuter des dernières informations recueillies et échanger des prévisions. « De quart d'heure en quart d'heure, la porte s'ouvre pour un nouvel arrivant qui apporte un nouveau renseignement »[254]. Certains ont vécu le siège de 1870, d'autres en ont entendu le récit, et ce précédent hante les esprits, même si, parmi les avocats, il est de rigueur d'afficher une attitude stoïque. L'annonce du départ du Gouvernement et du Parlement pour Bordeaux semble de mauvais augure. « Sans nous l'avouer en langage clair, nous attendions l'occupation », confie rétrospectivement Charles Chenu. Edgar Troimaux, pour sa part, ajoute : « Le Palais, on peut bien l'avouer aujourd'hui, était en général pessimiste »[255]. Nulle autorité ne saurait contraindre les avocats à rester, mais Chenu, comme le bâtonnier Henri-Robert et les autres membres du conseil de l'ordre, décident de ne pas quitter la capitale. Les rôles se superposent une fois encore et ces avocats estiment que la défense qu'exerce l'avocat au procès le prédispose par nature à contribuer à la défense nationale en restant à Paris : « Il fallait… si Paris devait subir l'horrible épreuve de l'occupation, trouver à son poste celui, qui par fonction et par état, doit en tout temps et contre toutes les formes de l'oppression personnifier la défense »[256]. Ce patriotisme aux accents militaires ne fait pas oublier les précautions élémentaires qu'exige la situation : on déménage les tapisseries de la grande salle et de la bibliothèque.

---

[254] C. Chenu, *Le Barreau de Paris pendant la guerre*, *op. cit.*, p. 785.
[255] E. Troimaux, *op. cit.*, p. 22.
[256] C. Chenu, *Le Barreau de Paris pendant la guerre*, *op. cit.*, p 784.

Certains, parmi les magistrats, adoptent une attitude assez semblable. A en croire Edgar Troimaux, le procureur de la République de Versailles prononce des paroles héroïques lorsqu'il apprend l'arrivée des Uhlans à Compiègne : « Je resterai et j'attendrai l'ennemi dans mon cabinet du Palais de Justice en robe, avec sur ma poitrine la croix de la Légion d'honneur que je viens de recevoir ». Tous ne partagent pas ce point de vue car une circulaire du ministère de la Justice vient rappeler à ceux qui envisageaient de quitter la capitale qu'ils doivent rester en poste et ordonner de rentrer à ceux qui l'avaient quittée et auraient préféré suivre les événements de loin. En revanche, le 4 septembre 1914, quinze magistrats de la Cour de cassation suivent le gouvernement à Bordeaux. Ils quittent Paris sous la houlette du président de la Chambre criminelle, Bard, et sont accompagnés du greffier en chef, Girodon. Il est prévu, comme pour le Parlement, qu'ils siègent en permanence, mais « ils ne firent absolument rien », confiera un Edgar Troimaux très critique : « pas un dossier ouvert, pas un arrêt prononcé ». La guerre franco-prussienne était loin… Un arrêt du gouvernement de la Défense nationale du 9 septembre 1870 avait alors autorisé les magistrats de la haute juridiction à se replier sur Tours, mais ils avaient refusé pour rester associés, en tant que premier corps judiciaire, aux périls de la population[257].

Après dix jours d'incertitude, « Paris comprit que l'étreinte était brisée et qu'il était définitivement sauvé ». Sans doute Chenu est-il optimiste, la guerre est loin d'être gagnée et Paris sera encore menacé au printemps 1918, mais pour l'heure, la victoire de la Marne (6-13 septembre) redonne confiance et fait espérer une victoire définitive. Encore à Bordeaux, le ministre de la Justice, Aristide Briand, estime que plus rien ne s'oppose désormais à une reprise des travaux judiciaires. Sa circulaire du 29 septembre rappelle que conformément au décret du 29 mai 1910 la rentrée des cours et tribunaux aura lieu le 2 octobre 1914. Les magistrats de la Cour de cassation, précédant le gouvernement et le Conseil d'Etat de quelques semaines[258], sont de retour à Paris, précisément le 2 octobre. La menace allemande écartée, la vie judiciaire peut reprendre son cours.

---

[257] Un décret ultérieur du 25 septembre 1870 avait envoyé une section à Poitiers, qui siégea ensuite à Pau.

[258] Ils rentreront à Paris le 11 décembre, sauf Millerand.

Pratiquement personne ne manque à l'audience solennelle de rentrée de la Cour d'appel de Paris, le 2 octobre 1914. La mobilisation a globalement moins touché les juridictions parisiennes que les juridictions provinciales. Selon l'Association amicale de la magistrature, la moyenne d'âge des magistrats parisiens est de 53 ans à la veille de la guerre. Cet âge met le plus grand nombre d'entre eux à l'abri de la mobilisation ou bien diffère le départ de ceux qui appartiennent aux classes les plus anciennes. Néanmoins, quelle que soit leur situation à cet égard, les magistrats peuvent contracter un engagement et le ministère de la Justice entend le favoriser. A la Cour d'appel de Paris, neuf magistrats sont absents (cinq conseillers et quatre substituts), ainsi que quatre greffiers. Lors de la rentrée solennelle, quatorze membres sur vingt du conseil de l'ordre des avocats sont présents. Le premier président Forichon l'avait annoncé : l'audience aurait, en raison des circonstances, un caractère de grande simplicité. La guerre est évoquée, les hommages sont rendus aux premiers morts et l'audience est levée. L'assemblée générale de la cour n'a pas lieu comme à l'accoutumée et le discours de mercuriale, auquel elle aurait donné lieu, est reporté au 7 octobre. Il sera lu en chambre du conseil. Les rangs sont nettement plus clairsemés ce 2 octobre au Tribunal de la Seine. Par l'effet conjugué de la mobilisation, des engagements et de l'exode, il manque 63 magistrats ainsi que 80 commis et employés des différents services du greffe, du parquet et de l'instruction.

Activité ralentie

Cette rentrée judiciaire de 1914 reste un événement symbolique. La loi, nous l'avons vu précédemment, a suspendu les procédures à l'égard des mobilisés, instauré des moratoires. L'institution souffre par ailleurs du manque d'auxiliaires de justice. Charles Chenu analyse fort justement la situation : « La vie nationale a été brusquement interrompue par la guerre. Banques, industrie, commerce, tout s'est arrêté. Comment des conflits d'intérêts naîtraient-ils de l'inactivité générale ? » D'autre part, les esprits sont détachés des questions professionnelles. Tenaillés par l'inquiétude, ils sont tournés vers le front : qu'y deviennent les fils, gendres, frères, neveux ainsi que les amis ? « L'esprit est assez libre pour un avis, un conseil : il ne se prêterait pas à l'effort prolongé, qui serait dix fois en un jour coupé par les nouvelles militaires, l'arrivée d'une lettre du front, la visite d'un blessé… ». Chenu conclut : « Tout concourt donc à faire le vide autour de la barre. Les audiences ne se tiendront que pour la forme ; elles fermeront quelques minutes après avoir été ouvertes ; et il en sera ainsi pendant de longs mois »[259].

Les chiffres parlent d'eux-mêmes. L'activité judiciaire parisienne au début du conflit ne se distingue en rien de celle qui s'observe dans l'ensemble du pays[260]. L'année 1914, qui comporte sept mois de fonctionnement normal, enregistre une diminution des affaires pour tous les pôles de l'activité judiciaire, au pénal comme au civil. C'est en 1915 que l'incidence de la guerre est la plus sensible. Le nombre d'affaires jugées par la Cour d'assises de la Seine et par le Tribunal correctionnel de Paris chute d'environ la moitié. Le départ des délinquants potentiels sous les drapeaux n'est pas la cause immédiate du ralentissement de l'activité pénale, car il faut juger les affaires suffisamment nombreuses qui ont été instruites ou sont en cours d'instruction. Pour cela, il importe notamment de réunir la cour d'assises afin de juger les affaires criminelles qui ont été renvoyées devant la chambre d'accusation avant la guerre. En septembre 1915, son président doit affronter l'épineuse question de la constitution du jury. Cela pose problème même dans le département de la Seine où la population est plus concentrée qu'en province et où l'on peut plus facilement joindre et faire venir les personnes figurant sur la liste des jurés. Prévue le 17, la session ne peut s'ouvrir. Vingt-quatre jurés seulement sont présents sur les quarante appelés, alors qu'un nombre minimal de trente est requis. Un nouveau tirage au sort est réalisé pour compléter la liste, quatre personnes seulement sont à leur domicile et la session doit encore être renvoyée. Il faut procéder à un nouveau tirage au sort pour qu'elle puisse s'ouvrir avec deux jours de retard. En province, le problème n'aurait pu être surmonté, mais pour combien de temps pourra-t-il l'être à Paris ?

En matière civile, le ralentissement est encore plus marqué, ce que reflète la diminution du nombre d'actes notariés : 208 000 en 1913, seulement 88 600 en 1915-16. Au tribunal civil, qui connaît en moyenne de 20 000 affaires par an, l'activité se limite à un peu plus de 5 000 affaires en 1915. Si la justice criminelle subit de plein fouet la concurrence des conseils de guerre, la justice civile pâtit de l'arrêt de

---

[259] *Gazette des tribunaux* 1914, p. 791.
[260] Se reporter au chapitre 7.

la vie économique et familiale. Le nombre de sections est diminué (les 3ème, 5ème et 7ème chambres perdent chacune une section) et le nombre d'audiences passe, toutes chambres confondues, à 45 par semaine, ce qui est très peu pour le tribunal le plus important de France.

« Comme au temps de l'an VIII »[261]

Dans le courant de l'année 1915, des signes d'une reprise apparaissent. Elle suscite les inquiétudes du président Monier, confronté au manque de magistrats, il s'en exprime dans le discours qu'il prononce lors de la rentrée judiciaire devant l'assemblée générale du Tribunal de la Seine. Il constate la reprise des procédures anciennes, au rythme d'une soixantaine d'affaires par jour, et surtout il souligne le nombre croissant de référés qui conduisent à commencer cette audience à midi au lieu de treize heures.

Ce phénomène traduit le fait que la guerre s'installe. Ce que Chenu nommait « la trêve des plaideurs », consentie dans la perspective d'une guerre courte, touche aux limites de ce que la patience peut concéder. Les plaideurs retrouvent le palais surtout pour régler les problèmes que le conflit a fait surgir. Ils se traduisent par le développement des ordonnances de référé qui, faute de pouvoir trancher au fond, permettent de parer aux urgences. Dénommées « les référés de la guerre », 5 000 ordonnances sont rendues en 1915 et si on leur ajoute les 3 800 ordonnances sur placets, la nécessité d'une quatrième audience trouve pleinement sa justification. « La foule se presse au bureau du juge comme elle se presserait devant un guichet de chemin de fer ou à la porte d'un théâtre… On se demande si le juge n'en va pas être submergé… Dîtes-moi s'il est possible au magistrat de s'en tirer sans avoir la tête rompue ? », s'interroge Edgar Troimaux[262]. Les divorces et les séparations de corps connaissent une croissance sans précédent. Alors qu'à Paris, la moyenne était à cette époque de 10 000 procédures par an, elle grimpe à plus de 23 000 en 1915. Les deux audiences habituelles ne suffisent plus et une troisième est créée, il en faudrait même une quatrième. Chaque magistrat doit désormais assurer quatre audiences par semaine et

---

[261] L'expression est d'Alexandre Reulos, secrétaire général de la présidence du Tribunal de la Seine, « Le Tribunal de la Seine pendant la guerre », *Bulletin de l'Association amicale de la magistrature,* 1916, p. 119.
[262] E. Troimaux, *op. cit.*, p. 65.

consacrer un cinquième jour au remplacement des absents et aux services spéciaux que les lois et les circonstances multiplient.

L'institution des séquestres concernant les biens et entreprises des sujets des puissances ennemies, institutionnalisée par les lois des 4 avril et 19 août 1915, va constituer le pôle essentiel de l'activité du Tribunal de la Seine et de son président Ferdinand Monier. Chaque affaire implique automatiquement une intervention du parquet et une section spéciale est pour cela instituée en son sein qui est confiée au substitut Béguin. Monier rend jusqu'à 140 ordonnances par jour. Fin 1915, 7 000 dossiers ont déjà été ouverts. En mars 1916, un premier bilan est dressé : les seules mises sous séquestre sont à l'origine, depuis novembre 1914, d'environ 80 000 ordonnances. Par ailleurs, douze magistrats, malgré la pénurie, sont affectés presque en permanence au service spécial créé pour gérer la déclaration des biens appartenant aux sujets de puissances ennemies qui a été prescrite par une loi de janvier 1916 dont l'objet est de favoriser les mises sous séquestre. C'est alors par milliers que les déclarations arrivent au parquet. Si l'on fait la synthèse de l'activité totale du Tribunal de la Seine, on totalise 49 000 ordonnances en 1915 et plus de 58 000 en 1916.

L'autorisation des mariages par procuration des mobilisés et des prisonniers de guerre (1682 demandes en 1915), l'inscription de la mention « Mort pour la France » introduite par la loi du 2 juillet 1915 sur tous les actes d'état civil et la rectification des actes de décès des militaires et des victimes d'opérations de guerre[263], les jugements déclaratifs de décès des militaires disparus augmentent d'une manière considérable le travail du parquet, dont les effectifs ont été réduits de moitié par la mobilisation et même à 95 % chez les attachés (24 mobilisés sur 25). L'engorgement est tel que, malgré les exigences de la loi Dalbiez, le ministre de la Justice obtient que deux magistrats mobilisés soient affectés au parquet parisien. Enfin, les magistrats parisiens sont appelés à participer à toutes les institutions nouvelles créées par la guerre : Commission supérieure d'évaluation des dommages de guerre, pour laquelle on requiert cinq conseillers[264], Commission supérieure de révision des allocations des victimes civiles de la guerre (quatre conseillers), Commission de révision des

[263] Il s'agit d'ordonner la rectification des actes de décès antérieurs à la loi et de vérifier si les circonstances de la mort autorisent l'inscription de cette mention, ce qui implique une enquête du parquet.
[264] Décrets des 20 juillet et 12 août 1915.

jugements des conseils de guerre de la région militaire de Paris (deux conseillers), Commission de constatation de la violation du droit des gens, Comité des affaires contentieuses au ministère de la Guerre (deux conseillers au début de la guerre, rejoints par dix autres conseillers et trois présidents de chambre en janvier 1916). Le Tribunal de la Seine doit en outre fournir des magistrats pour les départements du ressort (Aube, Marne, Oise) qui manquent de personnel pour les commissions départementales de dommages de guerre. Les magistrats de la capitale sont mis à rude contribution. Le nombre des audiences s'élève à 85 par semaine en 1916. Il leur faut être partout à la fois, passer d'une activité à l'autre, courir du palais au ministère de la Justice, parfois de celui-ci au ministère de la Guerre et adopter dans leurs tâches un mode de fonctionnement nouveau.

Les juges de paix de la capitale n'échappent pas au surmenage provoqué, en ce qui les concerne, par les effets du moratorium des loyers. Il leur revient de concilier les intérêts très divergents des propriétaires et des locataires, les uns et les autres privés de revenus par la guerre et de forger une jurisprudence sur cette redoutable question des loyers, qu'une loi trop abstraite au regard des circonstances, n'a pas réglée. Les juges de paix du ressort ont connu de 28 000 affaires en 1915, de 30 000 environ en 1916. Ils doivent aussi participer aux commissions cantonales de dommages de guerre et recueillir en dressant des procès-verbaux les témoignages des témoins de violations du droit des gens selon les dispositions de la loi du 27 avril 1916.

Dans ce paysage judiciaire où l'activité est devenue fébrile, la situation du tribunal de commerce tranche sensiblement. S'il n'a jamais cessé de siéger, cinq audiences sur six ont été supprimées. De la connaissance de 74 000 affaires en 1913, il tombe à 7 000 en 1915. Une légère reprise à partir de juin 1915 aboutit à 12 000 affaires en 1916, traitées en deux audiences[265]. Le monde des affaires, tout entier aspiré par l'économie de guerre, ne livre plus de litiges. La presque totalité des procédures de faillites est suspendue (31 en 1916) et les mises sous séquestre des entreprises appartenant à des sujets des puissances ennemies échappent à sa compétence en raison du rôle dévolu au ministère public. Magistrats non professionnels, les

[265] Discours de mercuriale du procureur Albert Roulhac devant l'assemblée générale du Tribunal de la Seine du 2 octobre 1917.

membres des tribunaux de commerce ne sont, malgré leur inactivité, d'aucun secours pour l'exercice de la justice de droit commun.

Les conséquences de la reprise se font aussi sentir pour les avocats. Charles Chenu explique le phénomène par l'inflation de textes, laquelle engendre un grand besoin de conseils :

« Dans la crainte d'un oubli, on multiplia les textes. Je ne sais si on pouvait faire mieux, je suis certain qu'on ne pouvait faire plus. Les dispositions se succèdent, se contredisant, s'enchevêtrant, arrivant en quelques jours à dépasser un volume du Code civil, en quelques semaines, cinq codes réunis. Personne n'était plus désormais capable de connaître la loi »[266].

Le professeur de droit civil, Albert Wahl, partage l'opinion du praticien, évoquant « l'élaboration trop hâtive de dispositions peu intelligibles, peu étudiées ou nuisibles… cet enchevêtrement de textes contradictoires ou inconciliables qui se remarque si fréquemment dans la législation de la guerre de 1914 »[267]. Cet appel aux lumières des avocats s'exerce toutefois d'une manière qui satisfait sans doute le désintéressement collectif affiché par la profession, mais ne garnit pas, loin s'en faut, l'escarcelle des avocats les moins fortunés en quête d'honoraires pour vivre. Beaucoup d'affaires supposent une assistance non rémunérée dans le cadre du Bureau de consultations gratuites, fleuron de la générosité du barreau parisien, dont le bâtonnier Henri-Robert a été le grand ordonnateur, mais aussi en raison du développement considérable des dossiers d'assistance judiciaire sans compensation financière pour les avocats à cette époque. En 1913, environ 23 500 demandes d'assistance avaient été déposées, on en compte 11 100 en 1915 et 19 000 en 1916, un niveau qui se rapproche de celui d'avant-guerre. Cependant les avocats après la mobilisation sont deux fois moins nombreux, obligeant chacun d'entre eux à un surcroit d'investissement gratuit. Enfin, le besoin de défense vient notablement des conseils de guerre qui tournent à plein régime : « chacune des affaires a eu son avocat ! » s'exclame Charles Chenu. Pour faire face à la demande, pas moins de 90 avocats parmi ceux qui avaient pris leur retraite se mettent à la disposition du bâtonnier.

[266] C. Chenu, *op. cit.*, p. 789.
[267] A. Wahl, *op. cit.*, p. VII.

SPECIFICITES PROVINCIALES

Léthargie judiciaire

Lorsqu'il annonce, le 29 septembre 1914, que la rentrée des cours et tribunaux aura lieu, comme à l'ordinaire, c'est-à-dire le 2 octobre suivant, le ministre de la Justice ne se fait guère d'illusion. En ce qui concerne les affaires civiles, l'activité des cours et tribunaux se trouvera nécessairement ralentie en raison de la suspension des délais rendue effective par le décret du 10 août 1914. Il prévoit aussi les difficultés, peut-être même les impossibilités locales, en raison de la mobilisation des magistrats (malgré les dispositions prises pour les compléter les juridictions) et de celle des auxiliaires de justice. Tout ce qui avait envisagé va se réaliser. Pourquoi donc, alors qu'au même moment les procédures contre les mobilisés sont suspendues et que les moratoires gèlent les relations juridiques, avoir maintenu la rentrée judiciaire à la date normale, ce dont les juridictions ne sont averties que très peu de jours auparavant ? Le ministre ne s'en explique pas et affirme dans sa circulaire :

« Il importe cependant que le cours de la justice ne soit pas entièrement arrêté et aussi que les magistrats restent constamment à leur poste. Les congés et les autorisations d'absence ne seront accordées qu'à titre tout à fait exceptionnel et pour une durée aussi courte que possible ».

Ces exigences et cette fermeté de ton ont de quoi étonner puisqu'il est prévu que la justice tournera au ralenti. En réalité, le gouvernement attend des magistrats une présence plus institutionnelle que fonctionnelle. Il s'agit de maintenir l'Etat à travers la justice qui est traditionnellement une manifestation de pouvoir régalien. Alors que la circulaire commence par le rappel de la date de rentrée des cours et tribunaux, il est intéressant de constater qu'elle conclut sur les différents comportements suggérés aux magistrats probablement désœuvrés (collaboration aux services publics, et aux diverses institutions, œuvres d'assistance et de secours aux blessés), tous orientés vers le dévouement social et l'action patriotique. Au-delà du rôle que la guerre confère aux magistrats, la rentrée judiciaire en tant qu'événement est importante. Elle a valeur de symbole et de sacralisation de la justice dans une société devenue laïque. En forme de cérémonie, elle rassemble les membres de la famille judiciaire, resserre leurs relations et, par l'évocation des figures disparues au cours de l'année précédente, tisse un lien de permanence par l'union des vivants aux morts. Aucune manifestation ne pouvait par conséquent mieux convenir aux circonstances ni mieux s'inscrire dans « l'union sacrée ». Les discours prononcés, ce 2 octobre, aux quatre coins d'une France réduite par la zone des combats, ont prétendu se dégager de l'apparat d'usage pour exprimer avec simplicité toute la noblesse de la cause française[268]. Ils ont été l'occasion d'affirmer, à travers les hommages rendus aux premiers morts, le combat pour le droit et d'exalter les vertus de sacrifice que la guerre imposait à chacun sous de multiples formes.

La mobilisation et la législation de guerre ont ralenti le rythme de l'activité judiciaire provinciale dans les petites villes, comme dans les grandes. Bordeaux est sans doute la seule ville qui ait un peu échappé à la léthargie qui s'abat dans les premiers mois de la guerre sur les cours et tribunaux français. L'exception bordelaise s'explique par l'installation provisoire du gouvernement qui a entrainé dans son sillage celle du Conseil d'Etat et de quelques magistrats de la Cour de cassation. Les avocats aux conseils ont suivi. Les hautes juridictions ne déploient à Bordeaux aucune activité juridictionnelle. En réalité, si animation il y a dans le monde judiciaire, elle s'inscrit dans les différentes formes de la convivialité qui marque le séjour bordelais des magistrats et avocats de la capitale. Reconnaissant, dès son retour à Paris, au nom des avocats parisiens, Mornard remercie l'ordre de Bordeaux de les avoir aidés à supporter l'oisiveté.

Partout ailleurs, c'est le calme plat. A Grenoble, le bâtonnier signale une nette diminution des affaires plaidées d'octobre 1914 à mai 1915. A Lyon, l'activité des premières années de guerre ne concerne que la justice militaire et le tribunal correctionnel qui, selon l'appréciation du bâtonnier, fonctionne « à pleine vapeur ». Hormis ces appréciations, il est frappant de constater que les registres de délibération des conseils restent muets sur l'activité judiciaire alors qu'ils en sont en général de bons indicateurs des pics d'activité puisque ces derniers se répercutent sur l'activité des avocats. Il en est ainsi par exemple à Toulouse, Aix, Dijon, Montpellier, comme à

---

[268] J.-C. Farcy, *Les discours de rentrée*, Mission de recherche Droit et Justice, *op. cit.*, p. 40 s.

Marseille et Chambéry. Le mutisme, qui résulte finalement de ce qu'il n'y a rien à dire de particulier sur l'activité, s'étend jusqu'aux effets de la mobilisation sur les barreaux. Ce n'est que lorsqu'ils sont sollicités pour fournir des défenseurs pour les conseils de guerre, l'assistance judiciaire ou les bureaux de consultations gratuites, que les problèmes posés par l'absence des avocats sont parfois soulevés. On ne constate donc nulle part une reprise d'activité de l'ampleur de celle qui caractérise Paris. L'implantation des sociétés allemandes et austro-hongroises est bien moindre en province et les mises sous séquestre aussi. Si l'on peut constater dans les villes sièges de juridictions militaires un très léger frémissement de l'activité, en revanche dans les petites villes et *a fortiori* dans les campagnes, la léthargie constatée au début du conflit se prolonge jusqu'au retour des mobilisés.

Plus on s'éloigne géographiquement de la zone touchée par les opérations militaires, plus la guerre semble loin dans ce que peuvent en extérioriser les professionnels de la justice. L'impression qui se dégage à la lecture des archives judiciaires d'un département comme le Lot[269], du ressort de la Cour d'appel d'Agen, laisse finalement l'impression que l'on attend, avec patience et résignation, la fin de la calamité qui s'est abattue sur le pays. Ainsi en est-il à Figeac, juridiction typique de la « petite province ». La mobilisation y a provoqué le départ du procureur de la République et du juge suppléant, soit deux magistrats sur cinq, sans que cela perturbe le fonctionnement de la juridiction. L'application de la loi suffit, car le tribunal n'est à aucun moment surchargé : le substitut a remplacé le procureur et le juge de paix du canton a complété la juridiction. En 1915, l'activité du tribunal est devenue presque résiduelle : 112 affaires à juger soit environ 25 % de l'activité d'avant-guerre (413 affaires en 1913) et seulement 18 affaires terminées, contre 329 en 1913. Quant au tribunal correctionnel, il juge cette année-là 36 prévenus contre 170 en 1913, soit un ralentissement d'environ 80 % alors qu'à Paris, il est estimé à 50 % pour la même période. Peu d'affaires sont transmises au parquet de Figeac (141 en 1915, 342 en 1913) en raison de la mobilisation (16 inculpés jugés en 1915 contre 52 en 1913) et de l'amenuisement des effectifs de police. L'étude des statistiques du tribunal de police confirme cette observation : 32 prévenus jugés en 1915, contre 340 en 1913. Il faut par ailleurs

---

[269] Archives départementales du Lot, 3 U 1, 3U 2, 3 U 3.

remarquer le nombre d'affaires que le parquet classe : 105 sur 141 (75 %) et la pratique qui s'installe de laisser les délinquants en liberté provisoire à moins que l'ordre public ne soit très sévèrement menacé. Tel est le cas pour les neuf sujets allemands poursuivis pour espionnage en 1914, moment où l'on voit des espions partout. L'affaire se terminera par un non-lieu, mais en raison de leur nationalité, ces Allemands resteront en prison jusqu'à leur transfert dans un camp de concentration[270].

L'absence d'activité permet de recourir à des solutions qui auraient provoqué une levée de boucliers en temps ordinaire. Dans le contexte, elles ne choquent personne. Lorsque le greffier du Tribunal de Gourdon décède en 1916, le greffe est confié à son frère qui, dévoué et zélé, n'est certes pas un homme dépourvu de qualités. Pour autant il ne connait rien au travail de greffier et n'a pas non plus les connaissances exigées pour l'accomplir. Si ce remplacement s'avère possible, c'est qu'il n'y a rien à faire ou presque. C'est dans ce « presque » que s'insèrent les auxiliaires de justice pour gérer le service. Le président dénonce ces pratiques dans son rapport postérieur à la guerre, bien qu'il ait laissé perdurer l'anomalie pendant le conflit. Cette « affaire » du greffe constitue l'événement saillant de la période de guerre à Gourdon. En 1919, les retards du greffe seront le point noir de l'activité, tout rentrera doucement dans l'ordre à partir de 1920.

La léthargie de guerre qui s'observe dans le Lot et qui constitue probablement le quotidien d'un grand nombre de circonscriptions rurales ne rompt pas fondamentalement avec une activité qui était déjà jugée trop calme avant la guerre. La réforme de la justice pourrait peut-être, à la faveur des bouleversements engendrés par le conflit, venir à bout des blocages exercés par les politiciens locaux et les auxiliaires de justice pour maintenir une carte judiciaire principalement dessinée à la Révolution pour une France essentiellement rurale.

---

[270] Ces camps n'ont rien à voir avec ceux de la Seconde Guerre mondiale, il s'agit de camps de regroupement, d'où le terme concentration. Ils n'en correspondent pas moins à une privation de la liberté d'aller et venir. Sur la question : J.-C. Farcy, *Les camps de concentration français de la Première Guerre mondiale (1914-1920)*, Paris Anthropos historiques, 1995.

Les justices de paix et l'institution du binage

Les justices de paix couvrent tout le territoire d'un réseau dense. Dans les campagnes, en particulier, elles sont la forme de justice la plus visible, car elles ont vocation à régler une grande partie des litiges du quotidien rural. Ces juridictions traduisent la volonté d'assurer une justice de proximité à l'échelle du canton, échelle qui avait sa raison d'être à une époque où les moyens de transport limitaient les déplacements. A la veille du conflit, ceux-ci sont de plus en plus facilités par le développement du chemin de fer et, pour les plus aisés, par l'automobile, y compris dans les campagnes.

Entre sa création à l'époque révolutionnaire et la Première Guerre mondiale, l'institution des juges de paix a beaucoup évolué, mais leur recrutement et leur profil diffèrent encore considérablement de ceux des magistrats. Le ministère gère ces deux types de justice de manière séparée, bien que progressivement un rapprochement se soit amorcé entre eux. Il va s'accentuer au cours de la Grande Guerre pour faire de ce moment une étape essentielle vers l'intégration au sein d'une structure d'ensemble de tous les niveaux de juridiction. Même si statutairement, les juges de paix ne sont pas des magistrats, certains au sein de la magistrature n'hésitent pas à leur appliquer l'expression « magistrature cantonale », laquelle devient courante dans le vocabulaire des juristes au cours du conflit.

Beaucoup de juges de paix n'ont pas échappé à la mobilisation, mais lorsque les chambres légifèrent le 5 août 1914 pour éviter que les départs ne bloquent le fonctionnement judiciaire, elles ne prévoient aucune mesure pour les justices de paix. Oubli ? Nullement, le ministre explique peu après, dans sa circulaire du 29 septembre, que le recours aux suppléants sera suffisant pour faire face aux besoins. En effet, normalement, chaque juge de paix dispose de deux suppléants pour le remplacer. La suppléance, occasionnelle en principe, n'est en général pas rémunérée. Seuls quelques suppléants reçoivent une rémunération et seulement depuis la loi du 8 avril 1910. Pour cette raison les suppléants sont souvent d'un âge respectable, la suppléance constituant pour eux une charge honorifique et un passe-temps. Si un suppléant se trouve empêché, le ministre de la Justice demande aux procureurs généraux de lui présenter des candidats et pourvoit à leur nomination par décret. Le procureur général de Bourges écrit au ministre de la Justice, le 13 janvier 1915, pour lui signaler que le seul suppléant qui reste à Eguzon (Creuse) est atteint de « ramollissement cérébral » et ne peut absolument plus exercer ses fonctions. Le cas n'est pas anecdotique, le recours aux suppléants se révélera souvent illusoire au cours du conflit. Si le ministère procède régulièrement à des nominations pour remplacer les juges de paix d'abord mobilisés, puis démissionnaires ou décédés, c'est pour assurer le fonctionnement des justices de paix, mais tout autant pour alimenter l'ensemble de la machine judiciaire par le bas, comme nous l'avons vu précédemment. Aussi, avec la guerre, la suppléance change de nature : toujours temporaire et occasionnelle, elle devient nettement moins brève dans le temps, jusqu'à durer plusieurs mois ou même plusieurs années. Dans la mesure où il s'agit de plus en plus d'une véritable activité, elle pose avec plus d'acuité la question de la rémunération. Le rapport Boivin-Champeaux, déposé au sénat, le 1er avril 1915, l'énonce clairement :

« Un grand nombre de juges de paix ont été convoqués sous les drapeaux. Ils ont dû être remplacés dans la plénitude de leurs fonctions, soit par des suppléants en exercice, soit par des suppléants nommés pour la durée de la guerre. Les suppléants, dont la tâche en temps normal, occasionnelle, et, par suite, légère, ont ainsi à faire face à des obligations journalières, souvent fort absorbantes, et il semble, dans l'intérêt de l'administration de la justice, qu'une rémunération leur soit attribuée »[271].

La loi du 6 avril 1915 accorde donc une rémunération aux suppléants et le décret du 16 avril en fixe le taux à 210 francs pour la suppléance des justices de paix hors classe de Paris et de 1ère classe, à 180 francs pour les 2ème et 3ème classe et 150 francs pour la 4ème classe, les plus nombreuses en province. Les classes sont fonction de l'importance respective des juridictions, lesquelles sont censées correspondre à des niveaux d'une activité soutenue par la vie économique. La loi prévoit que ces rémunérations seront versées dans la limite des crédits inscrits au budget de la justice pour le traitement des juges de paix. Cette limite budgétaire globale, dont on comprend ce qui la motive, est quelque peu surprenante, car on saisit mal comment le législateur pense articuler le plafond budgétaire et la somme des droits individuels à rémunération reconnus aux suppléants.

---

[271] JO, doc. parl. 1915, p. 48.

La solution de l'équation se trouve en réalité dans la pratique du regroupement des justices de paix que facilitent, au cours du conflit, les décès, les démissions et le ralentissement local de l'activité. Ce regroupement de deux ou plusieurs juridictions voisines sous la juridiction d'un seul juge est appelé binage. En jouant sur le nombre de justices de paix, il sera possible de maintenir l'ensemble des traitements versés dans les limites de la ligne budgétaire. La loi du 6 avril 1915, qui introduit le binage pour la durée de la guerre et sur l'ensemble du territoire, le subordonne à la mobilisation des juges de paix, à leur décès (ils sont nombreux à être âgés), à leur démission ou leur révocation. Le binage résulte d'un décret du ministre de la Justice pris en accord avec les chefs de la cour d'appel des cantons concernés. Sachant que les chefs-lieux de canton ne sont guère éloignés de plus de 20 km, pour compenser les inconvénients de la suppression de la juridiction et permettre un égal accès à la justice, le binage contraint les juges concernés à se déplacer, parfois pour plusieurs jours d'audience. Les frais de cette justice ambulante ne pouvant être mis à la charge du juge, dont le salaire est déjà modique[272], une indemnisation est prévue, pour couvrir les déplacements et les frais de séjour, selon les modalités du décret du 1er juin 1899.

Ces regroupements et donc les suppressions qu'ils entrainent auraient en temps normal soulevé les protestations des populations et de leurs élus, car un tribunal fait vivre le commerce et sa disparition est un signe de décadence. Mais les binages n'inquiètent pas car, outre que la hiérarchie des préoccupations a été modifiée par la guerre, ils sont présentés comme provisoires, comme l'atteste la formule utilisée dans la rédaction des décrets : « pour la durée de la mobilisation, la justice de paix de… est provisoirement rattachée à la justice de paix de … ».

Les binages s'annoncent temporaires, mais le temporaire qui dure peut devenir définitif. Il ne faut pas perdre de vue que, depuis le début du siècle, la réduction du nombre de juridictions est l'obsession de tous les ministres qui se succèdent place Vendôme. Le nombre de décrets pris en application de cette loi en fait l'un des traits les plus caractéristiques du fonctionnement de l'institution judiciaire pendant la Première Guerre mondiale. Ils ne concernent que la province.

---

[272] Le traitement est fonction de la classe, elle-même déterminée par le nombre d'habitants du canton. Le traitement annuel est de 2 500 francs pour la dernière classe, ce qui faisait dire qu'un juge de paix ne pouvait qu'être célibataire et vivre à la pension dans une auberge du canton.

Observé dans le temps, le phénomène de regroupement atteint son maximum entre avril et décembre 1915 au moment où l'activité judiciaire est à son étiage. Un décompte permet de les estimer à 110 environ cette année-là, à 50 les années suivantes. Au total, sur toute la durée de la guerre, leur nombre oscille entre 250 et 300. Les décrets se succèdent, à partir d'avril 1915, comme s'il s'agissait d'apurer le passé. Le premier en mai 1915 prévoit 51 binages. Par la suite, les fournées de regroupements sont moins denses : deux ou trois par décret, parfois même un seul. De leurs dates, on ne peut déduire une quelconque régularité : les binages sont prononcés au coup par coup en fonction des remontées d'informations au ministère. Dès qu'une vacance est connue, il est pourvu au remplacement du juge de paix. Le plus souvent la cause invoquée est le décès de son titulaire ou sa démission, ces événements sont alors mis en relation avec le niveau d'activité de la juridiction. En effet, on constate que lorsque celui-ci est jugé suffisant, le ministère procède à une nomination et, dans le cas contraire, à un regroupement. C'est ainsi qu'à Paris, les juges de paix sont systématiquement remplacés et que très peu de grandes villes sont concernées par le binage, encore est-ce à leur périphérie. Quant à leur répartition à l'échelle du territoire, le binage touche toutes les régions, plus particulièrement les zones rurales. Le sud-est, la Normandie et l'Ile de France semblent davantage épargnés[273]. Les binages étant provisoires, les décrets sont rapportés lorsque le regroupement a été mal apprécié et occasionne une charge de travail trop importante pour un seul juge de paix. On en trouve un exemple dans l'Ain : en 1916, la justice de paix d'Izernore est d'abord rattachée à celle de Nantua, puis à celle de Brunod, tandis que l'on rattache à Nantua celle d'Oyonnax, décret rapporté un an plus tard. Certaines situations locales donnent même lieu à un double binage un premier regroupement étant suivi d'un second pour aboutir à réunir trois justices de paix en une seule. Ainsi dans les Vosges, le binage des justices de paix de Corcieux et de Monthureux est-il suivi du rattachement de celle de Darney à Monthureux[274].

Si la mobilisation est la cause du binage, celui-ci cesse dès que le juge de paix est démobilisé. Les juges de paix appartiennent souvent aux classes anciennes de mobilisés et il n'est pas rare que leur libération survienne avant la fin du conflit. Toutefois le rapport d'un

---

[273] Selon un décompte des décrets publiés au *Journal officiel*.
[274] Décrets du 16 janvier 1916, puis du 25 juin 1917.

décret de binage, suivi d'un nouveau décret modifiant le rattachement antérieur révèle le caractère expérimental des regroupements, lesquels fluctuent en fonction des difficultés rencontrées. Le fait que la réforme de l'organisation judiciaire soit en gestation, à ce moment-là, au ministère de la Justice autorise cette appréciation. Votée dès avril 1919, nous verrons plus loin[275] qu'elle envisage de supprimer un grand nombre de justices de paix. Déjà, comme pour préparer une réception qui risque d'être délicate, la loi du 9 août 1918 supprime toute référence à la cause du binage — mobilisation ou vacance pour cause de décès, démission ou révocation —, et à la durée du conflit. Ainsi pense-t-on, au ministère, conserver les acquis des binages de guerre et glisser plus aisément vers les suppressions prévues dans la réforme en discussion au Parlement.

[275] Chapitre 13.

CHAPITRE 9

LA JUSTICE ET LA DEFENSE NATIONALE

La guerre modifie les comportements des acteurs professionnels de la justice. Magistrats et avocats sont, en effet, convaincus qu'ils peuvent servir la défense nationale et contribuer à la victoire en exerçant leur métier d'une façon patriotique.

LA JUSTICE FRANÇAISE AU SERVICE DE LA PATRIE

Le juge et la répression des propos anti patriotiques

Au cours du conflit, certains sujets deviennent tabous. On l'observe à propos de la victoire de la Marne et de la bataille de Verdun, deux moments qui symbolisent la valeur militaire des combattants français. La jurisprudence à laquelle ces deux événements militaires ont donné lieu constitue l'un des aspects du patriotisme juridictionnel des magistrats. Les affaires qu'ils eurent à juger peuvent aujourd'hui sembler des broutilles, mais pour les contemporains, ce n'était pas le cas.

Les comportements reprochés aux prévenus tombent sous le coup de la loi du 5 août 1914 votée, dès l'entrée en guerre, pour contrôler les informations militaires et diplomatiques, que la presse diffuse. Les indiscrétions constituent un délit dès lors qu'il est estimé qu'elles sont susceptibles d'être exploitées par l'ennemi. En premier lieu, cela concerne la conduite des opérations et l'état des pertes. En vertu de la loi sur l'état de siège, la justice militaire peut se saisir des dossiers, à défaut, les tribunaux judiciaires demeurent compétents. Dans les affaires qui sont soumises à ces derniers, les magistrats civils doivent apprécier si les propos répandus sont de nature à porter atteinte à la défense nationale. Cette mission engendre parfois un certain embarras, ainsi que l'illustre l'affaire du « miracle de la Marne ».

L'expression « miracle de la Marne » fait référence de manière holistique à la bataille qui, au début du mois de septembre 1914, sauve la France de la défaite en mettant un terme à l'avancée allemande vers Paris, puis en repoussant l'ennemi vers le nord-est, au-delà de Reims. Cet événement est le premier à propos duquel l'état-major utilise le terme de « victoire », car il laisse espérer une issue prochaine et favorable de la guerre. Mais après une semaine de combats acharnés, la progression française s'essouffle. Les armées des deux camps tentent alors de se contourner jusqu'à ce que leurs mouvements respectifs les conduisent aux rivages de la mer du Nord, ce que l'on a appelé « la course à la mer », avant de s'enliser dans les tranchées. Néanmoins, la victoire de la Marne a fait renaître l'espoir et engendré une immense reconnaissance envers les soldats et leur chef, le général Joffre. Certains ont préféré adresser leurs louanges à Dieu qui, dans sa grande miséricorde, a sauvé la France de la défaite en provoquant un miracle. Selon Jean-Jacques Becker, l'expression « miracle de la Marne » doit être attribuée à Maurice Barrès dans un article qu'il publie dans *l'Echo de Paris*, le 22 décembre 1914. Miracle que Barrès, pour sa part, attribue à l'intercession de Jeanne d'Arc. Cette vision miraculeuse de l'événement s'inscrit sur le fond du grand « retour vers les autels » qui marque la période. Parmi les chrétiens, ceux qui sont hostiles à la République espèrent que la France comprendra le message en forme de châtiment des premières défaites et se détournera de la laïcité, cause de tous ses malheurs. Au cours du premier semestre 1915, de petits opuscules, intitulés « Le Miracle de la Marne », circulent dans toute la France. Mais peut-on laisser s'installer l'idée que tout se joue au ciel ? Affirmer que l'intervention divine est à l'origine de la victoire revient à dévaloriser le rôle des combattants et à amoindrir le mérite de l'armée. Le sacrifice consenti par les soldats et leur moral exigent que l'on ne doute pas que cette victoire est uniquement la leur. Charvet, curé de Montalieu dans l'Isère en fait l'expérience. Il est poursuivi, en octobre 1915, pour infraction à la loi du 5 août 1914. Bien que celle-ci réprime les indiscrétions commises par voie de presse, il lui est reproché d'avoir, à la messe, du haut de sa chaire, évoqué l'insuffisance de préparation de l'armée française et d'avoir dit que la bataille de la Marne avait été gagnée par l'intervention de la Sainte Vierge. Condamné, par le Tribunal de Bourgoin, à trois mois de prison avec sursis et à 200 francs d'amende, il fait appel. La Cour de Grenoble, dans son arrêt du 26 janvier 1916, infirme le jugement et prononce la relaxe du prévenu, sans pour autant valider son attitude. La cour ne souhaite pas entrer dans les querelles religieuses, terrain sensible. Les propos sont jugés séditieux, mais proférés un an après la bataille, ils ne risquent plus de compromettre la sécurité du pays et la défense nationale. L'affaire ne s'arrête pourtant pas là, car le ministère public, s'estimant investi de la mission de veiller à l'orthodoxie patriotique, se pourvoit en cassation. L'arrêt est cassé et l'affaire renvoyée devant la cour de Lyon qui condamne l'abbé. La cour se montre cependant indulgente en ramenant l'amende à 25 francs. Elle retient que si le patriotisme de l'abbé ne peut être mis en doute, en revanche ses appréciations personnelles entrent dans la catégorie des propos prohibés, car ils sont de nature à renseigner l'ennemi ou à exercer une influence fâcheuse sur l'esprit de l'armée et de la population[276].

Il ne sied pas davantage en 1916 de colporter de fausses nouvelles, surtout lorsqu'elles concernent Verdun vaillamment défendue par les soldats français, au prix de très lourdes pertes, depuis février. Zigomar, alias Henri Bidault, est vendeur de journaux et s'écrie, sans doute pour attirer les clients : « Chute de Verdun ! Chute de Verdun ! ». Ces propos lui valent d'être traduit devant le conseil de guerre qui le condamne à 16 francs d'amende. Il est à nouveau inculpé, en juillet 1916, pour avoir annoncé à la volée la chute de la ville symbole de la résistance française. Celui que la *Gazette des Tribunaux* appelle déjà « le récidiviste en fausses nouvelles » comparaît cette fois devant les juges civils de la 8ème chambre correctionnelle du Tribunal de la Seine. Son jugement dépasse en sévérité, même en tenant compte de la récidive, celle des juges militaires : le vendeur de journaux est condamné à deux mois de prison ferme[277].

Le juge et la répression de l'adultère des épouses de combattants

L'éventualité d'une infidélité des femmes est une obsession des soldats du front. La séparation des couples est très longue, car aucune permission n'est donnée avant 1915. *Le Diable au corps*, roman d'Edmond Radiguet publié en 1923, constitue l'illustration la plus

[276] *Gazette des Tribunaux* des 27 février, 28 mai, 27 juillet, 24 août et 10 septembre 1916.
[277] *Gazette des Tribunaux*, 3 août 1916.

célèbre de la réprobation sociale d'un phénomène dont la littérature se fait l'écho[278]. Le vécu du corps dans la guerre est resté longtemps un sujet inexploré par les historiens. Il se heurtait aux tabous qui se manifestent lorsqu'il s'agit d'interroger l'intime. Privés de femmes et projetant dans les comportements qu'ils leur attribuent leur propre manque, les combattants éprouvent ce que F. Thébaud appelle le « cauchemar d'abandon et de phobie de l'infidélité »[279]. La trahison des femmes est vécue, au cœur des souffrances endurées, comme particulièrement injuste et inacceptable. Les journaux de tranchées, dont Stéphane Audoin-Rouzeau a bien montré combien ils constituent un baromètre du moral des troupes, trahissent les indices de soupçons continuels et la jalousie angoissée des combattants obnubilés par l'épouse ou la maîtresse qu'ils imaginent dans les bras d'un embusqué[280]. Cette peur se nourrit de la présence à l'arrière d'hommes jeunes qui ont échappé à la mobilisation, aux récupérations de la chasse aux embusqués ou qui bénéficient d'affectations privilégiées. Ils peuvent en toute tranquillité tirer profit du départ des mobilisés pour séduire leur femme. Jean-Yves Le Naour souligne, qu'à l'opposé des représentations qui idéalisent les combattants dont le combat pour la patrie primerait tous les attachements, « leurs réactions sont parfois bien éloignées de celles qu'on voudrait leur voir adopter » lorsqu'ils apprennent qu'ils sont trompés[281].

La presse regorge de récits de désertions, parfois suivies de l'assassinat de l'infidèle et subsidiairement de son complice. Le doute sur la fidélité fait taire la peur d'encourir le peloton d'exécution quand le soldat décide d'aller se rendre compte par lui-même de la réalité de faits souvent révélés par des lettres de proches ou d'anonymes, ou suggérés par un silence prolongé. Au retour, il arrive que le soldat se livre lorsqu'il n'a pas été arrêté auparavant par la police militaire. La rigueur des conseils de guerre est très variable et modulable. La *Gazette des Tribunaux* relate en 1916, le cas d'un combattant, très

---

[278] L'infidélité émaille la littérature de guerre. Entre autres : R. Dorgelès, *Les Croix de bois*, Paris Albin Michel 1919, *Le Réveil des morts* ; J. Kessel, *L'équipage*, Nouvelle Revue Française, 1923 ; L. Daudet, *Le cœur et l'absence*, Paris 1917.

[279] F. Thébaud, *La femme au temps de la guerre de 1914*, Paris 1986.

[280] S. Audoin-Rouzeau, *Les combattants des tranchées*, Paris A. Colin, 1986, *L'Enfant de l'ennemi 1914-1918. Viol, avortement et infanticide pendant la Grande Guerre*, Paris Aubier, 1995.

[281] J.-Y. Le Naour, *Misères et tourments de la chair durant la Grande Guerre. Les mœurs sexuelles des Français 1914-1918*, Paris Aubier, 2002, p. 232.

apprécié de ses chefs, qui abandonne son unité en position sur le front de Champagne pour aller demander à la police de surveiller sa femme. Traduit pour désertion devant le 3ème conseil de guerre de Paris, il est condamné à trois ans de travaux forcés, mais ses juges accèdent à sa demande de repartir sur le front. Dans les cas d'assassinat, le crime est double, mais c'est la désertion qui prévaut et justifie la rigueur du conseil de guerre. En effet, on peut observer que les crimes commis pendant une permission sont bien moins sanctionnés, leur auteur est parfois même acquitté s'il bénéficie de l'assistance d'un avocat prestigieux[282]. Lorsque le combattant criminel est traduit devant une cour d'assises, il est bien difficile d'apprécier l'attitude des magistrats civils car ce sont les jurés seuls qui, à cette époque, décident de la culpabilité, les juges ne statuant que sur la peine. Traditionnellement, le crime passionnel, masculin comme féminin, suscite l'indulgence du jury. Cette indulgence s'avère plus grande encore à l'égard des combattants trahis. Comment pourrait-on condamner un homme à l'égard duquel on s'estime redevable et dont le malheur résulte finalement du devoir qu'il accomplit ? Ainsi que le relève Jean-Yves Le Naour : « Devant l'immense dette contractée, la justice avoue son infériorité, voire son incompétence ». En revanche l'attitude patriotique des magistrats apparaît nettement dans les tribunaux correctionnels ayant à connaître du délit d'adultère commis au préjudice d'un combattant. Sa répression prévue aux articles 337 et suivants du Code pénal frappe de manière inégale la femme et l'homme, qu'il s'agisse de l'époux ou du complice[283], toutefois puni d'une amende, qui en moyenne n'excède pas 50 francs, l'adultère bénéficie avant la guerre d'une indulgence relative. Il n'est pas facile pour les combattants de se lancer dans l'aventure judiciaire qui conduit à la condamnation pour adultère de l'épouse et de son complice, voire à un désaveu de paternité et à un divorce. Certains désertent pour venir déclencher la procédure. D'autres écrivent au parquet et, parfois, dans l'ignorance du destinataire adéquat, au ministère de la Justice, au commissaire de police ou au député de la circonscription pour leur demander d'agir. Pour la plupart des

---

[282] J.-Y. Le Naour, *Misères et tourments de la chair durant la Grande Guerre*, op.cit., p. 235 s.

[283] L'adultère de l'épouse peut être réalisé en tous lieux, à la différence de celui de l'époux qui doit être constaté au domicile conjugal. L'épouse encourt une peine de prison de trois mois à deux ans, le complice risque en plus de cette peine de prison une amende pouvant aller de 100 à 2 000 francs.

hommes trahis, la justice semble trop lente. Cette lenteur se justifie souvent par l'impossibilité de localiser l'épouse, elle est insupportable pour ceux qui se savent exposés à une mort imminente[284]. Parvenus au terme du parcours procédural, les combattants attendent de la justice une sévérité que les tribunaux ont abandonnée et espèrent souvent la condamnation de l'épouse à une peine de prison. Les magistrats sont sensibles à la nécessité de renforcer la répression pour donner satisfaction aux combattants bafoués, envers lesquels la société a contracté une dette en contrepartie de leur sacrifice, ils doivent cependant trouver le moyen de justifier juridiquement leur sévérité. Ainsi, lorsqu'il apparaît que la mobilisation a créé la cause de l'adultère, elle en constitue une circonstance aggravante qui permet de prononcer une peine majorée. En mai 1916, le Tribunal correctionnel de la Seine constate que si Madame X et Monsieur Y sont prévenus d'adultère, leurs relations sont antérieures à la guerre et, par conséquent, l'épouse n'a pas profité du départ de son mari pour commettre le délit qui lui est reproché. Les amants sont condamnés une amende de 16 francs. Les juges dans cette affaire demeurent indulgents. A l'opposé, l'adultère peut devenir un acte de « noire félonie », selon l'opinion du chroniqueur de la *Gazette des Tribunaux*, exprimée à propos du jugement rendu par la 8ème chambre correctionnelle de la Seine le 23 septembre 1915. Dans cette affaire, le mari avait porté plainte « de la tranchée » contre son épouse qui non seulement le trompait, mais touchait son indemnité de mobilisé. Le substitut Drapier requiert la plus grande sévérité pour l'épouse, condamnée à dix jours d'emprisonnement, et pour son amant, moins sanctionné cependant par une amende de 100 francs[285]. C'est dans la décision du 8 mars 1916 rendue par le Tribunal correctionnel de la Seine, qu'est explicitée le plus nettement la jurisprudence de guerre sur l'infidélité féminine. Un mari, trois fois blessé, amputé du bras et quitté par sa femme, la fait surprendre en flagrant délit avec son amant. Dans son jugement, le tribunal souligne le lien qui existe entre les circonstances de guerre et la gravité de l'infraction. La faute principale n'est pas l'adultère, elle résulte surtout de la trahison patriotique :

« Attendu que la femme C. a commis le délit d'adultère, que ce fait emprunte sa gravité aux circonstances actuelles, que la peine à

[284] J.-Y. Le Naour, *op.cit.*, p. 239 s.
[285] *Gazette des Tribunaux,* 25 septembre 1915.

appliquer en cette matière, comme en toute autre, ne peut être fixée avec automatisme, mais dépend de chaque cas particulier, que le devoir de cette femme de mobilisé est de secourir, soulager et réconforter son mari malade ou blessé ; que ce devoir admirablement accompli par presque toutes les femmes de France, a été cependant méconnu par l'inculpée qui a trahi de complicité avec R., la foi conjugale alors que le mari venait d'être blessé et amputé… ».

La fautive écope de quinze jours en prison, le complice esst condamné à 100 francs d'amende, peine deux fois plus lourde qu'en temps de paix, un « tarif de guerre » en quelque sorte.

Toutes les affaires jugées à Paris le sont sous le regard très critique des chroniqueurs judiciaires des différents journaux. Certains n'hésitent pas à évoquer la trahison de l'arrière lorsqu'il leur semble que les juges ont été trop cléments. Ces derniers, habitués à juger une infraction dont la banalité, en relation avec l'évolution des mœurs, avait contribué à réduire la répression, ne pouvaient pas ignorer une opinion publique qui, majoritairement, considérait que le devoir patriotique du mari imposait à l'épouse un devoir absolu de fidélité.

Les juges recruteurs du Tribunal pour enfants de la Seine

Fournir des combattants chaque fois que possible est la préoccupation des juges du Tribunal pour enfants de la Seine et les milieux judiciaires applaudissent cette œuvre de recrutement indirect. Dès août 1914, au rythme de quinze à vingt par jour, il délivre des autorisations de contracter un engagement à des mineurs âgés de 17 et 18 ans, enfants naturels reconnus dont les parents sont décédés. Au début de l'année suivante, lors d'une réunion du Comité de défense des enfants traduits en justice, l'efficacité du tribunal est soulignée également en ce qui concerne les délinquants mineurs. Le ministre de la Justice, Aristide Briand, loue les « efforts considérables » que déploie la juridiction qui, sous la présidence d'Henri Rollet, parvient « à faire de ces jeunes gens un instant dévoyés de bons défenseurs de la patrie ». Début 1915, 240 pupilles, la plupart, nous dit-on, engagés volontaires, ont déjà été envoyés sur le front. Quatre sont morts et trente-huit ont été blessés. Que l'un soit mort en chantant la Marseillaise, qu'un autre ait été promu en raison de sa bravoure sous-lieutenant et décoré de la Médaille militaire, sont des faits qui prouvent la valeur rédemptrice de l'envoi au front et de la guerre.

Admiratif et satisfait, Aristide Briand exprime toute la sympathie du gouvernement pour une « si belle œuvre ». Quelques jours auparavant, les juges pour enfants du Tribunal de la Seine avaient aussi été destinataires des félicitations des membres éminents de la Société générale des prisons[286].

Aujourd'hui, il semble choquant que des adolescents aient pu être exposés avec une aussi bonne conscience aux dangers de la guerre, donc à la mort, par des institutions chargées de leur protection. Mais, d'une part, l'idée de protection de l'enfance n'a pas la résonance qu'elle a de nos jours et, pour s'en convaincre, il suffit de considérer l'âge auquel les enfants travaillaient dans les usines et dans quelles conditions. D'autre part, nombreux sont ceux qui pensent que la guerre possède des vertus de régénération morale, qu'elle purifie et qu'elle débouchera sur un monde meilleur. Cette idée fait partie de la culture de guerre et s'inscrit dans le discours communément tenu sur la patrie qu'il s'agit de défendre[287]. Il ne faut-il pas s'étonner qu'elle imprègne aussi les magistrats. Cette opinion est au zénith au début du conflit, elle perd de son audience dès 1915 et rares sont ceux chez qui elle perdure ensuite.

LA JUSTICE FRANÇAISE ET LE « BOCHE »

Qu'est-ce qu'un « Boche » ?

Les termes sont légion dès lors qu'il s'agit de désigner l'ennemi. Allemand, Austro-hongrois, Prussien, Germain, Teuton, tous ces termes, certains connotés négativement, se ramènent finalement à une seule réalité : celle du Boche. Encore faut-il ne pas se tromper en attribuant indûment ce vocable insultant à une personne ou à un groupe. En octobre 1915, l'émotion que suscitent les observations désobligeantes d'un substitut du Tribunal de la Seine proférées au

---

286 *Gazette des Tribunaux*, 30 janvier et 1er février 1915.

287 L'ouvrage *Les jeunes gens d'aujourd'hui*, publié en 1913 par Alfred de Tarde et Henri Massis, sous le pseudonyme d'Agathon, illustre bien les vertus que l'élite nationaliste de la jeunesse française prête au dépassement de soi dans l'action, qui pourrait être guerrière. Le succès du livre a dépassé le milieu politique dont il émanait.

cours d'une instance déclenchée par la plainte d'un Alsacien est si vive qu'elle provoque à la Chambre une question que le député Louis Marin pose au garde des Sceaux, le 12 novembre suivant. Relatés par la presse, les propos donnent lieu à une enquête qui permet au ministre de s'en sortir par une pirouette : les paroles du magistrat ne s'appliquent qu'aux faits soumis, mais ne sont en rien constitutives de son opinion sur les Alsaciens. Si tel avait été le cas, le ministre aurait désapprouvé une attitude contraire à la sollicitude que le gouvernement éprouve envers les Alsaciens-Lorrains. Il importe donc de définir précisément l'ennemi, non pour poser des bornes aux comportements anti-allemands mais pour s'assurer que leurs auteurs ne se trompent pas de cible, tout nom à consonance germanique faisant suspecter la nationalité honnie. Il ne fait pas bon, à l'automne 1914, posséder un nom qui se termine par « er », « au » ou « mann ».

L'intérêt commercial le disputant à celui de la défense nationale, durant la première année de guerre surtout, certains groupements se font une spécialité de dénoncer au public les entreprises allemandes pour que les clients s'en détournent et achètent français. Les délateurs, tout à leur exaltation, omettent parfois de procéder aux vérifications nécessaires. Les établissements Porcher l'apprennent à leurs dépens lorsqu'ils découvrent qu'ils figurent dans la liste du Bulletin de la Ligue anti-allemande du 1er novembre 1914, un groupement qui s'est institué défenseur des intérêts économiques français et coloniaux. Assignés devant le Tribunal civil de la Seine en réparation du préjudice, les calomniateurs sont condamnés sur le fondement de l'article 1382, en juillet 1915. Les juges, sensibles au but poursuivi, précisent les conditions de la bonne action patriotique, c'est-à-dire celle qui permet de ruiner les entreprises appartenant à des sujets ennemis, sans s'exposer à des sanctions :

« Quel que puisse être le but patriotique de cette ligue anti-allemande aux fins de signaler au public, dans les circonstances actuelles, des maisons de commerce allemandes existant en France pour l'en détourner et le ramener aux commerçants et produits français, il était du devoir de ceux qui publient ledit bulletin de ne pas jeter le discrédit sans être suffisamment renseignés sur une maison qui, comme les établissements Porcher, est parfaitement française »[288].

En raison de l'ambiance exaltée qui caractérise les premiers mois de guerre, le message judiciaire trouve de multiples occasions d'être

[288] Tribunal civil de la Seine 9 juillet 1915, *Gazette des Tribunaux* 17 octobre 1915.

réitéré au cours des mois qui suivent. Ainsi le journal *La Revanche commerciale* est-il condamné, trois mois plus tard, faute d'avoir vérifié ses allégations, par le même tribunal et sur le même fondement[289].

La jurisprudence du « Boche » et ses dérivés

Est-ce une injure de traiter quelqu'un de « Boche » ? Dans tous les cas où la victime s'estime suffisamment blessée pour agir en justice, les magistrats doivent trancher. La *Gazette des Tribunaux* relate, en décembre 1915, une affaire jugée par la Cour d'appel de Paris quelques jours plus tôt. Le prévenu se voit reproché d'avoir traité son interlocuteur de « Boche » plus exactement de « sale Boche ». Cet excès de langage lui vaut, devant le tribunal correctionnel une amende de 50 F, que la cour d'appel réduit de moitié. Elle retient « une injure manifeste, le mot « boche » étant actuellement en France toujours pris dans un sens péjoratif du mot Allemand », mais elle estime qu'il y a doute sur l'emploi du mot « sale ». Le *Journal de droit international* qui commente cette décision relève que, dans la presque totalité des poursuites pour injure, l'épithète sale est accolée au mot boche, « sale boche » constituant, en quelque sorte, l'injure dans toute sa plénitude[290].

Injure donc que « Boche » et, plus encore, « sale Boche », mais qu'en est-il lorsqu'elle s'adresse à un Allemand, voire à quelqu'un d'origine allemande ? Les juges du Tribunal de Pont-L'Evêque, puis ceux de la Cour d'appel de Caen, sont amenés à examiner la question en 1915 et 1916. En l'espèce, la victime se nomme Jules Ruthemberg, lequel s'était fait naturaliser français peu avant la déclaration de guerre. Il porte plainte contre le journal *Le Progrès* de Dives-sur-Mer qui, dans un article, l'a traité de « Boche naturalisé », de « marchand de pichoux », « grand amateur de terrasses bétonnées », soulignant en outre que sa fortune provenait de l'usure et qu'il pourrait bien répandre dans la ville « sa belle Kultur et instituer le régime des coups de botte et de canne ». La violence verbale est évidente. Pourtant, pour le Tribunal de Pont-L'Evêque, le mot « Boche », avec une majuscule,

---

[289] Tribunal civil de la Seine 12 octobre 1915, *Gazette des Tribunaux* 22 novembre 1915.

[290] *Gazette des Tribunaux* 24 décembre 1915, *Journal de droit international*, 1915, p. 374.

remplace le mot Allemand, « dans le langage usuel des peuples ». Le plaignant ne saurait s'estimer injurié puisqu'il s'est fait naturaliser Français étant Allemand. Le tribunal conclut, pour débouter Jules Ruthemberg, qu'il n'y a aucune injure ni diffamation. Les rédacteurs du journal n'ont pas voulu nuire à sa personne, mais seulement attaquer sa « nationalité première ». L'intention du prévenu reçoit une validation des juges qui surmotivent leur décision : les articles ont été écrits par un journaliste français « sous l'emprise d'une surexcitation contre une nation qui, sous une apparence commerciale s'était introduite en France pour mieux combattre le pays qui lui avait si largement accordé l'hospitalité et capable d'employer tous les moyens pour arriver à ses fins ». Cet attendu révèle que les magistrats partagent la croyance, largement répandue, que l'Allemagne a préparé la guerre en minant la France de l'intérieur grâce à des expatriés déguisés en Français par l'effet de la naturalisation. La Cour d'appel confirme le jugement et va encore plus loin dans la motivation qui emprunte plus au patriotisme et au fantasme de l'espion qu'au droit : le mot Boche est une « injure sanglante pour les Français et leurs alliés », car il tend à leur attribuer une nationalité exécrée, le journaliste n'a pas agi dans un but d'outrage personnel, mais « de sécurité publique », dans le souci de la défense nationale puisque l'ancien Allemand habite à proximité d'une usine de munitions. En conclusion, la victime n'a qu'à s'en prendre à ses origines :

« … si la campagne a pu causer à Ruthemberg d'appréciables ennuis, il n'a qu'à s'en prendre à la duplicité de sa nation d'origine qui, seule au monde, a permis à ses nationaux d'acquérir une naturalisation étrangère tout en demeurant allemands dans le but de combattre la seconde au profit de la plus grande Allemagne ».

Assez curieusement après ces développements, la cour d'appel condamne le journaliste à une amende et aux dépens, mais la peine, qui s'élève à 16 francs, est dérisoire. Les magistrats estiment que la condamnation aux dépens est suffisante, le plaignant est davantage victime de son ancienne nationalité que des articles du journal[291]. Pour comprendre ces décisions, il faut les situer dans le contexte du vote de la loi du 4 avril 1915 sur les retraits de naturalisation. Cette loi repose sur l'idée d'un complot allemand contre la France qu'aurait rendu effectif la loi Delbrück du 22 juillet 1913 selon laquelle un Allemand

[291] Jugement du 22 décembre 1915 et arrêt du 3 mars 1916, *Gazette des Tribunaux* 7 mai 1916.

conserve sa nationalité si, par la naturalisation, il en a acquis une autre. On peut estimer que les magistrats français baignent dans une atmosphère suspicieuse qui permet de comprendre leur jurisprudence patriotique.

La justice allemande est confrontée à cette injure du Boche en Alsace-Lorraine. Elle donne lieu à un jugement du Tribunal de Dessau publié dans la *Gazette de Lausanne* du 3 octobre 1915[292]. Une jeune fille des environs de Metz, fille du président de la section locale du Souvenir français, laisse tomber au passage d'un convoi de prisonniers un message qu'intercepte le gardien : « Vive la France ! Savez-vous que les Boches ont subi récemment une défaite près d'Arras ? ». L'imprudente est d'abord accusée d'espionnage, mais l'enquête ramène l'affaire à de plus justes proportions et aboutit à une inculpation pour injure par utilisation du mot « Boche ». A l'audience, la défense soutient que ce terme ne constitue pas une offense car il s'applique à toutes les personnes qui parlent allemand, Suisses et Luxembourgeois compris. Le président du tribunal demeure perplexe : pour lui le mot « Boche » pourrait bien signifier « abcès répugnant ». L'affaire est renvoyée et le tribunal demande à l'Université de Strasbourg de désigner un expert chargé de donner la signification exacte du mot. Elle désigne un professeur du lycée de Metz qui conclut que « boche » vient de caboche et que, par confusion avec le mot alboche, il a été attribué aux Allemands. Le professeur Kiesmann de Dessau se rallie à cette analyse, mais à la différence du professeur de Metz, il affirme que le sens injurieux ne fait aucun doute : la guerre a rendu « boche » d'usage courant dans la « populace française ». Le maire du village témoigne que le sens du mot n'est sans doute pas « positivement favorable, mais légèrement péjoratif » et que les mères alsaciennes appellent leurs enfants alboches quand ils sont lourds, mal vêtus, têtus et maladroits. Le commissaire de police de Metz, qui n'a aucune sympathie francophile, pense que le mot « boche » est bel et bien offensant, surtout compte tenu du milieu de l'accusée. Le tribunal retient l'injure et condamne la jeune fille à cinq mois de prison, une peine sévère[293].

---

[292] *Le Temps* informe ses lecteurs de cette affaire le 18 octobre 1915.

[293] Cette affaire est mentionnée aussi dans le *Journal de droit international privé*, 1915, p. 741.

Traiter en France quelqu'un de Prussien, est-ce aussi grave ? Il le semble bien à l'examen de l'affaire Dariès, jugée en juin 1915, par la Cour de Paris. Un garde-chasse qui surveillait un bois surprend plusieurs individus en train de braconner. Il demande au dénommé Dariès ce qu'il fait et reçoit pour toute réponse : « cela ne te regarde pas, fainéant de Prussien ! » L'injure fait mouche sur le garde, d'autant plus qu'il a été soldat en 1870 et qu'il a trois fils à la guerre, dont l'un a été cité deux fois. Les premiers juges prononcent une condamnation à dix jours d'emprisonnement. Le parquet fait appel *a minima.* Le substitut de Casabianca réclame une répression exemplaire et le braconnier est en définitive condamné à un mois d'emprisonnement[294].

On constate que toute référence à ce qui suggère l'Allemagne peut être assimilée à une injure. C'est ainsi qu'une habitante de Montfort-l'Amaury comparaît devant le Tribunal de Rambouillet pour avoir comparé le maire de la ville à Guillaume II. Condamnée à 15 jours de prison, elle fait appel. Devant la Cour de Paris, son avocat argumente que si l'injure existe, elle n'est pas publique puisqu'elle a été proférée dans le cabinet du maire. Pour pertinent qu'il soit, l'argument ne convainc pas la cour qui confirme la décision des premiers juges[295]. Plus subtil est l'outrage qu'un locataire, en l'occurrence un huissier mobilisé, retient à l'encontre de son propriétaire. Ce dernier, confronté à un refus de paiement du loyer, lui a reproché de considérer que le contrat de bail était un « chiffon de papier ». Aujourd'hui, il faut disposer de quelques connaissances historiques pour prendre la mesure de l'injure, pas à l'époque. On avait été très choqué en France par ces paroles que le chancelier allemand, Bethmann-Hollweg, avait proférées au Reichstag, en les appliquant aux conventions de La Haye, pour minimiser la violation de la neutralité belge[296]. La faute de l'Allemagne avait été stigmatisée par les Alliés et la presse avait relayé l'indignation. Celui qui, en l'espèce, utilisait cette expression assimilait donc son destinataire au barbare germain. Cela revenait à le traiter de Boche, pire encore si l'on examine la décision du Tribunal de police de Paris prononcée en août 1916 :

---

[294] *Journal de droit international privé*, 1915, p. 775 ; *Gazette des Tribunaux* 14 et 16 juin 1915.
[295] *Journal de droit international privé*, 1915, p. 293 ; *Les Débats*, 5 juin 1915.
[296] Le chancelier allemand n'avait fait que reprendre l'expression de l'empereur Frédéric-Guillaume IV, employée pour qualifier les chartes, dans un discours prononcé le 11 avril 1847.

« Attendu que ces expressions « chiffons de papier » sont entrées dans le domaine de l'histoire et resteront à travers les siècles futurs comme l'éternelle flétrissure d'un peuple qui a su reculer les bornes de la duplicité, du mensonge et de l'infamie ; Attendu que le seul fait d'appliquer injustement ces termes à un individu constituera toujours le plus pénible outrage que l'on puisse infliger à sa dignité et à son honneur... »[297] .

Les juges ont été mauvais prophètes sur le plan de la mémoire collective. Mais en 1916, en pleine guerre, on se souvient des paroles prononcées deux ans plus tôt. Le tribunal, regrettant que le tarif prévu par l'article 471 du Code pénal (5 francs d'amende) ne permette pas de sanctionner suffisamment l'infraction, compense l'insuffisance de la répression par l'octroi de dommages-intérêts particulièrement élevés (6 000 francs).

Il semble que cette jurisprudence du « Boche » concerne surtout les deux premières années de guerre. Le mot « Boche » figure comme entrée dans les index des revues juridiques en 1915 et 1916, mais en disparaît les années suivantes et les recueils de jurisprudence ne mentionnent plus ce genre d'affaires. Cela ne signifie pas que les références à l'ennemi ne soient plus utilisées pour blesser un interlocuteur, mais que ces injures n'alimentent plus les procédures ou que la presse trouve ces affaires trop banales pour justifier une publication ou un commentaire des décisions, la sévérité de la jurisprudence étant un fait acquis.

L'ACCES DES SUJETS ENNEMIS A LA JUSTICE FRANÇAISE

Un débat passionné

« C'est un spectacle réconfortant que de voir le public, à cent kilomètres de la ligne de combat, se passionner aux controverses juridiques. Il est vrai que les Parisiens, taxés de frivolité par les

---

[297] *Gazette des Tribunaux,* 10 août 1916.

Teutons sans psychologie, se sont toujours montrés friands de querelles abstraites »[298].

Ainsi s'exprime Edouard Clunet, avocat et grand spécialiste de droit international, dans l'article qu'il consacre aux sujets ennemis devant les tribunaux français. A l'exception du professeur Joseph Barthélémy, rares sont ceux qui partagent son opinion. Professeurs, juges et avocats s'ingénient à rechercher les moyens juridiques permettant d'exclure l'ennemi de tout avantage – par exemple gagner un procès-, tout en sauvegardant les intérêts français et sans écorner l'image d'une France qui se considère, à l'opposé de l'Allemagne, comme le pays du droit. Aspect de la totalisation du conflit parmi d'autres, la question du droit des sujets ennemis devant la justice fait donc débat dès les premiers mois du conflit. Les journalistes suivent avec une assiduité particulière, à Paris comme en province, les affaires qui impliquent des sujets ennemis et soumettent les décisions des juges à une critique qui prend à témoin l'opinion publique. Joseph Barthélémy s'en offusque. La presse « s'est arrogé le droit de juger les décisions de justice. A ceux qui ouvrent le prétoire aux ennemis, elle prodigue des insultes ; à ceux qui le ferment, elle délivre le brevet supérieur de patriotisme authentique »[299].

Certains se montrent très acharnés et exigent que le juge rende des décisions conformes à leur idée de la défense nationale. Dans la rubrique Chronique des tribunaux du *Journal*, le 1er juillet 1916, paraît un article intitulé « Appel patriotique aux juges ». On y trouve l'éloge des propos tenus par l'avocat général Robert Godefroy devant la 4ème chambre de la Cour d'appel de Paris, dont il fournit aux lecteurs la teneur exemplaire :

« L'aigle allemand a voulu appréhender de sa serre brutale notre bien national. Il a failli réussir, car le Coq gaulois, gouailleur, insouciant, imprévoyant, jouant avec le danger, a été sur le point d'être la victime de sa légèreté et de sa confiance irraisonnée. Mais notre coq est nerveux, brave, son sang aussi chaud que généreux. Il s'est ressaisi, a déployé ses ailes et, à son tour, a foncé sur l'adversaire : il ne sera jamais plus dupe à nouveau. Son cri de guerre est maintenant un cri de victoire, de justice vengeresse et en se précipitant sur l'aigle brutal, l'oiseau agile et généreux l'a étreint et va

---

[298] E. Clunet, « Les sujets ennemis devant les tribunaux français », *Journal de droit international privé*, 1916, p. 1093.

[299] J. Barthélémy, « L'accès des sujets ennemis aux Tribunaux français », *Journal de droit international privé*, 1916, p. 1475.

le forcer à desserrer ses serres rapaces. Vous contribuerez à sa victoire sur le terrain qui est le vôtre et, confirmant l'ordonnance du président Monier, vous ferez œuvre de juge aussi éclairé qu'équitable en même temps que vous avez (sic) la conscience d'accomplir un devoir éminemment patriotique ».

En réalité, par ces propos virulents, l'avocat général faisait amende honorable et cédait à la pression qu'il avait subie au cours des semaines précédentes après avoir présenté, dans une autre affaire, des conclusions opposées qui reconnaissaient au sujet allemand le droit d'ester en justice. Il avait été suivi par les magistrats. L'Action française, sous la plume de Léon Daudet, avait immédiatement déclenché contre l'avocat général une campagne particulièrement calomnieuse. Les magistrats de la 4ème chambre sont, une seconde fois, montrés du doigt pour ne pas s'être rangés aux conclusions du ministère public : « C'est à la même chambre et sur les conclusions du même ministère public que fut rendu, il y a deux mois, le fameux arrêt infirmant une ordonnance du président Monier qui faisait défense à nos ennemis d'ester en justice »[300].

Le lendemain, *Le Journal*, dans la même chronique, attire l'attention des lecteurs sur le réquisitoire de l'avocat général Frémond prononcé dans une affaire d'accident de chemin de fer, une question *a priori* sans lien avec le conflit et l'ennemi. En raison des circonstances de guerre, depuis un décret de novembre 1914, la victime d'un accident de transport doit, pour obtenir réparation, prouver la faute lourde du transporteur. L'avocat général expose que si la victime ne peut aboutir, cela doit être imputé à Guillaume II pour avoir déclenché une guerre, laquelle a provoqué une modification des conditions de la responsabilité du transporteur. L'article s'intitule, reprenant les termes du réquisitoire, « Le vrai coupable » :

« Le vrai responsable, le vrai coupable, c'est le bandit couronné et méprisable qui, pour assouvir son avidité, a provoqué les hécatombes qui ensanglantent le monde. Il est bon que ces choses soient dites. Pour ma part, je regrette de ne pas pouvoir les dire à la cour d'assises en face de ce sycophante, car je lui crierais alors : vous êtes un

[300] A. Deperchin, « La magistrature française et la culture de guerre. Le cas Malicet », *Des juristes face à la guerre : point de vue franco-allemand*, Revue en ligne Clio@Themis n°11

assassin ! Et ce serait une satisfaction pour la conscience publique d'imprimer cette flétrissure sur la race maudite des Hohenzollern »[301].

Ce réquisitoire, assez décalé par rapport à l'affaire à juger, vaut au magistrat les éloges du journaliste : « Encore un magistrat qui affirme son patriotisme à l'audience ! », avant de conclure sur le passé militaire de celui-ci : « Ajoutons que M. l'avocat général Frémond s'était engagé pendant la guerre de 1870 et avait fait brillamment son devoir ».

Ces jugements portés sur la magistrature la divisent en bons et mauvais patriotes. *La Liberté*, le 6 juin 1916, estimant qu'il est urgent d'arracher « aux Boches leur faux nez français », trouve ainsi très étrange l'avis du Conseil d'Etat qui a critiqué par juridisme jugé excessif les termes du décret qui doit permettre les dénaturalisations. On souligne relève-t-elle, que la Cour d'appel de Paris et le Conseil d'Etat manifestent un état d'esprit qui « n'est pas de guerre ». Le manque de patriotisme de ces juridictions, qui « suspendent l'exécution des lois votées depuis la guerre contre la vermine » est montré du doigt. « Quand on songe que les Boches peuvent poursuivre en pleine guerre les Français en France, y trouver des défenseurs et des tribunaux, et cela en vertu d'un arrêt de justice ! ». En revanche, le président du Tribunal de la Seine, Ferdinand Monier, dont les décisions avaient été invalidées par la 4ème chambre de la cour d'appel, est au contraire présenté comme un « courageux agent de débochage »[302]. Ce magistrat, peu soucieux de réserve, se permet de critiquer ouvertement la cour d'appel lors d'une audience de référés. Il s'effraie qu'en autorisant un Bulgare à ester en justice, elle se soit se placée « en contradiction flagrante avec les tendances de l'opinion »[303].

Une fois encore, le monde judiciaire se partage en deux camps : celui qui fait prévaloir le droit quelles que soient les circonstances, celui qui en suspend l'application en vertu d'un intérêt réputé supérieur. Comment en est-on arrivé là ?

---

[301] Audience de la 5ème chambre civile du Tribunal de la Seine, *Le Journal*, 2 juillet 1916.

[302] *La Liberté* 6 et 22 juin 1916.

[303] Tribunal civil de la Seine, référés 18 mai 1916 Daude c/ Faber, *Journal de droit international privé*, 1916, p. 1309.

Un débat confus

Selon les principes qui prévalent avant le conflit, la guerre est une relation d'Etat à Etat. Il s'en déduit que les particuliers peuvent prolonger leurs relations avec les sujets de la nation ennemie. Cette idée qui depuis les Lumières, recueille le consensus des juristes, a été consacrée à La Haye en 1907. Selon l'article 23 de la IVème convention, « Il est notamment interdit a, b, c, d, e, f,... h) de déclarer éteints, suspendus ou non recevables en justice les droits ou actions des nationaux de la partie adverse ». Ce point a été adopté à l'unanimité et la France a signé et ratifié la convention. Les articles 14 et 15 du Code civil, sans qu'aucune distinction ne puisse être établie entre l'étranger ordinaire et l'étranger ennemi, doivent donc s'appliquer[304]. Les « magistrats patriotes » vont se saisir du décret du 27 septembre 1914 interdisant les relations commerciales avec l'ennemi, puis de la loi du 4 avril 1915 réprimant pénalement les contrevenants pour refuser l'accès des sujets ennemis à la justice française. Encore faut-il justifier sur le plan juridique le glissement qui va s'opérer d'une matière spécifique (la matière commerciale) à une matière générale (les règles qui déterminent le déroulement des procès).

Pour comprendre l'énergie qui va être investie sur le plan de l'argumentation patriotique, il faut prendre la mesure des émotions qui submergent la France dès les premiers jours du conflit. Emotions à l'empire desquelles n'échappent pas les milieux judiciaires. Les juristes français dans leur ensemble sont indignés que l'Allemagne ait violé les engagements qu'elle avait souscrits à La Haye : violation de la neutralité belge suivie de massacres de civils et de destructions. Ce mépris du droit international, le chancelier Bethmann-Hollweg le proclame devant le Reichstag en qualifiant les traités de « chiffons de papier ». L'Allemagne s'est placée hors du droit, résolument et avec cynisme. Les revues juridiques et politiques répandent cette indignation, que la publication régulière des rapports de la commission chargée de constater « les actes commis par l'ennemi en

[304] Selon l'article 14, l'étranger même non domicilié en France peut être attrait devant une juridiction française pour obtenir l'exécution d'une obligation par lui contractée en France à l'égard d'un Français. L'article 15 constitue le pendant de cette règle lorsque le débiteur est français, quand bien même l'obligation aurait été contractée à l'étranger.

violation du droit des gens »[305], entretient. Dans les milieux judiciaires, nul n'ignore la suite d'articles rédigés par le procureur général de Lyon, William Loubat, sous le titre « Le Droit des Gens et la Guerre de 1914 ». Ecrits d'une plume sincèrement indignée, ces articles commentent l'attitude allemande et appellent au châtiment[306]. Dès lors, certains juges estiment que la violation délibérée, par l'Allemagne, des conventions internationales et du droit des gens libère la France de son obligation de les respecter. Dans son ordonnance du 18 mai 1916, le président Monier l'expose nettement :

« Ils (les Allemands) ont aussi dans les circonstances les plus nombreuses et les plus tragiques, violé cyniquement et de propos délibéré toutes les règles obligatoirement imposées aux belligérants... à moins d'une naïveté qui, déjà blâmable en temps de paix, serait criminelle en temps de guerre, on ne pourrait songer à leur accorder le bénéfice du droit des gens et conventions susdites des liens desquels ils n'ont jamais perdu une occasion de s'affranchir ».

Un argument juridique supplémentaire semble pouvoir être trouvé dans le principe de réciprocité que les tribunaux français seraient en droit d'exercer en réponse au décret-loi pris le 7 août 1914 par le Bundesrat, lequel interdit aux Français l'accès à la justice allemande. En réalité, ce décret prévoit que toutes les actions en justice de nature patrimoniale émanant de toutes les personnes ayant leur domicile à l'étranger, indépendamment de leur nationalité, sont suspendues pour trois mois, délai renouvelable[307]. Le décret précise qu'il peut être dérogé à cette disposition par accord de la Chancellerie. Beaucoup de magistrats français, lisant dans le décret ce qu'ils veulent y trouver, en déduisent qu'il a interdit aux Français d'ester en justice en Allemagne, en omettant que ce texte s'applique aussi aux Allemands qui résident à l'étranger. Le fait que l'Angleterre, alliée de la France, ait adopté une position similaire à celle de l'Allemagne n'ébranle pas la certitude des partisans de l'exclusion. L'accès aux tribunaux n'y a été limité que pour les individus ayant leur domicile commercial à l'étranger et seulement au cas où ils seraient demandeurs. Les sujets ennemis établis en Angleterre ou dans un pays neutre ne voient en rien leur situation modifiée par la guerre quant au droit d'agir en justice quand

[305] Commission nommée par un décret du 23 septembre 1914.
[306] W. Loubat, « Le Droit des Gens et la Guerre de 1914 », *Revue Politique et Parlementaire*, 10 février au 10 juin 1915.
[307] Il fut effectivement renouvelé par la suite.

bien même ils seraient internés[308]. La France en mettant l'accent sur la personne, plutôt que sur le lieu de sa résidence, comme l'Allemagne et l'Angleterre, révèle une approche beaucoup plus incarnée du conflit, passionnelle jusqu'à négliger les inconvénients de cette position pour les intérêts, presque toujours français, de l'autre partie au procès.

La quête du fondement juridique pertinent pour exclure le sujet ennemi du prétoire conduit parfois à de curieuses analyses, comme celle que développe le Tribunal de Saint-Etienne dans son jugement du 7 juin 1916. Argument est tiré de l'article 1184 du Code civil pour justifier le refus d'application aux sujets allemands du droit d'ester que leur reconnaît le droit international. Pour ces juges, un traité est comme un contrat synallagmatique dans lequel la condition résolutoire est toujours sous-entendue, ce qui leur permet d'affirmer qu'il s'agit « d'un principe supérieur du droit, supérieur à toute législation positive, et qui par suite s'impose entre les nations elles-mêmes comme aux particuliers ». Ce raisonnement juridique permet d'atteindre le but recherché : « les tribunaux français ne sauraient être tenus au respect d'un droit que les ennemis de la nation foulent aux pieds »[309].

Toutes ces analyses révèlent qu'en France, la justice ne peut rester sereine alors que le territoire est zone de combats et que la guerre imprègne le quotidien. Sa violence se lit dans la souffrance des blessés soignés dans les hôpitaux de l'arrière et sur la liste des morts affichée dans les palais de justice. Comment faire abstraction de l'hécatombe dont l'entière responsabilité est imputée à l'ennemi ? Soixante mille morts en moyenne par mois en 1914, trente et un mille en 1915 : avocats et magistrats pleurent la disparition d'un fils, d'un gendre, d'un frère ou d'amis. Le président du Tribunal de la Seine, Ferdinand Monier, tellement zélé à traquer la moindre participation allemande dans les entreprises française, a perdu son fils de 27 ans, au front, le 28 février 1915. Les juges sont comme tout le monde ; ils travaillent dans une atmosphère d'inquiétude et de mort. Ce sort est sans doute partagé par l'ensemble des Français, mais ces derniers ne sont pas confrontés à l'acte de juger des ennemis. Il est impossible pour beaucoup de concevoir que l'Allemand ou l'Austro-hongrois soit admis dans un lieu de justice : « Accorder aux sujets ennemis le droit

[308] E.P., « L'action en justice en Angleterre des ennemis internés », *Journal de droit international privé*, 1916, p. 435.
[309] Tribunal civil de Saint-Etienne 7 juin 1916, *Journal de droit international privé*, 1917, p. 193.

de plaider, c'est les faire entrer presque complètement ou du moins momentanément sur notre territoire »[310]. L'ennemi engendre une telle répulsion que toute idée de contact semble exclue, y compris dans le prétoire. Pour cette raison, les magistrats marseillais refusent le droit d'ester à un Allemand. Ils préfèrent renvoyer l'affaire à la cessation des hostilités, bien que cette décision empêche le demandeur, un bailleur français, d'obtenir le paiement de ses loyers. Ils s'en expliquent : décider le contraire, ce serait léser « de la façon la plus grave des intérêts français par le fait de la rencontre dans la cause actuelle de personnalités et d'intérêts allemands »[311].

Cacophonie jurisprudentielle

La guerre a entraîné le départ des « sujets des puissances ennemies en guerre avec la France », comme on les nomme alors. Ils ont rejoint leur pays d'origine pour combattre ou parce qu'ils pressentaient des conditions de vie difficiles. Ceux qui restent sont soupçonnés de déloyauté et on les regroupe dans des camps de concentration à l'arrière. Tous se trouvent dans l'incapacité matérielle de régler les dettes qu'ils ont contractées avant la guerre. N'étant pas protégés par les moratoires, leurs créanciers ne tardent pas à les actionner en paiement, en résiliation — la loi du 27 septembre 1914 empêchant dorénavant l'application des contrats —, voire même en dommages-intérêts puisqu'ils sont tenus pour responsables de la rupture du contrat par ricochet : le déclenchement de la guerre est imputable à leur gouvernement.

Nombre de questions pratiques doivent trouver leur solution judiciaire : le sujet ennemi peut-il être assigné dans les actions que banquiers, bailleurs et coassociés ont déclenchées ? Sinon, est-il possible de prononcer par défaut ou d'assigner le séquestre si l'étranger en a été pourvu ? Il est aussi des affaires où la partie française, soulevant la nullité des conclusions de l'avoué du sujet ennemi, invite les juges à dire si l'étranger ennemi peut constituer avoué ou solliciter le concours d'un avocat . Au cours des premiers mois du conflit, on ne s'émeut pas particulièrement de la présence des sujets ennemis dans les instances. C'est à partir de janvier 1915 que

[310] Tribunal civil de la Seine, référés, 18 mai 1916, *op. cit.*
[311] Tribunal civil de Marseille 22 janvier 1915, *Revue de droit international privé*, 1916, p. 41.

les esprits s'embrasent et que la France judiciaire se divise au fur et à mesure que les affaires se présentent. La doctrine se partage de la même façon et commente les décisions en ordre dispersé et dans la précipitation, un contexte qui n'est pas propice à la réflexion.

Il est frappant de constater à quel point les jugements qui refusent l'accès au prétoire sont comme « illustrés » par les descriptions qu'ils contiennent. Ces dernières renvoient à l'imaginaire commun du comportement et de la psychologie supposés être ceux de l'ennemi : celui qui piétine, foule aux pieds les traités ou qui les déchire. Cynique, cruel, calculateur, c'est en criminel qu'il apparaît le plus souvent. L'allemand se plait « à confondre l'état de guerre avec le règne du crime, la guerre avec l'assassinat ». Cette approche autorise la globalisation en immergeant la partie au procès dans sa race : « Il convient de décider qu'appartenant de par sa naissance à une semblable nation ennemie, il ne saurait être entendu en la cause… »[312]. Dans cette affaire pourtant, le sujet ennemi est un « austro-hongrois », venu en France à l'âge de 20 ans qui, depuis 15 ans, y travaille et a rompu tout lien avec son pays d'origine. Né Bulgare, les juges décident qu'il l'est resté bien que porteur d'un passeport roumain et malgré le traité de Bucarest, lequel a redéfini les frontières à l'issue de la seconde guerre balkanique, au motif que ce traité n'a pas envisagé la question des nationalités[313]. Il n'est pas austro-hongrois, mais sujet d'un Etat allié de l'Autriche-Hongrie. Cependant, pour les commodités de l'analyse, sa nationalité se fond dans une sorte de pot commun germanique qu'illustre en raccourci l'expression : « Austro-Allemand », fréquemment utilisée par les magistrats dans les décisions impliquant un sujet ennemi. Cet *a priori* s'observe dans la décision du président du Tribunal de Besançon rendue le 12 août 1916. Dans cette affaire, les sujets ennemis, autrichiens de nationalité, sont polonais d'origine. La situation des Polonais est complexe puisque la France les considère, non comme des ennemis, mais comme des victimes de l'expansionnisme allemand, comme les Tchèques et les Dalmates opprimés par les Austro-hongrois. Bien que dans sa circulaire du 13 octobre 1914, le

---

[312] Tribunal civil de Saint-Etienne, 7 juin 1916, *op.cit.* Le tribunal juge l'opposition au commandement de payer ordonné par le juge de paix de Saint-Etienne qui est introduite par le débiteur français qui soulève la nullité de la décision reposant sur l'interdiction d'un sujet ennemi d'ester en justice.

[313] Traité de Bucarest, 10 août 1913, signé entre la Bulgarie et ses anciens alliés de la première guerre balkanique : la Serbie, le Monténégro, la Roumanie et la Grèce.

ministre de la Justice ait précisé aux juridictions qu'il ne fallait pas mettre les biens des Polonais sous séquestre, le président du Tribunal de Besançon estime qu'ils doivent être exclus du prétoire, les textes « n'autorisent aucune dispense en faveur d'une catégorie quelconque de sujets ennemis ».

Les Alsaciens-Lorrains sont des sujets allemands, mais ils rencontrent davantage de bienveillance que les Polonais devant les tribunaux. En France, ils doivent être « traités non comme des ennemis, mais comme des étrangers chers à son cœur »[314]. Il convient donc de leur réserver « un traitement de faveur évitant le plus possible de les traiter en ennemi »[315] et ils forment pour ce qui est de l'action en justice « une catégorie spéciale de sujets ennemis »[316]. La considération particulière dont ils bénéficient oblige les juges du Tribunal de Saint-Etienne, dans l'affaire du Bulgare précitée, à différencier les effets du traité de Bucarest et ceux du traité de Francfort, ce dernier ayant conféré la nationalité allemande aux populations qui ont fait choix de rester dans les territoires annexés par l'Allemagne. Il lui faut donc affirmer que le traité de Bucarest n'a fait qu'opérer un démembrement de territoire d'après « des limites purement artificielles », tandis que le traité de Francfort a cédé dans sa totalité une province jouissant d'un indigénat particulier. L'argument est spécieux, car la délimitation de la frontière imposée par le traité de Francfort a donné lieu à une redéfinition des départements dont sont issus la Meurthe-et-Moselle et le Territoire de Belfort. D'autre part, la référence à la province manque de pertinence, car ce territoire n'a plus d'identité administrative ou juridique depuis la Révolution. Pour finir, les magistrats de Saint-Etienne considèrent qu'« il ne saurait être tiré argument d'un semblable traité aujourd'hui caduc, intervenu au mépris du droit des gens et des légitimes protestations de nos concitoyens d'Alsace dont les accents enfiévrés retentissent encore à nos oreilles ». Sans doute, la récupération des provinces perdues est-elle devenue, au cours du conflit, un but de guerre de la France, mais affirmer en 1916 que le traité de Francfort est devenu caduc ne correspond pas à la réalité d'une situation militaire qui ne permet pas

[314] Justice de paix de Saint-Nazaire 13 juin 1916, *Journal de droit international privé*, 1917, p. 1075.
[315] Tribunal civil de Saint-Nazaire 7 septembre 1916, *Journal de droit international privé*, 1917, p. 1077.
[316] Cour d'appel de Poitiers 6 novembre 1916, *Journal de droit international privé*, 1917, p. 1074.

alors d'envisager la victoire des Alliés. Le caractère spécieux de la motivation s'explique par le fait que le patriotisme juridictionnel discrimine entre les sujets ennemis pour en admettre certains en justice, au premier rang desquels les sujets allemands des provinces perdues.

Quelles ont été les conséquences de cette jurisprudence du refus ? L'examen de la trentaine de décisions publiées pour la période révèle que dans la plupart des procès, le sujet ennemi était défendeur à l'instance. En leur refusant l'accès au prétoire, il était évident que les juges portaient préjudice aux intérêts français des demandeurs. Lorsque plus rarement le sujet ennemi s'est trouvé en position de demandeur, le refus d'ester pouvait aboutir aussi à des dénis de justice, mais en outre constituer une prime à l'immoralité. En effet, tous les sujets ennemis n'ont pas fait l'objet d'une mesure d'internement lorsqu'ils bénéficiaient d'une faveur administrative justifiée par le fait qu'ils étaient utiles à la défense nationale. Ils travaillaient donc et, certains d'entre eux, non payés ou victimes d'accidents du travail, ont assigné leur patron en justice. Ces derniers tiraient argument de la nullité du contrat de travail, puisqu'il était conclu avec un sujet ennemi, et de l'incapacité du demandeur à ester en justice. La circonstance que les créanciers appartenaient à des minorités opprimées autorisait les magistrats à infléchir leur rigueur, tout en sanctionnant des défendeurs de mauvaise foi.

La diversité des constructions juridiques élaborées pour exclure le sujet ennemi du prétoire, à moins qu'il soit pur de toute germanité, ne doit pas faire oublier qu'il s'est trouvé des juges qui ont résisté à ce patriotisme fiévreux. Se plaçant strictement sur le terrain juridique, ils ont maintenu le principe selon lequel les législations d'exception sont d'application stricte (le décret du 27 septembre 1914 ne concerne que les relations économiques) et qu'à défaut de dénonciation des conventions et de dispositions expresses s'y substituant, le droit en vigueur continue à s'appliquer (en l'occurrence les articles 14 et 15 du Code civil). Ces juges ont eu en commun d'apprécier au cas par cas si la décision qu'ils envisageaient de rendre, conformément à la pratique ordinaire, compromettait la défense nationale. Ils purent ainsi prononcer des mesures provisoires ou conservatoires dans la mesure où l'examen de l'affaire sur le fond était implicitement renvoyé à l'après-conflit. Les textes prohibant tout paiement à un sujet ennemi, il leur était possible de rendre une décision en sa faveur sans préjudicier à la défense nationale, puisqu'elle ne pouvait être suivie d'exécution. *A fortiori*, le sujet ennemi devait-il, selon ces juges, être admis à ester.

Au cours de cette période de grande confusion juridique, la Cour de cassation n'a pas été amenée à se prononcer. Si des pourvois ont été déposés, ils sont restés sans suite. Certains comme les députés Bonnefous et Galli ont pensé qu'il était opportun de légiférer sur le sujet. Leur proposition de loi, à article unique, déclarait irrecevables pour toute la durée de la guerre les actions en justice des sujets ennemis. Cette proposition, outre qu'elle ne réglait pas la question du sujet ennemi défendeur, n'a pas abouti à un vote. De fait, à partir de l'été 1916, le jeu se calme et le 4 mai 1917, le Conseil d'Etat, en se prononçant dans le domaine particulier des prises maritimes, met un point final au débat porté devant les juridictions judiciaires. Il décide que les sujets ennemis peuvent, sous certaines conditions de forme et de délai, exercer un recours contre les décisions du Conseil des prises, devant le Conseil d'Etat. Cette disposition implique nécessairement la reconnaissance du droit d'ester. Effectivement, le 10 mai 1917, le Conseil des prises invite les personnes intéressées dans diverses affaires de captures de navires allemands, austro-hongrois et grecs à présenter leurs réclamations dans le délai de deux mois. Cette invitation s'adresse entre autres à des sujets ennemis dont les marchandises à bord des navires captés ne peuvent être confisquées si elles ne constituent pas une contrebande de guerre[317]. L'intérêt qu'il y avait à s'inspirer du fonctionnement de la juridiction des prises avait été souligné, dès janvier 1915, par le procureur Barathon du Montceau devant le Tribunal de la Seine, mais le tribunal ne l'avait pas suivi. Ce rapprochement institutionnel ne faisait pas l'unanimité. Gaston Courtois, avocat à la Cour de Paris, contestait qu'il soit transposable aux juridictions ordinaires en argumentant que le tribunal des prises devait son existence à l'état de guerre et supposait par nature que l'ennemi puisse être présent ou se faire représenter.

Le débat doctrinal est comme un arbre qui cache mal la forêt. Derrière le refus du droit d'ester en justice, les juges ont trouvé un moyen à leur portée d'éliminer l'ennemi en d'empêchant, selon les mots du président du Tribunal de la Seine, « toute manifestation de

[317] Les conférences internationales ne sont pas parvenues, avant le conflit, à s'accorder sur la création d'une cour internationale des prises. Aussi les juridictions amenées à se prononcer sur la contrebande de guerre sont-elles nationales. Comment pourraient-elles fonctionner, le système reposant sur la réciprocité, si les sujets ennemis en sont exclus ?

son existence ». Cette éradication opérée à l'arrière devait soutenir en la complétant son élimination physique sur le front. Cette exclusion de l'ennemi va connaître des développements particulièrement importants, comme nous allons le voir, sur le plan économique.

CHAPITRE 10

LA JUSTICE ET LA GUERRE ECONOMIQUE

En 1914, les belligérants considèrent que si la victoire s'obtiendra sur le champ de bataille, l'arrière doit insuffler à l'avant les forces qui la conditionnent. Les stratégies économiques des Etats sont par conséquent primordiales afin fournir armements, munitions et ravitaillement aux armées, de manière continue. En parallèle, il importe de priver l'ennemi de ce qui est indispensable à ses troupes et à sa population.

Avant la guerre, les empires centraux avaient parfaitement conscience des faiblesses qui découleraient de leur situation géographique si un conflit de dimension européenne venait à éclater. Le jeu éventuel des alliances les coinçait entre la France et la Russie et pouvait, au nord et au sud, leur interdire les mers dont les Anglais avaient d'autre part la maîtrise.

Dès la déclaration de guerre, les Britanniques ont la conviction qu'en pratiquant le blocus maritime de l'Allemagne, la victoire sera rapidement acquise aux Alliés. La structure de son économie oblige l'Allemagne à importer par navires de nombreux produits indispensables à ses entreprises. Ainsi par exemple, la pénurie de coton paralyserait bien sûr l'industrie de l'habillement, mais elle menacerait surtout celle de l'armement, car cette matière entre dans la composition des munitions. Ne pouvant, en raison du blocus, commercer sous son pavillon, l'Allemagne va chercher à s'approvisionner par l'intermédiaire des Neutres : Pays-Bas, Espagne, Suisse, Danemark, Norvège, Suède et Etats-Unis avant leur entrée en guerre. Certains de ces Etats ont des frontières communes avec l'Allemagne et un accès à la mer qui ne saurait leur être interdit.

La France n'est pas partie prenante à la guerre maritime, mais ce qui vaut sur mer vaut sur terre en ce qui concerne l'interposition des Neutres dans les transactions commerciales. Dès le début du conflit, il est seulement envisagé de priver l'ennemi des approvisionnements français et des ressources financières provenant du règlement aux créanciers allemands. Tout paiement à destination de l'Allemagne sert à alimenter sa machine de guerre et l'imaginaire visualise que les obus qui tombent sur les Français peuvent avoir été payés par eux. Joue aussi la méfiance à l'égard de l'Allemagne suspectée de vouloir sournoisement empoisonner le pays avec des produits nocifs importés. Cette méfiance se nourrit de la conviction, largement attisée par la propagande, que les Allemands qui se sont établis en France au cours des années précédant le conflit avaient à dessein de préparer la guerre future. Les implantations d'entreprises sont rattachées à cette stratégie. Le recensement de 1911 révèle que la population allemande représente 102 271 personnes, dont le tiers a entre 15 et 59 ans. Pour un tiers également, cette population réside à Paris. La capitale (2 800 000 habitants) compte alors 194 000 étrangers, deux fois plus que Londres, trois fois plus que Berlin et Vienne. Les 29 000 Allemands y représentent la seconde colonie étrangère après les Italiens. On leur associe les 6 700 Autrichiens avec lesquels ils forment le groupe des « Austro-allemands », principalement installés dans le quartier des affaires (9ème, 10ème et 11ème arrondissements). Les hommes exercent le plus souvent une activité commerciale, les femmes sont employées comme domestiques et leur profession les introduit au cœur des foyers français.

VERS LA GUERRE ECONOMIQUE

L'interdiction des relations commerciales avec l'ennemi

L'interdiction des relations commerciales avec l'ennemi va constituer une première étape dans la guerre économique que va mener la justice française. Cette manière de combattre constitue l'une des formes de radicalisation de la guerre, de sa totalisation. Un chargé de cours à la faculté de droit de Nancy exprime clairement la part que doivent y prendre les juristes : « La lutte contre les Austro-allemands n'est pas seulement militaire économique ; elle est encore juridique »[318].

Un premier texte, à vocation générale, le décret du 27 septembre 1914, prohibe les relations commerciales avec l'Allemagne et l'Autriche-Hongrie. D'autres textes vont compléter ou nuancer les mesures adoptées au cours des premiers jours de la guerre. Ainsi, la

[318] A. Henry, « Les séquestres des biens austro-allemands », *Journal de droit international privé*, 1916, p. 458.

loi du 17 août 1915 interdit-elle les marchandises en provenance des empires centraux sous réserve d'une dérogation ministérielle. Le décret du 7 novembre 1915 étend l'interdiction de commercer aux contrats passés avec les Bulgares. La volonté du gouvernement est d'emblée de proscrire de manière absolue tout commerce avec l'ennemi. Le décret du 27 septembre 1914 l'interdit, en ce qui concerne les Français, quel que soit le lieu de la transaction, c'est-à-dire en France comme à l'étranger, et à quiconque sur les territoires relevant de la puissance française, c'est-à-dire aux colonies. La nullité frappe les conventions conclues au mépris du texte et paralyse l'exécution de celles qui lui sont antérieures. Prévoyant que l'interdiction pourrait être contournée, le décret s'applique aux situations dans lesquelles les cocontractants ont recours « à une personne interposée ».

Pour donner plus de force à la prohibition, la loi du 4 avril 1915 fait du commerce avec l'ennemi une infraction pénale et il est étonnant que cette mesure n'ait pas été prise dès l'origine. L'infraction à la loi est lourdement sanctionnée : un à cinq ans d'emprisonnement et 500 à 20 000 francs d'amende, peines assorties de la privation des droits civiques. Enfin, les marchandises peuvent faire l'objet d'une saisie. La tentative et le recel sont frappés des mêmes sanctions. Par exception à l'article 5§2 du Code d'instruction criminelle, selon lequel un Français ne peut être poursuivi pour une infraction à la loi française commise à l'étranger que si la législation du pays réprime aussi cette infraction, le délit de la loi de 1915 doit être considéré subjectivement, donc indépendamment du lieu où l'infraction a été commise. Cette disposition se comprend, car il suffirait pour échapper à la loi de l'enfreindre à l'étranger. Néanmoins, son application risque d'être complexe, car la trace des marchandises peut se perdre dans les méandres de transactions successives.

Très vite, ces textes rédigés dans la hâte révèlent leurs insuffisances rédactionnelles et posent des problèmes d'interprétation. Le décret du 27 septembre 1914 est en premier lieu par nature un texte illégal, car le Parlement, avant de se séparer, n'avait pas autorisé le gouvernement à intervenir par des règlements sur les questions d'ordre économique. Le projet de ratification n'ayant toujours pas abouti lorsque la guerre s'achève, l'illégalité perdure pendant tout le conflit, même s'il se trouve des juristes pour soutenir, avec une assez grande mauvaise foi, l'argument d'une ratification incidente du décret par la loi du 4 avril 1915 sans lequel il n'aurait aucun sens, les deux textes devant être considérés comme formant bloc. Outre ce défaut originel, le décret du 27 septembre, élaboré dans un contexte émotionnel de haine de l'ennemi, fourmille de monstruosités juridiques. Les rédacteurs confondent les concepts de domicile et de résidence, d'acte et de contrat, de nullité et de suspension (par le biais de la notion tout à fait saugrenue de nullité temporaire) et enfin la formation et l'exécution du contrat. L'ensemble de ces fautes qui seraient impitoyablement sanctionnées dans une copie d'étudiant en droit inquiète à juste titre le professeur Albert Wahl qui pressent les difficultés d'application que rencontrera le texte[319].

Effectivement, l'interdiction des relations commerciales, assortie de sanctions pénales, pose quelques problèmes juridiques. La loi du 4 avril 1915 ne vise dans son intitulé que les Français, alors que les lois de police et de sûreté obligent tous ceux qui se trouvent sur le territoire français. Le législateur a-t-il ainsi envisagé le rôle que pourraient jouer les sujets des Etats neutres ? Qu'en est-il des territoires envahis où l'interdiction pourrait se doubler de collaboration ? La justice française n'est certes pas en mesure de sanctionner les contrevenants au cours du conflit, qu'en sera-t-il à son issue sachant que la situation d'occupation conduit inévitablement à des accommodations dont il faut pouvoir apprécier les degrés ? Enfin, la France ayant opté pour un système d'interdiction des relations commerciales à raison du lieu où les conventions sont passées ou exécutées, mais aussi à raison de la nationalité des contractants, il importera de définir précisément l'ennemi. Sur le front, l'uniforme désigne l'ennemi ; dans la vie civile, comment le reconnaître ?

La précipitation, conjuguée à la haine de l'ennemi, semble bien avoir paralysé la réflexion sur la forme comme sur le contenu de ces textes. Il en résulte une confusion entre l'objectif concret et précis des mesures et une mise à l'index générale de l'ennemi à travers le refus de tout contact avec les « valeurs », au sens économique du terme, qui peuvent venir de lui. Tout ce qui est allemand crée alors un malaise, même l'argent dans son extrême fongibilité. Nombreux sont les Français, porteurs d'actions d'entreprises ou de titres d'emprunt

[319] Dans la *Revue trimestrielle de droit civil*, le grand civiliste se montre très indulgent, par patriotisme, au cours de la guerre, mais beaucoup plus critique ensuite, quand ses propos n'ont plus la même portée. Il est intéressant de relever la myopie des plus grands juristes à propos de ce texte, ainsi René Cassin le considère comme un modèle ayant inspiré les Alliés, ce qu'il met en relation avec le prestige des lois françaises (*Revue critique de droit international privé*, 1918, p. 15).

allemands ou austro-hongrois qui craignent de tomber sous le coup de la loi en demandant à encaisser leur rémunération. La plupart des banques refusent d'ailleurs de s'entremettre ou le font sous couvert du flou de l'interdiction et moyennant des commissions de courtage très élevées. Les créanciers français se demandent aussi s'ils peuvent vendre leurs titres, pour s'en débarrasser, par l'entremise d'agents de change situés en pays neutre. Ces questions finissent par être posées au ministre de la Justice à la Chambre et reçoivent une réponse affirmative conforme à la logique[320].

Les textes émanant du Parlement et du gouvernement ne forment pas l'ensemble du corpus juridique qui organise la guerre économique. Pour l'essentiel, les mesures qui sont appliquées proviennent de circulaires du ministère de la Justice. Elles précisent les textes, les complètent, voire pallient leurs insuffisances. Elaborées rapidement et sans recul, elles vont laisser place à une large intervention du juge, lequel va étendre sa mission au-delà de celle qui lui a été initialement conférée par les textes.

Le juge et la constitution de l'otage économique

Issue de la prohibition des relations commerciales, la mise sous main de justice des biens appartenant aux sujets ennemis vise d'abord essentiellement les maisons de commerce. La déclaration de guerre qui a provoqué le départ des Allemands et des Austro-hongrois et l'interdiction de contracter, accompagnée de l'internement, pour ceux qui sont restés, conduisent à des mesures conservatoires afin de protéger leur patrimoine jusqu'à la fin des hostilités. Bien au-delà de cet objectif, les mises sous séquestre vont connaître au cours du conflit une double évolution. D'abord, leur finalité change dès la fin de la seconde année de guerre lorsque les attitudes se durcissent par rapport à l'ennemi. Elles deviennent alors le moyen juridique de constituer l'otage économique venant garantir l'obligation aux réparations à laquelle l'ennemi sera contraint une fois vaincu. Dans un second temps, se manifeste le souci étoffer le plus possible ce gage national. Progressivement, absolument tous les biens appartenant à des sujets ennemis vont être mis sous séquestre. Cette évolution va faire des séquestres une véritable institution qui confronte le juge à

---

[320] Notamment la question du député Giordan, *Journal de droit international privé*, 1916, p. 109.

nombreux problèmes sur le plan de la pratique et sur celui de la signification juridique.

L'ordonnance fondatrice des mises sous séquestre est rendue par le président du Tribunal du Havre, le 2 octobre 1914, à partir du décret du 27 septembre alors qu'aucun texte, et pas davantage ce décret, n'autorise le juge à mettre sous main de justice les biens des sujets ennemis. Immédiatement le ministère de la Justice se saisit de la décision et appelle à jurisprudence par une succession rapide de circulaires. Le 8 octobre, il transmet aux parquets la décision du 2 octobre et désigne l'attitude juridictionnelle qui l'a permise comme le modèle à suivre. Quelques jours plus tard, le 13, une circulaire plus ferme prescrit la saisie et la mise sous séquestre de tous les biens des maisons allemandes et austro-hongroises. Enfin, la circulaire du 16 octobre enjoint de nommer des administrateurs-séquestres aux biens des particuliers austro-allemands. Le mois suivant, trois nouvelles circulaires (3, 4 et 14 novembre 1914) affinent la mission et le rôle des séquestres. Elles sont provoquées par l'irruption d'opinions radicalement divergentes sur l'objectif poursuivi. Elles proviennent d'intérêts particuliers qu'il s'agit de ménager, en même temps qu'elles traduisent une conception à outrance de la guerre justifiant de saisir toute occasion d'éliminer l'implantation austro-allemande en France. Certains estiment qu'il faut sans tarder procéder à la liquidation pure et simple des patrimoines allemands, alors que d'autres, à l'opposé, voient dans les séquestres un moyen nécessaire et suffisant pour conserver les biens jusqu'à la cessation des hostilités, moment où pourra être envisagé le règlement définitif des comptes de guerre. Le gouvernement penche, sans doute par crainte de représailles ennemies sur les patrimoines français en Allemagne, pour cette dernière approche, ce que traduisent les circulaires de novembre en excluant toute confiscation ou spoliation. Le séquestre ne doit pas se considérer comme un syndic et *a fortiori* comme un liquidateur comme s'il s'agissait d'une faillite, rappelle Aristide Briand, le 2 avril 1915. C'est au cours de cette intervention devant le Sénat qu'il évoque, pour la première fois, « l'otage économique », constitué de l'ensemble des biens austro-allemands en France, en attendant que « l'heure venue d'en régler le sort, le Parlement puisse en disposer en toute liberté »[321].

---

[321] *Journal Officiel*, Débats, Sénat, 3 avril 1915.

La guerre se prolongeant, le recours à la mise sous séquestre des biens austro-allemands s'avérait de toute façon inévitable. Elle constituait d'ailleurs un moindre mal pour tout le monde, y compris pour les sujets ennemis. Toutefois, dès les premières semaines du conflit, des créanciers français, craignant de ne pas être payés après le départ de leurs débiteurs vers leur pays d'origine, demandent sur le fondement du droit commun aux tribunaux la mise sous séquestre de leurs biens. Certains obtiennent même la liquidation des patrimoines justifiée par le fait qu'ils n'ont pas été payés. Au lendemain de la déclaration de guerre, telle est la tendance que semble suivre la juridiction commerciale, à l'exemple du Tribunal de Nancy qui décide de mettre en faillite toutes les entreprises austro-allemandes qui, ayant cessé leur activité, ne pourront plus payer leurs créanciers. La Cour d'appel de Nancy censure cette pratique, appliquant rigoureusement les circulaires, d'autant que juridiquement on ne pouvait relever ni un état de cessation de paiement, ni des fautes de gestion, ni un refus de payer[322]. Cette décision voulait aussi sauvegarder l'intérêt de tous les créanciers qui, à cause de la mobilisation, n'auraient pu produire à la pseudo-faillite. Les juges se trouvent donc rapidement contraints d'intervenir pour rappeler le caractère conservatoire des mises sous séquestre et, en particulier, pour sanctionner la pratique par laquelle les administrateurs dépassent leurs pouvoirs en décidant, en fonction des circonstances, de l'opportunité de réaliser telle ou telle part des actifs qui leur ont été confiés. Le gouvernement peut compter sur la discipline patriotique des juges devenus les auxiliaires d'un pouvoir exécutif desservi par l'insuffisance de ses textes.

LE PATRIOTISME JURIDICTIONNEL

La question de savoir si la fin justifie les moyens ne trouble à aucun moment les magistrats. Tout semble bon dès lors qu'il s'agit d'affaiblir l'ennemi. L'atteindre dans ses intérêts économiques s'avère fondamental à partir du moment où les affrontements militaires des premières semaines échouent à désigner un vainqueur malgré les énormes sacrifices consentis et les analyses prospectives des états-majors selon lesquelles il était impensable que la guerre dure au-delà

[322] Arrêts des 2 décembre 1914 et 24 mars 1915, *Journal de droit international privé*, 1916, p. 503.

des quelques mois. Sur le plan économique, cela n'était tout simplement pas possible. Pourtant, la guerre se prolonge et se transforme en guerre d'usure des forces de l'adversaire. Si la motivation est claire — il s'agit de nuire à l'ennemi par tous les moyens —, traduire l'intention patriotique en objectifs concrets, dans la pratique judiciaire, ne l'est pas forcément. Servis par des textes mal rédigés, les juges vont pouvoir construire une jurisprudence très empirique. Parmi eux, se détache une figure, celle de Ferdinand Monier, tant par la position qu'il occupe, que par le souffle patriotique qui inspire ses décisions. Tirant parti du décret du 27 septembre 1914 et des circulaires du ministère de la Justice, il devient l'instigateur des règles à appliquer dans le domaine des mises sous séquestres.

Ferdinand Monier, incarnation du patriotisme judiciaire

Ferdinand Monier est président du Tribunal de la Seine lorsque la guerre éclate et il le reste jusqu'en 1916. En tant que juge des référés, il va être appelé à se prononcer par voie d'ordonnances rendues sur la demande du parquet dans le cadre de l'application de la jurisprudence relative aux séquestres. Le Tribunal de la Seine, en raison des implantations d'entreprises et de sujets allemands dans la capitale et sa banlieue, est le plus sollicité de tous les tribunaux français. Au fil des années de guerre, ses décisions font émerger tous les éléments de la problématique relative aux séquestres, laquelle se nourrit davantage de considérations économiques et patriotiques que juridiques. La personnalité de Ferdinand Monier explique la jurisprudence parisienne et son destin hors du commun amène à le considérer comme l'une des figures judiciaires les plus saillantes de cette période.

Ferdinand Monier est lorrain[323]. D'abord avocat stagiaire à Nancy, il entame une carrière dans la magistrature comme substitut à Remiremont dans les Vosges. Il reste au ministère public pendant une quinzaine d'années, puis, grâce à la bienveillance de Dupré, alors directeur du personnel au ministère de la Justice, il est nommé chef de cabinet du garde des Sceaux Sarrien en 1898. Sa carrière évolue alors très rapidement : au bout de quelques mois, il accède à la vice-présidence du Tribunal de la Seine. En 1903, il est nommé conseiller à la Cour d'appel de Paris, directeur des affaires civiles et du Sceau en

[323] Il est né à Sartes, près de Neufchâteau, dans les Vosges, en 1859.

1906, procureur à Paris en 1907. La présidence, très convoitée, du Tribunal de la Seine, lui est confiée en 1911. C'est dans ces fonctions que la guerre le saisit et l'intense activité qu'il va déployer au service de la patrie le propulse à la première présidence de la Cour d'appel de Paris en 1916. Cette carrière semble devoir le mener au plus haut de la hiérarchie judiciaire. Revers du destin : un an plus tard, on reproche au magistrat d'avoir eu des complaisances professionnelles à l'égard de Paul Bolo qui était devenu son ami intime. Ferdinand Monier[324] se trouve pris à la périphérie de la toile judiciaire que tisse Clemenceau pour atteindre Malvy désigné comme responsable du complot de l'intérieur qui, en alimentant le défaitisme, empêche le pays de remporter la victoire[325]. L'affaire Bolo n'est qu'un dossier parmi d'autres, mais Ferdinand Monier va payer le prix de ses relations mondaines. Le Conseil Supérieur de la Magistrature prononce sa déchéance, malgré ses protestations d'innocence et la défense du président de la Chambre des avocats au Conseil d'Etat et à la Cour de cassation, Mornard. Nombreux sont ceux qui ne comprennent pas que ce magistrat si patriote soit frappé d'une condamnation aussi brutale qu'étrange. Ferdinand Monier accepte la sanction avec résignation, mais elle le brise. Il décède deux ans plus tard.

Le dossier de carrière de Ferdinand Monier mentionne qu'il est travailleur et compétent. On s'accorde, par ailleurs, à lui trouver une allure militaire en parfaite adéquation avec la manière dont il aborde les procès où les sujets ennemis sont impliqués. Selon l'opinion d'Edgar Troimaux :

« Il était l'homme de la situation. Jurisconsulte éclairé et point asservi aux subtilités surannées du Droit, ni au byzantisme de certaines procédures, patriote ardent, de jugement droit et de volonté énergique, il s'efforça d'allier la nécessité d'être équitable avec celle d'être avant tout dévoué au salut de la patrie. Il suffit de le voir et de l'entendre pour comprendre. Sa physionomie serait plutôt celle d'un militaire que d'un juge : les cheveux coupés courts, la moustache blonde légèrement relevée, le regard clair et direct, il pourrait passer pour un jeune et vigoureux colonel. Sa parole a des intonations de

---

[324] Arrêt du Conseil supérieur de la magistrature 9 novembre 1917. A. Deperchin, « Le destin de Ferdinand Monier, premier président de la Cour d'appel de Paris », A. Deperchin, N. Derasse, B. Dubois (dir), *Figures de justice. Etudes en l'honneur de Jean-Pierre Royer*, Lille, Centre d'Histoire Judiciaire, 2004, p. 411-419.

[325] A. Deperchin, « Clemenceau et l'opinion publique : les affaires », in *Georges Clemenceau et la Grande Guerre 1906-1929*, *op. cit.*, p. 149-162.

commandement : facile, rapide et précise, servie par la voix quelque peu claironnante »[326].

Charles Chenu, qui apprécie les allures militaires, ne tarit pas d'éloges à son propos et approuve les libertés qu'il a su prendre avec les textes pour sauvegarder les intérêts français[327]. L'opinion de son confrère, l'avocat parisien Pierre Lœwel, est convergente, mais plus modérée : « activité inlassable… goût des responsabilités… penchant pour les décisions rapides prises sans hésitation et poursuivies sans regret », mais il déplore la « brusquerie un peu belliqueuse », et souligne qu'il manquait de patience et de doute, toutes qualités indispensables au bon magistrat[328].

Infatigable, ce magistrat juge sans désemparer plus de 140 affaires par jour, en réalité par demi-journée puisque les audiences commencent à 14 heures et s'achèvent à 18 heures. En moyenne, les affaires sont expédiées en moins de deux minutes. Selon les témoins, l'audience des référés du mardi se déroule dans un brouhaha provoqué par tous les comparants qui s'entassent d'autant plus que les affaires sont promptement jugées. Selon Pierre Lœwel, il « tranchait, taillait, émondait, faisait place nette et renvoyait les comparants avant même qu'ils eussent le loisir de placer un mot »[329]. Monier lui-même évoque son intervention dans cette matière des séquestres « qui n'était régie, dit-il, que par des méthodes de jurisprudence purement personnelles et prétoriennes que j'avais seul instituées et dont les principes reposent dans plus de cent mille ordonnances de tout genre dues à mon initiative et à un labeur colossal ». Il revendique la transgression des lois au profit des intérêts supérieurs dictés par les circonstances : « Je me vante même d'avoir, dans plusieurs circonstances pendant la guerre, commis des actes que je savais discutables du point de vue de leur légalité et ce avec la conscience de ma responsabilité »[330]. Si l'on se fie à ses dires, pareille activité fut jugée excessive par le Conseil supérieur de la Magistrature en raison des répercussions défavorables qu'elle aurait values au corps judiciaire français à l'étranger alors qu'en Allemagne, elle aurait suscité l'ironie.

---

[326] E. Troimaux, *Le Palais de justice pendant la guerre*, *op. cit.*, pp 64-65.

[327] C. Chenu, « Le Barreau pendant la guerre », *Revue des Deux-Mondes*, 15 juin 1916, p. 794.

[328] P. Lœwel, *Les Echos parisiens*, 25 décembre 1919.

[329] *Ibid.*

[330] Mémoire publié dans les *Cahiers de la Ligue des Droits de l'Homme*, 1920, XVIIème, p. 11 s.

Les juges et l'appréciation des intérêts économiques

Au cours des deux premiers mois de la guerre, les magistrats se trouvent confrontés sans aucune référence législative spécifique aux demandes émanant de Français ou d'Austro-allemands qui sollicitent la nomination d'administrateurs judiciaires pour assurer la conservation ou la gestion d'entreprises dont les propriétaires ont quitté la France, le plus souvent pour remplir leur obligation militaire. Dès le mois de septembre 1914, le Tribunal de la Seine refuse de désigner les administrateurs judiciaires que des Allemands sollicitent pour leur commerce. Ces décisions sont conformes aux réquisitions du parquet. Le procureur Regnault estime que les Allemands « ne méritent pas la protection de nos lois »[331]. Les tribunaux de commerce adoptent une attitude opposée. Saisis par des créanciers français, ils craignent que ceux-ci ne perdent leur gage et que le personnel de ces entreprises se retrouve sans travail. Ils nomment des séquestres chargés d'assurer la gestion au mieux de tous les intérêts. Cette jurisprudence qui protège les créanciers français, sauvegarde indirectement les intérêts ennemis. Aussi, le ministère de la Justice fait rapporter ces jugements et informe les tribunaux, par une circulaire du 20 septembre, que les nominations de séquestres ne doivent intervenir qu'à titre tout à fait exceptionnel pour protéger exclusivement les intérêts des créanciers français. Suivant cette directive avec discipline, le président du Tribunal de la Seine rend, le 14 octobre 1914, une ordonnance qui met sous séquestre un commerce de fourrures à la demande d'un créancier français qui, au cours de l'hiver précédent, lui avait confié des manteaux. Le négociant, sujet autrichien, avait fermé sa boutique et était parti aux premiers jours de la guerre accomplir son devoir militaire. Le séquestre est nommé avec pour seule finalité que le créancier français récupère son bien.

Le décret du 27 septembre 1914 qui interdit les relations commerciales avec les sujets ennemis, au nom de la défense nationale, va servir, dans les mois qui suivent, de fondement à la jurisprudence dite des séquestres. Mais comment apprécier l'intérêt de la défense nationale dans les affaires soumises à la justice, alors qu'elles sont

---

[331] *Gazette des Tribunaux*, 19 et 24 septembre 1914.

l'émanation d'intérêts — certes français, peut-être pas exclusivement d'ailleurs —, mais individuels ? Dans l'affaire Faber, qu'il examine le 14 décembre 1914, le président Monier rend une ordonnance qui autorise le séquestre, préalablement nommé, à vendre à prix courant une partie des marchandises périssables (en l'occurrence les stocks à réaliser comprennent des gommes en caoutchouc, mais aussi des objets en bois et en métal non périssables) pour éteindre le passif et procurer du travail au personnel français et belge non mobilisé de l'entreprise. Ces intérêts « alliés » s'opposent à ceux des créanciers français représentés par la Chambre syndicale du papier qui fait appel. Pour elle, la vente aurait pour effet de placer les industriels français de la branche en « état d'infériorité désastreuse », c'est-à-dire de leur faire une concurrence inattendue sur les prix. Elle invoque en outre que la vente apporterait finalement de l'argent à l'entreprise allemande. Cet argument décisif conduit la cour d'appel à revenir sur l'ordonnance, non quant à son principe, mais pour limiter la quantité de marchandises vendues au strict nécessaire pour alimenter les actifs bancaires et régler les créanciers[332].

Le gouvernement prend rapidement conscience que ses injonctions appliquées sans nuance nuisent aux sujets ennemis, mais peuvent nuire en même temps à la défense nationale. Le ministère de la Justice informe donc les parquets, par sa circulaire du 21 octobre 1914, qu'il ne faut pas que leur intervention aboutisse à gêner le fonctionnement des entreprises dont l'activité peut être utile à la défense nationale. Les magistrats doivent donc faire le tri entre les activités économiques pour apprécier si la défense nationale peut bénéficier ou pâtir de leur décision. Le critère sera celui de la satisfaction des besoins commerciaux du pays. Les tribunaux vont ainsi autoriser les ventes des biens mis sous séquestre à titre conservatoire (approvisionnement indispensable ou rentrées financières pour les créanciers français et le Trésor) ou les refuser, comme dans l'affaire Faber où elles auraient perturbé le marché. Les juges veillent par ailleurs à ce que les ventes autorisées aient lieu aux enchères publiques afin qu'aucun acheteur potentiel ne soit écarté et que le prix ne puisse faire l'objet d'arrangements douteux. Dans sa mercuriale de 1916, le substitut de Casabianca[333] adresse des louanges aux magistrats et administrateurs

[332] Cour d'appel de Paris 22 mars 1915, *Journal de droit international privé*, 1915, p. 664.

[333] Pierre de Casabianca (1859-1944) est substitut du procureur général de la Cour d'appel de Paris, il est nommé avocat général en mars 1917.

parisiens qui ont « de leur mieux secondé les besoins généraux de notre commerce et de notre industrie en leur cédant des objets fabriqués ou les matières premières qui leur manquaient ».

Cependant, les décisions rendues produisent parfois des effets paradoxaux, voire contraires à ceux qui étaient recherchés. La réglementation française, qui s'est voulue particulièrement rigoureuse, interdit aux Français de commercer où que ce soit avec un ennemi, directement ou par personne interposée. La Grande-Bretagne a adopté une position plus souple. L'interdiction ne concernant que les actes passés par des personnes qui résident sur le territoire britannique, les négociants anglais continuent donc à approvisionner leurs clients allemands et austro-hongrois partout ailleurs dans le monde et contractent très facilement avec eux à partir d'un pays neutre. Les divergences de réglementation aboutissent donc à faire perdre aux commerçants français une clientèle, certes ennemie, au profit des concurrents anglais, ce qui provoque la réaction des chambres de commerce, surtout à Paris. Elles protestent auprès du ministre du Commerce, les 24 octobre 1914, 5 janvier et 13 février 1915. Ces protestations, qui reçoivent l'adhésion de nombreux parlementaires, déterminent le Gouvernement à exiger une mise en concordance des prohibitions lors de la conférence économique des gouvernements alliés en juin 1916[334]. Celle-ci adopte alors, selon René Cassin, « le système suivi par la France à ses dépens »[335].

DIFFICULTES PRATIQUES

Définir le sujet ennemi n'est pas simple. D'une part, les Etats que la France combat sont composés de populations hétérogènes agrégées dans des empires dont elles sont prêtes à se libérer. Ces minorités ne sont donc pas des ennemies qu'il s'agisse de l'Autriche-Hongrie et de ses nationalités éparpillées dans un territoire en « peau de léopard », de l'Allemagne ou de l'empire ottoman. Le déclenchement de la guerre ne trouve-t-il pas son origine dans l'une des multiples

---

[334] Voir rapport Gallup du 20 mai 1915 qui reprend l'argumentation des chambres de commerce à l'appui d'une généralisation à l'Europe de l'interdiction des relations commerciales.

[335] R. Cassin, « L'interdiction du commerce et des relations économiques avec l'ennemi (sa portée, ses sanctions, ses conséquences), *Revue critique de droit international privé, 1918*, p. 36.

agitations nationalistes motivées par le refus d'une domination considérée comme étrangère. D'autre part, à le supposer défini, comment reconnaître l'ennemi lorsqu'il use de manœuvres consistant à dissimuler son identité derrière une autre personne qui, n'ayant pas la nationalité d'un Etat ennemi, contracte pour lui ?

Le tri des sujets ennemis

Le décret du 27 septembre 1914 désigne l'ennemi comme étant le sujet des « Empires d'Allemagne et d'Autriche-Hongrie ». Selon ce critérium, les Polonais, les Alsaciens, les Lorrains, les Tchèques appartiennent à la catégorie des ennemis, ce que le gouvernement français souhaite éviter. L'opinion prévaut en France que ces populations, victimes du pangermanisme, ont été entrainées malgré elles à faire la guerre et de surcroit dans les armées de leur oppresseur. Il est prévu de rectifier l'erreur commise en septembre lors du vote de la loi qui doit ratifier le décret. Comme elle se fait attendre, la Chambre saisit l'occasion du vote de la loi qui doit pénalement sanctionner les dispositions du décret pour en restreindre le champ d'application aux Allemands, Autrichiens et Hongrois. Toutefois, au moment où le texte arrive devant le Sénat, le récit des atrocités allemandes commises lors de l'invasion a tellement ébranlé les esprits, que l'assemblée craignant de ne pas correctement distinguer le « bon » du « mauvais » Allemand, préfère les laisser dans le même sac. Cela revient à laisser au juge le soin de discriminer, au cas par cas, en fonction de critères qu'il déterminera. Le choix doit être soufflé par le parquet auquel le ministre de la Justice recommande de ne pas laisser s'opérer la mise sous séquestre des biens d'un particulier ennemi pouvant se réclamer de la bienveillance du gouvernement français[336]. La circulaire précise que cette bienveillance doit résulter de la preuve d'un attachement à la France, preuve à la charge du sujet austro-allemand. Sont cités : le mariage avec une Française, l'engagement dans la Légion étrangère, la situation du fils au regard du service militaire ou l'existence d'enfants français. En revanche, la possession

[336] Circulaire du 25 octobre 1914.

d'un titre administratif comme le permis de séjour, délivré par une préfecture, ne suffit pas[337].

Dans leur pratique, les juges vont étendre la notion d'attachement à la France aux sentiments francophiles ou plus exactement à la réputation qu'a fait naître leur expression en public. Le président du Tribunal de la Seine estime par exemple pour les Alsaciens-Lorrains que rien ne doit venir contredire leur attachement « persévérant et fidèle à la mère patrie soit au point de vue de leur conduite, de leur réputation ou de leurs antécédents ». S'opposant à la demande que formule un dénommé Jules Dreyfus, Monier observe que « quoique d'origine alsacienne-lorraine et quelque intéressant qu'il soit par son fils[338], dont l'honorabilité est indiscutable, ce demandeur n'est point qualifié par sa réputation pour revendiquer, à titre de faveur la mainlevée du séquestre »[339]. Certains magistrats sont plus conciliants, même au parquet. Pour l'avocat général Trouard-Riolle, qui requiert dans cette affaire, l'Alsacien-Lorrain ne doit être considéré comme indésirable qu'autant que sa présence ou ses actes en France représentent un danger pour la défense nationale et qu'il n'y a pas lieu de tenir compte de son inconduite, de ses mauvais antécédents, ni de sa considération. Il opte donc pour la mainlevée du séquestre que refuse Monier. En appel, Jules Dreyfus, défendu par le prestigieux Fernand Labori, obtient qu'un supplément d'enquête soit ordonné et ainsi obtiendra finalement gain de cause. La jurisprudence révèle que, dans la plupart des affaires, les juges exigent un cumul de signes d'attachement à la France qui doit l'emporter nettement sur les éléments qui pourraient établir le contraire. Dans l'affaire Mezger, le demandeur invoque à l'appui de sa demande de mainlevée du séquestre qu'il s'est engagé dans la Légion étrangère où il sert depuis le début des hostilités, qu'il a épousé une Française, que son frère est au front et qu'à toutes ces circonstances s'ajoutent les bons renseignements obtenus sur lui[340]. Parfois, bien que les éléments favorables soient nombreux, un détail jugé important, par exemple un

[337] Le projet de ratification du décret du 27 septembre prévoit pourtant que le permis de séjour permet à son détenteur d'échapper à la mise sous séquestre. Il ne fut jamais voté.

[338] Il est avocat à la Cour d'appel de Paris.

[339] Ordonnance du 2 mars 1915.

[340] Ordonnance du président du Tribunal de la Seine 14 mars 1916, *Journal de droit international privé*, 1916, p. 985.

récent voyage en Allemagne, peut venir ruiner l'accumulation des signes d'attachement à la France des Alsaciens et Lorrains.

En ce qui concerne la nationalité des sujets des Empires, le juge est invité à se prononcer sur le critère de la race dont il lui revient d'apprécier les éléments constitutifs, une tâche bien ardue et aux lendemains inquiétants. C'est ainsi qu'une circulaire du 18 novembre 1914 l'invite à n'exempter du séquestre que les Tchèques austro-hongrois de race slave.

Les manœuvres ennemies et le juge détective

Trois problèmes particulièrement épineux se posent aux juges : la détermination de la nationalité des sociétés, le cas des sujets apatrides et celui des neutres.

Au moment où le conflit éclate, la nationalité d'une société se détermine par référence au lieu de son siège social, lié le plus souvent à l'implantation de ses activités. Ce critère ne convient pas à la situation de guerre. La fiction juridique de la personnalité morale peut, en effet, dissimuler des intérêts ennemis que le juge se fait le devoir de débusquer pour savoir si les entreprises suspectées d'imprégnation austro-allemande doivent ou non être mises sous séquestre. Il tranche en examinant la structure du financement, la nationalité des administrateurs et jusqu'aux convictions personnelles de ces derniers. Les prises de participation complexifient l'étiquetage. Dans une société comportant des associés de différentes nationalités, quelle doit être la nationalité conférée à la personne morale ? Et s'il est décidé que la société est ennemie, comment sauvegarder les intérêts français ? Les juges sont confrontés à un capitalisme qui a évolué vers une structure internationale des entreprises, notamment à l'échelle européenne. L'affaire Foraky illustre la manière dont le juge jongle avec les critères. Avant la guerre, cette société était considérée comme étant belge, elle est cependant placée sous séquestre pour la part des intérêts allemands par ordonnance du président du Tribunal de la Seine, le 5 janvier 1915, au motif que sept administrateurs sur douze sont de nationalité allemande. Peu après, le parquet requiert et obtient l'extension du séquestre à toute la société. Sur la tierce opposition des associés belges, l'affaire revient devant le président Monier. Il prononce alors le retrait de sa dernière ordonnance et renouvelle la première. Pour justifier ce retour à la case départ, Monier estime que si le nombre de sept associés sur douze est tout à fait impressionnant, il faut prendre en compte d'autres éléments parmi lesquels le capital social et le lieu de production des résultats. Il souligne qu'il appartient au parquet d'établir la prédominance allemande, preuve qu'il n'a pas rapportée. L'ordonnance relève que les sept administrateurs allemands jouent en réalité un rôle secondaire dans la société. En définitive, ce sont surtout les « sentiments intimes » des associés alliés qui font basculer l'opinion du magistrat. Il exclut que les associés minoritaires aient pu « jouer le rôle de comparses destinés à masquer le caractère allemand de la société ». L'examen de la jurisprudence du Tribunal de la Seine révèle que la valeur pondérée des critères varie selon les jours car, la veille, le président Monier avait adopté, dans une affaire similaire, la position inverse[341]. Tous les magistrats n'adoptent pas l'approche subjective du président parisien. Ils font en général prédominer les critères objectifs comme l'origine des capitaux, le lieu de la centralisation des activités ou de l'administration. Pour Barrault, chargé de cours à la Faculté de droit de Paris, la jurisprudence s'articule autour de trois courants. Le premier maintient une jurisprudence conforme à celle d'avant-guerre, le second élargit l'approche du juge à toutes les circonstances des affaires qui lui sont soumises, le troisième privilégie les éléments de nature juridique à l'exclusion de tout élément relatif au domaine privé des sujets ennemis[342]. Cette divergence juridictionnelle soumet les sujets ennemis à l'arbitraire le plus complet.

Les juges, dans leur volonté de faire tomber le masque des sujets ennemis, sont amenés à s'intéresser aux apatrides, dont le droit se soucie en général assez peu. Dans ces affaires, ils emploient pour les désigner l'expression « Heimatlos », ce terme signifie que les juges considèrent que l'apatride cache un Allemand. Deux affaires ont, au cours de la guerre, retenu l'attention des juristes et suscité leur curiosité : les affaires Ulmann et Rée. Elles sont, à quelques détails près, semblables. Nés allemands, ces deux personnes sollicitent la mainlevée du séquestre et prétendent, à l'appui de leur demande, avoir perdu leur nationalité d'origine depuis plus de deux ans quand elles ont adopté la nationalité brésilienne. Dans le premier cas, le Tribunal

---

[341] H.-E. Barrault, « Des entreprises austro-allemandes constituées sous forme de société françaises et de l'influence de la présence austro-allemande dans les sociétés » *Revue politique et parlementaire*, 1915, p. 175 s.
[342] *Idem*, p. 172.

de la Seine finit, au terme d'une longue procédure par se laisser convaincre. Dans la seconde affaire, il déclare qu'Otto Rée est allemand, car il ne s'est pas abstenu de tout acte de nature à lui conserver cette nationalité en se rendant en Allemagne et en étant inscrit sur les registres du consulat[343]. Le président Monier flaire la ruse dans ces deux dossiers. Même si dans l'affaire Ulmann, le procureur de la République requiert la mainlevée du séquestre, et si ses avocats font valoir qu'étant Juif Ulmann n'est attaché à aucune nationalité, Monier s'attache à souligner qu'il est le fils d'un Alsacien qui n'a pas opté pour la France en 1871 et qu'il n'est qu'un rusé sachant jouer des opportunités, Allemand ici, Brésilien là[344].

Le juge se méfie aussi des sujets des Etats neutres qui peuvent s'interposer dans les transactions commerciales afin de déjouer les interdictions. La guerre, dans laquelle les belligérants épuisent leurs forces économiques, peut s'analyser comme une grande opportunité commerciale pour les sujets des Etats neutres. Comme tous les belligérants, la France ménage ces Etats, en particulier la Suisse, les Pays-Bas, l'Espagne, les pays scandinaves et les Etats-Unis jusqu'à leur entrée en guerre. Certains Etats ont une frontière commune avec les Etats ennemis ou sont dans leur proximité géographique. Cela les rend suspects de germanophilie[345] et l'on peut craindre qu'ils ne se rangent dans la guerre au côté des ennemis. Les sujets d'Etats neutres qui commercent en France sont toujours peu ou prou soupçonnés de le faire pour le compte des ennemis. Toutefois, la prudence est de mise à leur égard. Les vendeurs français doivent vérifier la nationalité de l'acheteur des marchandises en demandant un certificat au consulat de France du lieu de destination. L'affaire Lemierre a fait jurisprudence à cet égard. Elle porte sur l'envoi de pommes séchées à destination de la Hollande. L'expéditeur échappe à leur saisie et aux poursuites parce qu'il a pris la précaution de demander au consulat de France à Rotterdam un certificat de nationalité du destinataire et qu'il a obtenu

---

343 Ordonnance sur requête du 12 mai 1915 et jugement du Tribunal civil de la Seine du 13 juillet 1915 ; Ordonnance du 27 juillet 1915 et jugement du Tribunal de la Seine du 1er février 1916, *Journal de droit international privé*, 1916, p. 67.

344 E. Troimaux, *Séquestres et séquestrés. Les biens austro-allemands pendant la guerre*, paris 1916, p. 88.

345 La Suisse a une population de langue allemande, on parle aux Pays-Bas une langue à consonance germanique, les Etats-Unis ont une importante population d'origine allemande.

de la Société Trust d'Outremer à la Haye — dont la vocation était de donner des sûretés à la France sur la destination des marchandises —, la garantie qu'elles seraient consommées aux Pays-Bas[346].

Pour l'essentiel, l'énergie des juges français est employée à déjouer les manœuvres des commerçants quels que soient leur nationalité réelle ou apparente et leur rôle dans l'opération commerciale. Monier dans une circulaire qu'il adresse dès le 25 octobre 1914 aux magistrats de son ressort attire leur attention sur les machinations qu'utilisent les sujets ennemis pour encaisser le paiement de leurs créances sans même avoir recours à la complicité de leurs débiteurs. La novation par changement de créancier, la naturalisation, la multiplication des nationalités des associés font partie des ruses employées. Les contractants français du sujet ennemi ne sont pas toujours innocents. Les juges constatent que le milieu des affaires peine à accepter que des limites soient posées à sa prospérité alors que les pénuries laissent espérer des bénéfices substantiels. Enfreindre l'interdiction de commercer présente toujours un risque, parfois majoré par l'intervention de la justice militaire. Considérant que les Austro-allemands étaient des ennemis de l'intérieur, la justice militaire pouvait se saisir de certains dossiers. Cette intervention toujours envisageable des conseils de guerre avait pour effet de rappeler la gravité de l'infraction et le risque d'une répression plus rigoureuse. L'affaire Goulden a retenu l'attention, sans doute en raison de sa charge symbolique. Elle a été jugée par le conseil de guerre de la 6ème région, le 15 novembre 1916. Il s'agissait en l'occurrence de marchandises expédiées de France à Berlin, via Buenos-Aires[347].

LES MODALITES JUDICIAIRES DE LA GUERRE ECONOMIQUE

Le rôle moteur du parquet

Les décisions rendues en matière économique par les tribunaux, qu'il s'agisse des ordonnances ou des condamnations pour infraction à l'interdiction de commercer avec un sujet ennemi, mettent en

[346] Tribunal correctionnel du Havre 30 juin 1915, *Revue trimestrielle de droit civil*, 1915, p. 57.
[347] *Le Temps*, 17 novembre 1916.

évidence le rôle joué par le parquet dans la guerre économique. C'est précisément l'absence d'un représentant du ministère public devant la juridiction commerciale qui permet de comprendre pourquoi les mises sous séquestres des entreprises industrielles et commerciales ont échappé à la juridiction consulaire, normalement compétente, pour échoir aux tribunaux civils de première instance.

L'activité du parquet est déclenchée, surtout au cours des premiers mois de la guerre, par les dénonciations qui lui parviennent concernant la nationalité suspectée des entreprises ou le fait que des commerçants français vendent encore des marchandises d'origine allemande ou autrichienne. A partir des informations reçues, le parquet requiert les sanctions prévues dès la promulgation de loi du 4 avril 1915. Ces sanctions entrainent la nullité des transactions par application du décret du 27 septembre 1914 et conduisent à la mise sous séquestre des biens de l'entreprise s'il s'avère qu'elle appartient à un sujet ennemi. Nullité des actes, poursuites pénales et mises sous séquestre sont pratiquement indissociables à partir de la loi du 4 avril 1915.

Les dénonciateurs invoquent toujours le devoir imposé par la défense nationale. Pour autant, leur motivation semble intégrer l'occasion de se débarrasser de concurrents embarrassants. L'affaire Jules Dreyfus, mentionnée plus haut, est exemplaire. Jugée en appel par la Cour de Paris le 9 mars 1916, elle porte sur la modération qui doit affecter les mises sous séquestre des biens des Alsaciens-Lorrains dès lors qu'ils peuvent établir leur attachement à la France bien qu'étant sujets allemands depuis le traité de Francfort. Elle révèle l'importance des délations et leurs limites. Jules Dreyfus a été dénoncé de tous côtés : dénonciation d'un anonyme selon lequel il est « un ennemi dangereux de la France », dénonciation d'un employé qui déclare lors de l'enquête que son patron a « voulu empêcher son fils d'être soldat » et qu'il se rendait souvent à Berlin, celle d'un certain Raymond affirmant qu'il avait, lors d'un séjour en Suisse, incité des réfugiés alsaciens à obéir à la loi allemande et plusieurs dénonciations de son propre frère avec lequel il était en différend. Les dénonciations, en effet, se nourrissent de tout ce qui peut opposer les êtres humains : jalousie, ressentiment, vengeance. Dans le cas de Jules Dreyfus, le complément d'enquête ordonné par la cour met à néant toutes ces allégations et lui permet d'obtenir, après beaucoup de procédure, la mainlevée du séquestre. Sans aucun doute, celui-ci avait été ordonné trop rapidement et sur la foi de déclarations douteuses, l'enquête ayant par ailleurs établi que l'un des dénonciateurs avait été condamné pour escroquerie par le 3ème conseil de guerre de Paris[348]. L'affaire Jules Dreyfus ne constitue pas un cas isolé, le parquet est prompt à agir sous l'effet de déclarations anonymes qu'il ne prend pas le temps de vérifier. Le séquestré, dessaisi de ses biens, se trouve alors contraint d'établir son « innocence » et cela peut prendre des mois. Dans l'affaire Mezger, précédemment évoquée, une simple dénonciation anonyme conduit à la mise sous séquestre par ordonnance du Tribunal de la Seine du 22 octobre 1915, l'enquête postérieure révèle qu'elle était infondée et la levée est prononcée le 14 mars 1916[349].

Comme s'ils dirigeaient des offensives contre l'ennemi, les parquets, dépassés par l'immensité de la tâche, sont persuadés qu'il faut agir vite pour éviter l'évasion des biens. Si aucun système pénal ne peut se passer de la délation, ses limites et inconvénients sont bien connus et conduisent d'ordinaire le parquet à vérifier les allégations avant le déclenchement des poursuites. Tel n'est pas le cas pendant la Grande Guerre. Dès la dénonciation, les parquets requièrent et obtiennent les mises sous séquestre. De fait, ils introduisent une inversion de la charge de la preuve puisque le séquestré doit démontrer, tâche redoutable, le caractère mensonger des informations recueillies par le ministère public.

Sur le plan pénal, le parquet se heurte aux exigences du droit qui prescrit la réunion de trois éléments pour qu'un délit puisse être puni : un élément légal (*nulla pœna, nullum crimen sine lege*), un élément matériel (l'infraction doit être réalisée) et un élément intentionnel. Le ministère public qui poursuit doit établir leur existence et leur réunion. L'intention criminelle est la plus délicate à établir : elle recouvre la volonté d'accomplir l'acte et la conscience de son immoralité à travers le but illicite à atteindre. La bonne foi est présumée, mais la loi du 4 avril 1915, dictée par les circonstances exceptionnelles d'une guerre qui s'étend à la société dans ses profondeurs, n'introduit-elle pas un régime d'exception dans le domaine de la preuve ? C'est la thèse sur laquelle repose le réquisitoire du parquet dans l'affaire Lemierre, jugée par la Cour d'appel de Rouen le 22 octobre 1915, selon lequel la preuve par présomption se trouve dans le connaissement, document établi pour l'expédition maritime des marchandises, « ce connaissement ne faisant pas la preuve d'une destination finale et sincère en pays neutre ». La Cour d'appel repousse ce raisonnement et

[348] Paris, 9 mars 1916, *Journal de droit international privé*, 1916, p. 982.
[349] *Journal de droit international privé* 1916, p. 985.

réaffirme qu'en droit pénal, quelles que soient les circonstances, on ne saurait condamner sur la base de présomptions et qu'il appartient au ministère public d'établir l'intention délictuelle du prévenu.

Soumis au fardeau de preuves qu'il peine souvent à établir, le parquet a pu être tenté, au cours de ces premiers mois de guerre, d'argumenter sur les apparences. Dans l'affaire Oswald, une société en nom collectif, ayant pour objet le commerce de dentelle, a son siège social en Belgique et deux établissements à Paris. Elle se compose de deux associés. Le premier, allemand, naturalisé belge, a une fille qui a épousé le second associé qui est allemand. On ne sait comment le parquet se détermine, mais il requiert et obtient du Tribunal de la Seine, le 8 octobre 1914, l'ordonnance de mise sous séquestre des établissements parisiens, l'entreprise « ayant été considérée comme une entreprise allemande ». Quelques mois plus tard, au vu de pièces provenant de la Légation de Belgique le séquestre est levé. Mais l'affaire ne s'arrête pas là. L'associé naturalisé belge meurt et le parquet revient à la charge car la dévolution successorale remet en cause la nationalité de la société. Née d'un père allemand, qui n'aurait obtenu que la « petite » naturalisation belge, l'héritière « paraît être de nationalité allemande ». De surcroît, l'attitude de son père depuis l'occupation de la Belgique « semble indiquer » qu'il est resté allemand. « Considéré comme », « paraît être », « semble », tels sont les éléments de preuve qui conduisent le parquet à requérir une nouvelle fois et à obtenir du président Monier, la mise sous séquestre de l'entreprise Oswald, en mars 1916[350].

Les parquets, instruments judiciaires de la politique gouvernementale de lutte contre l'ennemi de l'intérieur, procèdent par tâtonnements avec plus ou moins de réussite selon les juridictions. Ils n'ont aucun instrument « officiel » même si les préfets ont reçu du ministère de l'Intérieur l'ordre de faciliter, par leurs informations, l'application de la circulaire du 13 octobre 1914 par laquelle le ministère de la Justice invite les juridictions à mettre sous séquestre tous les biens appartenant à des sujets ennemis. Le gouvernement vient au secours des parquets à l'été 1916, fort des résolutions adoptées lors de la conférence économique des gouvernements alliés, réunie à la mi-juin, dans le but d'arrêter une politique commune à l'égard des Etats ennemis. La résolution « A » invite à constituer dans

[350] Ordonnance du 3 mars 1916, *Journal de droit international privé*, 1916, p. 980.

chaque Etat allié des listes d'entreprises avec lesquelles toute transaction sera interdite à partir du critère de la résidence :

« Les Alliés interdiront à leurs nationaux et à toute personne résidant sur leurs territoires tout commerce avec

1°…

2° …

3° Les personnes, maisons de commerce et sociétés dont les affaires sont contrôlées en tout ou partie par des sujets ennemis ou soumises à l'influence de l'ennemi et qui seront inscrites sur une liste spéciale ».

Le Journal officiel du 6 août suivant publie la première liste, élaborée par le Comité de restriction des approvisionnements et du commerce avec l'ennemi, sous la forme d'une note ministérielle :

> « Ministère des Affaires étrangères
> Comité de restriction des approvisionnements et du commerce avec l'ennemi
> Liste officielle n°1 des maisons considérées comme ennemies, ou comme jouant vis à vis de l'ennemi le rôle de personnes interposées et résidant en pays neutres »

Sous cette rubrique et sur 24 colonnes, les Français sont avertis qu'ils tomberont sous le coup de la loi s'ils traitent avec les entreprises mentionnées, étant précisé que la liste n'est pas limitative et qu'il leur appartient, en cas de doute, de procéder aux vérifications nécessaires ou de renoncer à contracter.

L'élaboration de ces listes, bientôt appelées « listes noires »[351] va devenir la tâche majeure du comité, créé en mars 1915 au ministère des Affaires étrangères, et composé de représentants des différents ministères intéressés par la question du commerce avec l'ennemi, c'est-à-dire presque tous[352]. Il existe en fait deux listes. La première, liste A, désigne les entreprises contrôlées par l'ennemi. La seconde, liste B, mentionne celles qui sont *a priori* suspectées d'interposition. Les entreprises sont classées par continents, puis par ordre alphabétique des pays neutres dont elles ont la nationalité. Pour

---

[351] Cette expression a été créée par les Allemands, les Anglais parlent de « black sheep » (les brebis noires correspondent en français à des brebis galeuses).

[352] Ministère des Affaires étrangères, de la Guerre, de la Justice, des Finances, des Travaux publics, la Marine, de l'Industrie, de l'Agriculture, des Colonies.

l'Europe figurent le Danemark, l'Espagne, la Grèce, la Hollande, la Norvège, la Suède et le Portugal, bien que ce dernier soit un Allié. La Suisse, qui jouit d'un régime spécial, n'est, en revanche, pas mentionnée.

Désormais les tribunaux vont considérer l'inscription sur les listes comme une présomption du caractère ennemi des entreprises, obligeant ceux qui avaient traité avec l'une d'entre elles à démontrer qu'elle avait été inscrite à tort sur la liste. Des voix s'élèvent parmi les juristes pour critiquer le principe de ces listes. Edouard Clunet ironise conseillant aux commerçants de réciter dévotement, avant de signer un contrat, ce qu'il appelle leur « bréviaire ». Surtout, il critique la forme de ces listes : simples notes ministérielles, « admirable source pseudo-législative » dénuées de la valeur impérative des lois et décrets. Il se demande si les tribunaux n'éprouveront pas « quelques scrupules juridiques » à les accepter comme preuve de la nationalité ennemie des entreprises et de la mauvaise foi des commerçants[353]. Albert Wahl, pour les mêmes raisons, espère que les tribunaux garderont la distance nécessaire, au moins la Cour de cassation, par rapport aux listes publiées. Il estime en outre qu'il appartient au ministère public de prouver que le contrevenant a lu le *Journal officiel* pour établir sa mauvaise foi, car si nul n'est censé ignorer loi dès lors qu'elle a été rendue publique par ce moyen, tel n'est pas le cas d'une note ministérielle sans valeur juridique[354].

Les listes se succèdent pourtant au *Journal officiel* et s'étoffent de plus en plus. Les parquets sont avertis par une circulaire du 20 septembre 1917 qu'ils doivent requérir la mise sous séquestre de toutes les entreprises qui y figurent. La tâche n'est pas si aisée. La liste n° 11, publiée le 23 août 1918, qui annule et remplace les précédentes, remplit 84 colonnes en tout petits caractères. A peine portée à la connaissance du public, elle a déjà un supplément établi en conformité avec les comités interalliés de Paris, Londres et Washington. Il figure au même numéro du *Journal officiel*, quelques pages plus loin[355].

Les Etats neutres ont immédiatement protesté contre des inscriptions réalisées à l'emporte-pièce par des personnes dépourvues d'autorité normative. Des erreurs manifestes conduisent le ministre de

[353] *Journal de droit international privé*, 1916, p. 1510.
[354] A. Wahl, *op. cit.,* tome 1, p. 709.
[355] *Journal officiel* du 23 août 1918, p. 7437 et 7465.

la Justice à recommander la plus grande prudence aux magistrats. Ils ne doivent pas se montrer trop expéditifs et procéder à un examen approfondi au cas par cas :

« Il me paraît nécessaire d'ajouter que, tout en retenant l'inscription sur les listes noires comme un très important élément d'appréciation, cet élément ne saurait dispenser l'autorité judiciaire d'examiner si les circonstances particulières à chaque espèce permettent de considérer la maison, succursale ou l'agent envisagés, comme ayant la nationalité d'une puissance ennemie ou jouant le rôle de personne interposée ».

L'effet des listes noires quant à la présomption, mais non quant à l'interdiction de commercer, est suspendu à partir du 28 avril 1919, sous la forme d'une « communication » du ministère des Affaires étrangères s'appuyant sur le décret du 19 février 1919, pris après décision des gouvernements alliés et associés. L'armistice a suspendu les hostilités et le principal traité de paix est en phase d'achèvement. Alors, progressivement et dans une atmosphère de méfiance (l'Allemagne acceptera-t-elle de signer le traité ?) va s'opérer le retour à la normale auquel aspire ardemment le monde des affaires.

Les ordonnances relatives aux séquestres

Elles sont à ranger en trois catégories : celles qui ordonnent la mise sous séquestre, celles qui ordonnent la levée du séquestre et celles, les plus nombreuses, qui organisent le fonctionnement de l'institution et notamment la modification des pouvoirs de l'administrateur afin de lui permettre d'ester en justice (mandat ad litem), de l'autoriser à vendre des biens ou marchandises, à résilier des contrats ou à payer des créanciers. Toute l'institution des séquestres repose sur les présidents des tribunaux civils, y compris la délicate question de la rémunération des administrateurs pour laquelle, le président Monier élabore un tarif que la Chancellerie diffuse à titre de modèle, en annexe de sa circulaire du 13 octobre 1915.

La question des pouvoirs des séquestres est de toutes celles qui sont soulevées la plus délicate. La mission des administrateurs est à l'origine purement conservatoire, comme vient le rappeler aux juridictions la circulaire du ministère de la Justice du 17 mars 1915. La jurisprudence intègre immédiatement ce principe ainsi que le révèle l'arrêt de la Cour d'appel de Toulouse, rendu la semaine suivante : le séquestre n'est pas un liquidateur d'entreprises[356]. Cette option oblige le séquestre à accomplir un certain nombre d'actes de gestion et les ordonnances de mise sous séquestre qui nomment les administrateurs leur confèrent les pouvoirs adéquats. Le texte-type des ordonnances varie, sur ce point, en fonction des juridictions, en relation avec le niveau d'encombrement de celles-ci, car le juge intervient à nouveau pour toute question non résolue par l'ordonnance. Le Tribunal de la Seine, très sollicité, opte par conséquent pour une formulation très large : « ... donnons audit séquestre tous les pouvoirs nécessaires aux fins d'accomplir sa mission dans les conditions précisées à la requête ». A Nancy, les ordonnances mentionnent la liste des actes autorisés : « les pouvoirs les plus étendus donnés au séquestre pour assurer l'observation des prescriptions du décret du 27 septembre 1914, notamment s'il y a lieu... ». A Lyon, ce sont les actes interdits qui sont listés, tandis qu'à Toulouse, la mission confiée au séquestre se limite à empêcher le dépérissement des biens et leur déplacement, le magistrat se réservant d'intervenir en cas de difficulté dont l'administrateur est invité à le saisir[357].

Les magistrats sont le plus souvent dépassés par la tâche. Le volume des affaires à traiter est considérable dans les régions où l'activité industrielle et commerciale est importante et les magistrats professionnels manquent des compétences économiques, celles dont disposent les juges consulaires auxquels la matière a été confisquée. Aussi les magistrats apprécient-ils tout particulièrement les informations qui leur sont fournies par divers fonctionnaires de l'Enregistrement, des Domaines et de la Conservation des Hypothèques. Certains juges, ceux qui se sentent particulièrement investis de la mission de défense nationale, n'hésitent pas à prendre des initiatives qui les conduisent à sortir du cadre ordinaire de leurs fonctions juridictionnelles. Ainsi les juges du Tribunal de la Seine, menés par leur président, Ferdinand Monier, ont l'idée d'organiser à la Chambre de commerce de Paris une exposition d'échantillons et d'articles prélevés dans les stocks séquestrés. Cette « leçon de choses », selon le substitut de Casabianca, est destinée à renseigner les commerçants français sur les produits et techniques allemands afin

[356] Cour d'appel de Toulouse 24 mars 1915, *Gazette des Tribunaux du Midi* 11 et 18 avril 1915.
[357] Signorel, *op. cit.*, p. 143.

qu'ils puissent en retirer un avantage concurrentiel dans la lutte économique qui reprendra après la guerre. Les magistrats sont, d'autre part, en bonne position pour repérer les marchandises, réquisitionner les matériels pouvant être utiles à l'armée, les usines peuvant tourner pour la défense nationale ou encore les immeubles à affecter aux services sanitaires. Tous ces « repérages » sont immédiatement signalés au ministère de la Guerre.

Le Tribunal de la Seine, le plus actif, met sous séquestre de septembre 1914 à l'automne1916, soit deux ans, entre 7 000 et 8 000 patrimoines, et plus de 80 000 ordonnances sont rendues. L'activité est telle qu'un bureau spécifique doit être institué début 1915 pour contrôler le suivi des dossiers. Le substitut de Casabianca, dans sa mercuriale de 1916 dresse un bilan devant la Cour de Paris dont Monier, par l'effet de ses mérites en la matière, est devenu le premier président. Il signale, puisqu'il s'agit d'évaluer les flux financiers engendrés par cette activité juridictionnelle, qu'entre mars 1915 et mars 1916, les recettes cumulées se sont élevées à 108 millions de francs. Sur cette somme, les créanciers français se sont répartis depuis 1914 environ 55 millions de francs, le reste a été versé à la Caisse des dépôts et consignations.

Les circulaires du ministère de la Justice, fort abondantes à ce sujet, encadrent l'activité des magistrats tout au long du conflit. Elles ont vocation à uniformiser la jurisprudence à partir des décisions qui lui semblent dignes d'approbation et de généralisation. Elles signalent aussi les orientations et errements qui sont à proscrire. Disciplinés autant que patriotes, les magistrats, dont le ministre de la Justice prend soin de saluer l'indépendance, appliquent les directives ministérielles que favorise l'organisation de la remontée des informations à la Chancellerie. Chaque mois, les parquets de cours d'appel centralisent les données sur les séquestres en établissant deux tableaux. Le premier concerne les entreprises, le second les autres patrimoines. Ils y joignent les extraits d'ordonnances rendues pendant la période. Tous les trois mois, un rapport synthétique indique les difficultés rencontrées et les questions qui méritent d'être signalées. Juridiquement, la valeur de toutes ces circulaires, qui finissent par constituer le contexte normatif, pose problème, en particulier lorsque le comportement suggéré contrevient à la loi. Il en est ainsi de la circulaire du 4 novembre 1914 qui, pour aller plus vite en besogne, invite les parquets à requérir des ordonnances générales prononçant la mise sous séquestre de plusieurs entreprises n'ayant de surcroit aucun lien entre elles. Cette instruction heurte le principe de l'article 5 du Code civil qui interdit au juge, sous les peines de l'article 127 du Code pénal, de prononcer par voie de disposition générale et réglementaire sur les causes qui lui sont soumises. Le président du Tribunal de Besançon semble avoir été l'un des seuls à avoir maintenu le principe, presque tous les tribunaux vont se ranger à l'invitation de la Chancellerie en rendant les ordonnances demandées par les parquets. « Personne, un seul instant, n'a songé à les en blâmer » souligne Signorel, qui approuve comme nombre de juristes cet infléchissement des principes du droit que la guerre justifie. Leur raisonnement ne varie pas : l'Allemagne ayant violé le droit ne saurait bénéficier de sa protection.

La répression de l'interdiction de commercer

La répression relève à la fois des tribunaux correctionnels et des juridictions militaires, car, ainsi que le souligne Mornet en requérant devant le 3ème conseil de guerre de Paris, commercer avec l'ennemi c'est être d'intelligence avec lui[358].

Elle n'est pas immédiate, car le dispositif pénal, issu de la loi du 4 avril 1915, intervient postérieurement à l'interdiction des relations commerciales qui ne prévoyait qu'une sanction civile : la nullité de l'acte. Aussi, la loi pénale étant par principe non rétroactive, les ventes de marchandises achetées avant la promulgation de la loi, en dépit de l'interdiction, au risque accepté de la nullité, ne peuvent donc faire l'objet d'une incrimination.

Celle-ci était-elle efficace ? Les profits étant substantiels, la pénalisation de l'interdiction de commercer avec l'ennemi ne semble freiner que modérément les commerçants. En effet, dans son rapport sur le fonctionnement de la justice pénale publié en 1921, le ministre de la Justice, Bonnevay, cite l'interdiction du commerce avec l'ennemi parmi les lois qui ont été le plus enfreintes pendant la guerre, devant les propos alarmistes (loi du 5 août 1914), le trafic de monnaie (loi du 20 avril 1916) et les infractions concernant le ravitaillement (loi du 10 février 1918). La répression exercée conjointement par la justice civile et la justice militaire fut pourtant menée avec une grande

[358] Juge mobilisé, Mornet est affecté à la juridiction militaire comme commissaire du Gouvernement.

sévérité, comme l'illustre la sentence qui, en 1915, frappe un mercier parisien condamné, en 1915, à deux ans de prison par un conseil de guerre pour avoir vendu 85 francs d'articles de première communion à un commerçant allemand par l'intermédiaire d'une maison suisse[359].

EFFICACITE JUDICIAIRE

Le blocus de l'Allemagne est levé le 12 juillet 1919, quelques semaines après la signature du traité de Versailles. Le monde des affaires a de bonnes raisons de tout particulièrement s'en réjouir. Immédiatement un avis du ministère des Affaires étrangères autorise la reprise des exportations à destination de l'Allemagne.

La loi du 7 octobre 1919 et son décret d'application du 23 octobre s'appuient sur le traité de paix pour organiser la liquidation des séquestres et déterminer l'attribution des biens liquidés. Elle est l'aboutissement du projet de loi déposé le 4 mars 1919 sur le bureau du Sénat, projet qui reste en suspens tant que les modalités de la paix demeurent incertaines. Le traité de Versailles est signé le 28 juin 1919. A partir de ce moment, l'activité normative s'accélère. Un nouveau projet de loi est déposé, voté le 5 août par la Chambre, le 18 septembre par le Sénat. Parallèlement, en vertu des traités, tous les contrats antérieurs à la guerre entre sujets alliés et sujets ennemis sont annulés à partir du 1er août 1914, sans exception. Un régime spécifique, hors procédure législative, est prévu pour l'Alsace-Lorraine. Il résulte d'un arrêté du 17 avril 1919 pris par le Commissaire général de la République, Alexandre Millerand. La date peut sembler précoce par rapport au traité, mais la restitution des départements perdus par la France en 1871 ne résulte pas du traité de paix, elle a été acceptée par l'Allemagne dès le 11 novembre 1918 dans la convention d'armistice. Elle était devenue au cours du conflit, pour la France, une condition qu'elle ne voulait pas soumettre à négociation.

Selon les chiffres fournis par le garde des Sceaux à la tribune du Sénat, lors du vote de la loi, 15 820 séquestres ont été constitués durant le conflit et, en valeur brute, les biens séquestrés représentent

[359] Affaire Just, *Journal de droit international privé* 1915, p. 617.

environ un milliard et demi de francs. Déduction faite des frais et après imputation des dettes des Allemands contractées envers les créanciers français, la liquidation des séquestres laisse espérer une rentrée d'un milliard de francs dans les caisses de l'Etat[360]. Le traité de paix, ratifié par l'Allemagne, est publié au *Journal officiel* le 20 janvier 1920. Les opérations concrètes de liquidation peuvent commencer.

Elles relèvent de la justice et plus particulièrement du président du tribunal civil dont le rôle central dans le dispositif de liquidation s'inscrit dans le prolongement de son activité durant le conflit. Le contexte judiciaire de la procédure de liquidation manifeste le souci affiché de mettre les liquidations au-dessus de tout soupçon. D'autre part, le gouvernement sait qu'il peut faire confiance aux juges, qui ont manifesté tant de bonne volonté et d'adhésion aux objectifs patriotiques pendant la guerre. Il ne doute pas que leur intervention dans la procédure sera efficace. Le préambule du décret du 23 octobre consacre cette confiance en soulignant « l'exclusive attribution de compétence au pouvoir judiciaire » dans les opérations de liquidation ainsi pourvues de garanties exceptionnelles. Plus que d'impartialité, il s'agit de la garantie que l'otage économique ne sera pas dilapidé à vil prix.

La loi prévoit que les liquidations seront ordonnées par le président du tribunal civil de première instance sur requête du parquet après avis d'une « Commission consultative » constituée au ministère de la Justice (article 1). La mission de cette dernière n'est pas juridique, mais de conseil et de surveillance. Elle doit donner un avis au tribunal sur l'opportunité de la liquidation, la nationalité, la capacité professionnelle des acheteurs et leur solvabilité, enfin fixer un prix minimum de vente et suivre, ensuite, les opérations concrètes de liquidation (article 2). La publicité de la vente, deux mois (délai ramené par la suite à quinze jours) avant la liquidation, doit permettre différentes interventions dont la nature n'est pas précisée. En toute logique, il s'agit de celle des séquestrés auxquels il appartient de prouver qu'ils ne sont pas sujets d'un ancien Etat ennemi. La loi, qui s'appuie sur l'article 297 du traité de Versailles, prévoit que les personnes dont les biens seront liquidés disposent d'un recours contre

---

[360] Déclaration de Louis Nail au sénat le 18 septembre 1919, *Journal de droit international privé*, 1919, p. 1283.

leur Etat pour récupérer le montant de leurs biens français[361]. Cette disposition s'inscrit ainsi dans la logique des analyses jurisprudentielles rapportées plus haut, elles-mêmes parfaitement conformes à la pensée alors dominante : l'Etat allemand est entièrement responsable des malheurs de la guerre envers les Etats alliés et envers ses nationaux. Aucune spoliation ne saurait être reprochée à la France puisque le vaincu a souscrit une obligation d'indemnisation des séquestrés dans le traité. Encore faut-il qu'ils puissent chiffrer leur perte. Or la brièveté des délais, ajoutée au désordre des publications que les séquestrés ne peuvent facilement consulter, fait naitre rapidement le reproche de liquidations expéditives. La Ligue des Droits de l'Homme évoque dans ses cahiers « le scandale des séquestres ». Elle déplore que la haine préside aux opérations. Les séquestrés se voient notamment interdire de racheter les biens ayant une valeur affective comme les portraits et souvenirs de famille, les instruments de travail, pourtant insaisissables en droit commun :

« Même s'il s'agissait d'Allemands d'Allemagne, même s'il s'agissait d'ennemis déclarés, il convenait dans l'intérêt supérieur de notre pays, de ne vendre que ce qui était vendable, de ne pas causer des douleurs et des souffrances inutiles. Faire souffrir un ennemi est un malheur parfois nécessaire sans doute. Le faire souffrir sans raison est une faute[362]. »

Les voix dénonciatrices sont cependant peu nombreuses. Le juge, à qui revient d'appliquer les textes, travaille et comble les insuffisances réglementaires et législatives en créant des règles de droit généralisées ensuite par voie de circulaires. Pour Alexandre Reulos, secrétaire général de la présidence du Tribunal de la Seine, le gouvernement a fait choix de laisser au juge le soin d'indiquer et de développer les moyens par lesquels les mesures édictées pouvaient devenir efficaces[363]. Aristide Briand, alors garde des Sceaux, rend hommage au Sénat, dès 1915, aux magistrats qu'il compare aux « Grands Juges de la Première République » dont le zèle, issu de la foi patriotique, peut-être de surcroît, associé à la proclamation de l'indépendance de

---

[361] Article 297-1 : « L'Allemagne s'engage à indemniser ses ressortissants en raison de la liquidation ou de la rétention de leurs biens, droits ou intérêts en Pays alliés ou associés. »

[362] *Cahiers de la Ligue des Droits de l'Homme*, 1921, p. 328.

[363] A. Reulos, « Du rôle des Administrateurs-séquestres de biens appartenant à des sujets ennemis en France », *Revue internationale de droit privé*, 1916, p. 6.

la magistrature. Indépendance dont les termes du ministre révèlent à quel point elle n'existe que si le pouvoir exécutif y consent et dans les limites qu'il définit, liberté surveillée plus qu'indépendance :

« Dans un domaine où la justice doit être laissée aussi indépendante et libre que possible, où des considérations de polémique et de politique ne doivent pas peser sur les décisions des magistrats, je fais confiance aux parquets, je fais confiance aux présidents des tribunaux, je leur laisse étudier les dossiers ; je leur donne des instructions générales pour guider les magistrats dans leur devoir... Je n'admets pas que la passion se dresse entre le Garde des Sceaux et le Magistrat chargé d'accomplir son devoir. C'est encore ainsi, par l'indépendance du juge agissant sous l'inspiration de son patriotisme, mais avec l'idée de justice sans cesse devant les yeux, que les grands intérêts nationaux seront mieux servis.[364] »

A l'issue de la guerre, le jugement des juristes se montre plus nuancé que pendant le conflit. Albert Wahl évoque, en 1918, à propos de l'interdiction des relations commerciales, qu'elle a été dictée par « l'âpreté des hostilités » et il estime que l'institution des séquestres est sortie du « curieux moyen » trouvé par le président du Tribunal du Havre pour empêcher les entreprises de rester en souffrance. Si la jurisprudence du président du Tribunal de la Seine lui semble intéressante, il ne ménage pas ses critiques, soulignant les divergences, les hésitations, les contradictions et finalement les effets négatifs d'attitudes trop rigides sur le commerce extérieur français. Il en impute la responsabilité aux normes édictées par le Parlement et le Gouvernement dont les magistrats ont dû combler les insuffisances conjointes[365].

Sur le plan institutionnel, l'expérience des mises sous séquestre a révélé les vertus du juge unique se prononçant en référé. Elle s'avère bienvenue dans le contexte d'encombrement des tribunaux et alors que s'annonce une réforme de la justice qui prévoit de supprimer des juridictions. Par ailleurs, les magistrats, par leur jurisprudence « de guerre » ont donné des gages de loyauté au Gouvernement. Ne sont-ils pas en droit d'en espérer une certaine reconnaissance en termes d'indépendance et de statut social, évolutions souhaitées et que la réforme pourrait concrétiser ?

---

[364] Séance du 14 octobre 1915 (JO du 15 septembre, p. 567).

[365] A. Wahl, *Droit civil et commercial de la guerre*, *op. cit.*, p XI.

CHAPITRE 11

LES AVOCATS ENTRE DEONTOLOGIE ET PATRIOTISME

Jacques Bouzon est avocat. Il a été commis d'office pour défendre un Allemand poursuivi pour escroquerie devant la 10ème chambre du Tribunal correctionnel de la Seine. A l'audience du 24 mai 1916, il s'avance à la barre pour proclamer qu'il n'a jamais serré la main de l'homme qu'il va défendre et qu'il ne la serrera jamais. Il ajoute qu'haïssant l'Allemagne, « comme tous les Français », il ne veut pas faire un « procès de race » à son client[366]. Cette apostrophe à l'adresse du tribunal et du public montre les effets dévastateurs de la guerre sur les esprits. Elle place les avocats dans une situation très inconfortable faite d'un double déchirement. Leurs principes déontologiques (respect des droits de la défense, secret professionnel) se heurtent à leur patriotisme chaque fois que des civils de nationalité ennemie résidant en France sollicitent leurs services. Au plan collectif, les barreaux, appauvris par la diminution des cotisations, sont tiraillés entre leurs besoins financiers et le refus de l'argent « sale » venu d'outre-Rhin qui doit rémunérer la défense des prisonniers de guerre allemands traduits devant les conseils de guerre français.

LES SUJETS ENNEMIS ONT-ILS PERDU LE DROIT D'ETRE DEFENDUS ?

La question peut sembler incongrue. En effet, le plus abominable des criminels bénéficie d'un avocat pour plaider sa cause et aucun membre du barreau ne soutiendrait l'idée contraire. Pourtant, au cours du conflit, les avocats estiment que la question se pose à l'égard des sujets des Etats avec lesquels la France est en guerre et, plus particulièrement, à propos des Allemands. Cette question donne lieu à

---

[366] *Gazette des Tribunaux*, 24 et 25 mai 1916.

des débats passionnés dans les instances professionnelles en France et à l'étranger. On ne soulignera jamais assez l'effet catastrophique qu'ont produites sur les juristes la violation de la neutralité belge, les destructions et les massacres de civils perpétrés lors de l'invasion, puis la guerre sous-marine et l'utilisation des gaz. Les adages qu'invoquent les Allemands, comme *Die Macht macht Recht* ou encore *Not kennt kein Gebot*[367], pour justifier leur conduite révèlent que le droit n'a pas à leurs yeux une valeur suprême ; il peut être mis entre parenthèses s'il devient un obstacle à l'action militaire. Dès lors, appliquer le droit international et les principes du droit naturel à ceux qui se conduisent en barbares est un non-sens. Peu de temps avant le Premier conflit mondial, lors des guerres balkaniques de 1912 et 1913, les juristes s'accordaient à considérer que l'état insuffisant de civilisation des belligérants — les « horreurs bulgares » en étaient un exemple —, s'avérait incompatible avec l'exigence du respect des normes concernant le droit de la guerre. En 1914, les Allemands se trouvent réduits pareillement au rang de ces peuples indignes du droit, en raison de leur manière de conduire la guerre.

C'est d'outre-mer que vient l'initiative de refuser une défense aux sujets ennemis. La Cour d'appel d'Alger[368] et le barreau de Tunis interdisent dès le début du conflit l'assistance prêtée par un avocat aux ressortissants des puissances avec lesquelles la France est en guerre. Informé par le relais de *La Dépêche tunisienne*, *Le Matin* du 3 novembre 1914, rend la nouvelle publique en France. L'Ordre de Caen discute l'événement au cours sa séance du 13 novembre suivant[369]. Toutefois, les avocats normands décident de ne pas suivre le barreau de Tunis, la question relevant, selon eux, de la conscience de chaque avocat et non de la discipline collective. Ailleurs, il ne semble pas qu'une quelconque émotion ait ébranlé les barreaux. Depuis le début du conflit, les barreaux assurent la défense des prisonniers de guerre allemands devant les conseils de guerre sur commission d'office. Le Conseil des Prises a aussi admis, sans difficulté, que des avocats viennent défendre des intérêts allemands à la barre. On peut se demander comment cette attitude, assez distanciée

[367] « La force crée le droit », « Nécessité n'a point de loi ».
[368] Décision du 6 octobre 1914.
[369] Séance du 13 novembre 1914, archives du barreau de Caen.

et parfaitement conforme à la déontologie, a pu très rapidement être remise en cause.

L'interdiction des relations commerciales et la défense en justice

L'interdiction des relations commerciales avec les sujets ennemis constitue l'origine du débat sur leur défense en justice. Dès sa publication, le décret du 27 septembre 1914 est abondamment commenté quant aux conséquences qu'il engendre dans la vie juridique. Le débat rebondit, quelques mois plus tard, lorsqu'est votée la loi du 4 avril 1915 qui sanctionne pénalement les infractions au décret. Les termes, à la fois généraux et flous, du texte suscitent un questionnement qui engendre des réponses conformes aux attentes patriotiques. Ainsi que faut-il entendre par prohibition de « tout acte ou contrat » passé avec un sujet ennemi ? S'agit-il uniquement du domaine commercial ou le domaine d'application est-il général ? La jurisprudence semble pencher dans ce sens lorsqu'un arrêt de la 10ème chambre du Tribunal de la Seine opte, le 9 janvier 1915, pour l'approche restrictive en décidant que le mandat donné par un sujet ennemi à un avoué ne tombe pas sous le coup du décret du 27 septembre 1914. Dans cette affaire, le mandat ayant été donné avant la guerre et le sujet ennemi étant un Alsacien-Lorrain, la portée du jugement aurait pu être circonscrite, mais ce ne fut pas le cas. Au contraire, cette décision ouvre le débat.

Les opinions sont très partagées. La Chambre des avoués du Tribunal de la Seine condamne sans hésitation le jugement et s'empresse de décider que toute représentation en justice d'un sujet ennemi par un avoué de la Seine est interdite sauf autorisation préalable du président de la chambre. En supprimant toute possibilité d'appréciation individuelle, cette décision fait de la représentation des sujets ennemis une affaire collective relevant de la discipline professionnelle. Les avocats parisiens se trouvent alors en porte-à-faux. A cette époque, les deux professions sont distinctes et l'avocat, dont le rôle est de plaider à partir des conclusions rédigées par l'avoué, intervient dans le prolongement de la prestation de ce dernier La décision de la Chambre des avoués coupe donc l'herbe sous le pied des avocats, même s'ils sont nombreux à l'approuver. Elle implique que l'Ordre parisien, se positionne, or les avocats n'aiment guère se sentir dans la dépendance, bien qu'elle soit souvent réelle en pratique, des avoués. Et d'ailleurs sur quel fondement peut-on limiter, voire même interdire, la défense des sujets ennemis en justice ? Les avocats ne peuvent pas, même en interprétant de manière extensive le décret de septembre 1914, trouver dans ce texte une réponse. Une raison fondamentale s'y oppose : l'indépendance de leur état qui figure en tête des principes déontologiques. En effet, l'avocat prête alors son concours au client, sans le représenter par un contrat de mandat. Cette conception de la relation entre l'avocat et son client, manifestement ambiguë, est vouée à bientôt disparaître. Pour l'heure, justifier une position de refus sur la base du décret pourrait laisser penser qu'il existe un contrat entre l'avocat et son client, ce que l'Ordre exclut. Le retour d'Alexandre Millerand au barreau de Paris après son remplacement par Gallieni au ministère de la Guerre, le 30 octobre 1915, va permettre de mettre fin à l'embarras des avocats.

Le rapport Millerand

Millerand avait été élu au conseil de l'Ordre parisien lors des dernières élections précédant le conflit, mais ses occupations ministérielles l'avaient tenu éloigné du barreau. Un mois, jour pour jour, après avoir quitté le gouvernement, il présente au Conseil de l'ordre le rapport qu'il vient de rédiger sur la question de savoir « s'il est licite aux membres du barreau d'avoir pendant la durée des hostilités des rapports professionnels avec un sujet d'une puissance ennemie en guerre avec la France ». L'arrêté qu'adopte le conseil parisien, reprend le rapport sans modification pour poser une règle semblable à celle retenue par les avoués : les avocats parisiens ne pourront défendre les sujets ennemis que s'ils sont commis d'office par le bâtonnier. En revanche, quoiqu'ils en pensent personnellement, s'ils sont commis d'office, ils devront assurer cette défense. Voici donc les avocats dispensés d'états d'âme par l'intercession du bâtonnier. En France, l'arrêté du barreau parisien est compris comme une autorisation donnée de défendre les sujets ennemis suspendue à l'examen du bâtonnier. En Allemagne, il est perçu, à l'opposé, comme une interdiction de principe à laquelle il peut être dérogé par le bâtonnier s'il ne s'agit pas de défendre un véritable ennemi, en l'occurrence un Alsacien-Lorrain, un Tchèque ou un Polonais. Qu'en est-il en réalité ?

Cinq « considérants » rythment l'arrêté. En exergue, se trouve le refus de tout rapport avec le sujet d'une puissance ennemie, puis se succèdent l'affirmation du patriotisme du barreau, le devoir de l'Ordre d'assurer la défense quelles que soient les circonstances, la nécessité de distinguer entre vrais et faux ennemis et enfin le rôle dévolu au bâtonnier. Le rapport de Millerand fournit un éclairage utile à la compréhension de la règle posée par l'ordre parisien. Dans une première partie, Millerand présente le domaine d'application du décret du 27 septembre 1914 tel qu'il ressort de la jurisprudence. L'ancien ministre de la Guerre ne se prive pas au passage d'un commentaire sur le critère d'atteinte aux intérêts de la défense nationale dégagé par la 10ème chambre civile du Tribunal de la Seine afin d'opérer le tri entre les conventions qui doivent être annulées et celles qui peuvent être validées. Il n'approuve pas la décision des juges quant au résultat auquel elle aboutit : admettre la validité de la représentation en justice d'un sujet ennemi parce que la défense en justice n'est pas mentionnée au titre des actes prohibés. Cette approche qu'il juge plus « sentimentale que juridique » justifie selon lui la position des avoués du Tribunal de la Seine. La seconde partie du rapport aborde le problème de l'avocat dont il s'agit de faire ressortir la spécificité. D'une part, la délicate question de la nature des rapports que l'avocat entretient avec son client est esquivée pour éviter d'entrer « dans une controverse à plus d'un égard fâcheuse ». D'autre part, si le décret du 27 septembre peut constituer une source d'inspiration, il ne s'applique pas aux avocats car l'Ordre est son propre législateur en vertu « des pouvoirs généraux que lui confèrent la tradition et la loi ». Ainsi peut-il et doit-il édicter les règles qui guideront les membres du barreau dans le contexte dramatique de la guerre afin que soit préservée la dignité de ceux qui, par des « démarches imprudentes », pourraient compromettre, même à la marge, les intérêts de la défense nationale. En rappelant que l'Ordre est libre de mesurer la portée et l'étendue de sa décision aux besoins d'une matière aussi spéciale, Millerand l'invite à suivre sa propre interprétation du décret en étendant la prohibition à tous les sujets d'une puissance en guerre avec la France, empire ottoman compris. Le bâtonnier jugera si l'Alsacien-Lorrain, le Tchèque, le Polonais, le Syrien ou « tel autre », selon son appréciation, peut être jugé digne d'une défense. Erigé en « garant de la soumission du barreau aux exigences du patriotisme », le bâtonnier devra apprécier, au cas par cas, les enjeux de la défense nationale.

La position d'Edouard Clunet

Qu'ont pensé les juristes de ce rapport et des raisonnements dont il est issu ? L'opinion de l'avocat et internationaliste Edouard Clunet atteste l'embarras qui s'est emparé des esprits et des contradictions engendrées par la guerre. Selon lui, la décision mérite des éloges parce qu'elle s'avérait nécessaire dans le contexte de confusion. D'autre part, comme elle est inspirée par des considérations de « dignité, de convenance et de solidarité nationale », même si le fondement juridique manque, elle est empreinte de « haute considération morale ». Ces mots, enrobés de la courtoisie et de la déférence qui caractérisent ce milieu, dissimulent à peine le désaccord. En effet, l'éminent juriste, quelques mois auparavant, a énoncé qu'en droit strict, les règles internationales et internes donnent au sujet ennemi le droit d'ester et d'être défendu en justice[370]. Pour ne pas affaiblir la portée de l'arrêté de l'Ordre, il a décidé de renvoyer à plus tard la publication d'une étude dans laquelle seront précisées les conditions dans lesquelles le sujet ennemi frappé de ce qu'il appelle « une indignité constitutionnelle » pourra bénéficier du concours des auxiliaires de justice[371]. Bien que le sujet ennemi reste le compatriote et « le complice direct ou indirect « de ceux qui ravagent le territoire, martyrisent les populations et tuent des Français, le principe selon lequel nul justiciable, « fut-il l'avant-dernier des scélérats », ne doit demeurer sans assistance, s'impose à l'avocat. Clunet ajoute que la commission d'office ne se justifiant pas si le sujet ennemi dispose de ressources, il est normal qu'il acquitte alors des honoraires que l'avocat reversera dans la caisse de l'Ordre, lequel pourra les affecter à des œuvres de guerre, de mutilés ou de grands blessés. Enfin, il lui semble superflu que l'autorisation du bâtonnier soit requise pour les sujets ennemis qui n'en sont pas (Alsaciens-Lorrains, Tchèques, Polonais), car ce serait entrer en contradiction avec le fait qu'ils bénéficient de la législation de guerre, notamment des divers moratoires, dès lors qu'ils ont un permis de séjour. Ainsi, après avoir fait l'éloge de l'arrêté parisien, Clunet en sape les fondements, mais

[370] E. Clunet, « La personne et les biens austro-allemands en France », *Le Temps* 5 janvier 1915.

[371] « Son insertion en cette place serait inopportune. Il ne convient pas de déparer la belle ligne de l'arrêté de l'Ordre en lui accolant une dissertation technique dénuée d'élégance ». *Idem.*

trouve à le justifier par le seul fait qu'il rassure la conscience individuelle de l'avocat et apaise le sentiment public.

La pratique adoptée par le barreau de Paris à propos de la défense des prisonniers de guerre allemands devant les conseils de guerre français montre que l'opinion d'Edouard Clunet a inspiré la conduite du bâtonnier Henri-Robert et celle de ses confrères de province. Les archives des ordres de province ont gardé la trace des conseils sollicités du bâtonnier parisien dans les décisions qui semblaient délicates. Tout en proclamant leur indépendance, aucun Ordre ne tenait à se démarquer. Il était alors dans les mœurs des barreaux de s'adresser au conseil de l'Ordre de Bordeaux pour toutes les questions déontologiques relevant de la tradition, à raison de la connaissance qu'il était réputé en avoir, mais le bâtonnier parisien était l'interlocuteur privilégié pour tous les problèmes à retombées politiques, car on le savait proche des sphères de pouvoir.

L'environnement international

Tout au long du conflit, les juristes français gardent un œil sur les décisions prises à l'étranger, en pays allié ou ennemi. Il semble préférable d'éviter les attitudes qui risquent de provoquer des représailles sur les ressortissants français résidant en territoire ennemi ou sur les prisonniers de guerre. Il n'est pas souhaitable non plus de trop s'éloigner des décisions prises par les Alliés de la France, ce qui serait ouvrir une brèche dans la cohésion que la France veut maintenir, les juristes allemands ne manquant jamais une occasion d'opposer les analyses françaises à celles des Britanniques ou des Américains. Ainsi sur la question de l'interdiction des relations commerciales, les Allemands soulignent que les Anglais ont une position assez similaire en esprit à la leur et moins extrême que la position française. La connaissance de ce qui se décide à l'étranger constitue par conséquent un préalable à toute prise de décision qu'il s'agisse du gouvernement, des juges ou des avocats.

Quelques mois avant que l'Ordre parisien ne se prononce, le *Mercure de France* avait publié un article de S.W. Bienstock intitulé : « La question de la défense en justice des sujets ennemis devant le Barreau russe et le Barreau allemand » dont le *Journal de droit international privé* avait fourni un compte-rendu[372]. Il ressort de cet article que le barreau moscovite se trouve aussi tourmenté par la question de la défense des sujets ennemis que le barreau parisien. Elle se pose à lui lorsqu'est jugée à Moscou l'affaire du *Flotten Verein*. Dans cette affaire des Allemands accusés d'actes commis contre la Russie ont sollicité l'assistance d'avocats russes. Dans les cercles privés, comme dans les réunions publiques, les discussions sont passionnées. L'intérêt du pays étant en cause, un avocat peut-il, en défendant un sujet ennemi, plaider contre sa patrie ? A partir du moment où la question quitte les rives paisibles du droit absolu de tout individu à une défense pour se diriger vers les rivages accidentés du patriotisme, la décision ne peut qu'être délicate. Les avocats russes en font l'expérience avant les avocats français. Les tenants du refus invoquent l'indignité résultant des pourparlers engagés avec le client allemand, laquelle ne manquera pas d'engendrer la colère du peuple et de l'armée contre le barreau. Défendre un sujet ennemi est un acte résolument contraire à la patrie dont l'avocat, « fils de son peuple », doit s'abstenir. Leurs contradicteurs tirent classiquement argument des principes généraux du droit. Le barreau doit trouver le courage de déplaire à l'opinion publique. Surtout, ils avancent qu'avant cette affaire, les avocats russes ont exercé, sans se poser de questions, la défense de fournisseurs aux armées et d'intendants accusés de corruption. N'étaient-ils pas plus dangereux et ne pouvaient-ils pas, précisément parce qu'ils étaient russes, être considérés comme les pires ennemis de la patrie ? L'avis du professeur Heugel, de l'université de Moscou, est sollicité pour départager les avis. Il révèle que lorsqu'il avait été détenu prisonnier pendant six mois à Baden-Baden, il avait bénéficié de l'assistance des avocats allemands pour obtenir sa libération. Jamais, à sa connaissance, le barreau allemand n'avait refusé de défendre les sujets des pays ennemis. Il met en garde ses compatriotes contre les conséquences d'une attitude qui pourrait provoquer des représailles à l'égard des prisonniers et ressortissants russes en Allemagne. Finalement, en majorité, les avocats russes acceptent d'assurer la défense des sujets ennemis à la condition d'être désignés par le tribunal afin que leur dignité patriotique soit sauvegardée. Ils ne garderont pas les honoraires reçus, lesquels seront versés aux œuvres de guerre et en particulier aux sociétés de secours

[372] *Mercure de France*, 1er septembre 1915, *Journal de droit international privé*, 1915, p. 829.

aux blessés. La position du barreau moscovite, présentée en France comme celle du barreau russe, présente de notables similitudes avec la position qui sera adoptée par le barreau de Paris.

L'Italie n'échappe pas aux discussions concernant la condition juridique des sujets ennemis. La question est qualifiée « d'importante question de droit international » par l'avocat milanais Carlo Pelizzi, dans l'article qu'il publie après la guerre sur « Les sujets ennemis devant les tribunaux en Italie »[373]. L'Italie, qui entre en guerre contre l'Autriche-Hongrie en mai 1915, contre l'Allemagne en août 1916, peut tirer parti des débats et expériences vécus par les autres puissances lorsqu'il s'agit d'arrêter les mesures qu'implique l'état de guerre. Un texte spécifique, le décret du 24 juin 1915, interdit toute action en justice aux sujets austro-hongrois et suspend jusqu'à la fin des hostilités les instances en cours. La mesure est étendue aux sujets ottomans par le décret du 25 novembre suivant. Ces textes dispensent les avocats de prendre position. A l'égard de l'Allemagne, l'Italie est engagée par la convention signée le 21 mai 1915, à la veille de son entrée en guerre contre l'Autriche, laquelle confère aux ressortissants des deux Etats signataires une situation équivalente à celle des neutres. Malgré cela, le conseil de discipline des avocats de Milan décide, le 15 décembre 1915, que les avocats devront désormais refuser leurs services aux sujets allemands. Une seule exception, libellée de manière floue, est prévue en cas d'autorisation du conseil de discipline. L'attitude des avocats milanais surprend les juristes allemands[374]. Pourtant elle trouve sa justification dans le fait que l'Allemagne a, sans l'interdire, subordonné le droit d'agir en justice des Italiens à une autorisation spéciale de la Chancellerie impériale. Pelizzi évoque à ce propos la « neutralité hostile » des Allemands. Comme en France, les avocats italiens marquent plus nettement leur position que le gouvernement ou les juges, car ce n'est que le 18 juillet 1916 que le gouvernement italien se réserve d'étendre aux Etats ennemis et à leurs alliés l'interdiction d'accès aux tribunaux. Il ne la prononcera en fait, sous la pression de la presse et du barreau, qu'en janvier 1918. Entre temps, la Cour de cassation de Rome avait limité la prohibition au droit d'agir, estimant que le droit de se défendre à

[373] Publié au *Journal de droit international*, 1919, p. 80.
[374] Voir Dr Haber, « De l'assistance professionnelle des avocats-avoués allemands (*Rechtsanwälte*) aux sujets ennemis » (trad. E. Dreyfus), *Journal de droit international privé*, 1917, p. 462.

une action demeurait intact[375]. Par cette jurisprudence, les avocats pouvaient assurer la défense des sujets ennemis défendeurs si l'autorisation leur en avait été donnée par le conseil de discipline, ce qui semble avoir été généralement le cas[376]. A Moscou avant Paris, à Milan après Paris, en des termes très voisins, les avocats expriment un patriotisme qui les porte à refuser publiquement de défendre des sujets ennemis, quitte cependant à ce que cette défense puisse être finalement assurée, de manière discrète, via les autorisations largement, sinon systématiquement, octroyées par les bâtonniers ou leurs homologues.

Les réactions allemandes aux attitudes alliées nous sont données par l'article très argumenté que le D^r^. Haber, conseiller de justice à Leipzig, consacre au sujet en avril 1916[377]. Il ne fait aucun doute pour le juriste allemand que les avocats parisiens refusent tout droit des sujets ennemis à une défense puisque seuls peuvent y prétendre les Alsaciens-Lorrains, les Tchèques et les Polonais. Au fil d'une analyse scrupuleuse, il relève toutes les ambiguïtés de la position française et dénonce sa rigueur. Il estime que la France fait la guerre à la propriété privée tout autant qu'à la personne des Allemands installés paisiblement en France, depuis parfois fort longtemps, sans que puisse leur être reprochée la moindre intervention dans le conflit. Reporter sur eux la haine née de la cruauté de l'armée allemande s'avère très injuste, comme il est absurde de soutenir que la guerre doit supprimer tout rapport entre les belligérants. Ces rapports existent par la force des choses entre soldats et prisonniers, entre blessés et médecins, comme à l'occasion des instances judiciaires. Haber estime que la conception extensive de la prohibition des relations commerciales appliquée de manière désordonnée et confuse par les tribunaux a placé les avocats dans une situation embarrassante, provoquant l'arrêté de l'Ordre parisien destiné à y mettre fin. Haber, tout en le condamnant, lui accorde, pour cette raison, le « bénéfice des circonstances atténuantes ». Il déplore qu'il introduise une déception de plus parmi toutes celles qu'apporte la guerre : le barreau de Paris, ce « modèle »,

---

[375] B. Breschi, « Le droit d'agir des sujets ennemis en Italie », trad. J. Valéry, *Journal de droit international privé*, 1918, p. 122.

[376] *Deutscher Ausenhandel*, 1916, p. 45, cité dans Haber, *op. cit.*

[377] Article *op. cit.* L'article est publié à la *Juristische Wochenschrift* le 15 avril 1916, et un an plus tard au *Journal de droit international privé.*

ce « rocher du droit par excellence », abandonne ses principes et fait reculer le droit.

Haber souligne que l'attitude allemande à l'égard des sujets ennemis s'avère bien moins rigoureuse, même en tenant compte des représailles justifiées - à preuve, la chronologie comparée des textes -, par les mesures françaises. L'avocat-avoué ne s'est à aucun moment vu interdire de défendre des sujets ennemis en justice. Si, pour respecter leur libre arbitre, les règles professionnelles admettent que les avocats puissent refuser exceptionnellement une affaire contraire à ce qu'ils estiment leur devoir, chacun d'entre eux mesure que le refus d'accepter une défense est un manquement aux obligations professionnelles. Enfin, sachant que la loi allemande du 26 octobre 1914, confirmée par la jurisprudence du *Reichsgericht* (le Tribunal d'Empire), ouvre la porte du prétoire aux sujets ennemis, refuser de les défendre reviendrait à les priver de leur droit d'ester. L'analyse du juriste allemand se trouve validée par celle de l'avocat suisse, Arthur Conti, menée à partir de la jurisprudence allemande. Il souligne que lorsqu'un sujet ennemi ne peut, en Allemagne, comparaître personnellement, il est autorisé à se faire représenter par un avocat-avoué, même s'il s'agit d'une entreprise commerciale et malgré la surveillance exercée par l'Etat, car la guerre n'a pas eu pour effet de différencier la situation juridique des sujets allemands et des ressortissants ennemis en Allemagne[378].

LA DEFENSE DES PRISONNIERS ENNEMIS DEVANT LES CONSEILS DE GUERRE FRANÇAIS

Le vendredi 2 octobre 1914, le 3ème conseil de guerre de Paris juge trois prisonniers allemands accusés de vols au cours de l'invasion. Le public est venu nombreux, attiré par ce que l'on appelle dans la capitale « les vendredis du 3ème conseil de guerre », sans doute aussi par l'événement que constitue la mise en jugement de soldats « boches ». Journalistes et chroniqueurs judiciaires sont parmi les curieux. Dans ces conditions, la justice rendue par les juges militaires

[378] A. Conti, « De la condition des sujets ennemis selon la législation et la jurisprudence allemande, », *Journal de droit international privé*, 1915, p. 789.

se veut irréprochable quant au respect des formes et des droits de la défense, à l'image de la France qui brandit dans cette guerre la bannière du droit. Le capitaine Seligman, avocat à la Cour d'appel de Paris dans le civil, est commissaire du gouvernement devant ce conseil de guerre. Il prend soin d'insister sur le fait que le procès a été instruit avec toutes les garanties juridiques et que le respect des droits de la défense est assuré. Le fait ne doit pas sembler normal puisqu'il implique d'être précisé. Les accusés sont défendus par Zévaes et Hanriot, deux ténors du barreau de Paris. Le premier est rompu à la pratique des conseils de guerre et soutient dans sa plaidoirie que les soldats, soumis à l'exemple du pillage donné par leurs chefs, ont pu croire qu'en volant ils faisaient preuve de discipline. Il est difficile de dire si la condamnation des accusés à trois mois de prison, alors que le maximum encouru était de cinq ans, résulte du talent des avocats ou de la clémence et de l'impartialité des juges militaires français malgré la nationalité ennemie des prévenus. En tout cas, le déroulement de ce procès parisien ne permet pas d'imaginer que la défense des prisonniers de guerre ennemis va connaître par la suite des développements tels qu'ils mettront en effervescence ministères, ambassades et barreaux.

Un contexte particulier

Le fait que les prisonniers de guerre soient collectivement considérés comme des victimes souffrant des affres de la détention et du travail forcé ne doit pas faire oublier qu'elle constitue une population au sein de laquelle, comme dans toute population, émergent des comportements délinquants contre les biens (vols le plus souvent) et contre les personnes qu'il s'agisse des autres prisonniers (rixes) ou de l'autorité militaire (violences, refus d'obéissance). Avant leur capture, les soldats prévenus d'infractions relevaient de la justice militaire de leur unité ; prisonniers, ils sont traduits devant les conseils de guerre de l'Etat capteur.

Les Neutres, en tant que puissances protectrices — l'Espagne pour la France, les Etats-Unis, puis la Suisse, pour l'Allemagne —, et les institutions humanitaires, au premier rang desquelles la Croix-Rouge, veillent sur ceux que le sort des armes a placés sous le pouvoir temporaire de leur ennemi, notamment lorsqu'ils sont traduits devant la justice militaire. Il importe, par ailleurs, à la France de s'assurer, par une justice impartiale, une image positive auprès des opinions publiques des Etats neutres (vont-ils rester neutres et si tel n'était pas le cas, quel camp rallieraient-ils ?) et des Etats ennemis (par crainte des représailles envers les prisonniers français). La défense des prisonniers de guerre devant la justice militaire s'inscrit par conséquent dans un environnement particulier, aux composantes multiples, dans lequel l'avocat ne peut aisément se positionner individuellement car les relations entre le prisonnier de guerre et son défenseur dépassent la sphère traditionnelle des rapports entre un avocat et son client. Choix du défenseur, rémunération, conditions d'une bonne défense sont des questions qui se posent de manière différente lorsque le « client » est un ennemi de la patrie. A-t-on envie de défendre cet ennemi odieux ? Parviendra-t-on à trouver, au-delà du patriotisme et de la haine, l'énergie nécessaire à une bonne défense ? Se battre pour obtenir, contre la justice de son pays, un jugement en faveur d'un sujet ennemi a-t-il un sens ? Faut-il accepter l'argent de l'ennemi, un argent souillé par son origine ? Telles sont les questions que se pose le barreau. Il apparaît rapidement qu'il est délicat de laisser les réponses à la seule appréciation des avocats. Il en résulte que les conseils de l'Ordre vont être amenés à prendre position, sollicités par les membres du barreau ou de leur propre initiative.

Si à Paris, la question de la défense suscite des débats dès le début du conflit, en province, elle ne semble pas alors poser de problèmes. Le bâtonnier commet un avocat d'office parmi ceux que la mobilisation lui a laissés ou assure lui-même la défense, comme il est de règle pour les prévenus français traduits devant ces mêmes conseils de guerre. Tout change en 1916.

L'accord franco-allemand de juin 1916

En juin 1916, les gouvernements allemand et français conviennent de soumettre aux mêmes règles la défense des prisonniers de guerre allemands traduits devant la justice militaire française et les prisonniers français devant la justice militaire allemande. Mais comment l'opinion publique pourrait-elle accepter que les représentants de deux nations si profondément ennemies négocient et s'entendent alors que leurs armées s'affrontent avec acharnement dans « l'enfer de Verdun » et que tout contact avec l'ennemi est qualifié d'odieux par les Français ? On comprend que la confidentialité, sinon le secret, préside à ces accords. Les sources manquent et les témoins, dans les écrits qu'ils ont laissés, ne sont pas très diserts[379]. Le flou domine. Le contenu de ces accords nous est révélé indirectement par les circulaires, en revanche très précises, qui en dérivent.

Les négociations se sont déroulées en Suisse, Etat neutre, et ont été favorisées par la présence sur le territoire helvétique du siège de la Croix-Rouge Internationale. Ayant reçu mandat de s'attacher au sort des prisonniers de guerre lors de la conférence internationale réunissant les sociétés nationales à Washington en 1912, la Croix-Rouge déploie durant tout le conflit, une intense activité pour améliorer le sort des prisonniers indépendamment de leur nationalité grâce à l'Agence internationale des prisonniers de guerre qu'elle installe en octobre 1914 à Genève.

La France ayant refusé que ses représentants aient un contact direct avec les représentants ennemis, les négociateurs français et allemands ne se rencontrent pas physiquement. Ils travaillent dans des salles séparées, échangeant par des notes que transmettent des représentants de leur puissance protectrice jusqu'à obtenir la convergence des points de vue. Lorsque Gustave Ador, président du Comité international de la Croix-Rouge entre, en 1917, au Conseil fédéral suisse comme directeur politique, les négociations deviennent, toutes proportions gardées, moins confidentielles en raison de l'entremise du gouvernement helvétique. Ainsi donc de l'automne 1914 jusqu'à la veille de l'armistice, des « accords », qui sont plutôt des engagements nationaux concordants et parallèles, viennent régler diverses questions relatives aux prisonniers de guerre. En ce qui concerne la justice militaire, « l'accord de juin 1916 », parfois qualifié « d'accord de juin-juillet 1916 », reconnaît à chaque prisonnier inculpé le droit d'être défendu par un avocat et prévoit la rémunération de ce dernier par l'Etat du captif, gage d'une défense sérieuse.

Les fonds destinés à rémunérer les avocats allemands proviennent du Gouvernement français. Ils transitent par l'ambassade d'Espagne à Paris qui les adresse à celle de Berlin pour être remis aux défenseurs. Les honoraires des avocats français sont remis par le gouvernement allemand à l'ambassade des Etats-Unis à Berlin qui les transfère à celle de Paris, d'où ils sont versés aux intéressés. Outre la défense, la

---

[379] L'avocat suisse Georges Werner, le Norvégien T. S. Steen et le Français Georges Cahen-Salvador.

contrepartie de l'honoraire est constituée par le rapport que doit remettre le défenseur à l'ambassade avec laquelle il est en relation. Il doit contenir des informations sur le jugement rendu et les débats.

Dès le 21 juin 1916, le ministère de la Guerre adresse aux autorités militaires concernées (général en chef des armées, gouverneurs militaires de Paris et de Lyon et commandants des régions militaires) une circulaire les informant qu'ils doivent suspendre tout jugement des prisonniers de guerre et leur enjoint de fournir la liste de ceux qui doivent passer en conseil de guerre afin qu'un défenseur leur soit attribué. Dans le même temps, le ministère des Affaires étrangères prend contact avec l'ambassade des Etats-Unis à Paris qui confie la tâche de trouver les avocats nécessaires au cabinet Coudert Frères, 39 boulevard Haussman, antenne française d'un cabinet new-yorkais[380]. Ce cabinet s'adresse tout d'abord au bâtonnier parisien Henri-Robert pour que celui-ci le conseille dans la démarche à suivre auprès des avocats de province. Le journal satirique *Le Cri* publie le 17 décembre 1916 un article qui sous-entend qu'Henri-Robert serait intervenu auprès du barreau de Grenoble en usant de « sa grande autorité morale » pour le convaincre. Cet article provoque une demande d'explications du bâtonnier grenoblois. Henri-Robert proteste dans sa réponse de son respect de l'indépendance des barreaux :

« L'Allemagne n'a pas chargé le gouvernement américain d'intervenir auprès de nous pour que nous invitions aucun barreau à règlementer les défenses d'office des Austro-Allemands… Il a pu se faire que nous nous soyons entretenus de la situation faite aux prisonniers allemands poursuivis devant les conseils de guerre. Mais jamais, il ne serait entré dans notre pensée ni de critiquer, ni d'influencer les mesures prises par d'autres barreaux pour l'organisation de cette défense. Nous sommes trop respectueux de leur indépendance et trop certain de la conscience qu'ils ont de leur devoir »[381].

La procédure de défense des prisonniers de guerre, bien qu'assez lourde en pratique, se met rapidement en place, rappelée par les circulaires des 15 octobre et 3 décembre 1916. Les commissaires du gouvernement près les conseils de guerre doivent aviser l'autorité

---

[380] Le cabinet se compose d'Henry Cachard, d'Henry Peartree, de Charles B. Samuels et de J.B. Robinson

[381] Archives du barreau de Grenoble.

militaire la plus proche du passage en jugement des prisonniers de guerre allemands. L'information remonte alors au ministère de la Guerre pour être adressée au cabinet Coudert, lequel adresse aux bâtonniers localement concernés la liste des prévenus accompagnée d'une demande d'avocats pour chacun d'entre eux. Il contacte ensuite le défenseur et, le procès terminé, lui règle ses honoraires. Entre septembre 1916 et avril 1917, hormis les réticences ou le refus de certains barreaux, la défense des prisonniers de guerre allemands semble avoir suivi cette procédure. Le cabinet Coudert s'est attaché scrupuleusement à la tâche qui lui avait été dévolue, veillant en particulier à ce que les affaires ne trainent pas, comme le prouvent les lettres de rappel adressées le cas échéant aux barreaux[382].

L'entrée en guerre des Etats-Unis, le 2 avril 1917, modifie cette organisation. Dès le 4 avril, une nouvelle circulaire abroge les précédentes pour alléger et accélérer la procédure. Dorénavant, le commissaire du gouvernement devra aviser, dès réception de l'ordre de mise en jugement, la Légation suisse à Paris. Dans les 15 jours, lui sera notifié le choix d'un défenseur. A défaut, il sera procédé à une désignation d'office selon l'article 110 du Code de Justice militaire. Le jugement devra intervenir dans les 8 jours. Cette circulaire survient alors que la justice militaire est confrontée à une pénurie de défenseurs depuis plusieurs mois, la loi du 27 avril 1916 ayant imposé que tous les inculpés soient défendus et, de surcroît, assistés dans tous les interrogatoires. Aussi lorsque le commissaire du gouvernement s'adresse au bâtonnier de Grenoble, celui-ci répond qu'en raison de la mobilisation et de la multiplication des commissions d'office, le barreau n'est pas en mesure d'accéder à ses demandes. Il lui conseille de recourir aux avocats mobilisés à Grenoble et les lui désigne : Rouzy (barreau de Lyon) et Thorrand (barreau de Grenoble). La pénurie d'avocats est identique à Lyon, où la justice militaire sollicite des avocats mobilisés du barreau de Paris[383].

Trouvera-t-on, entre réticences locales et pénurie avérée, des avocats pour assister et défendre les prévenus allemands ?

---

382 On en trouve trace dans les archives du barreau de Grenoble.

383 Archives du barreau de Grenoble, registre des délibérations, séance du 6 juin 1916.

La sérénité du barreau de Toulouse

Le bâtonnier toulousain rend compte de la manière dont il a été saisi de la question de la défense des prisonniers allemands et des démarches qu'il a effectuées au cours de la séance du conseil de l'Ordre du 6 novembre 1916. Un courrier du cabinet Coudert l'a conduit à demander l'avis du ministère des Affaires étrangères et du bâtonnier Henri-Robert. Devant l'urgence de la demande du cabinet américain, le bâtonnier de Toulouse a pris l'initiative de désigner des défenseurs : « plusieurs anciens bâtonniers ou des membres du Conseil de l'Ordre ou des anciens du Conseil de l'Ordre afin de répondre à la préoccupation d'une meilleure défense possible… » Il ne semble pas que pour le barreau de Toulouse la défense des prisonniers allemands pose problème, la question des honoraires pas davantage. Comme cela se fait à Paris, les honoraires sont fixés par le bâtonnier « en accord avec le confrère qui a défendu la cause ». L'avocat est autorisé à les recevoir du cabinet Coudert, mais il doit les verser à la caisse de l'Ordre pour être affectés aux œuvres de guerre. Fin mars 1917, un premier bilan est fourni comportant le nom des prisonniers défendus et le montant des honoraires, 250 francs par défense en moyenne[384]. Les honoraires cumulés sur toute la durée de la guerre, et au-delà jusqu'en juillet 1919 (les prisonniers allemands restent détenus tant que l'Allemagne n'a pas signé le traité de Versailles) s'élèvent à 14 850 francs. Une somme appréciable au regard du budget annuel qui tourne autour de 4 000 francs avant-guerre et plus encore au regard des budgets exigus des années de conflit : 2 500 francs environ.

Affecter l'argent allemand aux œuvres de guerre consiste en quelque sorte à le blanchir en même temps qu'il reporte sur l'ennemi la charge des misères qu'il a provoquées. A Toulouse, chaque avocat peut proposer une destination particulière aux fonds. Le Comité national des veuves et orphelins de guerre (dénommé les « Bons Enfants »), le Comité central des Œuvres de guerre de la Haute-Garonne, la Croix-Rouge pour les réfugiés, le Foyer de la Maison du soldat recueillent plusieurs fois les fonds des avocats toulousains. A partir de l'été 1918, l'affectation des fonds évolue vers la souscription

[384] Séance du 24 mars 1917. La question sera régulièrement évoquée par la suite au cours des séances du conseil de l'Ordre jusqu'en juillet 1919. *Registre des délibérations* du conseil, archives du barreau de Toulouse.

des bons de la Défense nationale et servent à rembourser un emprunt souscrit au début de la guerre pour secourir les blessés et payer les frais du service religieux célébré à la mémoire des confrères tués à l'ennemi. L'examen des comptes révèle que la comptabilité des honoraires est tenue à part de celle de l'Ordre jusqu'en 1916. En effet, en février 1918, lorsque les comptes de 1917 sont présentés au conseil, on trouve les honoraires reçus d'Allemagne inclus dans les comptes de l'Ordre, au titre des recettes normales. Ce jeu d'écritures n'est pas fortuit : la fusion des ressources qui a été opérée permet de financer les dépenses générales d'un barreau appauvri par la guerre et de rééquilibrer son budget. Il semble logique aux avocats toulousains d'affecter les fonds allemands aux dépenses générales de l'Ordre majorées par la guerre dont l'ennemi est responsable. Deux décisions du conseil l'attestent. D'abord l'affectation rétroactive des honoraires à l'emprunt souscrit pour les blessés de guerre en 1914 qui substitue l'argent allemand aux fonds initialement prélevés sur les caisses de l'Ordre. Puis la contribution en quelque sorte de l'Allemagne, à la messe célébrée le 6 novembre 1917 à la mémoire des confrères morts au front. L'Allemagne supportait ainsi financièrement les conséquences des dommages qu'elle avait provoqués. Il est évident que la plaque commémorative érigée dans la bibliothèque pour 750 francs ponctionne aussi ces fonds allemands désormais fondus dans la masse des recettes de l'Ordre. Finalement, l'argent allemand provenant de la défense des prisonniers a permis à l'Ordre toulousain de traverser la guerre d'une manière plus confortable que ceux qui n'ont pas bénéficié de la manne allemande ou qui, à l'instar du barreau de Grenoble, ont analysé les choses différemment.

Indignation et fermeté au barreau de Grenoble

Dès la mi-septembre 1916, les frères Coudert s'adressent au bâtonnier Marc Giroud pour lui exposer les conséquences pratiques de l'accord de 1916 et lui demander de désigner des avocats pour défendre deux prisonniers de guerre alors en attente de jugement devant le conseil de guerre de Grenoble. Ce n'est pas le bâtonnier qui ouvre le courrier. Consacrant l'essentiel de son activité à l'hôpital de Meylan, il est absent de la ville. Eugène Charbonnier, un vieil avocat, quasiment le doyen d'âge de l'ordre, ardent patriote, membre du conseil et ami du bâtonnier, renvoie à ce dernier le courrier reçu accompagné d'une note exprimant son avis personnel. En l'occurrence, il attire son attention sur cette « question qui paraît assez délicate ». La réponse du bâtonnier aux frères Coudert est exempte de toute ambiguïté :

« La défense des prisonniers de guerre allemands a toujours été assurée devant le Conseil de guerre de Grenoble par des avocats désignés d'office, conformément à la loi, et dont l'intervention est gratuite. »

Il expose qu'il en sera de même pour les deux prisonniers concernés :

« ... et pour tous ceux qui seraient ultérieurement traduits devant la juridiction militaire, le bâtonnier n'a pas à intervenir dans l'exercice d'un choix qui serait effectué par le prévenu ou pour son compte en dehors de l'avocat désigné d'office. » [385]

Cette réponse qui allie le respect des principes déontologiques et le patriotisme, par le refus des honoraires, va provoquer une polémique et impliquer la presse parisienne, l'ambassade des Etats-Unis, René Garraud – le bâtonnier lyonnais —, son confrère parisien – Henri-Robert —, la hiérarchie militaire et le Gouvernement.

La première démarche de l'ambassade des Etats-Unis est de dépêcher sur place un délégué en la personne de Charles-Henry Hüstel. L'émissaire américain rencontre tout d'abord le commandant Chauveau, commissaire du gouvernement devant le conseil de guerre de Grenoble, qui lui apprend que le barreau assure, depuis le début de la guerre, la défense gratuite des prisonniers allemands, et lui conseille de s'adresser au bâtonnier grenoblois. Mais le 7 octobre 1916, Hürstel ne trouve que Charbonnier, qui s'empresse, la porte à peine refermée, d'envoyer au bâtonnier le compte-rendu de la visite.

« Après une conversation assez mouvementée au cours de laquelle, il m'a déclaré que tous les barreaux par lui visités avaient adhéré à sa proposition, ce Monsieur a fini par reconnaître que notre attitude était absolument correcte et offrait toute garantie puisque nous prenions l'engagement d'honneur d'assurer une défense utile et sérieuse. Il a reconnu que la question des honoraires était difficile à liquider et qu'en cas d'exagération, les avocats allemands ne manqueraient pas de majorer leur tarif. De la conférence... il doit résulter pour lui (et il l'a même reconnu) que les autres barreaux auraient agi sagement en prenant la même détermination sur un sujet délicat. Il a ajouté « cela

[385] Lettre du 25 septembre 1916, archives du barreau de Grenoble.

m'aurait évité cette promenade à travers la France ». Il s'est même tellement déboutonné qu'il a fini par me dire que le « barreau de Marseille lui avait paru constituer une réunion d'agents d'affaires ». Tout me porte à croire que, rentré à l'ambassade, il dira de nous que « les avocats de Grenoble ne sont pas faciles à manier, mais ce sont de braves gens »[386].

Cette entrevue ne clôt pas l'histoire, car c'est bien la question du refus des honoraires qui importe et non celle de la défense des prisonniers allemands. Adoptant une stratégie de contournement, l'ambassade américaine se tourne alors vers le bâtonnier Garraud. Prétextant que le barreau de Grenoble refuse de défendre les soldats allemands, l'envoyé lui demande de fournir des avocats qui se substitueraient aux avocats grenoblois. René Garraud avec une grande loyauté raconte immédiatement l'entrevue à son confrère de Grenoble, l'informe qu'il refuse la proposition américaine et lui indique la position adoptée à Lyon. L'essentiel, selon lui étant que les honoraires ne puissent « à aucun point de vue rester entre les mains de l'avocat. Celui-ci devant les affecter comme souscription personnelle à l'œuvre de guerre qu'il désignerait. »

Le barreau de Grenoble n'est pas isolé. A Rennes et à Tours notamment, une position similaire a été adoptée. Ces résistances conduisent l'ambassade américaine à avertir le ministre des Affaires étrangères lequel s'adresse au ministère de la Guerre, le 30 novembre 1916, pour lui demander d'intervenir, via les commissaires du gouvernement près les conseils de guerre, auprès des bâtonniers récalcitrants. Il s'agit d'attirer l'attention des bâtonniers sur des « faits profondément regrettables qui mettent obstacle à l'application d'un *modus vivendi* adopté à l'initiative du gouvernement français », car « les difficultés opposées à l'Ambassade des Etats-Unis sont de nature à avoir une fâcheuse répercussion sur la situation de nos compatriotes prisonniers de guerre en Allemagne. » Cette intervention est inopérante à Grenoble : le commandant Chauveau répond au gouverneur militaire de Lyon que ce barreau est « irréductible », qu'il serait préférable de solliciter les avocats de Lyon et que pour éviter de trop nombreux déplacements, ils peuvent être assistés à l'instruction par deux avocats stagiaires mobilisés à Grenoble : Rouzy du barreau

[386] Lettre du 7 octobre 1916 – Archives du barreau de Grenoble.

de Lyon et Thorrant du barreau de Grenoble[387]. Le gouverneur militaire de Lyon dépêche alors auprès du bâtonnier le capitaine Aulois chargé de la justice militaire à son Etat-major. Cet avocat dans le civil présente l'avantage d'avoir d'excellentes relations avec le bâtonnier Giroud. Il est chargé de ramener le conseil à une meilleure compréhension des enjeux politiques de la situation faisant valoir qu'il est indispensable d'appliquer de manière intégrale l'accord voulu et obtenu par le gouvernement français. Dialogue de sourds, les avocats grenoblois résistent aux tentatives de culpabilisation. Rien, selon eux, n'empêche l'ambassade de choisir directement et de rémunérer les avocats. Si elle n'en trouve pas, le bâtonnier commettra d'office dans les conditions habituelles, c'est-à-dire gratuitement. Pourquoi donc des représailles seraient-elles à craindre ? L'affaire est portée sur la place publique et prend un tour nettement politique lorsque le journal satirique *Le Cri de Paris* publie le 17 décembre 1916 un article, inséré dans la rubrique « Les potins du palais » et intitulé « Les avocats d'office des Boches ». A peu près tout est faux dans cet article aux termes flous. II n'y est pas question de prisonniers, mais d'Austro-Allemands en général. Il y est dit que l'Allemagne s'émeut du refus du barreau de Grenoble de les défendre devant « les tribunaux de répression » (il n'est pas question de conseils de guerre) en raison des atrocités commises, qu'elle a chargé l'ambassade des Etats-Unis à Paris d'intervenir auprès du bâtonnier parisien pour qu'il use de son influence pour ramener les avocats grenoblois à la raison. Encore sous le coup de l'émotion, mais fidèle à ses convictions, le bâtonnier grenoblois informe, le 21 décembre 1916, que sa position reste inchangée. Le barreau de Grenoble, du point de vue patriotique, n'est pas l'objet de la critique du journal laquelle épingle plutôt l'ordre parisien, mais le bâtonnier croit à une machination orchestrée par l'Allemagne. La mise au point qu'il rédige arrive alors que le numéro suivant du journal est déjà sous presse. Peine perdue, car le 24 décembre, le journal *Ruy Blas* relaie l'affaire, sur des bases tout aussi fausses, pour féliciter le bâtonnier de Grenoble de son intransigeance :

« Drôles de gens, en effet, que ces boches qui font appel au bon vouloir des avocats, après la façon dont ils ont traité les avocats de Lille, le bâtonnier Theodore de Bruxelles, déportés et réduits à la plus dure des captivités ! Ces mêmes gens qui n'ont aucune considération

[387] Copie d'une note militaire manuscrite, archives du barreau de Grenoble.

pour les barreaux des pays qu'ils envahissent, se jettent à plat ventre pour demander que d'autres avocats viennent défendre les intérêts des boches restés en France, dans l'intérieur : cela vraiment c'est de la bocherie renforcée de boches plus que boches... Mais quand on lit dans la salle des Pas Perdus du Palais de justice, la liste des avocats et des magistrats morts pour la patrie, quand on lit la liste des atrocités commises par les boches, on ne peut que féliciter le bâtonnier de Grenoble et s'étonner que le bâtonnier de Paris ne refuse pas lui aussi de désigner des avocats pour les boches. »

La confusion est à son comble : la question de la défense des prisonniers de guerre s'amalgame à celle de la défense des sujets ennemis, nourrie par la haine de l'ennemi et une incompréhension favorisée par la discrétion dont le gouvernement a voulu entourer les négociations avec l'Allemagne. Charbonnier presse alors le bâtonnier Giroud de « mettre les deux pieds dans le plat, en faisant connaître la genèse des faits », de la rendre publique pour mettre en valeur le sentiment qui inspire le barreau grenoblois :

« Pas de taxe allemande ;
Pas d'argent allemand ;
Pas de correspondance avec l'Allemand. »[388]

Au cœur de la polémique, le cabinet Coudert frères se manifeste à nouveau par lettre, le 23 décembre 1916, pour demander au bâtonnier de désigner des avocats pour cinq prisonniers en attente de jugement devant le conseil de guerre de Grenoble. Il propose des honoraires que les avocats pourront réclamer comme, dit-il, cela se fait partout ailleurs en France. Le bâtonnier fait alors savoir à l'ambassade des Etats-Unis que le barreau de Grenoble persiste à refuser toute rémunération et qu'il semble, enfin, être entendu des différents ministères. L'entrée en guerre des Etats-Unis au printemps 1917 provoque un changement de puissance protectrice de l'Allemagne : la Suisse relaie les Etats-Unis. Elle ne fait aucune difficulté pour admettre la position du barreau de Grenoble. Le bâtonnier Giroud est-il satisfait ? Il ne l'est pas, car une lettre de la Légation suisse du 12 avril 1917 sollicite des précisions sur la manière dont les audiences se sont déroulées. Cette demande fait sortir Charbonnier de ses gonds

[388] Lettre du 26 décembre 1916 – Archives du barreau de Grenoble.

lorsqu'il transmet la lettre au bâtonnier : « Ils renoncent généreusement au plaisir de nous rémunérer, mais ils ne renoncent pas au « Petit rapport ». Et nous voilà faisant partie du service des renseignements ! »[389]

Au même moment, le capitaine Cuche, rapporteur près le conseil de guerre de Grenoble, avise le bâtonnier, qu'à la suite d'instructions récentes, la défense des prisonniers allemands ne sera suivie par la Légation suisse qu'à partir de l'ordre de mise en jugement. En ce qui concerne la phase d'instruction, le droit commun s'appliquera, c'est-à-dire la commission d'office par le bâtonnier. La position du barreau de Grenoble se trouve alors partiellement validée. Il restait à résoudre la question du compte-rendu, le « petit rapport », que l'accord franco-allemand imposait à l'avocat. Sur ce point, comme sur la question des honoraires, le barreau de Grenoble n'a jamais obtempéré.

Marseille : avocats ou « agents d'affaires » ?

A Marseille, alors que la plupart des barreaux s'interrogent, la défense des sujets ennemis n'est pas érigée en problème. Les registres de délibération sont muets sur la question. L'ordre n'a pas jugé opportun d'en débattre. Aucune position collective n'ayant été adoptée, chaque avocat se prononce selon ses convictions personnelles après en avoir référé au bâtonnier, sans pour cela requérir son autorisation. Il ressort de la réponse qu'adresse ce dernier à une enquête diligentée par les procureurs, à la demande du ministère des Affaires étrangères, en janvier 1916, que le bâtonnier conseille d'assurer toutes les défenses au pénal et de discriminer au civil selon que le sujet ennemi est habilité ou non à ester en justice[390]. On ne remarque pas à Marseille ce rejet viscéral de l'ennemi, constaté ailleurs, lequel a déplacé sur le terrain patriotique un principe déontologique de base.

La lettre adressée par Coudert frères, début septembre informant l'Ordre de la convention conclue entre les gouvernements ennemis et demandant nom et adresse des avocats prêts à défendre des prisonniers allemands devant la justice militaire « pour correspondre avec eux » et leur offrir « des honoraires convenables » reçoit réponse

[389] Lettre du 19 avril 1917, archives du barreau de Grenoble.
[390] Séance du conseil de l'Ordre 10 janvier 1916, archives du barreau de Marseille.

du bâtonnier sans avis du conseil. Cet échange est suivi de la visite de l'envoyé de l'ambassade. Ce qui occupe le centre de la discussion porte sur ce que l'ambassade entend par « honoraires convenables ». S'agit-il d'un forfait ? Ces honoraires pourront-ils être négociés par les confrères dans chaque cas ? La discussion semble avoir été très serrée sur ces points. C'est cette attitude qui fera dire au délégué américain, peu après, à Grenoble que la question des honoraires est particulièrement délicate à liquider : confrontés à des montants excessifs, les avocats allemands pourraient être amenés à augmenter leurs honoraires. Le bâtonnier marseillais, agissant en garant de la défense des intérêts matériels de ses confrères, s'estime satisfait de ce qu'il a obtenu : pas de forfait, pas d'honoraires inférieurs à 100 francs, c'est-à-dire le minimum appliqué à Lyon, Toulouse et Bordeaux. Il s'entendra lui-même avec l'ambassade pour déterminer ce qu'il convient de verser aux avocats qu'il aura lui-même désignés[391]. Pollack, membre du conseil et, par ailleurs, secrétaire de la section locale de la Ligue des droits de l'Homme, émet l'avis que ces sommes soient affectées aux œuvres de guerre. La proposition est rejetée par le conseil à qui il n'appartient pas d'imposer cette obligation aux avocats, sachant que cela risquerait de provoquer des difficultés, voire des représailles si les Allemands avaient connaissance de la destination des fonds. Cela était faux, mais convaincant[392]. Il ne faudrait toutefois pas déduire du silence des archives des barreaux l'absence de négociation sur le montant des honoraires.

Des archives marseillaises, il ressort que cette question sensible a bien été évoquée et discutée à Lyon, à Toulouse et à Bordeaux. Elle n'a cependant pas donné lieu à mention dans le compte-rendu des séances de ces conseils. Elle semble s'être évaporée, permettant ainsi de jeter un voile pudique sur des marchandages qui, s'ils étaient sortis de leur cadre confidentiel, pouvaient être interprétés comme un acte anti patriotique.

---

[391] Il rend compte de la lettre reçue et de la visite du délégué américain lors de la séance du 9 octobre 1916, archives du barreau de Marseille.

[392] Le délégué américain, lui-même, avait proposé aux barreaux, pour les convaincre de les accepter, d'affecter les honoraires reçus aux œuvres de guerre.

LE SECRET PROFESSIONNEL ET LA DECLARATION DES BIENS DES SUJETS ENNEMIS

Après neuf mois de débats, le Parlement vote, le 22 janvier 1916, une loi qui oblige les détenteurs de biens mobiliers et immobiliers appartenant à des sujets des puissances ennemies à les déclarer au procureur de la République[393]. Ce texte s'insère dans le dispositif juridique qui, la guerre se prolongeant, porte sans cesse davantage le conflit sur le terrain économique. L'interdiction des relations commerciales, en septembre 1914, visait à priver l'ennemi des ressources qu'auraient pu lui apporter des contrats conclus avec des Français. La mise sous séquestre de leurs biens avait suivi pour évoluer d'une mesure conservatoire à la constitution de « l'otage économique » devant garantir le respect par l'Allemagne de l'obligation d'assumer financièrement les conséquences de sa responsabilité lorsqu'elle serait vaincue. La dette s'annonçait colossale et s'alourdissait chaque jour. Il importait de rechercher tous les moyens d'augmenter la valeur de l'otage économique en mettant sous séquestre l'ensemble des biens appartenant aux sujets ennemis. La difficulté était qu'il n'existait aucun inventaire de ces biens. Pour l'établir, il fallait contraindre ceux qui connaissaient leur existence à déclaration. Le décret du 28 février 1916 précise les modalités d'application de la loi du 22 janvier et, le même jour, une circulaire très précise du ministre de la Justice, Viviani, donne les instructions utiles aux procureurs généraux chargés de la collecte et du contrôle des déclarations. Elle est complétée, le 11 mars 1916, par une nouvelle circulaire exposant les précautions à prendre à l'égard des Alsaciens-Lorrains. Enfin, un arrêté du ministère des Affaires étrangères du 9 avril 1916 crée une Commission des déclarations des biens des sujets ennemis chargée de centraliser les informations.

Dans le cadre de la mission qu'ils exercent, les avocats peuvent être dépositaires de documents remis par leurs clients lors d'une consultation ou pour servir à une défense. Ils sont à l'égard de ces

---

[393] Loi adoptée sans discussion le 2 avril à la Chambre, le 3 novembre au Sénat en raison du nombre d'amendements et contre-projets présentés.

documents soumis au secret professionnel le plus strict, lequel implique qu'ils ne peuvent en révéler le contenu. Toutefois, la nature juridique de ces papiers, qui peuvent entrer dans la catégorie des biens, et surtout l'ambiance qui introduit du patriotisme partout, les amène à se poser la question de savoir s'ils sont soumis à l'obligation de déclaration imposée par une loi qui s'applique à tous ceux qui détiennent des biens appartenant à des sujets ennemis « à un titre quelconque ». La loi ne les nomme pas parmi les détenteurs potentiels, pourtant les avocats s'interrogent. La circulaire Viviani fait bien allusion au secret professionnel, mais elle précise à chaque procureur que, d'une part, lui seul est autorisé à l'invoquer « dans une matière où le patriotisme trace à tous les Français des obligations communes » et que, d'autre part, cela contribue à « rassurer tous les intérêts ». Ce sont les avocats niçois qui amorcent les interrogations sur l'application de la loi et sur les rapports que celle-ci entretient avec la déontologie.

Origine du questionnement : le barreau de Nice

Le 10 février 1916, le député des Alpes-Maritimes, Ernest de Lairolle, avocat au barreau de Nice, interroge le ministre de la Justice à propos de la loi qui vient d'être votée.[394] Les dispositions d'ordre public de la loi s'appliquent-elles à l'avocat auquel un client a remis des documents sans qu'il y ait violation du secret professionnel ? Que faut entendre par « biens » ? Les titres de créance ainsi que les correspondances et les papiers divers en font-ils partie ?

Il semble que les avocats n'aient pas perçu de prime abord en quoi ce texte pouvait les concerner. On ne trouve aucune trace de questionnement dans les archives des barreaux, sauf à Lyon dont le bâtonnier a été interrogé par le conseil de Nice désirant connaître sa position. Si l'on considère les réponses obtenues du ministre et de l'Ordre lyonnais, le barreau de Nice n'obtient la lumière ni de l'un ni de l'autre. Viviani s'esquive d'autant plus facilement que la question est posée entre le vote et le décret d'application. Il ne répond que le 2 mars en renvoyant le député à la circulaire qu'il vient d'envoyer aux procureurs généraux. Le barreau de Lyon ne s'engage pas : « Il n'y a

---

[394] Ernest de Lairolle (1851-1926), avocat au barreau de Nice, élu bâtonnier en 1890, se fait élire en 1910 député des Alpes maritimes. Il le reste jusqu'en 1919. Il est connu pour être l'un des plus ardents promoteurs de la mutualité.

pas lieu d'émettre aucun avis réglementaire. Il conviendra de statuer sur chaque espèce, s'il s'en présente »[395]. Le conseil lyonnais propose que la question soit portée devant la conférence des bâtonniers, mais comme celle-ci a été suspendue par la guerre, la réponse collective risque de se faire attendre. La position des avocats lyonnais est typique de l'attitude généralement adoptée par les barreaux dans les situations jugées délicates. Lorsqu'une question mobilise un barreau et que l'orientation à donner est claire, la réponse s'exprime par un arrêté porté à la connaissance de ses membres et éventuellement à l'extérieur si son avis est sollicité. La réponse lyonnaise s'apparente à celle de Viviani par son laconisme et par le refus d'adopter une position de principe. Le sujet est délicat, la plus grande prudence s'impose, une prudence qui commande d'attendre pour voir ce qui peut surgir concrètement. Tiraillés entre une obligation légale d'inspiration patriotique, dont ils cernent mal les contours, et le secret professionnel, les barreaux ne tranchent pas. A l'exception toutefois de l'Ordre de Marseille. Il arrête une position bien nette dans une circulaire communiquée à tous les avocats marseillais.

Après avoir estimé que la loi permet de déroger à l'obligation du secret professionnel, l'arrêté conclut au terme d'une longue analyse que lorsque les papiers dont l'avocat est détenteur représentent des valeurs économiques ou pécuniaires, il doit en faire la déclaration. Pour arriver à cette conclusion, le conseil distingue entre loi générale et loi spéciale. La loi du 22 janvier appartenant à la seconde catégorie, puisqu'elle est « une loi de défense nationale », ne souffre aucune exception. En s'abritant derrière la qualification de la norme, le conseil marseillais évite de mettre en concurrence la déontologie et le patriotisme. Une loi spéciale l'emporte sur une loi générale, sans qu'il soit besoin d'aller chercher plus loin. C'est bien le patriotisme qui motive la décision car lorsqu'il aborde la question du tri à opérer parmi les papiers remis à l'avocat, le conseil se réfère à la constitution de « l'otage économique », objectif fondamental de la loi. Il s'ensuit que tous les documents qui ne présentent qu'un « intérêt moral ou juridique » ne sont pas visés[396].

---

[395] Registre des délibérations du conseil de l'Ordre, séance du 24 février 1916, archives du barreau de Lyon.
[396] Conseil de l'ordre de Marseille, séance du 9 mars 1916, archives du barreau de Marseille.

L'analyse doctrinale d'Edouard Clunet

L'intervention du célèbre avocat conduit à penser que si les archives n'ont que très peu gardé la trace du problème posé par la loi, celle-ci a suscité l'émoi des barreaux. Clunet choisit de s'exprimer en partant de la question posée par l'avocat-député Lairolle au ministre dans *le Journal de droit international privé*[397]. Après avoir développé une analyse juridique approfondie, il s'efforce de rechercher la réponse, ainsi que le ministre de la Justice y invite les avocats, dans sa circulaire. Il retire de cet exercice un certain amusement : « Nous avons retourné en tous sens cet instructif document comme autrefois l'image à rébus de l'invisible bulgare. Cette réponse, avouons-le à notre confusion, nous ne l'avons pas trouvée, au moins sous sa forme concrète. » Pour Edouard Clunet, la loi ne concerne pas les avocats. Il avance, qu'au cours des débats, lorsqu'il s'est agi de réfléchir aux détenteurs potentiels, les avocats n'ont jamais été mentionnés. Ensuite, il remarque qu'ils ne sont pas visés dans le texte même de la loi. Une loi qu'il qualifie de « loi de circonstance et de nature politique » alors que le secret professionnel présente « un caractère universel et permanent », assorti d'une sanction prévue à l'article 378 du Code pénal auquel la loi du 22 janvier 1916 n'a pas dérogé. Les avocats ne sont d'ailleurs pas des « détenteurs » au sens juridique du terme, ni même des « dépositaires » des pièces confiées car la détention suppose un contrat de mandat ou de dépôt, alors que l'avocat n'est ni le mandataire de son client, ni un dépositaire. Il ne dispose par ailleurs d'aucun « droit de rétention » sur les pièces de son client quand bien même celui-ci aurait l'ingratitude noire, dit-il, de ne pas acquitter les honoraires. Le ministère de l'avocat consiste à défendre les parties et à les conseiller. Clunet s'appuie pour défendre cette thèse sur l'opinion doctrinale de Cresson, qui prévaut alors, et sur un arrêt rendu par le conseil de l'Ordre parisien en 1838. Le secret professionnel trouvant sa source dans un principe moral supérieur, la confiance donnée par le client ne saurait, même en temps de guerre, même par l'excuse très prégnante du patriotisme, subir la moindre entorse, quelle que soit la teneur des documents confiés. Clunet va plus loin : l'avocat qui enfreint le secret professionnel se rend coupable de forfaiture. Interprétant le silence de Viviani, Clunet conclut d'une manière radicale :

---

[397] *Journal de Droit international privé* 1916, p. 792.

« En ne traitant pas la question, en ne soufflant mot ni des devoirs de l'Avocat, ni du secret professionnel dans sa circulaire du 28 février 1916, Me Viviani, garde des Sceaux, laisse entendre très clairement son opinion. Il affirme par prétérition, mais avec énergie, que l'avocat doit s'en tenir au droit séculaire qui régit sa profession, ainsi qu'aux prohibitions impératives et inentamées de l'article 378 du Code pénal. »

La position des avoués parisiens

Alors que les avocats paraissent finalement assez partagés sur l'application de la loi à leur profession, les avoués parisiens adoptent immédiatement, loin des débats doctrinaux, une position très nette faisant primer le patriotisme. Le 8 mars 1916, la Chambre des avoués du Tribunal de première instance de Paris rappelle à ses membres que la loi du 22 janvier se traduit pour eux par une obligation de déclaration « pour les sommes, valeurs, titres dont ils ont pu avant la guerre être constitués dépositaires pour le compte des sujets ennemis » et cela se comprend, estime la Chambre des avoués « des procès que nous étions chargés de soutenir ou défendre pour eux ». Les avoués parisiens doivent cependant trouver une justification au reproche d'enfreindre le secret professionnel, ils y parviennent en se débarrassant de la question :

« Le secret professionnel ne constitue pas un obstacle à la déclaration des procès dont nous étions chargés par des Austro-Allemands. D'après l'article 3 de la loi, le secret professionnel est reporté sur le Procureur de la République. » La qualité du destinataire des déclarations libère ainsi les avoués de toute arrière-pensée : « la déclaration indiquera la nature de l'action, l'état de la procédure ; elle mentionnera s'il y a lieu les titres constituant le droit de la partie (obligations, brevets, conventions, testament). Il sera utile de joindre copie de l'assignation et des conclusions motivées du défendeur. »

Edouard Clunet rend compte de la position des avoués parisiens et la commente, ne voyant pas en quoi la loi s'imposerait davantage aux avoués qu'aux avocats. Toutefois, il s'abstient de la critiquer : « Nous ne nous occupons que des Avocats. Que chacun défende sa « tranchée », le « secteur » sera mieux gardé. »

Après la guerre, la question surgit à nouveau, posée de manière purement théorique, le 31 janvier 1920 à la conférence du stage du barreau de Paris, dans la question posée au concours : « Les lois relatives à la déclaration des biens des sujets ennemis sont-elles applicables à l'avocat qui a reçu des pièces présentant les caractères exigés par la loi, mais à lui confiées dans l'exercice de sa profession ? » La conférence répondit par l'affirmative. L'Allemagne, sous la contrainte, avait signé le traité de paix dans lequel la France victorieuse avait obtenu que les biens mis sous séquestre deviennent un acompte sur les réparations. Si la guerre avait pris fin sur le champ de bataille, elle imprégnait encore les esprits.

CHAPITRE 12

LES BARREAUX ET LA GUERRE

A la veille de la guerre, la défense en justice s'exerce au sein de barreaux, organisés en ordres professionnels regroupant tous les avocats qui exercent leur ministère auprès d'une juridiction. Cela fait un peu plus de cent ans que l'Ordre des avocats, supprimé en 1790, a été rétabli dans ses attributions administratives et disciplinaires. Celles-ci sont confiées à la suite d'une élection à un conseil de l'Ordre qui désigne son chef en la personne du bâtonnier. Dans un milieu marqué par la tradition, les élections ordinales se déroulent avec solennité chaque année, mais ne donnent pas lieu pour autant à un renouvellement fréquent des membres du conseil. Ces derniers, *a fortiori* le bâtonnier, ont souvent une longue carrière derrière eux et sont reconduits d'élection en élection. L'augmentation des effectifs, qui caractérise la période, rajeunit la profession et le fonctionnement gérontocratique de l'Ordre, voire son despotisme, commencent à être contestés. Les jeunes avocats ont des raisons d'être inquiets, car dans le contexte d'une profession encombrée, il est de plus en plus difficile de se faire une clientèle.

La guerre va considérablement perturber le fonctionnement et la vie collective des barreaux confrontés aux vides laissés par la mobilisation et par les décès, aux difficultés matérielles. Aura-t-elle pour effet d'ouvrir la profession aux femmes, encore en très minoritaires ? Débouchera-t-elle sur la réforme dont il est attendu qu'elle protège l'avocat de ses concurrents et lui réserve le monopole de la défense en justice devant davantage de juridictions ?

LE FONCTIONNEMENT DE GUERRE

Les registres de délibération des conseils de l'Ordre renseignent sur les divers problèmes que la guerre a soulevés, ceux tout au moins qui ont été inscrits à l'ordre du jour. Nous ne saurons jamais rien de ceux qui ont trouvé une solution, hors conseil, dans le bureau du bâtonnier.

Conseils de l'Ordre et « bâtonniers de guerre »

Le rythme des séances constitue un bon indicateur de l'activité des barreaux pendant le conflit. Lors de la rentrée judiciaire de l'automne 1914, le nombre de réunions chute partout. Elles sont deux fois moins nombreuses qu'à la veille du conflit à Toulouse, Aix, Amiens, Dijon, Chambéry, parfois trois fois moins (Lyon, Agen) et jusqu'à dix fois moins à Caen. L'activité minimale consiste à prononcer les admissions ou les omissions au stage et au tableau, à désigner ou renouveler les membres des différents bureaux et à établir les comptes. Les séances des conseils fournissent, tout au long du conflit, l'occasion d'évoquer les morts et de célébrer la bravoure au combat des membres du barreau. Les allusions aux événements militaires sont très rares. La guerre n'apparaît que dans ses conséquences : défenses supplémentaires à assurer, difficultés matérielles, blessures et décès des confrères sur le front, distinctions (citations et décorations) qu'ils ont obtenues. La vie suit son cours malgré la guerre et les problèmes de discipline demeurent. Toutefois, le nombre des séances disciplinaires diminue : les jeunes avocats qui constituent, en raison de leur inexpérience, le gros contingent des justiciables du conseil sont mobilisés.

Dans de nombreux barreaux, la mobilisation s'est étendue aux membres du conseil de l'Ordre et parfois même au bâtonnier. Ainsi en est-il à Amiens, comme à Aix-en-Provence (le bâtonnier Bagarry est mobilisé dans l'artillerie) et à Bordeaux (le bâtonnier O'Zoux est à l'état-major de la IIIème armée). Le départ des bâtonniers ne perturbe en rien le fonctionnement de l'Ordre. Le bâtonnat étant une fonction temporaire exercée pendant une année ou deux, d'autres membres du conseil ayant déjà l'expérience de la fonction sont en mesure d'assurer l'intérim, le choix se portant le plus souvent sur le doyen d'âge.

Le décret du 16 octobre 1914 ayant suspendu les élections ordinales jusqu'à la fin des hostilités, les barreaux seront administrés par les conseils élus pour l'année 1913-1914 ou pour l'année 1914-1915 lorsque les élections se sont déroulées avant la publication du décret, ce qui a pu en modifier leur résultat. A Caen, où l'affrontement des candidats a été très vif entre les conservateurs et le « jeune barreau », le second tour de l'élection du bâtonnier se déroule le jour où le décret reconduit les anciens conseils. Ainsi Guillouard, qui n'a pas réussi à se faire élire en juillet lorsque l'ordre était au complet, est-il élu, en octobre, quasiment à l'unanimité (12 voix sur 13 votants) parce qu'il bénéficie de la mobilisation des jeunes avocats. Le conflit va prolonger pendant cinq ans la mission des conseils et des bâtonniers, qu'on dénommera « bâtonniers de guerre », pour les distinguer de leurs successeurs, les « bâtonniers de la paix ».

Justifié par la protection des mobilisés, le décret du 16 octobre 1914 a rendu l'administration des barreaux très délicate. La mobilisation pose la question du quorum, c'est-à-dire celle de la validité des décisions. Rares sont les conseils au complet. En ce qui concerne les barreaux de cours d'appel : quatre membres sont mobilisés à Marseille, trois à Aix, Bordeaux, Caen et Grenoble, deux à Chambéry, un seul à Amiens, Agen, Toulouse et Dijon. La situation est plus préoccupante dans les petits barreaux, où l'on accède plus jeune au conseil. Il était fréquent, avant la guerre que les éconduits d'une demande d'admission au stage fassent appel. Le cas se présente au cours du conflit, en Algérie, à Guelma où le conseil réduit à un seul membre avait été complété par tirage au sort. La Cour d'appel d'Alger, dans son arrêt du 16 mars 1916, invalide la décision, estimant qu'en pareil cas, elle-même doit se substituer au conseil de l'Ordre. Cette décision a été très critiquée par la doctrine puisqu'elle supprimait la garantie du double degré de juridiction, particulièrement importante en matière disciplinaire[398] lorsqu'a été prononcée une suspension d'exercice ou a fortiori une radiation. Albert Wahl, commentant la décision, concède qu'il ne voit aucune autre solution au problème, sauf à attendre la fin de la guerre. Une parade est cependant trouvée à Marseille. Lors de la séance du 18 janvier 1915, le conseil ne réunissant que six membres sur quinze, la question de la validité des décisions se pose. Il décide que la mobilisation contraint à aménager les règles et que le nombre des non mobilisés s'élevant à onze, avec six présents, le quorum est atteint.

Sauf à Guelma, les moyens trouvés ici ou là pour pallier les absences aux conseils n'ont donné lieu à aucun recours. Au cours du conflit, leur éventualité finit cependant par inquiéter le ministre de la Justice qui songe, en 1917, à déposer un projet de loi réduisant le quorum requis pour procéder à une élection partielle des chambres de discipline. Après avoir sollicité l'avis des barreaux par l'intermédiaire des procureurs[399], il signe le décret du 15 novembre 1917, lequel

---

[398] *Gazette des Tribunaux* 21 mars 1916.

[399] Séance du 23 avril 1917 du conseil de l'Ordre de Marseille au cours de laquelle est lue la lettre du garde des Sceaux envoyée le 4 avril. Archives du barreau de Marseille.

diminue le quorum nécessaire à ces élections. Quoiqu'il en soit de la portée d'un texte adopté au bout de plus de trois ans de guerre, les conseils ont préféré limiter les séances disciplinaires. Les archives révèlent qu'elles ont été peu nombreuses, sauf au barreau de Lyon. Le nombre des séances disciplinaires s'y explique davantage par la personnalité de son bâtonnier, le criminaliste René Garraud, que par le comportement des avocats lyonnais. En revanche, à Marseille où les conflits entre avocats sont pourtant très vifs, en raison de la concurrence qui les met en rivalité, le conseil s'avère nettement moins répressif.

Difficultés matérielles

Les finances des barreaux se ressentent immédiatement de la mobilisation. D'une part, mobilisés sont le plus souvent dispensés du paiement de leur cotisation. Il semble assez indélicat d'imposer cette charge à ceux qui exposent leur vie pour la patrie et se trouvent dans l'incapacité de tirer revenus d'une activité professionnelle qu'ils ne peuvent plus exercer, d'autant que les cotisations représentent la contrepartie de services collectifs dont ils ne bénéficient plus. D'autre part, la mobilisation réduit, voire supprime, les prestations de serment et la délivrance d'attestations qui donnent lieu à la perception de droits en faveur de l'Ordre. L'équation est simple : la guerre provoque partout une diminution des recettes et un déséquilibre des budgets.

Le budget de l'Ordre, qui prolonge l'esprit de solidarité, doit subvenir aux frais très divers de l'organisation collective : du blanchissage des rabats à l'entretien des locaux et à leur chauffage, de l'éclairage de la bibliothèque et du vestiaire aux indispensables achats d'ouvrages et revues juridiques. A ces dépenses s'ajoutent, parfois, le salaire d'un commis chargé de l'entretien et de la bibliothèque et, toujours, l'alimentation d'une caisse de secours destinée à venir en aide aux confrères malades ou âgés et sans ressources, comme à soulager la gêne financière des veuves et orphelins. La réduction des dépenses est partout de règle. Cependant, dans les barreaux qui estiment de leur devoir patriotique de participer à l'effort de guerre les dépenses augmentent si considérablement qu'elles mettent en péril, plus ou moins rapidement les finances de l'Ordre : dès octobre 1914 à

Aix, en octobre 1916 à Marseille, en 1917 à Toulouse, Caen et Grenoble, en 1919 à Agen[400].

La pénurie de ressources se manifeste à Caen lors de l'automne 1917 : le Premier Président informe le conseil que la municipalité n'ayant pas été livrée en charbon, en raison de la difficulté des approvisionnements, la bibliothèque des avocats ne sera pas chauffée au cours de l'hiver à venir. Le bâtonnier proteste sans succès. Les avocats cherchent alors à s'approvisionner par eux-mêmes. Deux séances sur les trois de l'année 1917, sont exclusivement consacrées à la question du chauffage, sans autre résultat pratique que de limiter les réunions : une seule au cours de cet hiver-là. Les avocats parisiens sont tout autant préoccupés par la question du combustible mais ils trouvent à la résoudre grâce à leur réseau. Henri-Robert pousse la porte du ministre du ravitaillement, Loucheur, ainsi que celle du préfet de la Seine, et obtient d'eux des livraisons supplémentaires de combustible aux confrères porteurs de la carte de charbon. Il fait valoir qu'il est dans l'intérêt des justiciables que les avocats puissent exercer leur profession dans des conditions normales[401].

Pour boucler leur budget, les barreaux doivent compenser les ressources qui leur manquent. Les solutions sont diverses : augmentation des cotisations des avocats non mobilisés, prélèvement sur l'épargne, avances des membres du conseil, dons des confrères fortunés. Les legs en faveur de l'Ordre provenant d'avocats, particulièrement attachés à leur famille professionnelle, qui décèdent au cours de la guerre, sont une véritable manne à Grenoble (legs Charpentier) ou à Bordeaux (legs Roy de Clotte). A Toulouse, l'Ordre n'échappe aux difficultés financières qu'en incorporant les honoraires versés pour la défense des prisonniers de guerre allemands, auparavant destinés à des œuvres, à ses ressources ordinaires.

A l'issue du conflit, les barreaux n'échappent pas à la spirale inflationniste qui s'abat sur la France. Dans les années qui suivent la guerre, toutes les contributions de l'Ordre (prestations de serment, délivrance d'attestations) sont augmentées. Les cotisations le sont également et dans des proportions importantes, le doublement n'est pas rare. Les augmentations sont parfois égales pour tous les membres, parfois modulées selon l'ancienneté. Plus généralement,

[400] Certains conseils n'abordent à aucun moment la question (Montpellier, Dijon, Amiens, Chambéry) ou très peu (Lyon, Agen).
[401] *Gazette des Tribunaux*, 15 septembre 1917.

elles distinguent les avocats inscrits des stagiaires et des anciens combattants. L'exemple de Bordeaux est assez représentatif de l'ensemble des barreaux. En 1920, les cotisations passent de 40 à 100 francs pour les avocats inscrits, de 25 à 40 francs pour les stagiaires. La délivrance des certificats de 10 à 20 francs. Un barreau échappe à l'envolée des droits et cotisations : le barreau de Montpellier qui n'a pas participé aux œuvres de guerre et dispose d'un patrimoine conséquent.

« Contre la vie chère, la Basoche se coalise ! »[402]

« La vie chère a la vie dure ! Il faut s'unir, magistrats, avocats, avoués, notaires et autres gens de robe et de basoche pour lutter contre les enrichis de la guerre qui exploitent la pénurie ! »

Ce mot d'ordre est lancé au mois de mai 1920 par Charles Chenu en première page des *Echos parisiens*. Il introduit un long article dans lequel est annoncée la création de la coopérative du Palais, baptisée : « La Famille judiciaire ». L'initiative en revient conjointement au groupe des Anciens Combattants du Palais, fondé par Carpentier, Champetier de Ribes, Gallié et Tozza, ainsi qu'à l'Association du jeune barreau. Elle a reçu l'aval du Conseil de l'Ordre parisien. L'article 3 des statuts du 30 mars 1920 fixe son objet social :

« La société a pour objet unique la mise à disposition des sociétaires des avantages de la coopérative par l'affiliation des sociétaires à toute autre société coopérative ou d'inspiration coopérative. Elle s'interdit tout acte de spéculation ».

Il fallait un enjeu de taille pour que les réticences nées de la naissance d'un groupement réalisant des transactions, manipulant des fonds et supposant juridiquement des mandats, soient vaincues. La création de cette société, qui remet en cause bien des principes du monde judiciaire, constitue une petite révolution des mentalités. Charles Chenu en convient : « On conçoit mal une ou plusieurs compagnies judiciaires s'improvisant du jour au lendemain commerçantes ». Parce qu'il exclut la spéculation, l'adhésion au mouvement coopératif lève l'obstacle relatif au commerce. Sur le rapport de Salle, le Conseil de l'Ordre parisien autorise quatre avocats à constituer une société anonyme à capital variable qui affiliera ses

[402] Titre d'un article de Charles Chenu dans *Les Echos parisiens* du 5 mai 1920.

membres au groupe coopératif la SAPECO (Société générale d'Approvisionnements Economiques). Moyennant un droit d'entrée fixé à 15 francs et une adhésion de 125 francs, correspondant à une « action » rémunérée au taux fixe de 5 %, une « carte de famille » donne droit à des réductions de 10 à 15 % sur les achats à des entrepôts alimentaires et l'accès à un magasin de nouveautés. Diverses boutiques se joignent à la SAPECO pour offrir des réductions sur leurs articles. L'ouverture d'un rayon papeterie est envisagée lors de l'adhésion de la Famille judiciaire parisienne. Les avantages du groupement sont jugés convaincants : les 105 actions, représentant le capital de 13 125 francs, sont souscrites en quinze jours. Les locaux du Conseil de l'Ordre offrent un siège social au groupement. L'initiative ne reste pas confidentielle : les journaux judiciaires la mentionnent, comme les grands quotidiens. *Le Temps*, *le Figaro* saluent l'expérience. *L'Eclair*, plus critique, la tourne en dérision comme signant l'impuissance du monde judiciaire, en particulier du parquet, confronté aux spéculateurs qu'il devrait poursuivre :

« Une nouvelle croisade s'engage pour la lutte contre la vie chère et ce n'est rien moins que l'armée du droit qui s'enrôle sous la bannière des consommateurs en défense… « La Famille judiciaire » prend pour programme la lutte contre les intermédiaires, les trafiquants, les mercantis… N'en pouvant défendre les autres, il (le parquet) songe à s'en défendre lui-même. Le parquet attend-il le fonctionnement de la « Famille judiciaire » pour se désintéresser complètement du sort des consommateurs livrés au pillage ? »

Avant Paris, les avocats bordelais ont été séduits par le mouvement coopératif. Dès le 15 décembre 1918, l'Ordre passe un accord avec la Société Centrale d'Approvisionnement (SCA), après avoir constitué « La Coopérative du Palais ». Les 21 avocats adhérents, auxquels se joignent les membres du tribunal de commerce et les greffiers, reçoivent, en contrepartie de 2 francs de cotisation mensuelle et d'un versement initial de 100 francs, un carnet donnant droit aux fournitures alimentaires figurant sur des listes mensuelles aux prix indiqués. La plupart des membres du barreau se retirent en mars 1920 et l'année suivante, la SCA dénonce l'accord passé avec l'Ordre, car la société se transforme en un magasin (« Les Nouvelles Galeries ») désormais ouvert au public. Les adhérents sont remboursés. Les pénuries disparaissent progressivement et, avec elles, l'aventure coopérative du monde judiciaire.

LA GUERRE, LES FEMMES ET LE BARREAU

La misogynie du barreau

A la veille de la guerre, la misogynie du milieu judiciaire manque rarement une occasion d'éclater au grand jour, à preuve les péripéties du combat mené par Jeanne Chauvin. La petite quinzaine d'années qui s'est écoulée depuis que la loi autorise la femme à entrer au barreau n'a pas suffi à l'imposer dans le prétoire comme l'égale de l'homme. On la présente comme incapable d'affronter un métier de combat (par conséquent un métier d'homme) et en même temps comme trop capable de remporter des procès en abusant de ses charmes à l'égard des magistrats. En résumé, elle est faible et déloyale sur le plan professionnel. Mais, la femme avocate, mauvaise épouse et mauvaise mère, menace aussi la famille. L'époque est toute proche où la pièce de Félix Flack, *Maître Pétensol*, joué dans le grand amphithéâtre de la Sorbonne, le 20 octobre 1912, faisait rire le public. L'auteur y montre l'aberration d'une situation où, mariée et jeune mère d'un enfant au biberon, une femme prétend aussi exercer la profession d'avocat. L'histoire s'achève fort convenablement : le mari « reprend la culotte », la femme abandonne le barreau et redevient « la bonne petite épouse aimante ». Belle consolation : son fils sera dans vingt ans un grand avocat ! Le rideau n'est pas pour autant tiré sur les ambitions féminines de conquérir le barreau.

L'attitude majoritaire de refus qui s'observe dans les barreaux repose sur un ensemble complexe de craintes professionnelles, parmi lesquelles domine la peur de la concurrence. Ces femmes avocates vont venir s'ajouter au nombre des confrères que beaucoup voient s'accroître avec angoisse dans une profession où ils peinent à percer. Peur aussi des conditions de cette concurrence : comment affronter cet adversaire féminine que les usages obligent à traiter avec galanterie ? Peur que cette consœur ne séduise les juges et remporte de cette manière une victoire qui ne doit être gagnée qu'à la force de l'argumentation et de l'éloquence. A ces inquiétudes, viennent s'ajouter des craintes masculines : celle de l'identité posée à travers les rôles respectifs qui sont dévolus à l'homme et à la femme dans la société. Il s'agit là d'un élément classique du débat sur la femme au travail tel qu'il se pose, tout au moins dans la sphère bourgeoise. Dans les milieux populaires, les femmes ont toujours travaillé et le travail hors du foyer s'est banalisé dans l'environnement industriel du XIXème siècle. Dans les milieux judiciaires où se discute l'introduction de la femme au barreau, on accepte la femme institutrice ou la femme infirmière, car ces domaines d'activité sont liés à l'enfance ou au réconfort et donc à l'imaginaire de la féminité. La femme médecin qui acquiert par cette fonction du pouvoir l'est beaucoup moins. Introduire la femme dans l'espace public, où elle va prendre la parole, semble totalement incongru. Aussi, ces femmes avocates qui se lancent dans une carrière en bravant préventions, critiques et sarcasmes sont très peu nombreuses en 1914. Elles sont 10 inscrites au tableau et 17 stagiaires pour toute la France. Ce sont ces 27 femmes sur les 7 300 avocats, soit 0, 35 % de la profession, qui déclenchent la moquerie teintée d'inquiétude de leurs confrères et des milieux judiciaires en général. La plupart d'entre elles (21) sont parisiennes (8 inscrites et 13 stagiaires) et 24 sur 27 appartiennent à un barreau de cour d'appel.

Pionnières du barreau : état des lieux à la veille de la guerre

Bachelière es lettres et es sciences, licenciée en droit, 35 ans, célibataire : que peut-on reprocher à cette femme diplômée, d'âge mûr et dont la vie professionnelle n'est pas entravée par l'attention à consacrer à un mari et à des enfants ? Jeanne Chauvin s'avance pourtant seule pour prêter serment, première étape de la carrière d'un avocat, devant la première chambre de la Cour d'appel de Paris. Seule, car aucun membre du conseil de l'Ordre n'a accepté de la présenter à la cour comme le veut l'usage. Sa demande d'inscription au stage avait été rejetée par ce conseil, quatre ans plus tôt, en 1896. Elle avait fait appel de cette décision et plaidé elle-même sa cause le 24 novembre 1897 : la mortalité féminine n'est pas supérieure à la mortalité masculine, les inconvénients physiologiques de la femme laissent au minimum 353 jours par an d'activité professionnelle. Elle n'était cependant pas parvenue à convaincre les magistrats qui suivirent le procureur général : la femme ne peut s'inscrire au barreau parce que la loi ne le prévoit pas. Cet argument tiré de l'intention présumée du législateur aurait pu tout à fait être retourné : la femme peut s'inscrire au barreau puisque la loi ne l'interdit pas, mais cela n'avait pas été l'option choisie et Jeanne Chauvin avait été déboutée. Il fallait donc un texte. Il est voté, le 1er décembre 1900, à l'initiative de Viviani contre la presque totalité du monde judiciaire, en particulier du bâtonnier Devin. Il permet à Jeanne Chauvin de s'inscrire quelques jours plus tard, le 19 décembre. Son courage et sa persévérance ouvrent une brèche dans laquelle quelques femmes s'engouffrent, en petit nombre. Même à Paris, où les extravagances sont davantage permises qu'en province, les inscriptions sont timides, c'est-à-dire rares et espacées : une seconde en 1901, une autre en 1906, deux en 1907, trois en 1908, enfin deux en 1912 pour aboutir à un effectif rachitique à la veille de la guerre.

L'entrée, presque forcée, des femmes au barreau suscite une curiosité faite de scepticisme quant à leurs aptitudes et d'admiration pour leur audace et leur détermination. Leurs premiers pas sont observés et relatés dans la presse. Quelques mois avant le conflit, le milieu judiciaire s'interroge encore sur leurs motivations sans les prendre au sérieux. Parodiant une enquête réalisée par *Le Temps*, *Le Palais*, journal de chronique judiciaire, annonce à ses lecteurs le 24 janvier 1914 qu'il mènera aussi une enquête intitulée : « Comment elles sont devenues avocates ». Il s'agit d'une enquête imaginaire dont les résultats sont publiés dans la rubrique : « Le Billet de l'avocate », du 14 février au 28 mars 1914. Astrée, l'une des avocates de pure fiction n'ayant pas été interrogée, s'interviewe elle-même : pourquoi suis-je devenue avocate ? Elle répond qu'il y a trois raisons possibles : gagner de l'argent, trouver un mari ou trouver un amant. Comme ces trois motivations se traduisent pour elle par un échec, l'auteur du « Billet de l'avocate », lui-même avocat, conclut : « Faites attention, légères alouettes mes sœurs, le métier d'avocate est un de ces miroirs trompeurs qui brillent, attirent et fascinent. Evitez-le. C'est un piège de l'infortune… N'y tombez pas ! ».

Première femme inscrite au barreau de Toulouse, Marguerite Dilhan est aussi la première femme à plaider en cour d'assises en novembre 1903. Les femmes avocates franchissent ainsi un nouveau pas : celui du « grand criminel » et la foule se presse nombreuse au Palais. Le chroniqueur de la *Gazette des tribunaux du Midi*, l'avocat Paul Duserm, rend compte de l'événement comme s'il était extraordinaire : « C'est pourtant vrai… notre aimable confrère du barreau toulousain a eu jeudi la gloire d'être la première femme avocat qui ait osé affronter le Grand Criminel ». Assistée du bâtonnier, elle défend une belle-mère accusée d'avoir voulu assassiner son gendre. L'avocat-chroniqueur commente la prestation comme si l'avocate passait un examen. Rien n'échappe à son analyse :

« Intervention utile dans les débats, questions pleines d'à-propos, contradictions des témoignages, souligné des dépositions utiles à la cause, rien n'a été négligé. Enfin la plaidoirie, elle-même, fort logique, l'argumentation solide, le débit net, malgré la sonorité un peu grêle – voix de femme naturellement – ont prouvé que la jeune avocate pouvait aborder la barre».

La cliente ayant été condamnée, le chroniqueur s'interroge : le charme n'a-t-il pas opéré *a contrario* ? : « Messieurs du jury, se défiant peut-être du magnétisme féminin, ont été plus justes que galants et ont résisté à Melle Dilhan ». Selon lui, l'avocate a manqué de professionnalisme en omettant de récuser tous les gendres. Il conclut sur ce qu'il pense en tant qu'avocat, mais surtout en tant qu'homme, de l'entrée des femmes au barreau : « Je ne la crois ni utile, ni pratique… Mesdames, vous devez être et vous devez rester – sauf des anomalies exceptionnelles – des filles, des épouses et des mères »[403].

La femme qui décide de devenir avocate doit par ailleurs affronter les obstacles légaux qui la placent en position d'infériorité juridique par rapport à l'homme. Une célibataire jouit de la plénitude du droit d'exercer une activité professionnelle, à condition que la loi n'en exclue pas les femmes. Elle la perd en se mariant puisque la loi exige l'autorisation du mari. Beaucoup d'avocats trouvent cette subordination incompatible avec l'indépendance, principe fondamental de la profession. Si le conseil de Toulouse avait accepté d'inscrire Marguerite Dilhan qui était célibataire, il hésite lorsqu'il s'agit de Clémence Marquant-Davasse, en novembre 1915, alors que le barreau a pourtant été vidé de ses avocats. Elle est mariée, séparée de corps depuis quatre ans et elle estime qu'ayant retrouvé sa pleine capacité civile, elle n'a pas à fournir d'autorisation maritale. Le conseil sollicite l'avis du bâtonnier parisien, Henri-Robert, qui apporte une réponse nuancée : à Paris, une autorisation maritale est exigée, mais il est admis que l'autorisation peut être tacite et résulter de certains faits, quoiqu'il soit «prudent d'avoir au dossier une autorisation écrite ». Le conseil toulousain décide finalement d'inscrire Clémence Marquant-Davasse estimant probablement que le fait pour le mari de ne pas s'opposer à l'activité de sa femme vaut

---

[403] Article de Paul Duserm dans la *Gazette des Tribunaux du Midi* du 29 novembre 1903.

acquiescement[404]. Clémence Davasse signe désormais toutes ses lettres de son nom de jeune fille, quitte bientôt Toulouse pour Bordeaux où elle sollicite son inscription au barreau. Il lui faut adresser plusieurs lettres avant de connaître le sort réservé à sa demande. Le bâtonnier est mobilisé et le conseil ne veut pas s'engager. Clémence Davasse plaide sa cause :

« Je crois fermement à l'utilité du rôle de la femme avocat. En tout ce qui concerne les mœurs, et plus particulièrement la famille, je crois qu'il est bon qu'une subtilité féminine puisse s'exprimer… C'est dans ces sentiments que je sollicite l'honneur d'être des vôtres »[405].

En parallèle, elle adresse, sur le conseil du bâtonnier toulousain, une lettre d'explications supplémentaires, accompagnée du jugement de séparation de corps. Ces lettres sont suivies de deux autres. Le 9 janvier 1917, l'avocate demande une réponse rapide que réclame sa « situation flottante ». Elle finit par obtenir gain de cause. Puis divorce et se remarie en 1918. Sous le nom de Clémence Vogée-Davasse, elle fera une carrière remarquée au barreau de Bordeaux[406], ne laissant jamais rien passer des comportements discriminatoires. Apostrophée par l'avocat général lors d'une audience en cour d'assises sous le vocable de « madame », au lieu de celui de « maître », elle stupéfia l'assistance en lui répliquant : « Monsieur l'Avocat général, je vous prie de ne pas faire plus état de mon sexe que je ne le fais du vôtre ! ». S'imposer au barreau s'apparente à un acte militant et les premières femmes avocates, féministes déterminées, sont de tous les combats où se jouent la liberté et l'égalité des droits entre hommes et femmes.

Pour forcer l'entrée au barreau, les avocates se regroupent au sein de l'Amicale des avocates de France. La première séance se déroule solennellement le 13 mai 1914 sous la présidence d'honneur de Jeanne Chauvin, auquel un hommage est rendu pour son combat. Agathe Dyvrande, du barreau de Paris, rend compte de l'événement dans la revue *La Vie féminine* et lance un appel à l'union de toutes les femmes avocates de province et du monde entier : « Déjà les liens sont noués avec les confrères (le mot consœur est soigneusement évité) de New York »[407]. Le chroniqueur du Palais adopte, comme à son habitude, un ton de dérision : « Il y a même – ce qui ne gâte rien –

---

[404] Séance du conseil de l'Ordre de Toulouse du 11 novembre 1915. Archives du barreau de Toulouse.

[405] Lettre du 20 décembre 1916. Archives du barreau de Bordeaux.

[406] Elle se construira une réputation de spécialiste des questions de droit social.

[407] *La vie féminine* 19 mai 1914.

comme un parfum de vertu car il nous arrive tout droit des anciennes communautés religieuses.[408]»

On peut dresser un portrait robot de la femme avocate à la veille du conflit : femme de caractère, célibataire, bardée de diplômes, militante et travailleuse infatigable. Ces avocates plaident, écrivent, s'investissent totalement dans leur métier. Pourtant malgré toutes leurs qualités, l'accès au conseil de l'ordre leur est fermé. Ainsi Marguerite Dilhan n'obtient pas une seule voix aux élections du barreau de Toulouse en 1906. Il est vrai qu'elle venait d'être admise au tableau et que cette candidature, dont elle écartait le caractère prématuré, bousculait les usages. Huit ans plus tard, au moment où les barreaux procèdent aux élections ordinales, un article paraît dans *Le Palais*, censé faire le point sur la présence des femmes dans les conseils pour, en réalité, les en exclure : appartenir au conseil suppose d'exercer des attributions juridictionnelles, lesquelles sont interdites aux femmes, et la loi du 1er décembre 1900 ne les admet pas à siéger pour compléter un tribunal. L'avocat rédacteur de l'article doit cependant concéder que la loi du 27 mars 1907 permet aux femmes d'appartenir aux conseils de prud'hommes. Sa conclusion n'a rien de juridique, la dérision l'emporte :

« Nous demeurons perplexes et soumettons l'étude de cette question à la sagacité de nos confrères... Elle est intéressante en droit... car en fait, aucune de ces dames n'est près d'atteindre l'âge canonique d'inscription et quand elles y seront parvenues... elles ne voudront jamais le dire »[409].

Cet article, le dernier qui ait été écrit sur les avocates avant l'embrasement d'août 1914, révèle que l'état d'esprit des milieux judiciaires à la veille du conflit peine à évoluer. La mobilisation va priver soudainement le barreau de la moitié de ses effectifs et de nombreux avocats tombent dès les premiers mois dans les combats. La guerre va-t-elle permettre aux femmes d'investir le barreau ?

Davantage d'avocates ?

Françoise Thébaud emploie le terme « la remplaçante » pour évoquer la manière dont les hommes ont considéré le rôle joué par la femme pendant la guerre. Elle ajoute : « Le terme est significatif. Par

---

[408] *Le Palais* 4 juillet 1914.
[409] Les femmes sont admises dans la magistrature en 1946 (loi Teitgen).

définition, la situation de la remplaçante est temporaire, précaire, et les hommes reprendront leur place à leur retour. Dans l'esprit de la majorité des Français, il est demandé aux femmes de faire l'intérim, rien de plus »[410].

Dans beaucoup de secteurs d'activité, les femmes trouvent dans la guerre une occasion de travailler hors de chez elles pour combler les vides laissés dans les entreprises par la mobilisation alors que la production de guerre nécessite toujours plus de main-d'œuvre. Malgré la mobilisation et les nombreux décès des avocats au front, la guerre ne provoque pas une entrée massive des femmes au barreau, car on ne devient pas avocat du jour au lendemain. Un niveau d'étude minimum (la licence en droit) est exigé pour prêter le serment qui ouvre l'accès au prétoire[411]. Trop peu de femmes ont atteint ce niveau d'études à la veille de la guerre pour que les vides laissés par la mobilisation puissent être comblés par leur admission au barreau. L'avocat toulousain, Paul Duserm, commente en ces termes le vote de la loi du 1er décembre 1900 :

« A Paris, dès la promulgation, Mlle Chauvin prêtera serment et je crois que de longtemps, elle sera la seule avocate de France et de Navarre… Tout porte à croire que les femmes avocates seront très rares… Pauvres mignonnes robées et toquées !... Elles mourront de misère, de faim ou de fatigue… Combien avons-nous à Toulouse de jeunes filles bacheliers ? Et d'entre les rares « bachelières », combien ont reçu le parchemin de licencié en droit ? Je n'en connais qu'une en ce moment, Mlle D qui suit les cours de seconde année de notre faculté »[412].

Sur la longue durée, Duserm est mauvais prophète, mais ses propos sonnent juste en 1911, au moment où il porte ce jugement. Trop peu de femmes ont entamé des études de droit pour entrer dans la carrière. On peut estimer à moins de 4 500 les femmes qui poursuivent des études supérieures en 1913, 5 % seulement ont choisi le droit. Leur nombre oscille donc entre 200 et 250. Tel est le chiffre maximal des avocates potentielles[413].

---

[410] F. Thébaud, *La Femme au temps de la guerre de 1914*, p. 160.

[411] Il faut ensuite trois années de stage pour obtenir l'inscription au grand tableau qui consacre pleinement l'avocat.

[412] Article intitulé « Ma chère Maîtresse », *Gazette des Tribunaux du Midi* 25 novembre 1911.

[413] Le nombre doit être moins important en 1914, car cette estimation est donnée pour l'année 1920 par D. Desanti, *La femme au temps des années folles*, p. 75.

Les annuaires postérieurs à la guerre montrent donc, en toute logique, que la guerre n'a pas eu d'incidence sur l'entrée des femmes au barreau. On recense 18 avocates inscrites en 1920 et 51 stagiaires. Cette donnée laisse apparaître une augmentation de 250 % par rapport à 1914 (27 avocates, 10 inscrites, 17 stagiaires). Etant donné que le nombre des avocats a diminué passant de 7 300 à 6 100, les femmes représentent désormais 1,1 % de la profession, soit quatre fois plus qu'avant la guerre. Considérés à ce niveau brut, les chiffres donnent l'impression d'une augmentation considérable : le nombre de stagiaires triple et le nombre d'inscrites double. La réalité est plus complexe. En premier lieu, la progression en unités est dérisoire ramenée aux vides qui résultent de la mobilisation et des décès. En second lieu, la progression du nombre de stagiaires ne signifie pas que leurs intentions seront suivies d'une carrière effective. Sur les 17 stagiaires de 1914, seules 8 demeurent inscrites au tableau en 1920. Le taux d'abandon dépasse les 50 %. Les mouvements d'entrées-sorties internes aux barreaux révèlent que les femmes sont sans doute plus nombreuses qu'auparavant à s'inscrire, mais qu'elles renoncent assez rapidement : elles ne terminent pas le stage ou abandonnent le métier au bout de quelques années. Les registres et les lettres de démission n'en mentionnent pas les raisons. Mariage ? Enfants ? Découragement devant la difficulté à se constituer une clientèle méfiante à l'égard d'une femme ? Misogynie du milieu ? Autant d'explications probables.

D'autre part, si l'on s'attache à la répartition géographique des avocates, l'entrée au barreau est un phénomène presque totalement parisien et, subsidiairement, plutôt méridional. En 1920, 42 stagiaires sur 51 et 11 avocates inscrites sur 18 appartiennent au barreau de Paris, soit au total près de 80 %, alors qu'indépendamment du sexe, un avocat sur deux est parisien. Les seize autres avocates sont réparties sur les barreaux de Marseille (2), Bordeaux (2), Montpellier (1), Béziers (1), Toulouse (3), Bastia (1), Alger (1), Tunis (1), Clermont-Ferrand (1), Dijon (1), Le Havre (1) et Versailles (1).

Au-delà de l'année 1920, qu'en est-il ? Les archives des barreaux montrent une entrée groupée de stagiaires immédiatement après la guerre à laquelle succède un flux très mince, mais de rythme régulier. C'est plutôt entre 1930 et 1935 que les femmes commencent à accéder, régulièrement et de manière durable à la carrière.

Femme, avocate et allemande

Alors que les femmes peinent à se faire accepter au sein des barreaux et que la violence se déchaine à Verdun, le conseil de l'ordre parisien reçoit la demande d'inscription, à peine croyable dans le contexte de l'été 1916, d'une femme allemande mariée depuis 15 ans à un Français. Plus qu'allemande, elle est prussienne. Il paraît inconcevable de l'admettre au barreau même si le manque d'avocats se fait pressant. « Que diraient nos morts bien aimés de notre hâte à les remplacer par de telles recrues ? », commente Edouard Clunet. Mais sur quel fondement rejeter sa demande ? Le barreau a été ouvert aux femmes et l'étrangère qui épouse un Français devient française (art. 12 du Code civil). Le projet de loi sur la dénaturalisation, en discussion au parlement, a reçu l'approbation du comité de législation civile et criminelle, mais n'a pas encore été voté. L'affaire se règle finalement à l'amiable par le renoncement de la candidate, sans doute fortement conseillé par le bâtonnier, servi dans son argumentation par la loi à venir[414].

Egales sur le plan professionnel

Incontestablement, la guerre offre aux pionnières du barreau l'occasion de montrer ce dont elles sont capables. Un défi qu'elles relèvent avec brio. Charles Chenu, bien que son positionnement politique soit très conservateur, a toujours été partisan de l'entrée des femmes au barreau. Il affirme qu'en raison de l'activité qu'elles ont déployée pendant le conflit, les femmes ont eu raison de leurs détracteurs :

« Elles ont ainsi acquis le droit de cité qu'avant la guerre quelques-uns leur refusaient encore… assurant en grande partie le service de la défense devant les conseils de guerre. Elles l'ont fait à la satisfaction de tous et l'hommage rendu à leur intelligence, à leur assiduité, à leur dévouement est général »[415].

Au-delà de leur activité professionnelle, beaucoup laissent la toge au vestiaire pour soigner les blessés, s'occuper des œuvres, distribuer des soupes populaires aux réfugiés. Charles Chenu les qualifie de

[414] *Le Figaro* des 20 et 23 juillet 1916. *Journal de droit international*, 1917, p. 82 s.
[415] C. Chenu, « Le Barreau de Paris pendant la guerre », *op.cit.*, p. 76.

« bonnes ouvrières de la défense nationale », jugement conforme à la réalité de leur activité.

Durant toute la guerre, les avocates prennent leur part des consultations des bureaux d'assistance judiciaire, des commissions d'office et notamment devant les juridictions militaires comme le confirme régulièrement la *Gazette des Tribunaux* pour les conseils de guerre de la capitale. Il en est de même en province, notamment à Toulouse. Ainsi les avocates sortent-elles des domaines que d'aucuns leur accordaient « par nature » : avortements, infanticides, viols, enfance délinquante, divorces. Elles assistent et plaident tous types de contentieux. Leur énergie au travail fait rapidement tomber l'argument de leur faiblesse physique. Les avocates s'abstiennent cependant de tirer parti de leur activité pendant la guerre pour appuyer les revendications égalitaristes. Ces dernières ne doivent pas être satisfaites à titre de récompense, elles résultent de leur état de citoyennes.

Il reste qu'avant comme après la guerre, être avocate au cours de ce premier quart du XXème siècle, confine à la marginalité. Ne faut-il pas du courage pour assumer d'être la seule femme, ou presque, dans un barreau d'hommes dont la guerre n'a pas chassé toutes les préventions ? Marguerite Dilhan en fait l'expérience à Toulouse : pendant douze ans, seule avocate parmi les 180 avocats de son barreau.

LA REFORME DU BARREAU

Les revendications professionnelles

Obtenir une loi qui réserve le titre d'avocat aux membres d'un barreau constitue l'une des grandes revendications professionnelles à la veille de la Grande Guerre. Il s'agit de distinguer les avocats des agréés qui leur font une concurrence jugée déloyale. Les agréés dispensent des conseils et s'improvisent intermédiaires dans des litiges ou négociations, parfois sous la dénomination d'avocat alors que n'appartenant pas au barreau, ils n'en supportent pas les exigences : des cotisations à acquitter et une déontologie très contraignante. Que le titre soit protégé n'est pas une nécessité pour les ténors du barreau, les Labori, Chenu, Henri-Robert et Busson-Billault.

La protection du titre ne se justifie pas lorsque l'on porte un nom qui attire la clientèle. C'est à Paris, premier barreau de France avec 1 580 inscrits et 900 stagiaires en 1914, que la concurrence est la plus acharnée[416]. En province, même dans les grandes villes, la notoriété se construit par l'effet du bouche-à-oreille et dans un environnement concurrentiel restreint. L'agressivité des avocats envers les agréés en ressort nettement moins marquée qu'à Paris. La question de la protection du titre est donc essentiellement une affaire parisienne.

Les avocats parisiens jouissent d'une prédominance politique que renforce leur grande proximité avec le pouvoir. « La république des avocats », expression qui qualifie cette période, trouve son origine dans leur surreprésentation dans les instances dirigeantes au regard de la part qu'ils occupent dans la population. Les principaux hommes politiques de l'époque sont avocats et appartiennent au barreau de Paris. Un « quatuor d'avocats » constitué de Poincaré, Viviani, Briand, Millerand occupe les postes clés : président de la République (Poincaré, puis Millerand), président du conseil (Viviani, Briand), ministre de la Guerre (Millerand, par ailleurs membre du conseil de l'Ordre parisien), ministre de la Justice (Viviani, Briand). D'autres avocats jouent un rôle prépondérant tant au Gouvernement : Ribot, Méline, Sembat, Thierry, Dalimier, Malvy, qu'au Parlemcnt : Albert Clemenceau, Paul-Meunier, Labori. Ces avocats ne rompent pas avec leur milieu professionnel lorsqu'ils accèdent aux responsabilités politiques, bien au contraire. Poincaré saisit toutes les occasions (cérémonies, visites, réceptions) pour rencontrer ses confrères à Paris comme en province. Dès qu'il quitte ses fonctions au gouvernement, dans les semaines qui suivent, Millerand revient à la barre. On ne saurait s'étonner que le barreau de Paris entretienne des relations privilégiées avec le gouvernement. Chenu l'avoue : « Les agents de liaison n'ont en aucun temps manqué entre le Barreau, le Parlement et le Gouvernement »[417]. Cette proximité avec le pouvoir explique pourquoi le bâtonnier parisien est si fréquemment consulté par les bâtonniers de province qui cherchent à savoir dans quelle direction souffle le vent. Il est indéniable que l'entregent d'Henri-Robert favorise la prise en compte des problèmes des avocats pendant le conflit et accélère la satisfaction des revendications professionnelles.

---

[416] Bien loin devant Marseille dont le barreau compte 190 stagiaires et 60 inscrits en 1914.

[417] C. Chenu, « Le Barreau de Paris pendant la guerre », *op. cit.*, p. 785.

Même si en province, on considère que ses interventions, notamment en faveur de l'exonération de la patente pour les mobilisés, répondent principalement à des préoccupations parisiennes, on concède qu'elles profitent à l'ensemble des avocats.

Pour être mieux entendus, les barreaux de province trouvent un contrepouvoir dans la création, en 1902, de la Conférence des bâtonniers, à l'initiative du barreau de Caen. Sans faire l'unanimité, la Conférence regroupe près d'une centaine de bâtonniers. Les grands barreaux refusent, par le silence ou l'absence, de participer aux congrès, tant il est manifeste que la conférence entend garder ses distances par rapport au barreau de Paris. Ces congrès permettent aux avocats de province de faire entendre leurs préoccupations spécifiques, même si, pour des raisons de commodité, les assemblées générales se tiennent à Paris.

La question qui fédère les barreaux de province, au tournant du siècle, est celle de la rémunération de l'assistance judiciaire. Le 2 juin 1914, l'Hôtel des Sociétés Savantes accueille la dernière conférence avant le conflit. Le port du titre d'avocat ne figure à l'ordre du jour que parmi beaucoup d'autres questions qui préoccupent davantage les avocats de province : la participation des avocats aux tribunaux pour enfants, les immunités de la défense en justice et les incidences de la législation du travail sur les barreaux. Le chroniqueur du *Palais*, journal notoirement plus parisien que provincial, conclut avec un étonnement sans doute feint, qu'il ne comprend pas pourquoi ce groupement ne se complète pas en devenant la conférence des bâtonniers de France sous la présidence du bâtonnier de Paris[418]. L'ordre du jour de la première conférence des bâtonniers qui se tient après le conflit, le 15 mars 1920, reprend à peu près l'ordre du jour de juin 1914.

Malgré toutes les péripéties que connaissent les relations entre barreaux, la protection du titre est enfin octroyée par le décret du 20 juin 1920.

La protection du titre et le décret du 20 juin 1920

Objet de trop d'espoirs, à peine signé, le décret est critiqué. Les avocats attendaient une loi, celle annoncée fort longtemps auparavant

[418] *Le Palais* 13 juin 1914.

par l'ordonnance du 27 août 1830 et non un acte du pouvoir exécutif[419]. Le décret répond à la revendication des avocats puisque l'article 5 consacre enfin la protection du titre et aborde d'autres points, comme le tableau, le stage et l'Ordre, pourtant il ne les satisfait pas. Catherine Fillon souligne que ce décret n'est pas très innovant en ce qu'il se borne essentiellement à clarifier d'anciennes controverses pour lesquelles des solutions jurisprudentielles avaient été apportées depuis longtemps. Reculant devant l'ampleur de la tâche, le gouvernement a préféré, par un simple décret, laisser les avocats définir eux-mêmes leur profession en invitant les barreaux à élaborer un règlement intérieur[420].

Au cours des mois qui suivent, se conformant à cette obligation, les barreaux s'attellent à la tâche. L'élaboration du projet est confiée au bâtonnier ou à un membre du conseil (Agen, Amiens), au doyen (Chambéry) ou encore à une commission (Montpellier, Caen). La question du règlement intérieur, perçue sous l'angle d'une obligation à remplir, ne semble pas avoir passionné les avocats. Des échanges ont cependant lieu entre barreaux avant la rédaction définitive. Le conseil d'Angoulême s'adresse à Bordeaux, celui de Montpellier à Paris, celui de Caen multiplie les sources d'inspiration en contactant Paris, Nancy, Amiens et Rouen. Les projets plus ou moins amendés sont ensuite soumis au vote des conseils. L'affaire est expédiée en une séance à Aix, Agen, Amiens, Chambéry, Marseille, Montpellier ; en deux séances à Grenoble. Il en faut trois à Dijon. L'ensemble des barreaux a rempli son obligation à l'automne 1921, plus ou moins rapidement selon l'état des réflexions antérieures. Les barreaux ont finalement procédé comme s'ils rédigeaient une coutume car ce règlement entérine ce qu'avaient imposé les arrêtés. Il n'a pas été perçu comme une occasion de réfléchir sur la profession et les moyens de l'adapter aux évolutions. On peut étendre l'opinion de Catherine Fillon émise à propos du barreau de Lyon aux autres barreaux : « Le décret de 1920 reprend les questions relatives à l'organisation du barreau et à l'exercice de la profession d'avocat en l'état où elles se posaient à la veille du premier conflit mondial ». L'absence d'une vaste et profonde réforme va favoriser l'action collective des différents syndicats, dont

---

[419] Sur ce point la *Revue Trimestrielle de Droit civil*, 1920, p. 455 qui estime que la réforme relevait du législateur.

[420] C. Fillon, *La profession d'avocat et son image dans l'entre-deux guerres*, thèse de droit, Lyon 1995, dactylographiée, p. 22 s.

la naissance coïncide avec la fin de la guerre et le retour au palais des anciens combattants.

La question des retraites et la loi du 31 décembre 1921

La question des retraites s'annonce plus mobilisatrice que celle du règlement intérieur. A la différence des magistrats, les avocats sont contraints de travailler jusqu'à leur dernier soupir s'ils ne disposent pas d'une fortune personnelle transmise ou acquise par leur activité. Dans ces conditions, l'Ordre se sent tenu d'une obligation morale de venir en aide aux démunis au nom de la confraternité et du respect dû aux anciens. Ses caisses, alimentées par les cotisations, les dons et les legs des bienfaiteurs suffisent à soulager des infortunes qui restent rares tant que la profession recrute dans les classes les plus aisées de la société. L'accès au barreau des classes moyennes change la donne et met à mal le principe sur lequel reposait l'aide des barreaux aux vieux avocats.

La question des retraites est dans l'air du temps à la veille de la Première Guerre mondiale. En 1910, se met en place dans le code du Travail un régime destiné aux salariés. En ce qui concerne les avocats, le barreau parisien est à l'origine des premières tentatives de création de caisses destinées à verser des pensions. La gestion est envisagée sous l'angle d'une mutualisation des efforts financiers à consentir pour servir une rente à ceux qui arrivent au terme de l'activité professionnelle. La première caisse, créée dès 1850, a été un échec. Les fondateurs n'ont alors recueilli que 76 adhésions. Les actuaires considéraient à cette époque qu'un système de caisse de retraite ne devenait viable que si elle pouvait escompter entre 2 et 3 000 membres, un millier pouvant à la rigueur suffire. Seul le barreau parisien dispose de l'effectif minimal au regard des calculs. Il faut aussi déterminer le niveau de la cotisation, dont dépendra le montant des retraites, en tenant compte les possibilités financières des adhérents. Le principe de confraternité conduit les avocats à rechercher au sein de la profession la solution au versement d'une retraite et à opter pour un système de répartition. Le principal obstacle apparaît alors dans la situation matérielle des jeunes avocats, laquelle ne leur permet pas bien souvent d'acquitter leur cotisation au barreau et de payer la patente. Le système ne peut fonctionner qu'avec l'adhésion des jeunes avocats, lesquels n'ont pas d'argent. L'idée progresse cependant et se répand en province où le désavantage numérique suppose le regroupement de plusieurs barreaux pour constituer une caisse viable. Le barreau parisien peut faire cavalier seul, ce que montrent ses initiatives. En 1910, un projet de constitution d'une caisse de secours mutuel est déposé devant le conseil parisien. C'est un fiasco : il ne reçoit pas une seule adhésion. Un an plus tard, Liouville, avocat à la cour, se lance dans une étude scientifique approfondie des modalités pratiques à envisager[421]. La Réunion Amicale du Barreau et le Cercle d'Etudes Professionnelles, deux organismes parisiens, font de même, tandis que la Conférence des bâtonniers de province s'essaie à trouver une solution pour les avocats des petits barreaux. De 1911 à la veille du conflit, les colonnes de la presse judiciaire font régulièrement état des réflexions menées ici et là. Au barreau de Paris, le projet Lechopié prévoit la création d'un fonds commun constitué à partir des cotisations et des libéralités à répartir entre les avocats admis à la retraite, de préférence à l'adhésion à une caisse de secours mutuel où, dit-il, « il faut trop donner pour avoir ». En réaction, un long article de son confrère, Paul Farcy, regrette l'abandon de la seule aide confraternelle, que le barreau parisien peut continuer à pratiquer avec un budget de 60 000 francs par an. L'idée que l'on en vienne à imposer aux avocats un système analogue à celui des retraites ouvrières et paysannes lui paraît une déchéance par rapport à la générosité dont peut témoigner l'Ordre. Il conclut : « La charité est une élégance, félicitons-nous de pouvoir nous l'offrir »[422].

La guerre met totalement en veilleuse la question des retraites. La paix revenue, elle réapparaît comme un problème partagé par tous les barreaux, lesquels n'envisagent cependant pas de le résoudre de la même manière. Alors que l'Association Nationale des Avocats, nouvellement créée, s'attache à aplanir les difficultés des petits barreaux, deux sénateurs, avocats à Paris, Busson-Billault et Raymond Poincaré, appuyés pour la circonstance par Eccart, le bâtonnier d'Alsace-Lorraine, parviennent à faire insérer un article dans la loi de finances votée le 31 décembre 1921[423]. Cet article apporte aux barreaux une manne financière inespérée qui concerne surtout les

---

[421] *Gazette des Tribunaux* 17 mars 1911.

[422] *Le Palais* 2 et 9 mai 1914.

[423] Cet article est adopté lors du vote de la loi de Finances à la Chambre. Il avait été disjoint par la Commission du Sénat avant d'être réintroduit pour devenir l'article 96 de la loi.

grands barreaux et, en premier lieu, le barreau de Paris. Les droits de plaidoirie[424] mis à la charge de la partie perdante dans les procès, recouvrés par l'administration de l'Enregistrement avec les frais de justice, pourront désormais être attribués par décret aux Ordres s'ils en font la demande au garde des Sceaux et à condition que ces sommes soient affectées à une caisse de retraite. Dans les barreaux importants, ces droits accumulés forment un capital très appréciable. Leur montant s'établit à Paris à 15 francs pour les affaires contradictoires, à 3 francs pour les autres, en première instance. Le décret d'application du 13 juin 1922 les porte à 22,50 francs pour les premières et à 7,50 francs pour les affaires par défaut sous déduction d'un faible montant attribué au receveur de l'Enregistrement. Paris est le premier barreau à demander l'attribution des droits de plaidoirie, suivi par Aix et Bordeaux. Dans l'année qui suit, grands et petits barreaux s'empressent de solliciter l'attribution des sommes. A y regarder de plus près, le système revient à obliger les avocats à se constituer personnellement une retraite par une contribution indirecte et forcée, car la décision du barreau empêche l'avocat de réclamer le versement de ses droits personnels. Cette situation embarrasse les conseils car les droits de plaidoirie servaient souvent à compenser les défenses assurées dans le cadre de l'assistance judiciaire[425], alors non rémunérée. Or cette défense était assurée par les stagiaires et les jeunes avocats qui sont maintenant et majoritairement des anciens combattants. Il semble délicat de leur demander, après avoir acquitté l'impôt du sang, de financer la retraite versée aux anciens qui n'ont vu la guerre que de loin et se sont si souvent opposés, de surcroît, à la rémunération de l'assistance judiciaire au nom du désintéressement. Les barreaux décident donc que les avocats garderont le droit de percevoir individuellement les droits de plaidoirie dans les cas d'assistance judiciaire.

Au cours des mois et des années qui suivent, les grands barreaux préparent et adoptent les statuts de leur caisse de retraite, tandis que les petits attendent une solution collective en raison de la faiblesse des droits qu'ils sont susceptibles de percevoir. L'ordre de Chambéry, par exemple, n'a en caisse à ce titre que 1 140 francs, une somme bien insuffisante pour verser des retraites[426]. Il faut convenir que sans le

[424] Ils reviennent à l'avocat ayant remporté un procès en application d'un tarif de 1807.
[425] Instaurée en 1851 au bénéfice des indigents.
[426] Séance du 18 avril 1923. Archives du barreau de Chambéry.

recours à des cotisations pour compléter les droits de plaidoirie, aucun projet ne s'avère viable. Les barreaux dotent leurs caisses de statuts très divers en fonction de leur perception du problème et de leurs possibilités financières. Certains créent une caisse uniquement pour la retraite, d'autres prévoient le versement de secours aux veuves et orphelins, ainsi qu'aux malades. La retraite est en général versée à partir de 65 ans et si le retraité a 30 années d'adhésion dans le barreau. Si les statuts prévoient un maximum à la pension[427], ils ne prévoient pas de minimum. Certains n'envisagent pas de réversion pour la veuve (Aix) ou la fixent pour moitié (Grenoble). Surtout, la pension n'est pas fixe puisqu'elle provient de la répartition entre les retraités des fonds disponibles dans la caisse.

Si au lendemain de la guerre, le principe de la retraite avec versement d'une pension est acquis, grâce notamment à l'aide syndicale apportée dans l'élaboration des projets par l'Association Nationale des Avocats au sein de laquelle les anciens combattants sont très actifs, il reste encore beaucoup à faire pour assurer une véritable sécurité matérielle aux avocats retraités.

---

[427] Montant qui varie beaucoup d'un barreau à l'autre : 6 000 francs à Aix, 4 000 francs à Dijon.

CHAPITRE 13

GUERRE ET REFORME DE LA JUSTICE

En 1914, l'administration de la justice se compose d'une part des cours et tribunaux (l'organisation judiciaire) et, d'autre part, des justices de paix. Les projets de réforme diffèrent, cependant tous prévoient la suppression d'un certain nombre de juridictions et par conséquent remettent en cause la carte judiciaire. La réforme s'élabore et se décide à Paris. Les juristes consultés sont majoritairement parisiens, comme le sont les lieux informels de discussion et la presse de la capitale rend davantage compte des débats soulevés que les quotidiens provinciaux. Pourtant, le resserrement de la carte judiciaire affecte principalement, sinon exclusivement, les justiciables, les officiers ministériels et les auxiliaires de justice de province.

L'ORGANISATION JUDICIAIRE

Consensus sur la nécessité d'une grande réforme

L'organisation de la justice telle qu'elle se présente en 1914 est critiquée de tous bords et depuis fort longtemps. Les gouvernements successifs estiment qu'elle coûte trop cher à l'Etat. Trop de juridictions disposent d'un personnel en sous-activité au regard du volume des affaires jugées, au point qu'on se demande si certaines sont encore utiles alors que, du point de vue budgétaire, leur suppression serait bénéfique.

Les magistrats sont les premiers à être concernés par les suppressions. Pourtant, en raison de leur situation matérielle, ils adhèrent au désir de réforme des gouvernements car ils trouvent leurs salaires très insuffisants. La rémunération des magistrats a été fixée à une époque où l'origine sociale des juges les dispensait d'en avoir besoin pour vivre. Les dossiers de carrière sont à cet égard éloquents, ils indiquent si le magistrat dispose d'une fortune personnelle ou s'il a des « espérances » par héritage ou par mariage. Cela est important car un magistrat vit plus de ses rentes que de son traitement. En 1914, les traitements n'ont pas évolué depuis 1883, date à laquelle ils avaient été parcimonieusement relevés. Ils dépendent de la fonction qu'exerce le magistrat et de la classe à laquelle appartient la juridiction où il a été nommé.

L'organisation judiciaire compte alors près de 360 tribunaux civils de première instance. Ils sont, Tribunal de la Seine mis à part, répartis en trois classes. Seulement dix d'entre eux appartiennent à la première classe, 70 à la seconde, et environ 300 à la troisième. Dans un tribunal de troisième classe, un juge suppléant — la suppléance marque l'entrée dans la carrière —, gagne 1 500 francs par an, un juge 3 000. Dans un tribunal de deuxième classe, le salaire est de 4 000 francs, soit deux fois moins que celui d'un juge à Paris. A titre de comparaison, un instituteur, dont on s'accorde à reconnaître qu'il a un maigre salaire, touche en fin de carrière environ 2 250 francs auxquels s'ajoutent souvent les indemnités de secrétaire de mairie (300 francs environ). Un professeur agrégé gagne entre 4 200 et 6 700 francs, un lieutenant-colonel 6 900 francs. Le travail en usine peut, même à un échelon modeste, rivaliser avec la magistrature. Certes, les ouvriers sont mal payés (1 800 francs à Paris), mais un contremaître dans la métallurgie peut espérer près de 4 000 francs. Un conseiller de cour d'appel de province touche un salaire de 7 000 francs, 11 000 francs à Paris. Seules les hautes fonctions judiciaires permettent d'atteindre un niveau de rémunération qui permet de vivre dans l'aisance : 30 000 francs pour le Premier président et le Procureur général à la Cour de cassation, ce qui est inférieur à ce que touche, en Angleterre, un juge de comté, (37 500 francs), un niveau juridictionnel équivalent à celui du juge de paix français (2 500 francs à la même époque). Les traitements servis dans la magistrature et dans la justice de paix passent donc pour des traitements de famine. La première conséquence en est, à la veille du conflit, la désaffection pour les carrières qu'elle propose. S'il veut améliorer son train de vie, un magistrat doit obtenir une nomination dans un tribunal d'une classe supérieure, ce qui implique une mutation. Pour qu'elle soit possible, il faut que le titulaire de la fonction convoitée sollicite lui-même une mutation. Les postes se libérant localement par la démission, le décès ou la retraite, le système s'apparente au jeu des chaises musicales. La question des salaires se trouve par ailleurs liée à l'avancement. Pour y prétendre, le magistrat doit être inscrit par ses supérieurs (premier président ou procureur général de la cour d'appel) sur le tableau qu'ils établissent annuellement. Il s'agit ensuite de faire appuyer la demande de poste par des hommes politiques et/ou divers élus. Les dossiers de magistrats sont remplis de ces recommandations et les lettres qu'ils adressent à la chancellerie révèlent qu'ils sont en permanence à l'affût de toutes les permutations possibles sur le territoire métropolitain, voire en Algérie et, plus encore, en Tunisie où les salaires sont bien plus élevés qu'en métropole (respectivement 6 000 et 8 000 francs pour un juge). Il est aisé de constater qu'aucune indépendance de la justice par rapport au pouvoir politique n'est envisageable dans ces conditions et que l'ambiance est à la déférence obséquieuse envers les supérieurs hiérarchiques dotés d'un énorme pouvoir. Quant au recrutement (par concours en 1906, sur examen en 1908), il modifie le profil sociologique des jeunes magistrats, plus nombreux à venir des classes moyennes. Toutes les questions sont liées : carte judiciaire, recrutement, avancement, indépendance et rémunération.

L'équilibre se trouve-t-il dans l'augmentation des traitements combinée à la suppression de tous les postes devenus inutiles ou insuffisamment justifiés par l'activité des juridictions ? Beaucoup le pensent. Localement, la perspective des suppressions fait grincer les dents, mais lorsque la guerre survient, tout le monde sait qu'il faudra un jour ou l'autre en passer par là.

Emergence de la revendication collective

La réforme à laquelle les esprits se préparent s'inscrit dans un contexte nouveau où le magistrat commence à exprimer des revendications. A l'arrière-plan du problème des rémunérations se profilent d'autres questions qui prennent de plus en plus importantes : le recrutement, l'avancement, la retraite, mais aussi l'indépendance par rapport au pouvoir politique. Ces revendications matérielles et idéologiques trouvent un relai puissant dans l'Association amicale de la magistrature, créée le 29 avril 1911. A la veille du conflit, elle regroupe 2 200 adhérents, les deux tiers des magistrats, ce qui est énorme.

Le dernier congrès de l'Association avant la guerre se déroule à Paris du 15 au 18 avril 1914, à l'Hôtel intercontinental. Les travaux s'achèvent dans la convivialité par un banquet qui réunit cent cinquante personnes. La toute jeune association, dont le développement prodigieux est révélateur de l'évolution de la magistrature, a invité pour la circonstance un magistrat étranger qui, ironie de l'histoire, se trouve être le président de l'Association des magistrats autrichiens, Karl Putzker, conseiller à la Haute Cour de Vienne. Au nombre des convives figure le garde des Sceaux, Bienvenu-Martin. Au dessert, le discours de clôture est servi au ministre par le président de l'association, Maurice Braibant. Avoué, puis avocat avant d'entrer dans la magistrature, Braibant en a démissionné pour entrer à la Chambre en 1910[428]. Cela explique une liberté de langage qu'un magistrat en fonction ne s'autoriserait pas à l'égard d'un homme politique : il adresse au ministre des revendications pressantes et souligne toutes les anomalies du fonctionnement de la justice auxquelles il importe de mettre fin. La France doit avoir une justice digne d'une grande nation ; il est tout autant nécessaire de reconnaître la fonction sociale de la justice qui conditionne la sécurité intérieure, que celle de l'armée qui assure la défense extérieure du pays. Faisant allusion au système de l'avancement et aux recommandations, il s'exprime sans fard : « Plus de courbettes, plus de ces démarches avilissantes. Le droit à l'avancement basé sur la valeur de chacun ». Il rappelle aussi que l'Association trouve son origine dans le souci de garantir les magistrats contre « l'ingérence profondément regrettable du pouvoir exécutif et des représentants du pouvoir législatif dans l'administration de la justice ». « L'abandon de toute intrigue par les magistrats et la suppression de tout favoritisme » sont les véritables problèmes à résoudre. C'est notamment pour garantir l'indépendance des magistrats, en les plaçant au-dessus de la querelle des partis, que leurs rémunérations doivent être dignes. Le discours est vivement applaudi et le ministre s'incline. Après avoir « reçu avec recueillement ce lot de vérités », il reconnaît que les magistrats ont droit à la sécurité professionnelle et il s'engage à combattre personnellement le favoritisme en n'écoutant que sa conscience et la valeur des candidats aux nominations. *Le Palais*, pour rendre compte d'un événement qu'il juge capital, voire révolutionnaire, compare les assises de

---

[428] Né en 1862, avoué en 1890, avocat à Bar-le-Duc, brièvement juge suppléant à Reims puis avocat à la Cour d'appel de Paris, Braibant a été nommé juge au Tribunal de Laon en 1908. Elu député des Ardennes (gauche radicale) en 1910, il est réélu en 1914. Sa carrière de magistrat est donc très brève, mais son intérêt pour les questions judiciaires perdure. Outre la présidence de l'Association amicale de la magistrature, il siège à la commission de la réforme judiciaire et de législation civile et criminelle à la Chambre.

l'association aux Etats Généraux et les revendications présentées aux cahiers de doléances. Pour la première fois, les magistrats ont exprimé à leur chef l'ensemble de leurs maux. Pour la première fois, ce dernier les a écoutés et affirmé son souci d'y remédier. Grande satisfaction par conséquent à la perspective de voir évoluer, enfin, une justice qui se sclérose faute de s'adapter à un environnement qui a changé. Le chroniqueur ajoute, sans imaginer le caractère prémonitoire de sa conclusion : « Sans doute, comme ministre de la Justice, monsieur Bienvenu-Martin n'a pas l'éternité devant lui »[429].

La guerre, période de gestation de la réforme

Entre 1883 et 1924, pas moins de 75 projets ou propositions de réforme de la justice ont été déposés au Parlement, mettant l'accent sur la magistrature ou l'organisation judiciaire[430]. Réformer la justice semble une mission impossible. Tellement impossible, que dans les années qui précèdent le conflit, les ministres instigateurs de projets renoncent finalement à les déposer sur le bureau des assemblées. Tel est le sort du projet Cruppi[431] en 1911 et du projet Ratier en novembre 1913. La question suscite des débats sans fin. Au Parlement, chacun y va de sa proposition. Dans les milieux juridiques, avocats et professeurs de droit ont aussi leur idée sur ce qu'il faudrait faire ou ne pas faire. Mais nul schéma ne parvient à réunir un consensus suffisant pour avoir des chances de s'imposer au Parlement d'abord, sur le terrain ensuite. La réforme semble pourtant imminente à la veille du conflit. La guerre, passés les bouleversements des premiers mois, n'empêche ni sa préparation ni son avènement. Au cours du conflit, il est veillé à ce que les mesures conjoncturelles, que dicte le fonctionnement de guerre n'entravent pas, mais au contraire préparent, les évolutions jugées nécessaires à long terme.

Du début de l'année 1915 à la loi du 28 avril 1919, projets et propositions vont se succéder et les débats qu'ils provoquent donnent l'impression que la guerre, loin de l'empêcher, favorise la gestation de la réforme. L'avocat lyonnais, Jean Appleton va plus loin en

[429] *Le Palais* 25 avril 1914.

[430] Note récapitulative au 29 janvier 1924, C 5902. Archives du ministère de la Justice.

[431] Jean Cruppi avait été avocat général à la Cour de cassation avant de se faire élire député de Toulouse, puis sénateur de la Haute-Garonne.

soulignant que les circonstances de guerre, « à un moment où la vie de chacun est bouleversée par la force tragique des événements », ont provoqué dans les mentalités et les habitudes la déflagration nécessaire pour faire accepter la réforme[432]. Cette appréciation est rétrospective, car au cours du conflit, les juristes qui analysent les projets sont assez sceptiques sur leurs chances de succès. Au-delà des reproches qu'ils peuvent formuler sur le fond, le contexte ne leur semble pas favorable. « Pour une vaste et complète refonte du système judiciaire, il faut attendre des temps plus calmes » s'exprime Albert Tissier, professeur à la faculté de droit de Paris, à propos du projet déposé par le Gouvernement en 1915[433]. Au cours de l'année-là, trois propositions sont déposées (proposition Queuille, proposition Peyrat et proposition Paul-Meunier), ainsi qu'un projet Viviani. 1917 voit le dépôt du projet de Péret ; 1918, celui de Nail et, 1919, de la proposition Debierre. A ces projets et propositions viennent s'ajouter ceux qui portent sur une question précise comme l'avancement, la retraite et le recrutement. Rien n'étant véritablement nouveau, on voit émerger dans les schémas proposés des idées avancées en leur temps par les Constituants lorsqu'ils réfléchissaient en profondeur à la justice.

Le remodelage de la carte judiciaire doit traduire les évolutions constatées dans les ressorts : l'exode rural, corollaire du développement industriel, a considérablement modifié le rapport villes/campagnes et le réseau de chemin de fer en se densifiant a rendu les déplacements plus commodes. Les divisions administratives en cantons, arrondissements et départements, sur lesquelles s'était greffée la carte judiciaire, sont en déphasage avec la réalité économique et démographique des territoires. L'évolution du ressort de la Cour d'appel de Douai, qui regroupe les juridictions des départements du Nord et du Pas-de-Calais, est édifiante. De 1832 à 1911, l'arrondissement de Lille voit sa population passer de 280 000 habitants à 850 000 (la ville seule de 69 000 à 280 000), celui de Valenciennes fait plus que doubler (de 124 000 à 260 000). Dans le Pas-de-Calais, l'arrondissement de Béthune passe de 130 000 à plus de 400 000 habitants. La population reste stable dans celui de Saint-Omer, Hazebrouck, Montreuil. Une augmentation de la population

[432] J. Appleton, *La réforme judiciaire*, 1919, p. 4.
[433] A.-A. Tissier, « Le projet de réforme judiciaire », *Revue politique et parlementaire*, 1916-4, p. 369.

s'observe dans les autres villes du ressort, à l'exception de l'arrondissement de Saint-Pol, dans le Pas-de-Calais, quoique l'activité de son tribunal ne le place pas parmi les moins actifs de France[434]. La structure judiciaire et les effectifs sont à l'évidence et notoirement insuffisants dans le ressort de Douai. En revanche, celui de Bastia, qui couvre toute la Corse, est en net sureffectif au regard des affaires à juger. Dans le reste du pays, hors le cas de Paris, la situation des ressorts est plus partagée avec des juridictions submergées au civil comme au pénal, tandis que d'autres sont en sous-activité manifeste. A cette répartition devenue inadéquate des effectifs, se superpose le vieillissement d'une magistrature qui peine à recruter, même en ayant substitué, en 1908, un simple examen professionnel au concours. Conjugués, ces phénomènes produisent une situation paradoxale où coexistent pléthore et pénurie de magistrats. Elle concerne principalement les tribunaux civils, dans une moindre mesure les cours d'appel. La tâche à ce double niveau est suffisamment complexe pour que la Cour de cassation soit laissée de côté par les différents textes en gestation.

Le projet Viviani, déposé le 23 décembre 1915[435], propose une réforme qui semble immédiatement très compliquée dans sa présentation et sa mise en œuvre. Aucune juridiction n'est supprimée, mais le nombre de magistrats diminue dans chacune. Les cours d'appel se prononcent à trois juges au lieu de cinq et les tribunaux civils de première instance siègent à juge unique au lieu de la collégialité à trois, réserve faite des appels contre les décisions des juges de paix. L'idée d'un jury est avancée en matière correctionnelle, comme celle d'une justice itinérante substituée à la justice sédentaire dans les circonscriptions insuffisamment peuplées. Ainsi, seul le tribunal du chef-lieu de la circonscription aurait un juge président, un procureur de la République, un juge résident et un substitut. Dans les autres tribunaux, un juge résident remplirait de multiples fonctions (notamment l'instruction et les référés). Pour les audiences, un des juges du chef-lieu se déplacerait et jugerait seul. Le projet introduit le juge unique, mais ménage une transition en maintenant la collégialité par le biais de juges suppléants qui seraient choisis, en particulier,

---

[434] Lettre des chefs de cour au ministre de la Justice 31 mars 1920. Archives du ministère de la Justice, C 5901.

[435] Doc. parl., Chambre 1916, p. 70 - *Revue trimestrielle de droit* civil, 1916, p 193.

parmi les juges de paix. Dès que connu, ce projet déclenche les polémiques. L'Association amicale de la magistrature avait renoncé, en raison de la guerre, à ses préoccupations de défense professionnelle et avait reporté *sine die* le congrès prévu en avril 1915. Le ministre s'étant engagé à suspendre les nominations et le recrutement pendant le conflit, elle s'était investie dans les œuvres de secours aux familles de magistrats victimes de la guerre[436]. Le dépôt du projet la sort de sa réserve patriotique. Puisque les magistrats ne peuvent tenir leurs assises en raison de la mobilisation et de la nécessité de rester à leur poste, l'association décide de leur demander d'émettre remarques, critiques et propositions en lançant une grande enquête nationale. Par son ampleur, celle-ci prend les allures d'un référendum. La centralisation et l'analyse des réponses occupent l'Amicale pendant une bonne partie de l'année 1916. Elles révèlent que les magistrats ne veulent pas des mesures phares de la réforme proposée. En particulier, ils refusent le juge unique (1 379 voix contre 209), l'admission des juges de paix dans les tribunaux civils (1284 voix contre 276) et la suppression des petits tribunaux (1316 voix contre 246), ils sont aussi assez majoritairement contre la suppression de plusieurs cours d'appel (816 contre et 708 pour)[437]. C'est ainsi que le projet Viviani, qui tranchait par trop dans le vif, est abandonné. Albert Tissier ne s'en étonne guère :

« Depuis longtemps, on est habitué à voir les projets de réforme judiciaire se succéder sans aboutir jamais. Chaque garde des Sceaux présente le sien ; la Chambre le renvoie à la commission de législation civile et criminelle et il n'en est plus question. Les obstacles que rencontre la réforme sont si grands que les projets ministériels ne sont même en général pas examinés par la commission ; et leurs auteurs eux-mêmes abandonnent très vite »[438].

En novembre 1916, Viviani revient sur sa promesse de suspendre le tableau d'avancement. Ce revirement, dicté par la pénurie de magistrats, déclenche la colère des combattants, auxquels échappent promotions et mutations. L'Association amicale de la magistrature se

---

[436] Se reporter aux interventions de Braibant à la Chambre dans le chapitre 3.

[437] Résultats publiés dans *Le Temps* du 5 janvier 1917.

[438] A. Tissier, *op. cit.*, p. 368. Albert Tissier, fils d'un huissier de province, a été avocat (et secrétaire de la conférence). Il rejoint l'université après son succès à l'agrégation de droit. En 1914, il occupe la chaire de procédure civile à Paris. Il entre à la Cour de cassation comme conseiller en 1918.

pose en interlocuteur du ministre et lui rappelle les revendications des magistrats. Succédant à Viviani, Raoul Péret hérite du dossier.

Dans un premier volet, son projet supprime 315 postes de magistrats (105 procureurs, 105 juges d'instruction, 105 juges), suppressions légèrement compensées par la création de 44 postes de substituts. Un second volet diminue les effectifs des tribunaux des arrondissements ayant moins de 60 000 habitants. Ils ne conservent qu'un président, un juge suppléant et un substitut. La formation du tribunal est donc complétée par l'emprunt de magistrats aux tribunaux voisins ou la délégation d'un juge de paix. Le président assure l'instruction, laquelle peut être éventuellement confiée au suppléant. Les juridictions des arrondissements qui dépassent la taille critique gardent leur structure. En contrepartie de ces aménagements, un troisième volet relève l'échelle des traitements de 1 000 francs (2 000 francs à Paris en raison de l'augmentation des loyers) et réaffirme que la rémunération doit être suffisante pour assurer un train de vie correct aux magistrats et leur assurer une complète indépendance. L'économie totale pour le budget est estimée à 1 200 000 francs. Raoul Péret prévoit de réaliser son projet en plusieurs tranches : d'abord la suppression des postes, puis plus tard l'augmentation des revenus. L'ordre d'application des mesures n'est sans doute pas pour rien dans l'échec du projet.

Le projet Nail, déposé le 14 mai 1918, s'inscrit dans une perspective encore plus radicale en réunissant au sein de la réforme l'organisation judiciaire et la justice de paix. Il supprime 432 magistrats. Le ministre espère que cette mesure sera acceptée en raison des difficultés de recrutement que la guerre rend probable et parce qu'en maintenant partout les tribunaux d'arrondissement, le projet ne devrait pas heurter les élus locaux. Dans les plus petits tribunaux, le nombre de magistrats est réduit à deux en prévoyant l'emprunt d'un juge délégué d'un autre tribunal ou de la justice de paix pour compléter la formation de jugement. Le binage des justices de paix est instauré de manière permanente dans les cantons les moins peuplés. Les traitements sont augmentés avec un plafond fixé à 13 750 francs et suivent une évolution du début de la carrière (5 000 francs) à son terme (9 000 francs pour un juge, 10 000 francs pour un conseiller). Le projet intègre aussi la question essentielle du recrutement en rétablissant le concours supprimé en 1908 et en soumettant les admis à une période d'auditorat de deux ans. Le ministre promet en outre que l'avancement sera amélioré en début de carrière par la création d'un diplôme supérieur de la magistrature délivré à l'issue d'un concours passé par les magistrats ayant entre 30 et 35 ans. Il assurera l'inscription d'office au tableau d'avancement et la nomination dans l'année à un poste plus élevé. Le ministre réaffirme enfin son souci de préserver l'indépendance des magistrats. L'exposé des motifs montre un ministre résigné à l'échec d'une réforme qui touche à tant de domaines. Son étude s'annonce complexe et les débats ardus. Les événements militaires sonnent le glas du projet. Au printemps 1918, les offensives allemandes menacent Paris comme si se rejouait le scénario de l'été 1914. Les séances consacrées à l'examen du projet Nail sont coupées par les interpellations incessantes du président du Conseil, Clemenceau, sur la situation militaire. Observateur attentif et critique sans concession du projet, Gabriel Demombynes, qui fut avocat au barreau de Paris, en déduit : « N'en faut-il pas augurer que l'heure n'est pas propice à l'examen du projet Nail ? »[439]

Vers le fiasco : la loi du 28 avril 1919

L'offensive allemande ayant échoué, les Alliés, soutenus matériellement et psychologiquement par l'entrée effective des Etats-Unis dans le conflit, contre-attaquent sur l'ensemble du front à l'été 1918. Ils repoussent progressivement et définitivement l'ennemi jusqu'au 11 novembre. L'heure de la réforme judiciaire sonne entre armistice et traité de paix. Le sénateur du Nord, Charles Debierre, en prend l'initiative. Il dépose sa proposition le 6 février 1919. La conférence de la Paix s'est ouverte à Paris le 18 janvier et l'attention des parlementaires est distraite par l'élaboration du traité dont les Français, à ce moment, attendent beaucoup. Les questions qu'il doit régler, en particulier la responsabilité de l'Allemagne et ses conséquences pour la reconstruction de la France sur le plan matériel et humain, préoccupent la classe politique davantage que la « simple » réorganisation de la justice. Dans ce contexte, l'examen de la réforme est expédié et la loi est votée le 28 avril 1919.

Elle se présente sous la forme d'un texte de 27 articles qu'accompagne une suite de tableaux détaillant, sur plusieurs pages, la

[439] G. Demombynes, « La réforme judiciaire », *Revue parlementaire*, 1918, p. 33-44. *Revue trimestrielle de droit civil,* 1918, p. 231.

structure, la composition et les effectifs de chaque cour et tribunal. Ces derniers ont été fixés en référence aux données de population fournies par l'outil statistique du recensement, en l'occurrence celui de 1911, faute de mieux et bien que la guerre l'ait considérablement modifié. La loi ne touche pas à la structure générale de l'organisation judiciaire : aucune suppression de chambre ou de cabinet d'instruction en leur sein. La réforme intervient sur fond de souffrances et il s'agit de ne pas les aggraver localement en supprimant des juridictions, c'est-à-dire en imposant à certaines villes de faire un deuil supplémentaire, celui de « leur » tribunal, toute suppression étant perçue comme une mise à mort de l'activité locale. La réforme n'opte pas non plus pour la solution économique du juge unique. En revanche, la composition de certaines cours d'appel, de tous les tribunaux de seconde, et surtout de troisième classe, est revue à la baisse. Le nombre de suppléants est réduit à 250. Les formations de jugement sont complétées sur délégation du Premier président par un juge titulaire, un juge suppléant ou un juge de paix, sous réserve qu'il possède la licence en droit. L'ampleur des suppressions ne s'énonce pas clairement à la lecture de la loi, mais apparaît en croisant l'article 6 avec le tableau des juridictions. La réforme prévoit aussi la fonte des effectifs de la justice de paix que le binage réduira d'un tiers en deux ans. En contrepartie de cette rationalisation de la justice, les traitements sont relevés, sauf ceux de la Cour de cassation, des premiers présidents et procureurs généraux. Les suppléants seront désormais tous rémunérés. De manière plus habile que précédemment, l'augmentation des rémunérations est présentée comme le point essentiel de la réforme, les suppressions de postes servant à la permettre à moyens constants. La loi ne relève pas les salaires de manière sensible au regard du renchérissement du coût de la vie et il est à craindre qu'ils ne motivent guère les candidatures. Aussi, l'examen est maintenu, au détriment du concours qui ferait fuir les candidats déjà peu nombreux.

Au total, la réforme aboutit à la suppression de 233 postes de magistrats dont 85 dans les cours d'appel (10 à Paris) et 148 dans les tribunaux. Elle reste attachée dans la mémoire judiciaire à une coupe sombre dans les effectifs, alors que ce n'est pas véritablement le cas. Ainsi les chefs de la Cour d'Amiens s'imaginent que la loi en a supprimé mille[440]. Les critiques fusent de tous bords au cours des années qui suivent et beaucoup estiment que le chantier de la réforme reste ouvert. Les raisons pour lesquelles la réforme doit s'imposer rapidement, bien qu'engendrant beaucoup d'insatisfaction, sont liées à la guerre. Elles sont économiques et bien plus pressantes qu'avant le conflit. Le coût de l'effort de guerre, essentiellement financé pat le crédit (bons du Trésor, emprunts de la défense nationale et dettes envers Alliés et Associés) est exorbitant, quoiqu'il soit impossible de le chiffrer avec précision. Selon les estimations, la guerre a coûté entre 24 et 25 milliards de dollars à la France, soit 3,8 fois son PIB de 1913. Les dépenses n'ont été financées qu'à hauteur de 13 % par l'impôt. La France doit plus de 3 milliards de dollars aux Etats-Unis, 2,7 milliards à la Grande-Bretagne[441]. Certes les traités mettent l'indemnisation les dommages à la charge de l'Allemagne et de ses alliés, uniques responsables de la guerre, mais le trou financier reste immense. La guerre, si l'on fait abstraction de l'inflation, a multiplié les dépenses publiques par trois sans que les recettes aient suivi cette progression malgré l'augmentation des impôts et la création d'une nouvelle imposition sur les bénéfices de guerre. La paix ne met pas un terme à la progression des dépenses de l'Etat contraint de financer les conséquences de la guerre. La réforme judiciaire de 1919 s'inscrit dans ce contexte qui dicte un maximum d'économies budgétaires.

Les coupes opérées dans l'effectif des juridictions devraient en théorie être facilitées par la désaffection dont souffre la magistrature qui peine à recruter, par la mortalité due au conflit (environ 150 décès) et par l'effet d'une loi votée dans la discrétion le 17 novembre 1918 mettant en disponibilité les mutilés et blessés graves de la magistrature. Mais alors que le sous-effectif de certaines juridictions était un phénomène notoire à la veille du conflit, la réforme fait complètement abstraction du besoin en magistrats résultant des dispositifs juridiques votés pour gérer la sortie de guerre. On reproche donc à la loi d'avoir occasionné et même aggravé les multiples dysfonctionnements existants. Certes la loi a augmenté les rémunérations, pas assez cependant pour tempérer les critiques. Six

---

[440] Lettre au ministre de la Justice reçue le 23 avril 1920. Archives du ministère de la Justice C 5901.

[441] A. Plessis, « Financer la guerre », S. Audoin-Rouzeau, J.-J. Becker (dir), *Encyclopédie de la Grande Guerre 1914-1918*, p. 479-493. Les dépenses ont été évaluées en dollars pour permettre les comparaisons internationales. Le dollar vaut 5,45 francs à l'issue de la guerre

mois plus tard, les magistrats bénéficient de la loi du 6 octobre 1919 qui majore le traitement de tous les fonctionnaires de manière substantielle. Celui des juges double par rapport à 1914. Cette augmentation provoque un tassement de la hiérarchie des salaires, car la revalorisation est moindre dans les cours. Malgré sa modération au regard des projets antérieurs, la loi de 1919 est considérée comme « la malencontreuse loi », aux « résultats détestables », selon l'avocat Boisdon qui les apprécie en 1922[442]. L'objectif budgétaire n'est pas été atteint. Les frais de déplacement engendrés par les délégations de magistrats empêchent les économies espérées sans pour autant régler les difficultés de composition des juridictions. Les juges suppléants, pivot du système, arpentent le ressort des cours d'appel sans grande utilité pour la justice car ils ne jouent que le rôle de figurants :

« Ces magistrats qualifiés irrévérencieusement de « baladeurs » consacrent à l'étude des indicateurs de chemin de fer un temps qui serait mieux employé à la lecture du Dalloz » et, dans les juridictions surchargées, on rend une « justice à vapeur ».

Le recours aux avocats et avoués, prévu par la loi pour compléter une formation de jugement, ne donne pas une bonne image de l'institution judiciaire et de son fonctionnement :

« Dans presque tous les tribunaux de 2ème et de 3ème classe, le public assiste quotidiennement à des scènes dignes de Courteline. Ce ne sont que des promenades du siège à la barre et de la barre au siège ».

Enfin, signe de la confusion qui entoure le vote de la loi et empêche de considérer les problèmes dans leur ensemble, la loi du 4 octobre 1919 corrige la structure du Tribunal de la Seine, complètement submergé par l'application de la législation de guerre, pour en augmenter les effectifs. Il s'agit certes d'une augmentation en principe temporaire, mais cette insuffisance de magistrats n'était-elle pas prévisible lors du vote de la loi du 28 avril ?

Les critiques viennent de tous bords. S'adressant à son ami Maxime Leroy, l'avocat lyonnais et professeur à la faculté de droit, Jean Appleton, qualifie la réforme judiciaire de « question brûlante », à régler de toute urgence : « si l'on ne fait rien en ce moment sur ce point, on ne fera jamais rien ». Il joint à l'envoi un petit opuscule intitulé « La réforme judiciaire », publié dès août 1919 dans la *Grande*

---

[442] D. Boisdon, « La réforme judiciaire », *Revue politique et parlementaire*, 1922, tome 112, p. 356-376.

Revue. Ses critiques sont centrées sur la qualité de la justice dont participe le niveau des rémunérations insuffisamment relevé par la loi du 28 avril :

« C'est merveille, dit-il, qu'avec une pareille méthode, l'ensemble des magistrats français demeure encore capable, incorruptible et juste, car la carrière offre des perspectives si peu encourageantes que les étudiants les meilleurs, les esprits les entreprenants et les plus actifs sont évidemment portés à se diriger vers le notariat, le barreau ou les affaires».

Rémunération élevée et recrutement par concours permettant d'y prétendre sont pour lui questions liées. Par ailleurs, toute réforme sera incomplète si elle laisse de côté le problème de la vénalité des offices, la nécessité de doubler l'avoué de l'avocat, la simplification de la procédure depuis le déclenchement de l'instance jusqu'au renvoi après cassation qui pourrait être supprimé dans nombre de cas[443]. Tels sont selon son opinion les « jalons au tracé d'une route nouvelle ». Mais qui va la suivre ?

Le nouveau ministre de la Justice, Gustave Lhopiteau[444], se met au travail et élabore un nouveau projet de réforme pour pallier les inconvénients de la loi d'avril 1919. L'idée directrice consiste à supprimer les juridictions à activité insuffisante pour répartir les magistrats récupérés dans les juridictions maintenues. Cela mettrait un terme au système des magistrats ambulants qui ne donne satisfaction nulle part et coûte cher en frais de déplacement et de séjour[445]. Ce projet reçoit un accueil favorable de l'Association amicale de la magistrature, désormais étoffée d'une Commission de réforme judiciaire, laquelle échange régulièrement, par l'entremise de son rapporteur Pigé, avec la Chancellerie. L'Amicale diligente une nouvelle enquête en février-mars 1920 auprès de ses délégués et conclut à la nécessité de supprimer un peu plus de 200 tribunaux.

Les magistrats s'expriment à nouveau en avril 1920 en réponse à la consultation que lance le ministère de la Justice. Les chefs de cour sont priés de donner leur avis sur les différents points de la réforme, de proposer pour leur ressort les suppressions envisageables, en tenant compte des moyens de communication et des répercussions sur les

---

[443] J. Appleton, « La réforme judiciaire », *La Grande Revue*, août 1919, p. 3 – Lettre à Maxime Leroy du 10 novembre 1919, BDIC pièce O 3824.

[444] Sénateur d'Eure-et-Loir, cet ancien avoué à Chartres est ministre de la Justice du 20 janvier 1920 au 16 janvier 1921.

[445] Projet Lhopiteau déposé le 18 mai 1920.

officiers publics et ministériels. Occasion leur est donnée d'exposer les problèmes que la loi du 28 avril 1919 a provoqués dans leur ressort. Ils sont d'une telle ampleur que, dans leur grande majorité, les chefs de cour sont devenus favorables au principe de la suppression de juridictions en échange de tribunaux complets. Seule la Cour d'appel de Bastia émet de sérieuses réserves justifiées par les difficultés que poseraient aux justiciables des déplacements rendus encore plus longs en raison du relief montagneux de l'île conjugué à l'absence de moyens de communication modernes[446]. Si la réforme doit rendre les juges sédentaires à nouveau, ce sont les justiciables qui devront se déplacer. Peut-on, comme en Corse[447], leur imposer un voyage pouvant durer jusqu'à une semaine aller-retour, voyage que le banditisme rend dangereux ? Peut-on les contraindre, de surcroît, à des frais importants ?

Le principe des suppressions recueille progressivement le consensus des magistrats, consensus indispensable à une mise en œuvre qui suppose de faire des choix en confrontant leurs avantages et inconvénients sur le plan budgétaire ainsi que leurs conséquences pour les justiciables. Des observations formulées par les premiers présidents et procureurs généraux, il résulte que chaque cour propose en général, à l'exception de Bordeaux[448], peu de suppressions (entre 2 et 5), suivies de rattachements parfois tellement compliqués au regard des inconvénients pour les justiciables qu'elles ne sauraient être conseillées. Les suppressions impliquent par ailleurs d'augmenter la structure en chambres et en effectifs des juridictions de rattachement. Dans les réponses fleurissent diverses propositions plus hardies que celles du projet, comme la création d'un unique tribunal départemental (proposition de Bordeaux et Grenoble) ou, plus encore, de « grands tribunaux régionaux » (proposition de Rennes) ou de tribunaux ambulants (proposition de Montpellier) destinés à maintenir les offices à demeure.

Le projet Lhopiteau, déposé le 18 mai 1920, est immédiatement suivi d'une contre-proposition Lemire, le 4 juin. Il prolonge, selon l'exposé des motifs, la réforme amorcée en avril 1919 en supprimant les juridictions insuffisamment occupées par un décret pris en Conseil

---

[446] Lettre au ministre de la Justice du 20 avril 1920. Archives du ministère de la Justice, C 5901.

[447] Dans l'hypothèse de la suppression du Tribunal de Calvi et de son rattachement à celui de Corte.

[448] Les chefs de cour proposent 12 suppressions.

d'Etat. Le ministre rattache la réforme au conflit, elle correspond, dit-il, « aux exigences et pour ainsi dire aux conceptions nées de la guerre ». Il est inconcevable que des fonctionnaires restent inemployés alors que le conflit a laissé des vides qu'il faut combler dans la magistrature et dans la société. La coupe prévue est de 120 tribunaux. Les réactions ne se font pas attendre. Le projet réveille l'inquiétude des cours d'appel régulièrement menacées comme celle de Chambéry qui voit se renouveler la menace de 1901[449]. Paul Tapponier, député de la Savoie s'en enquiert auprès du ministre après l'avoir averti que l'effet serait désastreux l'année du soixantième anniversaire du rattachement de la Savoie à la France. Il invoque aussi le respect des garanties promises à la province par le sénatus-consulte du 12 juin 1860[450]. Le ministère de la Justice reçoit de toutes parts un volumineux courrier dans lequel s'exprime l'opposition de chambres de commerce, de conseils d'arrondissement, de conseils municipaux. Ainsi la Chambre de commerce d'Angers et du Maine-et-Loire se demande ce qu'il va advenir des 149 arrondissements qui n'ont pas de tribunal de commerce et pour lesquels la matière commerciale relève des tribunaux civils de première instance destinés à être supprimés alors qu'ils possèdent l'expérience de la spécificité des litiges commerciaux. Celle de Nîmes se prononce contre la réforme, comme celle de Cherbourg qui estime que les regroupements doivent être plus conformes aux « affinités économiques »[451]. Le conseil municipal de Domfront adresse le 2 mai 1920 sa délibération, accompagnée de témoignages de justiciables, insistant sur le rôle rempli par les magistrats dans l'activité et la prospérité de la ville. La perte du tribunal y causerait un préjudice énorme. Dans ces conditions, le projet Lhopiteau, avec ses 120 suppressions, avorte. La contre-proposition Lemire, qui pour les éviter simplifie l'organisation des tribunaux et développe les audiences foraines, n'a pas davantage de succès. Les propositions d'Edouard Ignace (8 juin 1920) et de Camille Cautru (16 mars 1921) ne retiennent qu'à peine l'attention.

Tous les ministres de la Justice sont confrontés au chantier de l'impossible réforme. Comme ses prédécesseurs, Laurent Bonnevay

[449] La Cour d'appel d'Agen, équidistante de Bordeaux et de Toulouse, dans une région de communications faciles et à l'activité modérée a toutes les raisons de se sentir menacée.
[450] Question à la Chambre n°4483 à laquelle le ministre répond qu'aucune suppression de cour d'appel n'est prévue.
[451] Délibérations respectives des 7 septembre, 19 et 20 octobre 1920.

dépose le sien le 18 octobre 1921. L'onde financière du conflit continuant à se propager, il s'agit encore davantage de faire des économies, toujours en voulant remédier à la crise du recrutement, une équation improbable La carte judiciaire est remise en cause par la création de 97 tribunaux départementaux, une idée qui plane depuis quelque temps déjà. Cette mesure radicale implique 262 suppressions de tribunaux d'arrondissement, environ 400 suppressions de postes de magistrats, de 261 greffiers et 132 commis greffiers. C'est un tollé général : les protestations affluent donnant l'impression que la France tout entière se mobilise contre le projet Bonnevay. Elles remontent au ministère par les préfets, les députés et les sénateurs. La presse régionale se mobilise : « Projet anti démocratique… qui aurait pour conséquence de supprimer la justice aux petits et aux déshérités de la fortune » (*La Revue Néracaise,* 20 novembre 1921), « La Basoche des Deux Savoies contre le projet Bonnevay » (*Le Petit Dauphinois* 23 novembre 1921). Les journaux relaient la protestation de très nombreux conseils municipaux et d'arrondissement, auxquels se joignent les chambres de commerce des petites villes qui s'estiment lésées[452]. Une opposition au projet tout aussi ferme émane de l'Association Nationale des Avocats. Elle s'inquiète du sort des confrères des juridictions supprimées en trop grand nombre, le projet devant se solder par une trentaine de fermetures. La mobilisation des énergies locales provoque l'échec du projet Bonnevay. Il revient quelques années plus tard (après quelques autres projets et propositions restés sans lendemain), inséré dans le décret du 3 septembre 1926, pris en application de la loi du 3 août 1926 (article 1), qui raye de la carte judiciaire 227 tribunaux d'arrondissement[453]. Cette réforme est toutefois précaire, car le tribunal départemental ne constituera qu'une parenthèse. Sans doute le redressement monétaire opéré dès 1928 par Poincaré y est-il pour quelque chose en permettant de desserrer les cordons de la bourse. La loi du 22 août 1929 crée autant de sections dans les tribunaux départementaux qu'il y avait de tribunaux d'arrondissement. Ainsi s'opère la transition vers leur suppression. Elle est rendue effective par la loi du 16 juillet 1930 qui rétablit ces derniers.

[452] Un très volumineux dossier les rassemble. Archives du ministère de la Justice, C 5901.

[453] Auparavant, la loi du 29 janvier 1926 a augmenté de manière très substantielle les rémunérations, cela contribue à mieux faire accepter la réforme alors en préparation.

Le problème de fond posé à l'organisation de la justice par le passage d'une France rurale à une France urbaine et industrielle, sur fond de contraintes budgétaires pressantes, n'est toujours pas réalisé lorsque survient le second conflit mondial[454].

LA JUSTICE DE PAIX

Dans le texte fondateur de 1790, le juge de paix incarne l'idéal de justice des Lumières : une justice proche du justiciable, simple, peu coûteuse et équitable. « Je préfère l'homme des champs au juriste de cabinet » s'exclame Thouret lors des débats. La conciliation prévalant sur le droit strict, les connaissances juridiques pouvaient sembler superflues. Ce juge des litiges du quotidien de l'homme modeste, des petites affaires civiles et des petites infractions de police locale, voit au fil du XIXème siècle sa compétence augmenter et cette évolution remet progressivement en cause la philosophie originelle de l'institution. Dans sa circonscription, le canton, le juge de paix est l'expression d'un monde rural que l'exode bouleverse poussant les populations en quête de travail vers les villes. Le canton semble progressivement, comme l'arrondissement, une circonscription inadaptée aux évolutions démographiques. Tout autant que les tribunaux civils de l'organisation judiciaire, la justice de paix se trouve confrontée aux impératifs d'une rationalisation dictée par le souci des économies budgétaires. Les années guerre constituent un moment charnière dans l'évolution de la justice de paix.

Du binage de guerre au binage structurel

Les statistiques judiciaires de 1913 dénombrent 2 890 justices de paix. Elles apparaissent, comme les tribunaux civils, trop nombreuses et mal réparties au regard de la matière à juger. Par ailleurs, le développement des transports réduit la pertinence d'une circonscription judiciaire aussi petite que le canton et la logique conduit à réfléchir à la possibilité de réunir deux justices de paix

---

[454] Sur les évolutions de la justice à partir des années 30 : J.-P. Royer, J.-P. Jean, B. Durand, N. Derasse, B. Dubois, *Histoire de la Justice en France*, 4ème éd., PUF Droit, 2010.

contiguës sous la juridiction d'un seul juge astreint à se déplacer pour tenir des audiences foraines afin de préserver la proximité de la justice. Le binage, est autorisé au cours de la guerre par la loi du 6 avril 1915 et se concrétise localement par un décret du ministre de la Justice pris sur proposition des chefs de la cour d'appel des cantons concernés[455]. En 1915, il doit avoir pour cause la mobilisation ou la vacance du poste par suite de décès, de démission ou de révocation. Le binage de guerre se présente donc comme un binage conjoncturel, dicté par les circonstances. Il s'agit évidemment de gérer la pénurie de juges de paix, mais pas seulement. La guerre permet des regroupements qui en temps normal se seraient heurtées aux protestations véhémentes des populations et de leurs élus. Localement, on tient à « sa » justice de paix, comme on tient à « son » tribunal, à « sa » caserne, à « son » école. La peur du déclin économique que précipiterait le départ des institutions publiques est un phénomène bien réel. Les binages de guerre n'ont pas provoqué de réactions, parce que l'on avait des sujets d'inquiétude plus grande et parce qu'ils s'annonçaient provisoires. Une centaine de binages en 1915, une cinquantaine au cours des années qui suivent, soit entre 250 et 300 binages pour toute la durée de la guerre, le phénomène était d'ampleur nationale puisqu'il avait concerné l'ensemble du pays, sauf les territoires occupés, Paris et les grandes villes où l'activité judiciaire avait repris au bout de quelques mois.

Aussi, lorsque Nail dépose son projet de réforme de la justice à la chambre en mai 1918, le fait que le binage fonctionne concrètement depuis trois ans prouve qu'un certain nombre de justices de paix peuvent sans problème majeur être supprimées. Le projet s'appuie sur ce constat et prévoit un binage définitif des justices de paix dont l'activité est jugée insuffisante : « Dans les petits cantons, le juge de paix tiendra l'audience au chef-lieu des deux cantons voisins (c'est le binage qui fonctionne déjà)». Les binages « de guerre » ont constitué un vaste laboratoire d'expériences même si leurs effets ont été faussés par la réduction de l'activité, particulièrement sensible en province. La transition du binage de guerre, caractérisé par le provisoire, au binage réformateur de la carte judiciaire s'opère par la loi du 9 août 1918. Le texte reprend la formulation de la loi de 1915 en supprimant toute référence à la cause de l'absence ou de la vacance. Cette suppression permet, sans faire trop de vagues, d'inscrire le « nouveau » binage

[455] Sur le binage de guerre, se reporter au chapitre 8.

dans le prolongement du binage de guerre dès lors qu'une absence ou une vacance, quelle qu'en soit la cause, sera constatée. Toutefois, il reste un pas à franchir, car la loi d'août 1918 inscrit toujours le binage dans le temporaire. Quelques mois plus tard, il est franchi avec le vote de la loi du 28 avril 1919. Son article 13 prévoit que dans les deux années à venir, des décrets réuniront deux justices de paix en une seule dans la limite du tiers du nombre total de juridictions. Ce dernier s'établissant alors à 2 890, ce sont quelque 960 justices de paix qui sont appelées à disparaître. L'ambition réformatrice est grande, mais elle ne se traduit pas du tout dans les faits. En 1920 et 1921, on dénombre 2 889 justices de paix, elles sont 2 893 en 1923.

Le moment n'est pas propice à la réforme, la gestion juridique des conséquences de la guerre exige trop de juges de paix. Il faut attendre 1925 pour que la loi du 13 juillet vienne reprendre la mesure inappliquée de la loi de 1919 en prévoyant la réduction d'un tiers des justices de paix dans les huit ans[456].

Le rapprochement avec la magistrature

Au fil du temps, l'héritage révolutionnaire, qui a placé la justice de paix en dehors de l'organisation judiciaire, a été progressivement grignoté. Le Premier conflit mondial le remet profondément en cause par un processus d'intégration progressive de la Justice de paix dans l'organisation judiciaire reposant sur la réduction des différences. L'évolution, qui s'inscrit dans le long terme, ne sera parachevée qu'en 1958 par la substitution des tribunaux d'instance aux justices de paix et leur intégration dans l'organisation judiciaire.

A la veille du conflit, la séparation entre organisation judiciaire et justice de paix a cessé d'être un dogme. L'idée d'un tribunal civil à juge unique qui plane dans les projets de réforme de l'organisation judiciaire amène à reconsidérer le juge de paix. Il incarne ce modèle de justice et l'expérience coloniale a démontré qu'il était possible de lui conférer une compétence étendue l'amenant à se prononcer dans des matières relevant traditionnellement du tribunal civil.

La loi du 22 décembre 1915, en instituant le pourvoi en cassation contre les décisions des juges de paix pour violation de la loi, marque

[456] Concrètement, cette réduction est limitée par le fait que le regroupement doit concerner deux justices de paix limitrophes dans un même département.

une étape décisive du rapprochement entre organisation judiciaire et justice de paix :

« Les jugements rendus par les juges de paix pourront être attaqués par la voie du recours en cassation pour excès de pouvoir et pour violation de la loi. »

Adoptée fin 1915, la guerre est responsable du vote différé de cette loi résultant d'une proposition de Louis Marin déposée le 12 juin 1914[457] pour finaliser une longue évolution. En effet, l'interdiction absolue du pourvoi en cassation, proclamée par le texte fondateur du 27 novembre 1790, avait été rapidement remise en question. Moins de vingt ans après, la loi du 27 ventôse an VIII admet le recours en cassation pour refus de statuer, incompétence et excès de pouvoir. La loi du 25 mai 1838 revient sur ce texte en soumettant l'incompétence à l'appel et réservant le pourvoi à l'excès de pouvoir. La préoccupation du législateur est alors de limiter les pouvoirs que certains juges de paix s'octroient à l'abri des recours, mais sans pour cela remettre en cause leur vocation originelle. Aussi, porter la contestation de leurs décisions devant la Cour de cassation, juge du droit, doit rester exceptionnel sous peine de modifier la nature de la justice de paix. Lorsque les enjeux se trouvent considérablement majorés par la loi sur les accidents du travail du 9 avril 1898 qui, à l'article 15, attribue au juge de paix la fixation en dernier ressort des indemnités journalières dues à la victime, les débats sont relancés et portés devant la Cour de cassation. Un arrêt du 29 janvier 1901 pose que la mauvaise application des articles 3 et 15 de la loi de 1898 s'assimile à une violation de la loi. Le torrent de protestations est tel que le législateur doit intervenir. La loi du 31 mars 1905 limite le recours en cassation pour violation de la loi aux seules indemnités journalières (art. 15). En étendant la possibilité du pourvoi en cassation à tous les jugements des juges de paix rendus en dernier ressort, la loi du 22 décembre 1915 achève donc un processus qui a doublé le conciliateur d'un juriste tout en mettant fin au reproche, si souvent formulé, selon lequel le juge de paix se trouvait au-dessus des lois. La loi doit permettre aussi d'unifier la jurisprudence. Il en résulte que désormais, les juges de paix devront motiver en droit leur décision et cela suppose qu'ils aient des compétences juridiques que souvent ils n'avaient pas. Quelques années avant la guerre, on s'interrogeait

[457] Elle est votée sans discussion à la Chambre (rapport Lémery) le 18 mai 1915 et sans discussion au Sénat (rapport Boivin-Champeaux) le 25 novembre 1915.

encore : cette ignorance du droit était-elle un avantage ou un problème ? Après le vote de la loi du 12 juillet 1905, Cruppi, l'un de ses rapporteurs, imagine encore le juge de paix comme un homme de cœur, sage et paternel, doté d'un solide bon sens, d'une expérience pratique plus que de science juridique. Il lui semble superflu d'exiger qu'il possède des diplômes pour accéder à la fonction. Cela n'empêche pas Cruppi de déclarer par ailleurs : « Nous voudrions que le juge de paix connût les lois qu'il va appliquer et fût fixé sur les principes généraux du droit. Cela est-il excessif ? ». Ces propos contradictoires illustrent parfaitement les hésitations au regard de l'évolution en cours. Au tournant du siècle, la licence en droit, le brevet de capacité ou le baccalauréat ne font que faciliter la nomination des juges de paix, surtout si les diplômes viennent s'ajouter à la pratique acquise dans une étude de notaire, d'avoué ou chez un greffier. La proportion de juges de paix diplômés en droit à la veille du conflit constitue une minorité. On s'accorde à trouver leur niveau d'autant plus insuffisant que leur champ de compétence ne fait qu'augmenter. Gaston Einsenzimmer, dans sa thèse sur la justice de paix, souligne que la loi de 1905 prévoit (article 22) que les juges de paix licenciés en droit peuvent, au bout de deux ans, être directement nommés juges suppléants dans les tribunaux de première instance et il en conclut de manière prémonitoire : « On entrevoit une organisation future où ils seront sur le même pied »[458].

Dans le registre du langage, l'assimilation gagne du terrain, on trouve de plus en plus souvent l'expression de « magistrature cantonale » appliquée aux juges de paix. C'est celle que se donne dès 1906 l'Union amicale de la Justice de paix, sous la présidence d'Arthur Daguin. En novembre 1916, Viviani emploie l'expression pour évoquer l'ensemble des juges de paix mobilisés[459]. La participation à la guerre aplanit les différences et il est indéniable que la promotion du juge de paix conduit au cours du conflit à calquer de plus en plus son statut sur celui de la magistrature. Tandis que la loi du 14 juin 1918 (art. 25) institue une commission du tableau d'avancement des juges de paix et par là un système d'avancement analogue à celui de la magistrature, il est de plus en plus question dans les projets et propositions de réforme de les faire bénéficier de

[458] G. Einsenzimmer, *Les transformations de la justice de paix depuis sa création en France*, Mulhouse, Sté Générale d'imprimerie, 1925 p. 148.
[459] *Gazette des tribunaux*, 27 novembre 1916.

l'inamovibilité destinée à les rendre indépendants du pouvoir. Cette question fait notamment l'objet de développements dans une étude d'Albert Tissier. Il estime souhaitable de s'orienter vers la fusion de l'organisation judiciaire et de la justice de paix par le biais de la suppléance à la double condition de conférer l'inamovibilité aux juges de paix et d'améliorer leur recrutement. Les compétences juridiques des juges de paix, tant qu'elles se révèlent notoirement insuffisantes sur le plan juridique, constituent l'obstacle majeur à leur assimilation aux magistrats. Les modalités de leur recrutement vont donc élever la barre des exigences. La loi du 14 juin 1918, précisée par un décret du 6 août, institue un examen professionnel devant une commission de cinq membres instituée dans chaque cour d'appel. Elle est composée d'un président de chambre ou d'un conseiller, d'un avocat général, d'un président et d'un juge du tribunal civil et d'un juge de paix. En sont dispensés les anciens juges de paix s'ils ont été magistrats et ceux qui peuvent être nommés directement par le garde des Sceaux, c'est-à-dire les anciens titulaires de fonctions électives ou administratives, les sous-préfets notamment. L'examen doit vérifier les connaissances théoriques et les aptitudes pratiques des futurs juges de paix, appréciées sur leurs prestations à deux épreuves écrites éliminatoires et à cinq épreuves orales. Il leur est notamment demandé de rédiger un projet de jugement, ce qui se conçoit en raison de la généralisation du pourvoi pour violation de la loi intervenue en 1915. Les épreuves orales portent sur les grandes disciplines juridiques et, en particulier, sur les questions dont le juge de paix peut avoir à connaître. La première session est fixée au 11 novembre 1918 et la liste des admis publiée au Journal officiel du 1er décembre suivant[460]. C'est dans ce contexte d'exigences nouvelles qu'il faut apprécier la disposition de la loi du 28 avril 1919 qui prévoit la possibilité de déléguer des juges de paix licenciés en droit pour compléter les tribunaux dont l'effectif des magistrats a été réduit. L'année suivante, la loi du 19 juin 1920 supprime pour une année la condition de la licence en droit en raison de la crise du recrutement. Mais il s'agit d'une parenthèse car, au fil des textes, les exigences de diplômes rapprochent toujours davantage la justice de paix de la magistrature. La loi du 27 janvier 1926 modifie une nouvelle fois les conditions de nomination suspendues à la licence en droit ou à deux ans d'activité au barreau ou dans une étude

---

[460] Elle comporte 115 noms desquels sont détachés, conformément à la loi, les meilleurs candidats. Ils sont 18 au cours de cette session.

et au succès à l'examen professionnel. Le décret du 5 novembre 1926 rend la licence en droit obligatoire. A l'autre bout de la carrière, s'observe l'harmonisation des limites d'âge : dès la loi de 1918, elle est fixée à 75 ans, comme celle des magistrats des tribunaux de première instance.

Sur le plan des rémunérations, les traitements de la justice de paix sont jugés tout aussi insuffisants que ceux de la magistrature. Ils varient selon la classe de la juridiction et sont augmentés à l'occasion des lois qui concernent la magistrature. La situation matérielle des juges de paix suscitant l'attention des parlementaires, l'écart de rémunération tend à diminuer entre les deux catégories de juges. Ainsi pour la première classe, l'écart de traitement entre un juge au tribunal civil et un juge de paix est de 1 500 francs en avril 1919, de 1 000 francs en octobre 1919 (seconde revalorisation) et il disparaît en 1926[461].

La manière dont le législateur traite des questions relatives à la justice de paix constitue un autre signe du rapprochement entre organisation judiciaire et justice de paix. Les textes qui doivent réformer la première contiennent des dispositions concernant la seconde. Dans la loi du 28 avril 1919, qui s'intitule « Loi relative à l'organisation judiciaire, aux traitements, au recrutement et à l'avancement des magistrats », le chapitre III concerne la justice de paix qui ne fait pourtant pas partie de l'organisation judiciaire. Pas supplémentaire vers l'homogénéisation des statuts, l'article 15 de la même loi précise que les justices de paix situées au siège des tribunaux civils seront de la même classe que ces derniers. La situation des départements recouvrés de l'Alsace-Lorraine où il s'agit de ramener la justice dans le giron français de manière progressive permet d'observer des signes de rapprochement encore plus nets. La loi du 25 juillet 1923 (« Loi sur l'organisation judiciaire dans les départements de la Moselle, du Bas-Rhin et du Haut-Rhin ») assimile les tribunaux de bailliage, désormais appelés tribunaux cantonaux aux justices de paix (article 10), pour les assimiler ensuite aux tribunaux de première instance « en ce qui concerne le recrutement, l'avancement, la discipline et toutes les prérogatives attachées à la qualité de magistrats ». Cela s'explique par la nécessité de tenir

[461] Comme en témoigne la proposition de loi Antériou-Fiori, déposée le 28 décembre 1920, sur l'amélioration de la situation matérielle des justices de paix et celle de « Charles Saint Venant et autres » (c'est-à-dire de presque tous les députés du Nord) déposée le 23 décembre 1920.

compte du statut antérieur des juridictions d'Alsace-Lorraine, notamment de la collégialité et de la situation des juges des tribunaux de bailliage allemands que le retour de ces provinces à la France supprimait.

L'évolution vers la fusion des justices est accueillie favorablement par les juges de paix dont elle assure la promotion. Elle rencontre aussi l'approbation des avocats, mais il n'en est pas ainsi de la magistrature. Le corps des juges de paix est perçu, avant comme après la guerre, comme une menace. Lors de son dernier congrès avant le conflit, en avril 1914, l'Association amicale de la magistrature s'était prononcée pour la suppression du décret du 13 août 1912 en ce qu'il favorisait les juges de paix au détriment des juges suppléants en diminuant les chances d'avancement de ces derniers. Dans l'enquête menée par l'Association en 1916, 1284 magistrats se déclarent opposés à l'admission des juges de paix dans les tribunaux civils contre 276 qui y sont favorables.

QUESTION DÉLICATE : LA VENALITE DES OFFICES

Au mois de juillet 1918, une proposition hardie du député Paul Gruet[462] envisage de transformer en fonctionnaires les avoués, notaires, greffiers, huissiers dont les offices seraient supprimés. La suppression des juridictions pose en effet la question du devenir des avoués et huissiers qui officient auprès d'elles. Les avocats aussi sont concernés, mais quand ils se sont installés, ils n'ont pas acquis une charge, c'est-à-dire monnayé le droit de présentation de leur successeur à la Chancellerie.

Cette appropriation privée des offices ministériels fait alors, régulièrement et depuis longtemps, l'objet de critiques. Que signifie la vénalité des offices, vestige de l'Ancien régime, dans une France républicaine ? La notion de service public ne s'efface-t-elle pas derrière la recherche par le titulaire de la charge de l'exploitation maximale du capital qu'il a investi ? Bien que la Chancellerie exerce

---

[462] Avocat au barreau de Dijon, Paul Gruet est élu, en 1914, député de la Côte d'Or. Il est le plus jeune député de la Chambre. Après la guerre, il retourne au barreau, puis entre dans la magistrature en 1925. Sa proposition est déposée le 9 juillet 1918 (JO Chambre, Doc. parl., p. 1203).

son contrôle sur les prix de cession, les dissimulations de prix par la pratique des dessous de table sont fréquentes. Selon l'expression de Jean Appleton, les prix de cession élevés et l'augmentation continue des charges et obligations imposées aux officiers ministériels, et notamment aux avoués en raison de l'assistance judiciaire, « grèvent le public d'une dîme perpétuelle ». Elles limitent l'accès à la justice des plus modestes, contraints de sacrifier leurs droits pour ne pas avoir à les défendre à trop grands frais. Tirant argument des exemples étrangers (Suisse, Allemagne, Etats-Unis) et de la pratique suivie devant le Conseil d'Etat, la Cour de cassation et le Tribunal des conflits, Appleton, très en avance sur l'évolution des professions, remet en cause la dualité de l'avoué et de l'avocat au profit d'un mandataire-conseil assumant les deux rôles. Il préconise le rachat de toutes les charges, s'appuyant opportunément sur les conséquences du conflit qui ont tellement fait déraper les finances publiques, que la dépense à envisager ne sera qu'« une goutte d'eau dans l'océan des budgets d'après-guerre »[463]. Il n'est pas indifférent que cette proposition émane d'un avocat. Les avocats ne voient pas d'un mauvais œil la disparition des avoués dont ils dépendent pour obtenir des affaires à plaider. Un autre avocat, Jacques Imbrecq, avocat à la Cour d'appel de Paris, exprime qu'il est humiliant pour le barreau d'être sous la dépendance quasi absolue des avoués qui sont pourvoyeurs de clientèle parce qu'ils sont les premiers à recevoir les plaideurs chez eux : « c'étaient encore eux qui, guidant leur client comme par la main, les conduisaient chez les avocats de leur choix et de leur gré ». Ainsi, par le jeu de la camaraderie et des alliances matrimoniales, un avocat n'ayant pas de relations parmi les avoués est condamné à l'insuccès professionnel. Imbrecq se réjouit donc de constater que les plaideurs choisissent de plus en plus directement leur avocat et il perçoit dans cette tendance le signe d'une régénérescence d'un « Barreau nouveau »[464].

Le conflit se présente comme une occasion de réforme car beaucoup d'offices deviennent vacants par la mort de leur titulaire et les candidats potentiels, catégorie également fauchée par la guerre, sont rares. La proposition Gruet est déposée à la Chambre, quelques mois avant la cessation des hostilités, le 9 juillet 1918. Son auteur croit, comme Appleton, que le moment est favorable, notamment sur

[463] J. Appleton, *op. cit.*, p. 9 et 10.
[464] J. Imbrecq, « Le Barreau aujourd'hui », *Le Palais* 25 avril 1914.

le plan financier. La valeur des offices a diminué en raison des évolutions de la justice qui a réduit le recours aux officiers ministériels (assistance judiciaire, concurrence des agents d'affaires, simplification des formes procédurales), en sorte que « l'on ne rencontrera aucune hostilité parmi les titulaires des offices », à condition qu'il soit possible de les indemniser correctement. Il ne saurait être question de spoliation. Le coût de la fonctionnarisation des études est estimé à 500 millions de francs. La proposition prévoit la suppression pure et simple des huissiers, la signification des actes serait réalisée par les greffiers et le plus souvent possible par voie postale. Les commissaires-priseurs doivent aussi disparaître et leurs tâches transférées aux notaires. La proposition Gruet, révolutionnaire sur ces points, l'est encore davantage en ouvrant les carrières de notaire, avoué et greffier aux femmes, à condition qu'elles y soient autorisées par le procureur de la République. Elle traduit l'aspiration à de profonds changements dans les statuts professionnels, changements liés au souci d'améliorer la justice par la diminution des coûts.

Toute réforme judiciaire qui prône des suppressions de juridictions va entrainer la disparition des auxiliaires de justice qui officient auprès des tribunaux concernés. Les chambres de discipline des avoués perçoivent la menace et réagissent plus ou moins, au fil des projets et propositions en fonction des conséquences estimées de leur application. A Amiens, la chambre ne débat pas de ce sujet au moment du projet Bonnevay, en revanche les réactions sont très vives à Bordeaux. Contrairement à ce que pense Gruet, les officiers ministériels n'entendent pas être dépossédés de leur charge, fussent-ils indemnisés. La guerre, loin d'éradiquer les contestations, semble au contraire renforcer l'intérêt qu'ils manifestent pour la défense des conditions d'exercice de leur profession au sein d'une organisation collective. Cependant les avoués sont divisés. Les intérêts des titulaires de grandes études (études de première classe), auxquels s'assimilent plus ou moins ceux qui détiennent une étude de taille moyenne (deuxième classe) diffèrent des intérêts des avoués détenteurs de petites études (troisième classe) plus favorables à la fonctionnarisation. Les grandes études sont situées à Paris et dans les capitales régionales (Bordeaux, Marseille, Lyon), les études de taille modeste dominent partout ailleurs. La réaction à la réforme s'inscrit dans le cadre géographique qui oppose, comme souvent, la France des métropoles à la France provinciale parsemée de villes petites et moyennes.

Bien avant les avocats, les avoués s'étaient réunis dès 1841 en une Conférence afin de défendre leurs intérêts professionnels. Mais, au printemps 1919, la composition de l'association, qui voit le jour à l'initiative des avoués de l'Yonne, révèle qu'il s'agit bien de défendre des intérêts provinciaux sous l'appellation pourtant générale de « Syndicat des avoués »[465]. L'assemblée générale de juillet 1919 mobilise largement : 650 avoués se sont déplacés sur 2 500. Entendant se substituer à l'ancienne Conférence, sous la dénomination de Fédération des avoués de France, ce syndicat interroge les chambres provinciales l'année suivante. Celle de Bordeaux estime que si la réforme de la tarification des actes, inchangée depuis 1807, n'a pu aboutir, la responsabilité en revient aux avoués de troisième classe. Comment ces derniers, majoritaires dans le syndicat, estime-t-on à Bordeaux, pourraient-ils défendre correctement l'ensemble des avoués ? La chambre de Bordeaux opte donc pour le maintien de la conférence et si venait à disparaître, elle se prononce pour la constitution de deux groupements : le premier fédérant les grosses et moyennes études et le second, les petites. Les avoués bordelais entendent d'ailleurs se rapprocher des avoués de la Seine : dans cette circonscription, il existe suffisamment d'études moyennes pour que les intérêts bordelais puissent converger avec ceux des avoués parisiens[466]. En réalité, les avoués dans leur ensemble ne craignent pas à court terme l'aboutissement d'une réforme radicale impliquant la suppression de la vénalité des offices, mais plutôt les conséquences de la refonte de la carte judiciaire lesquelles concernent essentiellement les titulaires des petites études. Aucune solidarité ne caractérise le milieu professionnel des avoués, d'autant que les plus modestes d'entre eux peuvent trouver avantage à la fonctionnarisation.

Parallèlement à la question de la réforme, se pose celle, régulièrement remise sur le tapis, de la rémunération des prestations des avoués. Au cours du congrès de décembre 1919, qui réunit cinq cents d'entre eux, on proteste contre le développement de l'assistance judiciaire qui a fini par représenter de 60 à 70 % des dossiers des

---

[465] Assemblée du 23 avril 1919. Le président de l'association a son étude à Sens, le vice-président à Beauvais. *Gazette des Tribunaux*, 4 mai 1919.

[466] Délibération de l'assemblée générale des avoués de la Compagnie de Bordeaux, 20 juin 1920. Registre de la Chambre des avoués 1913-1926, archives du barreau de Bordeaux.

études. Une motion est votée exigeant la rémunération de ces affaires et l'augmentation du tarif des autres[467]. Sans doute ont-ils été entendus : quelques jours plus tard, deux décrets viennent, le 29 décembre, augmenter respectivement le tarif des avoués et celui des greffiers[468]. Les autres questions demeurent en attente, les avoués, pas plus que les avocats, n'obtiennent satisfaction en ce qui concerne l'assistance judiciaire, laissant les esprits d'autant plus chagrins que les diverses réformes ne sont pas les seuls soucis des auxiliaires de justice. Ils doivent affronter, au même moment, les revendications de leur personnel, clercs et commis aux écritures. Ces obscurs gratte-papiers, qui touchent des salaires notoirement très bas, estiment qu'il est justifié, la guerre terminée, d'obtenir une amélioration de leurs conditions d'existence en se groupant, eux aussi. L'association qu'ils constituent, « La Basoche », tire argument de l'insuffisance de personnel, conséquence de la mortalité du conflit qui rend les survivants indispensables, pour demander des appointements fixes, la participation au produit des offices et la constitution de retraites. Le congrès des notaires, fin 1919, n'a d'autre choix, pour que les études ne soient pas désertées, que d'accueillir favorablement les revendications.

Si l'on prend en compte toutes ses composantes et implications, le dossier de la réforme de la justice, au lendemain du conflit, est énorme. Il peut sembler qu'un événement aussi gigantesque qu'une guerre mondiale de plus de quatre ans, en ce qu'il a profondément bouleversé les habitudes et le fonctionnement des sociétés, soit porteur d'un désir de changement à la manière d'une renaissance. Il apparaît, au regard des polémiques concernant la justice, qu'il n'en est rien. Qu'il s'agisse des magistrats, des juges de paix ou des auxiliaires de justice, la guerre a pu favoriser quelques évolutions, mais elle n'a pas permis l'émergence de véritables réformes structurelles.

[467] *Gazette des Tribunaux*, 7 janvier 1920.
[468] *Gazette des Tribunaux*, 25 janvier 1920.

CHAPITRE 14

LES SOUFFRANCES DU PALAIS

Les souffrances causées par la guerre défient ce que l'imagination des contemporains pouvait concevoir. Elles nous impressionnent encore aujourd'hui malgré la banalisation de la violence engendrée par les conflits ultérieurs. La mort est au centre des souffrances de la Grande Guerre ; un phénomène que l'on ne parvient pas à quantifier exactement : environ 1 400 000 combattants français selon les statistiques officielles. Près de la moitié sont des disparus, c'est-à-dire des morts au corps dispersé et rendu anonyme par la guerre industrielle. Le bilan global est en réalité plus lourd car il faut prendre en compte la mort différée des survivants dont la vie a été abrégée par les séquelles de la guerre et les victimes civiles. Si l'on voulait apprécier totalement l'onde de choc mortifère du conflit, il faudrait en outre ajouter les morts indirectes, celles des proches que le chagrin de la perte a anticipées[469].

L'ampleur de cette mortalité collective implique une réponse sociale qui lui donne un sens. Elle est, dès la seconde année du conflit, de glorifier les morts qui deviennent des héros, des « Morts pour la France », célébrés au cours de multiples et grandioses commémorations. Auprès d'eux, les combattants qui reviennent de la guerre, jamais tout à fait indemnes psychiquement, plus ou moins diminués physiquement, peinent à être reconnus dans leurs traumatismes : plus de 3 millions de blessés (un sur cinq le fut plusieurs fois) dont 1 200 000 invalides.

La société française d'après-guerre offre le spectacle quotidien de femmes en deuil et de mutilés, pourtant la page du conflit se tourne en quelques années dans la frénésie des « années folles », ce qui plonge

---

469 Sur la surmortalité : Winter J., Robert J.-L., « Un aspect ignoré de la démographie urbaine de la Grande guerre : le drame des vieux à Berlin, Londres et Paris », *Annales de démographie historique*, 1993, p. 303. Alors que l'espérance de vie augmente, au cours du conflit, dans ces trois capitales, les plus âgés subissent une catastrophe démographique que les restrictions de la guerre ne peuvent à elles seules expliquer.

les combattants, surtout ceux dont le corps garde les marques du conflit, dans une profonde amertume.

DEUILS DE GUERRE

Le monde du Palais a vécu ses deuils comme un holocauste, une immolation collective de sa jeunesse d'élite à la cause du droit et de la justice dépassant le cadre ordinaire du devoir citoyen. Cette perception va conduire à faire des morts des martyrs, voire même des saints. La réalité est-elle conforme à cette perception ? L'examen des données chiffrées par lesquelles on peut tenter d'approcher quantitativement la mortalité du Palais, faute de statistiques officielles, révèle que les professions judiciaires n'ont pas été touchées autant qu'elles ont pu en avoir le sentiment collectif, laissant se glisser, entre réalité et discours, l'image que le milieu avait de lui-même et voulait donner de lui-même. Les discours de rentrée, les mercuriales d'assemblées générales de juridictions, les discours de commémoration prononcés à l'occasion des inaugurations de plaques et de monuments, les discours de rentrée des conférences du stage, les livres d'or des barreaux constituent la principale source permettant d'évaluer la mortalité des professionnels de la justice regroupés, pour magnifier la gloire du milieu, au sein de la grande « famille judiciaire ».

L'ampleur du deuil

Aujourd'hui, on se fie pour apprécier la mortalité de la magistrature et de la justice de paix à la liste qui figure, depuis la fin du conflit, en annexe de chaque édition de l'Annuaire de la Magistrature. Il est probable qu'elle a été établie sur les indications délivrées par le ministère de la Justice bien qu'aucun dénombrement n'ait à ce jour émergé des archives de l'administration centrale, hormis quelques feuillets sans dates et ne correspondant pas à la liste publiée dans l'Annuaire. Quelques rapprochements effectués avec des sources locales révèlent que cette liste est incomplète d'au moins une dizaine de noms. Les omissions concernent des juges de paix relevant pour moitié du ressort de la Cour d'appel de Nancy, partiellement occupé au cours du conflit. Selon les données dont nous disposons, la magistrature a perdu un peu plus de cent magistrats, auxquels il faut ajouter environ cinquante juges de paix[470].

S'il s'avère difficile de chiffrer avec exactitude les morts de la magistrature, la tâche s'annonce encore plus ardue pour les avocats. Certes, localement le nombre de morts d'un barreau est en général connu, mais le nombre de barreaux ne permet pas d'envisager de collecter les données pour les additionner et supprimer les doublons, car les avocats qui ont changé de barreau au cours de leur carrière sont comptabilisés plusieurs fois. Si l'on rapporte les 436 avocats morts, à l'effectif, stagiaires compris de la population étudiée, 4 263 avocats[471], on obtient un taux de mortalité d'environ 10,22 %. Par extrapolation, c'est-à-dire en appliquant ce taux aux 7 300 avocats que compte la France métropolitaine en 1914, on peut estimer que la guerre a tué environ 750 avocats. Ce nombre est sans doute excessif car l'échantillon comprend principalement les grands barreaux qui ont une plus grande proportion de jeunes avocats. Or logiquement plus un barreau est jeune, plus la mobilisation et la mortalité y ont été importantes. Où donc arrêter le curseur dans l'énorme écart entre les 436 morts qui sont certains et la projection maximale de 750 morts ? L'impossible dénombrement d'une population, pourtant limitée, conduit à se ranger à l'opinion d'Antoine Prost selon laquelle toute estimation de la mortalité de la Première Guerre mondiale est sujette à caution et doit être interprétée avec énormément de prudence[472].

Quant aux morts anticipées par le chagrin résultant de la perte d'un ou plusieurs fils, mieux vaut renoncer à les évaluer. Pour autant, la réalité statistique du phénomène émerge des discours de rentrée, comme des procès-verbaux des conseils de l'Ordre, partout et durant tout le conflit. La surmortalité s'y dessine dans l'augmentation de la fréquence des décès par rapport à l'avant-guerre et elle est souvent mise en lien avec le conflit comme l'effet de « la tristesse des deuils privés innombrables »[473]. L'hommage rendu au conseiller Bomboy, à

---

[470] Colonies et victimes civiles comprises et en incluant les oubliés de la liste de l'annuaire.

[471] Etude effectuée sur les données concernant les barreaux de cours d'appel de la métropole (vingt sur les vingt-six) et le barreau de Marseille, en raison de son importance.

[472] A. Prost, *Les Anciens combattants et la société française* 1914-1939, Paris 1977. A. Prost, J. Winter, *Penser la guerre. Un essai d'historiographie*, Paris, Seuil 2004.

[473] Discours de l'Avocat général Delrieu, audience solennelle de la Cour de cassation, 16 octobre 1918.

la Cour d'appel de Paris, en 1915, est représentatif des relations maintes fois établies entre ces deuils et la mort des fils :

« Il est mort, déclare le président de Chambre Servin, victime de la terrible guerre qui s'est abattue sur notre pays... notre malheureux collègue dans ce foyer si cruellement dévasté n'a plus eu la force de vivre ».

Encore plus explicite, le bâtonnier Henri-Robert ajoute, en cette même occasion, à propos de la guerre :

« Elle ne tue pas seulement dans les tranchées, elle ne tue pas seulement nos enfants dans les hôpitaux... quand nous ferons le bilan et quand nous compterons, si nous survivons à cette terrible et glorieuse guerre, tous ceux qui sont partis, nous constaterons combien de parents infortunés ont été frappés par contrecoup et sont morts de la mort de leurs enfants »[474].

Le discours et la réalité

La mortalité de guerre n'est pas un phénomène homogène, certaines catégories de mobilisés sont plus touchées que d'autres. Aussi s'apprécie-t-elle par référence à des ratios. L'approche globale des « morts/mobilisés » et des « morts/population active » donne en moyennes nationales, respectivement, 16,5 et 10 %. Si elles sont très élevées, elles masquent une réalité encore plus dramatique qui émerge lorsqu'on intègre les paramètres de la classe d'âge, de l'arme, du grade. La situation la plus exposée est d'abord celle du combattant à laquelle permettent d'échapper les affectations dites « spéciales » dans les bureaux, états-majors et services auxiliaires, divers et nombreux, ainsi que l'appartenance aux classes les plus anciennes affectées à la logistique. Ainsi, le taux de mortalité s'élève à 29,5 % pour les classes 1910-1914 et tombe à 0,8 % pour les classes 1887-1889[475]. La mortalité frappe bien davantage l'infanterie (87 % des morts) que les autres armes. Les officiers subalternes et les sous-officiers, qui prennent la tête des assauts, sont plus exposés (19 % de morts) que les hommes de troupe ou les généraux (12%), ce qui explique l'hécatombe que l'on observe dans l'ensemble du monde enseignant, grand pourvoyeur d'officiers subalternes et de sous-officiers, de

---

[474] *Gazette des Tribunaux*, 26 décembre 1915.

[475] On estime approximativement que 52 % des morts français avaient entre 20 et 30 ans.

Normale Sup (29 % des promotions 1908-1918) aux instituteurs (20 % au moins du corps soit 6 000 morts)[476].

C'est précisément à la catégorie des officiers qu'appartiennent presque tous les avocats mobilisés. Peut-on se fier aux discours qui affirment que ce milieu a été particulièrement frappé par la guerre et plus que d'autres ? Le nombre de morts du barreau parisien (231) est incontestablement élevé. Il est juste d'y discerner une hécatombe, d'autant plus insupportable qu'elle frappe le barreau dans son renouvellement, c'est-à-dire les stagiaires et le bas du tableau des inscrits. On ne saurait pourtant dire que ce barreau a été frappé plus durement que les autres, ni que la nation dans son ensemble, même si les discours soulignent son martyrologe. Certes, son taux de mobilisés (50 %) le classe parmi les barreaux que le conflit a le plus vidés et sa mortalité (18,11 %) le place au-dessus de la moyenne nationale et d'autres barreaux (Rennes 17 %, Lyon 10 %, et plus encore Aix 7,5 %), mais en dessous de la moyenne des officiers. En dessous aussi des taux relevés pour les barreaux d'Angers et Limoges (20 %) ou de Grenoble (26 %). Aussi, lorsqu'avec une modestie assez superficielle, les discours distillent que le barreau de Paris a fait son devoir et rien de plus, il convient de les prendre au pied de la lettre. On y est cependant bien persuadé du contraire. Comment l'expliquer ? Le barreau de Paris est de loin le plus important de France par son nombre d'avocats (2 500 avocats en 1914 sur 7 300, soit plus d'un avocat sur trois). La guerre a provoqué le départ massif et particulièrement visible de 1 275 d'entre eux, lequel a pu renvoyer une impression de surinvestissement dans la guerre : Charles Chenu ne prétend-il pas que les deux tiers des avocats ont été mobilisés ? Dès le début du conflit, alors que la guerre se révèle particulièrement meurtrière, la comptabilité des morts s'affiche, selon un suivi méticuleux, par l'inscription de nombreux noms sur un grand tableau noir dressé dans la bibliothèque des avocats. Chaque nouvelle inscription vient augmenter la souffrance collective qu'atteste une liste finale très impressionnante. Enfin, évoquer un martyrologe aide à supporter l'immense douleur : la référence à un devoir en quelque sorte sur-accompli vient expliquer et plus encore justifier une mortalité stupéfiante.

---

[476] J.-J. Becker, *La Première Guerre mondiale*, Paris 2003, p. 174. Plus de 8 000 selon d'autres estimations. Si des Livres d'or ont été publiés dans tous les départements, la synthèse et le recoupement des sources n'ont pas été réalisés. Le plus lourd tribut payé à la guerre (42 % du total des morts) est celui des paysans.

L'INTENSITE COMMEMORATIVE

Ainsi que le souligne Annette Becker, la mort constitue un « enjeu politique et symbolique fondamental » dans les années vingt[477]. Lorsque la guerre s'achève, les contemporains ont le sentiment de sortir du plus grand traumatisme que la France ait connu. En organiser le souvenir collectif s'impose comme une priorité indispensable à la reconstruction psychologique. Cette volonté de lutte contre l'oubli fait se dresser quelque 30 000 monuments aux morts dans les communes autour desquels les vivants pourront se recueillir chaque 11 Novembre, date anniversaire de la cessation des combats[478]. La « liturgie funéraire », selon l'expression d'Antoine Prost, s'accompagne d'un « culte républicain » que concrétise au plan national le dépôt d'une gerbe, par le président de la République, sur la tombe du Soldat inconnu. Les morts sont aussi célébrés dans le cercle privé des familles où les cheminées et buffets, ornés de photos, citations et médailles, se transforment en autels. Ils le sont aussi au sein de tous les groupes auxquels ils appartenaient : paroisses, associations diverses et groupes professionnels.

Le culte des morts est une tradition chez les magistrats et les avocats. La rentrée judiciaire constitue le moment privilégié de l'hommage rendu aux décédés de l'année écoulée : les allocutions prononcées sont pour moitié consacrées à l'évocation, toujours élogieuse, de la carrière des disparus. A cette commémoration s'ajoutent souvent les hommages individuels, rendus dès la connaissance du décès d'une figure du barreau ou d'un membre important d'une juridiction, en préambule à l'ouverture d'une audience. L'usage veut aussi, chez les avocats, que les membres du conseil de l'Ordre, portant robe et gants blancs, se rendent aux obsèques des confrères et que le bâtonnier prononce un discours confraternel sur leur tombe.

La commémoration des morts de la guerre se présente cependant sous un jour différent des hommages habituels parce qu'elle répond, au-delà du respect formel d'une tradition, à une nécessité impérieuse

---

[477] A. Becker, *La guerre et la foi. De la mort à la mémoire 1914-1930,* Paris A. Colin, p. 107.

[478] Fête du souvenir, instaurée par la loi du 24 octobre 1922.

pour les vivants. A la faveur des commémorations, la famille judiciaire va saisir l'occasion de réintroduire le cérémonial religieux auquel elle avait dû renoncer lorsque s'était opérée la laïcisation de la justice, cérémonial dont beaucoup cultivait la nostalgie des fastes costumiers. Les modalités de la commémoration que l'on observe dans ce milieu n'ont cependant rien de spécifique : des discours sont prononcés, des cérémonies sont organisées, des plaques et monuments inaugurés et des livres d'or imprimés. Pour autant, elles ne se coulent pas complètement dans les stéréotypes. Les hommages aux morts s'étendent sur une petite dizaine d'années, puis les manifestations s'espacent dans le temps, car se souvenir et oublier participent d'une dialectique complexe dont les deux termes présentent la même nécessité.

Commémoration et quête de sens

Nul n'ignore que la guerre tue et les soldats partis en août 1914, comme leurs proches, savaient que la mort pouvait les toucher. Mais personne ne pouvait croire qu'elle faucherait autant de combattants. La prise de conscience en est rapide : au bout de quelques mois de conflit, la France pleure des centaines de milliers de morts. Penser cette mort de masse, pour éviter de sombrer dans l'absurde, s'impose aux différents niveaux du corps social. Par la loi du 2 juillet 1915, qui crée le concept de « Mort pour la France », l'Etat confère aux morts, en rappelant la finalité de leur sacrifice, un statut glorieux qui les distingue des défunts ordinaires, dont la mort devient alors assez vaine, puisque, par comparaison, ils sont morts pour rien[479]. Quelques mois plus tard, la loi du 29 décembre 1915 vient ancrer le souvenir des morts combattantes dans l'éternité par la reconnaissance du droit à une sépulture perpétuelle. A l'issue du conflit, l'inhumation d'un soldat inconnu sous l'Arc de Triomphe permet d'étendre la considération pour la mort combattante aux familles de disparus et de fixer le lieu de l'hommage national que rend, chaque 11 novembre, le président de la République.

---

[479] Il se traduit par une mention portée en marge des actes de décès mais aussi sur tout document administratif où figure le nom des morts. A. Deperchin, « La guerre, la mort et le droit », I. Homer et E. Pénicaut (dir.), *Le soldat et la mort dans la Grande Guerre*, PUR, 2016.

Le milieu judiciaire s'inscrit pleinement dans les axes du discours officiel qui s'applique à convaincre que la guerre fait sens. Mais alors que l'analyse des discours prononcés à l'occasion des premières célébrations d'après-guerre, et sous l'effet du souffle pacifiste, fait émerger l'idée que la guerre est une « tuerie », une « boucherie », « un massacre », « un carnage », les adjectifs accolés renforçant ces termes par « infâme », « horrible », « effroyable », « atroce »[480], on constate que ces mots sont totalement absents du vocabulaire des juristes. Leurs allocutions, au contraire, subliment la guerre dont l'horreur semble ignorée. Discours de l'idéal, les allocutions développent un imaginaire de sublimation de la mort en écho des valeurs et des principes dont les professions judiciaires s'estiment dépositaires. Les combattants, et tout particulièrement ceux de la famille judiciaire, sont tombés pour la défense de l'idéal séculaire de la France de justice, de bonté, de progrès (audience de rentrée 1915, Cour d'appel de Nancy), car les juristes se consacrent professionnellement à faire triompher ces valeurs. La mort des combattants du Palais a donc plus de sens que celle des autres combattants. Ils sont morts, comme les militaires de carrière, par devoir professionnel comme le révèle l'emploi fréquent des termes de « défense » et de « cause » pour qualifier leur combat.

Cette justification des souffrances infligées par la guerre s'observe quels que soient la juridiction et le moment de la guerre. La volonté d'imposer le droit bafoué se traduit par la correspondance établie entre le glaive du guerrier et celui de la justice. Magistrats et avocats « impuissants à libérer la justice par le droit doivent, dépouillant leur toge, descendre dans l'arène… pour repousser l'effroyable retour de la barbarie » (audience de rentrée Cour d'appel de Lyon, 1915). Le lien indissociable entre guerre, droit et justice s'affirme ainsi comme l'un des thèmes les plus rebattus de la rhétorique commémorative des discours de rentrée : « le bon combat » (Nancy, 1917), la lutte suprême pour le « respect du droit » (Poitiers 1918), « la confiance inébranlable en notre droit, véritable garantie du succès » (Chambéry, 1918), « les soldats suprêmes de la morale, les champions de cette loi… Les valeureux combattants du droit et de la justice » (Paris, 1916), « Notre cause est celle du droit éternel » (Lyon, 1917), « soldats du droit et de la civilisation… Dans le combat inouï que la France et ses alliés soutiennent pour la civilisation » (Nancy, 1915).

[480] A. Prost, *Les Anciens combattants et la société française* 1914-1939, Paris 1977, vol. 3, p. 68 s.

Avocats et magistrats sur ce terrain ne s'opposent pas : « Pour l'avocat, il n'est point de cause à défendre plus belle et plus sacrée que celle de la patrie » (Paris, 1915), le barreau « luttant tous les jours par des centaines de voix éloquentes pour le droit… n'a rien changé à son rôle en prélevant tout ce qu'il possédait de plus jeune pour l'envoyer à un combat dont l'enjeu est la liberté du monde » (Lyon, 1915). Dans ces discours, le droit se fond dans l'invocation de la France dont il est indissociable. Une France, « patrie du droit » (Nancy, 1915), porteuse du « glaive foudroyant de la justice » (Chambéry, 1916). Une France, pays de la liberté et phare du monde, « modèle et idole des peuples libres » (Chambéry, 1918), la guerre est perçue comme « la lutte immense de l'issue de laquelle dépendait non seulement le sort de la France, mais encore l'avenir de l'humanité » (Agen, 1918).

Chez les avocats, le sens de la mort s'enrichit d'une valeur pédagogique qui s'insère très logiquement dans la mission traditionnelle des barreaux : former à l'argumentation et à la rhétorique, inculquer les principes déontologiques. De même que la guerre prolonge l'action de l'avocat, la mort de l'avocat combattant vaut leçon pour les avocats stagiaires, comme l'exprime le bâtonnier O'Zoux, à Bordeaux, lors de la rentrée de la conférence du stage, en février 1919 :

« Au Palais de Bordeaux, nous penserons toujours à nos morts et à leurs enseignements. Ils nous ont rappelé comment les avocats savent mourir pour la France. Ils nous rappelleraient à l'occasion que si l'honneur l'exige, la guerre fut-elle encore plus cruelle, devrait être de nouveau menée bravement jusqu'au bout. J'en atteste de ceux qui ne sont plus : il y aurait encore des avocats pour aider à la gagner »[481].

Les enseignements dont il s'agit dans ce discours n'ont rien de théorique, ils valent par l'exemple. Ce mot revient fréquemment, pendant comme après la guerre, et que rappelleront les plaques commémoratives : « Cette plaque commémorative restera pour nous un appel au devoir. Votre mort servira de pieux exemple » (bâtonnier Patry, Limoges 8 novembre 1919), « Nos yeux s'arrêteront sur le marbre avec la légitime fierté : plus tard il montrera à nos successeurs comment les anciens savaient mourir pour la France » (Bâtonnier Devimeux, Douai 1920). La guerre, opérant une inversion dans l'ordre logique des décès, introduit un paradoxe dans ce milieu au

[481] *Petites affiches de la Gironde*, 6-9 mars 1919.

fonctionnement gérontocratique. Les aînés, toujours prompts à reprendre et sanctionner les plus jeunes, reçoivent de ces derniers une leçon de dévouement, de désintéressement, plus encore d'abnégation.

Le discours commémoratif

Même si le consentement à la guerre a été général et s'est maintenu, avec des hauts et des bas, au cours du conflit, il fallait néanmoins beaucoup de mots et développer une rhétorique efficace pour convaincre ceux qui les écoutaient, comme ceux qui les proféraient, de la certitude que l'immensité du sacrifice collectif de la jeunesse et des forces vives de la nation était porteuse de sens.

Les discours commémoratifs ont pour objet de canaliser l'émotion des vivants confrontés à la douleur. Antoine Prost a souligné la stabilité de la rhétorique des discours commémoratifs prononcés dans l'immédiat après-guerre. Il semble que le milieu judiciaire n'ait pas échappé aux stéréotypes par la similitude des thèmes, des attitudes et des formules que l'on observe. Les allocutions intègrent toujours le thème de la guerre du droit et valorisent la part qu'y ont prise les juristes en tant qu'élite. Elles sont pétries de la haine de l'Allemand et célèbrent le culte de la patrie renforcé par le goût du sacré qui caractérise le milieu. Le devoir s'estompe derrière le sacrifice. Les orateurs donnent l'impression de s'être copiés les uns les autres. En fait, partageant les mêmes représentations et la même culture littéraire, ils se sont inspirés des mêmes sources. L'influence de Victor Hugo est évidente, en particulier, son « Hymne », tiré des *Chants du crépuscule* qui, mis en musique par Harold, était appris, voire chanté, dans toutes les écoles de la République :

« Ceux qui pieusement sont morts pour la Patrie
Ont droit qu'à leur cercueil la foule vienne et prie.
Entre les plus beaux noms, leur nom est le plus beau,
Toute gloire près d'eux passe et tombe, éphémère
Et comme une mère
La voix du peuple entier les berce en leur tombeau
Gloire à notre France éternelle !
Gloire à ceux qui sont morts pour elle !
Aux martyrs ! Aux vaillants ! Aux forts ! »[482]

---

[482] L'ouvrage, écrit pour le premier anniversaire de la révolution de 1830, constitue une ode au patriotisme républicain.

Ces vers célèbres sont paraphrasés, parfois repris dans leur intégralité, comme dans le discours du bâtonnier de Lyon, René Garraud, le 1er juillet 1919. L'œuvre d'Henri de Régnier, autre poète alors très en vogue, fournit aussi un modèle poétique et fait l'objet d'emprunts, en particulier, son poème « De la fête des Morts » dont les trois premières strophes sont recopiées par l'ordre marseillais pour accompagner le procès-verbal de la séance, qu'à titre de condoléance, il adresse aux parents d'un avocat mort au front[483]. Si les emprunts aux poètes sont fréquents, le milieu s'enorgueillissant d'être une pépinière de talents poétiques, puise dans sa propre production. Charles Mathiot et Bertrand de Laflotte, avocats à Paris, écrivent des poèmes en hommage à leurs confrères décédés. Ce dernier obtient même un prix pour son recueil *Dans les Flandres*, publié en 1916[484]. L'avocat amiénois, Garet, écrit une ode aux avocats de son barreau qu'il lit lors de l'inauguration de la plaque confraternelle, dont seuls les deux derniers vers sont empruntés à Victor Hugo. Certaines allocutions semblent avoir puisé leur inspiration dans les messages et discours de Poincaré, comme dans les messages du gouvernement. D'autres, à l'instar de l'avocat Charles Chenu et du procureur William Loubat, selon des sympathies politiques avouées, ont puisé à ce que Raoul Girardet a appelé « la littérature de la Revanche », dont Déroulède est le meilleur représentant.

L'objectif des orateurs est de valoriser les combattants de la famille judiciaire à travers une approche positive de la guerre, rehaussée par des images. Ainsi que l'observe Antoine Prost, les trois constituants de la représentation de la guerre avant 1914 (représentation du combat par l'assaut, représentation du soldat dans l'adhésion au devoir, représentation de l'ennemi en barbare) persistent dans les commémorations de l'immédiat après-guerre. Mais plus le temps passe, note-t-il, plus guerre et mort deviennent indissociables pour donner des représentations très différentes, pour ne pas dire opposées. L'assaut est assimilé à une tuerie inutile, le soldat demeure résolu, mais n'est plus enthousiaste et l'adversaire est humanisé[485]. La guerre n'a plus de connotation positive dès les premières inaugurations de

[483] Séance du 9 novembre 1914, archives du barreau de Marseille.
[484] Prix Chauchard de la Société des Gens de Lettres, *Gazette des tribunaux*, 21 décembre 1916.
[485] A. Prost, « Les représentations de la guerre dans la culture française de l'entre-deux guerres », *Guerre et cultures 1914-1918*, p.13.

monuments aux morts. Les discours des membres de la famille judiciaire semblent échapper à ce constat, quelque soit le moment où ils furent prononcés. Leur analyse révèle qu'ils s'assignent de minimiser la douleur des vivants par une appréciation positive de la mort : « La mort superbe, la mort d'une beauté socratique, une belle mort » (audience de rentrée, Lyon 1916), « Nous ne devons pas pleurer ceux qui après avoir lutté pour nous sur nos champs de gloire y ont trouvé la plus belle des morts » (audience de rentrée, Poitiers 1915), la mort confère des « lettres de noblesse » (audience de rentrée, Agen 1915), « les morts heureux » (bâtonnier O'Zoux, Bordeaux 1919). La dénégation forcée de l'horreur de la mort confine parfois au mauvais goût. Ainsi s'exprime le procureur général Loubat à propos d'un jeune avocat en quelque sorte sauvé grâce à sa mort d'une vie qui aurait été difficile, voire médiocre :

« La guerre a changé sa destinée et l'a remplie au centuple en quelques jours. Tandis qu'il lui aurait fallu des années et des années pour mériter au palais un souvenir, bien passager d'ailleurs, il est, dans un rapide moment, sorti de la vie, en pleine fleur et au plus fort de la gloire » (audience de rentrée, Lyon 1915).

La mort étant valorisée, corrélativement, la vie est dépréciée par l'impermanence qui la caractérise :

« Le temps de notre vie est une fleur qui passe. Seuls l'honneur et la gloire restent un peu. Les noms des morts plus heureux que les nôtres ne périront pas. Ils flamboieront sur les marbres que nous ferons dresser » (audience de rentrée, Lyon 1915).

La situation des morts s'avérant plus enviable que celle des vivants, il ne convient pas de les pleurer. Le discours des magistrats comme des avocats est campé dans le stoïcisme.

Dans la tradition du milieu judiciaire, on évoque les morts de l'année sous la forme d'une galerie de portraits. La guerre ne fait qu'allonger la partie dévolue à la nécrologie dans les discours de rentrée et de conférences du stage et les descriptions, construites sur le même modèle qu'avant la guerre, s'enrichissent de détails, parfois jusqu'à la profusion afin de les rendre plus vivants : récit de la vie et récit de la mort, parfois de l'inhumation. Le mort s'ancre davantage dans la famille judiciaire s'il est fils, frère, neveu ou autre proche d'un membre de la juridiction ou du barreau local. L'idée de lignée est ainsi soulignée dans l'allocution de rentrée à Poitiers, en 1915, où elle est présentée comme le fondement de l'appartenance à l'élite. Tout ce qui peut attester l'excellence est mentionné : le fait d'avoir été lauréat de la faculté, secrétaire de la conférence, d'avoir obtenu un doctorat, comme l'investissement personnel dans des associations caritatives. Des précisions sont données sur l'arme, le grade, les affectations ; les faits d'armes sont décrits et se nourrissent du texte des citations obtenues, comme de la participation aux grandes batailles, parmi lesquelles Verdun tient une place emblématique. Le portrait s'achève souvent par la description des actions de dévouement et de la mort, voire de l'agonie.

Les juristes aiment l'histoire et leur goût de la tradition les pousse à rechercher des racines et des filiations. Dans le processus commémoratif, l'histoire, tissée d'allégories et de mythes, fait penser à l'imagerie d'Epinal et théâtralise la guerre. Les morts de la famille judiciaire sont identifiés aux grands héros du passé, tandis que par opposition les ennemis incarnent les valeurs du mal qui, à tous les siècles, ont déferlé d'outre-Rhin. Le procureur Loubat affectionne Bayard, Turenne, Condé, Hoche, Napoléon, Gambetta[486], tandis que le bâtonnier Patry, lors de l'inauguration de la plaque aux avocats morts pour la France à Limoges, en 1919, met l'accent sur les soldats de la Révolution :

« L'Allemand avait bien raison de penser que nous étions encore des révolutionnaires... Vous n'aviez pas une ardeur plus grande que la nôtre, volontaires de 1792 quand vous marchiez vers l'ennemi aux accents de la Marseillaise et du Chant du Départ. Et ce n'est point diminuer votre gloire que de dire que l'idéal de nos soldats de 1914 était aussi pur que le vôtre ».

En mourant, les membres de la famille judiciaire ont écrit une page de l'histoire nationale, une histoire qui vient s'épanouir dans la République en intégrant au passage des héros de l'Ancien régime dès lors qu'ils se sont distingués dans la lutte contre un ennemi extérieur.

Le laïc et le religieux

Les premières commémorations apparaissent dès le début du conflit dans la volonté d'organiser le souvenir de manière provisoire. Des rassemblements religieux et laïcs, des tableaux constitués de matériaux rudimentaires précèdent les plaques et monuments, l'édition des livres d'or et de plaquettes. Il s'agit, comme on peut le

[486] Audience solennelle de rentrée, Chambéry 1919.

relever dans le discours de rentrée de la Cour d'appel de Poitiers, en 1915, de « déposer quelques palmes, lauriers, fleurs sur tant de terre fraichement remuée ». La *Gazette des tribunaux* permet de saisir l'expression cette ferveur commémorative au cours du conflit, à Paris. Un « Tableau d'honneur » aux morts du barreau, complété un peu plus tard d'un tableau des citations, fait son apparition le 31 décembre 1914, dans la bibliothèque des avocats. A ce moment, le barreau de Paris a déjà perdu 40 de ses membres, ils seront 50 trois semaines plus tard. Dans les premiers jours de janvier, à cette initiative du bâtonnier Henri-Robert, répond l'apposition par le Premier Président de la cour d'appel d'un tableau identique consacré aux magistrats du ressort. A la fin du mois, lors d'une séance du conseil de l'Ordre, Millerand, alors ministre de la Guerre, vient rendre hommage à la mémoire de ses confrères. En mars de la même année, l'association patriotique « La Reconnaissance Nationale », fondée depuis peu et dont Charles Chenu est l'un des administrateurs, offre à l'Ordre des avocats un nouveau Tableau d'honneur qui est placé à l'entrée de la bibliothèque. Le mois suivant, Cartier, doyen de l'Ordre et ancien bâtonnier, offre à son tour un tableau sous lequel il place une jardinière de plantes vertes qu'il vient régulièrement entretenir, tandis que les avocats belges réfugiés à Paris s'occupent tous les quinze jours à renouveler le bouquet d'orchidées qu'ils ont déposé au milieu de la verdure. Les membres du 3ème conseil de guerre rehaussent l'ensemble d'une palme, à laquelle s'ajouteront celles des barreaux de Petrograd et de Bruxelles, en 1916. En province, le besoin de commémoration est tout aussi pressant. C'est ainsi qu'à Marseille, en octobre 1914, le conseil de l'Ordre, qui vient d'apprendre la mort du premier avocat marseillais, envisage la pose d'une plaque de marbre dans la bibliothèque où seront indiqués les noms des membres du barreau tombés pour leur pays[487]. Quelques jours plus tard, il décide de la publication d'une plaquette qui consignera toutes les citations obtenues par ces confrères. Plus modestement, à Dijon, on installe dans la grande salle de l'Ordre un simple tableau pour garder la trace immédiate des disparitions. Dans le même souci, l'Ordre toulousain décide, le 28 décembre 1914, de faire inscrire les noms des « chères victimes de la guerre » sous le tableau et la liste des stagiaires. A partir de ce moment, les séances du conseil commenceront toujours par

[487] Séances des 6 et 12 octobre 1914, archives du barreau de Marseille. Cette plaque ne sera finalement pas posée avant 1920.

l'évocation des nouvelles des avocats au front, en particulier de ceux qui ont obtenu une distinction ou sont morts. Le secrétaire des séances n'a de cesse d'avoir obtenu des familles des détails sur les circonstances du décès pour étoffer les hommages qu'il recopie dans le registre des délibérations, comme s'il constituait un livre d'or. Ce qui se pratique à Toulouse s'observe à Dijon, à Marseille et à Lyon, ville où chaque année à partir de 1915, les avocats et les avoués organisent conjointement une cérémonie religieuse à la Primatiale. Dans d'autres barreaux, comme Aix, Grenoble, Agen, la commémoration des morts emprunte la forme plus modeste d'une inscription dans un encart spécial sur le tableau, tandis qu'à Caen et Chambéry, les registres n'ont gardé aucune trace de commémoration.

Dans les grands centres judiciaires, la commémoration connaît un pic lors des célébrations religieuses à la mémoire des avocats : le 29 novembre 1915 à Nîmes, le 10 juillet 1916 à Montpellier, le 17 novembre 1917 à Marseille, le 6 novembre 1917 à Toulouse. Les cérémonies à Paris connaissent un retentissement particulier en raison du faste qui les entoure : cérémonies catholique, protestante et israélite, respectivement les 22, 24 et 27 mai 1916. L'office catholique rouvre au monde judiciaire, le 22 mai, les portes de la Sainte Chapelle. Il réveille chez beaucoup le souvenir émerveillé de la messe du Saint-Esprit, dite messe rouge en raison de la couleur de la robe des magistrats, messe qui chaque année marquait la reprise des travaux judiciaires et qui avait été supprimée au nom d'une laïcité que beaucoup jugeaient sèche sur le plan de la solennité. La musique y tient une place particulière, un soin attentif ayant été porté au choix des morceaux interprétés, pour en exclure les compositeurs allemands. Le moment, incontestablement marqué par une grande émotion, marquera les esprits comme un temps fort de la guerre, intégré à la mémoire du conflit. Les deux autres cérémonies, au Temple de l'Oratoire du Faubourg Saint-Honoré et à la synagogue de la rue de la Victoire font l'objet d'une relation nettement plus sobre dans la presse judiciaire.

Confrontés à ce retour en force du religieux que favorise la guerre, les avocats n'appartenant à aucune confession s'estiment lésés et rédigent une pétition pour obtenir une cérémonie civile. Elle contraint le conseil de l'Ordre à prendre, le 6 juin 1916, un arrêté qui en fixe la date au 28 octobre. Lors de cette cérémonie, le président de la

République, Raymond Poincaré, venu en avocat, prononce un discours qui confère à l'événement une solennité toute laïque[488].

En raison de leur caractère religieux, les cérémonies ne réunissent pas partout l'ensemble de la famille judiciaire. L'association des magistrats aux manifestations religieuses est en effet problématique et se trouve posée avant la loi de séparation de l'Eglise et de l'Etat, depuis que la circulaire Monis (11 décembre 1900) a interdit toutes les cérémonies religieuses célébrées par les cours et tribunaux. Par ailleurs, la magistrature garde le souvenir traumatisant de la question des congrégations. La prudence est par conséquent de mise dès qu'il s'agit de religion. Ainsi, lorsque les avocats toulousains désirent organiser, en novembre 1919, une cérémonie religieuse à la mémoire des avocats combattants, comme précédemment à la Cour d'appel de Montpellier, ils se heurtent au refus, accompagné de regrets, du Premier Président Martin qui se retranche derrière l'interdiction ministérielle à laquelle il ne peut être dérogé que par la Chancellerie. Il rappelle que si, deux ans plus tôt, ils avaient assisté à la messe célébrée en la chapelle Sainte-Anne, à la mémoire des avocats, les magistrats présents s'y étaient rendus à titre individuel, ce qui n'était pas interdit et qu'attestait leur dispersion dans l'église[489]. Hormis le cas toulousain, il semble que la guerre ait permis en bien des lieux la fusion des ferveurs laïque et religieuse et que l'on n'ait pas érigé en problème la participation des magistrats aux cérémonies religieuses. La dominante funéraire des célébrations à la mémoire des morts pour la patrie a rendu la chose normale après les déchirements des décennies antérieures et, les circonstances pouvant être qualifiées d'exceptionnelles, la chancellerie s'est abstenue de souligner l'anomalie. Dès lors, les cérémonies religieuses se multiplient sur le tout territoire, y associant les magistrats. Le palais de justice de Montpellier abrite, comme celui de Paris, une chapelle. On la rouvre pour la cérémonie du 10 juillet 1916. L'initiative d'une messe pour les avocats revient au cardinal de Cabrières qui propose la chapelle de l'Evêché, mais le bâtonnier, rêvant d'une cérémonie comparable à celle des avocats parisiens, estime plus adaptée la chapelle du palais. Il demande donc et obtient l'autorisation du premier président et le

---

[488] *L'Illustration* du 4 novembre relate la cérémonie et en publie une photo.

[489] Compte-rendu de la cérémonie du 6 novembre 1917, séance du 12 novembre, archives du barreau de Toulouse.

bâtiment est remis en état pour la circonstance[490]. C'est en robe que les magistrats de la cour et du tribunal se rendent à la messe. En mai 1919, la plaque commémorative placée dans la chapelle est inaugurée à l'occasion d'une nouvelle célébration religieuse pour laquelle le premier président renouvelle son autorisation. A Poitiers, on appelle « Sainte Chapelle » le dernier vestige de l'ancien palais ducal de Jean de Berry inséré dans le palais de justice. Le barreau y fait célébrer aux morts de la famille judiciaire une messe imposante qui réunit, le 21 juillet 1921, plus de cinq cents personnes sous les voûtes médiévales. Les magistrats s'y associent en grande pompe. Le palais de Limoges ne possédant pas de chapelle, c'est en l'église Saint-Michel des Lions qu'est célébrée la messe commémorative du 8 novembre 1919. Au cours de la cérémonie, l'officiant compare cette église à la Sainte Chapelle et trouve judicieux de décliner, devant les magistrats rassemblés, les conséquences positives du soutien que la religion apportait autrefois à l'exercice de la justice :

« C'est un peu votre Sainte Chapelle à vous. Sur elle, son voisin, l'antique Présidial, aïeul de votre Palais de Justice, s'appuyait fraternellement comme pour faire entendre que la justice des hommes se sent plus forte quand elle a pour soutien la justice même de Dieu »[491].

Que semblables paroles puissent pénétrer les oreilles de magistrats assistant à un office religieux en tant que corps, aurait fait scandale quelques années plus tôt. La guerre autorise l'irruption du religieux dans toutes les cérémonies, même civiles, quel que soit le lieu où elles se déroulent. L'atmosphère du temps est au sacré. On ne saurait être étonné que monseigneur Amette formule le souhait que les avocats morts pour la France soient « introduits au plus tôt dans la société des saints de France de Saint-Louis à Jeanne d'Arc »[492], on peut l'être du vocabulaire religieux qui émaille les allocutions des magistrats comme les adjectifs : saint (e), sacré (e), pieux (se), mystique et les substantifs : piété, foi, salut, communion, immolation, sacrifice, calvaire, apostolat, apôtre, offrande, culte, passion, religion. Les références républicaines et religieuses sont tellement imbriquées que l'on échouerait à identifier l'orateur si sa qualité était dissimulée. Ce

[490] Séance du 10 juin 1916, archives du barreau de Montpellier.
[491] Allocution du chanoine Ardant.
[492] Cérémonie du 22 mai 1916.

poème est récité par le Procureur général de Chambéry en 1916, lors de la rentrée judiciaire en hommage aux combattants du ressort :

« Saintes gouttes de sang de la France éternelle,
Le droit cimente en vous les lois de la cité
C'est dans les libres cœurs de l'Europe nouvelle
Qu'il va germer ce sang partout ressuscité
Ego sum resurrectio pourraient-ils dire avec le grand crucifié ».

Après la guerre, progressivement les cérémonies de la famille judiciaire se banalisent et se laïcisent en s'inscrivant dans le rythme des rentrées de juridictions ou de conférences du stage. A l'horizon des années 1925, ainsi que l'exprime très justement Annette Becker, la commémoration devient un phénomène politique.

Traces commémoratives

Les contemporains avaient la volonté d'atteindre à la permanence de la mémoire en multipliant les objets qui matériellement viendraient rappeler le sacrifice collectif. Plaquettes éditées à l'occasion des cérémonies et livres d'or transmettraient les paroles et les images, les monuments fixeraient le lieu de la perpétuité du souvenir.

Les plaquettes commémoratives, simples brochures de quelques pages, de petit format et d'assez mauvais papier, qui décrivent les cérémonies et reproduisent les allocutions, émanent des juridictions et des avocats. Un titre a parfois été donné aux fascicules comme pour en élargir le contenu : *La magistrature et le barreau de Poitiers pendant la guerre*, *Livre d'or du ressort de Lyon dans la guerre 1914-*1915, *Le ressort de Chambéry pendant la guerre 1917-1918*. Ils sont adressés aux autres juridictions et barreaux, comme en témoignent les collections retrouvées dans leurs archives. Il a parfois semblé utile pour pérenniser la mémoire d'en adresser un exemplaire au musée de la Guerre, créé dès 1920 à l'initiative du ministre de l'Instruction publique qui en confie la charge au jeune agrégé d'histoire, Pierre Renouvin, ancien combattant et mutilé de guerre. Il est aussi beaucoup question au cours de la guerre, comme à son issue, de projets d'édition de livres d'or propres à un barreau ou intégrant les membres de la famille judiciaire du ressort. Une notice individuelle y consigne pour chaque mort tout ce qui a pu être réuni comme informations sur sa vie, son expérience de guerre (considérée à travers les distinctions récompensant sa bravoure) et les circonstances de sa mort. Ces projets font écho, sur le plan professionnel, au projet national qui, à partir des livres d'or communaux, devait conduire à un livre d'or national déposé au Panthéon. Le projet resta sans suite bien que les communes se soient attelées à la tâche[493]. Il en est de même des projets envisagés dans la famille judiciaire. Les livres d'or étaient coûteux à réaliser et nécessitaient un gros travail de collecte et de mise en forme des informations. A Bordeaux, en 1920, une association suffisamment organisée pour disposer d'un papier à entête portant « Livre d'or du Barreau de la Gironde » s'est manifestée auprès du bâtonnier pour obtenir la liste des avocats tués pendant le conflit, mais ce livre semble ne jamais avoir été réalisé. En revanche, à Paris, les projets aboutissent, au moins partiellement. Le *Livre d'or des combattants du Palais* est publié assez tard, en 1930, à l'initiative du groupe des Anciens combattants du Palais. Raymond Poincaré rédige la préface du premier volume consacré aux avocats. Le principe était de confier la rédaction de chaque notice individuelle à un confrère ayant bien connu le mort. Un autre livre émane de l'Association amicale des secrétaires et anciens secrétaires de la conférence des avocats. Sous le titre *Hommage aux morts de la guerre*, il est publié en 1929 et comporte 35 notices correspondant aux membres de l'association morts à la guerre. Projet complètement abouti, le *Livre d'or du Barreau de Paris*, édité sans date, accompagne les 231 notices individuelles d'une photographie.

Notices et livres d'or, imprimés sur papier, sont périssables, or la volonté est d'inscrire le souvenir dans la perpétuité. C'est à cette exigence que répondent les monuments. Dans le discours qu'il prononce lors de l'inauguration de la plaque dédiée aux morts de la famille judiciaire du ressort de Nîmes, le bâtonnier Daudet qualifie les monuments aux morts érigés dans les communes d'« archives populaires ». Il s'agit, en érigeant un monument spécifique à la profession, de faire toujours davantage pour pérenniser le souvenir. Cette conviction largement partagée explique l'apparition des plaques dans les palais de justice et parfois leur multiplication en ce lieu.

La plupart des monuments sont d'aspect très sobre et sans grande originalité. Ils se présentent sous forme de tableaux de pierre entourés

[493] Loi du 25 octobre 1919. Abandonné au début de la Seconde Guerre mondiale, il reste du projet les documents préparatoires, dont les livres d'or des communes.

de colonnes plates surmontées d'un fronton triangulaire. Ils rappellent à la fois les Tables de la loi et l'architecture des palais. Ils ont été érigés dans la salle des pas perdus ou dans un couloir lorsqu'ils commémorent les morts de la famille judiciaire, dans la bibliothèque de l'Ordre lorsqu'il s'agit des avocats. A la sobriété des formes s'ajoute celle des mentions : sous les dates extrêmes de la guerre et le sens donné à la mort (au champ d'honneur, pour la patrie, pour la France ou « tués à l'ennemi ») sont portés les noms, regroupés par profession lorsque le monument est dédié aux morts de la famille judiciaire. Les éléments décoratifs sont peu nombreux : des lauriers ou des palmes en bronze, plus rarement des bas-reliefs. Les inscriptions sont gravées et dorées. Le marbre et le bronze ont été choisis pour leur dureté et leur noblesse, le procédé de la gravure renforce l'idée de mémoire, les lauriers et palmes symbolisent la gloire. La référence à l'antiquité romaine est explicite. Le monument ne prolonge pas seulement le discours, il l'incarne.

Bien que simples, ces monuments ont coûté fort cher, ne serait-ce qu'en raison de la prestation des architectes. A Lyon, le devis s'élève à 25 000 francs, à 17 000 à Marseille tandis qu'à Bordeaux, l'architecte départemental évalue la dépense à 1 900 francs. Dans la plupart des cas, il a fallu recourir à la souscription. Seules quelques réalisations s'apparentent véritablement, par leur conception et leur ornementation, à ce que l'on entend par monument. Le plus imposant d'entre eux a été édifié dans la salle des pas perdus du palais de justice de Paris. Il est dédié « Aux membres de la famille judiciaire morts pour la Patrie 1914-1918 » et couvre le ressort de la cour d'appel. Conçu par l'architecte Tournaire, il a été construit en pierres blanches dans une sorte d'alvéole qui l'intègre parfaitement à l'espace. Ce monument s'impose d'emblée au visiteur par la grande sculpture de Bartholomé représentant « La justice arme ceux qui vont mourir pour elle », en l'occurrence un homme en toge casqué, à genou et courbé comme se prosternant devant elle. L'avocat Fernand Mouquin, héros et poète de la guerre, a prêté ses traits au soldat agenouillé. L'évidence de la symbolique dispense de commentaires. Sur le mur, de face, s'imposent les noms des morts de la magistrature, en dessous, de part et d'autre, ceux des avocats à la cour d'appel. Sur le côté gauche sont inscrits les notaires, huissiers et commissaires-priseurs auxquels sont adjoints les membres de la presse judiciaire. Sur le côté droit figurent les noms des avocats au Conseil d'Etat et à la Cour de cassation, des juges du Tribunal de commerce de la Seine, des avoués à la cour d'appel et au tribunal civil et les commis greffiers de ce tribunal. L'ensemble est parfaitement hiérarchisé et ordonné, chacun est à sa place dans son groupement professionnel et celui-ci est positionné dans une famille judiciaire, qui ne saurait être plus largement circonscrite. Aujourd'hui, ce monument et son esthétique sont acceptés comme faisant corps harmonieusement avec le bâtiment. Sa conception avait pourtant commencé par une grande polémique esthético-moralisatrice. Pour une partie des détracteurs, le monument était affreux, pour une autre il était scandaleux puisque la femme représentée couverte d'un voile, bien qu'altière, était virtuellement nue. L'avocat René Idzkovski s'indigne de ces polémiques qu'il juge inconvenantes dans son compte-rendu de l'inauguration :

« N'était-il pas préférable au lieu de discuter l'œuvre de Bartholomé de contempler le Symbole ? Le Symbole est beau… Le Symbole est grand ! L'avocat guerrier aux pieds de la déesse Thémis est une magnifique entité. Devant semblable évocation, il faut se taire et vivre une minute le souvenir de tous les nôtres, de la Grande Famille judiciaire une et indivisible, héroïquement tombée face à l'ennemi. Des polémiques sur leurs tombes à peine closes sont indignes de nous »[494].

Dans le même palais et dans leur bibliothèque, les avocats pouvaient déjà s'enorgueillir d'avoir inauguré deux monuments de facture originale. Le premier, un bas-relief en bronze, représente une femme à la fois victorieuse et meurtrie par la guerre, qui apporte des lauriers sur une tombe qu'abrite un arbre. Il a été gravé par un avocat, Edmond Persin et inauguré le 21 juin 1919 en présence de Raymond Poincaré. Quelques mois plus tard, une plaque de marbre blanc est apposée au-dessus du bas-relief de Persin. Sur ce second monument, est sculptée, sous l'expression « Pro Patria », une femme ailée qu'entourent les dates de la guerre. Il est inauguré le 4 décembre 1920 lors de la rentrée de la conférence du stage en présence du président Millerand et de l'ex-président Poincaré, alors garde des Sceaux.

En province, le barreau de Marseille, qui par son importance peut, concurremment avec celui de Lyon, prétendre au titre de second barreau de France, édifie un monument original avec la participation financière des avoués. Confié au sculpteur marseillais Pierre Lombard, grand prix de Rome, il représente une femme ailée à la

[494] *A Quinzaine*, 25 décembre 1922. Inauguration en présence de Millerand, alors président de la République, et du maréchal Foch.

chevelure ceinte de laurier qui, double allégorie de la victoire et de la douleur, se penche sur une stèle où sont gravés les noms des avocats disparus. La robe d'avocat, au pied du monument, ne laisse aucun doute sur la profession des morts. Un casque Adrian et une croix de guerre achèvent de symboliser la guerre et la reconnaissance des sacrifices.

Cadre commémoratif et délimitation de la famille judiciaire

La famille judiciaire est un concept plus ou moins extensible selon qu'il s'agit d'exclure ou d'inclure des catégories professionnelles autour du noyau dur constitué des magistrats et des avocats. Les commémorations donnent lieu à une conception très ouverte à la gloire des sacrifices que ce noyau entend se rattacher et au souci de partager les dépenses. Toutefois, le degré d'extension varie selon les lieux, c'est-à-dire selon les circonscriptions judiciaires. Analyser qui se trouve rattaché à la famille judiciaire renseigne sur les relations qu'entretiennent ses composantes potentielles, ainsi que sur les tensions qui existent entre les professions. Au cours et à l'issue du conflit, la conception la plus étroite englobe les magistrats, les juges de paix, suppléants compris, les avocats, les avoués, les greffiers et les huissiers. Il arrive que les notaires soient associés (à Agen, Chambéry, Nancy, Paris, par exemple), mais ce n'est pas toujours le cas (à Poitiers et à Lyon). A l'opposé, la conception extensive intègre les anciens attachés du parquet, qui ont pu évoluer vers des carrières sans rapport avec la justice[495], les attachés au ministère de la Justice, les commissaires-priseurs et même la presse judiciaire à Paris et jusqu'aux gardes champêtres à Chambéry. Le plus souvent le personnel des études est associé sinon nominativement, du moins par la mention du nombre ; « Pourquoi les séparerions-nous de leurs patrons puisqu'ils ont rivalisé avec eux de vaillance. Ils méritent les mêmes lauriers » s'exprime le substitut de Casabianca, à Lyon, en 1916. La famille est d'autant plus extensible qu'elle opère à titre posthume. Le bâtonnier lyonnais rattache ainsi à la famille un ancien avocat devenu avoué à Valence quelques mois avant la déclaration de guerre, « il fut des nôtres », dit-il. Il aurait pu dire « il aurait été des nôtres » d'un jeune diplômé en droit, lui aussi intégré à la famille

[495] A Poitiers, en 1915, sont rattachés à la famille judiciaire un ancien attaché du parquet, devenu professeur agrégé et un autre devenu professeur de gymnastique.

parce qu'il serait devenu stagiaire s'il n'avait été tué en 1914[496]. Enfin, parfois une place est offerte aux proches parents : aux fils voire aux gendres, que l'avocat toulousain, Paul Duserm, qualifie d'« enfants adoptifs du palais »[497].

L'extension est souvent si poussée qu'on en oublierait les absents et, en premier lieu, les conseillers prud'homaux alors qu'ils sont des juges, élus comme ceux des tribunaux de commerce, lesquels sont, en revanche, très fréquemment intégrés à la famille judiciaire. S'agit-il de la manifestation d'un ostracisme à l'égard de la composante ouvrière de ces juridictions paritaires ? On peut le penser. Les agréés, ou agents d'affaires, sont les autres absents bien qu'ils assurent la défense devant les juridictions consulaires. C'est précisément ce que les avocats leur reprochent. Les agréés sont des concurrents redoutables et les avocats luttent pour obtenir le monopole de la représentation devant ces juridictions. Souvent diplômés en droit, les agréés se font appeler avocats ou avocats-conseil, ce qu'ils mettent sur leur plaque ou leur carte de visite, mais ils n'appartiennent pas à un barreau, n'acquittent aucune cotisation et ne sont pas tenus à la déontologie qui interdit aux avocats toute publicité. La progression des agréés a été spectaculaire car elle a suivi celle de l'activité industrielle et commerciale. A Marseille, la guerre éclate au moment où le président du tribunal de commerce avait menacé le barreau de créer un corps d'agréés en raison de l'absentéisme des avocats aux audiences. A la même époque, le conseil de l'Ordre marseillais, comme celui de Limoges, avait dû démasquer les pratiques sournoises des agents d'affaires qui avaient trouvé le moyen de s'infiltrer, en quelque sorte, au sein de la famille judiciaire en sous-traitant la plaidoirie devant les jurys d'expropriation à des avocats[498]. Dans ce contexte de bataille rangée, affectant surtout les villes qui connaissent une activité économique importante, il n'était pas question d'associer les agréés

---

[496] Discours du bâtonnier Garraud, 1er juillet 1919.

[497] *Gazette des Tribunaux du Midi,* 9 août 1914.

[498] Les clients des agences, dîtes d'expropriation, s'engageaient à leur verser un pourcentage de l'indemnité d'expropriation obtenue grâce à leur intervention. Ne pouvant assurer par elles-mêmes la défense en raison du monopole des avocats, ces agences la sous-traitaient à des avocats qu'elles rémunéraient. Ces plaidoiries avaient été interdites par le conseil de l'Ordre, mais la Cour d'appel d'Aix avait réformé cette décision. La guerre met le conflit en sourdine. Cependant, un mois après l'armistice, le président du tribunal de commerce ressort son projet. Il y renonce lorsque le bâtonnier lui donne l'assurance que les avocats seront présents aux audiences.

aux commémorations et ainsi de les intégrer à la famille judiciaire. Cependant, les agréés, comme toutes les professions, ont leurs morts, qu'ils veulent commémorer. A Paris, leur association fait célébrer une messe de requiem, dans l'intimité, à Notre-Dame des Victoires, en octobre 1919. Un entrefilet de quelques lignes mentionne l'événement dans la *Gazette des Tribunaux* du 15 octobre 1919. Dans les villes moyennes, où les enjeux économiques sont souvent moins prégnants et où tout le monde se connaît, le titre n'est pas un moyen de reconnaissance et les agréés n'y souffrent pas de marginalisation. Aussi sont-ils conviés à Dijon à la cérémonie à la mémoire des avocats le 14 mars 1919. A Poitiers, ils figurent entre les avoués et les notaires, à côté des magistrats, sur la plaque commémorative des auxiliaires de justice dans la salle des pas perdus.

Si les contours de la famille judiciaire sont flous, le lieu où elle se rassemble pour les commémorations s'impose à tous : le palais de justice. Il est considéré comme un espace sacré aussi loin que l'on remonte dans l'histoire de la justice et comme une maison par ceux qui y exercent leur activité. « C'est ici où nous vivons d'une intimité dont nous constatons chaque jour les heureux résultats… c'est vraiment ici, messieurs, votre maison familiale », ces paroles du président du Tribunal de commerce de Marseille, traduisent un sentiment partagé par les magistrats et les avocats[499]. Le palais est constitué d'espaces multiples et délimités, ouverts à tous ou réservés aux magistrats et aux avocats. Les ordres d'avocats sont à cette époque hébergés dans les palais : le bâtonnier y a son bureau, bibliothèque et vestiaire sont des lieux de rencontre et de convivialité. Dans la salle du conseil, se déroulent les conférences du stage. Au contraire, la salle des pas perdus, ouverte sur l'extérieur, est un lieu de passage et d'attente, un lieu de discussion aussi, commun à toute la famille judiciaire. Les monuments et cérémonies s'intègrent à ce découpage spatial de la maison familiale selon qu'ils concernent une fraction ou l'ensemble de la famille judiciaire.

Cette famille judiciaire s'exprime par la voix des représentants traditionnels des catégories qui la constituent : procureurs et bâtonniers. On doit réserver à ces derniers une place à part car, dans leur mission commémorative, ils sont pénétrés du sentiment d'agir en pères de leur ordre. Le bâtonnier bordelais O'Zoux, qui a été mobilisé,

[499] Discours du 14 janvier 1920.

« est parti en laissant sa famille » et « la retrouve amoindrie, diminuée », celui d'Amiens reçoit les condoléances à l'issue du service religieux célébré en 1919, alors que les parents des disparus sont présents à la cérémonie. Les bâtonniers qui ont dirigé l'Ordre pendant le conflit, soutenu les familles et ont initié les premières commémorations sont souvent qualifiés de « bâtonniers de guerre ». Leur succèdent, après les élections ordinales de 1919, les « bâtonniers de la paix ». A Marseille, on préfère le qualificatif de « bâtonnier de la victoire », car l'ordre vient d'élire un combattant, le capitaine Segond.

LES RESCAPÉS DE LA « PATHETIQUE EPOPEE »[500]

Les mobilisés sont 6 400 000 à rentrer dans leur foyer à l'issue de la démobilisation qui s'achève en septembre 1919. Parmi les trois millions de blessés, les 200 000 grands invalides (amputés, aveugles, gazés, blessés de la face) figurent des magistrats et des avocats dont les statistiques officielles ne permettent pas d'évaluer le nombre, ni l'état. Alors que la mort apparaît dans le milieu judiciaire comme un phénomène qui s'apprécie collectivement au sein du barreau, de la juridiction et d'une manière étendue au sein du palais, tout se passe comme si la blessure était un phénomène individuel, un problème personnel. Des blessés, absents des discours prononcés lors de l'inauguration des plaques commémoratives, il n'est question que sous une forme allusive dans les allocutions de rentrée judiciaire ou de conférence du stage. Le discours du procureur général Bernardbeig, s'adressant aux avocats de la Cour d'appel de Nancy le 2 octobre 1917 — « votre barreau ne cesse d'être décimé ; à cette heure, sans compter les blessés et les mutilés, quatorze de ses membres sont morts pour la Patrie » —, illustre parfaitement que si l'on compte les morts, on ne fait que noter l'existence informe de la collectivité des blessés et des mutilés. Toutefois, dans un milieu particulièrement attaché aux marques de reconnaissance, l'octroi d'une citation ou, mieux, d'une Croix de guerre, mieux encore d'une Légion d'honneur, fait tomber l'anonymat. Arborer, comme le firent souvent les anciens combattants du palais, une décoration sur une robe impose l'attention sur le blessé

[500] L'expression est du substitut Legris, discours de mercuriale de la Cour d'appel de Paris 22 octobre 1919.

ou le mutilé. Pratiquement tous les discours judiciaires prononcés par les grands prêtres de la commémoration que sont les présidents, procureurs et bâtonniers suivent le même cheminement. Après avoir dénombré les morts, on comptabilise les distinctions qu'ils ont obtenues, par ordre décroissant de mérite, et on y adjoint, dans le même ordre, celles qui ont été conférées à ceux qui sont revenus, dans un état qui n'est pas précisé. L'absence totale de référence à la souffrance physique des blessés, que prolonge celle ayant trait parfois à l'impossibilité de reprendre l'activité professionnelle, est frappante à la lecture de ces discours. Ainsi lorsque le substitut Toulouse dresse la liste des citations obtenues par les avocats de la Cour d'appel d'Agen qui attestent, dit-il, leur courage et leur dévouement, il évacue la question des blessures et de leurs séquelles, pour affirmer que la plupart des blessés sont fort heureusement guéris. La conclusion du discours de mercuriale prononcé, devant la Cour d'appel de Paris, par le substitut Albert-Roulhac, le 3 octobre 1917, est tout aussi représentative du phénomène inconscient d'occultation des blessés et mutilés. Il fournit successivement pour chaque catégorie de professionnels de la justice le nombre de morts et les distinctions obtenues et ne mentionne aucun survivant, en particulier les blessés, même sur le plan des distinctions militaires.

Toutes les blessures et mutilations n'ont pas les mêmes conséquences sur la capacité ultérieure à exercer une profession dont dépendent les moyens d'existence. Certaines atteintes corporelles ou esthétiques limitent, voire interdisent, toute activité. Une « gueule cassée » doit renoncer à s'exposer publiquement, mais la perte d'un bras ou d'une jambe n'empêche ni de siéger ni de plaider. Au contraire, l'infirmité impose le respect. La manière dont la presse judiciaire rend compte de la présence à la barre des « glorieux » mutilés le prouve dès les premiers retours qu'autorise une blessure grave. La *Gazette des Tribunaux* relate avec admiration la plaidoirie de Campinchi, avocat à la Cour d'appel de Paris, venu assurer une défense, le bras en écharpe après la blessure reçue à Notre-Dame-de-Lorette en 1915. Le chroniqueur judiciaire est tout aussi impressionné deux ans plus tard par Macario, jeune docteur en droit de 27 ans, deux fois blessé, lorsqu'il vient prêter serment devant la même cour, soutenu par des béquilles parce qu'il a eu les pieds gelés à Verdun. On peut cependant observer que plus les blessés reviennent nombreux au palais, moins on parle d'eux sauf quand ils arborent une décoration.

Les listes des « Héros de la guerre » que publie la *Gazette des Tribunaux* mentionnent très rarement que tel ou tel avocat à la Cour d'appel de Paris a été amputé du bras gauche (comme Brémond et Moreau), ou du bras droit (comme Brun). Le silence est total à propos des autres atteintes, sauf quelques allusions aux gazés, victimes de la barbarie allemande. La maladie est pourtant là, derrière par exemple la demande de radiation d'un avocat stagiaire au barreau de Bordeaux atteint par le paludisme sur le front d'Orient. Insensibilité ou indifférence pour cette atteinte sans gloire, le conseil de l'Ordre lui réclame sa cotisation pour l'année 1919-1920, bien qu'il n'ait pas plaidé[501]. Même constat à Chambéry où lors de l'audience de rentrée de la Cour d'appel, le procureur général William Loubat évoque la mort par maladie d'un jeune avocat : « Un vaillant entre les vaillants, parti simple soldat et devenu lieutenant, trois fois blessé, cité sept fois, sorti sain et sauf de la fournaise où il avait passé toute la campagne, pour être stupidement emporté par une maladie banale après trois mois de combats ininterrompus qui l'avaient épuisé ». Ces mots traduisent le statut de la maladie pourtant contractée en service, elle n'a rien de glorieux, elle cause une mort idiote[502].

On comprend que les blessés du Palais aient ressenti, avant même la fin du conflit, le besoin de se retrouver entre eux pour évoquer les souffrances communes. Leur nombre est suffisant pour constituer à Paris, à l'initiative des avocats Lionel de Tastes, Misoffe et Héraud, le Groupe des Blessés du Palais où « toutes les souffrances se croisaient en des colloques passionnés, riches de souvenirs et d'anecdotes inoubliables ». Ce groupe va s'élargir l'année suivante pour devenir le Groupement des Anciens Combattants du Palais. Entretenir les grands souvenirs et développer une étroite et efficace solidarité entre ses membres sont les objectifs que s'assigne le groupement. Une centaine d'avocats ont déjà adhéré lorsque se réunit, en mars 1919, la première assemblée générale. Bien que peu revendicatif, le mouvement confie au bureau provisoire,[503] et à son président Henri Chatenet, la mission de veiller à la protection des intérêts des anciens combattants. Cela s'entend en premier lieu d'une démarche auprès du conseil de l'Ordre

[501] Archives du barreau de Bordeaux.

[502] En raison de la période, on peut penser qu'il s'agit de la grippe espagnole.

[503] Il comporte quinze membres : H. Chatenet, M. Héraud, Merlé, A. Champetier de Ribes, Campinchi, Peytel, Tozza, Barillet, Carpentier, Hamon, Kanouï, Oustry, Saint-Girons et J. Teusch.

dans le but d'obtenir la dispense du paiement de la cotisation pendant toute la durée de la guerre sans être obligé de la demander individuellement. Un dîner de fondation, suivi d'un concert, auxquels assistent le bâtonnier Henri-Robert et le président Poincaré, a lieu le 21 juin de la même année, dans les salons du palais d'Orsay. Dans son discours, ce dernier renouvelle l'assurance que la dette contractée par ceux de l'arrière envers ceux de l'avant justifie la place prépondérante à laquelle les anciens combattants ont droit dans la société moderne issue de la guerre[504].

Quelle place au juste allait-on réserver aux combattants que la guerre avait diminués physiquement ? Antoine Prost dresse un constat dramatique de leur situation : « Les mieux lotis vivotent ; le plus grand nombre est dans la gêne ; pour certains, c'est la franche misère. On comprend le mécontentement des mutilés. Sur ce fond de difficultés matérielles, une susceptibilité à vif est inévitablement froissée par la vie civile »[505]. La reconnaissance du sacrifice est reconnue par l'octroi de diplômes - comme celui qui est décerné aux combattants de Verdun -, de citations et de diverses médailles, mais cette gloire ne nourrit pas les anciens combattants. Pour ceux qui sont issus de la bourgeoisie fortunée, la question trouve réponse dans le patrimoine personnel, mais l'évolution de la magistrature, comme de l'avocature, a fait accéder aux professions judiciaires de plus en plus d'éléments issus des classes moyennes qui tirent leurs revenus du travail. Pour eux, le retour à la vie civile risque de prolonger les souffrances de guerre. La situation des magistrats, bien que difficile, s'avère sur ce plan plus enviable que celle des avocats.

Situation précaire des magistrats

Rien n'était prévu pour les magistrats qui reviendraient diminués de la guerre. L'article 11 de la loi du 9 juin 1853 sur les pensions civiles disposait qu'un magistrat pouvait, pour raison de santé, et dans la limite des cas énoncés, solliciter un congé ne pouvant excéder six mois dont, seuls, les trois premiers donnaient droit à plein traitement. Mais le magistrat conservait son poste sur lequel était délégué pendant son absence un intérimaire rémunéré. A l'issue de ces six mois, le

---

504 *Les Echos parisiens* 15 mars et 25 juin 1919.

505 A. Prost, *Les Anciens combattants et la société française 1914-1939*, *op. cit.*, vol. 1, p. 23.

magistrat était invité à démissionner ou était mis d'office à la retraite[506]. Cette loi avait été ultérieurement complétée pour les magistrats par la loi de 1883. Elle prévoyait que les magistrats atteints d' « infirmités graves et permanentes » et hors d'état d'exercer leurs fonctions seraient mis d'office à la retraite sur avis conforme du Conseil Supérieur de la Magistrature, ce dernier pouvant être saisi, comme pour les cas disciplinaires, par le garde des Sceaux[507]. Ces textes se révélant parfaitement inadéquats pour gérer humainement la masse des infirmités résultant de la guerre, la loi du 4 octobre 1916 substitue au Conseil Supérieur de la Magistrature une commission spéciale, composée de sept magistrats[508], qui introduit de la souplesse dans la procédure de mise à la retraite d'office. Cependant, la mesure n'améliore en rien le sort des blessés, mutilés et malades. Il commence à être pris en compte, peu après, avec le dépôt de la proposition de loi d'un ancien magistrat, le député Pierre Berger[509] et, l'année suivante, par le décret du 24 juillet 1917 qui assure aux magistrats, ayant reçu devant l'ennemi des blessures ou contracté des maladies, un congé à plein traitement pendant les deux années qui suivent leur service militaire.

Il faut deux ans pour que la proposition Berger débouche sur la loi du 17 novembre 1918. Celle-ci répond à une vieille revendication des magistrats qui souhaitaient pouvoir obtenir les congés sans solde, dont bénéficiaient déjà les autres administrations et leurs collègues en poste à la Chancellerie. Cette faculté leur était refusée au motif que ces congés étaient incompatibles avec leurs fonctions et le maintien de l'inamovibilité. La loi reconnaît désormais ce droit à congé pour apporter une solution à la question des anciens combattants blessés et malades, mais par le biais d'un compromis qui le limite. Ainsi la demande pour convenance personnelle est absolument exclue, elle doit être justifiée par un état de santé qui rend impossible l'activité professionnelle. Les demandes de mise en disponibilité doivent être déposées pour une durée inférieure à un an et peuvent être réitérées deux fois. Son bénéficiaire ne perçoit aucun traitement et reste soumis

---

[506] Aussi les magistrats avaient-ils tendance à espacer et multiplier les demandes de congé, en continuant leur service dans des conditions parfois difficiles.

[507] Articles 15 et 16 de la loi du 30 août 1883. Le Conseil supérieur de la magistrature est alors constitué par l'assemblée générale de la Cour de cassation.

[508] Six conseillers à la Cour de cassation avec, à leur tête, le Premier président.

[509] Pierre Berger a quitté la magistrature à deux reprises (1906 et 1914) pour entrer et rentrer en politique comme député du Loir-et-Cher. Il sera ensuite élu sénateur.

à toutes les incompatibilités et inéligibilités inhérentes à la fonction car elles trouvent leur justification dans le droit à réintégration. A l'issue du congé, le magistrat doit démissionner, réintégrer la magistrature ou faire valoir ses droits à la retraite. La condition de dix années d'ancienneté est posée à la recevabilité des demandes. C'est dans la dispense de cette condition que s'insère un peu de considération pour les magistrats victimes de guerre, car la plupart d'entre eux n'avaient pas l'ancienneté requise. Cette disposition, pourtant très minimaliste, écartée par la commission des lois, suivie par la Chambre, avait été réintroduite au Sénat sur le rapport Poulle qui proposa d'en élargir le bénéfice aux magistrats civils victimes de guerre dans les zones de combat et les territoires occupés. A la différence de la Chambre, le Sénat refusa de faire disparaître du tableau les magistrats victimes de guerre inscrits avant leur mise en disponibilité car il ne voulait pas que la perte d'avancement ait une connotation de pénalité. Avec quelques modalités particulières, les juges de paix obtiennent le même régime de mise en disponibilité que les magistrats[510].

En résumé, le magistrat qui revient de la guerre, gravement blessé ou malade, peut bénéficier du congé de deux ans (décret de 1917), suivi éventuellement de la mise en disponibilité sans traitement pendant au maximum trois ans. S'il veut retrouver son poste, il doit être guéri au bout de cinq ans. On ignore combien de magistrats et juges de paix ont été concernés par ces mesures. Le silence sur les aspects chiffrés de la question caractérise le discours officiel qui se borne à s'en référer à des adverbes de quantité, comme dans le rapport Berger : « Nombreux en effet sont les magistrats réformés à la suite de blessures reçues devant l'ennemi ou à la suite de maladies contractées aux armées »[511]. Il s'en est fallu de peu que la situation du magistrat victime de guerre ne se dissolve dans celle du magistrat malade ordinaire. N'était-ce pas nier leur souffrance ? La situation dans laquelle se trouvent les avocats est plus dramatique encore.

Détresse des avocats

Toutes les professions libérales laissent l'individu affronter seul les implications financières des problèmes de santé. Au barreau, la

[510] Article 6 de la loi.
[511] *Rapport Berger* 2 octobre 1917, JO annexe 2871, doc. Parl. 1917, p. 1339.

fortune matérielle des uns côtoie la pauvreté des autres. Bon nombre d'avocats ne l'étaient d'ailleurs que transitoirement, attendant d'entrer en politique, de devenir magistrats, enseignants, salariés d'une compagnie d'assurance ou d'une banque. La guerre aggrave pour ceux qui reviennent diminués une situation qui, avant la guerre, semblait déjà difficile à beaucoup. Certaines atteintes corporelles, en particulier au visage, empêchent désormais d'affronter les regards du public. Il n'est dans ce cas plus question de plaider, ni d'accomplir une quelconque activité.

Nous disposons du témoignage d'un avocat mutilé, Pierre-Louis Rivière, qui a dû pour cette raison renoncer au barreau. Il s'exprime à l'occasion d'une enquête que la *Revue Hebdomadaire* réalise en 1919 auprès des combattants de divers milieux professionnels. Il intitule son article « Le retour ». La déception domine, car les discours qui, pendant la guerre, ont encensé les combattants et les ont nourris de promesses, ont engendré des attentes : les portes leur seraient ouvertes et le travail serait retrouvé. Cela se vérifie peut-être dans l'administration, concède l'auteur, mais s'avère complètement faux en ce qui concerne les professions libérales. Il observe que la cessation d'activité pendant quatre ans a brisé les carrières : quatre ans d'absence, ce sont quatre années d'oubli. La mobilisation n'a pas concerné tout le monde, ceux qui sont restés ont bénéficié de la situation, ce que les permissions laissaient déjà entrevoir. Parmi les civils, règnent un esprit de lucre, un relâchement général des usages et traditions ; on joue des coudes. En passant de la catégorie de blessé à celle de mutilé, les combattants cessent d'être intéressants. Ils sont les laissés-pour-compte du canon. Leur seul espoir réside dans l'action des mouvements d'anciens combattants au sein desquels les liens doivent se resserrer pour mener la lutte contre les égoïsmes qui dominent la société civile, en gardant la mentalité combattante de patience, de discipline et d'abnégation[512].

La déception et la détresse de Pierre-Louis Rivière sont justifiées. Complètement ou partiellement invalide, l'avocat est pris en charge par la nation au titre de la législation sur les pensions militaires, en l'occurrence la loi du 14 avril 1831. Elle a été revue, à la suite de la guerre de Crimée, en 1857 pour en élargir les bénéficiaires. Ses conditions d'application sont trop restrictives pour répondre à la nécessité d'indemniser les dommages corporels causés par la guerre à

[512] P.-L. Rivière, *Le Palais et la guerre*, p. 19 s.

un très grand nombre de combattants. Ce que l'on appelle encore, au début de la guerre, le droit à gratification n'est octroyé que si le combattant parvient à prouver l'imputation de sa blessure ou de sa maladie au service. Le décret du 24 mars 1915 réorganise les catégories de réforme et étend encore les bénéficiaires, mais il faut attendre l'intervention de l'avocat-député Marius Moutet, pour que la loi du 9 décembre 1916 inverse la charge de la preuve en créant la présomption que les blessures et maladies trouvent leur origine dans la guerre, même si dans la majorité des cas il était assez facile de le prouver, davantage cependant pour la blessure que pour la maladie. Le raisonnement de l'avocat lyonnais reposait en partie sur le parallèle qu'il établissait entre les salariés victimes d'accidents du travail et les mobilisés, dont la tâche était de défendre la patrie. Le salarié, comme le soldat, doit échapper à la charge d'une preuve dictée par un système de responsabilité subjective parce qu'il est soumis à un risque inhérent à l'activité. Le patron, qui tire profit du travail de l'ouvrier, et exerce sur lui l'autorité, doit assumer ce risque, comme la nation profite du sacrifice des soldats soumis à la hiérarchie militaire qui dispose d'eux. Cette disposition de pure justice vient en outre simplifier la procédure et évite nombre de litiges. Il reste que la pension d'invalidité est fonction de la gravité de l'état, laquelle est appréciée au regard de la capacité à gagner sa vie par l'exercice d'une activité, et du grade. A cet égard, la situation de l'officier, catégorie à laquelle appartiennent souvent les avocats, est meilleure que celle des autres combattants, par l'effet de la « dignité de l'épaulette », évoquée par Antoine Prost.

Les obstacles administratifs franchis, la pension apparaît dérisoire au regard de ce qui a été perdu. Le mécontentement des anciens combattants s'enfle de la dégradation de leur situation matérielle provoquée par la stabilité des pensions dans un contexte d'augmentation générale du coût de la vie. Il est impossible de dresser un tableau d'ensemble de la situation des avocats gravement diminués par la guerre, mais il est probable que ceux qui ont pu tirer parti de leurs réseaux relationnels ont quitté la robe pour travailler comme clercs dans les études d'avoués ou dans les services du ministère de la Justice. Les bureaux offraient des lieux en retrait du public où leurs compétences s'avéraient d'autant plus utiles qu'il s'agissait de combler les vides résultant de la guerre.

Se pose ici la question de l'aide confraternelle des caisses de secours des barreaux. Avant la guerre, les avocats plongés dans les difficultés financières par l'âge ou la maladie sollicitaient le secours confraternel. Le décès d'un membre du barreau, laissant une veuve et des orphelins, suscitait en général un mouvement spontané de générosité, qui se voulait discrète, pour soulager l'infortune immédiate. Au cours de la guerre, on observe ce mouvement de générosité à l'égard des familles d'avocats prisonniers. Les délibérations des conseils de l'Ordre mentionnent la décision et parfois même le montant alloué. En revanche, les archives ne révèlent pas l'existence d'aides financières liées aux situations difficiles résultant de la guerre. Même les Ordres les plus riches, qui pouvaient assumer une aide ponctuelle et individuellement ciblée, sont incapables d'affronter un phénomène d'ampleur collective aux conséquences durables.

Nous savons le poids que prennent les milieux juridiques dans les associations d'anciens combattants. Notaires, avocats, magistrats s'étaient montrés actifs, parmi les notables traditionnels, dans celles qui avaient vu le jour après la guerre de 1870 et dont ils constituaient l'encadrement[513]. Celles qui naissent après la Grande Guerre sont bien différentes, notamment par leur esprit et leur force de revendication. Les juristes y sont précieux qu'il s'agisse de constituer les dossiers de demande de pension, de les suivre, d'en accélérer le traitement, de conseiller les adhérents via les permanences et une presse spécialisée et, d'une manière générale, de défendre la cause des combattants. Une forte présence des médecins et des juristes s'observe à tous les niveaux des associations, de l'échelon local à l'échelon national. Elle se justifie par la nécessité de comprendre le droit afin d'argumenter dans les dédales d'une réglementation complexe. Avoués et avocats sont particulièrement actifs. L'avocat bordelais Vital-Mareille en constitue un bon exemple. Secrétaire pour la région de la puissante Union Nationale des Combattants, il stimule son développement. Créée en 1918, elle regroupe déjà 100 000 adhérents en 1919 et plus de 500 000 un an plus tard. Elle offre à ses adhérents les avantages que procurent en termes de pouvoir d'achat les coopératives de consommation, moyen de pailler le faible niveau des pensions. L'action de ces juristes se manifeste aussi au Parlement dans le but d'obtenir des textes destinés à améliorer la situation des anciens combattants. La loi du 31 mars 1919, qui crée une prime de

[513] A. Prost, *Les Anciens combattants et la société française 1914-1939, op.cit.*, p. 33 s.

démobilisation et exonère d'impôts pour les années passées au front en dessous d'un revenu de 5 000 francs, en est un exemple.

Amertume des anciens combattants du palais

« Il ne faut pas se le dissimuler, Messieurs, depuis les cinq années écoulées, les traits de ces anciens camarades commencent déjà à s'embrumer dans nos mémoires : nous nous rappelons leurs attitudes, quelques-uns de leurs propos en telle ou telle circonstance, mais les lignes de leurs visages ne sont plus tellement précises pour nous, et avec le temps, cet effacement s'accroîtra de plus en plus. Dans quelques années, les aînés d'entre nous qui avaient été les témoins des débuts de ces regrettés confrères auront disparu ; dans dix ans le barreau sera totalement renouvelé ; ils seront bien rares alors ceux qui pourront se rappeler avoir, avant la guerre, serré la main de l'un de ces braves dont nous honorons aujourd'hui la mémoire ».

Ces mots, prononcés le 22 décembre 1919, par le bâtonnier Beucher à l'occasion de l'inauguration de la plaque à la mémoire des avocats à la Cour d'appel d'Angers, sonnent juste. L'oubli s'installe rapidement après les dernières cérémonies commémoratives du début des années vingt. L'aspiration à tourner la page se manifeste d'abord de manière subtile. La rentrée de la conférence du stage de 1919 du barreau de Paris s'ouvre sur l'évocation de la mort au combat du premier secrétaire de la conférence de 1914. Lui succède un discours sur la vie des comédiens au temps de Molière, ce qui fait dire au chroniqueur qu'après les tristes évocations du premier discours, l'assistance a pu se détendre[514]. Petit à petit, au fur et à mesure qu'on s'éloigne du conflit, le changement de ton devient plus perceptible dans la relation des événements du milieu judiciaire. Les réceptions et fêtes reprennent très rapidement. Les années folles commencent pour les avocats avec la garden-party organisée au château de Groslay par l'Association du Jeune barreau en juillet 1920. Avocats et avocates se sont amusés dans un joyeux Gymkhana, suivi d'un excellent lunch, note le journaliste des *Echos parisiens*. Les banquets se succèdent comme avant la guerre. Le retour à la vie normale se traduit aussi par une aspiration à davantage de confort. Au barreau de Toulouse, les avocats décident de « redonner vie au salon » en le réaménageant et en

[514] *Les Echos parisiens*, 15 décembre 1919.

souscrivant de nouveaux abonnements pour que les attentes d'audiences se passent plus agréablement. On prévoit l'installation de sonnettes connectées aux diverses chambres pour appeler aux audiences les avocats qui se prélasseront au salon[515]. La raréfaction des cérémonies et l'abandon des projets de commémoration révèlent aussi que la page se tourne. Qu'est devenu le projet d'édification d'un monument à tous les avocats de France et des colonies morts pour la patrie envisagé par l'Association Nationale des Avocats en 1920 ? L'appui moral que demande le jeune syndicat aux bâtonniers lui aurait-il fait défaut ? Les archives des avocats sont muettes à ce sujet[516].

Les anciens combattants de la famille judiciaire ont quelques motifs d'être amers. On se moque d'eux. Telle est en substance l'opinion exprimée par l'avocat parisien Eugène Tozza en réponse à la « Lettre au confrère démobilisé » que publie un autre membre du barreau parisien, Pierre Lœwel. Cette lettre ouverte s'assigne pour objet d'accueillir l'avocat qui vient de quitter « l'uniforme éclaboussé de toutes les boues » pour reprendre la robe. Qu'il se rassure : rien n'a changé au palais, les désagréments sont toujours les mêmes : courses folles dans les couloirs, conversations bruyantes dans la bibliothèque, employés grincheux, attentes devant le cabinet des juges, dont l'auteur de l'article, jeune réformé pour raison de santé, se hâte d'interrompre l'énumération de crainte qu'elle ne fasse frémir le lecteur. Suit la description des « fléaux » du palais : rhumes, bronchites et autres petites maladies provoquées par les courants d'air. Rien n'a changé, dit-il : « vous gèlerez pendant l'hiver… et consolez-vous pendant tout l'hiver dernier, le palais ne fut pas chauffé et on vit des avocates s'y promener avec des fourrures sur leur robe ». La conclusion est à l'avenant : « Soyez à la joie du retour, confrère : le Palais, ses calorifères, son souterrain, ses œuvres d'art, son tribunal pour enfants, sont à vous »[517]. La réponse d'Eugène Tozza, sous le titre « Impressions d'un avocat démobilisé » exprime la colère à peine contenue de l'avocat combattant confronté au discours léger de ceux qui n'ont rien vécu des horreurs de la guerre. Au ton badin de Lœwel, il oppose un registre mixte de citations latines et de tournures très familières : c'est l'avocat des tranchées qui s'exprime et n'apprécie

---

[515] Séance du 15 mai 1919, archives du barreau de Toulouse.

[516] Allusion au projet dans la lettre du bâtonnier d'Ajaccio au bâtonnier de Bordeaux du 20 octobre 1920, archives du barreau de Bordeaux.

[517] *Les Echos parisiens*, 5 février 1919.

pas qu'on tourne en dérision les misères des combattants. Dans un dialogue imaginaire, il restitue toute l'ambiguïté des rapports entre soldats et gens de l'arrière et souligne le décalage entre les discours et la réalité. Insupportables les remarques des confrères entendues lors des premières permissions !

« Tiens, vous voilà. Mais il n'y a pas si longtemps qu'on vous a vu. Vous avez une mine superbe, c'est bien là l'effet du grand air ».

« Tu parles ! », répond Tozza, qui enchaine :

« Maintenant, certains confrères éprouvent à notre égard un sentiment de vif intérêt mêlé d'inquiétude, sentiment complexe qui s'exprime par ces motifs accompagnés d'un hochement de tête : alors vous comptez reprendre la robe. Si vous saviez comme c'est dur. Si j'étais à votre place, je chercherais ailleurs le pain quotidien ! ».

.L'hypocrisie de l'accueil au grand retour lui semble tout aussi insupportable :

« On ne saurait davantage passer sous silence la bienveillance que nous témoignent ceux, qui jeunes et vieux, ont bien voulu s'inscrire à notre Ordre pendant la guerre… Merci à tous, merci ! » [518].

Voilà posé le point qui ulcère les avocats combattants : pendant qu'ils risquaient leur vie, la clientèle s'en est allée chez ceux qui sont restés. Deux points fondamentaux de la revendication des avocats combattants émergent de la lettre ouverte de Tozza. Obtenir, en premier lieu, que le discours sur la dette de l'arrière envers les défenseurs de la patrie se traduise par des actions concrètes permettant la réinsertion des démobilisés, quel que soit l'état dans lequel ils sont rendus à la vie civile. En second lieu, lutter pour que les familles privées de celui qui assurait leur vie matérielle soient secourues. « Nous autres, nous nous reconnaissons pour des chançards ». Tozza, secrétaire du Groupement des Anciens Combattants du Palais, fait partie des survivants dont il estime qu'ils sont les seuls à pouvoir porter la parole des avocats disparus :

« Parfois, cependant, retentissent encore en nos âmes, certaines de ces voix. Impérieuses, elles nous disent "c'est la détresse à mon foyer où une épouse, des enfants, de vieux parents, petits bourgeois dépouillés par les conséquences économiques de la guerre, attendent que vers eux se tendent des mains secourables. Le vain encens des discours officiels n'y fera rien. Soyez nos défenseurs auprès des pouvoirs publics et du Conseil de l'Ordre, vous les vivants ! " Nous

---

[518] *Les Echos parisiens*, 25 février 1919.

vous défendrons, chers et glorieux morts Nous agirons. Agir, c'est la loi révélée par tant de généreux sacrifices. N'est-il point vrai mes chers confrères ? »

Enfin, il s'agit d'empêcher les civils, qui ne connaissent en rien l'expérience de guerre, d'en répandre une image artificielle. Comment accepter que ces avocats de l'arrière puissent mettre sur le même plan la convocation adressée par un magistrat et l'ordre d'attaquer porté par un agent de liaison ?

« C'était l'heure H, l'azimut, l'objectif et autres gentillesses. C'était la convocation lancée par la Gloire, mais surtout par la Mort, invariablement exacte à ses rendez-vous ».

Les avocats démobilisés ne peuvent davantage tolérer qu'on leur oppose l'inconfort des courants d'air du palais :

« Comparés aux boyaux gluants et aspergés de projectiles variés, les couloirs du palais, pour si interminables et exposés aux courants d'air qu'ils soient, nous semblent petits chemins tout parsemés de roses ».

Cinq années de guerre expliquent l'exaspération des combattants. Lorsque l'on connaît l'importance d'un langage châtié dans le milieu judiciaire, on mesure la latitude que s'octroie, en ces termes, l'avocat combattant :

« Les mobilisés reviennent avec un caractère rien moins que facile, ça pourrait bien parfois provoquer de petits incidents. Il peut se faire notamment, que les gens mal élevés se fassent engueuler ».

Nous disposons d'un autre témoignage précieux sur l'amertume des avocats combattants, celui de Charles-Maurice Chenu, le fils du célèbre bâtonnier au patriotisme exacerbé. On pourrait être étonné de sa réaction à l'annonce de l'armistice. Il se trouve alors dans un café devant la gare de Chantilly, le capitaine en sort :

« Il s'approche de nous :
- Fini, dit-il simplement
- Fini, répète-t-on…
Et voilà l'armistice qui m'arrive à l'arrière entre une gare et deux cafés ».

L'annonce de la fin de la guerre laisse plus d'un combattant les bras ballants, elle était devenue pour beaucoup une routine, presque un métier. Son arrêt soudain et le silence qui succède au tumulte sont étrangement ressentis, comme le retour à la vie civile. Charles-Maurice Chenu est un homme défait qui retrouve Paris sans joie. Il laisse sa vieille vareuse à regret pour reprendre sa robe d'avocat. Il doit maintenant souvent défendre la veuve et l'orphelin contre l'Etat. Il évoque l'un de ces procès au terme duquel il parvient à obtenir la reconnaissance du droit à pension de la veuve d'un camarade gazé en 1916. Avec fatalisme, il note, à propos du représentant du ministère public qu'il a dû combattre : « c'est son métier de veiller aux deniers publics ». Les mesquineries de la société civile le rendent nostalgique des moments dramatiques qu'il a vécus au front : « J'ai connu les limites de l'homme, sa splendeur possible. De pareilles heures restent des cimes »[519]. Ces paroles expriment de manière éloquente l'état d'esprit des combattants à leur retour. Retour, auquel Charles-Maurice Chenu consacre de longues pages dans *Totoche*, un livre qu'il écrit après la guerre. Il y raconte l'histoire d'un chien allemand, fait prisonnier et qui termine la guerre avec lui. A son retour, le chien épouse Miquette. Elle ne peut partager son passé et le chien démobilisé éprouve le sentiment d'être un étranger parmi les civils :

« Vois-tu petite Miquette, un fossé nous sépare. Les jeunes chiens trouvent le père Totoche gaga avec sa guerre : sauvons-nous ! Le père Totoche va nous remettre ça avec son coup du 16 avril ! Je mesurai alors toute la profondeur de l'abîme qui les séparait de moi. Ils n'avaient pas fait la guerre, je l'ai faite. Nous n'étions plus du même chenil… Mes campagnes et mes blessures, c'étaient pour eux le domaine du passé, de l'histoire ancienne, de vieilles lunes… L'horizon qui borne mon existence et qui suffit à Miquette, me paraît étroit, ridiculement étroit. J'ai pris l'habitude de grands espaces que rien n'emprisonne, au-delà desquels j'en devine encore d'autres, aussi grands, aussi libres »[520].

L'amertume domine et plonge l'avocat dans un noir pessimisme, il pressent que l'expérience de « la der des der » ne sera d'aucune utilité : « Si le même cataclysme revient un jour, bien peu l'auront prévu. Comment s'en étonner ? » Les combattants ne sont pas écoutés ; pire, on les évite. Ce témoignage est d'autant plus intéressant qu'il émane du fils de Charles Chenu, inépuisable chantre de la gloire combattante du barreau. Ce n'est pas à l'indifférence à la guerre que se heurte Maurice Chenu dans son milieu, mais à l'incompréhension

---

[519] *Du képi rouge aux chars d'assaut*, *op. cit.*, p. 310 s.
[520] *Totoche, prisonnier de guerre*, *op. cit.*, p.126 à 130.

qui résulte de la fracture entre le discours officiel sur la gloire du sacrifice, dont son père est l'un des porte-voix, et l'expérience concrète de la guerre. Les combattants ont-ils vécu autre chose qu'une vie de chien ? Que le chien Totoche soit allemand ne relève pas d'un hasard. En se glissant dans la peau de l'ennemi, le narrateur trouve un biais pour s'opposer au discours ultra germanophobe du père. Enfin, l'expérience combattante, si éloignée de l'idée que pouvaient s'en faire les civils, ne transcendait-elle pas la nationalité honnie ?

CHAPITRE 15

LA JUSTICE ET LES SOUFFRANCES DE LA NATION

La Grande Guerre, en raison de sa durée et de l'armement industriel, a causé des destructions, des massacres et des traumatismes qui dépassent ce qu'avaient connu les belligérants lors des conflits antérieurs. Rares sont ceux qui dans la société française sortent indemnes de l'épreuve. Robes noires des veuves, béquilles et prothèses s'imposent partout au regard dans les années d'après-guerre, tandis que les régions où se sont déroulés les combats sont complètement ravagées. La prise de conscience qu'il faudra des moyens énormes pour réparer l'ampleur des dégâts humains et matériels se manifeste dès le début du conflit. Seule la solidarité nationale permettra de les réunir et l'Etat, dès décembre 1914, s'engage à indemniser les dommages causés par la guerre alors qu'elle n'est pas terminée. L'objectif des procédures d'indemnisation qu'instaurent les lois successives est de résoudre par anticipation les problèmes posés par la reconstruction en conciliant les intérêts en présence. Des institutions *ad hoc* sont créées au sein desquelles le magistrat professionnel occupe une position centrale. Parallèlement, le gouvernement essaie de faire passer une réforme qui supprime des juridictions. Le nombre de juges risque de s'avérer insuffisant.

Lorsque la loi de finances pour 1915, adoptée le 26 décembre 1914, pose le principe de la réparation intégrale de tous les dommages aux biens causés par la guerre[521], le gouvernement n'en mesure pas les conséquences en termes de coûts, tant domine encore dans les esprits la croyance que la guerre sera courte. Ce n'est plus le cas lorsqu'est votée la loi du 27 juillet 1917 sur les pupilles de la nation et celle du 6 août suivant sur la reconstruction industrielle. A ce moment, plus personne n'imagine une issue prochaine à la guerre. Dans le camp

---

521 Sur le fondement juridique de cet engagement, les évolutions de la réflexion juridique et du droit : Richard G., Perrot X. (Textes réunis par), *Dommages de guerre et responsabilité de l'Etat. Autour de la Charte des sinistrés du 17 avril 1919*, PULIM 2022.

allié, en France surtout, s'installe une autre croyance : le principal ennemi, l'Allemagne, une fois vaincu, paiera les dommages qu'il a causés. Ces derniers dérivent en effet du déclenchement de la guerre dont il est l'unique responsable. Les juristes offrent leur concours pour argumenter le dossier de la responsabilité allemande afin qu'il soit prêt quand la victoire permettra d'imposer les conditions de la paix alliée. Dans cette optique, le Comité national d'action pour la réparation intégrale des dommages de guerre est créé dès 1915. Des professeurs de droit réputés, comme Larnaude, Hauriou, Barthélémy, Wahl, y sont particulièrement actifs à travers les brochures qu'ils rédigent et dont le comité assure la publication. La consultation de ce comité par les commissions du parlement montre l'intérêt du législateur pour leur réflexion et les opinions qu'ils défendent tant la question de l'indemnisation devient liée à celle des réparations.

Il ressort des divers travaux préparatoires, tout comme de l'exposé des motifs des différentes lois relatives à l'indemnisation, que la préoccupation principale est d'instaurer des solutions pouvant être mises en œuvre rapidement. Les dommages s'étendent bien au-delà de ce qui se voit, c'est-à-dire des morts, des veuves, des orphelins et des immeubles détruits. Les appréhender dans leur ensemble permet d'apprécier le périmètre social d'un conflit dans lequel toute la nation s'est engouffrée. Il s'agit notamment de considérer les innombrables bailleurs qui n'ont pas perçu leurs loyers en raison des moratoires et la foule de ceux qui ont dû obtempérer aux réquisitions : propriétaires d'immeubles réquisitionnés par l'armée pour le cantonnement des troupes ou pour servir de terrains d'aviation, hôteliers de toutes les régions de France dont l'exploitation commerciale a été suspendue parce que, les hôtels ont été réquisitionnés par l'autorité militaire pour les transformer en hôpitaux ou, par les préfets, pour abriter les réfugiés des territoires envahis. Il faut aussi mentionner les entreprises industrielles et commerciales qui ont fourni locaux et marchandises, les agriculteurs qui ont livré des récoltes, des chevaux et cheptels par millions de têtes, les particuliers auxquels on a pris voitures et camions quand ils en possédaient et jusqu'aux vélos. Abandonner ces éléments de patrimoine fut, pour ceux qui s'y trouvèrent contraints, un sacrifice venant s'ajouter aux autres. Le salut de la patrie pouvait le justifier, mais jusqu'à un certain point seulement et l'Etat va devoir assumer le paiement de tous les bons de réquisition délivrés dont certains peuvent correspondre à des abus, lesquels dérivent, en général, du pouvoir donné à des autorités que les événements ne permettent pas de contrôler. A l'échelle de la nation, les répercussions du conflit sont donc de grande ampleur, multiples et variées.

La double exigence de rapidité et de maîtrise des coûts explique les modalités de détermination des indemnités auxquelles ceux que l'on considère désormais comme des victimes du conflit peuvent prétendre. En particulier, il s'agit de limiter le contentieux par l'intervention au premier niveau d'un organe administratif. Prenant la forme d'une commission, il est censé favoriser la conciliation. A cette fin, la commission regroupe des représentants des différents intérêts en présence et un professionnel de la justice en assure la présidence : un magistrat ou un juge de paix, à défaut un auxiliaire de justice ou un officier ministériel. L'échevinage garantit une compréhension approfondie et contradictoire des problèmes qui peuvent se poser. L'autorité et l'équanimité qui s'attachent à la personne du juge confèrent une légitimité aux commissions et rassurent les parties dans la mesure où, quel que soit le domaine, l'apurement des conséquences de la guerre fait émerger une contradiction d'intérêts. Il s'agit aussi de réduire le coût des procédures en les simplifiant. La lettre recommandée est substituée au ministère d'huissier et le ministère d'avocat n'est en général pas obligatoire.

Rapidement, la complexité des textes s'avère telle que le législateur multiplie les cas d'assistance judiciaire pour permettre aux victimes d'être conseillées et accompagnées gratuitement dans leurs démarches et recours. Ce faisant, il impose une lourde charge aux barreaux confrontés à la pénurie des effectifs et dont les revendications portent, en particulier, sur les commissions d'office.

Dès lors qu'ils deviennent acteurs de la reconstruction nationale, les juges se trouvent plongés dans la violence inouïe du conflit. Les multiples souffrances nées de la guerre s'expriment dans la masse des dossiers à traiter. Liquider les conséquences de la guerre, c'est avant tout la payer et il leur revient la tâche ingrate de conjuguer l'intérêt des victimes et celui de l'Etat.

LE JUGE ET LES DOMMAGES MATERIELS

L'indemnisation des dommages de guerre

Le principe de l'indemnisation totale des dommages de guerre est proclamé à l'article 12 de la loi de finances du 26 décembre 1914, une loi spéciale devant fixer les modalités du droit à réparation. Dans l'immédiat, un crédit de 300 millions de francs est ouvert pour couvrir les besoins urgents. Le premier décret d'application est signé le 4 février 1915. Il détermine les procédures de constatation des dommages et le fonctionnement des commissions qui les évaluent au niveau du canton, du département et de la nation.

Les commissions cantonales comportent cinq membres : un juge (de préférence du ressort), deux délégués (respectivement du ministère de l'Intérieur et des Finances) et deux représentants des maires et des conseils municipaux du canton. Elles arrêtent une évaluation à partir des demandes formulées dans les dossiers. Les réclamations sont portées devant une commission départementale dont la composition est calquée sur la commission cantonale, le magistrat étant un conseiller à la cour d'appel. Cette commission départementale statue définitivement sur l'évaluation. Le décret crée aussi une commission nationale chargée de la révision générale des évaluations pour réaliser une harmonisation entre les commissions départementales. Sa composition est très élargie : cinq sénateurs, sept députés, deux conseillers à la Cour de cassation, deux conseillers maîtres à la Cour des comptes, deux représentants pour chaque ministère (Intérieur, Finances, Guerre, Travaux publics, Commerce et Industrie, Agriculture, Justice, Affaires étrangères, Travail et Prévoyance sociale), deux inspecteurs généraux (Ponts et Chaussées et Mines), deux architectes, deux ingénieurs civils, deux membres des sociétés d'agriculture, enfin quatre membres désignés hors des catégories énoncées[522]. Il est prévu que cette organisation fonctionne à titre provisoire en attendant le texte définitif, lequel se fait attendre. La loi spéciale, annoncée en 1914, demeure en gestation au Parlement tandis que les textes se succèdent, parfois se superposent pour tenter de résoudre les problèmes que la pratique met en évidence. La loi est

[522] Le ministre de l'Intérieur en désigne les membres, le président et les rapporteurs.

toujours en discussion au printemps 1917, lorsque la France ahurie découvre, la dévastation systématiquement organisée par l'ennemi dans les territoires qu'il a libérés en les abandonnant[523]. Les pouvoirs publics prennent, une nouvelle fois, conscience de l'importance des dommages qu'il faudra indemniser après la guerre. Dès le 6 juin 1917, le parlement adopte une loi sur la reconstruction industrielle. Le 16 septembre, un décret crée le ministère des Régions libérées, lequel abrite en son sein un Commissariat général à la reconstruction. Au fil des mois, des structures administratives voient le jour et se développent : Office de reconstruction agricole (loi du 3 août 1917), Office de reconstruction industrielle (loi du 10 août 1917), services spéciaux pour la remise en état du sol des régions reconquises à l'ennemi (loi du 18 août 1917). La guerre continue son œuvre destructrice sans faire obstacle au premier concours d'architectes qui s'ouvre cette année-là et les débats continuent à être intenses, dans tous les milieux, sur la nature et les modalités d'une reconstruction que l'on qualifie souvent de « reconstitution », tant il s'agit d'effacer complètement les traces du conflit pour rendre le pays dans l'état où il était avant la guerre.

Les opinions divergent sur de nombreux points et, en particulier, sur la nature du droit à réparation : est-il un droit individuel du sinistré lui permettant de disposer de l'indemnité comme bon lui semble, ou est-il un droit social exigeant le remploi en biens identiques ? Le débat se nourrit de la crainte que les sinistrés fuient les régions dévastées pour s'installer ailleurs, grâce à l'indemnité, bouleversant ainsi les projets nationaux de reconstruction. Les controverses sont telles que la loi tant attendue, votée dès 1915 par les députés, n'est adoptée dans sa forme définitive que le 17 avril 1919. D'une part, Chambre et Sénat ne parviennent pas à s'accorder. D'autre part, le vote tardif de cette loi dérive de la discussion concomitante sur celle des pensions militaires. En effet, lorsque la commission du Sénat achève son travail sur le texte voté par la Chambre, Klotz, ministre des Finances, lui demande, en décembre 1917, de ne pas le mettre à l'ordre du jour. Il s'en explique : « Il ne faut pas que l'on puisse dire que le Sénat répare intégralement les dommages causés aux meubles somptuaires pendant

[523] Ce repli est présenté comme une libération du territoire par les Alliés. La presse se fait abondamment l'écho des dévastations et le gouvernement les instrumentalise contre l'ennemi.

qu'on refuse cette réparation, dans son intégralité tout au moins, aux personnes ». Il estime alors à 3 milliards de francs le coût annuel que représenteront les pensions dans le budget, somme que la Chambre, dans un élan de générosité, pourrait bien, selon lui, porter à 3,5 voire 4 milliards. Il faudrait alors revoir à la baisse la manière d'indemniser les dommages aux biens[524].

L'indemnisation des dommages de guerre s'inscrit dans un contexte économique qui risque d'être difficile où les demandes des victimes, — qui s'attendent, puisque cela leur a été promis, à la réparation intégrale de leurs dommages —, s'opposeront à l'intérêt des finances publiques. Ce dernier dicte une maîtrise des dépenses car le texte voté en 1914 ne l'a pas été dans la perspective que l'Allemagne paierait. Il aurait fallu pour cela qu'elle soit vaincue et trouver un fondement juridique à sa responsabilité. Le traité de Francfort ne fournissait pas un précédent utile puisque la France vaincue avait versé une indemnité forfaitaire déconnectée de toute référence aux dommages causés. Malgré les efforts des juristes, on ne trouvait pas le fondement juridique indispensable dans le droit international. Telle est la raison pour laquelle, le système d'indemnisation instauré au cours du conflit porte la marque d'un financement national de la reconstruction. Ainsi que Viviani, le garde des Sceaux, s'en exprime encore devant la commission du Sénat, le 15 février 1917 : l'indemnisation des dommages de guerre doit être financée par des contributions indirectes[525].

Votée au lendemain de la victoire, pendant que s'élabore le traité de Versailles qui va imposer à l'Allemagne sa responsabilité, la loi du 17 avril 1919, aussitôt dénommée « charte des sinistrés », est un texte de compromis : le caractère individuel du droit à réparation est reconnu, mais l'indemnisation sera plus élevée en cas de remploi. Cette loi recèle de nombreux défauts que les juristes perçoivent aussitôt. Dans la *Revue trimestrielle de droit civil*, Louis Milliot dénonce « Une loi touffue, où les dispositions de détail fourmillent, où chaque règle, aussitôt formulée, est immédiatement corrigée et restreinte dans sa portée par de nombreuses exceptions. Telle quelle, elle est au surplus incomplète puisque de nombreux

---

[524] Commission sénatoriale des dommages de guerre, séance du 17 décembre 1917. Archives du Sénat, 124 S 1763.
[525] Commission sénatoriale des dommages de guerre, séance du 15 février 1917. Archives du Sénat, 124 S 1762.

règlements d'administration publique doivent en régler l'application pratique ». L'application de la loi, qui s'étalera sur des années, « va soulever des difficultés juridiques considérables », souligne le juriste en conclusion de son analyse[526]. Les critiques portent aussi sur le cadre institutionnel de l'indemnisation. Cette question n'a pas été au cœur des discussions et les opinions émises par les professeurs de droit n'ont pas été prises en considération. Ainsi lorsque le Comité national d'action pour la réparation intégrale des dommages de guerre, Larnaude en tête, est entendu par la commission du Sénat, le doyen de la Faculté de droit de Paris émet des réserves sur le titre III du texte voté par les députés qui s'intitule « De la juridiction ». Il le trouve « défectueux » : « On met sur la même ligne une commission, un tribunal et la Cour de cassation et on les réunit ! On détruit notre organisation judiciaire », conclut-il[527].

Finalement, dans le texte définitif, ce sont les commissions cantonales qui évaluent le montant de l'indemnisation. Elles comportent cinq membres (article 21 de la loi) : un représentant de l'Etat (délégué du ministère des Finances ou des Régions libérées), un expert en matière d'évaluation immobilière (architecte ou entrepreneur), un autre en matière d'évaluation mobilière (de préférence un commissaire-priseur ou un négociant en meubles), un représentant du monde économique concerné par le dommage (agriculteur, industriel, commerçant ou ouvrier), tous réunis sous la présidence, en principe, d'un juge. Les problèmes d'effectifs rencontrés par l'institution judiciaire au lendemain de la guerre dans les régions sinistrées transparaissent dans l'ordre d'énumération des professionnels de la justice appelés à présider ces commissions. Il est prévu que le Premier président de la cour d'appel désigne un juge choisi dans les tribunaux civils du ressort. Faute de magistrats disponibles, la désignation s'effectue hors du ressort par le ministre de la Justice « parmi les juges des tribunaux civils et les juges de paix ». On peut relever que ces derniers se trouvent placés par la locution « et » au même niveau que les magistrats. La loi envisage, à défaut de désignation selon le schéma souhaité, de nommer président un ancien magistrat des tribunaux civils, voire de commerce, avant d'envisager

---

[526] L. Milliot, « Les principes directeurs de la loi sur la réparation des dommages causés par les faits de la guerre », *Revue trimestrielle de droit civil* 1919, p. 48. Louis Milliot est chargé de cours à l'Ecole coloniale.

[527] Commission sénatoriale des dommages de guerre, séance du 22 février 1917. Archives du Sénat, 124 S 1762.

le recours à des avocats, puis à d'anciens avoués ou anciens notaires[528].

Tous les départements ayant, à un moment ou à un autre, connu des combats ou une présence militaire ont à déplorer des dommages. Géographiquement, la zone de dévastation est très étendue : treize départements sont sinistrés. Certains sont plus touchés que d'autres pour avoir été traversés par la ligne de front et subi de multiples offensives. Tel est le cas du Nord, du Pas-de-Calais, de la Somme, de l'Aisne, de l'Oise et de la Meuse. Quelques chiffres donnent une idée de l'ampleur de la reconstruction conditionnée par l'indemnisation des dommages. Ainsi dans le Pas-de-Calais, la surface des tranchées est évaluée à l'issue du conflit, à 90 millions de m^2, le volume des munitions et des barbelés à 90 millions de m^3. L'ensemble des terres dévastées représente 2 500 000 ha. Mines, industries, exploitations agricoles, habitat ne sont que ruines[529]. Cette situation se traduit par la création de 56 commissions cantonales pour 45 cantons, les plus détruits en comptant plusieurs. En juillet 1919, près de la moitié d'entre elles (25) sont présidées par un juge de paix, 8 seulement par un magistrat, 15 par un avocat, 1 par un avoué et 7 par un notaire[530]. La présidence n'est donc assurée qu'à 58 % par un juge, dont 10 % (6) de retraités. Le déficit de magistrats est patent et il n'est pas étonnant qu'en 1921, au milieu de dispositions fort diverses, l'article 6 de la loi de finances du 31 mai allonge la liste des présidents potentiels répartis en dix catégories introduisant, hors du monde de la justice, des conseillers de préfecture, d'anciens greffiers, des fonctionnaires en activité ou retraités titulaires d'une licence en droit jusqu'aux titulaires sans plus de spécification d'un doctorat en droit.

La tâche dévolue aux commissions cantonales est complexe et délicate. Les dommages attestés sont évalués sur la base d'une

---

[528] Les auxiliaires de justice et officiers ministériels doivent avoir exercé leurs fonctions au moins dix ans.

[529] A. Deperchin, « Questions juridiques soulevées par la reconstruction de l'environnement urbain et rural après la Première Guerre mondiale », dans *Droit et environnement*, V. Demars-Sion, C. Pfister et R. Martinage (Textes réunis et présentés par), Centre d'Histoire Judiciaire Lille 2, 2007, p. 69-80.

[530] *Bulletin de renseignement du service de la reconstitution de la préfecture du Pas-de-Calais*, n°2, 15 juillet 1919.

conciliation entre l'administration et le sinistré. Les dommages étant classés par catégories selon leur nature, un sinistré peut être amené à déposer plusieurs demandes[531]. Dans le Pas-de-Calais, 32 500 dossiers sont déposés en 1919, leur nombre va croissant dans les années qui suivent pour avoisiner les 330 000 en 1926. Malgré un travail acharné, mené dans des conditions inconfortables (beaucoup de commissions siègent dans des baraquements en raison du manque de locaux), l'arriéré ne cesse d'augmenter, l'afflux des demandes l'emportant sur la capacité de gestion des dossiers. En 1919, seules 2 500 demandes ont été traitées. Puis le nombre de procès-verbaux (conciliation ou non-conciliation) va s'élever progressivement jusqu'à atteindre 13 000 par mois en 1921[532]. Cet accroissement de la productivité s'observe dans les autres départements. Le mérite en revient à Louis Loucheur qui, le 16 janvier 1921, a accédé au ministère des Régions libérées en charge de la reconstruction. Ce natif des territoires dévastés — il est né à Roubaix —, considère d'emblée que les choses ne vont pas assez vite. Fin mai, il annonce au Sénat qu'à la fin de l'année, les commissions cantonales auront rendu entre 1 500 000 et 1 600 000 décisions sur les 2 800 000 demandes jusque-là déposées et il espère encore améliorer le rendement. Ainsi, au rythme de 100 000 décisions par mois, les commissions achèveront leur tâche en décembre 1922[533]. En réalité, il faudra plus de temps. Le recrutement d'agents administratifs, la standardisation des évaluations, le dédoublement de certaines commissions permettent effectivement d'accélérer le traitement des dossiers, mais le travail ne touche vraiment à sa fin qu'en 1924 : au 1er janvier, les commissions ont rendu 2 931 591 décisions sur 3 013 705 dossiers déposés[534]. Dans ces conditions de volume, les commissions cantonales de dommages de guerre ont constitué pendant plusieurs années une activité à part entière pour les juges qui les présidaient.

---

[531] Article 1 de la loi. Ce sont principalement les réquisitions et prélèvements divers effectués par l'ennemi, les amendes qu'il a imposées, les prélèvements, pertes et destructions d'objets mobiliers, détériorations d'immeubles bâtis et non bâtis, que ces dommages mobiliers et immobiliers résultent de l'ennemi ou des armées alliées.

[532] Fin 1926, elles auront dressé au total 327 422 procès-verbaux. Archives départementales du Pas-de-Calais, *La grande reconstruction. Reconstruire le Pas-de-Calais après la Grande Guerre*, p. 97.

[533] S. D. Carls, *Louis Loucheur, Homme d'Etat, Modernisateur de la France, 1872-1931*, Presses du Septentrion, Villeneuve d'Ascq 2000, p. 217 s.

[534] Au 1er janvier 1922, elles avaient rendu 1 645 983 décisions sur 2 905 414.

Le législateur espère que, sous l'égide d'un professionnel de la justice, les commissions obtiendront des parties, victimes et représentant de l'Etat (en l'occurrence l'administration préfectorale), qu'elles s'accordent sur l'étendue des dommages et leur évaluation[535]. Constaté par un procès-verbal de conciliation, l'accord est alors homologué par le tribunal des dommages de guerre, ce qui clôt la procédure. Cette juridiction « créée à titre temporaire au chef-lieu de chacun des arrondissements dans lesquels ont été instituées des commissions cantonales » (article 29 de la loi) a compétence pour se prononcer sur les irrégularités de procédure et trancher toutes les questions relatives à l'indemnisation figurant dans le procès-verbal de non-conciliation. Elle fixe alors définitivement le montant des indemnités (article 30). La loi prévoit un recours extraordinaire, porté devant le Conseil d'Etat, contre les décisions des tribunaux de dommages de guerre pour motif de droit (incompétence, excès de pouvoir ou violation de la loi).

Ainsi conçue, l'indemnisation des dommages de guerre suit, de son déclenchement à son terme, une procédure originale dictée par la triple exigence de rapidité, de moindre coût et de contrôle de la dépense que traduit la composition du tribunal de dommages de guerre. Comptant cinq membres, tous désignés par décret sur proposition du ministre de la Justice, il est présidé par un magistrat de la cour d'appel ou d'un tribunal civil. Deux juges émanent du monde juridique qui s'élargit à partir des professionnels de la justice (magistrats en activité ou honoraires des cours et tribunaux et des conseils de préfecture, anciens bâtonniers, anciens présidents de l'Ordre des avocats au Conseil d'Etat et à la Cour de cassation, des chambres d'avoués et de notaires) aux professeurs de droit. Enfin, deux autres juges sont tirés au sort sur une liste de vingt membres désignés par le conseil général pour chaque session de deux mois. Dans cette composition du tribunal, le recours à l'honorariat, aux professeurs de droit et aux officiers ministériels, atteste une fois encore les difficultés rencontrées par l'institution judiciaire en manque de magistrats, comme de celles des barreaux confrontés à la pénurie d'avocats.

---

[535] Louis Loucheur institue des inspecteurs, rattachés à son ministère, pour accélérer le travail des commissions et redresser leurs erreurs. Il entend aussi soustraire les commissions cantonales à l'influence que le ministère de la Justice exerce sur elles, à travers la présidence d'un magistrat. S.- D. Carls, *op.cit.*, p. 217 s.

Qu'en a-t-il été de la composition effective de ces tribunaux ? Nul n'est en mesure aujourd'hui de le dire faute de recherches menées sur ce sujet. Le travail qu'elles réclameraient est colossal et d'autant plus difficile à mener que la composition de ces tribunaux a fluctué dans le temps.

Comme on pouvait s'y attendre, compte tenu des enjeux et malgré les efforts déployés à tous niveaux, l'indemnisation des dommages de guerre s'est étalée sur de longues années. Lorsque le second conflit mondial éclate, engendrant ses propres dommages, ceux de la Grande Guerre ne sont pas tous indemnisés. Toutefois, on constate que si tous les différends opposant les sinistrés à l'Etat n'ont pas encore été tranchés, la grande majorité des dossiers a été traitée dès l'immédiat après-guerre. Progressivement, les tribunaux de dommages de guerre, qui avaient rempli pour l'essentiel leur mission, sont dissous. L'Ile-de-France connaît à cet égard une situation tout à fait particulière : le Tribunal des dommages de guerre de la Seine voit d'abord son ressort élargi aux départements voisins de la Seine-et-Marne et de la Seine-et-Oise et devient le Tribunal interdépartemental des dommages de guerre de la Seine. Puis en 1921, il se transforme en Tribunal interdépartemental des dommages de guerre de Paris dont le ressort s'étend à tous les départements dévastés au fur et à mesure de la dissolution de leur tribunal départemental. En 1928, il ne reste plus que 8 commissions cantonales : à Laon, Altkirch, Colmar, Arras, Amiens et Lille, ville qui en compte trois[536]. En 1933, la juridiction de Paris demeure seule compétente pour toute la France, jusqu'à la cessation de son activité en 1946. Au moment où les tribunaux départementaux ferment, les recours contre leurs décisions, beaucoup plus nombreux qu'attendus, menacent d'engorger le Conseil d'Etat. Pour cette raison, l'abondant contentieux est transféré par la loi de finances du 31 mai 1921[537] à une Commission supérieure des dommages de guerre (articles 14 à 19) composée de quatre conseillers d'Etat, deux maîtres des requêtes au Conseil d'État, deux magistrats de

[536] Les départements concernés n'ont plus alors qu'un seul tribunal des dommages de guerre.

[537] Au titre d'un « budget spécial des dépenses recouvrables sur les versements à recevoir en exécution des traités de paix ». L'Allemagne vient de s'engager à Londres à s'acquitter des réparations selon l'échéancier qui lui a été fixé. C'est à nouveau Loucheur qui négocie les réparations, avec Walter Rathenau, à Wiesbaden en octobre 1921.

la Cour des comptes, deux professeurs de la Faculté de droit de Paris et de deux anciens avocats au Conseil d'État et à la Cour de cassation[538].

Sur le fond, à partir de 1921 s'affirme, parallèlement à l'évolution des institutions, une volonté plus nette de l'Etat de maîtriser la dépense publique. Le paiement des réparations est une illusion. L'Allemagne renâcle à en effectuer les premiers versements : sur les 20 milliards de marks qu'elle doit payer, elle n'en a versé que huit au 1er mai 1921[539]. Peut-on s'engager dans une fuite en avant qui risque d'aggraver les problèmes financiers que traverse la France ? Le gouvernement juge prudent de réviser les indemnisations les plus élevées, une politique que met en œuvre Louis Loucheur, en tant que ministre des Régions libérées. Par un arrêté du 10 juin 1921, il crée des commissions de pré-conciliation pour les dossiers évalués à plus d'un million de francs, tandis que ceux compris entre un million et 500 000 francs sont soumis à des comités départementaux. Les commissions de pré-conciliation ont pour mission d'obtenir un accord sur la réduction de l'indemnité avant l'intervention de la commission cantonale, pour que cette dernière n'ait plus qu'à valider le montant proposé. En outre, toutes les décisions qui, dans les deux mois de la loi, n'ont pas fait l'objet d'un recours de l'Etat devant la Commission supérieure des dommages de guerre sont automatiquement renvoyées devant une commission centrale de pré-conciliation, comme si l'Etat invoquait une sorte de « privilège à rebours », observe Larnaude. L'annonce de la révision éventuelle des indemnisations les plus élevées suscite l'inquiétude et provoque les protestations des unions de sinistrés et des chambres de commerce. Elles restent sans effet, la priorité est aux économies et la dette publique s'envole en raison précisément de la reconstruction des régions dévastées[540].

---

538 La Commission supérieure est divisée en 2 sections de 7 membres, présidées par un conseiller d'État. Sur son rôle effectif : Quernet G., « La jurisprudence des dommages de guerre à la lumière de la commission supérieure de cassation des dommages de guerre », Richard G., Perrot X. (Textes réunis par), *Dommages de guerre et responsabilité de l'Etat... op. cit.,* pp. 163-178.

539 A. Deperchin, « L'application des traités », *Encyclopédie de la Grande Guerre 1914-1918*, S. Audoin-Rouzeau, J.-J. Becker (dir.), Bayard 2004, p. 1026 s. (rééd. Fayard 2013).

540 Mai 1921 : 262 milliards, mars 1922 : 283 milliards, août 1923 : 302 milliards (Rapport Bérenger à la Commission des Finances du Sénat 4 juin 1924).

En janvier 1923, Poincaré décide, conjointement avec le Gouvernement belge, d'occuper militairement la Ruhr pour contraindre l'Allemagne à s'acquitter des réparations. A l'été 1924, la France n'ayant eu d'autre choix que d'accepter le plan Dawes, qui révise leur montant à la baisse, doit absolument réduire le montant global des dommages de guerre. La mesure concerne environ 100 000 dossiers auxquels il faut ajouter les 25 000 qui doivent être repris[541]. La loi du 2 mai 1924 vient parachever l'édifice institutionnel que nécessitent ces évolutions du contexte de l'indemnisation en légalisant l'installation des commissions de pré-conciliation et en dotant la commission supérieure des dommages de guerre d'une section spéciale (articles 2 et 3) qui doit se prononcer sur les dommages les plus élevés sur le recours en réduction exercé par le ministre des Régions libérées. Présidée par un conseiller à la Cour de cassation, elle comprend quatre conseillers d'Etat, quatre magistrats de la Cour des comptes et quatre conseillers de cours d'appel. Sa composition, qui reflète la justice française, est à la mesure des enjeux financiers. Son activité est plus importante que prévu. Alors que les recours devant la section spéciale devaient concerner entre 400 et 500 dossiers, elle en examinera quatre fois plus. Leur examen étant très lent, en octobre 1925, la section spéciale n'a jugé que quelques affaires[542]. Les problèmes juridiques que les textes successifs soulèvent sont si nombreux qu'ils justifient l'édition, à partir de cette année-là, d'un recueil de jurisprudence publié sous le patronage du doyen de la Faculté de droit de Paris, Larnaude[543].

L'indemnisation des réquisitions

Cette question constitue un autre volet des modalités juridiques de la liquidation du conflit, volet important car le phénomène de la réquisition a été de grande ampleur et a concerné l'ensemble du pays.

Ordre de la puissance publique, la réquisition s'impose aux particuliers et aux entreprises contraints de mettre à disposition de

[541] *L'Excelsior*, 3 février 1924.

[542] Les archives font état de 10 455 recours devant la Commission supérieure et de 1714 devant les sections spéciales. Ces deux juridictions sont supprimées en 1945.

[543] *Révision et pré-conciliation, Recueil de la Commission supérieure des dommages de guerre statuant en application de la loi du 2 mai 1924*. Le premier numéro paraît en octobre 1925.

l'autorité militaire les biens meubles ou immeubles qui leur sont demandés sur présentation d'un bon de réquisition. A cette obligation du « prestataire » correspond celle de l'Etat de l'indemniser. Lorsque la Grande Guerre éclate, la matière est régie par les dispositions de la loi du 3 juillet 1877[544]. Elle détermine les modalités de la réquisition, du régime d'indemnisation et fixe la procédure de règlement des éventuelles contestations, laquelle fait intervenir le juge judiciaire. Cela peut paraître étonnant puisque les réquisitions instaurent, par le biais de l'autorité militaire, une relation avec l'Etat qui conduit logiquement à attribuer leur contentieux au juge administratif. C'est en raison de l'analogie établie avec la dépossession résultant de l'expropriation pour cause d'utilité publique, que le législateur de 1877 a prévu l'intervention de la justice civile. Toutefois, cette dernière est limitée car elle s'insère entre deux phases administratives. Pour être indemnisé, le prestataire ou fournisseur de biens réquisitionnés doit commencer par adresser une demande à la mairie de son domicile qui la transmet à une commission d'évaluation, relevant de l'intendance militaire, laquelle détermine le montant d'une indemnisation forfaitaire qu'elle calcule à partir de barèmes avant de la notifier à l'intéressé. S'il accepte la somme proposée et selon qu'elle est ou non inférieure à 1 500 francs, le juge de paix, ou le tribunal civil de première instance, valide la décision de la commission. Dans le cas contraire, une conciliation est tentée par le juge de paix. Si elle échoue, le différend est soumis en fonction du montant contesté à la justice de paix ou au tribunal civil. L'article 26 de la loi de 1877 spécifie que la compétence de la juridiction civile se limite aux contestations portant exclusivement sur le montant de l'indemnité. Pour toutes les autres questions dérivant de la réquisition (contestation des ordres et des reçus de réquisition, irrégularités commises à l'occasion de la procédure, dommages causés aux biens), questions fort nombreuses en pratique, seule la juridiction administrative est compétente car elles sont susceptibles d'être rattachées à une faute de service que le juge judiciaire ne peut apprécier en raison du principe de séparation des pouvoirs.

Cette particularité de notre système juridique, quand bien même ses conséquences juridictionnelles seraient-elles exposées clairement dans la loi, n'est guère comprise par les prestataires de biens réquisitionnés, souvent mécontents de l'indemnité proposée, en particulier lorsque le

---

[544] Et son décret d'application du 2 août suivant.

bien réquisitionné a subi des dommages, comme cela se produit fréquemment à l'occasion du cantonnement des troupes, et qu'il leur faut pour obtenir réparation effectuer une nouvelle demande suivant une procédure uniquement administrative. Au cours du conflit, ce partage de compétence a troublé les instances juridictionnelles à la suite de deux arrêts du Conseil d'Etat ayant donné compétence générale à la justice civile [545]. Les débats suscités par cette jurisprudence ont fait couler beaucoup d'encre de la plume des juristes et ont été rapidement clos par un arrêt de la Cour de cassation du 6 mars 1917 qui réaffirme les limites de la compétence judiciaire dans ce domaine, arrêt suivi d'une décision du Tribunal des conflits rendue en novembre de la même année[546].

Cette jurisprudence, sans doute respectueuse du principe de la séparation des pouvoirs, n'a pas satisfait les victimes des réquisitions qui s'estimaient lésées par l'évaluation de l'intendance militaire et l'obligation de recourir à la procédure administrative. L'élan patriotique qui constituait le contexte des réquisitions de l'été 1914 avait d'autant moins de chances de survivre à l'expérience d'une guerre longue qu'en 1877 le système d'indemnisation avait été conçu pour des réquisitions militaires limitées dans le temps et quant à l'effort demandé. On imaginait alors qu'elles concerneraient surtout des troupes de passage. Or, au cours de la Grande Guerre, les besoins militaires qui déterminent les réquisitions, en particulier dans la zone des armées où elles sont quasi-permanentes, n'ont rien à voir avec ceux de 1877. L'intendance militaire doit ravitailler plus de trois millions de soldats du Nord à la frontière suisse, auxquels il faut assurer un cantonnement après la relève dans les tranchées et qu'il faut transporter d'un secteur à l'autre avec artillerie, munitions et services sanitaires. Ces exigences renseignent sur la charge que représentent les réquisitions pour la population française au cours de

---

[545] Conseil d'Etat 8 février 1917 *Galand* et 3 juin 1917 *Capel*. Tribunal des conflits 17 novembre 1917. Le Conseil d'Etat revient en 1918 à sa jurisprudence antérieure : arrêt du 11 janvier 1918 *Demonchaux*.

[546] Sur les hésitations jurisprudentielles : G. Renard, « Les limites de la compétence des tribunaux judiciaires en matière de réquisitions militaires », *Revue de droit public et de Science politique,* 1919, pp. 520-541. F. Larnaude, *De l'indemnisation dans les réquisitions militaires*, Comité d'action pour la réparation intégrale des dommages de guerre, février 1917. H. Berthélémy, « La justice et les réquisitions militaires », *Revue politique et parlementaire*, 10 mai 1917, A. Henry, « Les réquisitions militaires », *Revue de droit public et de science politique*, 1919, pp. 5-40.

la guerre. Ainsi, d'août 1914 à mars 1915, l'armée a réquisitionné près de 800 000 chevaux et 10 000 mulets pour satisfaire aux besoins urgents de la cavalerie et assurer tous types de transports. Elle incorporera au cours du conflit 1 880 000 chevaux et mulets. Ces animaux paieront un lourd tribut à la guerre : on estime à 1 140 000 les pertes subies par les effectifs équins français, « l'autre hécatombe » selon l'appréciation que porte, par analogie avec les pertes humaines, Claude Milhaud[547]. C'était aussi une perte pour les propriétaires, en particulier les agriculteurs, privés de la force de travail de leurs animaux. La valeur de l'indemnisation proposée, souvent jugée insuffisante par rapport au prix qu'ils auraient retiré d'une vente, n'est pas de nature à réduire leur mécontentement. Elle conduit au contraire à alimenter les contestations, comme dans le cas des autres types de prestataires.

En 1919, dans sa loi sur les dommages de guerre, le parlement assimile ceux qui ont dû obtempérer aux réquisitions de l'armée allemande aux victimes de guerre. Ils bénéficient ainsi d'un régime d'indemnisation plus favorable car il prend en compte, comme base de calcul, la valeur à neuf. En outre, garantie appréciable, les commissions cantonales dont la composition repose sur l'échevinage interviennent dans la procédure. La crainte que la population concernée par les réquisitions puisse s'estimer mieux traitée dans le cas de réquisitions ennemies que dans le cas de réquisitions alliées (loi de 1877 et prédominance de l'intendance militaire) conduit le législateur de 1919 à laisser aux intéressés, dans la zone du front et de l'arrière-front, le choix entre le régime de la loi de 1877 et celui de la loi de 1919. Aucune étude ne permet aujourd'hui de mesurer dans quelle mesure cette option a été utilisée[548], mais il fallait que le mécontentement des populations ait été profond pour que le législateur l'envisage. En effet, étendre la compétence des commissions cantonales aux réquisitions, toujours importantes dans la zone des armées, emportait comme conséquence d'augmenter leur tâche et de retenir davantage les juges professionnels en leur sein.

---

[547] C. Milhaud, *1914-1918. L'autre hécatombe. Enquête sur la perte de 1 140 000 chevaux et mulets*, Paris Belin 2017. Voir en particulier pp. 27-76 et pp ; 193-195.

[548] Il semble que les services de l'intendance militaire aient eux-mêmes conseillé aux intéressés de porter leur dossier devant les commissions cantonales pour éviter d'alimenter les contestations d'indemnités.

Sortie des moratoires et contrats de bail

Le retour à la paix pose une troisième question d'ampleur nationale : celle de l'issue à donner aux moratoires. Dès le déclenchement du conflit, le 5 août 1914, le Parlement, sur la demande du gouvernement, vote une série de lois destinées à pallier les conséquences de la mobilisation sur la vie des mobilisés et de leur famille. Les mesures arrêtées sont particulièrement exorbitantes du droit commun et traduisent l'état exceptionnel d'un pays qui, pour faire la guerre, débauche la majeure partie de sa population active. Les mobilisés remplissent une obligation imposée par l'Etat, à laquelle ils ne peuvent se soustraire et qui les oblige à cesser l'activité professionnelle dont ils tirent leurs moyens d'existence. L'ampleur de la mobilisation exigeant une réponse sociale, l'article 2 de la loi du 5 août 1914 autorise le gouvernement à prendre toutes mesures pour suspendre les effets des obligations civiles ou commerciales pendant toute la durée du conflit. Cela signifie que les contrats, dans le champ d'application et selon les modalités définies par le gouvernement, n'ont plus à être exécutés. Le contrat constituant le moule dans lequel se coule une grande partie des relations sociales, il est facile d'imaginer les bouleversements qui vont naître des mesures prises et les nombreuses contestations qu'ils vont soulever.

Parmi les domaines concernés par la suspension des obligations figurent les contrats de bail. Ils conditionnent le logement de beaucoup de Français (baux à loyer) et souvent leur activité professionnelle (baux industriels et commerciaux, baux ruraux de fermage et de métayage). Le décret du 14 août 1914 accorde un délai de 90 jours pour le paiement des loyers et le décret du 19 septembre proroge d'un an les baux ruraux. La guerre se prolongeant, les moratoires sont périodiquement reconduits et leur champ d'application va en s'élargissant bien au-delà des mobilisés pour concerner la presque totalité des locataires et s'étendre aux questions du congé et de la résiliation, tout en introduisant une souplesse justifiée par les abus.

Il ne saurait être question d'entrer dans les détails d'une réglementation qui, au fil du temps, devient d'une extrême complexité, ni dans le menu détail des polémiques qu'il suscite. La question est éminemment politique : entre les intérêts des propriétaires et ceux des locataires, le gouvernement, dans le souci d'éviter les problèmes sociaux, tranche en faveur des seconds et en particulier des

« petits locataires », les plus nombreux[549]. Les propriétaires sont en quelque sorte présumés pouvoir se passer des revenus des biens loués. Cependant, que les loyers ne soient pas exigibles ne signifie pas qu'ils ne soient pas dus. Anticipant les graves problèmes que la sortie de guerre risque de poser, le gouvernement, s'inspirant d'un décret de la Commune de Paris du 29 mars 1871[550], en vient à envisager la réduction, voire l'exonération des loyers que les locataires ne seront pas en mesure d'acquitter à l'issue du conflit.

Bien qu'il estime le texte inapplicable avant la cessation des hostilités, Viviani dépose, le 8 juillet 1915, un projet de loi relatif aux baux à loyer qui fait suite à la quinzaine de propositions et projets concernant les baux déposés depuis la fin décembre 1914. Ce projet introduit la possibilité pour le locataire d'obtenir la réduction des loyers accumulés à l'issue du conflit à charge d'établir qu'il n'est pas en mesure de les acquitter en raison de la guerre. Cette mesure essentielle, puisqu'elle motive le projet, ne figure cependant qu'à l'article 2. Le gouvernement est parfaitement conscient des litiges que l'application d'un tel texte va soulever et dont il est prévisible qu'ils engorgeront par leur nombre les juridictions de droit commun. C'est pourquoi, en tête du projet, l'article 1 évoque les futures contestations et renvoie à l'article 9 qui crée une juridiction *ad hoc* pour les régler, sous la forme d'un tribunal arbitral. Cette solution juridictionnelle se nourrit elle aussi de l'expérience de la guerre de 1870 à la suite de laquelle la loi des 21 avril-9 mai 1871 avait créé des « jurys » pour trancher les litiges relatifs aux baux entre propriétaires et locataires. Mais alors que le projet de 1915 confie la présidence à un juge du tribunal civil, les jurys étaient présidés par un juge de paix. Les discussions parlementaires étant à la mesure des enjeux sociaux s'éternisent et n'aboutissent à un consensus qu'au printemps 1918. Le 9 mars 1918, la « Loi relative aux modifications apportées aux baux à loyer par l'état de guerre » est votée et le décret d'application signé le lendemain comme s'il y avait urgence. Pourtant, rien ne laisse encore prévoir une issue prochaine à la guerre et la loi prévoit que le retour à la normale ne pourra s'effectuer que six mois après la date officielle

[549] Déterminés en fonction du montant de leur loyer annuel, paramètre corrigé par la population de la localité de l'habitation : 1 000 francs est un petit loyer pour Paris, 600 francs en province, ce qui est le seuil de compétence du juge de paix.
[550] Il accorde une « remise générale » aux locataires.

de la cessation des hostilités[551]. Elle fixe les conditions dans lesquelles les résiliations pourront intervenir et surtout détermine le sort des loyers qui n'auront pas été perçus depuis le 1er août 1914[552].

Techniquement complexe, cette loi lourde de 64 articles favorise les locataires comme le prévoyait le projet. Ces derniers, présumés n'avoir pu payer leurs loyers, bénéficient d'une réduction des loyers échus pouvant aller jusqu'à l'exonération, dont, aux termes de la loi, la plupart vont bénéficier. La présomption est simple, le propriétaire est donc admis à prouver la capacité de règlement du locataire. Pour limiter l'étendue du sacrifice imposé aux propriétaires, une indemnité de 50 % des loyers non perçus sera versée par l'Etat, sous condition de ressources et les propriétaires bénéficieront d'une réduction proportionnelle des impôts immobiliers (article 29). Dans sa circulaire aux préfets du 11 mars 1918, le ministre de la Justice justifie les choix opérés par le législateur dans cette « grande loi d'équilibre », qui « ne porte atteinte à la foi des contrats que dans la stricte mesure que demande l'intérêt public » et répartit, au prorata des besoins et des ressources, les « douloureux sacrifices et les risques imprévus de la guerre ». La justice et l'humanité doivent l'emporter sur le droit pur. Pour régler les litiges prévisibles, la loi reprend l'idée du projet de les soustraire au juge de droit commun pour les attribuer quel que soit le montant du différend à des commissions arbitrales, mais elles doivent surseoir à statuer en cas de contestation sur le fond du droit, en particulier si l'existence du contrat de bail est contestée.

Ces commissions ne siègent pas en permanence, mais tiennent des sessions au niveau de l'arrondissement (éventuellement du canton) et leurs audiences sont en principe publiques. Elles réunissent deux propriétaires et deux locataires, tirés au sort sur des listes établies à l'échelon municipal. Les femmes, disposition remarquable, sont admises à faire partie des commissions (article 35). Un juge délégué par le Premier président de la cour d'appel parmi les conseillers de la cour ou de l'un des tribunaux du ressort assure la présidence[553]. A

---

[551] La démobilisation ne pourra s'effectuer que par vagues, on prévoit donc la prorogation des moratoires. La cessation officielle des hostilités résultant de la loi du 23 octobre 1919, votée après la ratification du traité de Versailles, les moratoires seront encore reconduits. La loi du 27 décembre 1920 et le décret du 28 décembre les prolongent encore d'un an.

[552] La loi du 26 octobre 1919 est votée pour régler les questions relatives aux territoires envahis.

[553] Leur composition s'élargit à Paris aux représentants de la municipalité et du fisc.

défaut de magistrat disponible, on requiert un juge de paix, son suppléant, ou un avocat pouvant justifier de dix années d'inscription au tableau. Plusieurs raisons expliquent que la présidence soit confiée de manière prioritaire à un magistrat : l'importance du rôle dévolu au président et l'obligation de motiver en droit les décisions. Dans ce domaine, comme dans tous ceux qui ont trait à la liquidation des conséquences de la guerre, il s'agit d'aller vite. Les commissions doivent, par conséquent, dans chaque affaire, tenter au préalable une conciliation. Elle est confiée au président. Il peut même recevoir des parties la mission d'arbitre amiable-compositeur en dernier ressort et, dans ce cas, la décision est immédiatement exécutoire sans ordonnance d'exequatur. Si la conciliation échoue, la phase contentieuse s'ouvre devant la commission au complet qui rend ses décisions à la majorité. En pratique, dans l'hypothèse prévisible d'un partage des voix, dicté par l'appartenance de ses membres à la catégorie des propriétaires ou des locataires, il revient au président de trancher. Motivées « sommairement », selon la loi, les sentences des commissions ne sont pas susceptibles d'appel, mais seulement d'un pourvoi en cassation pour excès de pouvoir ou violation de la loi[554]. La conciliation et l'arbitrage qui doivent prévaloir reposent entièrement sur la compétence du président dont la circulaire du ministre de la Justice souligne, à juste titre, la « lourde tâche » : celle d'assurer la concorde sociale en arbitrant entre des « intérêts également atteints » par la guerre.

Outre la question des loyers, la guerre pose celle de la résiliation des contrats de bail. Elle s'impose dans toute son ampleur avant celle des fermages en ce qui concerne les baux ruraux en raison du nombre de paysans mobilisés et de l'importance de leur mortalité. Selon le droit commun, le fermier ne peut demander la résiliation du bail en invoquant un cas de force majeure relatif à sa personne qui le contraint de renoncer à l'exploitation de la ferme. D'autre part, en vertu de l'article 1742 du Code civil, la mort du preneur à bail ne met pas fin au contrat. Si le contrat ne contient pas une clause expresse de résolution, les héritiers sont tenus à son exécution.

Les propositions et projets concernant les baux ruraux et les baux à loyer sont discutés en parallèle, aussi la loi du 17 août 1917, dont les

---

[554] Les pourvois sont portés directement devant la Chambre civile et la cassation est suivie d'un renvoi devant une autre commission arbitrale.

débats ne durent que deux ans[555], préfigure-t-elle, à bien des égards, la loi sur les baux à loyer. Elle déroge au droit commun du contrat de bail en autorisant la résiliation, de plein droit et sans indemnité, lorsque le preneur est mort ou n'est plus en état de poursuivre l'exploitation du fait de la guerre. Pour sortir des moratoires qui se sont succédé, comme pour les baux à loyer, pendant le conflit, la loi prévoit la possibilité d'une réduction du montant total des fermages échus si la guerre a occasionné un déficit de l'exploitation (article 5).

Les contestations qui doivent suivre un préliminaire de conciliation, que les textes antérieurs prévoyaient déjà[556], seront portées devant une commission arbitrale cantonale composée de deux propriétaires et de deux preneurs, fermiers ou métayers, tirés au sort sur une liste dressée par les conseils municipaux, sous la présidence du juge de paix. Les femmes sont, comme elles le seront dans les commissions arbitrales des loyers, admises à siéger à titre d'assesseurs. Le seul recours ouvert contre les décisions des commissions est le pourvoi en cassation dispensé de l'examen par la Chambre de requêtes, pour être porté directement devant la Chambre civile.

Le gouvernement savait que ces textes seraient mal reçus par les propriétaires. Destiné à mesurer le phénomène, le décret du 18 mars 1918 institue auprès de la Chancellerie une commission consultative des loyers, sous la présidence du Premier Président à la Cour d'appel de Paris, pour suivre et étudier les résultats généraux de la loi du 9 mars 1918. Le rapport qu'elle remet le 17 janvier 1919 au garde des Sceaux[557], Louis Nail, dresse un tableau des premiers mois d'application de la loi en province et à Paris, appréciés au 31 décembre 1918. Sans surprise, les litiges sont nombreux. En province, des commissions arbitrales sont constituées dans les ressorts d'Aix, Bastia, Besançon, Chambéry, Grenoble, Orléans, Poitiers, dès juillet 1918, et, le mois suivant, à Agen, Caen, Dijon, Lyon, Rouen, Rennes et Paris. Dans la capitale, les commissions des 11ème, 13ème, 14ème, 15ème, 19ème, 20ème arrondissements ainsi que celle de Puteaux étant

[555] En particulier sur le projet déposé à la Chambre par David, ministre de l'Agriculture, le 25 mai 1915. Une loi spécifique sera votée le 25 octobre 1919 pour les baux d'immeubles industriels, commerciaux ou ruraux, atteints par faits de guerre dans la zone du front et les territoires occupés.

[556] Loi du 26 mai 1838 modifiée par celle du 2 mai 1855, ce préliminaire a lieu devant le juge de paix.

[557] Rapport du 17 janvier 1919 publié au JO du 18.

surchargées de dossiers, il est nécessaire d'en créer une seconde et deux supplémentaires dans le 18ème arrondissement. Au 31 décembre 1918, 151 333 litiges ont été examinés dont la moitié réglée par la conciliation (Bourges : 50 %, Poitiers : 58,68 %, Orléans : 54,59 %). Le rapport relève à ce propos que « c'est dans le plus éprouvé des ressorts judiciaires de France », Douai, que l'on observe le plus de conciliations avec 71,68 % de conflits apaisés[558]. Pour les litiges entrés dans la voie juridictionnelle, selon le Compte général de l'administration de la justice civile et commerciale de 1919, l'impossibilité de l'appel n'a pas réussi, autant qu'il était espéré, à mettre fin aux procès.

Frustrées par l'impossibilité de l'appel, les parties se sont reportées sur le pourvoi en cassation. De 1 472 en 1913, le nombre de pourvois passe à 5 688 en 1919, non par l'effet de l'arriéré résultant des années de guerre, mais en raison des pourvois contre les décisions des commissions arbitrales des loyers (4 958)[559]. Cette augmentation extraordinaire des pourvois engorge le rôle de la Chambre civile et conduit à la création, par la loi du 14 décembre 1920, d'une Commission supérieure de cassation spécialement affectée aux recours contre les décisions des commissions arbitrales des baux ruraux et des baux à loyer. Il s'agit d'une juridiction temporaire et parisienne composée de 14 magistrats : 4 conseillers à la Cour de cassation et 10 conseillers à la Cour d'appel de Paris. Elle comporte deux sous-sections comprenant deux conseillers à la Cour de cassation et 5 conseillers à la Cour d'appel. Le ministère public est représenté par 4 magistrats du parquet de la Cour d'appel sous la direction du Procureur général à la Cour de cassation. Toujours par peur de manquer de magistrats, en l'occurrence de crainte que les conseillers à la Cour de cassation soient atteints par la limite d'âge alors qu'ils siègent à la commission, la loi prévoit qu'admis à l'honorariat, ils puissent continuer à y siéger, à la condition que le nombre de conseillers en activité ne descende pas en dessous de deux. On constate une fois encore, de la base au sommet, que la France de l'immédiat après-guerre manque de magistrats tant la justice se trouve étroitement impliquée dans les modalités sociales qu'impose la sortie de guerre.

---

558 *Les Echos parisiens*, 5 février 1919.

559 *Compte général de l'administration de la justice civile et commerciale pendant l'année 1919*, Paris Imprimerie nationale, 1922.

LE JUGE, LES INFIRMES ET LES MORTS

Le juge et les pensions

En 1914, on applique aux pensions militaires une règlementation qui date de 1830[560]. Quand éclate le conflit, le texte qui doit les réformer, en s'inspirant notamment de la loi de 1898 sur les accidents du travail, est toujours en gestation. La guerre va en accélérer le vote. Propositions et projets se multiplient à partir de 1915, longuement débattus avant d'aboutir à loi du 31 mars 1919, aussitôt dénommée « Charte du combattant ». Elle proclame dans son article premier :

« La République, reconnaissante envers ceux qui ont assuré le salut de la patrie, proclame et détermine le droit à réparation due : 1°) aux militaires des armées de terre et de mer affectés d'infirmités résultant de la guerre ; 2°) aux veuves, aux orphelins et aux ascendants de ceux qui sont morts pour la France. »

La grande innovation de cette loi est d'introduire en faveur de ceux que l'on considère comme des « victimes » de la guerre, un droit à réparation reposant sur le préjudice subi. Il a pour fondement le devoir social de l'Etat, corollaire de l'obligation militaire imposée aux citoyens. La loi du 31 mars vise en premier lieu les victimes directes, c'est-à-dire les combattants, mais elle s'applique aussi aux victimes indirectes : veuves, enfants et ascendants désormais privés de revenus.

De nombreuses voix s'élèvent rapidement pour dénoncer l'injustice du texte à l'égard des victimes civiles qui ont subi les violences de l'ennemi lors de l'invasion et de celles qui ont été tuées ou blessées lors des bombardements ou des combats. Pour qu'elles puissent aussi percevoir une pension, la loi du 24 juin 1919 complète la loi du 31 mars en assimilant les civils aux militaires au sein d'une catégorie élargie, celle des victimes de « faits de guerre ». La patrie généreuse qui s'exprime dans les discours politiques de l'immédiat après-guerre facilite l'obtention d'une pension en renversant la charge de la preuve au moyen d'une présomption simple qui contraint l'administration à prouver que le fait ou la circonstance de guerre invoqués ne sont pas à

---

[560] Lois du 11 avril 1831 (armée de terre) et du 18 avril 1831 (marine). Ces textes ont été conçus pour une armée de métier.

l'origine du préjudice, c'est-à-dire de la mort, de la blessure ou de la maladie.

La loi s'adresse d'abord aux survivants, c'est-à-dire aux combattants revenus infirmes de la guerre. Sur les 3 600 000 blessés, ils sont environ 600 000 à souffrir de séquelles, dont 60 000 amputés d'un ou de plusieurs membres. Le montant de la pension, temporaire ou définitive, proportionnelle à l'importance du dommage, s'étage selon un barème dont les différents paramètres conduisent à la détermination d'un taux. Des majorations prennent en compte les infirmités multiples et l'existence d'enfants. La mort reste cependant suspendue à l'évolution de l'état médical de beaucoup d'invalides et elle va s'imposer à quantité d'épouses, d'enfants et de parents. Faute de données sur la composition sociale de l'armée française, on ignore le nombre de mobilisés mariés et pères de famille et par conséquent le nombre exact de veuves et d'orphelins. L'historien américain Jay Winter avance que les 2/3 des tués ont laissé une veuve et deux enfants. Peggy Bette juge que ces données sont excessives pour la France et penche, comme Olivier Faron, pour une estimation de 700 000 veuves et 1 100 000 orphelins[561]. Cette incapacité à saisir quantitativement les répercussions de la mort sur les familles peut sembler incroyable, mais elle résulte de l'impossibilité de fixer la limite de l'onde mortifère de la guerre sur les combattants qui sont revenus.

La masse des cas à traiter et l'urgence sociale du versement des pensions supposent, comme pour les dommages matériels, un traitement rapide des dossiers en évitant les contestations et leur issue juridictionnelle. Globalement, la procédure à suivre pour obtenir une pension est assez analogue à celle de l'indemnisation des dommages matériels. Elle débute par une demande adressée au ministère compétent (Guerre ou Marine) lequel, après examen du dossier, accepte ou refuse le droit à pension. Dans le dédale des textes, les postulants, dans leur majorité, peinent à s'y retrouver qu'il s'agisse des démarches à accomplir pour obtenir une pension d'invalide ou de veuve, d'administrer la tutelle des enfants ou de postuler à un emploi

[561] Si l'on considère les 630 000 veuves au 1er janvier 1919, cela représente plus de 400 veuves par jour de guerre. P. Bette, *Veuves françaises de la Première Guerre mondiale : statuts, itinéraires et combats*, thèse dactylographiée, Lyon 2012, p. 55. O. Faron, *Les enfants du deuil : orphelins et pupilles de la nation de la première guerre mondiale, 1914-1941*, Paris 2001, p. 310.

réservé[562]. Les brochures de conseils juridiques abondent pour les renseigner. En particulier, le *Journal des mutilés et réformés, des anciens combattants et des victimes de guerre* consacre chaque semaine une chronique relative aux démarches à effectuer, accompagnée de conseils pratiques et de formulaires types.

Les anciens combattants suivent de très près l'élaboration des textes et obtiennent que les contestations relatives aux pensions échappent partiellement à la juridiction administrative. Les contestations (refus ou désaccord sur le montant de la pension) sont portées en premier ressort devant le tribunal départemental des pensions institué par la loi en une section du tribunal civil siégeant au chef-lieu du département[563]. Il comporte cinq membres. La présidence est judiciaire (président ou vice-président du tribunal civil). Les quatre assesseurs sont un juge du même tribunal, un vice-président du conseil de préfecture (à défaut, le plus ancien conseiller de préfecture), un médecin expert des tribunaux et un pensionné tiré au sort sur une liste de vingt membres présentés par les associations de mutilés et réformés du département (article 36). Comme pour les autres juridictions chargées de liquider les conséquences du conflit, l'échevinage permet aux différents intérêts en présence d'être représentés : l'Etat par le conseiller de préfecture et les victimes par le représentant des mutilés. Dans la structure prévue, le médecin expert des tribunaux doit éclairer les débats qu'arbitre le magistrat. L'introduction d'un pensionné à titre de juge répond aux exigences des associations d'anciens combattants exprimées dès le premier congrès des mutilés tenu à Paris le 11 novembre 1917.

L'instance s'ouvre sur une phase de conciliation entre le demandeur et le représentant du ministère concerné, Guerre ou Marine, menée par le président dans son cabinet. Si elle aboutit à un accord, constaté par un procès-verbal de conciliation, le président rend une ordonnance qui fixe le montant de la pension. Dans le cas contraire, l'affaire est portée devant le tribunal au complet. Après avoir entendu le commissaire du gouvernement et le juge rapporteur désigné pour le dossier, le tribunal tranche, selon les cas, sur le taux et le montant de la pension ou sur le bien-fondé de la demande. L'appel est porté devant la cour régionale des pensions siégeant au chef-lieu

---

562 Notamment l'ouvrage de l'avocate parisienne Suzanne Grindberg, *Les droits des veuves et des orphelins*, préface de Henry-Robert, Paris Albin Michel 1916.

563 Dans le délai de six mois à dater de la notification de la décision par lettre recommandée.

de chaque cour d'appel. Etant une émanation de cette cour, elle est présidée par un président de chambre et réunit deux conseillers désignés par le ministre de la Justice pour un an[564]. Le ministère public est assuré par un commissaire du Gouvernement, soit un fonctionnaire de l'intendance militaire, soit un officier de l'intendance maritime. Si l'appel relève de l'ordre judiciaire, certes dans une formation *ad hoc*, le pourvoi n'est pas porté devant la Cour de cassation, mais devant le Conseil d'Etat[565].

On sait peu de choses sur la pratique effective des différentes juridictions des pensions qui ont fonctionné sur l'ensemble du territoire. La lecture des journaux d'anciens combattants renseigne toutefois sur la perception de ceux pour lesquels le système a été instauré. La plus grande vigilance domine, elle est assortie d'une profonde méfiance à l'égard de l'Etat. Les associations d'anciens combattants surveillent la manière dont la loi entre en application et en particulier l'installation progressive des tribunaux. En 1921, tous les tribunaux n'ont pas été constitués, très peu ont siégé et le nombre de jugements est infime ainsi que le constate Maurice Georges dans un article publié au début de l'année 1922. Il dénombre alors 106 tribunaux en métropole. Les débuts laborieux de la nouvelle juridiction résultent, selon lui, des nombreux problèmes quc posent concrètement son organisation et son fonctionnement. Le peu de jugements s'explique par la lenteur administrative des ministères qui tardent à envoyer aux tribunaux les dossiers demandés, mais aussi par le faible nombre de requêtes. Tout étant fait, dit-il, pour décourager les réclamations.

Les aspects judiciaires du contentieux des pensions réclameraient une vaste étude. Pour ce qui nous en est aujourd'hui révélé, se dégage l'impression que les refus de pension, rares au lendemain du conflit, se multiplient progressivement, qu'il s'agisse de demandes émanant de combattants, de veuves ou d'ascendants. Le lien de cause à effet entre le fait de guerre et le dommage s'estompant avec les années, l'administration éprouve de moins en moins de difficulté à faire tomber la présomption en établissant que la guerre n'est pas à l'origine des préjudices invoqués, mais que ceux-ci résultent d'autres causes : un facteur personnel ou l'alcoolisme.

---

[564] Les trois magistrats suppléants sont désignés par le président de la cour d'appel.

[565] Pourvoi pour excès ou détournement de pouvoir, vice de forme ou violation de la loi (article 43).

Appréciées du côté de chaque bénéficiaire, les pensions ne permettent que la survie. Selon la loi du 31 mars 1919, le montant de la pension de réversion d'une veuve de soldat est de 500 francs par an, soit moins de 1,40 franc par jour. Elle est majorée de 300 francs par orphelin. Il s'agit d'une pension de misère si on la rapporte aux prix alimentaires : le kilo de pain coûte au minimum 0,50 franc après la guerre. Mais considérées dans leur ensemble, les pensions représentent une charge colossale. Incontestablement, la rigueur croissante manifestée par les juridictions des pensions a pour conséquence directe d'alléger le budget de l'Etat. Quel rôle ont joué à cet égard, les magistrats de l'ordre judiciaire ? On peut affirmer qu'à raison d'au moins deux magistrats par département, trois par cour d'appel, ils ont été largement mis à contribution par le contentieux des pensions. Pour autant, cela ne permet pas de dire s'ils ont exercé une influence sur les décisions rendues.

Le juge et les orphelins

Il est parfaitement logique, compte tenu de leur investissement dans les questions relatives à l'enfance bien avant le conflit, que les magistrats et avocats s'intéressent aux enfants dont la guerre a tué le père ou l'a rendu estropié à sa famille. Dès le printemps 1915, l'hécatombe des premiers mois du conflit fait prendre conscience que la catastrophe humaine va se prolonger en catastrophe sociale. Que vont devenir ces enfants dans des familles privées de ressources et dont le cadre éducatif va souffrir de l'absence du père ou de son invalidité ? Comment concevoir l'aide et la protection auxquelles peuvent prétendre ces enfants, fils et filles de héros, envers lesquels l'Etat a contracté un devoir ? Quels sont les enfants qui doivent en bénéficier ?

Les magistrats qui, au sein de l'institution judiciaire, sont amenés à traiter des questions pénales et civiles relatives aux mineurs se trouvent aux premières loges pour exprimer un avis qu'autorise l'expérience. En particulier, Henri Rollet, président du Tribunal pour enfants de la Seine, membre du Conseil supérieur de l'assistance publique et fondateur du patronage de l'enfance, critique le projet déposé le 17 juin 1915 par le gouvernement au Sénat sur les orphelins de guerre, qualifiés en l'occurrence de « pupilles de la patrie »[566]. Il le juge trop complexe et l'idée de recourir aux œuvres de bienfaisance existantes doit selon lui être écartée, tout comme la création d'institutions nouvelles. Il propose que les pensions aillent aux familles et soient réparties entre les orphelins par l'entremise d'une caisse nationale qui recueillerait tous les fonds qui leur sont destinés en réponse aux demandes déposées. Paul Kahn, avocat à la Cour d'appel de Paris partage son analyse[567].

Au bout de deux années de controverses, nourries par les milieux catholiques qui redoutent une mainmise anticléricale de l'Etat sur les institutions envisagées, la loi du 27 juillet 1917 crée les pupilles de la nation[568]. Leur définition large doit permettre d'assurer la protection de tous les enfants en tant que victimes par ricochet de la guerre. Il s'agit des orphelins, mais aussi des enfants « dont le père, la mère ou le soutien de famille » se trouvent « dans l'incapacité de gagner leur vie par le travail, à raison des blessures reçues ou de maladies contractées ou aggravées par suite de guerre » (article 1 de la loi). Ces enfants, adoptés par la nation, vont devenir les pupilles de l'Etat qui s'engage à assumer la charge de leur éducation sur le plan matériel et moral. S'il est affirmé que la famille, autant qu'il est possible, constitue le cadre de vie des pupilles, la protection particulière dont ils doivent bénéficier est assurée par une institution nouvelle, créée sous la forme d'un établissement public rattaché au ministère de l'Instruction publique : l'Office national des Pupilles de la Nation. Il chapeaute des offices départementaux dont l'activité se ramifie en sections cantonales, sections d'arrondissements à Paris. Il entre dans la mission de ces offices de susciter les demandes d'adoption et d'aider les familles dans leurs démarches, car le législateur souhaite l'adoption d'absolument tous les enfants concernés. L'adoption résultant en droit français d'une décision de justice, l'institution judiciaire est représentée au sein de ces offices par le Premier Président de la Cour de cassation au niveau national, ce qui atteste l'importance de l'enjeu, et par le procureur de la République dans les offices départementaux.

L'adoption des pupilles de la Nation relève de la compétence des tribunaux civils de première instance, comme l'adoption de droit

---

566 Projet signé par Viviani, Briand, Malvy, Sarraut, Doumergue, mais l'inspirateur en est Sarraut, ministre de l'Instruction publique.

567 *Le Temps*, 26 juin et 11 juillet 1915.

568 Sur la genèse de la loi et le système qu'elle instaure : O. Faron, *op.cit.*

commun, mais selon une procédure simplifiée et gratuite. La gratuité (article 31) est instaurée pour que le coût ne fasse pas obstacle aux demandes. La procédure est déclenchée par une demande adressée au tribunal du domicile de l'enfant par son père si ce dernier est invalide, par le représentant légal de l'enfant, préalablement autorisé par le conseil de famille s'il est orphelin. Elle est présentée au tribunal, sous la forme d'une requête, par le procureur de la République. Le président du tribunal nomme alors un juge rapporteur et fixe la date de l'audience de jugement. Le demandeur y est convoqué par lettre recommandée que lui adresse le greffier, le recours au ministère d'huissier ayant été écarté pour limiter les frais. A l'audience, éventuellement en chambre du conseil, le tribunal entend le juge rapporteur et les conclusions du ministère public, puis rend son jugement. Il ne se prononce que sur le statut de pupille de la nation, car fixer le montant des secours auxquels l'enfant peut prétendre relève de la compétence des offices. En revanche, il intervient dans une procédure parallèle influant sur la situation matérielle de l'enfant selon qu'il accepte ou refuse à sa mère la pension de veuve de guerre, laquelle est majorée en fonction des enfants à charge[569]. Le jugement est notifié au demandeur par lettre recommandée et, en cas d'adoption, la mention « Adopté (e) par la nation », suivie de la date du jugement, est portée en marge de l'acte de naissance de l'intéressé sur le registre de l'état-civil. Ainsi que le fait justement remarquer Olivier Faron, cette inscription entend répondre à celle de « Mort pour la France » inscrite en marge de la transcription du décès du père de l'orphelin selon les prescriptions de la loi du 2 juillet 1915[570]. La loi du 27 juillet 1917 prévoit aussi l'intervention du juge de paix, car le jugement d'adoption ouvre la tutelle et il incombe au juge de paix de provoquer d'office la réunion du conseil de famille si, dans les quinze jours, celle-ci n'a pas été requise par le parent compétent.

Très rapidement, les demandes, encouragées par les offices, sont nombreuses. Olivier Faron relève 80 000 dossiers en attente au Tribunal de la Seine dès août 1919. On ne peut toutefois établir une exacte corrélation entre l'importance de la juridiction et le nombre de demandes, car les motifs qui justifient la requête (père mort pour la France, réformé de guerre mutilé ou décédé des suites de blessures de guerre, ou de maladie contractée en service) dépendent de l'exposition

---

[569] Majoration de 300 francs en 1919, portée à 500 francs en 1922.
[570] O. Faron, *op. cit.*, p. 110.

des victimes aux événements de guerre. Ce sont les paysans, constituant la majorité des combattants, qui ont été les plus touchés. Ainsi, dans le sud-ouest, le Tribunal de Perpignan (2ème classe pour un ressort comptant 120 000 habitants) connaît de 970 requêtes[571], tandis qu'une juridiction de niveau inférieur comme le Tribunal de Cahors (3ème classe pour un ressort d'environ 90 000 habitants) en examine plus d'un millier entre 1918 et 1930.

Quel que soit le lieu, les demandes de pension affluent dans les années qui suivent immédiatement le conflit et la rationalisation du traitement des dossiers s'impose très vite. Elle concerne en premier lieu la forme matérielle des dossiers. Ses éléments, qui correspondent aux étapes de la procédure (requête, ordonnance de nomination du juge rapporteur et jugement), sont rapidement réunis sur un même formulaire (d'abord dupliqué à l'alcool, puis pré imprimé) dont les cases sont remplies à la main aux différents stades de la procédure. Requête et ordonnance figurent au recto, le jugement au verso. Le traitement des demandes emprunte davantage à l'administration qu'à la justice. La fonction de rapporteur semble se spécialiser ainsi que l'atteste la mention répétée au fil des jugements du nom du magistrat. Les jugements sont rendus à la chaîne, plusieurs par audience. La pratique en devient tellement routinière que les formulaires, à la longue, hormis l'identification du demandeur, ne sont plus remplis qu'au verso pour indiquer la teneur du jugement.

La petite juridiction du Tribunal de Cahors se prononce sur 127 requêtes en 1920, puis leur nombre baisse rapidement (52 en 1921, 49 encore en 1924, 39 en 1925) [572]. Cette activité, pour importante qu'elle soit localement n'est en rien comparable à celle des juridictions des grandes villes. Au cœur de la zone la plus peuplée de France, le Tribunal de la Seine rend environ 5 000 jugements par mois au cours de l'année 1919[573]. Son activité va décroissante, mais reste importante jusque dans les années trente en raison de la mortalité différée des blessés et malades. Il rend ainsi 96 jugements au cours de la seule audience du 8 juin 1932. Il semble que l'activité soutenue des juridictions soit la résultante directe de la propagande des offices et

[571] Voir l'étude de M. Lanchard, « Les pupilles de la nation de la Première Guerre mondiale et leur prise en charge par la République française. L'exemple des Pyrénées orientales », *Domitia*, Presses universitaires de Perpignan, octobre 2001, n°1, p. 32-46.

[572] Archives départementales du Lot, 3 U 1/499 et 500.

[573] O. Faron, *op.cit.*, p. 145.

des différentes organisations d'anciens combattants. Les fluctuations d'un ressort à l'autre et d'une période à l'autre résultent de l'ampleur et du moment des campagnes d'information menées par ces dernières[574].

Le juge et les disparus

Le droit est familier de la mort. La durée de vie d'un individu certes varie, mais dans l'ensemble, la nature veut que les générations se succèdent dans l'ordre de leur apparition, ce dont chaque famille fait l'expérience. La Grande Guerre bouleverse complètement ce rapport à la mort en raison du nombre et de la concomitance des décès, de la position sociale des morts (des hommes jeunes mariés et pères ou soutiens de parents vieillissants) et des effets sur les corps de la guerre industrielle.

La mort marque l'extinction de la vie juridique d'une personne et le droit en tire les conséquences sur le plan familial et sur le plan patrimonial, les deux étant le plus souvent liés. Toutefois, aucune tutelle ne peut être envisagée pour les enfants, la veuve ne peut prétendre à aucune pension, nulle succession ne peut être ouverte si la mort d'un individu n'est pas certaine, c'est-à-dire attestée. Le certificat de décès répond à cet impératif. L'obtenir ne pose qu'exceptionnellement problème pour les décès civils. Les actes de décès militaires relèvent d'un régime spécial qui est régi, à la veille de la Première Guerre mondiale, par la loi du 8 juin 1893, précisée par une instruction du 23 juillet 1894, qui fixe les modalités de son établissement. Dans chaque unité, un officier de l'intendance militaire ou, le cas échéant d'une formation sanitaire, après un constat *de visu*, le dresse par inscription sur un registre, en présence de deux témoins majeurs ayant connu le défunt. Il doit l'expédier le jour même au ministère de la Guerre qui se charge du suivi administratif[575].

Dès le début du conflit, les officiers d'état-civil militaires se trouvent dans l'impossibilité d'exécuter leur tâche. Ils sont dépassés par le nombre de décès à constater, mais surtout il leur est impossible, dans de très nombreux cas, de satisfaire au respect des exigences

---

[574] O. Faron, *op.cit.*, p. 147.

[575] Sur les problèmes posés par l'état-civil des militaires au cours du conflit : E. Pénicaut, « Quand le militaire se fait officier d'état-civil », I. Homer et E. Pénicaut (dir.), *Le soldat et la mort dans la Grande Guerre*, *op. cit.*, pp. 81-89.

édictées par la loi. La guerre de mouvement laisse les cadavres sur le champ de bataille et la mort de masse rend hypothétique de trouver dans un régiment les témoins indispensables. Surtout, la guerre industrielle abîme les corps, les démembre, voire les volatilise. L'impossible identification de nombreux morts va créer l'immense catégorie des « disparus ». Sont-ils morts, ont-ils été faits prisonniers ? Pour beaucoup d'entre eux, l'incertitude demeure jusqu'à la fin du conflit marquée par le retour des captifs.

Les « disparus » ne constituent pas une catégorie marginale, comme l'attestent le nombre et l'importance des ossuaires qui regroupent les restes ramassés sur les champs de bataille. Quoique le nombre de combattants reposant dans les ossuaires soit indiqué avec une précision qui peut étonner[576], on ignore le nombre exact de disparus. L'évaluation officielle du rapport parlementaire établi par Louis Marin, en juin 1919, s'arrête à 314 000 au 1er novembre 1918. Elle est certainement inférieure à la réalité, sans pouvoir dire de combien. Les archéologues, qui depuis quelques années ont trouvé dans la Grande Guerre un nouveau champ de recherches, estiment qu'il reste sur la ligne de front quelque 250 000 corps de soldats français sans sépulture[577]. Ces chiffres effarants permettent de comprendre l'ampleur du problème social tel qu'il se pose aux pouvoirs publics dès les premiers mois du conflit.

En effet, le droit civil en 1914 considère la disparition comme un phénomène très rare, régi au titre de « l'absence ». Le Code civil alors en vigueur lui consacre 33 articles (112 à 143) répartis en trois chapitres au titre IV du premier livre consacré aux personnes. L'importance des enjeux juridiques du décès, jointe au caractère exceptionnel de la disparition, explique les règles qui régissent une matière qu'inspire la plus extrême prudence dans la gestion des probabilités de vie ou de décès. Il n'est pas nécessaire d'entrer dans le détail des normes et procédures pour comprendre l'inadaptation du droit civil à la situation inédite créée par la guerre. Considérons que la déclaration d'absence ouvre une première période, au cours de laquelle les droits de l'absent sont réservés, car prévaut la présomption de vie. Puis, plus le temps passe, un temps long allant jusqu'à 30 ans, plus la présomption de décès acquiert de la force avec les

[576] On le constate dans cimetières militaires. A titre d'exemple, les deux ossuaires de la nécropole nationale de La Harazée, en Argonne, contiendraient respectivement 1654 et 1666 corps.
[577] Sur les 700 000 corps toutes nationalités confondues.

conséquences juridiques qu'il est raisonnable, progressivement, de lui attacher. Ces règles s'avèrent, à l'évidence, inadaptées dès lors que les disparus se comptent par dizaines de milliers.

Quelles sont les données matérielles du problème posé par les disparus au cours du conflit ? Un soldat qui manque à l'appel, effectué au moins tous les cinq jours lorsque les événements militaires le permettent, est porté disparu. Sa disparition peut n'être que temporaire dans le cas du combattant qui éprouve des difficultés à rejoindre son unité, a été fait prisonnier ou encore a déserté. Elle est définitive s'il a été tué, mais les circonstances ne permettent pas de retrouver son corps ou de l'identifier s'il est en état de putréfaction ou s'il n'en reste que des fragments. La plaque en métal destinée à l'identifier, que le soldat doit porter, ne remplit pas toujours son office. Qu'il s'agisse des combattants dont le décès peut être tenu pour hautement probable ou de ceux dont on pense qu'ils ont été faits prisonniers, l'incertitude est là et s'oppose à un traitement trop hâtif de la disparition.

Pour les familles, ce qui importe d'un point de vue pratique, notamment pour faire valoir les droits à pension, est de disposer d'un acte de décès militaire. Le nombre de morts impose de réviser les règles relatives à l'élaboration de ces actes, telle qu'elles avaient été fixées en 1893, ce qu'autorise la loi du 3 décembre 1915. Elle décide qu'un jugement peut, le cas échéant, tenir lieu d'acte de décès et détermine les pièces administratives à produire pour l'obtenir. En premier lieu, un acte de disparition, lequel constate l'absence de tout soldat qui ne répond pas à l'appel. En second lieu, une déclaration de décès remplie par l'officier chargé de l'état-civil dans le cas où existe un témoin de la mort. A défaut de témoin, cet officier dresse un procès-verbal de constatation de décès en s'aidant des informations consignées dans les carnets de champ de bataille par les équipes chargées de ramasser les blessés et les morts. Pour limiter le nombre de procédures, l'instruction ministérielle du 2 juin 1916 réduit les exigences en permettant à l'officier d'état civil de dresser directement un acte de constatation de décès sur la déclaration d'un médecin ou de deux témoins de la disparition.

Le tribunal civil de première instance du dernier domicile du défunt est la juridiction compétente pour prononcer les jugements déclaratifs de décès. La procédure gracieuse est ouverte à toute personne pouvant justifier d'un intérêt à la déclencher. En pratique, elle est initiée par le ministère de la Guerre destinataire des documents établis par l'officier d'état civil militaire. Il adresse au procureur général de la cour d'appel, dont relève le tribunal compétent, le procès-verbal de constatation de décès, l'acte de disparition et divers documents de position militaire du disparu ainsi qu'une fiche émanant du Service des renseignements aux familles attestant qu'il ne figure pas sur les listes de prisonniers transmises par l'Allemagne, via la Croix-Rouge. Le procureur général saisit alors le procureur de la République du tribunal civil qui va diligenter une enquête, confiée au juge de paix du canton du dernier domicile. Il s'agit de s'assurer que le disparu n'a pas réapparu ni donné de nouvelles depuis sa disparition. L'enquête ayant permis d'écarter l'hypothèse de désertion, le président du tribunal nomme un juge rapporteur. Sur réquisition du parquet et après audition du juge rapporteur, le jugement déclaratif de décès est rendu et adressé, pour valoir acte de décès, au maire de la commune de dernière résidence afin qu'il le transcrive sur les registres d'état civil.

A l'issue du conflit, le retour des prisonniers supprime l'incertitude majeure concernant les combattants dont on demeure sans nouvelle. La présomption de décès des disparus l'emporte désormais sur la présomption de vie. La guerre finie, l'incertitude ne doit pas constituer un obstacle aux divers aspects de la reconstruction nationale. Pour activer le processus, la loi du 25 juin 1919 réduit les délais régissant la procédure de l'absence et celle tendant à obtenir un jugement déclaratif de décès. Le délai est d'un an sans nouvelles du disparu pour prononcer le jugement déclarant l'absence, mais il ne saurait survenir moins de six mois après la publication au *Journal officiel* de la demande. La déclaration d'absence permet l'envoi en possession provisoire des biens du défunt et peut produire ses effets dès le jugement déclaratif de décès. La durée avant l'envoi en possession définitive peut être réduite de 30 ans jusqu'à 5 ans sur décision motivée du tribunal. Le cas de réapparition est envisagé (article 10) : la personne pourra poursuivre l'annulation du jugement. Si sa veuve s'est remariée et a eu des enfants, le mariage sera réputé putatif pour que ces derniers aient le statut d'enfants légitimes. Quant au jugement déclaratif de décès, il ne peut être obtenu que lorsque deux ans se seront écoulés depuis la disparition et au plus tôt six mois après la date officielle de cessation des hostilités[578]. Pour éviter le cumul de procédures, l'article 9 de la loi oblige le tribunal à déclarer le décès si

[578] Celle-ci n'est pas encore connue au moment de la promulgation de la loi.

deux ans se sont écoulés depuis la disparition même s'il n'est saisi que d'une demande de déclaration d'absence.

Jusqu'à présent, aucune étude d'ensemble n'a été menée sur la manière dont les normes concernant les disparus ont été reçues et appliquées. Les comptes généraux de la justice civile, publiés après le conflit à partir de 1919, n'isolent pas ce type de requêtes incluses dans les affaires non inscrites au rôle, puisqu'il s'agit d'une juridiction gracieuse. Le ministre de la Justice, Louis Barthou, se borne à mentionner le phénomène dans son introduction au compte de 1919. Il souligne, sans donner de chiffres, que les tribunaux ont rendu de nombreux jugements déclaratifs de décès de militaires. Cumulée avec les jugements d'adoption des Pupilles de la nation, cette activité explique pourquoi les affaires non inscrites au rôle des tribunaux civils de première instance (33 401 en 1914) s'élèvent à partir de 1917 (40 284), font plus que doubler en 1918 (97 473) et plus encore en 1919 (245 163)[579]. Une investigation menée dans le cadre d'une petite commune rurale du Lot permet de lever un coin du voile sur la pratique judiciaire[580]. A Lherm, environ 500 habitants en 1914, la guerre tue 30 soldats parmi les mobilisés qui, pour un tiers d'entre eux, sont des disparus : 4 en 1914, 1 en 1915, comme en 1916, et 4 en 1918. La répartition des dates atteste le lien entre le phénomène de disparition et la guerre de mouvement qui rend plus difficile le relevé nominatif de mortalité et souvent impossible la reconnaissance des corps laissés sur le champ de bataille dans le feu de l'action. Pour tous les soldats disparus, un jugement déclaratif de décès a été rendu par le Tribunal de Cahors, avant que l'on ne retrouve et identifie les corps de trois d'entre eux[581]. Seules deux procédures donnent lieu à un jugement au cours du conflit, en 1917. Elles concernent des soldats disparus en septembre 1914 et en février 1915. La durée qui s'écoule entre leur disparition et le jugement est respectivement trois et deux ans et demi. Les autres requêtes aboutissent entre 1920 et 1923 même lorsque le soldat a disparu dès 1914. Le temps moyen entre la disparition et le jugement varie de deux ans et demi à six ans, la

---

579 *Compte général de l'administration de la justice civile et commerciale pendant l'année 1919*, p. VI et X.

580 A. Deperchin, « La guerre, la mort et le droit », *Le soldat et la mort dans la Grande Guerre*, *op. cit.*, pp.99-112.

581 Les corps pouvaient avoir été inhumés dans des tombes provisoires devenues anonymes. De nombreux disparus ont été retrouvés au cours des années vingt lors du regroupement des corps dans les nécropoles.

moyenne s'établissant à 4 ans et 3 mois[582]. Ces délais, assez longs pour les familles, ne sont pas imputables à la phase judiciaire, mais à la phase administrative. Les services du ministère de la Guerre sont rapidement débordés par la masse des dossiers à gérer alors qu'il importe de maintenir au cas par cas la plus grande vigilance afin de ne pas créer une cohorte de morts vivants, c'est-à-dire de disparus qui réapparaitront. Certes la juridiction cadurcienne n'est pas surchargée de travail au cours du conflit, néanmoins il ressort de l'examen des dossiers de procédure qu'elle remplit les missions qui lui sont assignées avec la plus grande diligence. La procédure judiciaire depuis la réception des pièces justificatives par la Cour d'appel d'Agen jusqu'au jugement, enquête du juge de paix de Catus comprise, ne prend qu'une quinzaine de jours seulement. Le jugement, une fois rendu, est adressé par le parquet au maire de la commune de la dernière résidence pour transcription sur les registres d'état civil, à la place qu'aurait occupé chronologiquement l'acte de décès, avec la mention « Mort pour la France »[583]. Au fil du temps s'observe une rationalisation de la gestion des dossiers que l'on retrouve dans tout le contentieux d'après-guerre. Comme pour les requêtes en adoption des Pupilles de la nation, un document de quatre pages pré-imprimé contenant la requête du procureur de la République, l'ordonnance de nomination du juge rapporteur et le jugement, dont il suffit de remplir les blancs vient se substituer à la liasse des premières procédures pour constituer d'un seul tenant le dossier judiciaire. Les requêtes adressées au Tribunal de Cahors s'élèvent à 383 en 1920 soit plus de la moitié de sa juridiction gracieuse, à 222 en 1921. Leur nombre chute ensuite brutalement à une ou deux par an dans les années qui suivent.

Même si les données dont nous disposons aujourd'hui sont insuffisantes pour apprécier l'activité et les pratiques judiciaires liées aux souffrances de guerre au plan national et au plan local, dans leur ensemble et dans les champs ouverts par la législation dictée par le conflit, force est de constater que le juge est au cœur, sinon le pivot, de tous les dispositifs qui président à la reconstruction du pays. Aussi, les juges, comme les autres professionnels de la justice, se trouvent-

[582] Le temps le plus long (6 ans) concerne les premiers disparus de 1914.
[583] Cette transcription est effectuée dans la marge en raison de son caractère rétroactif.

ils, dès la sortie de guerre et pour des années encore, surchargés de travail. Comment concilier le recours accru à l'institution judiciaire avec les projets de réforme de la justice qui depuis des décennies prévoient de supprimer des juridictions et leur personnel ?

L'AJUSTEMENT INSTITUTIONNEL AUX BESOINS JUDICIAIRES

« Une nouvelle crise. On demande des juges »

C'est en ces termes que *Le Progrès du Nord*, dans son édition du 5 janvier 1919, publie un long article revendicatif et solidement étayé dans lequel sont décrites la pénurie de juges et ses conséquences à Lille. Une ville située au cœur d'une région qui a particulièrement souffert de la guerre : mortalité des combattants mobilisés, rigueurs de l'occupation et proximité du front. Moins de deux mois après l'armistice, le manque de juges compromet la reprise du fonctionnement judiciaire auquel est subordonné le retour à la vie normale ardemment souhaité par la population. L'article fait le bilan de la situation à propos des juges de paix, indispensables dans les différentes procédures concernant la reconstruction. Sur les cinq justices de paix de Lille, seule celle du deuxième arrondissement dispose d'un juge[584]. Dans les premier, troisième et cinquième arrondissements, aucun suppléant ne peut remplacer les juges de paix décédés. Dans le quatrième, le juge de paix en titre a été nommé ailleurs sans qu'il ait été pourvu à son remplacement. L'article invective « la paresse intellectuelle », « l'incapacité de toute vie agissante » de Monsieur Lebureau, ce personnage fictif qui, à l'époque, canalise tous les reproches adressés à l'administration. Des transformations sont nécessaires conclut l'auteur. Il ajoute : « monsieur Lebureau ferait bien d'y condescendre ». Suivent les projets destinés à remédier à la situation. Le premier correspond à un vœu émis par le conseil municipal de Lille bien avant la guerre. Il s'inscrit parfaitement dans la ligne adoptée par le ministère de la Justice au cours du conflit puisqu'il consiste à pratiquer le binage en

[584] Lille compte huit cantons répartis en cinq arrondissements. Le quatrième arrondissement comporte trois cantons (centre, sud, sud-ouest) pour une justice de paix.

regroupant deux cantons sous la juridiction d'un seul juge afin qu'il n'y ait plus de justice de paix surchargée comme cela était le cas dans le $4^{\text{ème}}$ arrondissement (Lille centre, sud et sud-ouest) alors que le $5^{\text{ème}}$ ne jugeait pas dix affaires par an. Cela pourrait être réalisé en associant un canton urbain à un canton suburbain selon l'idée émise en son temps par un juge lillois. Enfin, un troisième projet dessine une carte des justices de paix réduite à trois au lieu de cinq par un regroupement censé être conforme aux besoins juridictionnels à satisfaire. L'article se termine en forme de supplique :

« Mais de grâce, qu'on daigne bouger ! ... Cette situation préjudiciable à beaucoup d'intérêts ne peut s'éterniser ainsi... Nous voudrions considérer que l'on s'aperçoive enfin que la guerre est finie, que la vie doit reprendre son cours normal et que pour cela il est nécessaire que les jurisprudences puissent fonctionner ».

Les journaux d'anciens combattants, comme ceux des sinistrés, expriment la même insatisfaction quant aux lenteurs de traitement des dossiers imputables au manque de magistrats, mais aussi à la pénurie d'auxiliaires de justice. Dans l'immédiat après-guerre, l'opinion publique presse donc les gouvernements d'ajuster les moyens aux besoins.

Solutions en forme d'expédients

La guerre ne met pas la réforme de la justice, annoncée depuis des décennies, aux oubliettes. A l'issue du conflit, il n'entre pas dans les desseins du pouvoir politique d'y renoncer alors que l'application de la législation sur laquelle repose la reconstruction des familles et des patrimoines impose de maintenir des juridictions menacées de suppression comme les effectifs de magistrats et de juges de paix. Il faudrait même dans les circonscriptions judiciaires surchargées de dossiers augmenter les effectifs si l'on veut liquider rapidement les conséquences de la guerre. Cet impératif conduit à renforcer le personnel du tribunal et des justices de paix de la Seine, ainsi que celui du ministère de la Justice, mais la loi du 4 octobre 1919 lie l'augmentation des effectifs aux nécessités du court terme, en précisant qu'elle est provisoire.

C'est en conscience des problèmes engendrés par la pénurie de personnel, que le législateur de l'immédiat après-guerre, qu'il s'agisse des dommages de guerre ou des pensions, créé des structures *ad hoc* sur la base de l'échevinage, lequel permet d'économiser les magistrats professionnels, les réservant pour les phases de recours. Certes, l'établissement des tableaux d'avancement dès 1917 a permis de pourvoir par promotion un certain nombre de postes[585], mais la mesure n'a en rien supprimé la pénurie de juges. Elle s'aggrave lorsque, le conflit ayant pris fin, les demandes en justice affluent pour régler non seulement les suites de la guerre concernant les victimes, mais aussi les contentieux que le conflit a provoqués et les situations juridiques dont il a différé l'examen.

Le ministère de la Justice fait feu de tout bois pour satisfaire les besoins dans le souci de ne pas mettre en péril la future réforme. Il s'agit d'abord de remettre l'institution en état de fonctionner normalement en organisant son renouvellement alors que la session de recrutement prévue à l'automne 1914 a été supprimée, aucune n'ayant eu lieu au cours du conflit pour ne pas pénaliser les mobilisés. Devant l'urgence, moins d'un mois après l'armistice, un décret vient, le 6 décembre 1918, décider que le premier examen de l'après-guerre se déroulera dès le début de l'année 1919[586]. Effectivement, le décret du 19 décembre en ouvre les épreuves le 17 février et en fixe les modalités. Un allègement des conditions est prévu pour permettre aux militaires réformés ou qui se trouvent encore sous les drapeaux de le passer. A l'issue des épreuves, une soixantaine de candidats est admis dans la magistrature[587].

Un peu plus tôt, les modalités du recrutement des juges de paix ont été fixées par la loi du 14 juin 1918, précisée par le décret du 6 août suivant, tandis qu'un arrêté du 7 août, sans savoir que cette date sera celle de l'armistice, annonce que les épreuves débuteront le 11 novembre 1918. Ce n'est pas tant le besoin de juges de paix qui justifie la loi votée que la volonté de réformer la justice sur le plan qualitatif ainsi que l'attestent le descriptif de l'examen, beaucoup plus exigeant qu'en 1905, et les modalités de déroulement des épreuves, plus soucieuses de transparence. Ce faisant, la comparaison des textes respectifs montre que l'examen de recrutement des juges de paix se calque sur celui des magistrats et tend à rapprocher les deux formes de justice sans les fondre encore dans la même structure institutionnelle. Les épreuves, passées au chef-lieu de chaque cour d'appel, se

---

[585] Voir chapitre 3.

[586] Soit plus tôt qu'avant-guerre : deux sessions d'examen avaient lieu, en avril et en novembre.

[587] Liste publiée au Journal officiel du 11 mars 1919.

déroulent avec célérité et, le 1er décembre 1918, le *Journal officiel* publie la liste des 110 candidats jugés aptes aux fonctions de juge de paix.

Le recrutement devant rester raisonnable pour ne pas hypothéquer la réforme future, l'idée est séduisante de garder les magistrats que l'on a sous la main, en l'occurrence ceux qui approchent de la retraite. L'article 3 du décret-loi du 1er mars 1852 en ouvre la possibilité, mais au cours du conflit, Briand estime que ce texte fait obstacle aux nominations de remplacement, bloquées par la suspension du tableau d'avancement. La loi du 27 juillet 1916 l'abroge donc tout en réservant l'issue du conflit. L'alinéa 2 de l'article unique de la loi prévoit, en effet, que les magistrats atteints par la limite d'âge pourront être maintenus en fonction pendant les hostilités et, si nécessaire, pendant les six mois qui suivront leur cessation. A considérer les besoins en magistrats, la durée de la prolongation d'activité telle qu'elle a été conçue en 1916, pour ne pas entraver une réforme qui supprimera des postes, ne peut qu'atténuer et non résoudre la crise des effectifs[588].

Il est difficile d'apprécier quantitativement l'effet du recours aux délégations de magistrats autorisant leur déplacement pour compléter les juridictions. Ce procédé, bien qu'il contrevienne à l'inamovibilité des juges du siège, est introduit par les lois des 12 et 17 juillet 1918. Sur le plan de la gestion administrative, il s'avère assez lourd puisqu'il suppose l'intervention, dans chaque cas, des chefs de la cour d'appel. En outre, il coûte cher : le magistrat perçoit une indemnité mensuelle, ses frais de déplacement et de séjour doivent être pris en charge par le budget de la Justice. Très utilisé, particulièrement dans les territoires sinistrés où le besoin de juges était pressant, il n'a peut-être pas coûté aussi cher que prévu si l'on se fie aux dires des magistrats qui, outre des fatigues infligées, se plaignent de ne pas être indemnisés.

588 Voir le contexte d'élaboration de la loi au chapitre 3.

CONCLUSION

La guerre finie, rapidement la justice reprend son cours. L'institution judiciaire française et ses acteurs ont traversé l'épreuve de la Grande Guerre, plus ou moins bien, plus ou moins facilement, selon les lieux et selon les moments.

Il est aisé de comprendre en quoi le conflit a constitué une épreuve pour les magistrats et les avocats. Toute la population sans exception a souffert de la guerre dans l'expérience de l'absence, de la mort et du deuil, comme à un degré variable de diverses privations qu'il s'agisse des approvisionnements ou de la liberté d'aller et venir. Ces souffrances ont été si vives que le souvenir s'en transmet encore aujourd'hui. Sur ce plan, les magistrats et les avocats ne diffèrent pas des autres composantes de la nation sauf en territoires occupés, où leur position sociale comme leurs fonctions, qui les distinguaient avantageusement en temps de paix, les désignent à l'ennemi dans le choix des otages, voire des déportés. Par ailleurs, les magistrats et les avocats en âge d'être mobilisés partagent le sort de leur classe et la même réalité combattante. En cela, leur vécu est bien différent de leurs homologues du Conseil d'Etat, de la Cour des comptes ou des avocats aux Conseils dont les affectations spéciales atténuaient, voire supprimaient, le risque d'être tué. Les inquiétudes des avocats relatives à leur clientèle devaient être partagées par tous ceux dont la vie professionnelle s'exerçait de manière libérale, en cabinet. Ainsi, ce n'est pas dans le quotidien du front ou de l'arrière qu'il faut chercher la spécificité de l'épreuve vécue par nos acteurs de la justice, mais plutôt dans leur pratique professionnelle. Par celle-ci, ils se fondent dans l'épreuve à laquelle est confrontée l'institution.

Le fonctionnement de l'institution au cours du conflit se caractérise par la nécessité de s'adapter aux réalités concrètes nées des bouleversements engendrés par la guerre et par l'opportunité d'expérimenter. Il est certain que lorsque le ministre de la Justice ordonne la rentrée des cours et tribunaux, qu'il fixe au 2 octobre 1914, comme si la guerre n'était pas là, il ignore absolument comment l'institution va fonctionner et si elle le pourra. Il ne connaît pas le nombre de magistrats mobilisés, ni l'effectif dont disposent les juridictions. Mesure-t-il l'incidence de la mobilisation des auxiliaires de justice ? On peut en douter. Cette rentrée du 2 octobre 1914 manifeste davantage un sursaut de dignité nationale face à une situation militaire préoccupante, même après la victoire de la Marne, plutôt que la volonté d'assurer le fonctionnement de la justice. Là n'est pas l'urgence, même pour ceux qui sont engagés dans des procès dont le cours risque de s'arrêter par l'effet des moratoires votés le 4 août. Rétrospectivement, il est possible de repérer les réalités nouvelles induites par la guerre et d'en faire une typologie : la zone des combats, la zone occupée, l'arrière, Paris et la province. Vue du ministère, qui souffre aussi de la pénurie de personnel en raison de la mobilisation, la situation doit alors sembler assez peu maîtrisable, voire chaotique surtout là où elle dépend étroitement des événements militaires. Quoiqu'il en soit des multiples difficultés à résoudre et, sans aucun doute, grâce à l'abnégation et au courage des magistrats et des auxiliaires de justice, un fonctionnement minimal peut être assuré partout. Il n'est qu'au plus près des combats, malgré la volonté ministérielle et la noria des transferts de juridictions, que la justice a cessé d'être rendue. Une zone où la violence absolue se déchaîne peut-elle être autre chose qu'une zone de non-droit ?

En territoires occupés, c'est à la présence de l'ennemi qu'il s'agit de s'adapter. La justice est un pouvoir régalien qui s'accommode mal des manifestations de l'autorité de l'occupant. Sauf dans les territoires qu'il prévoyait d'annexer en cas de victoire, tel est le cas des régions de Briey et Longwy, l'ennemi n'a pas cherché à mettre la main sur la justice, ne se saisissant d'un dossier que lorsqu'un soldat allemand était impliqué. Il incombait cependant à l'occupant, selon les règles du droit international, d'assurer la sécurité publique en cas de défection de la justice locale. A cet égard, il s'est montré plutôt enclin à pousser les occupés à exercer eux-mêmes la justice, comme à Givet et Charleville. On est loin de tout connaître sur les modalités locales de l'occupation, mais on peut penser que les recherches ultérieures révèleront qu'elles varient selon les lieux et qu'elles dépendent de la personnalité des militaires allemands en charge du territoire comme des relations plus ou moins empathiques qu'ils ont pu entretenir avec les responsables français. Il apparaît que là où l'occupation est la plus rigoureuse, c'est-à-dire où l'occupant multiplie les injonctions données à la population, l'infraction aux règlements qu'il édicte, quel qu'en soit le domaine, relève de sa sanction, laquelle prend une forme généralement administrative plutôt que juridictionnelle. Globalement, la justice fonctionne donc *a minima* en zone occupée, malgré les efforts déployés par les magistrats, aidés par les avocats et les autres auxiliaires de justice, pour s'adapter aux contraintes.

Au rang des circonstances de guerre, auxquelles il fallait aussi s'adapter, se trouve la rupture des communications entre les juridictions inférieures et supérieures qui, à moyen terme, paralyse un fonctionnement judiciaire conçu sur le mode pyramidal. La solution a été de modifier les rattachements. Ces modifications sont souvent restées de pure forme, comme tous les rattachements de juridictions opérés au cours du conflit, car pour qu'elles soient opérationnelles, il aurait fallu que les justiciables suivent. Elles ne pouvaient se concevoir pour les territoires occupés. Cela aurait-il d'ailleurs changé quelque chose ? Là où les effets de la guerre marquaient le territoire, zone de combats ou zone occupée, adapter la carte judiciaire et la procédure ne suffisait pas à permettre à la justice de fonctionner normalement. La vie, en ces lieux, n'était pas « normale ». L'était-elle dans l'intérieur ? Beaucoup plus. Il n'est pas possible d'oublier la guerre, mais on s'y habitue et elle peut même sembler lointaine si l'on en croit les sentiments qu'expriment des avocats permissionnaires.

Le fonctionnement de la justice sommeille pendant toute la guerre dans la France des petites villes et des campagnes. Rien ne vient, ni ne viendra sérieusement, y compenser l'effet de la mobilisation des justiciables et des moratoires qui les protègent de toute action en justice. Après l'atonie qui a suivi la mobilisation, la vie judiciaire se réveille pourtant dans les grandes villes et en particulier dans la capitale. Il s'agit de traquer l'ennemi à travers ses activités économiques en mettant sous séquestre les entreprises de ressortissants des pays en guerre avec la France et celles-ci sont implantées dans les grandes villes. La Grande-Bretagne et l'Allemagne ont aussi mis sous séquestre les biens des ressortissants de nationalité ennemie, mais l'originalité française réside dans la voie empruntée pour y parvenir : la voie judiciaire. Pourvoyeuses de nombreuses décisions à rendre pour en régler les modalités, les mises sous séquestre nécessitent que les juges s'adaptent aux questions économiques et notamment financières. Elles focalisent aussi l'attention sur l'existence d'un ennemi de l'intérieur dont il faut combattre l'action pernicieuse à court, moyen et long terme. Il s'agit très vite de constituer un gage économique, puis de favoriser l'appropriation nationale des entreprises concernées et, en particulier, leur savoir-faire technologique. Le juge s'adapte ainsi à la réalité d'une guerre totale qui, au-delà du front, s'est abattue sur l'arrière pour faire de lui un combattant. Il est bien dangereux de ne pas adhérer à ce patriotisme juridictionnel, la mise à l'index de ceux qui estiment que la justice ainsi se fourvoie en témoigne.

L'adaptation aux circonstances de guerre favorise l'expérimentation de solutions que les esprits n'auraient pu envisager auparavant. La carte judiciaire connaît de grands bouleversements au cours du conflit. Dans les territoires occupés, il faut trouver le moyen de pallier les inconvénients résultant de la rupture des communications entre juridictions, comme de l'interdiction de se déplacer. A Lille, on expérimente en jonglant avec les règles de la procédure pénale. Dans les Ardennes, les habitants de Givet et de Charleville créent leurs propres juridictions pénales pour assurer l'ordre compromis par l'exode des magistrats. Cette expérimentation d'une justice populaire dans ces juridictions, parfaitement illégales au regard du droit français, sera validée après le conflit lorsqu'il s'avèrera qu'elle avait été utile et que ces magistrats autoproclamés s'étaient prononcés comme l'auraient fait des magistrats professionnels. Cela donne à réfléchir, au-delà du conflit, sur les modalités de l'exercice de la justice.

En territoires occupés, il fallait se débrouiller comme on le pouvait avec les moyens du bord. La situation n'est pas si différente dans le reste du pays. Le manque de magistrats et de juges de paix, qu'il est impossible de remplacer en raison de la promesse faite au début du conflit par le ministre de la Justice de ne procéder à aucune nomination, constitue longtemps un obstacle majeur au fonctionnement de l'institution. Il n'y a d'autre solution que de redéployer les moyens existants, ce qui se réalise dans l'organisation judiciaire par des délégations de magistrats lesquelles, bousculant le principe de l'inamovibilité des juges du siège, risquent de porter atteinte à son caractère quasiment sacré. En ce qui concerne les justices de paix, le binage pratiqué à grande échelle sur tout le territoire enseigne qu'il est possible de regrouper des juridictions sans que le monde ne s'écroule. Certes, le choix des moyens est limité, mais c'est en pleine conscience que le ministère agit car ces solutions se doublent d'un caractère expérimental utile dans la perspective des réformes attendues et sans cesse repoussées de la justice. Ces réformes reposent toutes, en effet, sur une révision de la carte judiciaire.

La guerre a-t-elle constitué, pour autant, une étape dans la modernisation de la justice ? Sans doute, mais elle n'est pas majeure car les esprits ne sont pas prêts et les résistances au sortir du conflit sont aussi fortes qu'auparavant, relayées par les exigences de la reconstruction. Le cloisonnement entre organisation judiciaire et justice de paix s'atténue cependant par l'intégration psychologique des juges de paix dans la magistrature au sein d'une famille judiciaire dont les souffrances et le destin partagés ont reculé les frontières. Les plaques commémoratives l'attestent. Toutefois, l'évolution en cours ne sera parachevée que quarante ans après la fin de la guerre, en 1958, lorsque les juges de paix deviendront juges d'instance. Quant aux réformes de la justice, elles vont se succéder dans la remise en question permanente de leurs contenus. Les avocats ne voient pas leurs revendications se concrétiser de la manière dont ils le souhaitaient. En ce qui les concerne, l'évolution aussi est très lente. Ils finiront, en quelques décennies, par incorporer en leur sein les professions qui leur faisaient de l'ombre : les avoués, puis les agréés devenus conseillers juridiques.

Le conflit a bouleversé le fonctionnement de la justice, mais l'institution s'est adaptée aux circonstances. N'a-t-il donc fondamentalement rien changé à la justice ? Une institution ne vit que par les acteurs dans lesquels elle s'incarne et la guerre, expérience des limites, révèle les hommes. Magistrats et avocats vont l'expérimenter sans en avoir conscience. Tous les Français sont profondément patriotes en 1914 et adhèrent à la guerre. Ce point est aujourd'hui bien admis. Le milieu judiciaire, en tant qu'élite consciente d'elle-même, joue à cet égard de surenchère. Servir la patrie constitue un impératif d'autant plus fort que magistrats et avocats s'estiment par leur activité aux premières loges, si ce n'est en première ligne, pour défendre le pays dans la guerre du droit qui l'oppose à ceux qui le violent. La conviction d'avoir un rôle spécifique à jouer pour servir la patrie guide les comportements. Au front et dans la zone des combats, comme à l'arrière, magistrats et avocats veulent adopter des attitudes exemplaires faites d'abnégation et de courage. Il en fallait pour continuer à rendre la justice sous les bombes ou sous le joug de l'occupant et, incontestablement, le milieu a manifesté de multiples façons le souci de l'utilité collective, du moins telle qu'il se l'imaginait. La guerre s'étant instillée partout, la justice a constitué un front où ont été combattus des ennemis qui ne portaient pourtant pas l'uniforme. Le milieu judiciaire, dont on aurait pu attendre qu'il manifeste, par idéal de la justice et pratique professionnelle, de la distance et de la modération, s'est laissé emporter par la haine de l'ennemi et la psychose de l'infiltration allemande. Dans les péripéties de la Grande Guerre, magistrats et avocats se sont, dans leur grande majorité, révélés des gens ordinaires en proie à des passions exacerbées. Les idéalistes peuvent être déçus : pratiquer le droit ne protège pas du racisme, de la haine, voire de la bêtise. L'expérience de la Grande Guerre enseigne aussi qu'il n'existe pas un idéal immuable de justice qui placerait l'institution au-dessus de la contingence des événements.

ANNEXES

Annexe 1 : Carte de la France judiciaire au cours du conflit

La ligne de front coupe la France en deux. Cette configuration reste stable de novembre 1914 à mars 1917, moment où elle subit un léger infléchissement provoqué par le retrait allemand. Les cours d'appel sont encadrées et les tribunaux civils de première instance soulignés.

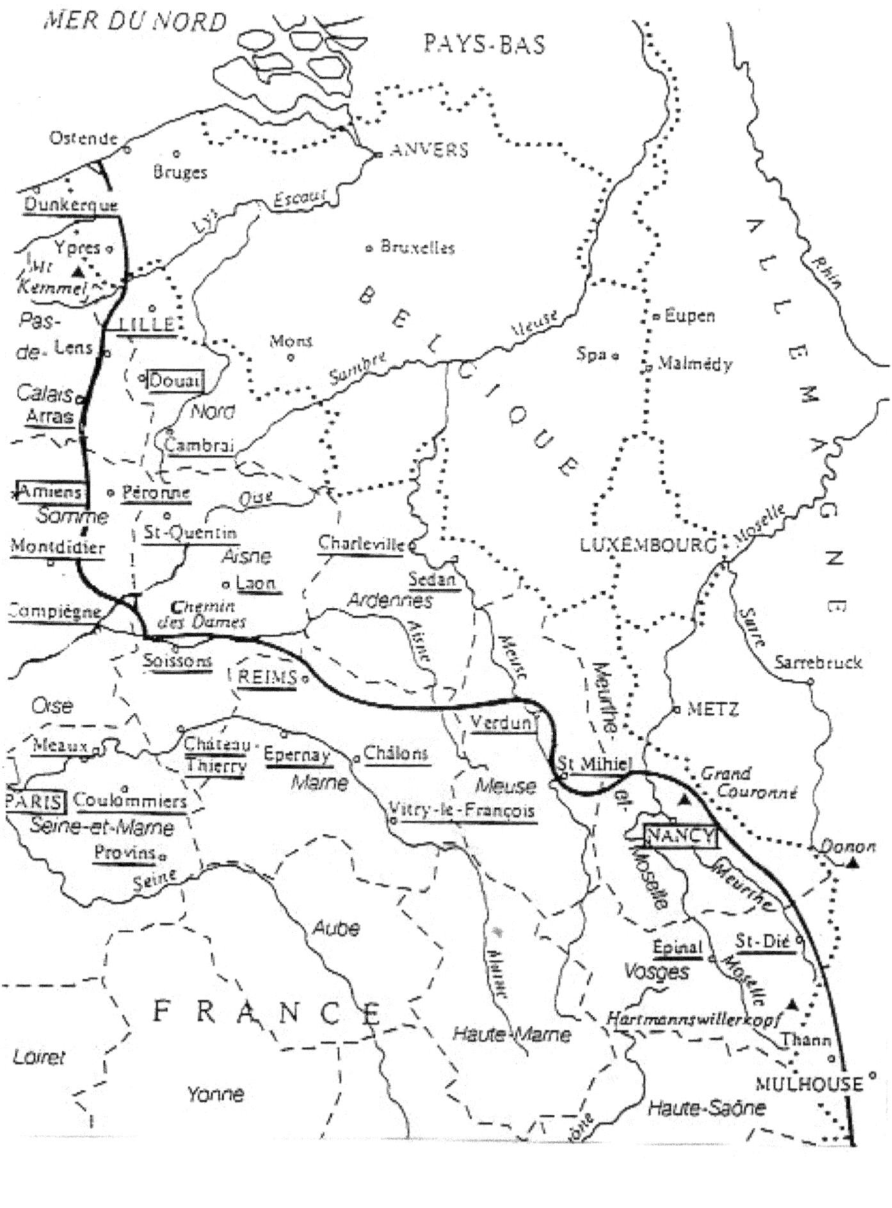

Annexe 2 : Le magistrat Pierre Léris sur le front d'Argonne en 1915

Ce magistrat provençal correspond avec ses parents pendant tout le conflit et prend des photos de son quotidien combattant, certaines seront publiées dans différents journaux. Le continuum de cette correspondance l'apparente à un journal, sans toutefois la liberté d'expression qu'il permet car, pour rassurer ses proches, il pratique l'autocensure. Pierre Léris est à droite sur cette photo. (Fonds Léris, Historial de la Grande Guerre de Péronne).

Annexe 3 : Le journal de Pierre Malicet

Resté dans Péronne occupée, ce magistrat tient quotidiennement un journal. Par prudence, il encode parfois le texte ou le découpe en lanières. Au risque de passer pour un espion, il prend aussi des photos de la vie péronnaise avec un appareil qu'il dissimule plus ou moins habilement (Collection Malicet).

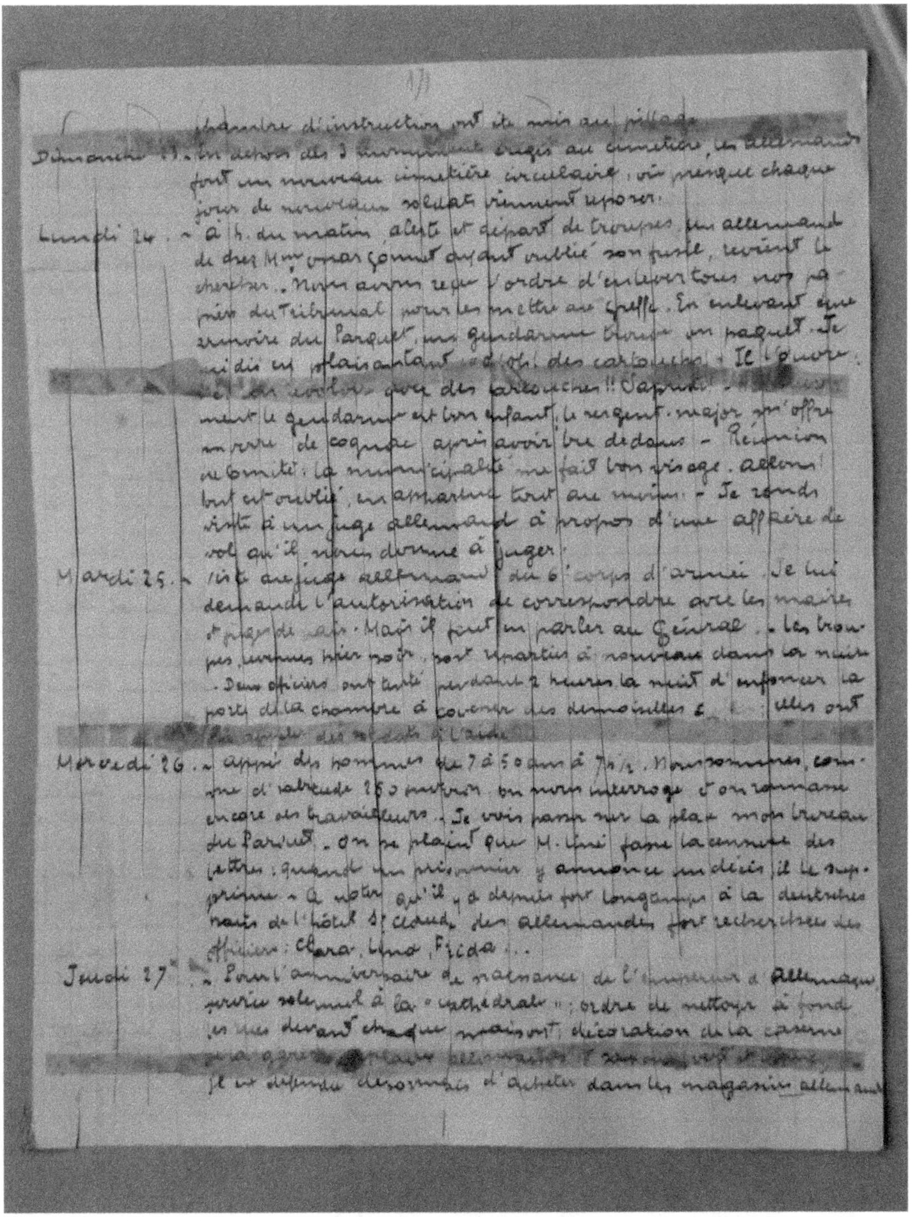

chambre d'instruction ont été mis au pillage.

Dimanche 23. – En dehors des 3 monuments érigés au cimetière, les allemands font un nouveau cimetière circulaire, où presque chaque jour de nouveaux soldats viennent reposer.

Lundi 24. – à [illegible] h. du matin, alerte et départ de troupes. Un allemand de chez M[illegible] [illegible] comme ayant oublié son fusil, revient le chercher. – Nous avons reçu l'ordre d'enlever tous nos papiers du Tribunal pour les mettre au Greffe. En enlevant une armoire du Parquet, un gendarme trouve un paquet. Je lui dis en plaisantant : « Oh ! des cartouches ! » Il [illegible] [illegible] avec des cartouches !! [illegible] ment le gendarme est bon enfant, le sergent-major m'offre un verre de cognac après avoir bu dedans – Réunion de Comité : la municipalité me fait bon visage. Allons tout est oublié, en apparence tout au moins. – Je rends visite à un juge allemand à propos d'une affaire de vol qu'il nous donne à juger.

Mardi 25. – Visite au juge allemand du 6e corps d'armée. Je lui demande l'autorisation de correspondre avec les maires [illegible]. Mais il faut en parler au Général. – Les troupes [illegible] hier soir, sont repartis à nouveau dans la nuit. – Deux officiers ont tenté pendant 2 heures la nuit d'enfoncer la porte de la chambre à coucher des demoiselles [illegible] : elles ont [illegible]

Mercredi 26. – Appel des hommes de 17 à 50 ans à 7 h 1/2. Nous sommes, comme d'habitude 250 environ. On nous interroge et on demande encore des travailleurs. – Je vois passer sur la place mon bureau du Parquet. – On se plaint que M. [illegible] fasse la censure des lettres ; quand un prisonnier y annonce un décès il le supprime. – A noter qu'il y a depuis fort longtemps à la [illegible] de l'hôtel St Claude des allemandes fort recherchées des officiers : Clara, Lina, Frida…

Jeudi 27. – Pour l'anniversaire de naissance de l'Empereur d'Allemagne, service solennel à la « cathédrale » ; ordre de nettoyer à fond les rues devant chaque maison ; décoration de la caserne [illegible]
Il est défendu désormais d'acheter dans les magasins allemands

Annexe 4 : La commission municipale de Péronne

Installée dès le début du conflit, elle pallie les conséquences de l'exode de nombreux membres de l'administration municipale et gère les relations entre l'occupant et la population. Pierre Malicet, ici à l'extrême gauche, en est le secrétaire. (Collection Malicet).

SOURCES

SOURCES IMPRIMEES

Publications officielles

Compte général de l'administration de la justice civile et commerciale 1919. Rapport Barthou, Paris 1922
Compte général de l'administration de la justice criminelle 1919. Rapport Bonnevay, Paris 1921

Annuaires

Agenda et annuaire de la magistrature, du barreau, du notariat et des officiers ministériels 1914, 1917, 1918, 1920
Almanach national 1915-1919
Annuaire de la magistrature 1913, 1918, 1919, 1920

Discours de rentrée des cours et tribunaux

Cour de Cassation 1914, 1915, 1916, 1917, 1918, 1919
Cour d'appel d'Agen 1915, 1918
Cour d'appel de Chambéry 1918, 1919
Cour d'appel de Douai 1918
Cour d'appel de Lyon 1915, 1916, 1917, 1918
Cour d'appel de Nancy 1915, 1916, 1919
Cour d'appel de Paris 1914, 1915, 1916, 1917, 1918, 1919
Cour d'appel de Poitiers 1915
Tribunal de Reims 1914
Tribunal de la Seine 1915,1916

Discours de rentrée de la conférence du stage

Bordeaux 1919
Grenoble 1920
Marseille 1924
Paris 1919
Poitiers 1920
Toulouse 1919

Règlements intérieurs des barreaux et statuts des caisses de retraite

Agen 1920
Aix 1920
Amiens 1920
Chambéry 1921
Dijon 1921
Grenoble 1921
Marseille 1921
Montpellier 1923

Monographies

Hommage aux avocats du Barreau d'Aix-en-Provence morts pour la France 1914-1918, discours du Bâtonnier Aymard et du Premier président Charignon, Aix (sans date)

Hommage aux avocats du Barreau d'Amiens tombés au champ d'honneur (1914-1918), discours du Bâtonnier Jumel et du Premier président Petit 2 octobre 1921, Amiens 1921

Cérémonie commémorative du 22 décembre 1919 en l'honneur des membres du Barreau morts pour la France au cours de la guerre 1914-1918, discours du Bâtonnier Beucher et du Premier président Hû, Angers 1920

Inauguration de la plaque commémorative des Avocats morts pour la France – 11 décembre 1920, discours de H. Cornu, avocat, secrétaire de la conférence du stage et du Bâtonnier Debrand, Dijon (sans date)

Hommage aux avocats du Barreau de Douai morts pour la France 1914-1918, discours du Bâtonnier Devimeux, Douai 1920

Inauguration de la plaque commémorative aux avocats de Grenoble morts pour la France 23 décembre 1920, discours du Bâtonnier Paul Royer, Grenoble 1921

Cérémonies commémoratives du 8 novembre 1919 en l'honneur des membres du Barreau morts pour la France au cours de la guerre 1914-1918, discours de M. le chanoine Ardant et du Bâtonnier Patry, Limoges 1919

Palais de justice de Lyon – Le monument aux morts –, discours du Bâtonnier Faugier, du Premier président Meymieux, du général Marjoulet et du Procureur général Loubat, Lyon 1921

Discours du Président Duboul et du Bâtonnier Segond 7 janvier 1920, inauguration de la plaque du Tribunal de commerce de Marseille aux avocats morts pour la Patrie

Discours du Bâtonnier Nathan, du Président Rabaud, du Premier président Charignon 11 novembre 1921, inauguration du monument élevé au palais de justice aux avocats morts pour la Patrie, archives du barreau de Marseille

Aux morts de la Grande Guerre. Hommage du Barreau et de la Magistrature, discours du Bâtonnier Daudet, du Président du tribunal de commerce de Barry et de Gall, syndic des huissiers, Nîmes 1919

En l'honneur des avocats à la Cour d'appel de Paris morts pour la patrie. Discours du Président de la République Raymond Poincaré 28 octobre 1916, Paris 1917

A la mémoire des avocats à la Cour d'appel de Paris morts pour la France. Discours du Président de la République Raymond Poincaré 21 juin 1919, Paris 1919

Hommage aux avocats du Barreau de Rennes morts pour la France (1914-1918), discours du Bâtonnier Chauveau et du Président Gaspaillard, Rennes, (sans date)

Hommage aux morts pour la France, discours du Bâtonnier de la Brosse, du Premier président Volf, Riom 1921

Livres d'Or

Livre d'Or du Barreau de Paris, Paris 1928

Livre d'Or des Anciens Combattants du Palais, Paris 1930
Hommage aux morts de la guerre, Association Amicale des secrétaires et anciens secrétaires de la conférence des Avocats, Paris 1929
En l'honneur des Avocats à la Cour d'appel de Paris morts pour la Patrie, Paris 1917

A la mémoire des Avocats à la Cour d'appel de Paris morts pour la France, Paris 1919

FONDS D'ARCHIVES

Archives des barreaux

Barreau d'Agen : registre des délibérations 1891-1945
Barreau d'Aix : registre des délibérations 1886-1908, 1908-1931
Barreau d'Amiens : registre des délibérations 1889-1923
Barreau de Bordeaux : dossiers des correspondances du bâtonnier 1911-1921
Barreau de Caen : registre des délibérations 1914-1920
Barreau de Chambéry : registre des délibérations 1860-1912, 1912-1973, registre des inscriptions et radiations depuis 1860
Barreau de Châtellerault : registre des délibérations 1896-1925 (versé au barreau de Poitiers)
Barreau de Dijon : registre des délibérations 1901-1919, 1919-1938, registre des PV de la conférence du stage 1914-1920
Barreau de Grenoble : registre des délibérations 1908-1920, 1920-1933, dossier « Défense des prisonniers de guerre allemands »
Barreau de Lyon : registre des délibérations 1906-1921, Fonds Garraud
Barreau de Marseille : registre des délibérations 1896-1907, 1907-1913, 1913-1923
Barreau de Montpellier : registre des délibérations 1897-1920, 1920-1935
Barreau de Poitiers : registre des conférences du stage, des prestations de serment et démissions
Barreau de Toulouse : registre des délibérations 1908-1924, cahier des séances de la conférence du stage

Archives des chambres d'avoués

Amiens : registre des délibérations 1914-1925
Bordeaux : registre des délibérations 1913-1926

Archives administratives, militaires et judiciaires

Archives départementales du Lot
3U1/6 - 3U1/19 – 3U2/2 – 3U2/3 - 3U2/4 – 3U2/10 - 3U3/3 – 3U3/4 - 3U3/8 - 3U3/17- 4U5/1
Archives départementales du Nord
3U217-3, 8U21, 9R325, 9R326, 9R1026
Archives départementales du Pas-de-Calais
3U1 271, 3U1 272, 3U1 273, 3U 403, 3U 487, 3U1 551, 3U1 552, 3U1 556, 3U1 557, 4U5/23, 24, 39
Archives nationales
BB30/1698/3, BB30/1698/4, BB30/1529, BB30/1698, BB6/II/950, BB6/II/791, BB6/II/1083
Archives de la Défense Vincennes
6N52, 7N171

BIBLIOGRAPHIE

AGATHON, *Les jeunes gens d'aujourd'hui*, Paris 1913

APPLETON J., *La réforme judiciaire*, Paris 1919

ASSOCIATION DES ECRIVAINS COMBATTANTS, *Anthologie des écrivains morts à la guerre*, 5 volumes, Edgard Malfère, Amiens 1924 à 1927

AUDOIN-ROUZEAU S., *14-18 Les combattants des tranchées*, Paris A. Colin, 1986

AUDOIN-ROUZEAU S., BECKER A., BECKER J.-J., KRUMEICH G., WINTER J. (dir.), *Pour une histoire comparée du premier conflit mondial*, A. Colin, 1994

AUDOIN-ROUZEAU S., BECKER A., *14-18 Retrouver la Grande Guerre*, Paris Gallimard 2000

AUDOIN-ROUZEAU S., BECKER A., CŒURE S., DUCLERT V., MONIER F. (dir.), *La politique et la guerre. Pour comprendre le XXe siècle européen. Hommage à Jean-Jacques Becker*, Paris A. Viénot. Noêsis 2002

AUDOIN-ROUZEAU S. ET BECKER J.-J. (dir.), *Encyclopédie de la Grande Guerre 1914-1918*, Paris Bayard 2004, réédition 2012, édition du centenaire 2014

AUDREN F., HALPERIN J.-L., *La culture juridique française. Entre mythe et réalités. XIXe-XXe siècles*, CNRS Editions 2013.

BEAUPRE N., JONES H., RASMUSSEN A. (dir.), *Dans la guerre 1914-1918. Accepter, endurer, refuser*, Paris Les Belles Lettres 2015

BECKER A., *Oubliés de la Grande Guerre. Humanitaire et culture de guerre. Populations occupées, déportés civils, prisonniers de guerre*, Paris Noêsis 1998, rééd. Pluriel 2012

BECKER A., *Les cicatrices rouges 14-18. France et Belgique occupées*, Paris Fayard 2010

BECKER A., *Journaux de combattants et civils de la France du Nord dans la Grande Guerre*, Presses universitaires du Septentrion 1998

BECKER J.-J., *Comment les Français sont entrés dans la guerre. Contribution à l'étude de l'opinion publique - Eté 1914*, Paris FNSP 1977

BECKER J.-J., *Les Français dans la Grande Guerre*, Paris Laffont 1980

BECKER J.-J., *La France en guerre (1914-1918) La grande mutation*, Paris Complexe 1997

BECKER J.-J. ET BERSTEIN S., *Victoire et frustration (1914-1929)*, Paris Seuil 1990
BLOCH M., *Ecrits de guerre 1914-1918*, Paris Armand Colin, 1997.
BRAZIER R., *La Tradition du Barreau de Bordeaux*, Bordeaux 1910
CABANES B. DUMESNIL A. (dir.), *Larousse de la Grande Guerre*, Paris Larousse 2007
CAILLAUX J., *Mes mémoires*, 3 tomes, Paris Plon 1942-1947
CHARLE C., *Les Elites de la République 1880-1900*, Paris 1987.
CHARLE C., *Histoire sociale de la France au XIXè siècle*, Paris 1991
CHAUSSINAND-NOGARET G., *Histoire des élites en France du XVIè au XXè siècle*, Paris 1991
CHAUVAUD F, YVOREL J.-J., *Histoire de la carte judiciaire. L'organisation judiciaire entre les savoirs et les discours 1790-1930)*, 2 vol., dact., Université de Paris X 1994
CHENU C., *De l'Arrière à l'Avant*, Paris 1916
CHENU C.-M., *Totoche, prisonnier de guerre. Journal d'un chien à bord d'un tank,* Paris Plon 1918
CHENU C.-M., *Du képi rouge au char d'assaut*, Paris 1932
COCHET A., *L'opinion et le moral des soldats en 1916 d'après les archives du contrôle postal*, Thèse de doctorat en histoire, 2 tomes, Paris X-Nanterre 1986
COEN A, *La vérité sur l'affaire Sadoul*, Paris 1919
COMITE D'HISTOIRE DU CONSEIL D'ETAT ET DE LA JURIDICTION ADMINISTRATIVE, *Histoire et Mémoire. Le Conseil d'Etat et la Grande Guerre*, Paris La Documentation française, 2017
CRESSON M., *Usages et règles de la profession d'avocat*, Paris 1888
DEBRE J.-L., *La justice au XIXè siècle - Les magistrats*, Paris 1991
DEBRE J.-L., *La République des avocats*, Paris 1984
DEBRUYNE E., *« Femmes à Boches ». Occupation du corps féminin dans la France et la Belgique de la Grande Guerre*, Les Belles Lettres 2016.
DEGARDIN G., *La vie quotidienne à Bapaume pendant la Première Guerre mondiale*, 1975
DEPERCHIN A., *Le journal de guerre de Pierre Malicet. Un magistrat des territoires occupés pendant la Première Guerre mondiale,* Centre d'histoire judiciaire, Lille 2016
DERNIS C., *Mon grand-père le Bâtonnier Henri-Robert*, Pithiviers 1938

DEROUSSIN D. (dir.), *La Grande Guerre et son droit*, Paris LGDJ 2018.
DINTILHAC J., *Essai sur le fonctionnement de la justice militaire en période de guerre civile ou étrangère. Jugements rendus pendant la guerre de 1914-1918, leur révision par la Cour de cassation*, Thèse de droit, Paris 1929
DUBARLE R., *Lettres de guerre*, Paris 1918
DUPAQUIER J., *Histoire de la population française*, tome 4 : de 1914 à nos jours, Paris 1988
DURAND-BARTHEZ P., *Histoire des structures du ministère de la Justice 1789-1945*, Paris PUF 1973
DUROSELLE J.-B., *La France et les Français (1914-1920)*, Paris 1972.
DUROSELLE J.-B., *La Grande Guerre des Français 1914-1918*, Paris 1994
DUROSELLE J.-B., *Clemenceau*, Paris Fayard 1988
ESTEBE J., *Les ministres de la République 1871-1914*, Paris 1982
FALCK F., *Maître Pétensol*, Paris 1912
FARCY J.-C., *Les discours de rentrée*, Mission de recherche Droit et Justice 1995
FAYE A., *Lille sous la griffe allemande*, Paris 1917
FILLON C., *Le Barreau de Lyon sous la Troisième République*, Lyon 1995
FILLON C., *La profession d'avocat et son image dans l'entre-deux guerre*, Thèse de droit dact., Lyon III 1995
FOULON E. (L'abbé), *Arras sous les obus*, Paris 1915
GARÇON M., *La justice sous la Troisième République*, 3 volumes, Paris 1933
GAUDEMET Y., *Les juristes et la vie politique sous la Troisième République*, Paris 1970
GAZZANIGA J.-L. (dir.), *Histoire des avocats et du barreau de Toulouse du XVIII*è *siècle à nos jours*, Toulouse 1992
GIRAND E., *Sous le joug*, Paris 1919
GUILLOTEAU M., *L'avocat en France et le Barreau de Poitiers des origines à nos jours*, Poitiers 1994
HOMER I., PENICAUT E. (dir.), *Le soldat et la mort dans la Grande Guerre*, Presses universitaires de Rennes 2016
HORNE J. (dir), *Vers la guerre totale. Le tournant de 1914-1915*, Paris Tallandier 2010
ISORNI J., *Mémoires 1911-1945*, Paris 1984

JAPIOT R., *Traité théorique et pratique de droit procédural de la guerre*, Paris Rousseau 1916
LE SUEUR (chanoine), *Abbeville et son arrondissement pendant la guerre*, Abbeville 1927
JUBERT R., *Verdun*, Paris 1916
KAHN A., *Journal de guerre d'un juif patriote 1914-1918*, Paris 1978
KARPIK L., *Les avocats. Entre l'Etat, le public et le marché XIIIè-XXè siècle*, Paris 1995
LE BEGUEC G. (dir.), *Avocats et barreaux en France 1910-1930*, Nancy 1994
LE NAOUR J.-Y. (dir.), Dictionnaire de la Grande Guerre, Paris Larousse 2014
LE NAOUR J.-Y., *1914 La grande Illusion*, Paris Perrin 2012
LE NAOUR J.-Y., *1915 L'enlisement*, Paris Perrin 2013
LE NAOUR J.-Y., *1916 L'enfer*, Paris Perrin 2014
LE NAOUR J.-Y., *1917 La pais impossible*, Paris Perrin 2015
LE NAOUR J.-Y., *1918 L'étrange victoire*, Paris Perrin 2016
LE NAOUR J.-Y., *1919-1921 Sortir de la guerre*, Perrin 2020
LE PALAIS LITTERAIRE, *Après l'audience*, Paris Ollendorf 1914
MOLLOT F.-E., *Règles de la profession d'avocat*, Paris 1866
MOUQUIN F., *Dans la mêlée. Poèmes de guerre 1914-1918*, Paris 1963
NIVET P., *La France occupée 1914-1918*, Paris A. Colin 2011
NIVET P., *Les réfugiés français de la Grande Guerre ; les Boches du Nord*, Economica 2004
NORTON CRU J., *Témoins. Essai d'analyse et de critique des souvenirs de combattants édités en français de 1915 à 1928*, Paris Les Etincelles 1929
PLANHOL (DE) R., *La justice aux armées. Chronique d'un Conseil de guerre au front (1915-1916)*, Paris Attinger 1917
PAUL-MEUNIER, *Les Conseils de guerre*, Paris Ollendorf 1919
PAYEN F, DUVEAU G., *Les règles de la profession d'avocat et les usages du Barreau de Paris*, Paris 1926
PIGNOT M., *Allons enfants de la patrie. Génération Grande Guerre*, Seuil 2012
PINARD O., *Le Barreau au XIXè siècle*, Paris 1864
PLAYOUST A., *La liquidation du moratorium. La loi et le décret des 27-28 décembre 1920*, Thèse de droit Lille, Tourcoing 1922
POINCARE R., *Au service de la France, neuf années de souvenirs*, tomes V à X, Paris Plon 1928-1933

PROST A., *Les anciens combattants et la société française 1914-1939*, 2 vol., Paris Presses FNSP 1977
PROST A., WINTER J., *Penser la Grande Guerre. Un essai d'historiographie*, Paris Seuil 2004
REAU R.-G., *Les Crimes des conseils de guerre*, Paris 1925
RICHARD G.-PERROT X. (Textes réunis par), *Dommages de guerre et responsabilité de l'Etat. Autour de la charte des sinistrés du 17 avril 1919*, Cahiers internationaux d'anthropologie juridique n°60, Pulim 2022.
RIDEL C., *Les Embusqués*, Paris Armand Colin 2007
RIVIERE P.-L., *Le Palais et la guerre*, Paris 1919
ROLAND M., *L'éducation patriotique du soldat*, Paris 1908
ROUSSELET M., *Histoire de la magistrature française des origines à nos jours*, 2 volumes, Paris Plon 1957
ROYER J.-P., *La société judiciaire depuis le XVIIIè siècle*, Paris 1979
ROYER J.-P., *Histoire de la Justice en France*, PUF 1995, 5ème édition 2016
ROYER J.-P., MARTINAGE R., LECOCQ P., *Juges et notables au XIXè siècle*, Paris 1982
SADOUL Capitaine J., *Notes sur la révolution bolchévique (octobre 1917 – Janvier 1919),* Paris, éd de la Sirène, 1919
SCHIRMANN L., *Enquête sur une machination. L'affaire Mata Hari*, Paris, Tallandier, 1994
SCHIRMANN L., *Les manipulations judiciaires de la Grande Guerre. Comment on fabrique un coupable*, Paris Italiques 2006
SAINT-FUSCIEN E., *A vos ordres ? La relation d'autorité dans l'armée française pendant la Grande Guerre*, Paris Ed. de l'EHESS 2011
THEBAUT F., *La femme au temps de la guerre de 14*, Paris Stock 1994
TESTART F., *L'engagement militaire de Jean Appleton : Des Dardanelles au Bureau franco-américain (1915-1918)*, L'Harmattant 2019.
TEZENAS DU MONTCEL P., *Dans les tranchées*, Paris 1925
TROCHON P., *Lille avant et pendant l'occupation allemande*, Lille 1922
TROIMAUX E., *Séquestres et séquestrés. Les biens austro-allemands pendant la guerre*, Paris 1916.
TROIMAUX E., *Le Palais et la justice pendant la guerre. 4 août 1914-1er août 1916*, Paris Sirey 1916.

TROIMAUX E., *Séquestres et séquestrés. Le commerce avec l'ennemi. Les biens et intérêts allemands en France*, Paris Ténin 1918.
TROIMAUX E., *Manuel des séquestres*, Paris 1916
WAHL A., *Droit civil et commercial de la guerre*, 4 tomes, Paris 1918
WARENGHIEN A. (le baron de), *Souvenirs et fragments*, Paris 1920
WINTER J. (dir), The Cambridge History of the First Worl War, 3 vol., Cambridge University Press, 2013. Edition française Fayard 2013.
YVER C., *Les Dames du Palais*, Paris 1916

ARTICLES

BAILBY H., « Les œuvres de guerre et leur capacité de recevoir des dons et legs », *Gazette des tribunaux* 2 juillet 1917
BARRAULT H.-E., « Des entreprises austro-allemandes constituées sous forme de sociétés françaises et de l'influence de la présence d'austro-allemands dans les sociétés », *Revue politique et parlementaire* 1915, p. 169
BARTHELEMY J., « Du droit public en temps de guerre. Diminution des garanties des citoyens devant la répression pénale : Les conseils de guerre », *Revue du Droit public et de la science politique en France et à l'étranger*, tome 33, 1916, p.73
BARTHELEMY J., « L'accès des sujets ennemis aux tribunaux français », *Journal de droit international privé* 1916, p. 1473
BECKER J.-J., « A Lille au début de la guerre de 1914 », *Revue historique* n° 519, juillet-septembre 1976, p. 89
BIENSTOCK S.W., « La question de la défense des « sujets ennemis » devant le Barreau russe et le Barreau allemand », *Journal de droit international*, p. 829
CASSIN R., « L'interdiction du commerce et des relations économiques avec l'ennemi. Sa portée. Ses sanctions. Ses conséquences », *Revue critique de droit international privé* 1918, p. 5 et p. 388
CHATENET H., « Le groupe des Anciens Combattants du Palais », *Les Echos parisiens* 25 janvier 1919
CHENU C., « Le Barreau de Paris pendant la guerre », *Revue des Deux Mondes* 1916

CLUNET E., « Un avocat peut-il faire partie du comité de direction d'une "œuvre faisant appel à la générosité publique" ? », *Gazette des tribunaux* 19 mars 1917
CLUNET E., « La personne et les biens des austro-allemands en France », *Le Temps* 5 et 15 janvier, 1er février 1915
CLUNET E., « La défense des sujets ennemis et le barreau de Paris », *Le Droit* 18 décembre 1915
CLUNET E., « La déclaration des biens des sujets ennemis et le barreau », *Gazette des tribunaux* 19 mars 1916
CLUNET E., « Le concours professionnel accordé par les avocats aux "sujets ennemis" et le Barreau de Paris », *Journal de droit international public* 1916, p. 12
CLUNET E., « Le commerce avec l'ennemi et les listes noires », *Journal de droit international public 1916*, p. 1505
CLUNET E., « Les "sujets ennemis" devant les tribunaux français », *Journal de droit international public 1916*, p. 1089
CLUNET E., « Les avocates d'origine allemande au Barreau de Paris », *Journal de droit international public* 1917, p. 82
COURTOIS G., « De la possibilité d'obtenir contre les Allemands et Austro-hongrois des jugements contradictoires et par défaut », *Gazette des tribunaux* 30 juillet 1915
COURTOIS G., « De la condition des sujets ennemis devant les tribunaux français », *Journal de droit international public* 1915, p. 1509
CROUVES E., « Les procès contre l'armée britannique », *Gazette des tribunaux* 21 septembre 1916
CURTI A., « De la condition des sujets ennemis selon la législation et la jurisprudence allemandes », *Gazette des tribunaux* 13 décembre 1915
DEMOMBYNES G., « La réforme judiciaire », *Revue politique et parlementaire* 1918, p. 33
DEPERCHIN A., « Guerre, droit et commerce : l'interdiction des relations commerciales avec l'ennemi pendant la Première Guerre mondiale », *Cahiers du Centre de recherches en histoire du droit des Facultés universitaires Saint Louis* n° 5/6 Bruxelles 1996, p. 193
DEPERCHIN A., « Modes d'expression du droit et cours martiales : l'expérience de la Grande Guerre », dans C. Leduc (dir.), *Droit et communication : dire, enseigner, publier*, Artois Presses Université, Arras 2000

DEPERCHIN A., « Les juridictions pénales illégales des Ardennes occupées pendant la Grande Guerre : la Commission judiciaire de Charleville et le Tribunal français de Givet », dans Dauchy S., Demars-Sion V. (dir.), *Juges et criminels. Mélanges offerts à Renée Martinage*, CHJ Lille 2001

DEPERCHIN A., « Grande Guerre, mondanités et magistrature, le destin de Ferdinand Monier, Premier Président de la Cour d'appel de Paris », dans Deperchin A., Derasse N. et Dubois B. (dir.), *Figures de justice, Mélanges en l'honneur de J.-P. Royer*, Centre d'histoire judiciaire, Lille 2004

DEPERCHIN A., « Le juge et les biens allemands en France » dans Audoin-Rouzeau S., Becker A., Cœuré S., Duclert V., Monier F. (dir.), *La politique et la guerre. Pour comprendre le XXe siècle européen*, Agnès Vienot. Noêsis 2002

DEPERCHIN A., « L'accès des femmes au barreau pendant la Première Guerre mondiale », dans Barrière J-P., Guignet P. (dir.), *Les femmes au travail dans les villes en France et en Belgique du XVIIIe au XXe siècle*, L'Harmattan 2008.

DEPERCHIN A., « Clemenceau et les « affaires », dans S. Brodiak, C. Fontaine (dir.), *Georges Clemenceau et la Grande Guerre 1906-1929*, Geste éditions 2010

DEPERCHIN A., « Justice et front pendant la Première Guerre mondiale. Le cas de la Somme », dans Guislin J.-M. (dir.), *La Première Guerre mondiale dans le Nord de la France et en Belgique*, Revue du Nord 404-405, tome 96, Janvier-juin 2014

DEPERCHIN A., VAN YPERSELE L., « Droit et occupation : les cas de la France et de la Belgique », dans J. Horne (dir.), *Vers la guerre totale. Le tournant de 1914-1915,* Tallandier 2010

DEPERCHIN A., « La magistrature française et la culture de guerre. Le cas Malicet », dans Deperchin A. (dir.), *Des juristes face à la guerre. Point de vue franco-allemand*, Revue en ligne Clio@Thémis n°11, novembre 2016

FARCY P., « Les retraites au barreau », *Le Palais* 2 mai 1914

FILLON C., « L'itinéraire d'un avocat engagé, l'exemple de Jean Appleton », *Revue de la Société internationale d'histoire de la profession d'avocat* n° 6, 1994, p. 195

FLANDIN E., « Le fonctionnement et la compétence des tribunaux militaires en temps de guerre. Rapport et discussion », *Revue pénitentiaire et de droit pénal. Bulletin de la Société générale des prisons,* tome 40, 1916, n°2, mars-avril p.198

GAINETON J.-L., « Chronique d'une naissance ou la création de la Conférence des bâtonniers de France », *Revue de la Société internationale d'histoire de la profession d'avocat* n°4, p. 125
GARRAUD R., « De la compétence des juridictions françaises pour juger les crimes commis par des soldats et officiers ennemis », *Gazette des tribunaux* 28-30 août 1916
GAZZANIGA J.-L., « Le Barreau toulousain et la Gazette des Tribunaux du Midi (1881-1930), *Revue de la Société internationale d'histoire de la profession d'avocat* n° 2, p. 105
GRINBERG S., « Le vote des femmes », *Les Echos parisiens* 15 mai 1919
GUERNUT H., « Les erreurs de la justice militaire », *Cahiers de la Ligue des droits de l'Homme* 1928
HABER, « De l'assistance professionnelle des Avocats-Avoués allemands (Rechtsanwälte) aux sujets ennemis », *Journal de droit international* 1917, p. 450
HALPERIN J.-L., « Les sources statistiques de l'histoire des avocats en France XVIIIè- XXè », *Revue de la Société internationale d'histoire de la profession d'avocat* n° 3, p. 55
HELMER P.-A., « Le statut des Alsaciens-Lorrains pendant la guerre », *Revue politique et parlementaire,* 1915, tome LVIIII, p. 345
HENRY A., « Les séquestres des biens austro-allemands en France (analyse de jurisprudence) », *Journal de droit international privé* 1916, p. 457
HIRSCHLAND K., « Les sujets ennemis devant les tribunaux allemands (point de vue allemand) », *Journal de droit international privé* 1917, p. 87
HOUEL A., « Le barreau de Paris aux armées. Son martyrologe », *Gazette des tribunaux* 24 mai 1916
HOUEL A., « Le Palais de justice pendant la guerre », *Les Echos parisiens* 15 juillet 1919
HUMBERT S., « La Cour d'appel de Douai dans la tourmente de la Grande Guerre : une seule arme, le droit », *Revue Histoire de la Justice* 2017/1, n° 27, p. 217-230
IMBRECQ J., Le Barreau aujourd'hui », *Le Palais* 25 avril 1914
IMBRECQ J., « L'avocat aux armées », *Gazette des tribunaux* 20 janvier 1916
JAPIOT R., « Suspension obligatoire et suspension facultative des procédures dans le droit de la guerre », *Revue trimestrielle de droit civil*, tome 15, 1916, p. 411

Jullien (capitaine), « L'organisation et le fonctionnement des conseils de guerre aux armées en temps de guerre. Rapport et discussion », *Bulletin de la Société générale des prisons*, tome 39, 1915, n° 1 janvier, p. 59
JULLIEN (commandant), « De l'organisation et du fonctionnement des conseils de guerre en temps de guerre et des réformes qui pourraient y être apportées », *Gazette des tribunaux* 15, 16, 17 et 18 février 1915
LIGUE DES DROITS DE L'HOMME, « Le scandale des séquestres. La liquidation des biens allemands en France », *Cahiers de la Ligue des droits de l'Homme* 1921, p. 328
LŒWEL P., « Lettre au confrère démobilisé », *Les Echos parisiens* 5 février 1919
MARTINAGE R., « Les collaborateurs de la Grande Guerre devant la Cour d'assises du Nord après la Grande Guerre », *Revue du Nord* janvier-mars 1995, p. 95
MILLERAND A., « S'il est licite aux membres du Barreau d'avoir des rapports professionnels avec un sujet d'une puissance en guerre avec la France. Rapport au Conseil de l'Ordre du Barreau de Paris 30 novembre 1915 », *Journal de droit international* 1916, p. 12
MONIER F., « L'Affaire Monier », *Cahiers de la Ligue des droits de l'Homme* 1920, p. 7
OZANAM Y., « Les projets de suppression de l'Ordre des avocats et la réforme de la profession avant 1914 : étude des propositions de loi soumises à la chambre entre 1886 et 1910 », *Revue de la Société internationale d'histoire de la profession d'avocat* n° 6, p. 219
PELIZZI C., « Les sujets ennemis devant les tribunaux en Italie », *Revue de droit international privé* 1919, p. 80
PLANTIE M., « Le Barreau de Montauban de 1869 à 1918 », *Revue de la Société internationale d'histoire de la profession d'avocat* n° 0, p. 97
REAU R., « L'affaire Paul-Meunier. Rapport présenté au Comité central », *Cahiers de la Ligue des droits de l'Homme* 1923, p. 292
REULOS A., « Du rôle des administrateurs-séquestres de biens appartenant à des sujets ennemis en France », *Journal de droit international privé* 1916, p. 5
REULOS A., « Le Tribunal de la Seine pendant la guerre », *Bulletin de l'Association amicale de la magistrature* 1916, p. 117

ROTH F., « Le Barreau de Metz : des années 1850 aux années 1930 », *Revue de la Société internationale d'histoire de la profession d'avocat* n°5, p. 5
SAINT-FUSCIEN E., « Entre guerre et paix. La décennie décisive de la justice militaire française (1906-1916) », *Mil neuf cent. Revue d'histoire intellectuelle*, 1/2015, n°33, pp. 15-30.
THERY J., « Le Palais de justice pendant la guerre », *Mercure de France* 1er juillet 1915, p. 456
TOZZA E., « Impressions d'un avocat démobilisé », *Les Echos parisiens* 25 février 1919
VALERY J., « « A propos de la conditions des "sujets ennemis " devant les tribunaux français », *Journal de droit international privé* 1915, p.1009
VALERY J., « De la condition en France des ressortissants des puissances ennemies », *Revue de droit international* 1916, p. 349
VALERY J., « Le droit d'agir en justice des sujets ennemis en Italie », *Journal de droit international public* 1918, p. 121

INDEX

C

M

N

TABLE DES MATIERES

Structures éditoriales du groupe L'Harmattan

L'Harmattan Italie
Via degli Artisti, 15
10124 Torino
harmattan.italia@gmail.com

L'Harmattan Hongrie
Kossuth l. u. 14-16.
1053 Budapest
harmattan@harmattan.hu

L'Harmattan Sénégal
10 VDN en face Mermoz
BP 45034 Dakar-Fann
senharmattan@gmail.com

L'Harmattan Cameroun
TSINGA/FECAFOOT
BP 11486 Yaoundé
inkoukam@gmail.com

L'Harmattan Burkina Faso
Achille Somé – tengnule@hotmail.fr

L'Harmattan Guinée
Almamya, rue KA 028 OKB Agency
BP 3470 Conakry
harmattanguinee@yahoo.fr

L'Harmattan RDC
185, avenue Nyangwe
Commune de Lingwala – Kinshasa
matangilamusadila@yahoo.fr

L'Harmattan Congo
67, boulevard Denis-Sassou-N'Guesso
BP 2874 Brazzaville
harmattan.congo@yahoo.fr

L'Harmattan Mali
ACI 2000 - Immeuble Mgr Jean Marie Cisse
Bureau 10
BP 145 Bamako-Mali
mali@harmattan.fr

L'Harmattan Togo
Djidjole – Lomé
Maison Amela
face EPP BATOME
ddamela@aol.com

L'Harmattan Côte d'Ivoire
Résidence Karl – Cité des Arts
Abidjan-Cocody
03 BP 1588 Abidjan
espace_harmattan.ci@hotmail.fr

Nos librairies en France

Librairie internationale
16, rue des Écoles
75005 Paris
librairie.internationale@harmattan.fr
01 40 46 79 11
www.librairieharmattan.com

Librairie des savoirs
21, rue des Écoles
75005 Paris
librairie.sh@harmattan.fr
01 46 34 13 71
www.librairieharmattansh.com

Librairie Le Lucernaire
53, rue Notre-Dame-des-Champs
75006 Paris
librairie@lucernaire.fr
01 42 22 67 13

www.ingramcontent.com/pod-product-compliance
Lightning Source LLC
LaVergne TN
LVHW011224061026
849535LV00001BA/169
* 9 7 8 2 1 4 0 3 1 2 4 7 2 *